ÉLÉMENTS ET THÉORIE

DE

L'ARCHITECTURE

COURS PROFESSÉ A L'ÉCOLE NATIONALE ET SPÉCIALE
DES BEAUX-ARTS

PAR

J. GUADET

INSPECTEUR GÉNÉRAL DES BATIMENTS CIVILS
PROFESSEUR ET MEMBRE DU CONSEIL SUPÉRIEUR
A L'ÉCOLE DES BEAUX-ARTS

OUVRAGE HONORÉ D'UNE SOUSCRIPTION DU MINISTÈRE DE L'INSTRUCTION PUBLIQUE
ET DES BEAUX-ARTS

ET COURONNÉ PAR L'ACADÉMIE DES BEAUX-ARTS

TOME III

PARIS

LIBRAIRIE DE LA CONSTRUCTION MODERNE

AULANIER ET Cie, ÉDITEURS

13, Rue Bonaparte, 13

(*En face de l'École des Beaux-Arts.*)

ÉLÉMENTS ET THÉORIE
DE
L'ARCHITECTURE

MACON, PROTAT FRÈRES, IMPRIMEURS.

ÉLÉMENTS ET THÉORIE

DE

L'ARCHITECTURE

COURS PROFESSÉ A L'ÉCOLE NATIONALE ET SPÉCIALE
DES BEAUX-ARTS

PAR

J. GUADET

INSPECTEUR GÉNÉRAL DES BATIMENTS CIVILS
PROFESSEUR ET MEMBRE DU CONSEIL SUPÉRIEUR
A L'ÉCOLE DES BEAUX-ARTS

OUVRAGE HONORÉ D'UNE SOUSCRIPTION DU MINISTÈRE DE L'INSTRUCTION PUBLIQUE
ET DES BEAUX-ARTS

ET COURONNÉ PAR L'ACADÉMIE DES BEAUX-ARTS

TOME III

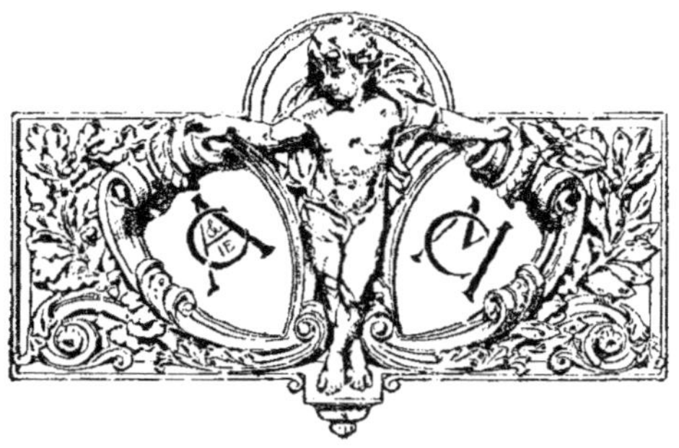

PARIS

LIBRAIRIE DE LA CONSTRUCTION MODERNE

AULANIER ET Cie, ÉDITEURS

13, Rue Bonaparte, 13

(*En face de l'École des Beaux-Arts.*)

LIVRE XI

LES

ÉLÉMENTS DE LA COMPOSITION

DANS

LES ÉDIFICES RELIGIEUX

CHAPITRE PREMIER

CONSIDÉRATIONS GÉNÉRALES

SUR L'ARCHITECTURE RELIGIEUSE

SOMMAIRE. — Exigences actuelles en matière d'architecture religieuse. — Archéologie et pastiches. — Impuissance de la copie. — La tradition et les transformations. — Respect des églises consacrées par le temps. — Simplicité du programme, diversité des solutions.

Ce sujet est le plus vaste, et aussi le plus embarrassant qui puisse se proposer à l'enseignement : habitué à apporter devant vous la plus entière franchise, je ne vous cacherai pas les causes de cet embarras.

Eh bien, ce qui m'embarrasse, c'est que mon cours est un cours de *théorie* de l'architecture, et non d'histoire : et où donc est la théorie de l'architecture religieuse ?

Oui, son histoire existe, à peu près fixée, je pense ; on connaît ses évolutions, et je pourrais moi aussi vous exposer tant bien que mal ce passé. Mais ce n'est pas là mon rôle, et si je suis souvent obligé de remonter aux origines, c'est pour vous expliquer et vous faire comprendre l'état actuel de chaque question. Or, en fait d'architecture religieuse, en fait d'églises, la question n'a pour ainsi dire pas d'état actuel. L'art des églises nous apparaît comme un art du passé : l'église est ou paraît un problème sans solution pour nous — ou par nous.

Est-ce donc impuissance, dégénérescence artistique? J'espère que non; les raisons de ce phénomène sont multiples, et comme la leçon est sévère, comme le danger est toujours menaçant, vous me permettrez de m'expliquer : dans ces explications, vous ne trouverez aucune contradiction, au contraire, avec les principes vers lesquels j'ai toujours cherché à vous diriger, et ce sera le préambule de la délicate étude que je vais aborder.

Supposez que l'on demande à un architecte en pleine possession de son talent un projet de Musée ou d'Abattoir, de Palais de Justice ou de Marché, de Théâtre ou d'Hôpital, il réussira plus ou moins, mais il cherchera en toute sincérité dans la voie résultant de son programme, poursuivant la meilleure solution, rencontrant presque forcément les formes nécessaires et l'expression logique de son concept, arrivant à la fin de son étude sans avoir cessé de rester lui-même, avec ses qualités et ses défauts, son bonheur ou son insuccès. Celui qui devant ces pro grammes ne procède pas ainsi, celui qui cherche ses solutions non dans sa propre conscience, mais dans le bagage d'autrui, n'est qu'un plagiaire et ne compte pas.

Maintenant, ce même artiste, ce maître si vous voulez, mettez-le en face d'un programme d'Église.

Il ne cherchera plus dans le présent, encore moins dans l'avenir, il cherchera dans le passé; il abdiquera la fonction sublime d'architecte du temple divin, pour se faire archéologue. Le sculpteur de Lafontaine se demandait si son marbre serait « dieu, table ou cuvette », mais du moins il aurait fait le dieu, il aurait fait la table, il aurait fait la cuvette. Notre architecte se demande si son église sera romane, ou gothique, ou Renaissance, et encore à quelle sous-division de ces grandes classifications elle appartiendra. Il arrive à se poser de bonne foi cette question monstrueuse, qui aurait fait bondir les artistes de toute autre époque, qui aurait fait considérer comme un fou celui qui l'aurait énoncée : « Mon église, à moi artiste du XXe siècle, sera-« t-elle du XIIe, XIIIe, XIVe, XVe, XVIe siècles ? »

Et le mal est si profond, qu'on n'arrive même pas à comprendre l'insanité d'une telle question.

On croira être original, parce que après que pendant quelques années la mode aura été de copier le roman, on copiera le gothique; parce qu'on déclarera surannée la copie du XIIIe siècle pour copier le XIVe; parce qu'on substituera la copie du XVe siècle à la copie du XVIe; parce qu'enfin — peu m'importe si je frappe parmi vous — on sera allé chercher dans l'architecture Jésuitique ou dans la flamboyance espagnole des éléments de copie momentanément nouveaux.

Copie toujours, copie de toute part : plus d'artistes, des copistes, le *servum pecus* des imitateurs!

Aussi, lorsqu'on voyage, lorsque dans une ville où subsistent d'anciens monuments, beaux ou médiocres, intacts ou ruinés, — mais sincères, mais naïfs, mais honnêtes — si l'on rencontre une de ces églises trop nombreuses hélas, faites depuis trente ou quarante ans, romane ou gothique d'intention, quel contraste — et quelle tristesse!

Quelle justice aussi : les imitateurs, les copistes de 1850 raillaient sans pitié les copistes de 1830; je me rappelle encore les plaisanteries faciles qui avaient cours sur l'architecture gothique de la Chapelle de Dreux, pour quelques bévues archéologiques : et pendant ce temps-là les railleurs inondaient la France d'œuvres que je préfère ne pas citer, qui aujourd'hui font cortège à la Chapelle de Dreux dans l'indifférence et l'ennui, et portent tout aussi bien inscrite dans toute leur composition la date de leur enfantement, cette date qui n'est ni 1300 ni 1400, qui est, pour le châtiment du plagiat, 1850 ou 1860.

Certes, ce phénomène n'est pas spécial aux églises, et j'ai déjà eu l'occasion de vous signaler les méfaits de l'archéologie, ou plus justement de l'introduction de l'archéologie dans les arts. Mais c'est à coup sûr dans les églises et dans l'architecture religieuse que l'art a le plus été étouffé par cette submersion infaillible. Pourquoi ? Les raisons, je le répète, en sont multiples. Je vais essayer de vous les montrer, car là est le véritable enseignement : faire voir le péril, faire voir les naufrages, conjurer les servitudes, et préparer s'il se peut une génération d'artistes qui sache être indépendante et fière de son indépendance.

De ces raisons, la plus légitime — car si l'application en est malheureuse, le sentiment en est très juste — c'est la nécessité d'une tradition fidèlement suivie dans l'architecture religieuse plus que partout ailleurs. Cette tradition, je vous en ai déjà fait voir un exemple saisissant dans les temples grecs, conservant les formes et l'apparence des vieux temples de bois, alors que la pierre ou le marbre étaient devenus les matériaux de l'architecture. C'est que toute religion a pour condition nécessaire la permanence : si, malgré tout, le temps la modifie, elle s'en défend du moins tant qu'elle le peut ; et c'est assurément par les signes extérieurs qu'il est le plus facile d'affirmer la pérennité. La doctrine pourra s'altérer, et dans le domaine des idées, des théories, de la conduite des hommes, il y a des modifications profondes : saint Grégoire le Grand serait certes bien étonné s'il revenait au Vatican. Mais ces variations, si l'homme instruit et qui pense s'en aperçoit, il sait bien qu'elles sont inévitables, tandis que le vulgaire les ignore et n'en a cure. Au contraire, tout ce qui est matériel, visible et tangible, est resté presque identique à travers les siècles : la langue, le cérémonial, les costumes; là est pour les générations successives l'affirmation de la continuité.

Or, est-il quelque chose de plus démonstratif à ce point de vue que l'architecture de l'église ? Ici aussi, la logique séculaire réclamerait l'unité : car il est certain que la sombre et rude église romane, ou la resplendissante église du XVIIe siècle, ne semblent pas créées pour le même culte. Dans cette unité si remarquable de l'extérieur tout au moins de la religion à travers tant de siècles, l'unité d'architecture n'existe pas — disons plus généralement, l'unité d'art n'existe pas. Pour la trouver, il faut quitter le catholicisme : en Orient, l'art byzantin est resté immuable. Seulement — et cela est bien fait pour nous toucher — cette immuabilité est la mort : à recalquer toujours et toujours le même invariable poncif depuis tant de siècles, il n'était plus besoin d'artistes, des manœuvres suffisaient. La juste mesure de tradition et de liberté si délicatement réalisée dans le temple grec a échappé aux héritiers de Phidias : de la tradition, ils n'ont recueilli que la servilité.

Pendant ces mêmes siècles, l'esprit latin et occidental est resté libre, il a connu le progrès ou parfois à défaut du progrès le mouvement tout au moins; il a évité la léthargie; il a eu ses traditions, mais ses traditions successives; de tout cela est résulté un art superbe, disons mieux, une suite d'arts superbes; mais pas d'unité.

Et pourtant, cette unité, l'esprit de l'Église, l'esprit de toute religion la réclamerait : l'unité ne saurait exister si elle ne se rattache à la tradition : de là le désir naturel d'enrayer la diversité, de se fixer à une tradition. Mais à laquelle ? A la primitive ? Aux intermédiaires ? A la dernière ? Confusion et anarchie, mais toujours comme conséquence cette incitation aux artistes :

« Remontez donc le cours des siècles, marchez à l'envers, rétrogradez, puis quand dans cette marche à reculons vous rencontrerez la borne que je vous indique, tenez-vous-y, n'en bougez plus ! »

Eh bien non, ce n'est pas la tradition cela, c'est la servilité. Il en est de la tradition comme de tout, il y a des questions de mesure. Je vous montrerai plus loin ce qui dans l'église est resté traditionnel à travers toutes les transformations, et je vous dirai tout de suite : ce qui, avant tout, est resté traditionnel, c'est la perpétuité presque absolue du programme. Mais en face de ce programme immuable, qui a presque la sanction d'un dogme, les architectes des siècles passés, jusqu'à la fin du XVIIIe, ont su conserver leur liberté : sachons nous aussi réclamer la nôtre, ne soyons pas plus esclaves que nos ancêtres. Respectons la tradition dans ce qu'elle a de nécessaire; mais ne tombons pas dans les superstitions, dans le fétichisme du chef-d'œuvre même, car notre châtiment serait la formule et le poncif, le radotage imbécile des moines byzantins.

Sans doute, lorsqu'il s'agit de l'église, le programme matériel — une salle où l'on se réunit pour prier — est d'une simplicité absolue. Sous n'importe quel abri on peut dire les offices. Mais les siècles ont fixé la façon dont on prie; le cérémonial des offices, né peut-être à l'origine d'une disposition architecturale antérieure, régit à son tour la disposition architecturale moderne. De cet ensemble de règles impérieuses ou simplement d'habitudes séculaires, résulte cette fixité du programme qui est la tradition vraie. Le surplus est de l'exécution et nous appartient à condition que nous ayons la sagesse avec la liberté, que nous ne cherchions pas à affirmer notre émancipation par la bizarrerie voulue et cherchée.

Autre raison, le respect instinctif de l'église vieille, l'irrespect de l'église neuve, et dès lors une certaine fraude au rebours de la coquetterie.

Permettez-moi ici de transcrire une couple de pages que j'écrivais sur ce même sujet en 1891 dans un compte rendu d'un Salon d'architecture :

« ....
... Regrettez-vous le temps où d'un siècle barbare
Naquit un siècle d'or, plus fertile et plus beau ?
Où le viel univers fendit comme Lazare
De son front rajeuni la pierre du tombeau ;
Où sous la main du Christ tout venait de renaître ;
Où le palais du prince et la maison du prêtre,
Portant la même croix sur leur front radieux,
Sortaient de la montagne en regardant les cieux ;
Où Cologne et Strasbourg, Notre-Dame et Saint-Pierre,
S'agenouillant au loin dans leurs robes de pierre,
Sur l'orgue universel des peuples prosternés,
Entonnaient l'*hosannah* des siècles nouveau-nés ?
....

« Ces vers superbes du grand poète, qui a eu plus qu'aucun autre le don de faire entrevoir l'infini, me revenaient à la mémoire devant les dessins d'architecture religieuse au Salon, projets ou relevés. Aucune épigraphe plus splendide ne saurait enorgueillir le cœur des architectes, en leur parlant plus noblement de la noblesse de leur art.

« Et rien n'est ni plus juste ni plus grand que cet hommage souverain d'un génie qui a su, en pleine époque romantique, ignorer de stériles et misérables querelles, et associer dans le même hémistiche Notre-Dame et Saint-Pierre.

« Mais ces vers, dont le souvenir rythmé me hantait comme une harmonie instinctive et toute d'abandon devant les dessins de nos vieilles églises, fût-ce les plus humbles, me pesaient comme une discordance devant les projets de nos églises contemporaines. J'arrive mal sans doute à rendre cette impression subtile, plus sensitive que raisonnée ; mais essayez de vous réciter à vous-même cette poésie devant ou dans Notre-Dame, Saint-Germain-des-Prés, Saint-Eustache ou telle autre de ces églises ; allez ensuite vous la réciter devant ou dans la Trinité ou Saint-Vincent-de-Paule, et vous ressentirez, — confusément comme moi peut-être, mais vivement néanmoins, — cette impression que j'analyse confusément aussi, parce qu'elle n'est qu'un sentiment ou une sensation.

« J'adresse d'abord toutes mes excuses, pour cet accès de mélancolie, aux vaillants qui nous montrent leurs compositions d'églises, ils se tromperaient fort s'ils voyaient là, à leur adresse, une critique enveloppée de brumes ; mais quoi ? à leurs églises comme à toutes autres qui se font ou pourraient se faire de nos jours, il manque ce grand, cet unique prestige d'avoir deux ou trois siècles. La poésie, sinon la raison, n'accepte pas l'église neuve ; l'église, c'est, dans la grande ville ou dans le hameau, le lien des temps, le témoin des générations ; c'est l'histoire, la tradition, la légende ; c'est le souvenir, indécis et bégayé peut-être, de tout ce qu'il y a de plus précieux dans notre mémoire, — ce qu'on ignore, ce dont la trace est perdue, évanouie, mais ce qu'on sait avoir été : la chaîne mystérieuse qui rattache au passé lointain tous ceux d'entre nous qui ne sauraient remonter pas à pas l'histoire muette de leur présence sur la terre.

« Une simple question : Voyez, dans le tableau de Millet, ses paysans inclinés sous le son de l'*Angelus* ; au fond s'entrevoit un clocher. Croyez-vous que ce puisse être le clocher d'une église neuve ? Non, certes ; cela jurerait comme le plus brutal des contresens.

« Involontairement, mais invinciblement, ce besoin de respect qui s'attache aux murailles vénérables nous contraint à des transpositions de siècles; malgré nous, nous cherchons une apparence d'antiquité; et, jusque dans le *rendu* de nos projets, nous poursuivons cette obsession, nous dessinons des pierres vieillies, nous cherchons à faire illusion aux autres et à nous-mêmes, et non sans raison, car la couleur que donnent les années est pour beaucoup dans le charme ou dans la majesté des églises, et Notre-Dame en pierre blanche nous apparaît comme une hypothèse absolument impossible. »

Et revenant aux incertitudes de notre pensée, et aux causes de trouble et peut-être d'impuissance que nous réserve ce si beau sujet, je poursuivais :

« Chose vraiment singulière : le catholicisme se fait gloire de son immutabilité à travers les siècles, et c'est aussi le reproche que lui font ses adversaires; amis et ennemis sont ainsi d'accord sur ce point : tel était le catholicisme il y a mille ans, tel il est encore. Il semble donc que, pour cette religion immuable, avec un programme aussi simple qu'un lieu de prière, le type de l'église dût être fixé et immuable, lui aussi. Et pourtant non; après tant de siècles, nous nous demandons encore ce que doit être la conception architecturale de l'église : et aucun de nous peut-être n'en a sa conception absolue et incontestée pour lui-même.

« Un jour, — permettez-moi ce souvenir, — je travaillais, dans la Chartreuse de Pavie, en compagnie d'un religieux chargé de l'hospitalité envers les étrangers, excellent homme qui m'avait pris en affection et me captait secrètement, en violation de son vœu de pauvreté, une aquarelle du cloître où il espérait être un jour enterré. Communicatif comme un méridional, et loquace comme un chartreux en dispense de mutisme, il accompagnait mon travail de ses causeries aimables. La conversation vint à tomber sur la cathédrale de Milan. Avec, soit mes idées, soit mes sensations, soit mon éducation de Français, j'admirais cet intérieur grandiose, sévère et mystérieux, un peu sombre, on aurait autrefois dit romantique. Et lui, me répondant poliment qu'il ne pouvait discuter le mérite technique du monument, s'étonnait fort que je pusse admettre comme une église *catholique* ce monument *malinconico*, engendrant des idées de tristesse, privé de la fête de la lumière et du soleil, où ne se voyaient ni les ors, ni les marbres, ni les fresques, rien de ce qui fait l'expression du triomphe et de l'allégresse !

« Cette conversation m'a vivement frappé : évidemment, entre nos conceptions d'une église catholique, de lui Italien et de moi Français, — homme du Nord ! — il y avait un abîme, comme entre l'*Alleluia* et le *Miserere* ; de même entre les artistes, entre les croyants des deux nations, entre leurs deux clergés eux-mêmes. Quel est le vrai catholique, — je ne parle ici que d'art, — l'Italien ou le Français ? Je ne sais. L'Italie est le centre du catholicisme, elle est en possession de lui donner ses papes. L'Espagne sent comme l'Italie, le Midi de la France de même. Ils veulent la lumière, l'éclat, le triomphal, là ou nous voulons le sévère et le mystérieux, presque la terreur.

« Mais qu'importe ! Les deux écoles, les deux idées plutôt, ont produit d'admirables choses, lorsque, de part ou d'autre, qu'on fit Notre-Dame ou qu'on fit Saint-Pierre, on avait une foi absolue dans son idée ; non pas une foi par comparaison et par choix, mais parce qu'on ignorait même qu'il pût y avoir de l'Église une conception différente. L'injustice artistique est peut-être la condition des grandes époques d'art !

« Aujourd'hui, nous sommes équitables, nous sommes impartiaux, nous savons admirer partout, nous rendons justice aux arts divers, nous exaltons Notre-Dame et nous exaltons Saint-Pierre, parce qu'au fond nous sommes des sceptiques.

« Non pas encore sceptiques en art, Dieu merci! mais sceptiques en philosophie, en idées, en expérience, hélas! Dites éclectiques si vous voulez, ou savants, ou libéraux, ou affranchis, n'importe : nous n'avons plus l'enthousiasme exclusif, le fanatisme artistique nécessaire aux manifestations de l'idée religieuse; et si à l'artiste contemporain s'impose ce programme autrefois si entier et si possédant de l'église, il poursuivra, découragé, la poésie évoquée tout à l'heure et se rappellera alors ces autres vers, la suite :

O Christ! je ne suis pas de ceux que la prière
Dans tes temples muets amène à pas tremblants;
Je ne suis pas de ceux qui vont à ton Calvaire,
En se frappant le cœur, baiser tes pieds sanglants;
Et je reste debout sous tes sacrés portiques,
Quand ton peuple fidèle, autour des noirs arceaux,
Se courbe en murmurant sous le vent des cantiques,
Comme au souffle du Nord un peuple de roseaux.
Je ne crois pas, ô Christ! à ta parole sainte;
Je suis venu trop tard dans un monde trop vieux!... »

Je me répète : sans remords d'ailleurs, car je crois que dans l'enseignement il faut revenir et revenir encore aux idées maîtresses, frapper à coups redoublés sur ce qu'on veut faire pénétrer.

Aussi vais-je encore me répéter, en vous disant une fois de plus que la principale raison du phénomème assurément nouveau que nous étudions est la substitution de l'archéologie à l'architecture. Lorsque Mansart élevait la chapelle de Versailles ou Robert de Cotte l'église Saint-Roch, ils étaient aussi libres, aussi convaincus que lorsque leurs prédécesseurs construisaient Notre-Dame ou Saint-Eustache. Mais quand, à la fin du XVIIIe siècle, tant d'œuvres exquises étaient à peine terminées, il se fit dans les lettres d'abord cette révolution que je vous ai déjà signalée pour la plus grande gloire de la *Vertu*, et les arts comme toujours emboîtèrent le pas. Il fallut désormais faire vertueux; et puisque une rhétorique triomphante affirmait que la vertu était chose romaine, que les Romains étaient la vertu même, on se persuada que la peinture, la sculpture, l'architecture ne seraient jamais trop vertueuses pour être assez romaines — ou trop romaines pour être assez vertueuses.

Ce qu'il en résulta, vous le savez : l'éclipse du génie français, la copie maladroite et inintelligente — nécessairement — de ce qu'on croyait l'art romain; puis la réaction substituant le moyen-âge au romain, mais toujours la copie, toujours l'abdication : et malheureusement, cette idée enfoncée dans les cervelles contemporaines, que les architectes peuvent bien choisir entre des styles du passé, mais non avoir le leur — ce style qui, au dire de Buffon, est l'homme même! Or, nulle part, ce préjugé n'est plus enraciné qu'au sujet des églises, sans doute parce que l'église est de tous les monuments celui qui a le plus un passé.

Nous laisserons-nous donc toujours condamner à la stérilité, au parasitisme ? Non, mais à une condition : quand il nous arrivera sur ce beau programme de faire œuvre de liberté, montrons que nous avons mérité cette liberté : soyons prêts, et pour cela étudions. Connaissons le passé et ne le copions pas : ce sera la différence avec ceux qui le copient sans le connaître.

Vous avez deux cours qui plus directement et plus en détail ont pour mission de vous instruire des phases et des évolutions de l'architecture : je n'ai pas à faire double emploi avec leur programme. D'ailleurs s'il me fallait vous exposer toute l'histoire de l'architecture religieuse, il me faudrait des volumes et des années. Mais, d'autre part, ce programme traditionnel, je vous l'ai dit, ne peut s'étudier qu'à la lumière de ses traditions. Je ne pourrai donc me dispenser de vous parler un peu d'histoire, mais le moins possible, et autant seulement qu'il en faudra pour m'expliquer.

Une autre réflexion : dans tout ce qui précède, j'ai visé l'église et l'église catholique. Il est bien entendu cependant que l'art religieux ne tient pas tout entier dans l'art chrétien, ni tout l'art chrétien dans l'art catholique. J'aurai donc peut-être à m'écarter çà et là de ce sujet, mais peu en somme. Le cours de théorie vise les applications possibles, et non les curiosités du dilettantisme; il n'aborde une étude que là où le rapport est saisissable entre le programme et sa réalisation, il ne peut rien dire lorsque le programme se dérobe.

Et maintenant, assez de préfaces, entrons dans le sujet.

CHAPITRE II

LES ÉDIFICES RELIGIEUX DE L'ANTIQUITÉ

SOMMAIRE. — Ignorance du programme, étude utile en tant qu'éléments. — Antiquité classique, architecture rationnelle, hiératisme. — Temples égyptiens, assyriens, persans. — Les temples grecs, romains. — Caractères divers de ces architectures religieuses.

L'architecture religieuse a toujours été la plus haute expression de l'art d'un peuple; c'est toujours l'édifice religieux qui a précédé tous les autres dans le progrès, qui a fourni les modèles et les traditions, qui a fait les architectes savants et les ouvriers habiles. Cette architecture est donc toujours intéressante à étudier, mais à des points de vue très différents.

Si nous considérons une architecture religieuse, telle que celle des Assyriens, des Égyptiens, etc., nous trouvons des formes imposantes, des modes de construction simples et rationnels, des effets puissants : cela nous le voyons, nous le constatons, nous le jugeons. Mais pourquoi ces dispositions? en conformité de quel programme? Nous l'ignorons, même ceux qui prétendent le savoir.

Si donc cet art du passé nous livre des *éléments d'architecture* très intéressants, je ne saurais y trouver pour nous des *éléments de composition.* Ignorant ce qui se faisait dans ces grands monuments, ne pouvant même le supposer, je ne pourrais que vous exposer les hypothèses plus ou moins ingénieuses de la curiosité. Ce n'est pas mon rôle, et je ne puis concevoir la théorie de l'architecture là où il n'est pas possible de la démontrer presque rigoureusement.

Or, cette ignorance du programme et de la fonction de l'édifice s'étend même à la civilisation gréco-romaine. Nous savons tant bien que mal — et encore! — ce qu'était la construction, l'architecture d'un temple. A quoi servait ce temple, la Maison carrée de Nîmes, par exemple (fig. 913)? A quelque chose certainement, mais à quelque chose que j'ignore.

Je ne vous parlerai donc que très peu de ces édifices conçus pour des religions qui ne

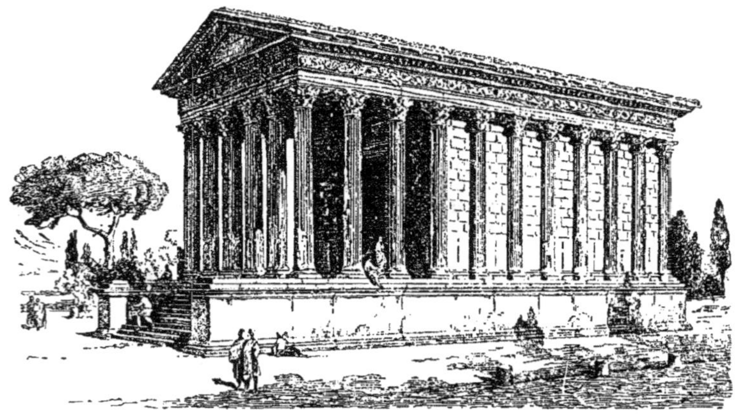

Fig. 913. — La Maison carrée de Nîmes. Plan et élévation.

nous laissent que des énigmes; et ce n'est qu'avec la religion chrétienne que nous pourrons chercher et trouver la raison d'être de compositions architecturales, aussi admirables et plus intelligibles pour nous.

Je ne passerai pas sous silence les monuments de la religion musulmane, fort analogues d'ailleurs aux édifices chrétiens. Et par chrétiens, même depuis l'époque de la Réforme, il faut presque uniquement entendre catholiques, car il n'y a pas eu jusqu'ici à proprement parler d'art protestant.

Dans les architectures orientales et très antiques, nous voyons deux manifestations bien différentes d'esprit et de tendance.

Tandis que chez les Égyptiens, les Assyriens, les Perses, — mais les Égyptiens surtout — l'architecture et la construction ne font qu'un, sont la conséquence nécessaire l'une de l'autre, et sont par conséquent de très anciens témoignages du grand principe classique de la vérité, — dans l'Extrême-Orient, au contraire, nous voyons une architecture fantastique, assurément décorative, mais dont les formes ne se rapportent en rien à la structure du monument.

Comment la comprendrions-nous?

Depuis trois mille ans nous sommes les fidèles d'un art qui toujours, qu'il fût grec, romain, byzantin, moyen-âge ou moderne, a été l'expression monumentale de réalités; d'un art qui est fait de lumière et de clarté, de logique et d'utilité. Puis, voici un art — oui, sans doute, un art, je le reconnais — qui ne paraît être que de la décoration *purement subjective*, comme on dit dans *le Monde où l'on s'ennuie*; des entassements sans motif, de la pierre en l'air et voilà tout! Les silhouettes sont étranges, d'accord; l'ornementation est inouïe de profusion, cela suppose des moyens puissants, des ouvriers habiles, un peuple raffiné; je ne dis pas non. Mais... qu'est-ce que tout cela?...

Voilà par exemple des silhouettes extérieures qui, par leurs formes cylindriques comme des berceaux de voûtes, par leurs hautes coupoles, nous font présumer des intérieurs élevés, des proportions de nefs et de dômes plus élancés que nos dômes, que nos nefs. Pas du tout : entrez, voyez les intérieurs : les salles sont basses ; un plafond qui n'est pas un plancher les écrase et cache, en la coupant, la proportion attendue. Voilà un monument très élevé, très silhouettant, où la verticalité paraît la préoccupation dominante. Pas du tout, à l'intérieur tout cela est égal, tout cela s'arrête à ce plafond ou plutôt à ce couvercle, tout le reste, tout le dessus n'est plus rien : rien qu'un décor, une apparence, un trompe-l'œil. Comprenne qui pourra ! Eh bien, si, je comprends un peu, un tout petit peu. Le mot du rébus ou du logogriphe, c'est *Brahma* ou c'est *Bouddha*, peu importe, c'est en tout cas cette digue ou cette borne, l'*art hiératique*.

L'art hiératique, monstrueux accouplement de mots incompatibles ! Comme si un art pouvait vivre sans liberté, sans droit au progrès. L'art hiératique, c'est l'art asservi à des formes imposées quand même, immobiles comme un rite ; il ne s'agit plus alors d'exprimer une vérité plastique, une forme consciente : on reçoit et on transmet un type, l'artiste n'est plus qu'un ouvrier qui fait aujourd'hui ce qu'on faisait hier, ce qu'on fera demain, ce qu'on faisait il y a des siècles, ce qu'on fera dans des siècles. Tout écart est interdit, toute beauté proscrite si elle n'est consacrée ; et dans cet Extrême-Orient, je me figure que l'artiste assez téméraire pour risquer un coup de crayon à côté du décalque sacré aurait bientôt goûté du pal ou du bûcher !

Mais ces formes ont eu leur raison d'être à l'origine, cet art mort a eu une source vivante ; seulement la source est oubliée, perdue, et il ne reste que l'imitation, l'éternelle reproduction de poncifs toujours les mêmes, qui ont eu une raison, qui n'en ont plus.

Voilà, je crois, ce qu'on peut trouver dans ces monuments étranges : art curieux, énigmatique, mais stérile.

Cela relève de l'histoire et de la curiosité, mais non de la théorie de l'architecture.

Au contraire, l'art égyptien est un art logique et vrai. Ses moyens sont restreints, ses conceptions timides, car il ne sait que superposer des pierres à des pierres, et s'il arrive à faire grand et très grand, ce n'est qu'au prix d'efforts colossaux pour demander aux matériaux le maximum des dimensions possibles. Ne connaissant que le linteau monolithe et le plafond monolithe, la portée extrême d'une pierre était la limite de leurs combinaisons (fig. 914). De là des plans très vastes, mais encombrés; des multitudes de points d'appui et jamais un large espace libre; des monuments dont la conception ne pouvait guère différer de celle d'une carrière : carrière dont les piliers sont des colonnes magnifiques, dont le ciel est une suite de plafonds superbes : au demeurant, un art imposant, très monumental, mais qu'on ne peut apprécier qu'en se rendant compte de ses moyens de construction. La littérature a fait beaucoup de phrases sur l'architecture égyptienne; on y a vu toutes sortes d'idées mystiques ou philosophiques, on a décrit ses effets, les impressions qu'elle devait produire; nous avons eu même une Égypte romantique. Combien il eût été plus simple de s'apercevoir que les Égyptiens ne *pouvaient pas*, entre deux axes de points d'appui, avoir des portées de plus de six à sept mètres qui d'ailleurs n'étaient réalisables que par l'emploi de matériaux exceptionnels!

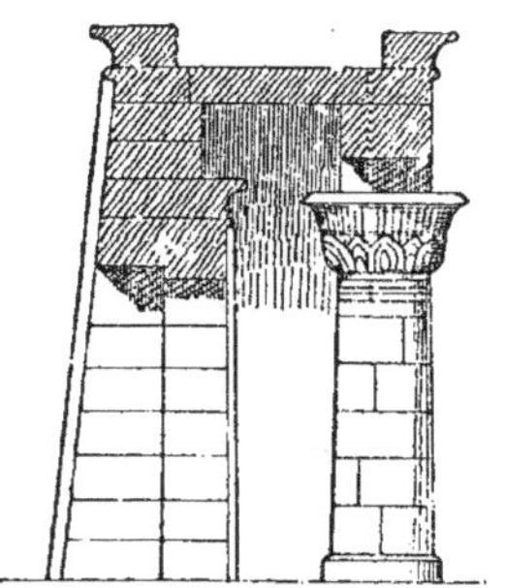

Fig. 914. — Exemple de construction égyptienne. Temple de Medinet-Abou.

Quel était l'usage de ces monuments, de ces temples ? Nous l'ignorons, et là-dessus on ne peut risquer que des conjectures. Mais nous pouvons du moins y constater la plus noble affirmation du caractère religieux, la grandeur. Grands matériellement, grands moralement par la simplicité des dispositions, par l'absence complète de tout élément de distraction, ces temples

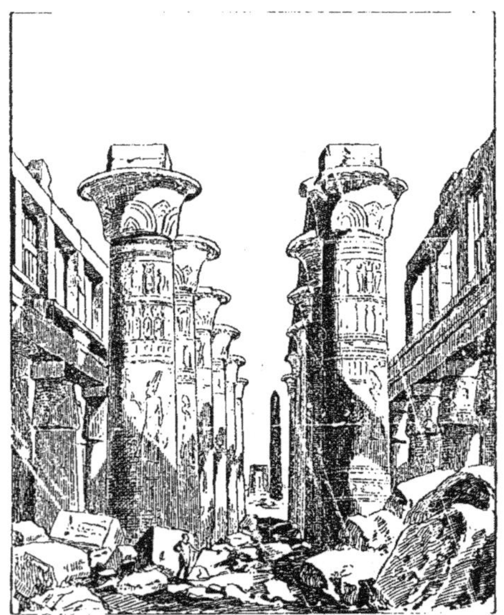

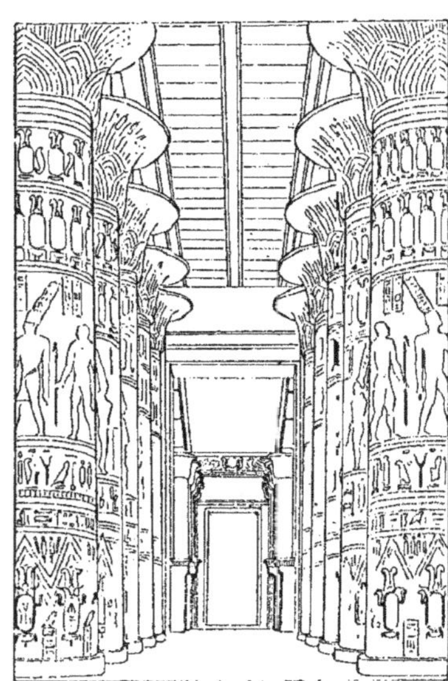

Fig. 915. — Avenue centrale du temple de Karnak. État actuel et restauration.

expriment surtout l'idée de durée quasi-éternelle que toute religion est obligée de revendiquer et qu'exprime si bien la vue de la grande avenue centrale du temple de Karnak (fig. 915) La dureté des matières, granites et porphyres, la simplicité des formes résultant de cette dureté même, les sculptures et inscriptions protégées par leur insertion en creux; la stabilité même de ces constructions où il n'y a que des actions verticales, l'ampleur des points d'appui et des murs, les talus accentués, tout cela proclame l'éternité du monument qui semble indestructible aux éléments.

Or, c'est là une belle leçon d'architecture religieuse; plus que toute autre, l'architecture égyptienne nous la donne. Elle est trop loin de nous pour pouvoir se transfuser dans la nôtre et se prêter à des emprunts, mais elle mérite à coup sûr d'être méditée et étudiée avec respect et admiration : c'est une architecture qui reste mystérieuse pour nous dans son usage, mais que nous comprenons clairement dans ses moyens et sa composition. Sans m'étendre outre mesure à ce sujet, je crois utile de vous montrer les ensembles de deux des temples les plus remarquables de l'Égypte, celui de Khons (fig. 916) et celui d'Edfou (fig. 917).

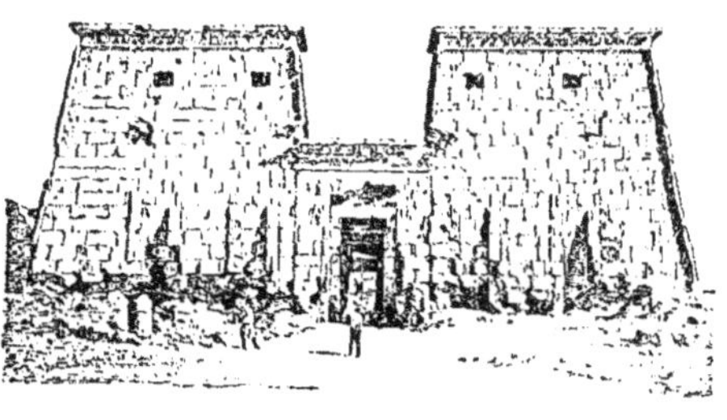

Façade.

Coupe longitudinale.

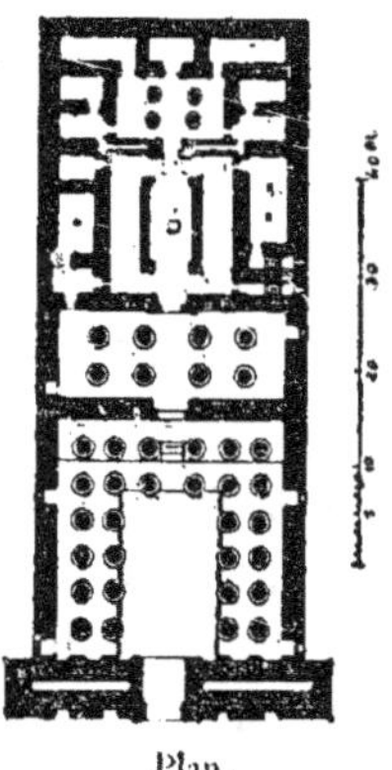

Plan.

Fig. 916. — Temple de Khons.

A un degré moindre, l'architecture religieuse des Assyriens appellerait les mêmes réflexions : inutile de me répéter. Quant à celle des Perses, aussi inconnue dans ses programmes, elle se distingue par l'emploi très ancien de la voûte, si bien qu'on a pu se demander si la voûte n'était pas une trouvaille de l'Orient. Mais ne nous laissons pas entraîner à ces curiosités d'histoire. Vous les étudierez si le cœur vous en dit dans les nombreux ouvrages qui en traitent, et vous choisirez si vous le pouvez entre les hypothèses qu'ils proposent.

Nous connaissons assez bien l'architecture religieuse des Grecs, en tant que monuments : et encore! Même pour le temple grec qui a été le plus étudié, dont il reste des parties importantes admirablement conservées, le Parthénon, nous ne savons même pas si la *cella* était couverte ou découverte. Hippocrate dit oui, Galien dit non, le sage dit peut-être, et chacun assurément est très convaincu. Mais puis-je affirmer dans l'enseignement ce qui est peut-être une erreur? Et que vous dire de ce que pouvait être le programme et la destination d'un temple, si nous ignorons — vous et moi — s'il était ou non exposé à la pluie? Je vous en ai donné plus haut le plan (vol. I, fig. 243), je vous en soumets maintenant la façade (fig. 918), ainsi que le plan et la coupe, telle qu'elle a été restaurée par Garnier, du temple d'Égine, dans l'hypothèse de la cella hypètre (fig. 919).

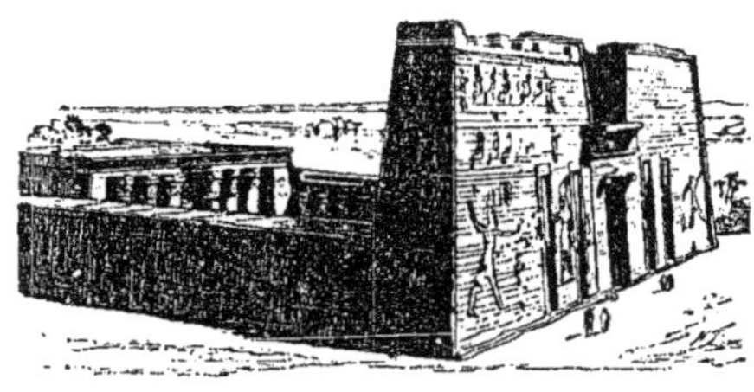
Fig. 917. — Temple d'Edfou.

Si d'ailleurs je vous parle en ce moment du Parthénon, c'est parce qu'il est le plus connu de tous : la question, ou plutôt les questions sont les mêmes pour tous les temples grecs, qu'ils soient de la Grèce proprement dite, des îles, de l'Asie Mineure, de la Sicile ou de la Grande Grèce.

Qu'était-ce donc que le Parthénon, en tant que temple? Je

n'en sais rien, et en dépit des conjectures personne n'en sait rien. Il semble que ces salles successives aient été des dépôts de trésors, d'archives; au centre de la cella se trouvait certainement la statue de la Déesse, chef-d'œuvre colossal de Phidias, invisible ou exposant à la pluie ses ors et ses ivoires; en tous cas,

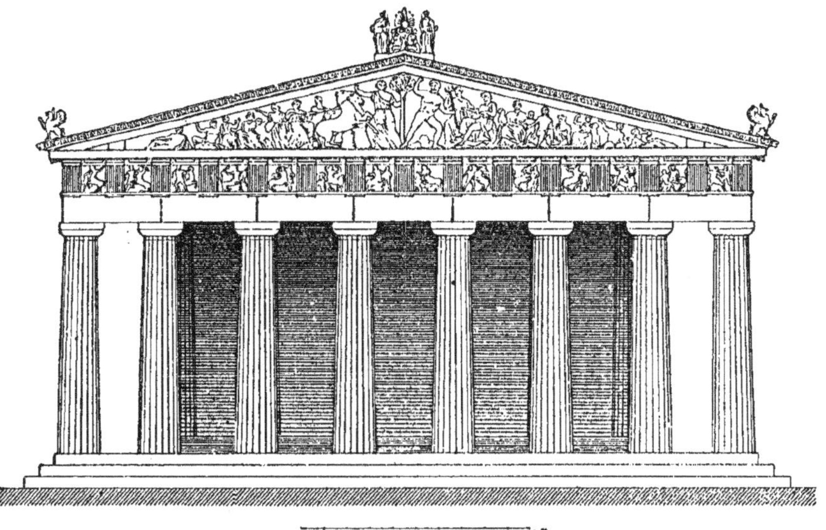

Fig. 918. — Façade du Parthénon.

aucun recul pour le voir : une statue magnifique cantonnée dans une armoire magnifique. Et vraisemblablement l'entrée du temple interdite au peuple.

Cette religion devait avoir ses rites et ses cérémonies; quel rôle y jouait le temple? Je l'ignore. Que faisait-on dans le temple? Je l'ignore. Je ne sais même pas si le peuple pouvait pendant les cérémonies se répandre sous les portiques qui l'entourent.

Comment dès lors vous parlerais-je d'architecture religieuse des Grecs? Nous avons parlé des monuments religieux de la Grèce en traitant des éléments d'architecture, je ne puis rien

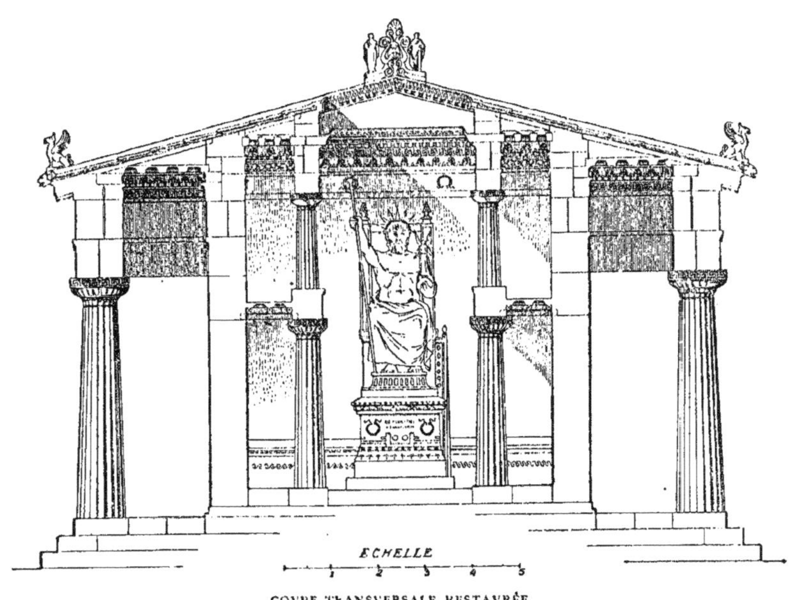

Fig. 919. — Temple d'Égine. Plan et coupe.

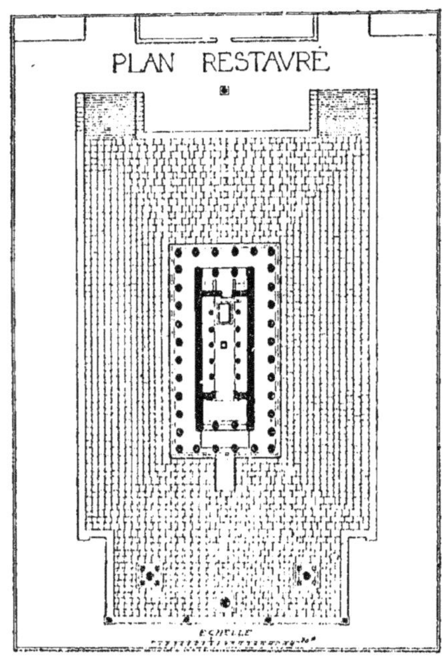

ajouter comme description : permettez-moi seulement quelques réflexions.

L'architecture religieuse des Grecs, moins immobile que celle des Égyptiens et des Orientaux, nous montre le plus heureux concours de la liberté et de la tradition. Dans l'antiquité la plus reculée, aux temps homériques, le temple ne devait être que l'abri de l'image portative et grossière du Dieu : toujours, jusqu'à Rome, le temple s'est plutôt appelé la *maison* de Jupiter, la *maison* de Minerve

Cet abri fut d'abord en bois, au moins en grande partie, cela n'est pas douteux. Par un phénomène que nous retrouverons avec l'architecture chrétienne, les incendies fréquents de ces abris vénérés firent renoncer à la construction en bois, et les temples se firent désormais en pierre ou en marbre. Mais des siècles de respect et de dévotion avaient consacré ces formes, et le peuple n'aurait sans doute pas reconnu des temples qui ne les auraient pas reproduites.

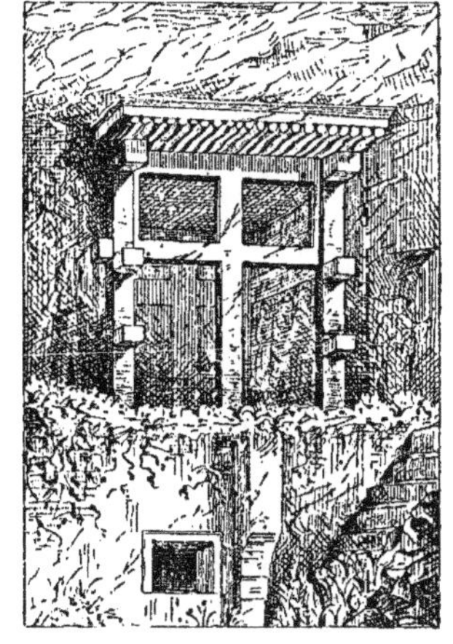

Fig. 920. — Exemple d'architecture lycienne.

Je vous ai montré comment le temple dorique est la reproduction des vieux temples de bois. Reproduction, mais non copie servile. Aussi, tandis qu'en Lycie, par exemple, l'architecture gréco-asiatique reproduit en pierre non seulement les dispositions de l'architecture de bois, mais même les dimensions et les formes des pièces de charpente, rondes comme la branche d'arbre ou rectangulaires comme la poutre équarrie (fig. 920), au point qu'on se croirait en présence d'un ouvrage de charpente ayant subi une pétrification instantanée; l'architecture de la Grèce, aussi respectueuse mais plus libre, rappelait les anciennes formes comme un symbole d'antiquité, mais, changeant de matériaux, changeait aussi les proportions et l'aspect final. Là est toute la différence entre l'esprit d'immobilité et l'esprit de progrès. Et ce qui était vrai en architecture l'était pour tous les arts, pour la poésie, pour la pensée : et c'est ainsi que la Grèce a mérité de devenir la grande institutrice de l'humanité.

Nous constaterons aussi dans l'architecture religieuse des

Grecs, cette poursuite de la durée quasi-éternelle que je vous signalais chez les Égyptiens. Par des moyens plus savants, par conséquent avec moins de matière, les Grecs sont arrivés dans l'art dorique surtout à des combinaisons qui, grâce à une exécution parfaite, pouvaient braver les siècles. Pour les détruire, il a fallu les tremblements de terre, ou, ce qui est pire encore, la main des hommes. Sans les violences humaines le Parthénon serait encore entier.

Là est le principal élément peut-être du caractère religieux d'une architecture. Les religions, je le répète, doivent nécessairement se considérer comme éternelles : leur idéal est de bâtir pour l'éternité, d'affirmer leur propre durée par la durée de leurs monuments; durée dans le passé par l'antiquité vénérable des plus anciens; durée dans l'avenir par les promesses et les assurances d'une construction indestructible.

Est-il besoin d'ajouter que la perfection plastique de cet art, l'admiration qu'il causait, concouraient à l'exaltation de l'idée religieuse ? En dépit des théoriciens de je ne sais quelle religiosité purement abstraite, l'art a toujours été le plus puissant auxiliaire de la religion.

Du temple grec au temple romain, la différence n'est que dans le détail de l'étude. Différence souvent considérable pour nous, parce que nous sommes des techniciens et des spécialistes, mais minime au point de vue de la composition. Sur la fonction du temple romain, nous n'en savons guère plus que sur la fonction du temple grec. L'analogie devait être grande.

Je ne connais pas, il est vrai, d'exemple romain de disposition analogue à celle du Parthénon, avec ses divers compartiments intérieurs : la *cella* des temples romains était, je crois, toujours unique. Mais en Grèce même, la disposition du Parthénon paraît avoir été exceptionnelle.

Les Romains ont-ils eu des temples hypêtres? S'ils n'en

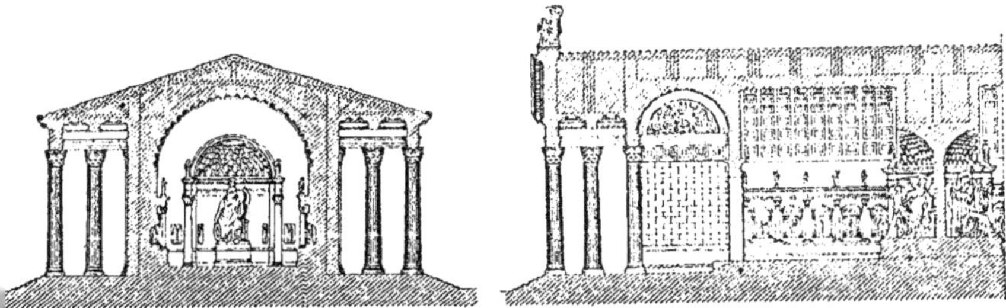

Fig. 921. — Temple de Vénus et de Rome. Coupe transversale et coupe longitudinale.

avaient pas, comment s'éclairaient les *cellae* entourées de murs sans fenêtres? Avaient-elles des jours de toitures? Tout cela, nous l'ignorons.

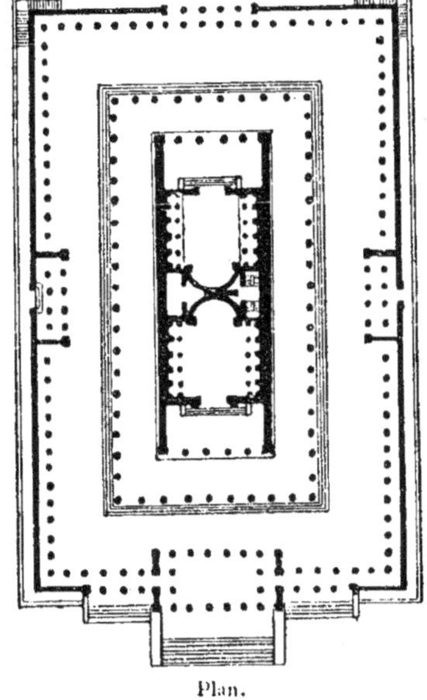

Plan.

Le temple était-il un édifice public? Dans une certaine mesure très restreinte, peut-être. Mais certainement pas à notre façon : les plus grands temples de Rome ont une *cella* fort exiguë, qui ne peut en aucune manière se comparer aux dimensions de nos églises.

Il semble que le culte était extérieur, l'autel étant en avant du temple et non dans le temple. Dès lors, le temple nous apparaît comme une salle consacrée, où les objets du culte et l'image du Dieu trouvaient abri, où se tenaient sans doute des réunions de pontifes — quelque chose comme une sacristie et une salle de chapitre. Les plus grands temples eux-mêmes, par exemple les deux temples accouplés de Vénus et de Rome (fig. 921), n'offraient au milieu d'une enceinte immense que des salles assez restreintes, et qui, d'après la restauration de Caristie, n'auraient même pas été éclairées. A Rome, d'ailleurs, les choses religieuses étaient choses politiques, il n'y avait pas de clergé, le pontificat était une magistrature élective comme les autres. Tout cela est bien loin de nous, de nos conceptions modernes de la religion, très curieux historiquement et philosophiquement, mais sans enseignement pour notre architecture religieuse.

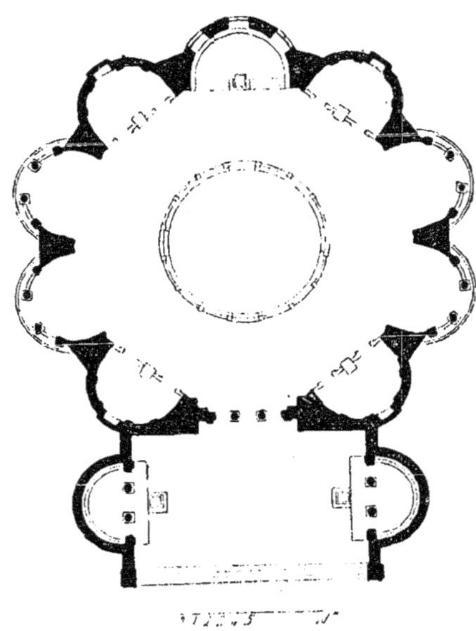

Fig. 922. — Plan de l'édifice dit temple de Minerva medica.

Les Romains eurent-ils des édifices religieux en dehors des temples rectangulaires construits suivant la forme consacrée de la *cella* entourée ou non de portiques? Cela n'est pas douteux quant aux temples circulaires, tels que ceux de Vesta à Tivoli et à Rome, où la nef était également entourée d'un portique. Notez d'ailleurs que le portique n'était pas un élément nécessaire du temple; il reste des temples nombreux qui n'en avaient pas sur les côtés : par exemple le temple de la Fortune Virile ou celui d'Antonin et Faustine, à Rome, la Maison Carrée de Nîmes, le temple de Vienne, etc. Je vous ferai grâce d'ailleurs de la définition de ces mots quelque peu pédants : temples *prostyles* ou *amphiprostyles*, *périptères* ou *pseudo-périptères*, *in antis*, etc. C'est toujours, avec

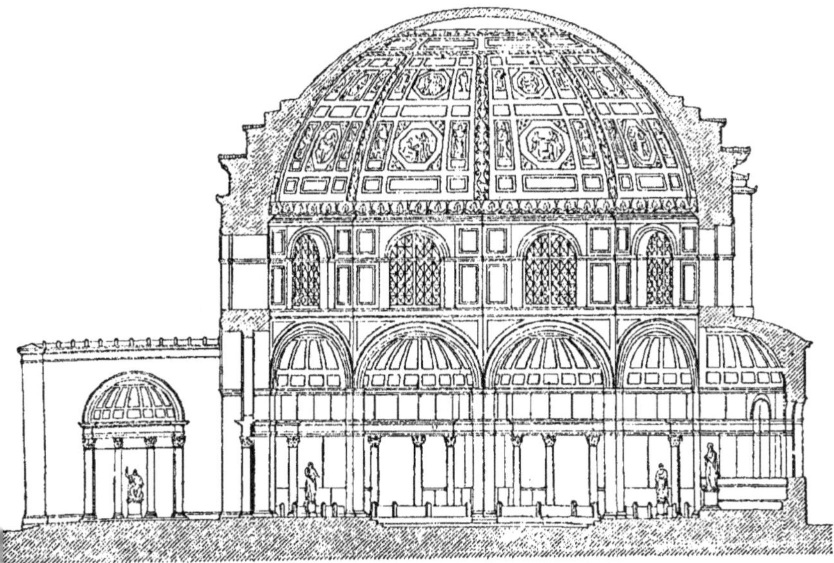

Fig. 923. — Coupe du temple de Minerva medica.

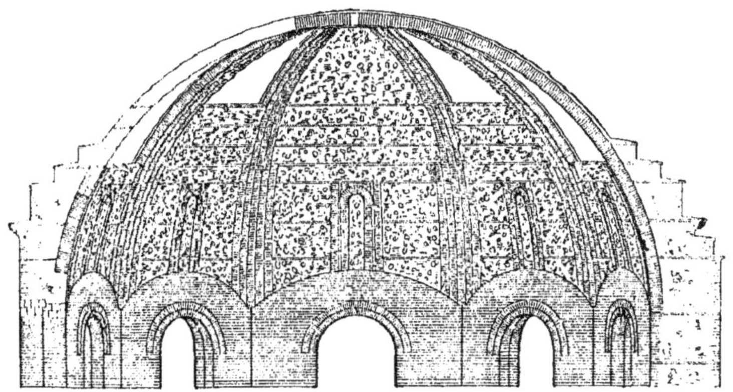

Fig. 924. — Temple de Minerva Medica. Construction des voûtes en briques et blocages.

des variantes résultant de l'emplacement, de l'économie, peut-être du programme, le temple antique tel que nous le connaissons, ou plutôt tel que nous pouvons le connaître. Mais autrefois on a volontiers vu le temple partout, et par exemple on a qualifié de temple le Panthéon dit d'Agrippa, édifice circulaire; on dit aussi le temple de *Minerva Medica* (fig. 922, 923 et 924) pour désigner un autre édifice circulaire. Rien n'est moins prouvé.

Toutefois un fait est constant, sur lequel nous reviendrons plus d'une fois : l'architecture romaine en général a eu une influence considérable sur l'architecture chrétienne; mais vous le verrez bientôt, ce n'est pas l'architecture religieuse des Romains qui a fourni aux chrétiens des modèles ou des inspirations. Entre elle et l'architecture religieuse des chrétiens, il n'y a pas de lien d'études.

CHAPITRE III

ARCHITECTURE RELIGIEUSE CHRÉTIENNE
SES ORIGINES

SOMMAIRE. — Évolution continue. — Les légendes de la littérature. — Emprunt aux édifices civils romains. — La basilique. — Les basiliques de Rome. — Basilique Ulpia, charpentée. — Basilique de Constantin, voûtée.
Basilique chrétienne de Saint-Paul-hors-les-Murs. — Analogies. — Les premières basiliques chrétiennes.
Origines antiques de l'architecture religieuse chrétienne.

J'arrive enfin à ce sujet si vaste et si complexe : l'architecture religieuse chrétienne.

Il me sera impossible, je vous l'ai dit, de ne pas demander à l'histoire quelques explications : mais je répète aussi que je n'ai nullement l'intention de vous exposer l'histoire de cette architecture.

Je voudrais au contraire vous en parler à un point de vue qui n'est pas, je le reconnais, celui auquel on se place généralement. On a beaucoup écrit sur l'architecture religieuse, et en général on l'a étudiée chronologiquement. Cette méthode est légitime historiquement, mais elle égare au point de vue de l'architecture. La chronologie divise et sépare ce qui se continue par tradition ou unité de programme à travers les siècles, et toutes les recherches qui se sont limitées à un siècle ou à une région tendent forcément à ne mettre en évidence que des particularités accidentelles. De là des classifications minutieuses, des sous-ordres et des sous-genres ; et dans ces études de détails, et je dirais presque de micrographie, on perd de vue l'ensemble du sujet et la marche générale de cette grande évolution artistique.

Je désire au contraire vous en montrer l'unité; vous faire voir que depuis Constantin jusqu'à nos jours, il n'y a qu'un seul *processus* qui a sa loi ; et pour vous mieux faire saisir en architectes ce sujet si digne de vos études, je ne vous le présenterai pas en chronologie, je suivrai les filiations architecturales, l'une aprés l'autre, en m'efforçant de vous faire assister à l'élaboration des édifices que vous admirez.

Rappelez-vous toujours qu'en architecture il n'y a pas de génération spontanée. Un art ne s'improvise pas, il tient toujours à un passé par des racines profondes et multiples. Les poètes ont terriblement faussé les idées à cet égard : au lieu de montrer ce qui est, la modification lente et successive des éléments, il était plus prestigieux d'imaginer des éclosions subites, des improvisations géniales. Plus vraie est la définition qui fait du génie une longue patience : cela est vrai surtout du génie d'un peuple, d'une race ou d'une civilisation. Laissez donc aux poètes ces explications fantastiques, les troncs des chênes des antiques forêts inspirant les piliers de nos cathédrales, les branches s'élançant du tronc inspirant les nervures de leurs voûtes ! La vérité est plus simple — et plus poétique : la vérité, c'est l'effort vaillant et soutenu de cent générations poursuivant la même pensée, apportant le même dévouement à l'œuvre, s'élevant de progrès en progrès, de telle sorte que l'œuvre de chacun est un modeste et utile apport à l'œuvre collective dont la gloire est la récompense de tous ces efforts et de tous ces dévouements. Les timides tâtonnements des humbles constructeurs des premières églises, leurs efforts craintifs, et jusqu'à leurs mécomptes et aux écroulements de leurs tentatives malheureuses, ont leur part dans les splendeurs de Notre-Dame de Paris ; et ce faisceau de bonnes volontés, cette convergence des efforts soutenus pendant des siècles, est une des grandes leçons que nous donne l'architecture religieuse. Souvent nous ignorons le nom de l'architecte qui a élevé tel ou tel chef-d'œuvre : mais nous savons que, en toute justice, il doit s'appeler *Légion.*

Vous reconnaîtrez donc ici encore que l'évolution est la loi de toute grande architecture : et je me serais bien mal fait comprendre si le rôle de l'architecte en était diminué pour vous : imaginez donc une fonction plus grande que de réaliser et concentrer dans l'œuvre telle que les siècles l'ont faite possible, l'expérience et le savoir que les siècles ont accumulés !

L'art chrétien est loin d'être contemporain du Christianisme. S'il se manifesta en peinture à l'état presque clandestin dans les catacombes, il ne parut dans l'architecture que bien plus tard. Lorsque le Christianisme put s'affirmer publiquement, l'art antique était à son déclin, les barbares allaient détruire la vieille civilisation romaine. Sous Constantin, la sève artistique était presque épuisée, et si l'on élevait encore des monuments, à Rome même on ne savait plus les créer, on allait chercher dans les vieux édifices les matériaux des édifices nouveaux. Et cependant, le Christianisme passant de l'oppression ou de la simple tolérance au triomphe avait le besoin et le devoir immédiat de s'affirmer par des monuments. Que pouvait-il faire alors, sinon prendre dans les richesses monumentales de l'ancienne Rome ce qui pouvait le mieux répondre à ses aspirations ?

Il ne pouvait être question des temples : il eût été impossible peut-être, et certainement impolitique, de vouloir anéantir subitement d'anciens cultes qui n'étaient pas morts : la tentative eût été dangereuse, et la réaction que tenta peu après l'empereur Julien — qui était un homme supérieur — montre que les racines des vieilles croyances n'étaient pas entièrement desséchées. D'ailleurs le temple était petit, et ne pouvait se prêter au cérémonial d'un culte populaire.

Le Christianisme trouva alors la *Basilique*, édifice vaste, largement ouvert, largement éclairé, fait pour les affluences nombreuses. La Basilique d'ailleurs ne rappelait pas les souvenirs des religions ennemies ; et probablement elle se trouvait un peu sans emploi par la décadence des institutions libres qui lui avaient donné naissance. Les basiliques étaient nombreuses, chaque forum en possédait. Dans l'inventaire de l'architecture antique, rien ne pouvait mieux que la Basilique satisfaire aux aspirations du Christianisme convié à la lumière.

Les basiliques civiles de l'architecture romaine furent donc les premières églises chrétiennes, et toute l'architecture chrétienne eut pour point de départ la Basilique.

Aussi, bien que la Basilique antique, édifice purement civil, fût une Bourse et un Tribunal, j'ai différé de vous en parler un peu en détail jusqu'à ce que nous fussions arrivés à l'architecture religieuse : c'est que pour nous, la Basilique n'a pas de parenté prochaine avec nos salles de Justice ou d'affaires, tandis qu'elle est l'origine de nos églises. et mieux que l'origine : elle en est devenue le programme même.

Le nom grec de la Basilique στοά βασιλική signifie littéralement « portique royal ». Et en fait, la Basilique fut un portique, mais portique plus vaste, plus abrité que les autres. Tout forum était accompagné de sa basilique, sans doute simple rendez-vous d'affaires d'abord, puis véritable Bourse et en même temps tribunal. Peut-être les basiliques ne furent-elles d'abord qu'un portique entourant une cour centrale, un promenoir analogue aux cloîtres, ou encore à certaines Bourses du moyen âge, ou de la Renaissance, telles que celles de Londres ou d'Amsterdam. Mais dans toutes celles que nous connaissons — ou du moins dans celles qui sont conformes au type consacré — la composition comporte essentiellement une grande nef centrale et des portiques latéraux, soit que les portiques encadrent la nef sur quatre sens, soit qu'ils l'accompagnent seulement dans le sens de la longueur. Un second étage de portiques existait tout au moins dans les basiliques les plus importantes : ainsi, la Basilique présentait intérieurement cette coupe transversale : une grande nef, large et élevée, éclairée soit de second jour à travers les portiques, soit plus probablement par des fenêtres à la partie supérieure; de chaque côté de cette nef, un portique au rez-de-chaussée, un autre portique au premier étage; la grande nef couverte par une toiture à deux pentes, les portiques couverts par des appentis.

La Basilique pouvait n'être que cela, et l'une des plus considérables de Rome, la Basilique *Julia* (fig. 925 et 926), dont le plan est certain, n'était qu'une nef rectangulaire encadrée de portiques sur ses quatre côtés, et probablement couverte, bien qu'il ne soit pas absolument démontré que l'intérieur ne fût pas une simple cour.

Mais la Basilique *Julia* est moins analogue que d'autres avec les basiliques chrétiennes, en raison de sa forme purement rectangulaire, tandis que le plus souvent l'une des extrémités de la nef se terminait par un grand exèdre ou abside, demi-circulaire, qui formait le prétoire et le siège des magistrats. On doit croire même que la Basilique *Ulpia*, la plus magnifique de toutes, qui se présentait au forum par son long côté, avait deux absides;

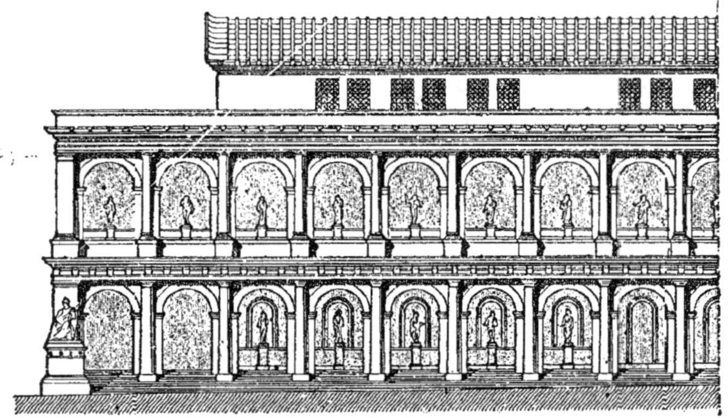

Fig. 925. — Façade de la basilique Julia, à Rome.

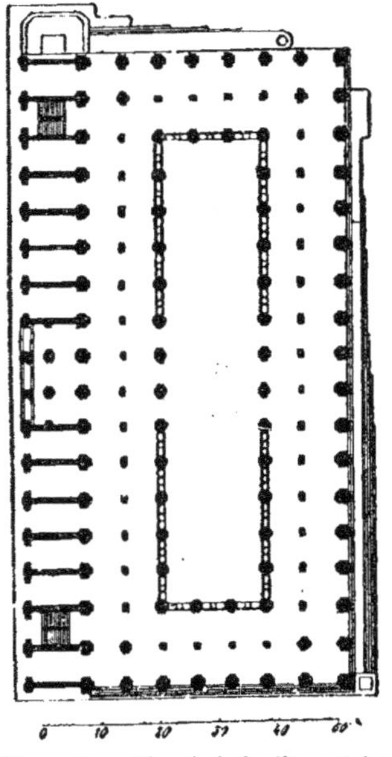

Fig. 926. — Plan de la basilique Julia, à Rome.

c'est ainsi du moins que j'en ai fait la restauration d'après des indices qu'il serait sans intérêt d'indiquer ici. Peu importe d'ailleurs : ce qui est constant, c'est l'existence du prétoire en abside.

Certaines basiliques avaient encore, au dire de Vitruve, des *chalcidiques*. On ne sait guère ce que cela pouvait être, et dans les ruines les plus clairement lisibles on ne trouve rien à quoi appliquer ce nom. Quelques antiquaires ont pensé que c'était une sorte de portique perpendiculaire à la nef, transversal par conséquent, et en avant du prétoire, auquel cas ce serait un véritable transept.

Tels sont les éléments de la Basilique romaine, dont il y a de nombreux exemples : on peut les résumer en trois plans : la Basilique *Julia*, sans abside ; la Basilique *Emilia* (fig. 927), avec abside ouverte sur la nef ; la Basilique *Ulpia*, avec retour de portique transversal devant l'abside. (V. Dutert, Forum romain.)

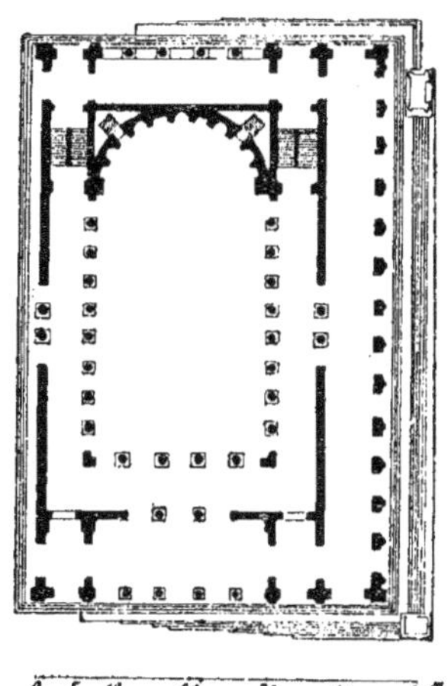

Fig. 927. — Plan de la basilique Emilia, à Rome.

Voyons maintenant la construction de ces édifices.

Sauf pour les absides, dont la forme appelait la voûte, la Basilique n'est pas un édifice voûté. Son plan ne le permettrait pas : des portées de plus de vingt mètres reçues par de simples rangées de colonnes ne peuvent se couvrir que par un comble en charpente.

Donc, la Basilique était couverte ou par une charpente supportant un plafond, ou par une charpente apparente. Pour moi, je crois plutôt à la charpente apparente, et je vais vous dire pourquoi.

D'abord, une médaille semble l'indiquer nettement, car on y voit une charpente, et on n'aurait pas songé à représenter ainsi ce qui aurait été invisible.

Puis, je me figure que Constantin, lorsqu'il a fait construire la basilique chrétienne de Saint-Paul-hors-les-Murs, a tout simplement pillé la Basilique *Ulpia*. Il serait bien étonnant sans cela que les cotes d'écartement des murs de la nef fussent identiques à quelques centimètres près ; et d'ailleurs c'était ainsi qu'il élevait des monuments : soit par impuissance de l'architecture à son époque, soit que la gloire de Trajan — cet empereur philosophe — l'offusquât, Constantin se faisant élever un arc de triomphe, y appliquait des bas-reliefs enlevés à l'arc de Trajan. Or, la basilique de Saint-Paul-hors-les-Murs était couverte par une magnifique charpente apparente, qui a été malheureusement détruite par un incendie au commencement du XIXe siècle. N'était-ce pas celle de la Basilique *Ulpia*, de la basilique de Trajan ?

Mais surtout, ce qui pour moi démontre que les basiliques romaines étaient couvertes par des charpentes apparentes, c'est la pratique constante de ce mode de construction dans les anciennes basiliques chrétiennes. A l'époque de Constantin, l'architecture n'inventait plus ; aussi, dans les basiliques chrétiennes tout est copié, reproduit tel quel, et toutes ces basiliques ont des charpentes apparentes : donc leurs modèles avaient des charpentes apparentes.

Nous devons dès lors nous représenter la Basilique antique avec la coupe transversale que j'indiquais tout à l'heure, et couverte par une charpente apparente, sauf l'abside qui était voûtée.

Une disposition paraît embarrassante dans le plan de la Basilique *Ulpia*, c'est le retour des portiques encadrant la nef, et cependant l'existence d'une abside : ce grand prétoire n'aurait donc pas été vu, n'aurait pas produit d'effet monumental. (V. fig. 784, vol. II, p. 436.) Cela à vrai dire ne serait pas une objection bien forte lorsqu'il s'agit d'antique. La Minerve de Phidias dans la *cella* exiguë du Parthénon, les encombrements des monuments du Forum, la Colonne Trajane dans un espace moitié moins large qu'elle n'est haute, montrent assez que les anciens se préoccupaient peu de ce que nous appelons l'effet et la perspective. Mais d'ailleurs je crois que ce retour de portique n'existait qu'au rez-de-chaussée, et cela pour une raison toute simple et très antique, c'est qu'il devenait inutile au premier étage. Le long de la nef, un deuxième portique ou tribune était nécessaire pour porter le mur supérieur et le comble; en travers de la nef, un deuxième portique n'eût rien porté du tout (fig. 928). Or, les anciens ne faisaient pas de constructions inutiles. En voulez-vous la preuve, dans cet ensemble même ?

En avant de la Basilique *Ulpia* est le Forum de Trajan, encadré de portiques. Comme le rez-de-chaussée de la basilique est

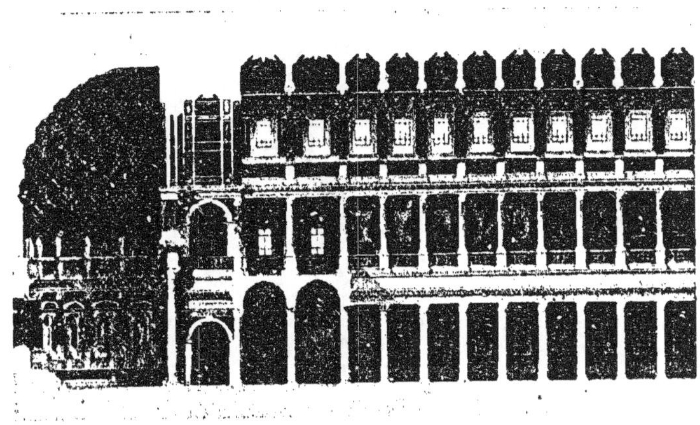

Fig. 928. — Basilique Ulpia. Moitié de coupe longitudinale.

entouré d'un portique double, on avait toujours restauré le Forum de Trajan avec un portique également double, continuant celui de la basilique. Voulant m'en assurer je fis une fouille : la largeur du portique est bien en effet celle du portique double de la basilique, mais le rang de colonnes intermédiaires n'existe pas. Et pourquoi? C'est que dans la basilique, ce portique supporte un étage, que par conséquent il importe de disposer des points d'appui qui restreignent les portées; tandis que, autour du Forum, le portique recevant tout simplement la toiture, cette division de la portée était inutile et n'aurait été

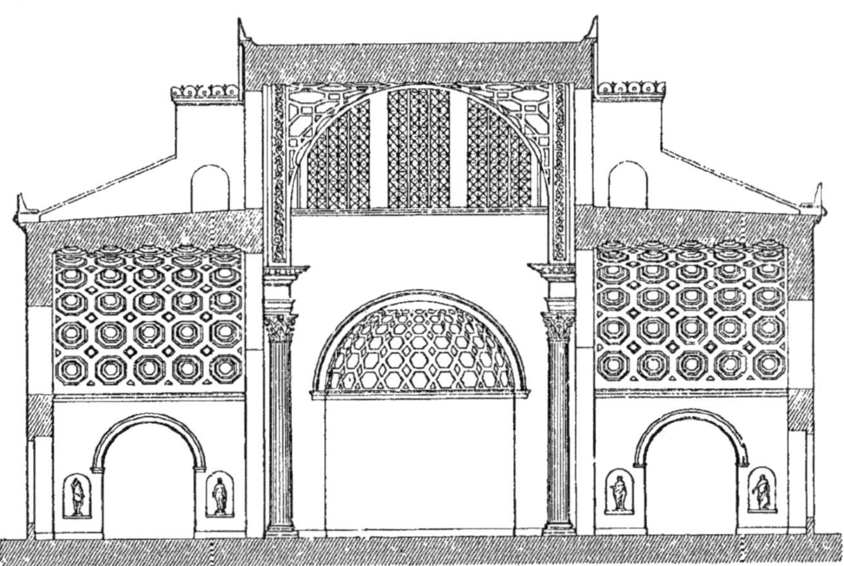

Fig. 930. — Basilique de Constantin, à Rome. Coupe transversale.

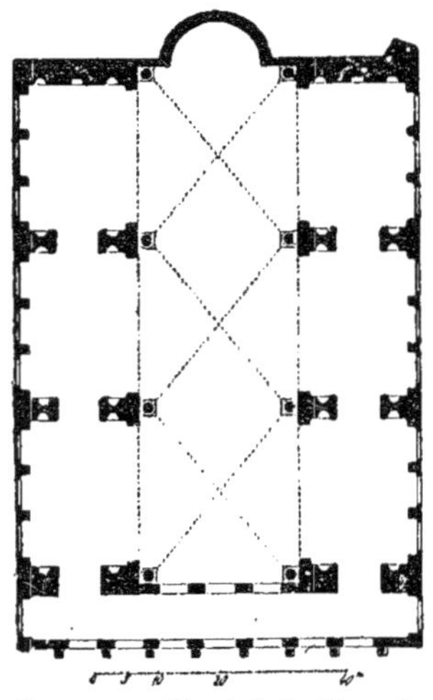

Fig. 929. — Plan de la basilique de Constantin, à Rome.

que gênante. Aussi n'existe-t-elle pas. S'il en est ainsi, ce portique transversal de la Basilique n'était plus nécessaire que pour assurer la circulation au premier étage; une sorte de terrasse suffisait — et qui sait si ce ne serait pas là la lointaine origine des *Jubés* de nos églises ?

Je ne vous ai parlé, dans ce qui précède, que de la basilique dans sa forme la plus ordinaire. Mais je dois vous citer aussi un édifice très important, celui qu'on nomme *Basilique de Constantin*, après l'avoir longtemps appelé *Temple de la Paix* (fig. 929 et 930). Était-ce en effet une basilique ? Rien ne s'y oppose, sinon la différence, non de disposition, mais de construction. Ce pouvait être en effet une basilique avec sa nef centrale, ses portiques latéraux, son prétoire; les tribunes seules ne s'y retrouvent pas. Mais si c'était une basilique, c'était une basilique entièrement voûtée, soit que depuis longtemps il y eût simultanément des unes et des autres, soit que ce fût une innovation.

Comme combinaison de construction, c'est la salle des Thermes, avec ses trois voûtes d'arête retombant sur les colonnes principales; ses grands jours dans les tympans, et les bas-côtés formés de voûtes en berceau dont les génératrices sont perpendiculaires à la direction de la nef. Les seules différences sont que les arcades des bas-côtés ne sont pas closes par des colonnes, et que les piliers entre les travées de bas-côtés, servant de contreforts aux grandes voûtes, sont percés d'arcades qui mettent ces travées en communication les unes avec les autres, constituant ainsi de chaque côté de la nef un bas-côté continu. Les tympans des bas-côtés sont à leur tour éclairés par de grands jours sous l'about de la voûte.

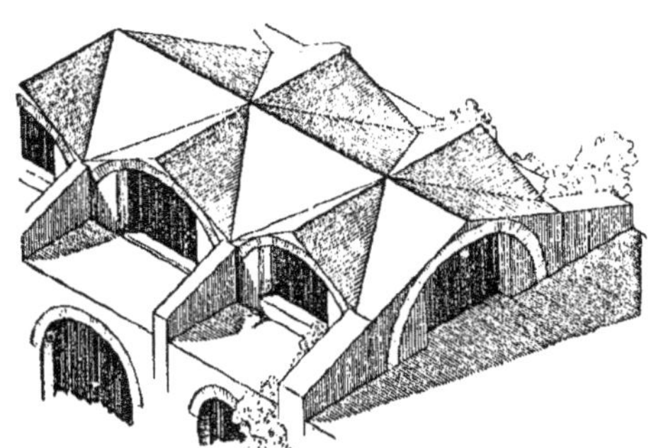

Fig. 931. — Construction d'une salle de thermes.

En avant de cette basilique était un portique ou vestibule voûté, ce que les Grecs appelaient un *narthex*.

Remarquez que dans ces descriptions, je me suis servi des mots grande nef, bas-côté, abside, tympans, narthex. Ils expriment clairement ce qu'ils doivent exprimer, et l'usage les a consacrés dans les édifices religieux.

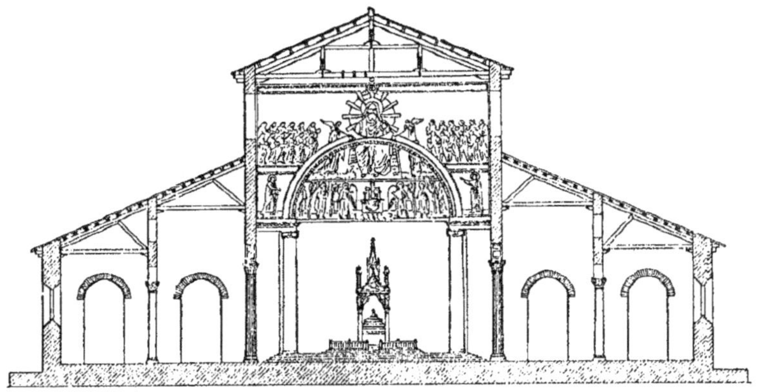

Fig. 933. — Basilique de Saint-Paul-hors-les-Murs. Coupe transversale.

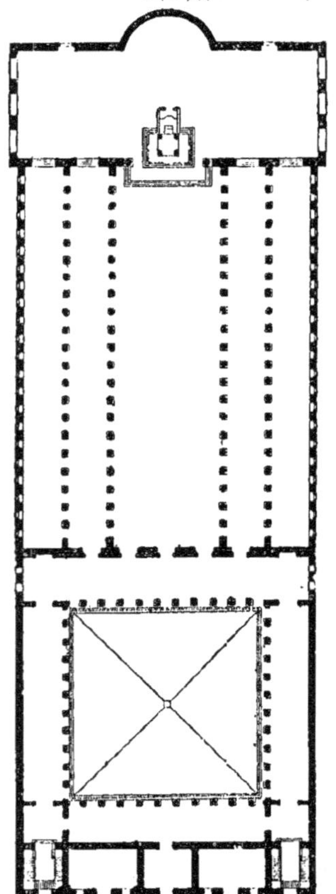

Fig. 932. — Plan de la basilique de Saint-Paul-hors-les-Murs.

Voilà donc le double point de départ de l'architecture chrétienne : la basilique romaine avec sa structure de charpente apparente, en tous cas avec son absence de voûtes, l'abside exceptée; la basilique voûtée de Constantin, ce qui revient à dire la salle des thermes que je vous ai précédemment décrite, et dont l'analogie avec notre programme d'église vous apparaîtra plus clairement par la reproduction d'une vue à vol d'oiseau empruntée à l'ouvrage de M. Choisy que je vous ai déjà indiqué (fig. 931).

Je traiterai d'abord ce sujet qui est l'essence même de l'édifice religieux : les *nefs* : nefs et bas-côtés lorsqu'il y en a. Tout le surplus en déroule, et c'est le parti des nefs qui est la caractéristique de toute composition d'église et la condition de tout son ensemble.

Du temps de Constantin même fut construite, pour l'usage du Christianisme, cette basilique de Saint-Paul-hors-les-Murs (fig. 932 et 933) dont je vous ai parlé. D'autres ne tardèrent pas à suivre, procédant des mêmes principes, reproduisant toutes à peu de chose près la basilique civile des Romains.

Les analogies sont saisissantes.

La grande nef devient le lieu de réunion des fidèles; les bas-côtés assurent la circulation et l'accès. Le prétoire devient le *presbyterium*, ou lieu de réunion des prêtres; l'évêque occupe au fond de l'abside la place du préteur. Les tribunes sont réservées aux femmes, le narthex devient l'emplacement des aspirants ou des pénitents, à qui l'entrée de l'église n'est pas encore accordée. Au-devant de

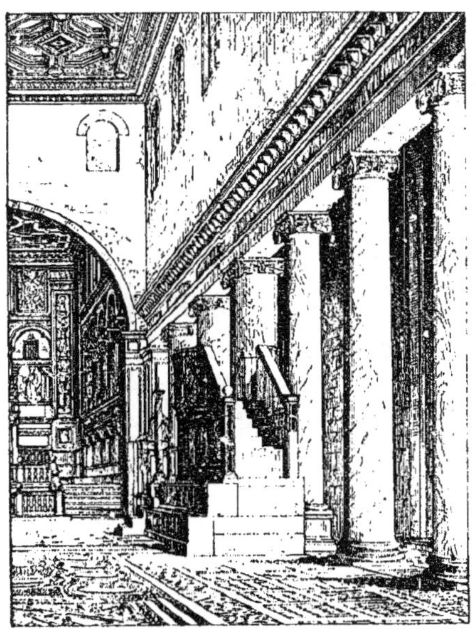

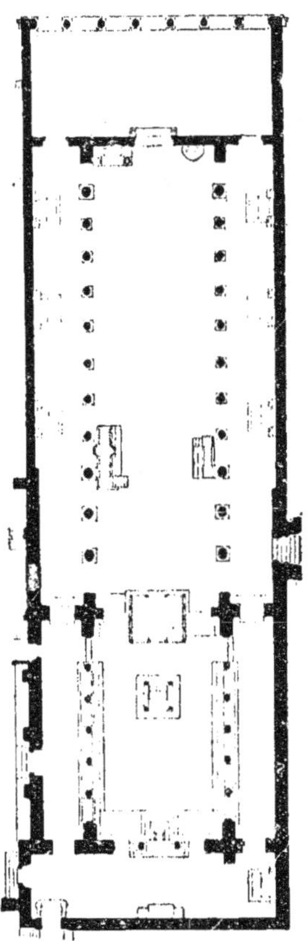

Fig. 934. — Basilique de Saint-Laurent-hors-les-Murs. Vue intérieure de la nef et plan.

l'abside est placé l'autel sur le tombeau du martyr, et une balustrade sépare l'abside — le chœur — du public, avec des *ambons*, pupitres ou chaires pour la lecture des Écritures sacrées. Quelques basiliques, les plus grandes, auront un ou même deux transepts : nous avons vu que les anciennes Chalcidiques étaient probablement aussi une sorte de nef transversale, séparant la grande nef de l'abside.

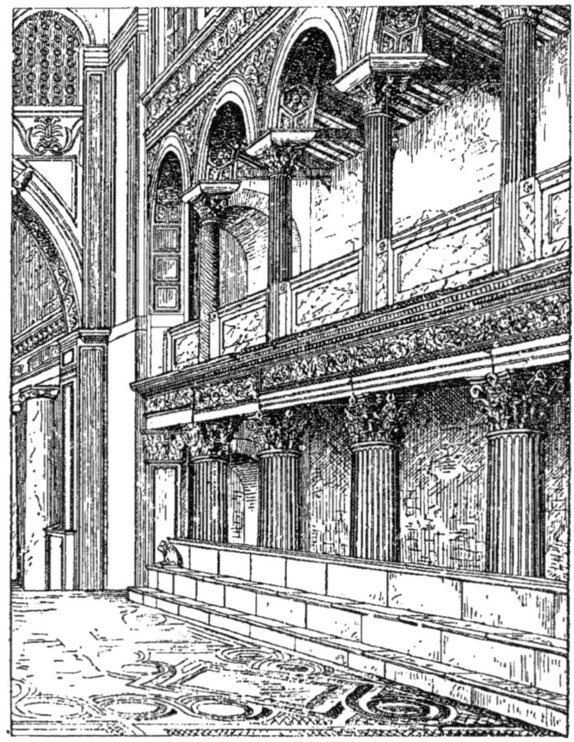

Fig. 935. — Basilique de Saint-Laurent-hors-les-Murs. Vue intérieure du chœur.

Non seulement l'architecture est analogue, elle est même souvent composée matériellement d'éléments pris aux édifices antiques. Je vous ai dit que la charpente apparente de Saint-Paul-hors-les-Murs était probablement celle de la Basilique *Ulpia*. A Saint-Laurent-hors-les-Murs (fig. 934 et 935), on saisit sur le vif cette utilisation de matériaux tout trouvés. Les colonnes du chœur sont de toutes les provenances : si elles sont trop courtes, on les hausse sur un bloc quelconque; si elles sont trop longues, on les enterre; les entablements varient d'un entre axe à l'autre, au grand profit d'ailleurs du pittoresque, car cette église devient ainsi un vrai musée de fragments antiques.

L'imitation est même tellement passive que les différences même en témoignent. Ainsi, entre l'ancienne basilique romaine et Saint-Paul-hors-les-Murs, vous pouvez noter une différence considérable : la colonnade à entablements rectilignes, en plate-bande, fait place à des arcs sur colonnes (fig. 936). Il semblerait que cette diversité fût due à une volonté de modifier quelque chose : non ; l'arc a été substitué à la plate-bande parce que les moyens à cette époque de décadence ne permettaient sans doute plus l'emploi des grands linteaux des anciennes architraves ; ils étaient restreints à l'usage des petits matériaux, et l'arcade s'imposait. Mais, remarquez-le bien, ces arcades sont d'une proportion étroite, en désaccord avec les traditions antiques des larges arcs ; vous êtes surpris et choqués de cette proportion : quelle en est donc l'explication ? Tout simplement l'imitation de la colonnade des anciennes basiliques, l'observation servile de ses proportions et de ses écartements, l'impuissance seule empêchant que la copie ne fût poussée jusqu'au bout.

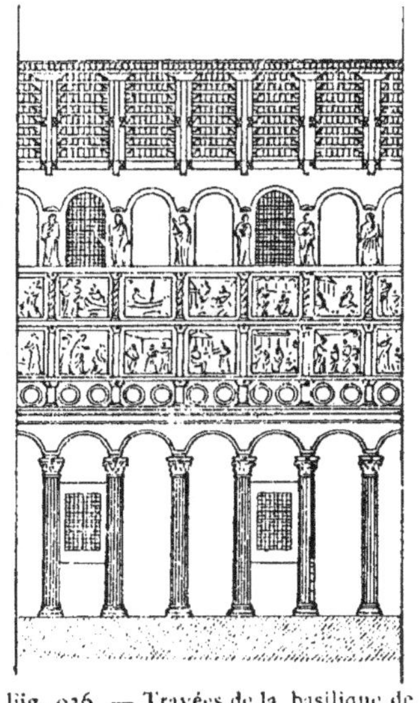

Fig. 936. — Travées de la basilique de Saint-Paul-hors-les-Murs.

Au début donc, il n'y eut pas d'architecture chrétienne. L'art n'était plus capable de cet enfantement. Il n'y eut que la reproduction autant que les moyens le permettaient, de l'architecture des basiliques romaines, et si les monuments ainsi élevés nous paraissent encore magnifiques, c'est que les modèles avaient encore conservé ces qualités maîtresses de l'architecture antique : la grandeur par la simplicité et la vérité.

Mais petit à petit il se créa un art qui, à la tradition antique superposa timidement d'abord un caractère nouveau; l'originalité de cet art alla grandissant; mais à aucun moment il n'y eut de rupture subite avec la tradition : c'est graduellement, par l'effet naturel des siècles écoulés, que cette architecture se modifia peu à peu. Certes, si l'on ne voyait que l'église moderne et la basilique romaine, on ne trouverait entre elles que des rapports lointains; mais lorsqu'on étudie tout l'enchaînement des transformations successives, cette tradition ininterrompue se manifeste avec clarté, et c'est à sa lumière seulement qu'il est possible d'étudier l'architecture religieuse du Christianisme.

Voilà pourquoi j'ai dû vous retenir quelque temps sur cette question des origines.

CHAPITRE IV

LES ÉGLISES CHARPENTÉES

SOMMAIRE. — Construction facile. — Anciennes églises charpentées. — Nefs, bas-côtés, absides, narthex, tribunes. — Le chœur. — Décoration, façades.
Simplicité du programme et de ces édifices.
Les églises syriennes.

Nous voici donc en présence de deux types traditionnels, l'église charpentée et l'église voûtée. Je ne les mélangerai pas dans cette étude, et je m'attacherai d'abord à l'église charpentée.

Toute construction d'église est difficile. Rappelez-vous ce que je vous disais au début sur les conditions de notre construction moderne, et sur *les murs assemblés*. Ici, le programme est une salle longue, élevée, sans aucun refend qui assemble et contrebute les murs latéraux. Si ces murs sont uniques, ils risquent facilement de se déverser ou de se gauchir, car ils n'ont pour se relier l'un à l'autre que la couverture supérieure de la nef. Mais s'il y a des bas côtés, puis des tribunes, l'assemblage devient plus résistant, car la nef, au lieu de séparer deux murs seulement, sépare en réalité deux bâtiments parallèles.

Seulement, la condition sera toute différente si l'église est voûtée ou si elle est seulement charpentée. Dans le premier cas, il se posera des problèmes dangereux de résistance ou d'équilibre, tandis que dans l'église charpentée, si les murs sont bien fondés et bien exécutés, et si la charpente est conçue avec la précaution élémentaire d'un tirant, il n'y a plus que des efforts verticaux.

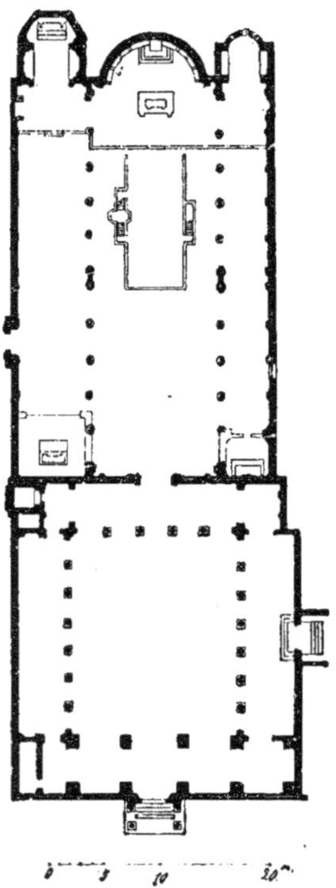

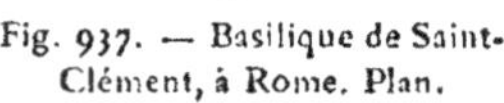

Fig. 937. — Basilique de Saint-Clément, à Rome. Plan.

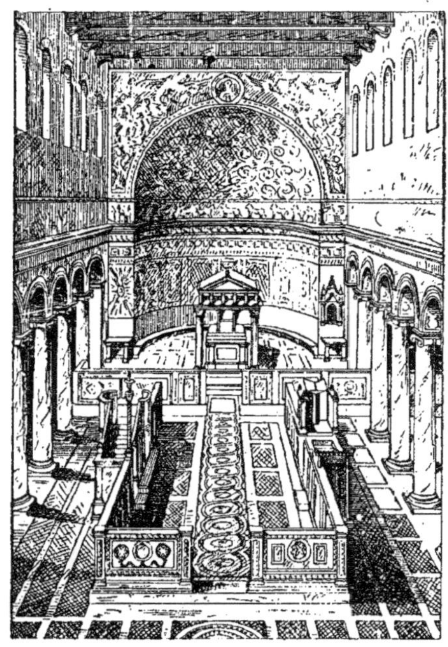

Fig. 938. — Basilique de Saint-Clément. Vue intérieure.

La construction est donc ici infiniment plus simple.

Elle peut d'ailleurs s'appliquer à la chapelle sans bas côtés, ou à l'église avec bas côtés simples ou doubles, avec ou sans tribunes. Mais le plus souvent, elle se rencontre dans des églises avec bas côtés; et dans la langue usuelle ces églises sont souvent appelées basiliques. Je me servirai de ce terme lorsque l'usage l'a consacré, par exemple lorsqu'on dit « la basilique de Saint-

Clément (fig. 937 et 938) ou celle de Sainte-Agnès (fig. 939 et 940) à Rome », la première sans tribunes, la seconde avec tribunes. Mais il faut vous avertir que le mot *basilique* n'a plus de sens technique bien précis. Liturgiquement il est devenu un terme en quelque sorte hiérarchique : certaines églises ont droit à la qualification de basilique, sans que ce mot indique une forme particulière.

Il subsiste à Rome un certain nombre de ces anciennes basiliques chrétiennes, plus ou moins modifiées : Saint-Paul-hors-les-Murs, dont je vous ai déjà parlé; Saint-Laurent-hors-les-Murs, Sainte-Agnès, Saint-Clément. D'autres, telles que Sainte-Marie-Majeure, Saint-Jean-de-Latran, ont été si profondément modifiées qu'on ne peut plus y retrouver de la conception première qu'une disposition générale. Quant à la plus ancienne et la plus vénérée, celle de Saint-Pierre, elle a fait place au monument que vous savez, qui ne présente aucune analogie même dans sa disposition d'ensemble avec la composition basilicale.

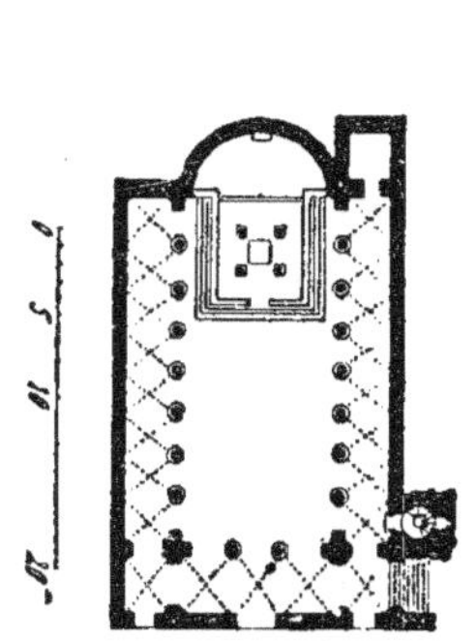

Fig. 939. — Basilique de Sainte-Agnès, à Rome. Plan.

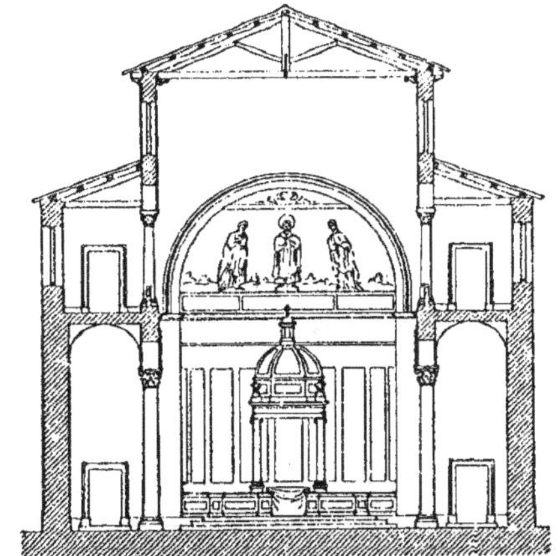

Fig. 940. — Basilique de Sainte-Agnès, à Rome. Coupe transversale.

C'est peut-être les deux basiliques plus modestes de Saint-Clément et de Sainte-Agnès qui vous donneront le plus complètement l'idée de ces anciens édifices. Le plan en est tellement clair, que je n'ai pas à l'expliquer. Vous y remarquerez toutefois que tout en laissant l'autel principal dominer toute la composition, il apparaît déjà ici des autels secondaires, prélude des chapelles qui deviendront si nombreuses dans les églises modernes. Mais au début, ces autels ou chapelles sont en tous cas orientés comme le maître-autel et comme toute l'église. Si des chapelles *latérales* se voient dans certaines basiliques anciennes, ce sont des additions ultérieures.

J'appellerai aussi votre attention sur la cour qui précède les édifices. Au fond de la cour et devant l'église est un vestibule, le *narthex*; autour de la cour un portique d'attente, au centre un espace découvert avec une fontaine. Cet usage était constant, et se motivait par l'interdiction de l'église aux pénitents, aux néophytes aspirant au baptême. La même composition se retrouve dans les mosquées musulmanes, avec la fontaine des ablutions. C'est un motif très favorable à l'imagination artistique, et dont il y a de beaux exemples : à plusieurs des basiliques que je viens de citer, à l'église Saint-Ambroise de Milan, à la mosquée de Bajazet à Constantinople. Plus tard, cette coutume a disparu, les églises étant plus accessibles à tous, et le clergé trouvant pour son usage les cloîtres qui presque toujours existaient sur l'un des côtés de l'église. Mais souvent à cette avant-cour se substituait le cimetière : coutume que condamne l'hygiène, mais que regrette la poésie.

Je vous engage aussi, dans le même ordre d'idées, à voir le plan de la Basilique Sainte-Marie de Bethléem (fig. 941). Il est intéressant de constater cette unité de composition dans des pays si éloignés. C'est absolument le même art né des mêmes traditions.

Résumons les caractères de ce premier groupe d'anciennes églises.

La partie du public, de l'assistance, est formée par la nef et les bas côtés, et par les tribunes pour les femmes. Au dehors et en avant se trouvent le vestibule ou narthex, et le plus souvent une cour carrée ou rectangulaire entourée de portiques.

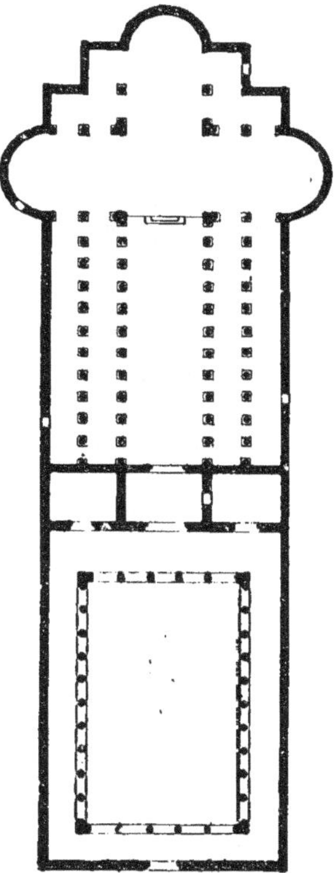

Fig. 941. — Basilique de Sainte-Marie de Bethléem.

La nef et les bas côtés sont couverts par des charpentes apparentes; des fenêtres pratiquées au-dessus des tribunes éclairent la grande nef; dans les plus anciennes basiliques, les bas côtés n'ont pas de fenêtres et ne sont éclairés que par la nef. Aucune ouverture n'existe dans le mur extérieur des bas côtés, il n'y a ni chapelles latérales, ni local quelconque en communication latérale avec l'église.

Dans cette partie du public, il n'y avait ni chaire ni confessionnaux; il ne semble pas que pendant les offices les prêtres dussent jamais sortir du chœur.

Lorsque l'autel n'était pas unique, des autels secondaires orientés de même existaient en face des bas côtés. On disait alors que la basilique était à trois corps.

L'emplacement du public et son architecture s'arrêtaient à un grand arc séparant la nef du chœur, ou du transept s'il y en avait. Cet arc s'appelait l'arc de triomphe.

Si l'emplacement du clergé, pour être suffisant, devait empiéter sur une partie de la nef, il en était toujours séparé par une balustrade élevée, telle que la célèbre clôture en marbre et mosaïque de Saint-Clément à Rome (fig. 942).

Lorsqu'il y avait un transept, il ne faisait pas en général partie de l'emplacement du public. Le transept n'avait pas de bas côtés; communiquant avec la nef par *l'arc de triomphe*, avec l'abside par un arc semblable — ou parfois plus grand — et avec les bas côtés, et les *absidioles* par des arcades moins hautes, il se présentait comme une nef perpendiculaire à la première, et comme elle, couverte par une charpente apparente à deux versants.

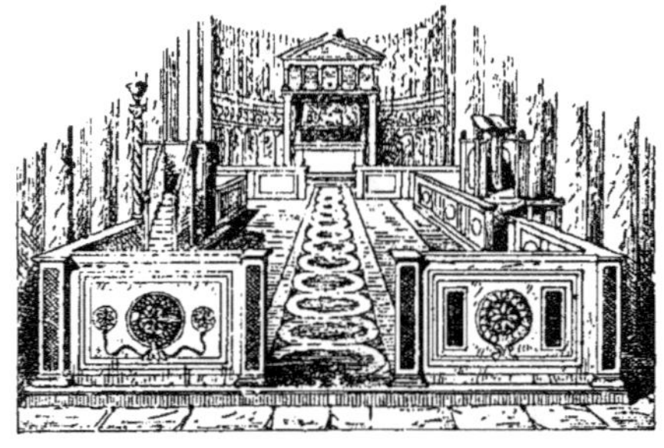

Fig. 942. — Clôture du chœur de la basilique Saint-Clément, à Rome.

La partie du clergé, prêtres, diacres, accolytes, se compose de l'abside avec, au centre, le grand autel élevé sur le tombeau du saint; lorsqu'il y a un transept, l'autel est en avant de l'abside, sous ce transept. L'officiant à l'autel regarde le peuple, il est donc au delà de l'autel, ainsi du reste que la coutume s'en est conservée en Italie.

Autour de l'abside sont disposés des gradins pour le clergé; au milieu, le siége de l'évêque.

Il n'y a aucun exemple de bas côtés ou de circulations quelconques pourtournant le chœur.

Dans ces anciennes basiliques, on ne voit apparaître encore ni la sacristie ni le clocher. Quant aux baptêmes, ils se faisaient en dehors de l'église, soit dans la cuve disposée au centre de la cour d'accès, soit dans un *baptistère*. Je vous reparlerai de ces édifices.

La décoration consistait principalement en peintures ou en mosaïques, sur les grandes surfaces nues qui existaient au-dessus des bas côtés et même entre les fenêtres de la nef. Il y en avait aussi dans la voûte des absides.

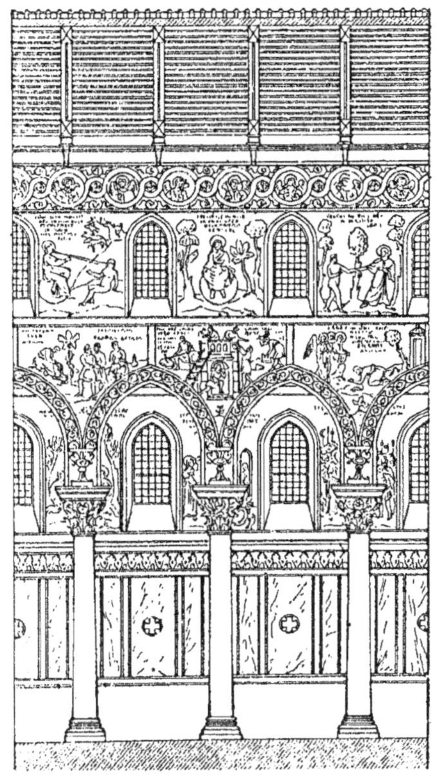

Fig. 943. — Mosaïques de la cathédrale de Montréale.

Remarquez toutefois que le mot « décoration » n'est pas ici le terme propre. Ces peintures, quel qu'en fût le procédé, répondaient plutôt à une idée de vulgarisation. C'était l'enseignement de l'histoire sacrée par les yeux. Il en existe de très remarquables, à Saint-Apollinaire de Ravenne, à la cathédrale de Montréale (fig. 943), etc.

Quant aux façades, elles étaient de la simplicité la plus absolue : les parois nécessaires, la clôture résultant de la construction, c'est tout. La plupart d'ailleurs ont été transformées ultérieurement ; peut-être celle de Saint-Laurent-hors-les-Murs (fig. 944) est-elle la plus propre, avec celle de Saint-Georges au Velabre (fig. 945), à donner une idée de ce que devait être l'aspect extérieur de ces églises primitives.

Je tiens enfin à vous signaler dès maintenant un fait caractéristique, très intéressant pour l'étude des églises. Il ne s'y

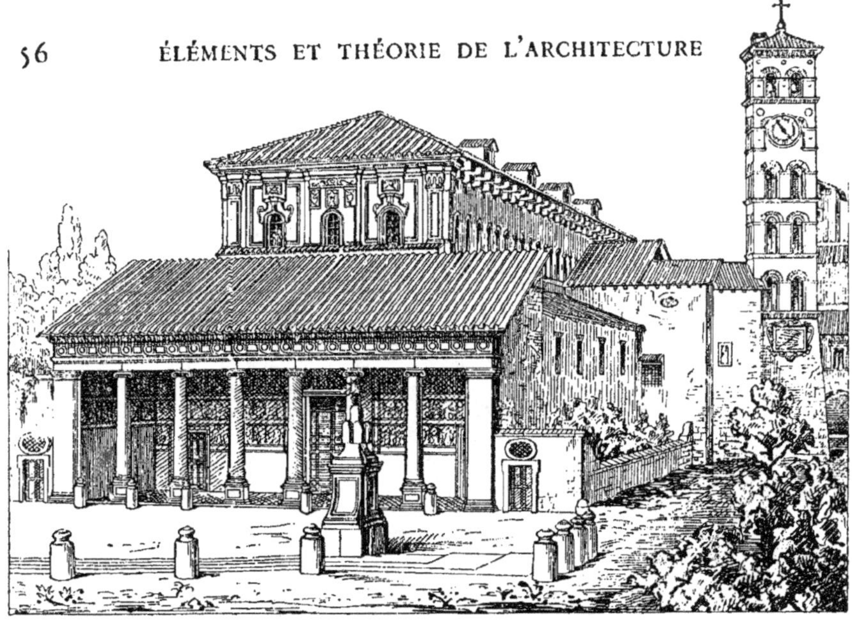

Fig. 944. — Façade de la basilique de Saint-Laurent-hors-les-Murs, près Rome.

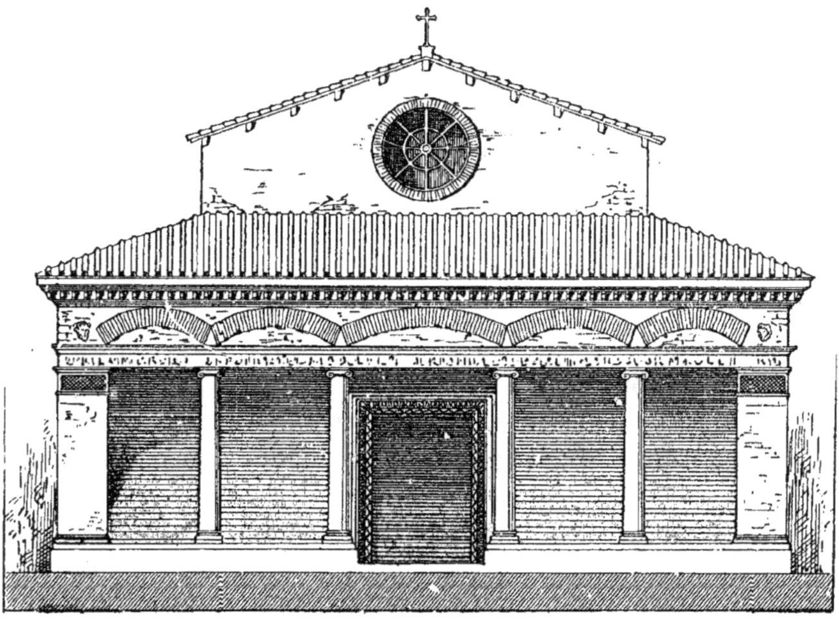

Fig. 945. — Façade de la basilique de Saint-Georges au Velabre, à Rome.

trouvait aucun siège pour les assistants : on était debout ou agenouillé, jamais assis. Aussi le pavage faisait partie intégrante de l'architecture, et se composait de riches compartiments et même de mosaïques de marbres durs, comme par exemple le beau pavage de Saint-Clément ; l'architecture pouvait descendre jusqu'au sol, sans être masquée par des bancs ou des sièges. Cet usage s'est perpétué dans la plupart des églises d'Italie, et certainement en France et ailleurs, jusqu'à une époque relativement moderne. Il y aurait évidemment à tenir compte de cette différence d'habitudes dans l'étude de nos églises modernes où les bancs ou les chaises sont d'un usage constant.

Pendant que les églises basilicales d'Italie et d'Occident étaient élevées conformément à ce type de la Basilique civile des Romains, il se construisait en Asie, et spécialement en Syrie, des églises qui rappelant ces basiliques comme disposition générale s'écartaient de la structure de leur modèle : on peut même dire que c'est en Syrie que la Basilique chrétienne a réalisé un art propre : c'est assurément toujours de l'architecture gréco-romaine dans ses éléments, mais avec une étude plus indépendante.

Je vous ai montré que les basiliques chrétiennes de Rome et leurs analogues reproduisaient absolument le plan des basiliques romaines ; que lors même que l'arc se substituait à la plate-bande pour fermer les colonnades séparant la nef des bas côtés, la proportion des entre-colonnements restait quand même celle de l'ordre antique à entablements rectilignes. Les basiliques syriennes au contraire — dont l'antiquité est la même — restituent à l'arcade sa véritable fonction de large ouverture.

Ainsi, dans la basilique de Bagouza (fig. 946 et 947), tandis qu'il y a treize travées de charpente apparente (12 fermes et deux pignons), la nef est séparée des bas côtés par six arcades

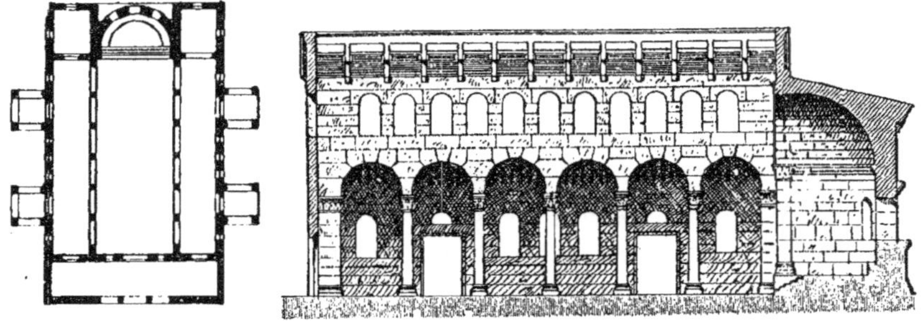

Fig. 946. — Basilique de Bagouza. Plan et coupe longitudinale.

dont la proportion n'est plus aucunement celle d'un portique de colonnade antique.

Dans la basilique de Qalb-Louzeh (fig. 948, 949 et 950), la disposition est plus différente encore. Il y a aussi treize travées

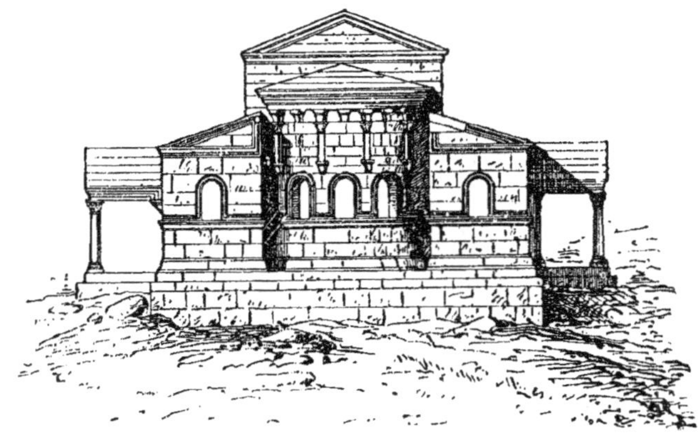

Fig. 947. — Basilique de Bagouza. Façade postérieure.

de charpente apparente, et onze fenêtres, les deux travées d'extrémité étant pleines. Mais entre la nef et les bas côtés, il n'y a plus que trois grandes et larges arcades retombant sur des piliers rectangulaires. La disposition de retombée des fermes de charpente est fort curieuse : au-dessus des arcades règne un cordon qui reçoit sous chaque travée de ferme un

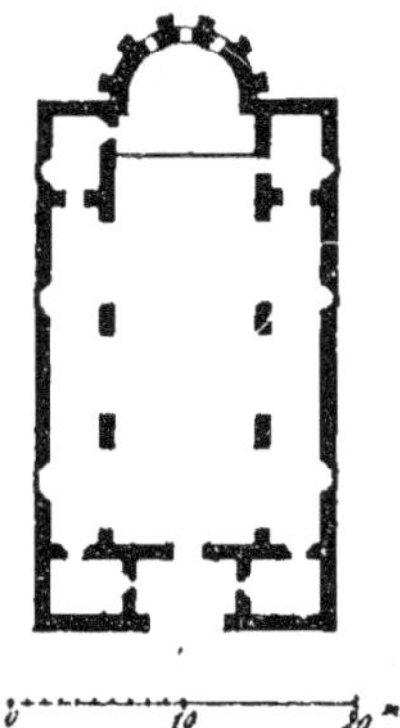

Fig. 948. — Basilique de Qalb-Louzeh. Plan.

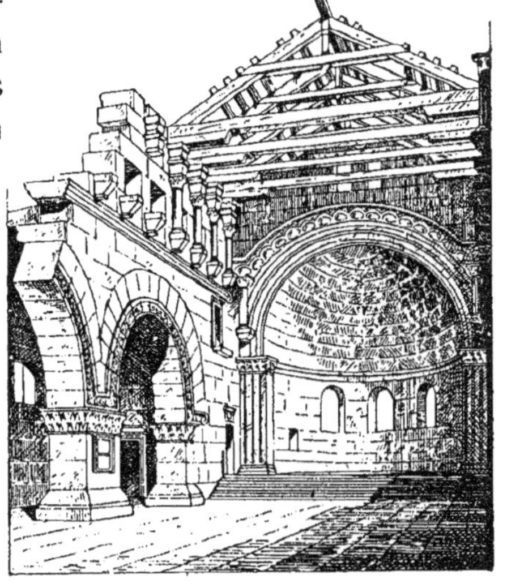

Fig. 949. — Basilique de Qalb-Louzeh. Vue intérieure.

corbeau en pierre; sur ces corbeaux se placent de petites colonnes dégagées, en saillie par conséquent sur le mur, et dont l'entablement profilant forme à son tour un second corbeau qui supporte l'extrémité de l'entrait. Cette disposition très intéres-

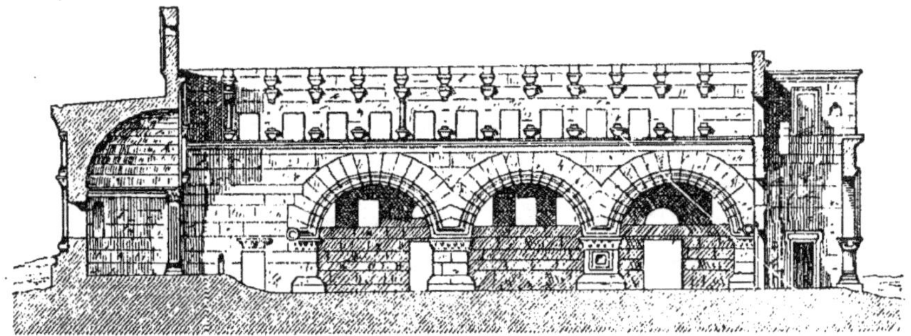

Fig. 950. — Basilique de Qalb-Louzeh. Coupe longitudinale.

sante n'est pas sans analogie avec les encorbellements du Colisée et des amphithéâtres antiques sur lesquels venaient se placer les poteaux de soutien du *velum*; c'est en quelque sorte cette disposition antique reportée de l'extérieur à l'intérieur.

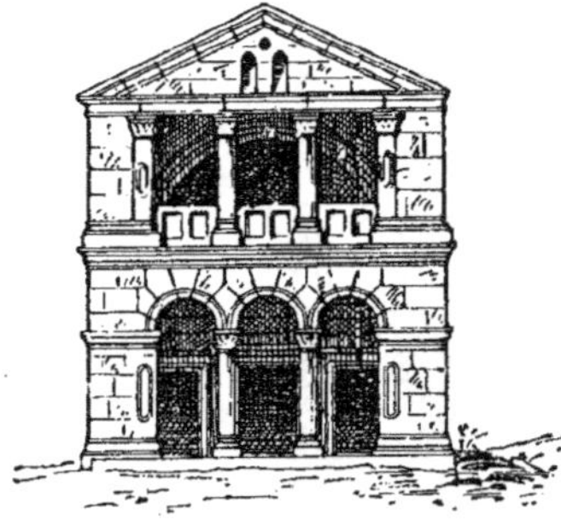

Fig. 951. — Église de Babouda.

Dans ces basiliques syriennes, toujours précédées d'un vestibule ou portique, on trouve en façade la *loggia* supérieure au-dessus de ce portique. Ainsi, la façade de la petite église de Babouda (fig. 951) se compose de trois arcades sur colonnes, avec larges piédroits rectangulaires aux extrémités, et au-dessus, d'un portique de trois entre-colonnements en plates-bandes, surmontées d'un fronton.

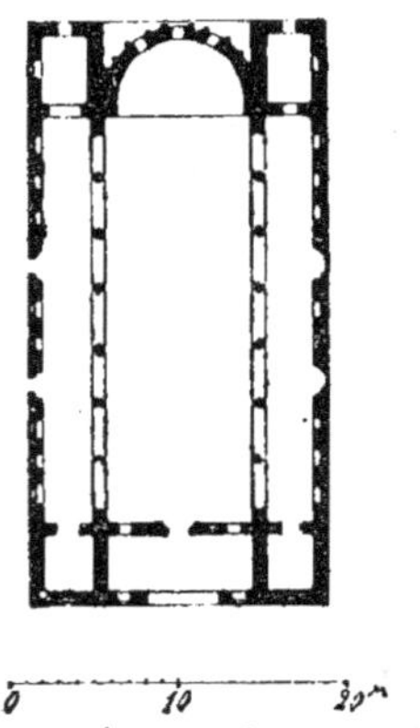

Fig 952. — Église de Tourmanin. Plan.

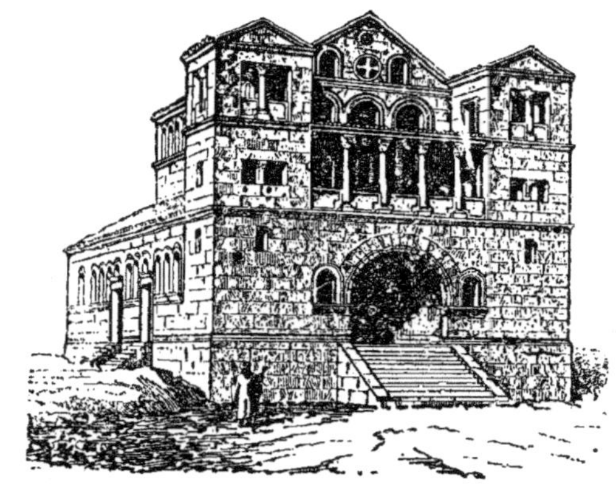

Fig. 953. — Église de Tourmanin. Façade.

La proportion en a toute l'élégance de l'architecture antique. La façade de l'église de Tourmanin (fig. 952 et 953) est plus intéressante encore. L'édifice est plus important; on y accède par un porche en plein cintre, au haut d'un perron en rampe douce.

Au-dessus de ce porche est une élégante tribune de cinq entre-colonnements comprise entre deux clochers; le pignon de l'église apparaît en arrière de la tribune qui est couverte en terrasse. On se trouve bien en présence des traditions de l'architecture antique avec toute sa simplicité.

L'étude de cette architecture des églises de Syrie est très intéressante et instructive. C'est toujours la basilique ; mais soit parce qu'on n'avait pas ici les modèles sous les yeux, soit qu'il se fût conservé dans ce pays l'esprit de la construction antique plutôt qu'une imitation irréfléchie, il est permis de penser que la vraie tradition de logique et de proportion qui caractérise l'architecture antique se manifeste ici dans sa pureté.

CHAPITRE V

LES ÉGLISES CHARPENTÉES

(Suite.)

SOMMAIRE. — Les charpentes apparentes au moyen-âge. — Disparition des tribunes. — Le *triforium*.
Les charpentes apparentes en Italie. — Églises de Sicile, de Toscane, etc. — Églises plafonnées.
L'église charpentée ou plafonnée et les exigences modernes.

Il n'est pas douteux que de nombreuses églises couvertes par des charpentes apparentes ont été construites en France et dans l'Occident; quelques-unes subsistent au moins dans leur gros-œuvre. Dans les plus anciennes, telles que l'église de Vignory (fig. 954 et 955), l'art est timide et rustique. C'est un des plus anciens exemples d'église où les bas côtés se prolongent en ceinture semi-annulaire autour du chœur, ouvrant sur trois chapelles rayonnantes en absides.

Là, par une disposition assez singulière, due sans doute à la timidité du constructeur et analogue d'ailleurs au parti des arcades de la mosquée de Cordoue, la nef est séparée des bas côtés par une série d'arcades surmontées chacune de deux arcs plus petits. L'aspect de la nef pourrait donc faire croire à l'existence de tribunes, tandis que ces superpositions d'arcades correspondent seulement à la hauteur des bas côtés.

Mais bientôt l'architecture devient plus hardie, et entre divers exemples qui feraient double emploi, nous nous arrêterons à l'église abbatiale du Mont Saint-Michel (fig. 956 et 957).

La grande nef était couverte par une charpente apparente, toutefois avec plafond à la hauteur du faux-entrait des fermes (Restauration par M. Ed. Corroyer). Les bas côtés seuls sont voûtés en voûtes d'arête, ainsi que le chœur.

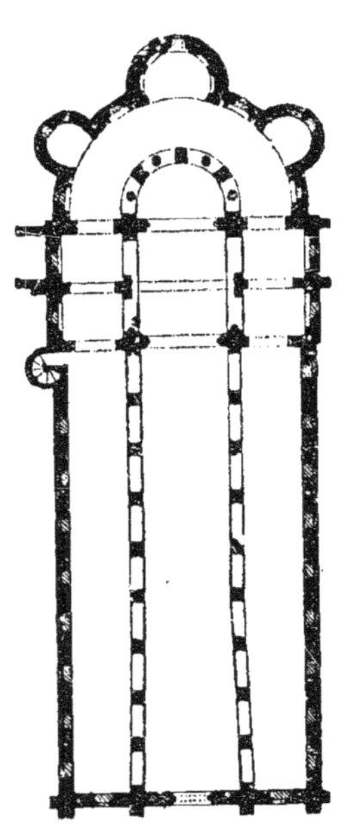

Fig. 954. — Église de Vignory. Plan.

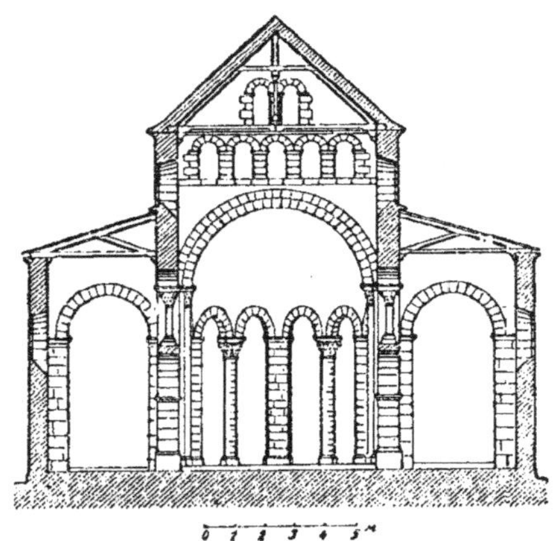

Fig. 955. — Église de Vignory. Coupe transversale.

Dans cette église, vous pouvez remarquer un des plus anciens exemples du *triforium*, série de petites arcades diversement disposées, pratiquées dans le mur de la nef entre les arcs des bas côtés et les fenêtres supérieures, vers le milieu de la hauteur totale. Expliquons-le.

Si vous considérez la coupe transversale d'une église à bas côtés, la disposition la plus logique consiste à couvrir les bas côtés par une toiture en appentis. L'adossement de cette toiture contre le mur de la nef exige donc une hauteur assez grande entre le sommet des arcades ouvrant sur les bas côtés, et la partie supérieure du mur où celui-ci, devenant mur extérieur, peut recevoir les fenêtres qui éclaireront la nef. Dans les

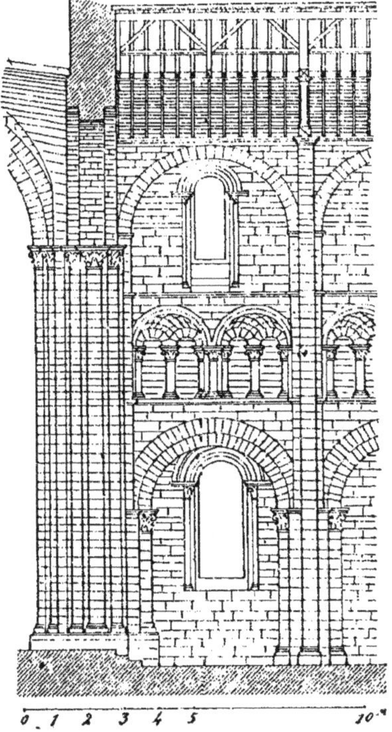

Fig. 956. — Église charpentée du Mont-Saint-Michel. Coupe longitudinale.

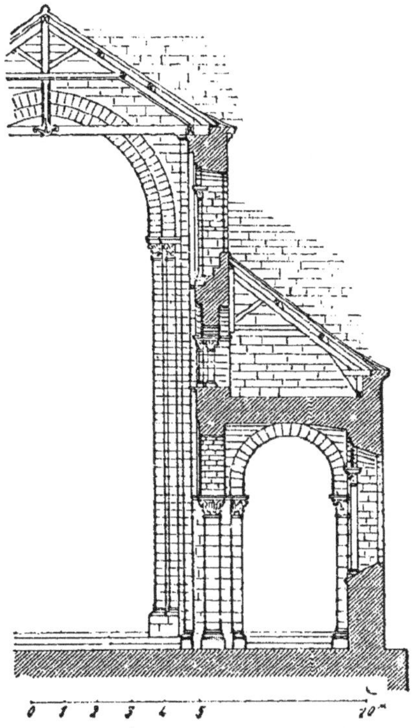

Fig. 957. — Église charpentée du Mont-Saint-Michel. Coupe transversale.

anciennes basiliques, cet espace intermédiaire resté plan, était décoré de peintures ou de mosaïques, et se trouvait au-dessus des tribunes lorsqu'il y en avait.

Plus tard, dans les églises de l'époque dite *romane* et au début de l'art *gothique* lui-même, on retrouve souvent cette disposition : entre les arcades séparant la nef des bas côtés et les fenêtres éclairant la nef, il se trouve un espace nu, divisé en travées, et dont la hauteur est égale à celle de l'adossement des combles des bas côtés. Cela se voit aussi bien dans des églises voûtées que dans des églises charpentées. Pour nous en tenir à ces dernières, je puis vous citer comme exemple l'église de Vailly (fig. 958 et 959), très simple, dont la nef est couverte par une

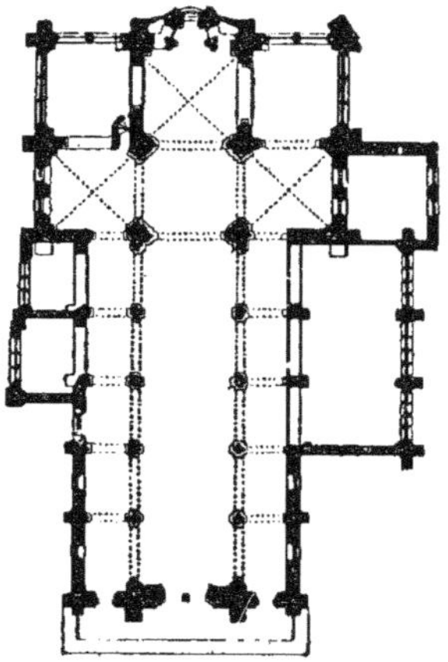

Fig. 958. — Église de Vailly. Plan.

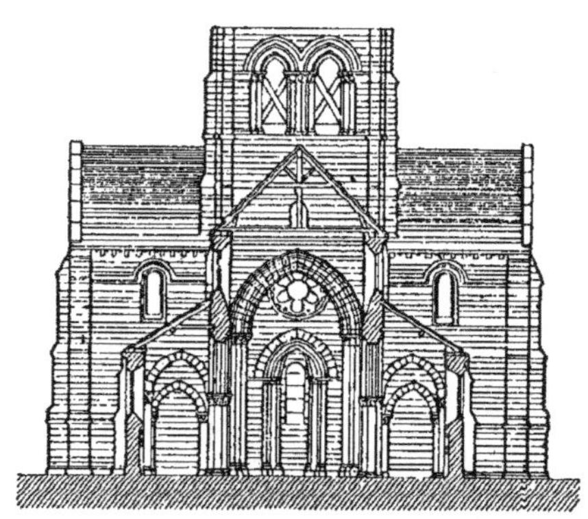

Fig. 959. — Église de Vailly. Coupe transversale.

charpente apparente. L'église de Saint-Generoux (Deux-Sèvres) (fig. 960 et 961) présente même une disposition particulière : la nef et les bas côtés sont couverts par une seule et même charpente : c'est donc un comble à deux versants, superposé à une salle triple en largeur. Les rangées longitudinales des piliers séparant la nef des bas côtés forment, au-dessus des arcs, un mur qui s'arrête au même niveau que les murs latéraux, et les fermes de charpente sont supportées, au-dessus des piliers, par des poteaux en bois reposant sur ce mur de refend : disposition que je vous signale plutôt à titre de curiosité, pour vous faire voir que le parti des églises charpentées peut se prêter à des variétés multiples.

L'usage des tribunes ayant en partie disparu, à mesure probablement que la séparation des sexes n'a plus été une règle canonique, on a dû reconnaître l'utilité cependant d'une circulation permettant la surveillance de l'édifice et son entretien, la suspension des tentures, etc. De là cette galerie de service, dont l'art a su tirer un très heureux parti. Joignez-y la volonté, très manifeste déjà dans les monuments les plus parfaits de l'architecture romane, de restreindre le cube et le poids de la maçonnerie là où la charge n'est pas une nécessité de la construction, et vous aurez l'explication de ces

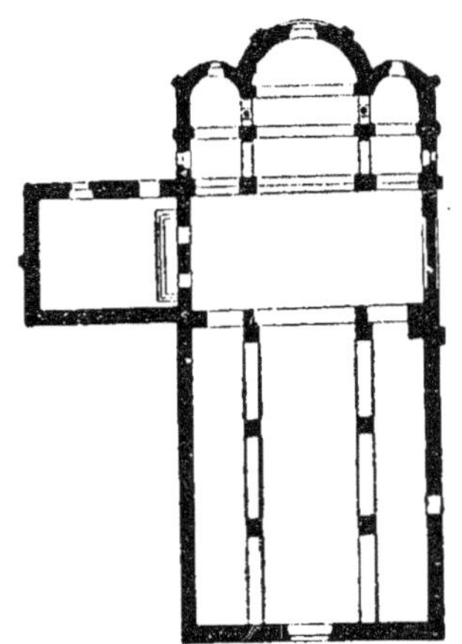

Fig. 960. — Église Saint-Generoux. Plan.

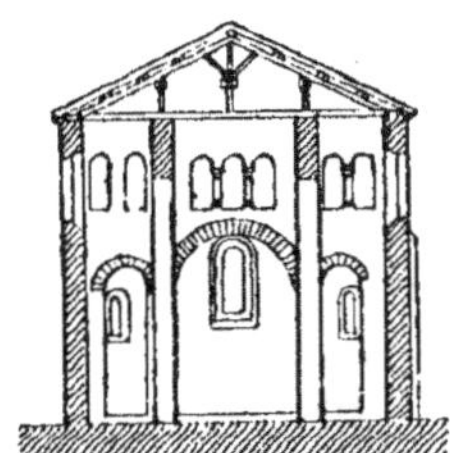

Fig. 961. — Église Saint-Generoux. Coupe transversale.

galeries de *triforium* dont l'usage est devenu bien vite général. A l'église du Mont Saint-Michel, le *triforium* ne sert pas à éclairer, il ne devait pas servir non plus à placer une partie de l'assistance, car il ouvre sous un simple grenier, différant en cela de ceux qui sont la façade d'une véritable tribune, comme à l'église de Cérisy-la-Forêt (fig. 962 et 963), dont les anciennes charpentes ont disparu, et encore dans cette dernière existe-t-il une galerie de service au-dessus des tribunes; mais l'adossement des toitures en appentis a conduit à diminuer la hauteur des fenêtres de la nef par une haute allège : motif moins franc certainement que celui du Mont Saint-Michel. Des partis analogues existent dans diverses églises de la même période, notamment en Angleterre.

Il faut reconnaître d'ailleurs que ces églises sont, à part les voûtes elles-mêmes, assez analogues à des églises voûtées; ce n'est plus la construction légère — au bon sens du mot — des

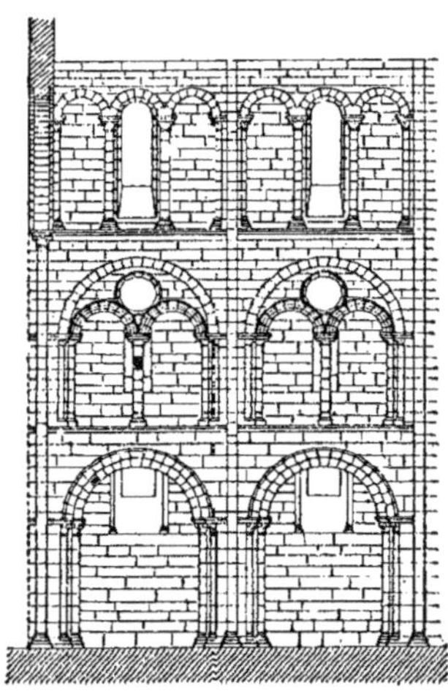

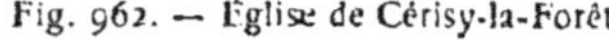

Fig. 962. — Église de Cérisy-la-Forêt.

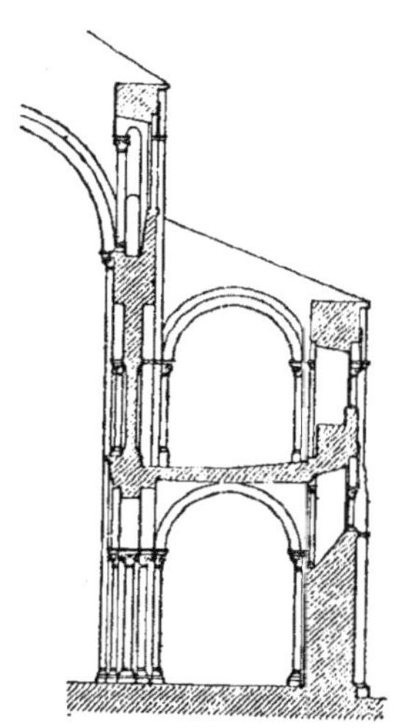

Fig. 963. — Église de Cérisy-la-Forêt.

anciennes basiliques dont le plan ne permet que la charpente apparente ou le plafond : le plan de l'église du Mont Saint-Michel est à bien peu de chose près un plan d'église voûtée. En France, en Allemagne, en Angleterre, en Belgique, l'église à charpente apparente a été la pratique à peu près constante tant qu'on n'a pas osé faire des voûtes; puis, lorsque l'architecture a été assez sûre d'elle-même pour aborder la voûte, on a renoncé définitivement aux charpentes apparentes; et si plus tard des églises, conçues pour la voûte, n'ont reçu que des charpentes ou des voûtes en bois, il semble bien que ce soit la pénurie d'argent qui seule ait motivé cette pratique, dont on voit notamment de nombreux exemples en Bretagne.

Et ce n'a pas été là une simple mode ou une fantaisie; certes, les architectes des XIe ou XIIe siècles, qui étaient très informés de ce qu'on faisait ailleurs, notamment en Orient, avaient l'aspiration de couvrir aussi leurs églises par la voûte, plus monumentale et plus durable; mais on a dû surtout renoncer aux anciens errements pour deux motifs impérieux : les incendies fréquents surtout à l'époque des invasions des Normands, qui détruisaient facilement par le feu des édifices aussi combustibles; et le froid qui devait rendre l'usage de ces églises pénibles pendant les hivers rigoureux.

Cependant on n'est pas passé subitement de l'église charpentée à l'église voûtée : les évolutions artistiques n'ont pas de ces changements à vue. En réalité, tandis que déjà dans certaines régions l'église voûtée était de pratique constante, d'autres pays conservaient encore la tradition de la charpente, et la conservaient jusque dans les voûtes : il y a en effet de nombreux exemples de voûtes en bois, comme vous pouvez en voir dans votre École même, à la *chapelle*.

Ainsi, il est intéressant de voir, dans l'église bretonne de Loctudy (fig. 964) une construction mixte qui emploie les deux éléments. Dans ce pays de granit, où les voûtes auraient été très pesantes, on n'a fait en maçonnerie que les arcs transversaux; d'un arc à l'autre, le berceau est en bois.

Mais en général, on a voulu profiter de l'emploi du bois pour réaliser cette forme cylindrique sans avoir les inconvénients de la poussée. On dispose alors des fermes avec tirants et poinçons, et les *cerces* de la voûte sont attachées à des pannes : c'est en quelque sorte un comble à deux surfaces, l'une en dessous cylindrique, l'autre en dessus en plans inclinés. Ce berceau intérieur, en faisant double enveloppe, a l'avantage de défendre

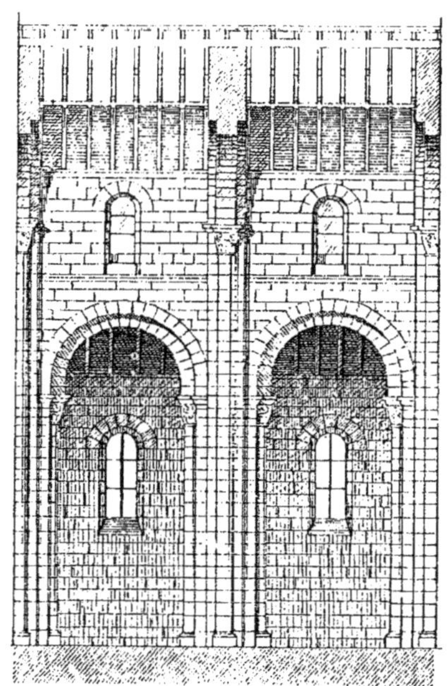

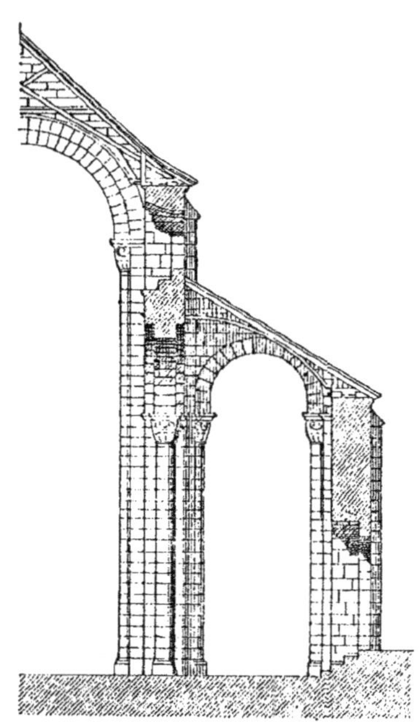

Fig. 964. — Église de Loctudy.

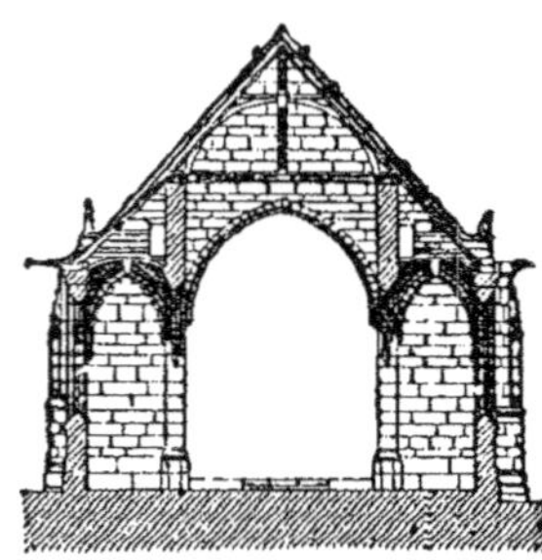

Fig. 965. — Église d'Appeville. Coupe transversale.

l'église contre le chaud ou le froid mieux que ne peut le faire une paroi unique. Comme exemple de cette disposition, je vous citerai l'église de Gonesse, près de Paris, que vous pouvez facilement voir.

La même forme de ferme se retrouve aussi dans les églises où il n'y a pas de paroi cylindrique; c'est alors tout sim-

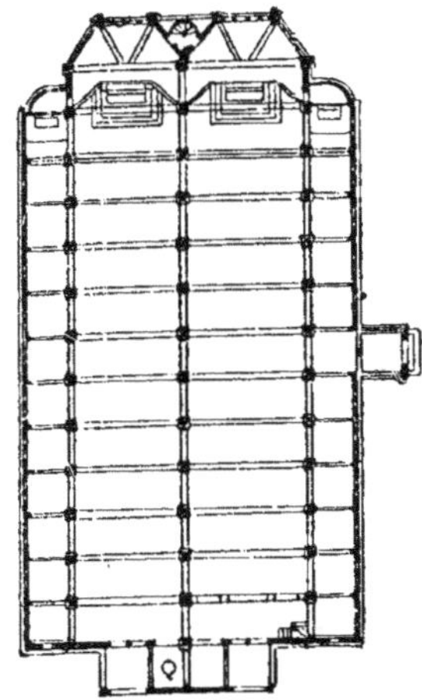

Fig. 966. — Église de Honfleur. Plan.

plement une disposition de ferme de charpente comprenant un arbalétrier avec demi-cercle inscrit dans le triangle. Telle est entre autres l'église d'Appeville (fig. 965) dans l'Eure, ou plutôt

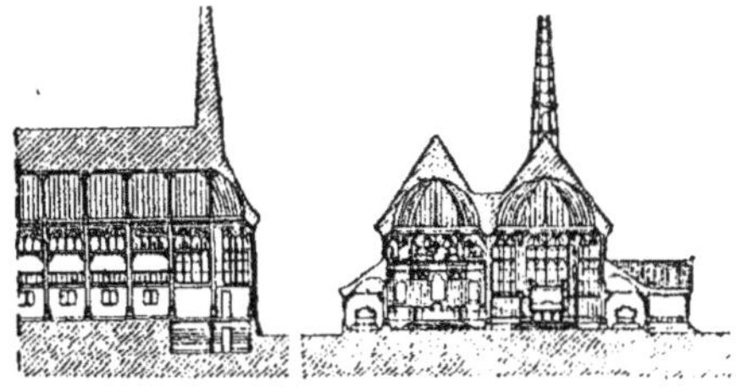

Fig. 967. — Église de Honfleur. Coupes longitudinale et verticale.

telle était cette jolie église avant qu'on n'eût rajouté des voûtes en dessous de cette charpente apparente.

Enfin, je vous montrerai l'église très intéressante de Sainte-Catherine à Honfleur (fig. 966 967, et 968). Elle est entièrement en bois — la Normandie, vous le savez, a été longtemps le pays par excellence des pans de bois. L'église se compose de deux nefs accouplées, séparées par un pan de bois longitudinal; l'étude de toute cette charpente aussi bien à l'intérieur qu'au

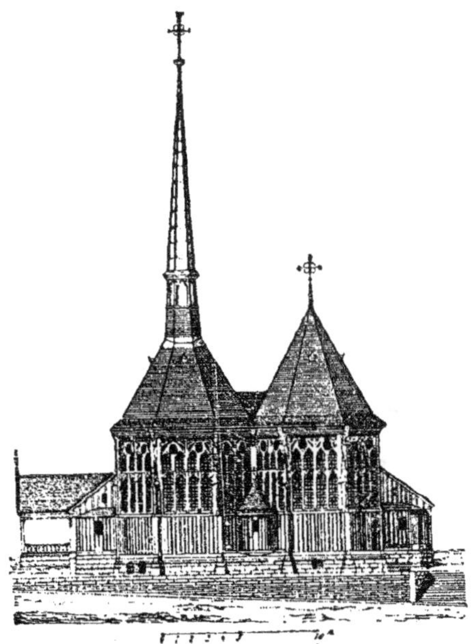

Fig. 968. — Église de Honfleur. Façade de l'abside.

dehors, abside ou façades latérales, est très remarquable et mérite d'être étudiée avec respect.

En Italie au contraire, l'architecture des églises à charpente apparente a coexisté avec celle des églises voûtées; elle s'est continuée jusqu'à la Renaissance et au delà, sauf en dernier

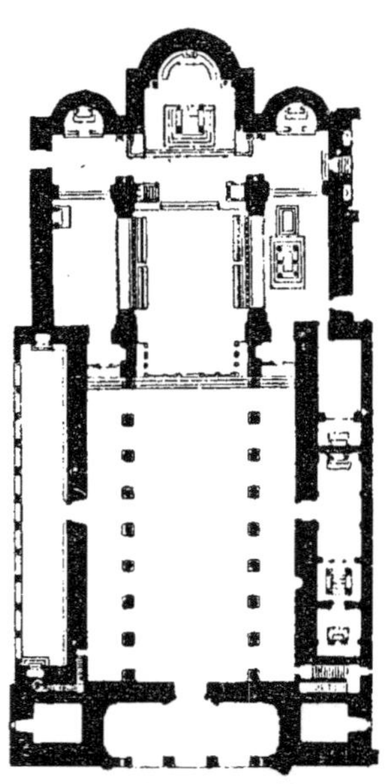

Fig. 969. — Cathédrale de Montréale. Plan.

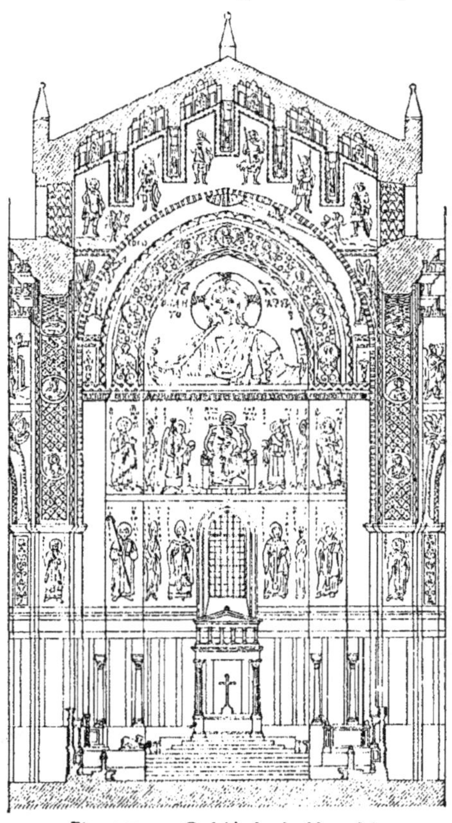

Fig. 970. — Cathédrale de Montréale. Coupe transversale sur le transept.

lieu la substitution du plafond à la charpente visible.

Le plus bel exemple, le plus monumental, d'une église à charpente apparente est, à mon avis, la cathédrale de Montréale en Sicile (fig. 969, 970 et 971). Bien que la charpente elle-même soit moderne — simple restitution d'ailleurs de ce qui existait — on peut considérer que cette église se présente à nous telle qu'elle a été conçue par son auteur. Sur un portique de bas côtés formés d'arcs *brisés* (arcs *ogivaux*) portés par des colonnes de marbre, portique d'une belle proportion, s'élèvent les murs de la

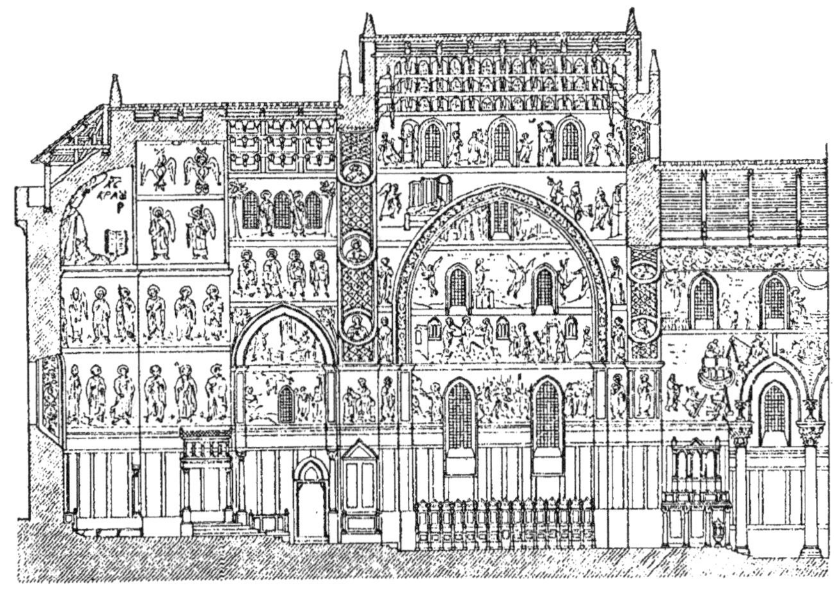

Fig. 971. — Cathédrale de Montréale. Coupe longitudinale.

nef recouverts de belles mosaïques en dessous et autour des fenêtres. Une charpente apparente, décorée de peinture, couvre la nef. A l'entrée du transept, un magnifique arc-doubleau — l'arc de triomphe des basiliques — est décoré de mosaïques qui en font ressortir la mâle puissance; un arc semblable mais plus élevé ouvre le chœur, grande abside monumentale du plus bel effet. Le transept est couvert aussi en charpente apparente, mais par une disposition de grandes poutres ou pannes, entre lesquelles sont disposés des compartiments fortement accentués sous la toiture. Les coupes vous rendront compte de la conception de ce bel édifice, remarquable d'ailleurs par sa grandeur et la simplicité majestueuse de ses proportions. C'est assurément un des plus beaux monuments de l'architecture religieuse.

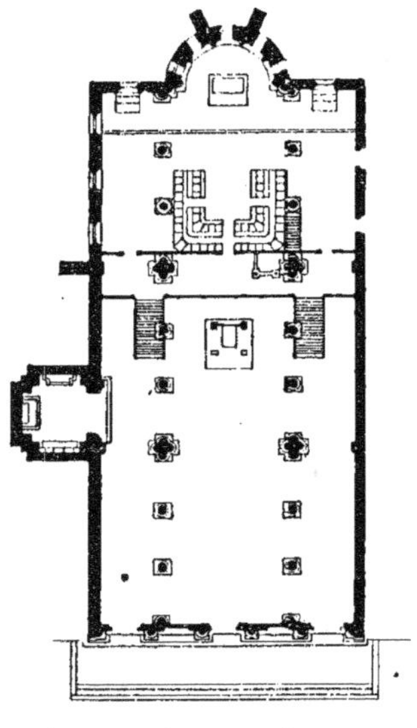

Fig. 973. — Église de San-Miniato, à Florence. Plan.

La cathédrale de Messine est aussi couverte par une charpente apparente, richement décorée de peintures. Il s'y trouve une disposition particulière : sur les entraits des fermes on a pratiqué un passage dans le sens de la longueur de la nef : de cette disposition évidemment inspirée par le souci de faciliter le service et l'entretien des charpentes, l'art a su tirer un parti décoratif remarquable.

En Toscane et dans l'Italie centrale, il existe des monuments exquis de cet

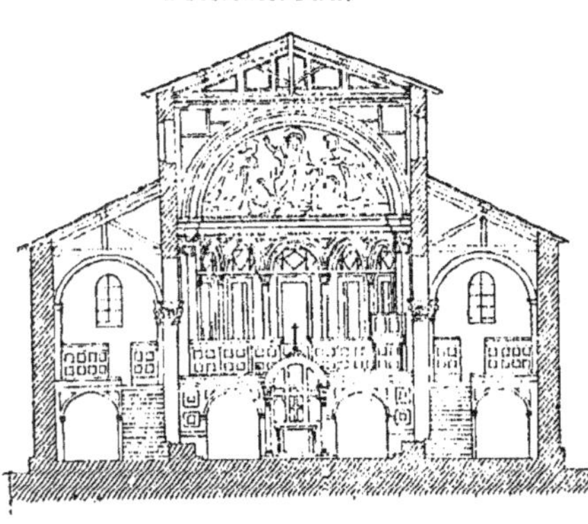
Fig. 974. — Église San-Miniato, à Florence. Coupe transversale.

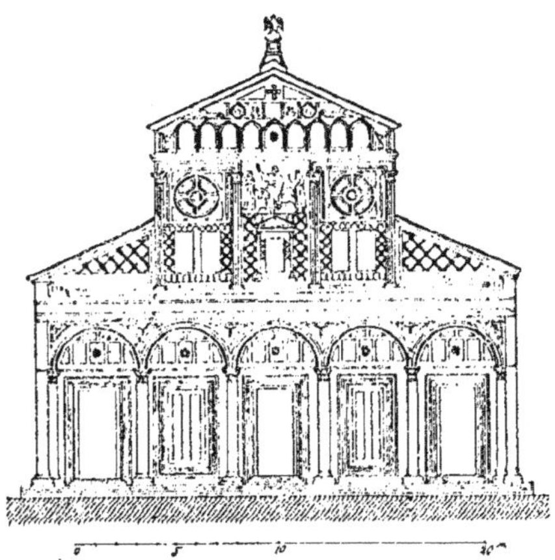
Fig. 975. — Église San-Miniato, à Florence. Façade.

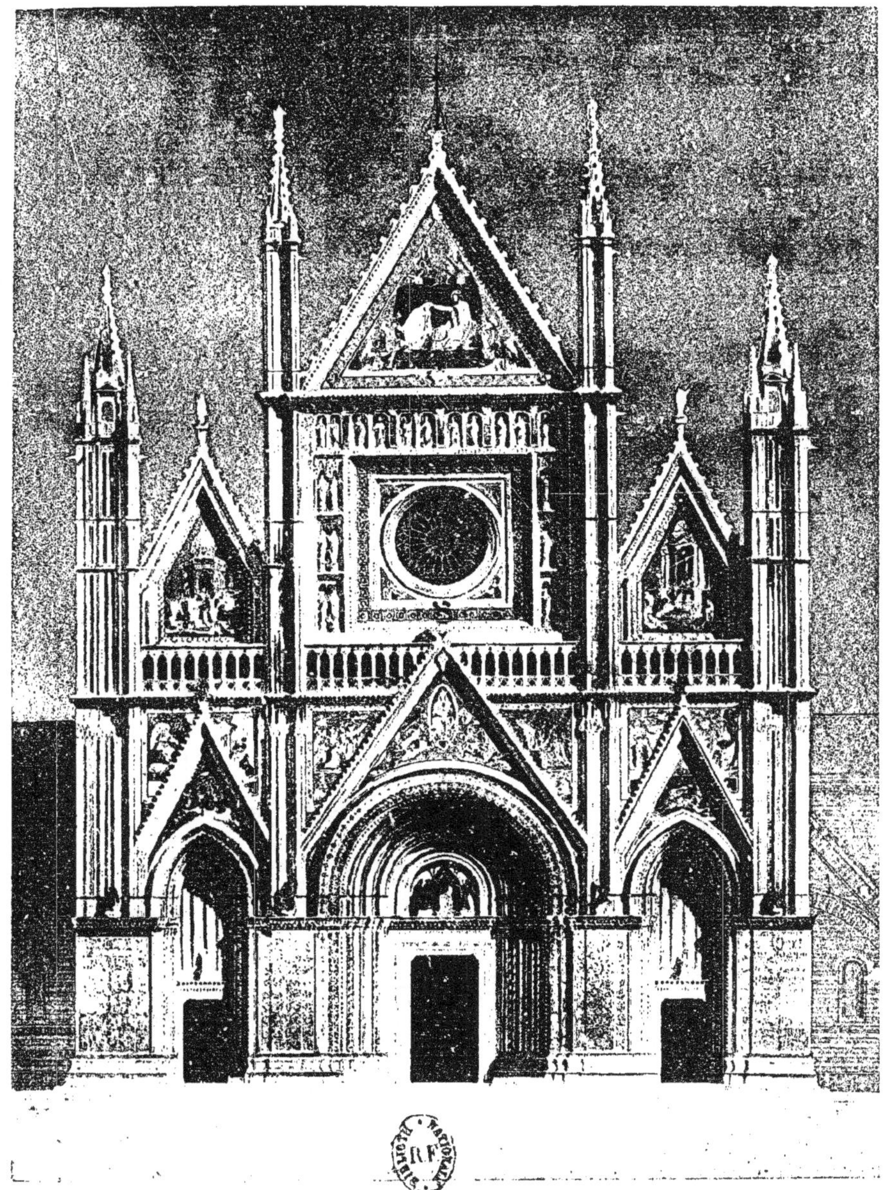

Fig. 972. — Dôme d'Orvieto.

art élégant : le dôme d'*Orvieto* (fig. 972), dont la façade, d'un merveilleux travail de marbrerie et de mosaïque, n'est malheureusement qu'un placage sans rapport avec la coupe, les églises de *Prato* et de *Pistoia*, et surtout l'église de *San Miniato* à Florence (fig. 973, 974 et 975). En Vénétie, à Vérone, l'église Saint-Zénon (fig. 976, 977 et 978, d'un art très pur, est encore une église charpentée, mais avec une voussure en bois d'une disposition particulière.

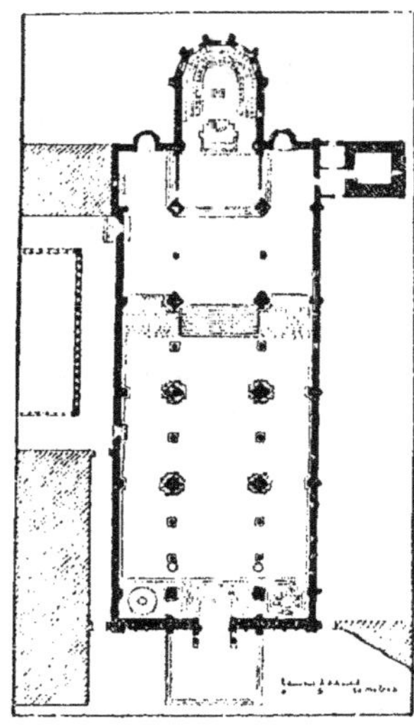

Fig. 976. — Église Saint-Zénon, à Vérone. Plan.

La disposition de la nef est toujours à peu près la même, avec un sens parfait des proportions. Mais à *San-Miniato*, le chœur est très relevé au-dessus d'une crypte ou *Confession* (V. plus haut, vol. I, fig. 423, p. 523); l'autel domine donc la nef de plusieurs mètres, et des perrons monumentaux mettent la nef en communication avec le chœur et avec la

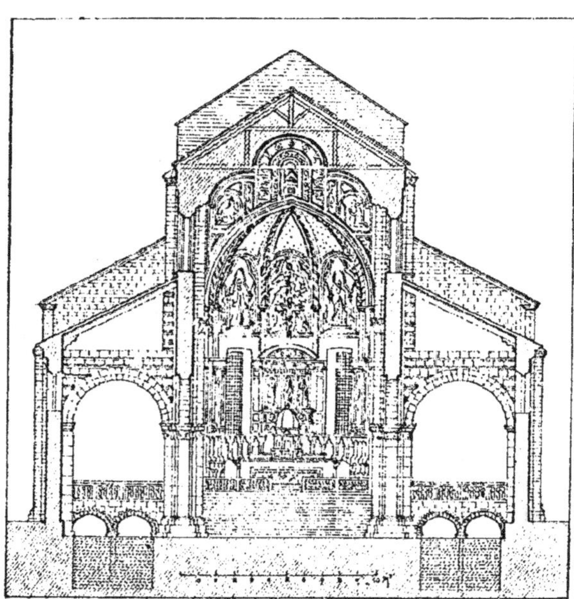

Fig. 977. — Église Saint-Zénon. Coupe.

crypte. Cette disposition est du plus bel effet, et il faut que vous ajoutiez par la pensée au tracé des coupes la vision de l'effet

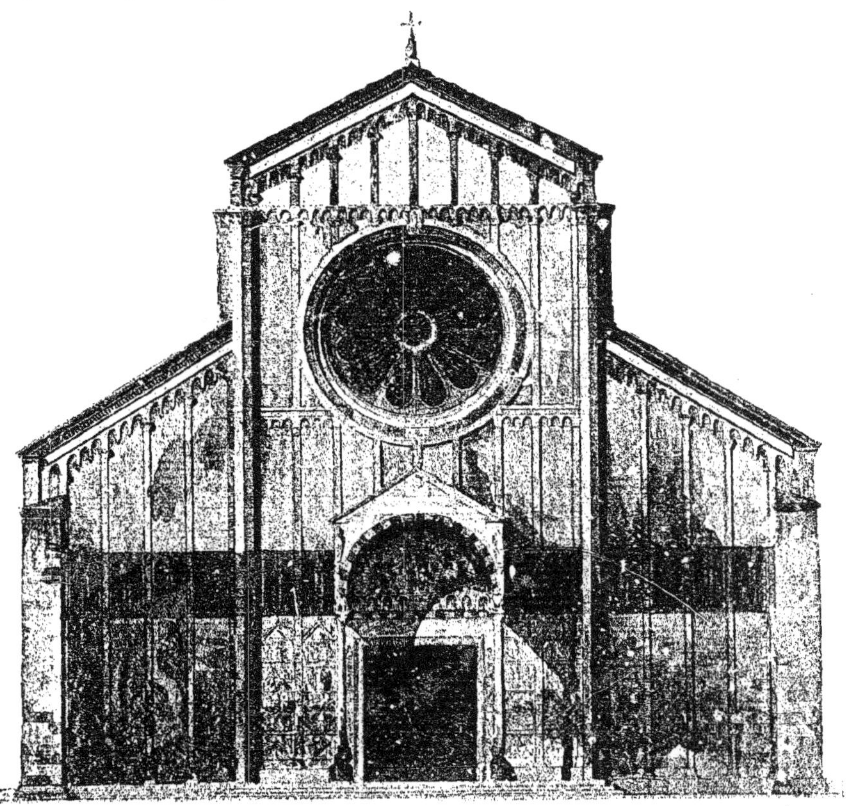

Fig. 978. — Église Saint-Zénon, à Vérone. Façade.

perspectif de ce monument d'un art exquis. Qui dit Florence dit l'impeccable élégance de la mesure et du goût.

Puis, l'Italie a abandonné la charpente apparente pour le plafond. Peut-être a-t-on voulu interposer une double paroi pour la défense de l'église contre le chaud et le froid, peut-être est-ce seulement le goût qui s'est modifié, je l'ignore. Les deux modes ont dû d'ailleurs exister simultanément, et déjà à une époque assez ancienne, sous la domination des Normands en Sicile, nous trouvons un très curieux et très bel exemple d'une église plafonnée : c'est la chapelle Palatine de Palerme. C'est là d'ailleurs un monument assez exceptionnel : édifice chrétien, à la fois byzantin et arabe. En plan, et comme structure, c'est une petite basilique ; mais, sans parler de divers détails d'ornementation dans ses revêtements de mosaïques de marbre, le plafond de la nef est purement arabe. Un antiquaire m'a même fait connaître que les inscriptions, en caractères arabes, qu'on voit dans le plafond autour des caissons, sont des versets des Évangiles. Le fait est au moins curieux.

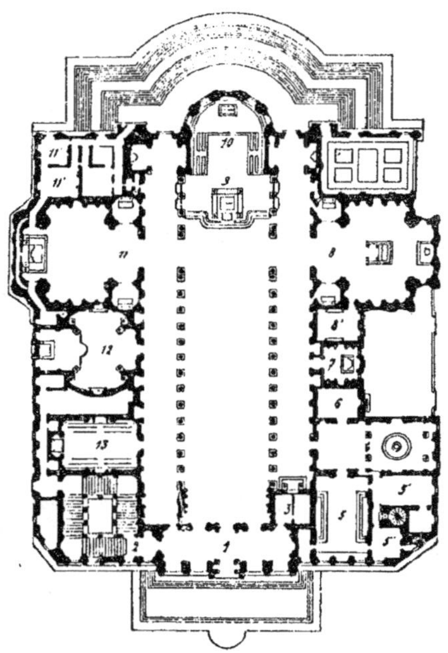

Fig. 979. — Église Sainte-Marie-Majeure, à Rome. Plan.

1, vestibule principal. — 2, escalier de la loge de la bénédiction. — 3, clocher. — 4, baptistère. — 5,5, sacristie et dépendances. — 6, petit vestibule. — 7, chapelle du Crucifix. — 8,8, chapelle de Sixte V et dépendances. — 9, grand autel de la Confession. — 10, chœur et abside. — 11,11, chapelle de Paul V et dépendances. — 12, chapelle Sforza servant de chœur. — 13, chapelle Cesi, aujourd'hui Massimi.

Cette chapelle, d'une proportion très élégante, et d'une très grande richesse, est une merveille de couleur : peut-être à vrai dire doit-elle en partie cette richesse d'aspect à ce fait que des constructions postérieures en ont aveuglé un côté, et qu'elle ne reçoit plus guère qu'en éclairage unilatéral.

Les autres églises plafonnées que je pourrais vous citer sont souvent des transformations d'anciennes églises à charpentes apparentes; telle est certainement la grande église de Sainte-Marie-Majeure à Rome (fig. 979), dont la disposition reste celle d'une admirable basilique; telle a dû être, mais modifiée à plusieurs reprises, la cathédrale de Rome, Saint-Jean-de-Latran; telle sans doute l'église d'*Ara-Cœli*. Quelques-uns de ces plafonds sont magnifiques, notamment celui de l'*Ara-Cœli*. C'est de la grande décoration italienne, riche et pompeuse; ce n'est plus l'art antique des églises austères. Au catholicisme triomphant et dominateur, riche et magnifique dans ses mœurs, il fallait sans doute un art plus pompeux : cet art qui allait affirmer dans Saint-Pierre de Rome la prééminence sans rivale de la Papauté, devait substituer la richesse et l'éblouissement à l'antique simplicité. Chaque évolution de l'architecture s'explique par un état social; chaque phase de l'architecture religieuse a bien été telle que le commandait la conception religieuse de chaque époque.

Et maintenant, examinons à notre point de vue moderne les conséquences de l'adoption de ce parti d'églises à charpentes apparentes ou à plafonds.

Ce mode de construction se prête aussi bien que la voûte à tous les besoins de nos églises. Dans un parti comme dans l'autre, on peut réaliser telle disposition qu'on désire pour la nef, les bas côtés, le chœur, les chapelles, les sacristies, etc. J'ajouterai qu'une étude intelligente et consciencieuse, et le sens juste des expressions artistiques permet aussi de donner à ces édifices un caractère religieux élevé. Toutefois, dans nos habitudes françaises telles que les ont faites huit siècles de traditions constantes, l'idée d'église appelle plutôt la voûte; l'église plafonnée ou charpentée étonne sinon l'architecte, au moins la masse du public, et il y a quelque besoin d'expliquer, je dirais presque d'excuser, cette conception insolite en faisant connaître qu'elle s'autorise des exemples les plus vénérables.

Quoi qu'il en soit, l'église sans voûtes aura sa raison d'être légitime dans certaines circonstances; car elle a le mérite incontestable d'être économique. Pour un grand nombre de fidèles, et pour une dépense relativement faible, vous pourrez construire très dignement une église charpentée, alors que vous ne pourriez pas faire une église voûtée, ou que tout au moins vous ne pourriez la faire que grâce à des expédients que le véritable artiste ne subit pas : le trompe-l'œil mesquin et précaire des apparences substitué à la saine réalité de la construction nécessaire. Rien n'est lamentable comme les églises en volige ou en carreaux de plâtre cherchant à singer la loyale construction de nos cathédrales.

Mais l'église charpentée, en dehors de toute question esthétique ou de tradition, a ses inconvénients inévitables. Elle est froide — ou chaude — parce que sa construction est mince, et parce que de très grandes surfaces de refroidissement y entretiennent presque la température extérieure. Dans les grandes villes, ce peut être une question de calorifères pendant l'hiver tout au moins. Mais c'est égal, entrez dans une église voûtée — j'entends voûtée en vraie maçonnerie : l'été, vous éprouverez la fraîcheur, l'hiver une chaleur relative. C'est que les variations thermométriques y sont peu sensibles, surtout si la construction est épaisse et les fenêtres rares. A Saint-Pierre de Rome, l'oscillation n'est que de quelques degrés — à tel point même que pendant les grandes chaleurs, il peut être dangereux d'y entrer trop brusquement.

Notez bien que je ne conseille ni ne déconseille l'église charpentée ou plafonnée, opportune ou inopportune suivant les cas. Mais si quelque jour vous avez à prendre parti à ce sujet, il est bon que vous connaissiez le pour et le contre, afin de vous décider ou de suggérer la décision en connaissance de cause.

Mais sur toutes choses, faites-nous des églises qui soient de la vraie construction : tout, plutôt que la simili-église!

Et maintenant, passons aux églises voûtées.

CHAPITRE VI

LES ÉGLISES VOUTÉES

SOMMAIRE. — Poursuite d'un problème de construction. — Difficultés générales de l'église voûtée.

Les compositions d'églises à coupoles centrales. — Plan dit *croix grecque.* **— Coupoles sur pendentifs. — Compositions circulaires ou polygonales.**

Ce que nous venons de passer en revue n'est en réalité qu'une exception dans la masse immense de l'architecture chrétienne. Avec l'église voûtée au contraire, ce serait par milliers que se compteraient en tous pays les monuments intéressants et instructifs, car aucun sujet, si l'on excepte la maison, n'a été plus souvent traité par l'architecture. Je serai donc très incomplet, et je serai bien obligé de supposer que vous connaissez un peu les monuments par vos yeux ou par votre bibliothèque. Au surplus il y a toujours quelque église voûtée près de chacun de vous : qu'elle soit plus ou moins parfaite, vous pourrez toujours y trouver le contrôle de la théorie : sachez bien seulement que tout ce que je puis vous dire vaudra autant que rien si vous n'étudiez pas vous-même quelque église dans sa réalité.

Une église, vous ai-je dit, est toujours une construction difficile; il va sans dire que c'est surtout vrai de l'église voûtée. Un monument comme Notre-Dame ou comme Saint-Sulpice, si vous voulez, serait un prodige inexplicable s'il n'était préparé pas une très longue suite d'efforts, par une transmission séculaire d'expérience acquise : il n'y a pas de génie humain qui fût capable de le créer de toutes pièces. Ce n'est que dans la mythologie que Minerve vient au monde toute armée.

Vous ne pourrez donc étudier avec fruit l'architecture des églises voûtées si vous ne vous pénétrez d'abord de cette vérité : cette architecture, à toutes ses époques, dans toutes ses manifestations, à travers tous ses styles, n'a été que la poursuite incessante et admirablement persévérante d'un grand problème de construction. Ce problème a trouvé plusieurs solutions, — moins différentes d'ailleurs que vous le pourriez croire : parmi quinze siècles, il ne saurait en être autrement ; mais la pensée ou tout au moins l'aspiration n'a pas varié : à force de savoir, demander à la matière ce que j'appellerais son rendement maximum d'effet et d'impression ; et vienne le moment où la mesure de la prudence est atteinte et peut-être dépassée, je trouve une grande analogie entre les tendances de l'architecte de la cathédrale de Beauvais et de celui de l'église Sainte-Geneviève de Paris : créanciers trop exigeants et téméraires, ils ont l'un et l'autre exigé de la matière mise en œuvre au delà de ce que conseillait la sagesse : la solution juste du problème était dépassée.

Timide d'abord, la construction deviendra plus hardie ; ignorante d'abord, elle deviendra plus savante ; rustique d'abord, elle deviendra artistique ; tout cela sera lent, graduel, chaque jour de labeur s'ajoutera au labeur de la veille dans une œuvre vraiment collective dans sa diversité ; finalement, au bout de chaque direction suivie il y aura le but atteint — l'œuvre qui résumera dans une résultante magnifique tous les efforts passés ; une construction admirable de savoir, où la hardiesse et la prudence se rencontrent à la limite précise que ni l'une ni l'autre ne doit franchir; tout cela avec des moyens différents, des expressions différentes, toutes les divergences imaginables à la surface, mais, au fond, la même poursuite, le même problème : voilà bien l'unité de cette étude.

Est-ce donc à dire que la composition et l'étude d'une église soient seulement un exercice de construction ? Non assurément. Mais nous avons ce malheur que dans notre langue il y ait deux mots — architecture — construction — là où il ne devrait en exister qu'un seul, le premier. Au lieu de problème de construction, dites donc problème d'architecture, ce n'est pas moi qui y contredirai.

Quant aux formes et aux styles successifs, je ne puis vous les décrire en détail. Mon rôle n'est pas de vous enseigner la mouluration ou la décoration d'une époque : nous avons ici à étudier une conception architecturale, puis une autre, une autre encore, et à en rechercher le pourquoi. Vous verrez ici encore que tout se motive, et très simplement.

On a dit tant d'absurdités sur l'architecture du Moyen-âge en particulier, depuis Quatremère de Quincy qui n'y voyait qu'une « bâtisse ignorante » jusqu'aux forêts vierges de Chateaubriand, ou au symbolisme transcendant de Victor Hugo, que cette entrée en matière était nécessaire. Dites-vous bien que les architectes des édifices byzantins, romans, lombards, gothiques ou modernes étaient des architectes : hommes très pratiques, vivant avec les nécessités de la mise en œuvre de la matière, et qu'ils n'auraient absolument rien compris à toutes les belles idées dont on les a gratifiés après décès.

J'espère d'ailleurs que cette étude vous intéressera; il n'y a pas en architecture de sujet plus vaste et plus riche; les hommes qui connaissent le mieux notre architecture religieuse se trouvent encore tous les jours en présence d'exemples nouveaux pour eux, frappants de beauté, de grâce ou d'ingéniosité; la France est un des pays les plus riches à cet égard, c'est un immense musée dont vous ne parcourrez jamais la totalité : voyez-en bien du moins ce que vous pourrez voir; j'aurai quant à moi fait tout mon possible si je vous mets en état de voir sérieusement et utilement.

Donc, pendant que l'Italie et en général l'Occident reproduisait la Basilique romaine et en faisait pour longtemps le type de ses églises, l'Orient ou l'empire grec renonçait bientôt à cet emprunt, et construisait des églises voûtées. Il dut y avoir à cela bien des motifs que nous ignorons; surtout il y eut ce fait que lorsque Constantin abandonna Rome pour Byzance dont la prospérité fut si rapide, les artistes de valeur dépositaires des antiques traditions de savoir et d'expérience durent quitter Rome et l'Italie qui regorgeaient de monuments pour ce pays où tout était à créer, presque leur pays d'ailleurs, car les architectes de l'ancienne Rome étaient en général des Grecs. Ce fut donc une émigration du talent : la nuit artistique se fit subitement sur l'Italie, tandis que les arts éclairaient la naissance de Constantinople; si bien que plus tard, lorsque devait se produire en Italie cette première renaissance qui s'affirme par Saint-Vital de Ravenne ou Saint-Marc de Venise, c'est l'art byzantin qui reviendra revivifier et consoler l'Italie éveillée d'une longue léthargie.

Aussi les architectes orientaux, imbus de la glorieuse architecture des monuments romains, dont la voûte est l'expression caractéristique, devaient aspirer à faire pour la religion triomphante usage des plus magnifiques ressources de leur art. La voûte ne leur faisait pas peur. Rien ne s'opposait donc à la création d'églises voûtées.

Mais pendant ce temps, il s'était passé un fait architectural important : la découverte ou la connaissance de la voûte sphérique sur pendentifs. Il semble établi que ce genre de voûtes, c'est-à-dire en résumé la construction d'une coupole circulaire sur un plan carré, remonte à une haute antiquité dans la Perse.

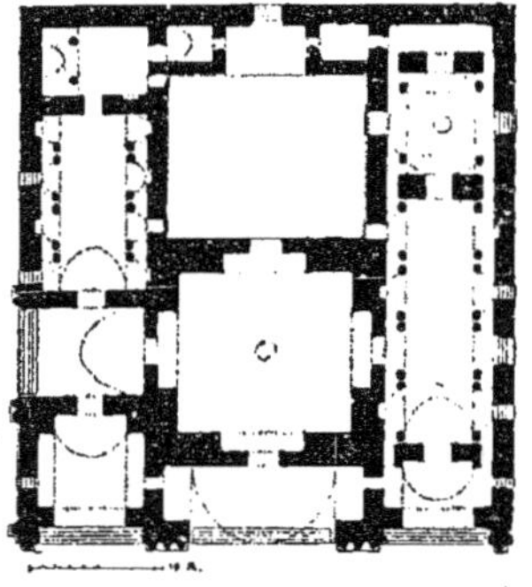
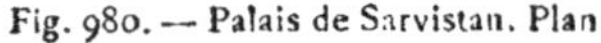

Fig. 980. — Palais de Sarvistan. Plan.

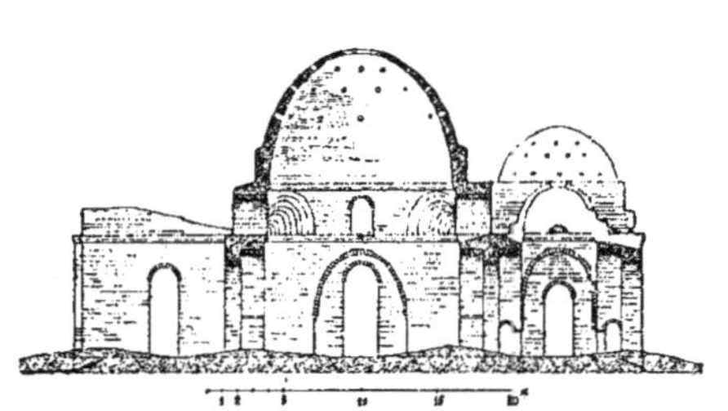

Fig. 981. — Palais de Sarvistan. Coupe longitudinale.

Il en existe encore un exemple au moins dans un monument qui daterait du IVe siècle avant Jésus-Christ, le Palais de Darius ou Palais de Sarvistan (fig. 980 et 981). Mais peu importe; dans l'architecture romaine nous n'en connaissons pas d'exemple, et toutes les fois qu'il s'agit de localiser la poussée des voûtes et de créer des tympans qui les éclairent, cette architecture ne dispose que de la voûte d'arête qu'elle emploie si magistralement dans ses salles de thermes, dans la Basilique de Constantin, etc.

Entre Constantin et Justinien, la coupole sur pendentifs est connue des architectes grecs, soit par importation de la Perse, soit par simple rencontre d'invention. Cette si ingénieuse disposition eut évidemment un grand succès immédiat, et la voûte en pendentifs devint l'élément que les architectes grecs d'alors employèrent le plus volontiers. Naturellement ils l'appliquèrent à leurs nouvelles églises, qui se caractérisent par son emploi.

Or, la coupole appelle assez naturellement un centre; tout au moins la vogue première de la coupole la fit-elle traiter en motif principal de composition; et comme conséquence, tandis que la basilique latine affirme une composition nettement rectangulaire, une salle longue, uniforme dans sa longueur, au bout de laquelle est la chose à voir — l'autel et le prêtre —; l'église grecque ou byzantine, voûtée, se compose en général avec un motif central plus large, plus élevé; l'autel et le prêtre sont encore à une extrémité, il serait impossible qu'il en fût autrement; mais la composition met surtout en évidence et en relief la *salle*, la partie où se tient l'assistance. Et lorsque l'église grecque comportera des prolongements de cette partie centrale, ce n'en sera pas moins un centre : la *croix grecque*, comme on appelle cette forme de plan, est une croix à quatre branches égales, quatre fois symétriques autour d'un centre.

Voilà donc le caractère des plus anciennes églises voûtées : la coupole comme motif principal, et un plan à disposition centrale. La coupole n'est d'ailleurs pas toujours sur plan carré; l'église de Saint-Serge et Bacchus, à Constantinople (fig. 982), inspiratrice lointaine de Sainte-Sophie, est en pendentifs sur plan octogonal; d'autres, sur plan octogonal également, sont couvertes par une coupole en arc de cloître, par exemple Saint-Vital de Ravenne; ailleurs le pendentif géométrique est remplacé par des arcs diagonaux et des trompes, comme à la curieuse église de Daphni, près d'Athènes. Mais ce ne sont là que des variantes.

La différence reste profonde entre les deux compositions de la basilique latine et de l'église byzantine.

Il faut reconnaître que la basilique exprime mieux son programme; peut-être à vrai dire, parce que le programme s'est adapté sur la basilique préexistante. Ce programme est bien simple : un peuple se réunit pour prier, mais pour prier par l'intermédiaire d'un interprète unique, le prêtre à l'autel. Le peuple doit voir le prêtre qui officie, à certains moments il lui répond; puis il se présente à la communion. Pour tout cela rien n'exprime mieux que la salle rectangulaire longue et uniforme de la Basilique, avec son abside très différente, la place et la fonction de ces deux éléments vis-à-vis l'un de l'autre, le prêtre et les fidèles. Dans l'église grecque, la place du prêtre est incertaine; si la force des choses lui désigne un emplacement à l'extrémité du monument, comme à Sainte-Sophie ou à Ravenne, ce n'est pas un endroit unique et incontestablement marqué comme dans la basilique.

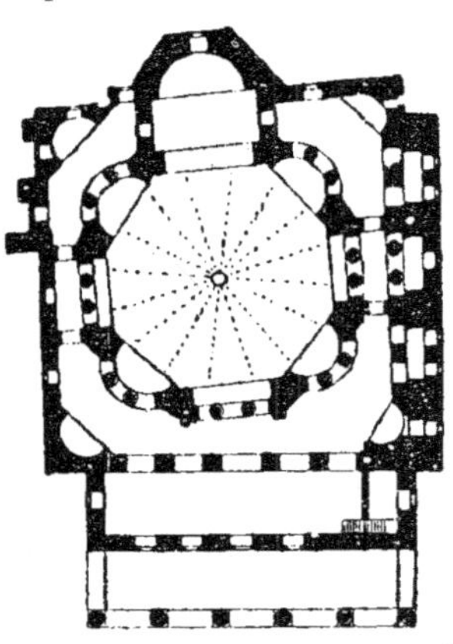

Fig. 982. — Église des Saints Serge et Bacchus, à Constantinople.

Aussi verrons-nous plus tard, dans l'architecture du moyen-âge, l'église voûtée revenir à la composition des basiliques, dont elle ne différera guère que par les conséquences du mode de construction.

Ces considérations me conduisent à vous parler d'abord des églises voûtées byzantines, à composition centrale, comme étant les plus anciennes et comme restant à peu près en dehors du développement ultérieur de l'architecture religieuse.

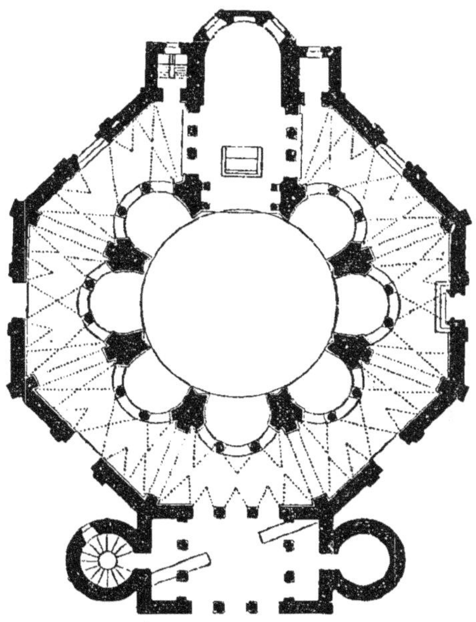

Fig. 983. — Église Saint-Vital, à Ravenne. Plan.

Il a été peu fait d'églises en coupoles sur plan circulaire. Mais des édifices circulaires ont pu sans difficultés devenir des églises, entre autres le Panthéon de Rome devenu *Santa Maria Rotonda*. Par contre, les églises quasi-circulaires, ou, en d'autres termes, polygonales, furent assez nombreuses. Leur composition, nettement byzantine, s'est continuée au moyen âge non pour l'église paroissiale ou la cathédrale, mais pour

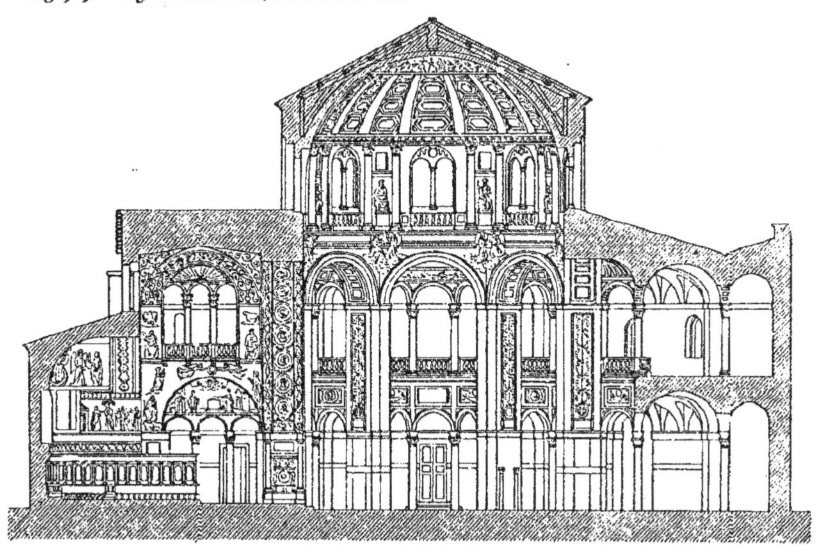

Fig. 984. — Église Saint-Vital, à Ravenne. Coupe.

les édifices religieux consacrés au Saint-Sépulcre, en souvenir de celui de Jérusalem.

Allons tout de suite au monument le plus remarquable en ce genre, Saint-Vital de Ravenne (fig. 983 et 984). Au centre est une coupole sur plan octogonal, entourée de bas côtés. Mais la clôture entre les bas côtés et le centre n'est pas rectiligne; elle constitue dans chaque arcade une petite abside ou plutôt une clôture en colonnes sur plan demi-circulaire ; au-dessus des bas côtés sont des tribunes semblablement disposées ; au-dessus des tribunes, les fenêtres qui éclairent le centre — la nef, si vous voulez. Devant l'autel, la tribune est interrompue, la circulation du bas côté s'arrête; c'est la seule différence qui caractérise la partie du chœur : l'arcature est plus profonde et comprend l'abside.

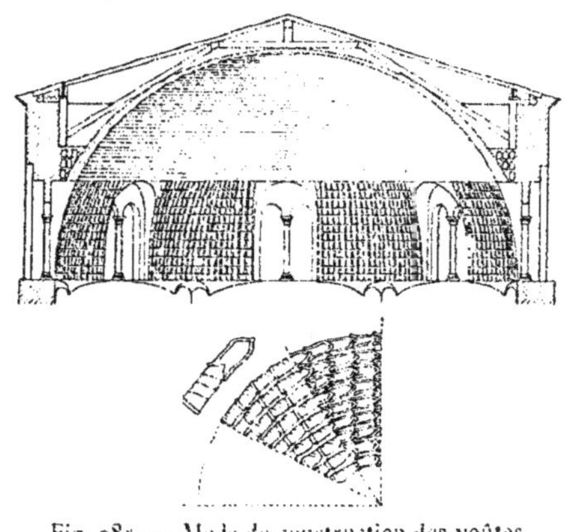

Fig. 985. — Mode de construction des voûtes de Saint-Vital de Ravenne.

Ce monument est très intéressant par ses proportions, son heureuse conservation, sa décoration de riches et curieuses mosaïques, où se retrace la vie byzantine avec ses costumes, ainsi d'ailleurs que dans l'église voisine, et basilicale, de Saint-Apollinaris. Il est très intéressant aussi, comme moyen de construction. Les voûtes, très légères et homogènes, sont formées par des poteries, sortes d'amphores, qui s'engagent les unes dans les autres (fig. 985) Avec un bon mortier, cela constitue un véritable monolithe, léger, sans poussée, permettant un édifice voûté de proportions très élevées sur un plan sans aucune lourdeur.

Il est curieux de retrouver la même composition et presque les mêmes proportions dans la chapelle du Palais de Charlemagne à

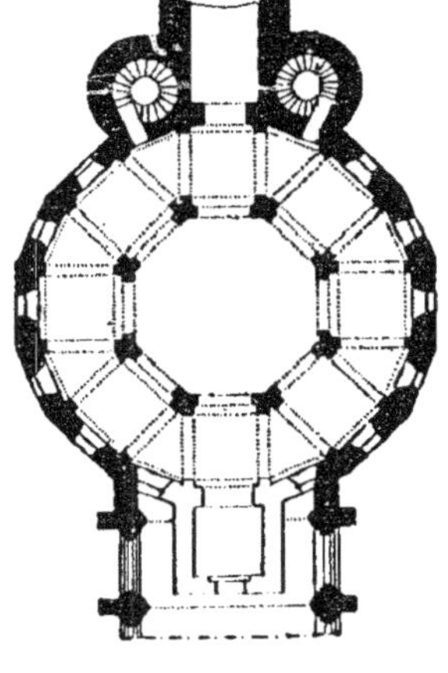

Fig. 986. — Chapelle de Charlemagne, à Aix-la-Chapelle. Plan.

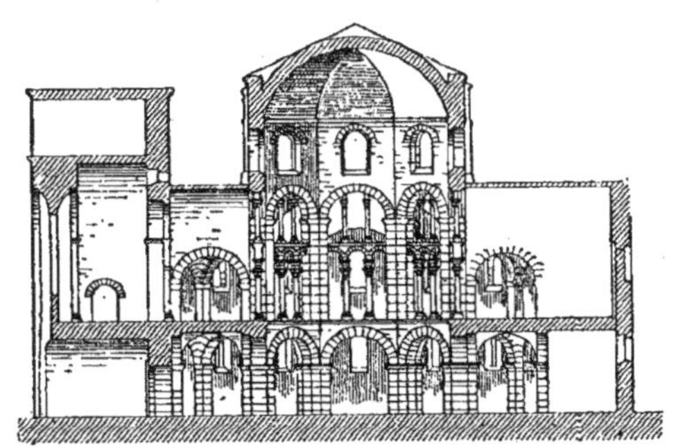

Fig. 987. — Chapelle de Charlemagne, à Aix-la-Chapelle. Coupe longitudinale.

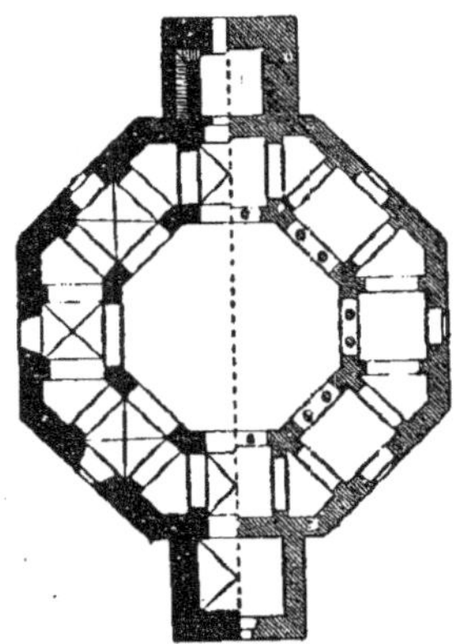

Fig. 988. — Église d'Ottmarsheim. Plan.

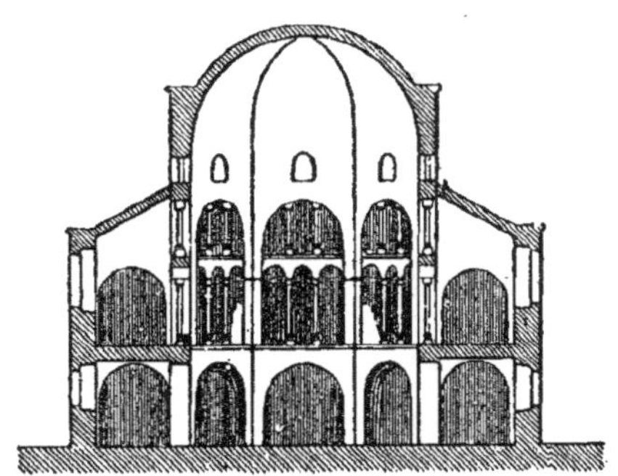

Fig. 989. — Église d'Ottmarsheim. Coupe transversale.

Aix-la-Chapelle (fig. 986 et 987), d'ailleurs construite probablement par des artistes que Charlemagne attirait d'Orient, et qui elle-même a servi de modèle à quelques églises voisines, notamment à l'église octogonale d'Ottmarsheim, en Alsace (fig. 988 et 989). Des compositions assez analogues se retrouvent encore dans des édifices de la Renaissance, indépendamment des baptistères; ainsi l'église de Grossetto, attribuée à Bramante; et à Milan, l'église de Saint-Laurent.

CHAPITRE VII

LES ÉGLISES VOUTÉES

(Suite.)

SOMMAIRE. — Églises sur plan rectangulaire, avec coupole centrale. — Sainte-Sophie de Constantinople; construction antique. — Cour antérieure ou narthex. — Tradition conservée dans les mosquées turques. Églises en croix, avec cinq coupoles. — Saint-Marc de Venise. — Saint-Front de Périgueux.
Conception antique de la résistance aux poussées des voûtes.

La seconde variété de composition des églises grecques peut se décrire ainsi : une coupole, sur plan carré, reste le centre de la composition ; mais au lieu de l'encadrement que nous venons de voir, cette coupole est prolongée par des arcs doubleaux ou des voûtes en berceaux, de telle sorte que la salle devienne rectangulaire, ou inscriptible dans un rectangle. On a alors une nef plus longue que large, avec partie centrale relevée : Sainte-Sophie est le plus magnifique exemple de ce type.

Avant d'aborder l'étude d'un monument si considérable, il est bon de discerner ses origines. M. Corroyer les retrouve d'abord dans le Prétoire de Mousmieh, en Syrie (fig. 990), où une partie centrale surélevée en coupole (mais en arc de cloître) se prolonge par quatre grands arcs-doubleaux ; le plan reste donc un carré enveloppé dans un autre, mais sur l'un des sens l'abside en augmente la longueur. On peut aussi établir une parenté entre Sainte-Sophie et l'église de Saint-Serge et Bacchus, parenté lointaine d'ailleurs. Mais surtout, si différent que soit le vêtement de l'édifice, et le goût de la décoration, il faut rattacher Sainte-Sophie aux grandes traditions de l'architecture antique, encore vivaces du temps de Justinien. Ce sont les Thermes de Rome qui ont permis de faire Sainte-Sophie de Constantinople.

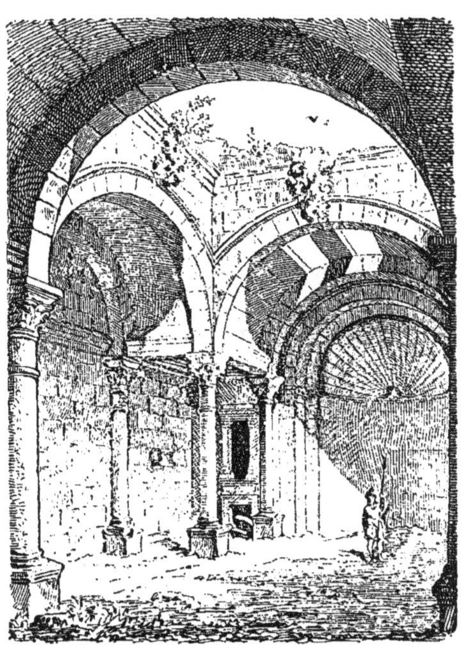

Fig. 990. — Prétoire de Mousmieh (Syrie).

Vous retrouverez dans Sainte-Sophie les qualités que je vous ai signalées dans les Thermes, l'ampleur et la vérité absolue de l'architecture, la construction exprimée par ses formes nécessaires, rien d'inutile, rien d'excessif. Et avec ces moyens, une grandeur d'aspect extraordinaire et saisissante. Nous en avons déjà parlé. Je vous renvoie d'ailleurs pour le commentaire de cet exposé aux figures données plus haut. (Vol. I, fig. 366-367-368.)

Le centre de la composition est un vaste carré de 32 mètres environ de côté. Il s'ouvre en avant et au fond sur deux grands hémicycles, d'un diamètre presque égal, donnant eux-mêmes ouverture chacun à trois absides. Le carré central est couvert par une grande coupole en pendentifs.

La nef ainsi constituée par le carré milieu et les deux hémicycles a sensiblement sa longueur double de sa largeur, sa composition même l'exige. Latéralement, elle est séparée des bas côtés, ou de véritables salles latérales, par des arcades sur colonnes, portique intérieur d'une belle proportion (fig. 991) avec clôture analogue des petites absides, mais sur plan circulaire, comme nous l'avons vu à Ravenne. Au-dessus des bas côtés sont des tribunes de même surface. Le tout est voûté.

Le plan est supérieurement disposé pour assurer la résistance aux poussées des voûtes; tout le poids de la coupole se reportant, par les pendentifs, sur les quatre piliers d'angles, ceux-ci sont épaulés par de très puissants contreforts dans le sens transversal, et par les hémicycles qui remplissent la même fonction.

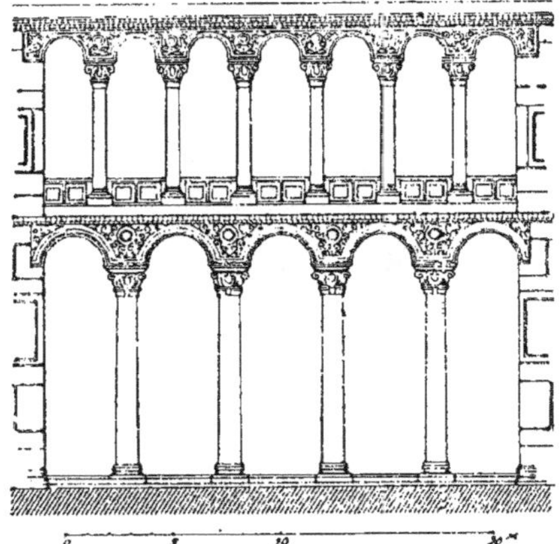

Fig. 991. — Portiques intérieurs de Sainte-Sophie de Constantinople.

L'église est éclairée par de nombreuses fenêtres dans les tympans au-dessus des tribunes sous les arcs-doubleaux des pendentifs, par d'autres séries de fenêtres à la partie supérieure des absides, et enfin par une couronne de fenêtres à la naissance de la coupole sphérique au-dessus des pendentifs. Les bas côtés et les tribunes s'éclairent par des jours latéraux.

En avant de l'église est un *narthex* de vastes proportions, et une cour où aujourd'hui les Musulmans font leurs ablutions. Extérieurement, une grande simplicité, rien autre que les formes nécessaires de la construction. Admirablement situé d'ailleurs, le monument fait un effet singulièrement grandiose lorsque, vu du Bosphore, il domine toute la ville; ajouterai-je que les fins minarets élancés et grêles, seule addition des Turcs au monument de Justinien, en augmentent l'effet par le contraste de leur élégance avec la masse sérieuse et monumentale de cette grande œuvre antique ?

La décoration du monument ne le cédait en rien à l'ampleur de son architecture. Les grandes surfaces unies étaient revêtues de riches mosaïques, les colonnes étaient de beau marbre, les chapiteaux, les archivoltes, de marbre blanc richement sculpté. Tout cela est en partie non pas perdu, mais voilé. Les Turcs ont recouvert d'un badigeon jaune les mosaïques anciennes, des nattes recouvrent le beau pavement de l'église. Mais tout est là, prêt à reparaître si jamais le monument est rendu à sa destination.

Chose d'ailleurs curieuse, l'église de Justinien est devenue le type de la mosquée turque, et à Constantinople se voient plusieurs édifices, grands et beaux d'ailleurs, qui sont des imitations plus ou moins immédiates de Sainte-Sophie. Ce sont les mosquées du sultan Bayazid, du sultan Achmet, etc. Pour se convaincre de cette filiation, il suffit de rapprocher de Sainte-Sophie le plan de ces mosquées.

Naturellement, des édifices plus modestes, à Constantinople, à Athènes, et dans tout l'Orient se rattacheraient à ce type de composition en longueur, avec coupole centrale. Cette composition se trouve aussi en Italie, notamment dans l'architecture lombarde, par exemple dans l'église Saint-Fedele, à Côme. Mais je ne fais pas de nomenclature, et il me suffit de vous avoir montré ce type dans son expression la plus admirable.

Vient enfin le troisième groupe d'églises grecques, celles dont le plan affecte la forme dite *croix grecque*. Il y a toujours une coupole centrale, mais son rôle est bien moins prépondérant qu'à Sainte-Sophie; deux autres coupoles, en avant et en arrière, forment la nef et le chœur; deux autres, à droite et à gauche, forment un transept. C'est donc réellement un plan en croix à quatre branches à peu près égales, avec cinq coupoles, dont une, celle du centre, est commune aux deux branches de la croix. Parfois celle-ci est un peu plus grande que les autres.

Deux exemples entre autres subsistent de ce type d'église, avec tout le contraste d'une décoration splendide dans l'une, d'une simplicité austère dans l'autre : Saint-Marc de Venise (fig. 992 et 993), et Saint-Front de Périgueux, dont vous pouvez voir le plan, vol. I, fig. 442, et le système de voûte fig. 495, et dont je vous donne ici seulement la coupe générale (fig. 994). Ces deux églises sont à peu de chose près contemporaines.

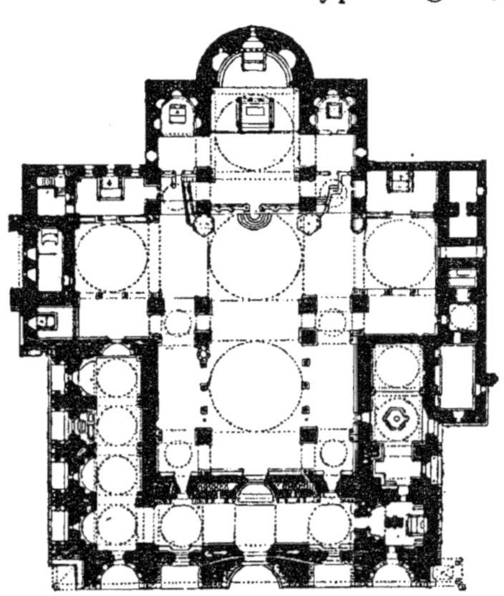

Fig. 992. — Église Saint-Marc de Venise.

L'une d'elles est-elle inspirée de l'autre, et laquelle ? ou bien sont-elles imitées d'une même troisième ? Questions oiseuses qu'il faut laisser à l'archéologie. Ce qui n'est pas douteux, c'est l'identité de composition, malgré les différences de matériaux et d'habitudes de construction que comportaient les deux pays.

La similitude est telle que je ne saurais, sans répétition absolue, décrire l'une après l'autre. Le plan se compose d'une croix grecque formée par cinq coupoles, sur voûtes en pendentifs;

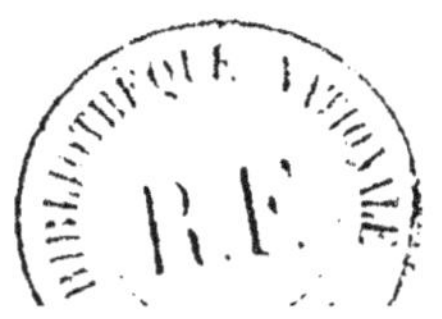

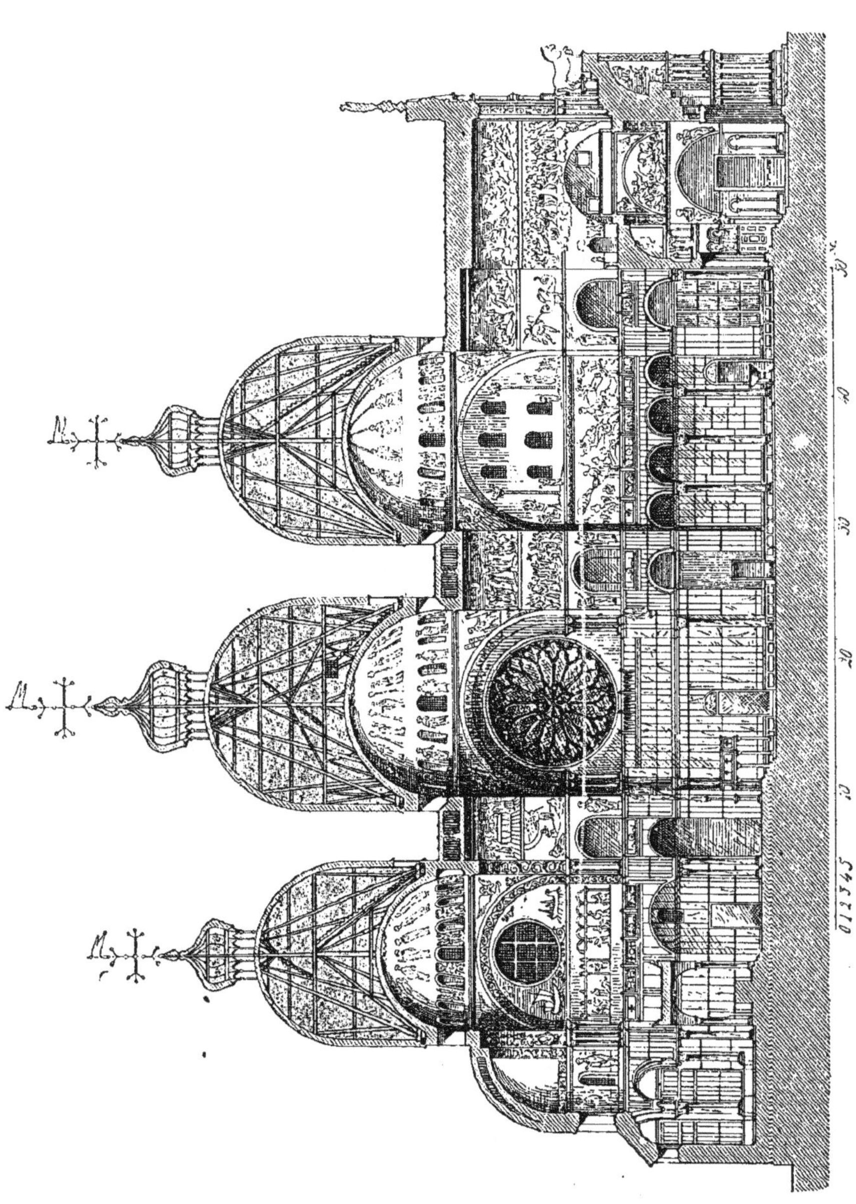

Fig. 993. — Église Saint-Marc, à Venise. Coupe longitudinale.

entre ces coupoles, de larges arcs-doubleaux retombent sur des groupes de quatre piliers, ouvrant passage aux bas côtés qui encadrent les nefs des deux branches de la croix. Les voûtes en pendentifs sont interrompues pour recevoir les coupoles en demi-sphère qui les terminent. Le chœur, en abside, est pratiqué au fond de la nef principale, après la troisième coupole.

Une seule différence est à signaler dans la composition. A Saint-Marc, les bas côtés sont séparés des nefs par des colonnes avec arcades, et portent des tribunes qui s'élèvent elles-mêmes

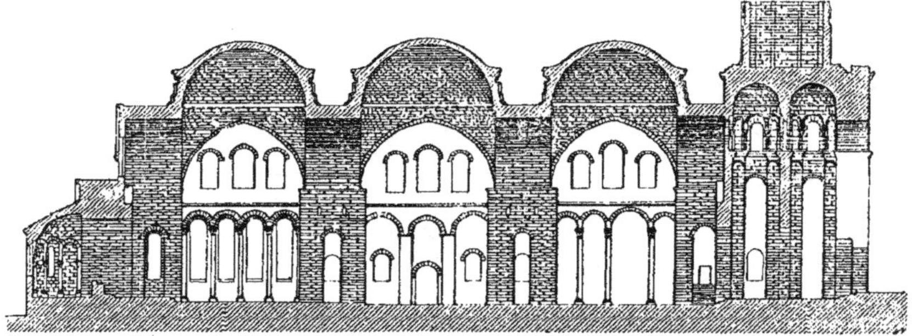

Fig. 994. — Église Saint-Front de Périgueux. Coupe longitudinale.

jusqu'aux grands arcs-doubleaux; à Saint-Front, il n'y a pas de tribunes, et les bas côtés, montant de fond jusqu'aux grands arcs-doubleaux ne sont pas séparés des nefs.

Autrement, regardez ensemble les deux plans et les deux coupes, vous serez frappés de l'analogie, de l'identité de ces deux compositions, en faisant bien entendu abstraction de la décoration.

Et cependant, voyez la puissance d'effet dont dispose l'architecture : ces deux édifices identiques produisent des impressions absolument différentes. L'un est resplendissant, riche d'effet et de couleur; l'autre est austère et presque puritain. Venise d'un côté avec son éclat, le dur et rustique Périgord de l'autre. Même parti, étude différente, et dans cette diversité deux œuvres admirables.

Mais je ne veux pas me borner à vous parler de grandes églises; le parti de la coupole centrale se prête aussi aux compositions modestes. La plupart des anciennes églises d'Orient, même dans les villages, sont ainsi conçues. On en trouve en

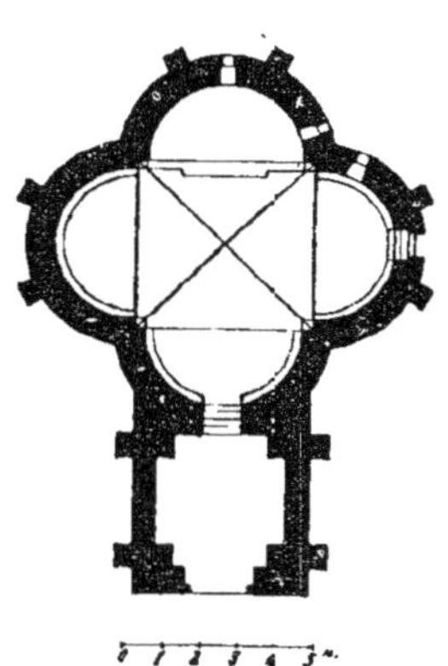

Fig. 995. — Église Sainte-Croix de Montmajour. Plan.

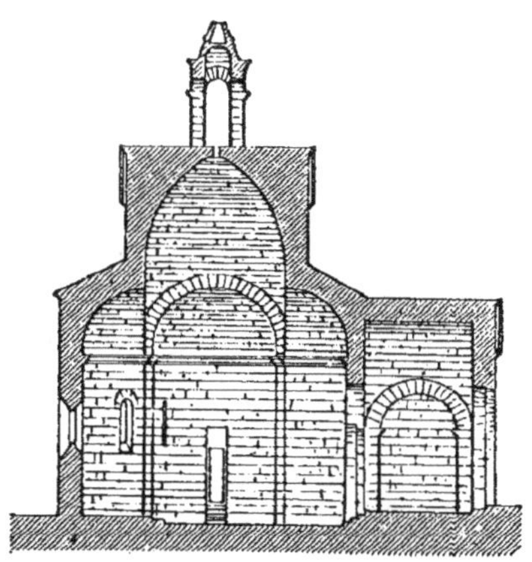

Fig. 996. — Église Sainte-Croix de Montmajour. Coupe longitudinale.

Italie, en Allemagne; en France, les exemples en sont nombreux, et presque toujours intéressants. Ainsi la petite chapelle de la Sainte-Croix à Montmajour (fig. 995 et 996) se compose d'un carré central, mais qui est voûté en arc de cloître et non en pendentif, et de quatre absides demi-circulaires voûtées en quarts de sphère : un petit porche voûté en berceau complète cet ensemble très simple. Bien que différent du type grec pur par la substitution de l'arc de cloître à la coupole, c'est le même esprit, la même stabilité antique.

Une petite église à coupole centrale, modeste de proportions, mais riche de décoration par ses marbres et ses mosaïques est celle de la Martorana (fig. 997 et 998) à Palerme; ici, l'emploi des arcs brisés se substitue au plein cintre, et le caractère emprunte quelque chose aux traditions des Arabes.

Je vous citerai enfin une église bien modeste et souvent reproduite cependant, celle de Germiny-des-Prés (fig. 999, 1000 et 1001). Son plan est analogue à celui de Montmajour, mais avec une ceinture de bas côtés autour de la coupole centrale.

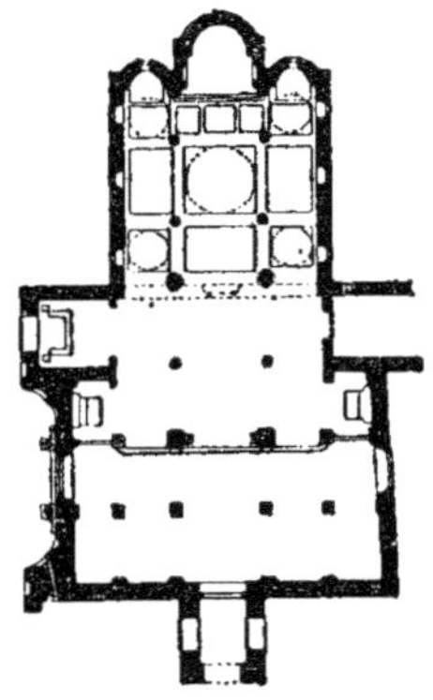

Fig. 997. — Église de la Martorana, à Palerme. Plan.

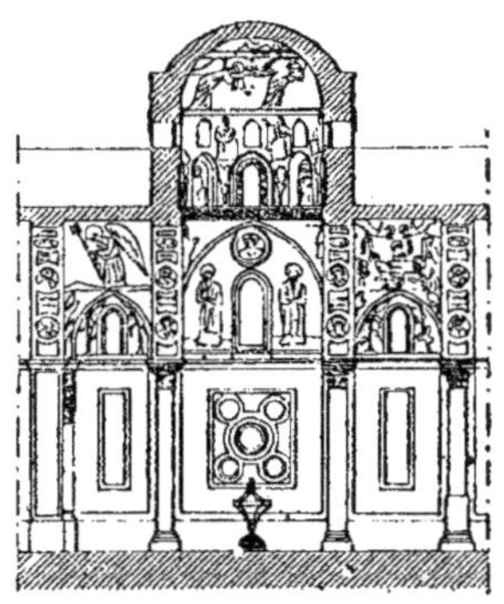

Fig. 998. — Église de la Martorana. Coupe transversale.

Ici l'église s'élève : on aperçoit déjà la tendance qui sera celle du Moyen-âge, et la coupole centrale remonte à une hauteur considérable : c'est presque une tour, ou c'est déjà la tour-lanterne que nous trouverons plus loin.

Vous voyez par ces quelques exemples que le parti de composition des églises à coupole centrale, qui pourrait sembler condamné à la monotonie, se prête en réalité à des combinaisons très variées et aux proportions les plus diverses.

Voilà à peu près ce que je devais vous dire de la composition des églises grecques. Ailleurs, vous trouverez encore la main byzantine, l'ornementation, la sculpture, la peinture d'origine byzantine, mais à l'occasion de compositions très différentes.

La tradition de la composition grecque des églises ne s'est guère continuée que dans quelques églises de la Grèce moderne, et surtout peut-être dans l'architecture moscovite.

Mais arrivé à ce point, je tiens à vous bien faire remarquer que tout ce que nous avons vu jusqu'ici, même Saint-Marc ou Saint-Front qui sont du XIe siècle, c'est de la construction antique, et par conséquent de l'architecture antique. Voyez Saint-Front : il faut résister aux poussées des voûtes, ce sera au moyen des groupes de quatre piliers, reliés entre eux par de larges arcs-doubleaux contrebutant

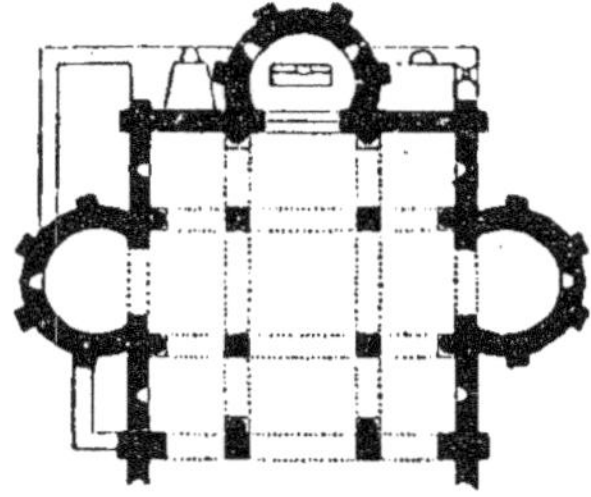

Fig. 999. — Église de Germiny-des-Prés. Plan.

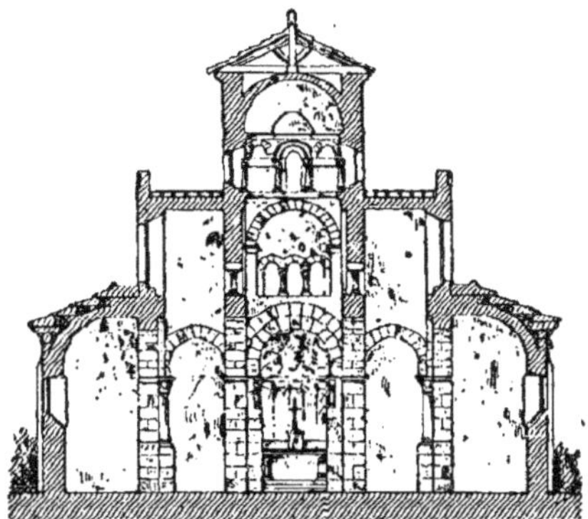

Fig. 1000. — Église de Germiny-des-Prés. Coupe transversale.

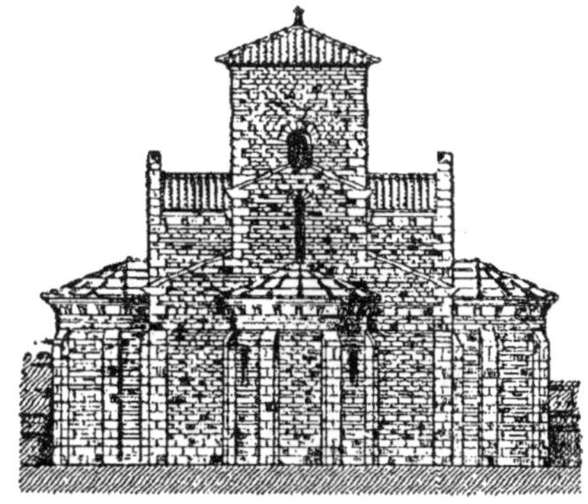

Fig. 1001. — Église de Germiny-des-Prés. Façade postérieure.

les poussées à l'intérieur de l'édifice. La toiture recouvre tous les organismes de la construction. C'est le parti des grandes salles romaines, tout différent de celui que nous trouverons plus tard, et qui va chercher les résistances et les points d'appui en enjambant l'espace au-dessus des toitures.

C'est bien antique aussi cet aspect de stabilité qui rassure : il n'est pas nécessaire de connaître les lois de la poussée des voûtes pour voir que là on n'a rien à craindre. Les moyens de résistance s'affirment et se font voir; tandis que plus tard la construction étonnera par sa hardiesse, inquiétera presque. On verra des voûtes qui paraîtront se reporter sur de faibles murs ou sur de minces piliers, sans qu'on pût comprendre leur stabilité, si l'on ne savait qu'il y a plus loin des résistances qu'on n'aperçoit pas, et dont l'invisibilité cause cet étonnement.

Il est intéressant de comparer à ces églises, si fermement assises dans leur construction relativement simple, des compositions très analogues comme parti général, mais plus ambitieuses d'effet. Saint-Pierre de Rome, telle que l'avait conçue Michel-Ange (v. plus haut, vol. I, fig. 369 à 372), est une église en *croix grecque*, avec cette différence toutefois que les bras de la croix, au lieu d'être voûtés en coupoles, sont couverts par des voûtes en berceau. L'église de Sainte-Geneviève à Paris, par Soufflot, devenue le Panthéon, est entièrement conforme à la composition des églises grecques : coupole centrale, et sur les quatre bras de la croix, quatre coupoles moins élevées. Mais à part cette analogie, les différences sont profondes, surtout par l'importance capitale donnée à la coupole centrale. Je ne fais au surplus que vous signaler quant à présent cette similitude de composition, me réservant de vous parler plus loin de ces deux monuments.

Dans tout cela d'ailleurs, comme je vous le disais en commençant, je ne suis pas l'ordre chronologique, et j'aurai à revenir en arrière. C'est que l'ordre chronologique n'est pas l'ordre logique lorsqu'il s'agit d'étudier la composition. Nous avons vu jusqu'ici deux grandes familles d'églises; nous allons en voir une autre, sorte de fusion des deux premières : les églises voûtées avec dispositions basilicales.

CHAPITRE VIII

LES ÉGLISES VOUTÉES

(*Suite.*)

APPLICATION DE LA VOUTE AU PLAN BASILICAL

SOMMAIRE. — Division des églises voûtées en compositions à poussée uniformément répartie ou à poussées localisées. — Églises voûtées en berceau sans bas-côtés — avec bas-côtés. — Éclairage difficile. — La tour-lanterne au centre du transept.

Les absides. — Multiplication des chapelles.

Façades. — Sculptures.

Nous avons vu que les anciennes églises basilicales, couvertes en charpente apparente, avaient subi de fréquents incendies, quelques-uns accidentels, le plus grand nombre à la suite de guerres et de pillages. Avec les invasions des Normands, cela ne fit que croître et embellir; il fallait des églises incombustibles, et dès lors des églises voûtées.

Mais en Occident, en France même, le temps n'était pas propice aux grands efforts de l'architecture. S'il y eut avec Charlemagne un instant de brillante renaissance, la nuit de l'anarchie intellectuelle et morale s'épaissit de nouveau, et bien que les monastères conservassent quelques traditions précieuses, l'art était tombé si bas qu'il n'existait plus. Seule la partie méridionale de la France, le Languedoc et l'Aquitaine avaient gardé quelques lueurs, soit que les barbares fussent là moins sauvages que dans le Nord, soit qu'ils aient été plus absorbés dans un fond de population gallo-romaine plus cultivée.

Aussi dut-il être tenté bien des essais informes pour arriver à voûter les églises; il est probable qu'il y eut bien des écroulements. On persévéra, et on fit bien. Il est d'ailleurs manifeste que des architectes orientaux vinrent apporter leur savoir, particulièrement dans le midi, et que peut-être des architectes du midi de la France allèrent s'instruire en Orient. Toujours est-il que les architectes orientaux, grecs ou byzantins, furent visiblement les maîtres de ceux de ces régions, plus avancées en art que les provinces du nord. De là le caractère évidemment byzantin non des compositions, mais des moyens architecturaux, dans un grand nombre des anciens monuments du midi et ensuite de l'ouest, tandis que les architectes du nord tâtonnaient encore de timides essais.

Ici, pour me bien faire comprendre sur ce sujet qui est quelque peu abstrait, il faut que je me reporte à la distinction fondamentale que j'ai fait ressortir dans la première partie de ce cours entre les diverses natures de voûtes. Rappelons ces principes essentiels :

Toute voûte pousse, plus ou moins énergiquement d'ailleurs suivant son poids et sa forme, suivant surtout le plus ou moins de cohésion de ses matériaux; — une voûte pousse en se déformant, c'est-à-dire en se brisant là où elle peut le faire, dans les joints plutôt que dans les pierres : pas de déformation, pas de poussée : un *monolithe* en berceau, en coupole, ne pousserait pas : ce serait un couvercle. — La poussée doit être neutralisée par une résistance suffisante des piliers : cette résistance sera due à leur masse, à la charge qu'ils supportent; — plusieurs voûtes contiguës dont les poussées se font équilibre ne chargent que verticalement les piliers intermédiaires; la poussée se reporte en dernière analyse sur les piliers extérieurs ou extrêmes.

Or, dans les voûtes considérées en elles-mêmes, nous avons reconnu cette première classification :

— Les voûtes à poussée uniformément répartie;

— Les voûtes à poussées localisées;

Les premières comprennent les voûtes en berceau, en arc de cloître, circulaires, annulaires; les secondes, les voûtes d'arête et celles en pendentifs.

Cette distinction essentielle, qui détermine de si profondes différences dans les plans de salles voûtées, se poursuit naturellement à propos des églises, plus encore que partout ailleurs, car l'église étant en général très élevée, les poussées des voûtes agissent au haut des piliers avec toute la puissance d'un long bras de levier, et dès lors c'est là plus qu'ailleurs que le danger des voûtes est redoutable, là plus qu'ailleurs que le plan doit être combiné pour assurer les résistances que réclame chaque combinaison de voûtes.

Nous aurons donc ici encore cette classification :

— Les églises voûtées à poussée uniformément répartie;

— Les églises voûtées à poussées localisées.

Aussi, et bien que ces analogies de construction m'amènent à grouper des édifices aussi dissemblables d'ailleurs qu'une église rectangulaire et une église circulaire, je crois devoir suivre cet ordre en réunissant sous la même rubrique les églises qui posent les mêmes problèmes d'architecture.

Étant donné le programme d'une église disposée en basilique, c'est-à-dire avec nef longue et rectangulaire, et l'abside au fond, le problème serait assez simple si la nef était une salle unique, sans bas-côtés. Des églises et des chapelles ainsi construites existent encore; l'idée la plus naturelle était dans ce cas la couverture de la nef par une voûte en berceau, des fenêtres dans les murs latéraux, une toiture sur le tout, soit sur une charpente indépendante, soit, à la façon des Romains, portant sur le massif même de la voûte. Pourvu que les murs fussent d'épaisseur suffisante — et pour plus de sûreté, on l'exagérait — ces édifices devaient tenir. Il existe donc, dans bien des régions et spécialement dans le Sud-Ouest de la France, un certain nombre d'églises voûtées sans bas-côtés. Quelques-unes sont voûtées en berceau ; la construction est alors toute simple ; mais la voûte en berceau est obscure, et il importait de faire pénétrer la lumière jusque dans la hauteur des voûtes. Aussi les plus importantes de ces églises sans bas-côtés sont-elles disposées avec des voûtes en pendentifs. Mais ces églises ne rentrent pas dans la classification des nefs à poussée uniformément réparties, j'aurai donc à les réserver quant à présent, pour me renfermer dans cette classification.

On avait l'habitude des bas-côtés, ils étaient devenus nécessaires ; si l'usage des tribunes avait en partie disparu, il restait du moins cette obligation pour les architectes, de faire des églises voûtées, avec nefs et bas-côtés. Problème certainement difficile.

Nous avons vu en effet que, dans la basilique charpentée, l'existence de bas-côtés est une garantie de solidité, parce que alors la nef ne sépare pas deux simples murs abandonnés, mais deux bâtiments solidarisés par l'existence d'un second mur et du comble des bas côtés. Il n'en est pas ainsi lorsque les bas-côtés sont voûtés. Leur voûte exerce deux poussées, l'une sur le mur extérieur du dedans au dehors : on peut y parer avec certitude par l'épaisseur de ces murs ou par des contreforts, qui ne gênent en rien la circulation intérieure ; l'autre, du dehors au dedans, sur les piliers de la nef, qu'elle tend à renverser ou à courber dans leur milieu : effet évidemment dangereux (fig. 1002). Contre cet effort latéral, on n'a que deux éléments de résistance : la force des piliers, par leur épaisseur propre (car on ne peut pas compter ici sur l'épaulement de contreforts saillants) — et la charge des parties hautes qui en augmente la résistance. L'expérience et le savoir ont conduit à trouver les proportions justes qui permettent de compter sur la stabilité, sans exagérer l'encombrement de l'édifice par des points d'appui de dimensions inutiles : mais ce n'est qu'après de longs efforts, et peut-être de cruelles leçons que les architectes ont acquis la possession de cette certitude. Le problème était d'ailleurs aussi inquiétant, qu'il s'agît d'églises à poussées uniformément réparties, ou à poussées localisées.

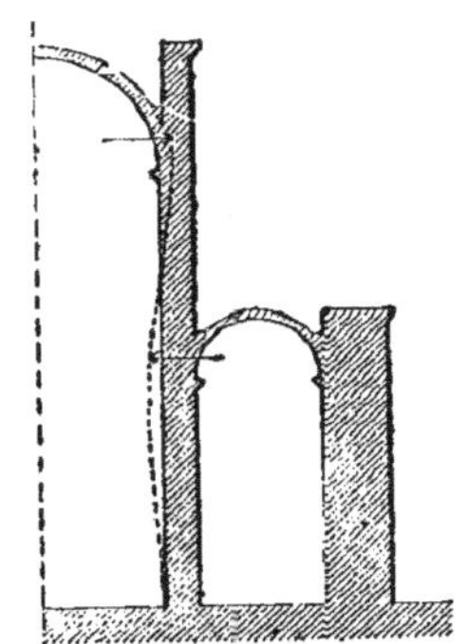

Fig. 1002. — Tendance au renversement des voûtes d'églises non contrebutées.

Mais l'église sans bas-côtés ne répondait pas suffisamment aux besoins, et bien vite on arriva à ce groupe nombreux des églises voûtées en berceau avec bas-côtés. Quelques-unes des plus anciennes subsistent encore : preuve que leur construction pouvait braver le temps. Mais elles sont très timides. Une nef étroite est séparée des bas-côtés par de lourds et massifs piliers. L'une des plus intéressantes est l'église de Sainte-Marie-du-Port, à Clermont (fig. 1003, 1004, 1005 et 1006), remarquable aussi bien à l'intérieur qu'à l'extérieur. Mais cette nef, couverte en berceau, est sombre, car n'osant pas se fier à ses murs pour résister aux voûtes, on élevait les bas-côtés ou les tribunes assez haut pour que leur voûte vînt contrebuter celle de la nef. Aussi, ces voûtes collatérales étaient souvent en quart de cercle avec leur clef au-dessus du niveau des naissances de la voûte principale. La nef n'ayant pas de fenêtres était obscure et ne recevait de jour qu'à travers

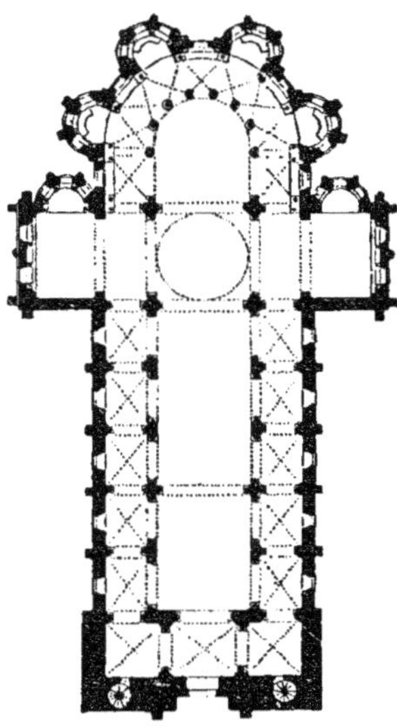

Fig. 1003. — Église de N.-D.-du-Port, à Clermont. Plan.

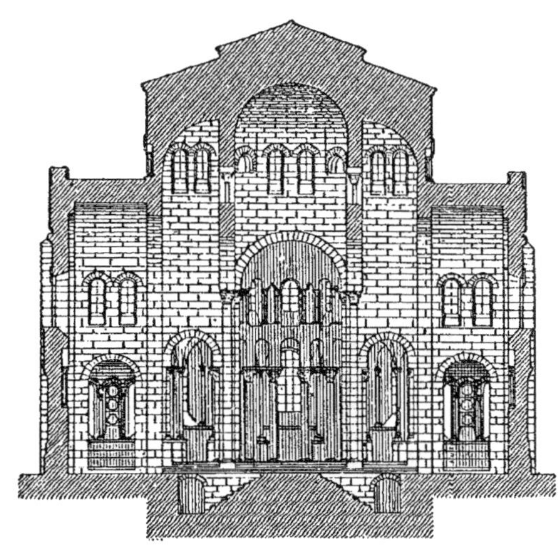

Fig. 1004. — Église N.-D.-du-Port, à Clermont. Coupe transversale sur le transept.

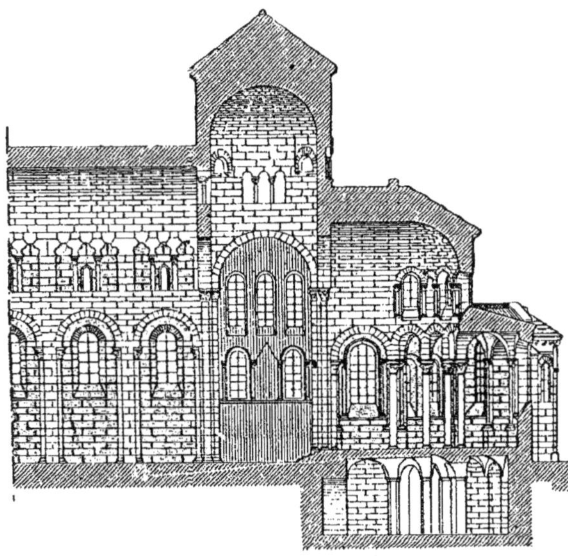

Fig. 1005. — Eglise N.-D.-du-Port, à Clermont. Coupe longitudinale.

les bas-côtés et les tribunes. Telles furent les anciennes églises dites *romanes*. Et cependant cette architecture craintive donna bientôt naissance à de beaux monuments, parmi lesquels il convient de citer encore l'église d'Issoire (fig. 1007 et 1008).

Nous y trouverons entre autres un élément qui n'en est pas,

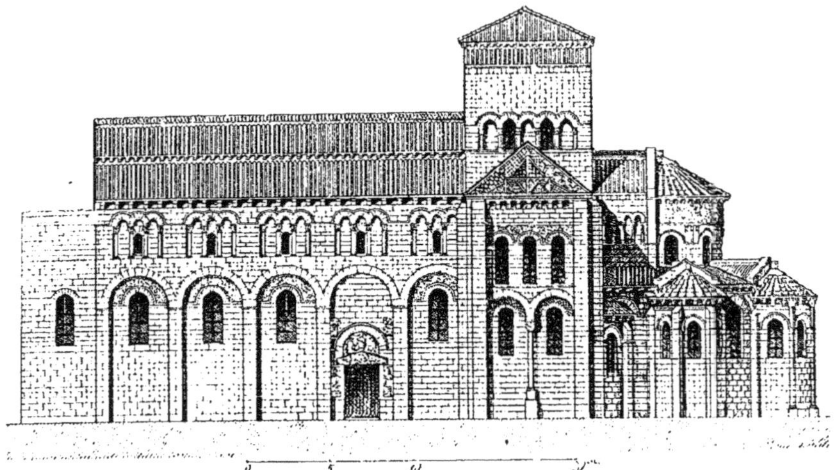

Fig. 1006. — Église N.-D.-du-Port, à Clermont. Façade latérale.

à vrai dire, à sa première apparition, mais dont vous saisirez la fonction si vous considérez la coupe transversale de cette église forcément sombre ; cet élément, c'est la *tour-lanterne* élevée à la croix du transept.

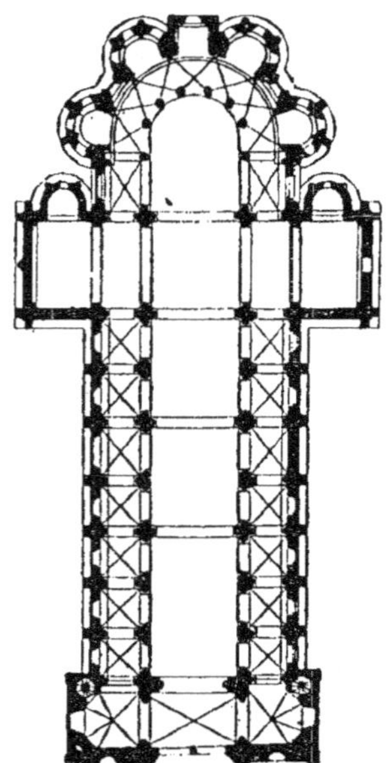

Fig. 1007. — Église d'Issoire. Plan.

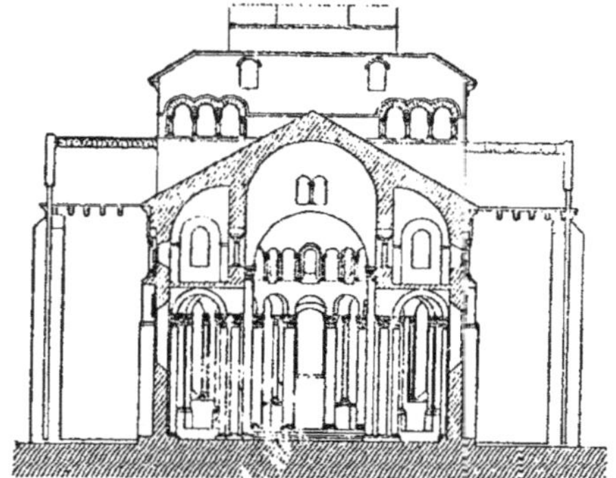

Fig. 1008. — Église d'Issoire. Coupe transversale.

En effet, cette rencontre de la nef et du transept donne lieu à quatre arcades, qui sont épaulées très sûrement par les lignes de points d'appui. On peut donc les charger sans crainte, pourvu

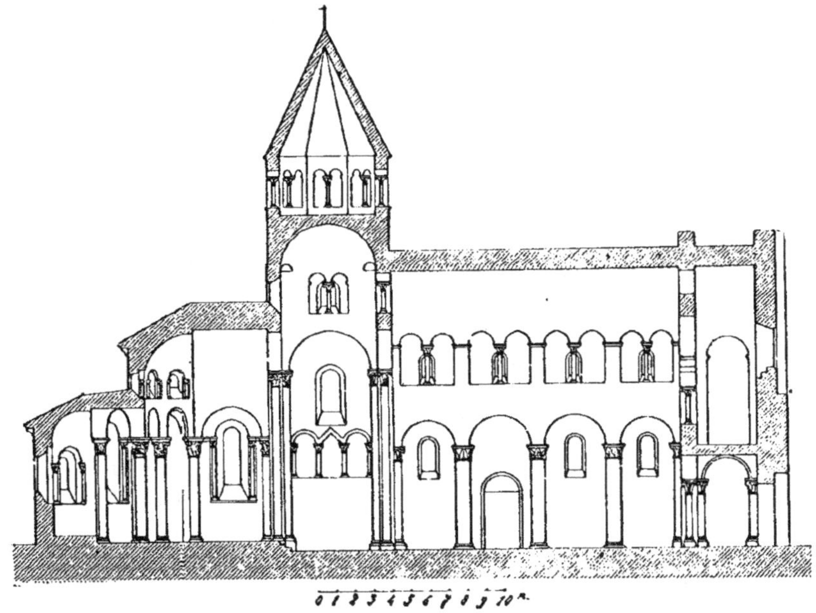

Fig. 1009. — Tour lanterne de Saint-Nectaire.

qu'on n'aille pas jusqu'à l'écrasement vertical de la pierre — ce qui est parfois arrivé.

Rien n'empêche donc de surmonter ces arcs par des murs, dans ces murs de pratiquer des fenêtres, et d'avoir ainsi à la rencontre des nefs une partie supérieure qui projette de la lumière sous les voûtes sombres de l'église. Telle est la fonction des tours-lanternes que vous voyez dans ces vieilles églises, à Issoire, à Ainay dans Lyon, à Saint-Nectaire (fig. 1009), à Saint-Sernin de Toulouse, etc., jusqu'aux proportions si élancées que nous trouverons plus tard avec la tour-lanterne de l'église Saint-Maclou, à Rouen (fig. 1010), qui deviendront un motif de grand effet, notamment à l'église Notre-Dame de Dijon, et à la cathédrale d'Évreux; dans cette dernière surtout, la tour-lanterne est un charmant exemple, d'une très grande élégance; puis, par une filiation suivie, ces tours deviennent les grandes coupoles de Saint-Pierre de Rome et des églises qui en procèdent. Elles ne doivent pas être confondues avec les clochers, dont je vous parlerai plus tard.

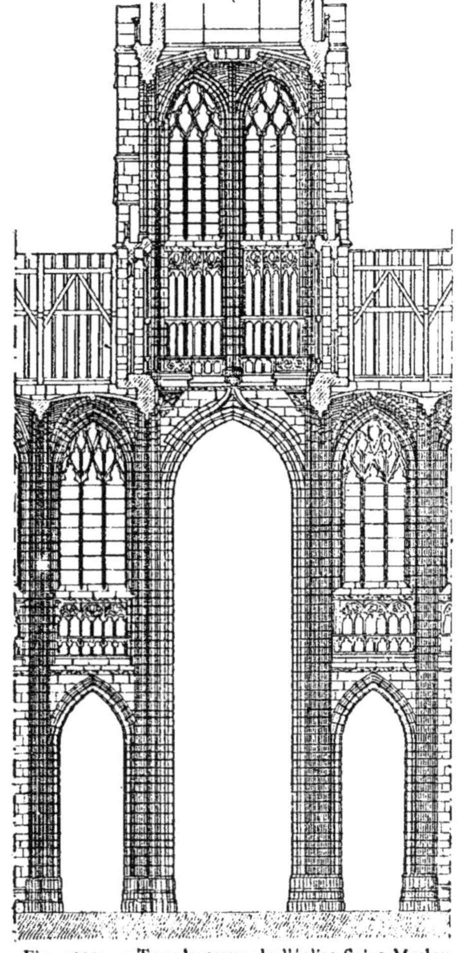

Fig. 1010. — Tour-lanterne de l'église Saint-Maclou. Coupe longitudinale.

Ainsi, les églises voûtées en berceau se décomposent elles-mêmes en églises à simple nef, ou églises avec nefs et bas-côtés. Ces dernières ont souvent, comme les anciennes basiliques, une tribune au-dessus du bas-côté; bas-côtés ou tribunes sont voûtées par un berceau soit demi-cylindrique, soit en quart de cercle seulement; non pas, notez-le bien, que cette disposition affranchisse de la poussée latérale les piliers de la nef — le quart de cercle pousse aussi bien que le demi-cercle ; — mais elle permet d'élever davantage les arcades

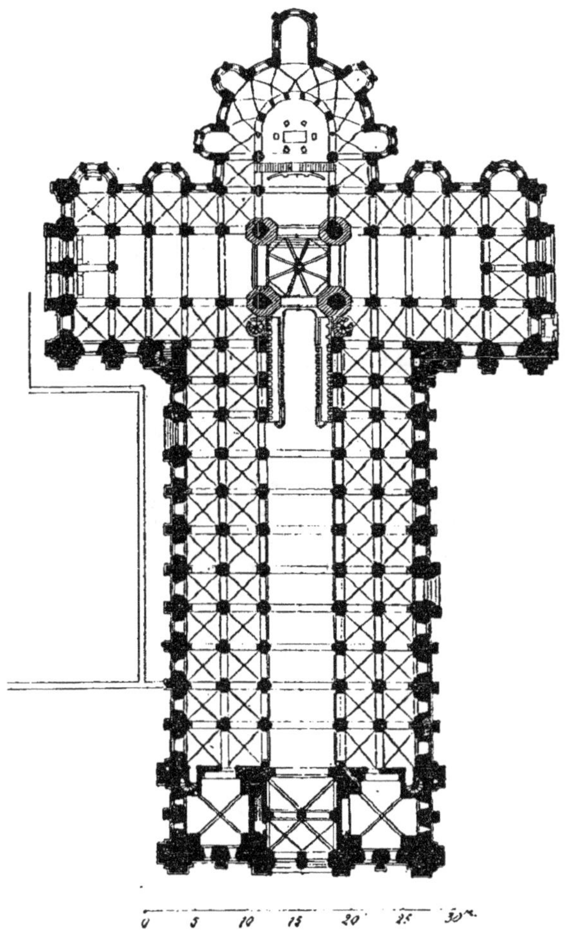

Fig. 1011. — Église Saint-Sernin, à Toulouse. Plan.

et de diminuer la masse de pierre qui les charge tout en laissant sur les piliers la charge nécessaire à leur stabilité. Pour ces églises, si loin qu'elles soient de la hardiesse des âges suivants, il se posait déjà des problèmes d'architecture très complexes, et une construction savante était déjà nécessaire : sachons bien que ces architectes du XIe ou du XIIe siècle étaient des hommes très

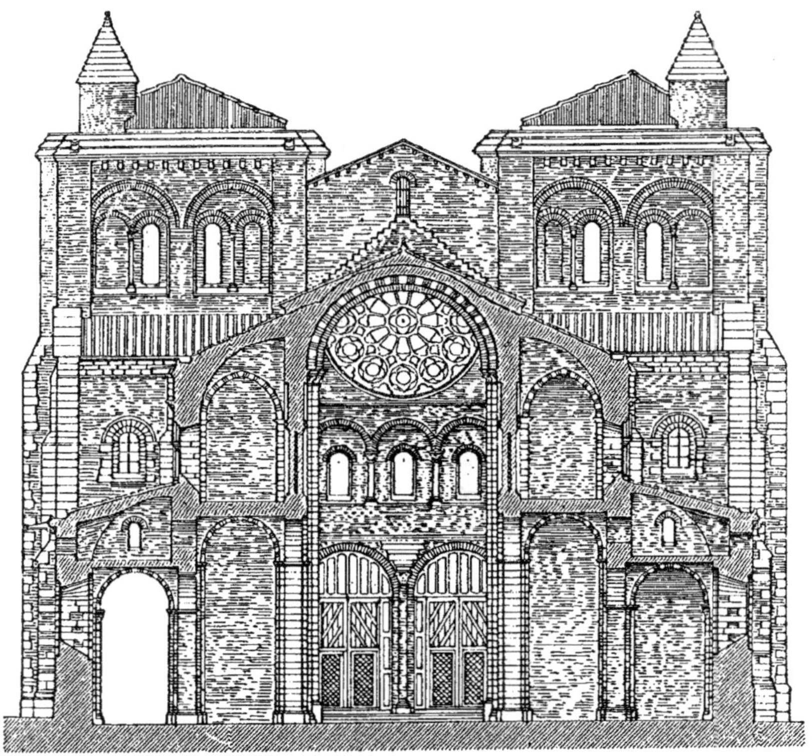

Fig. 1012. — Église Saint-Sernin, à Toulouse. Coupe transversale.

habiles, mais forts d'ailleurs du groupement et de la mise en commun de toutes les expériences individuelles.

A ces monuments de la période *romane* proprement dite ce n'est pas la grandeur qui manque, ni la puissance des moyens de construction. L'église Saint-Sernin de Toulouse (fig. 1011 et 1012), par exemple, est un édifice considérable produisant un grand effet par la longueur de ses nefs; sa tour-lanterne est un ouvrage très curieux — plus curieux que beau à mon avis — qui s'élève à une hauteur considérable. Le parti de l'abside avec son collatéral autour du chœur, ses chapelles rayonnantes, et les chapelles accolées au transept qui en continuent l'effet, donne lieu à une des plus belles compositions que présentent les façades postérieures des églises, et avec une rare unité de proportions et de style (fig. 1013 et 1014). Ce qui manque encore, c'est la connaissance des ressources diverses de la voûte et des combinaisons auxquelles elle se prête.

Je viens de vous parler des absides. Il s'est fait dans l'architecture des églises, vers le XIe ou le commencement du XIIe siècle, une innovation qui résulte évidemment de changements dans le culte et les cérémonies. Dans les basiliques primitives, nous l'avons vu, le maître autel est à l'entrée d'une abside qui est le fond même du monument; derrière le mur demi-circulaire de cette abside, c'est le dehors. Deux *absidioles* accompagnent généralement cette abside, à l'extrémité des bas-côtés et leur faisant face. Cette disposition n'est pas particulière à l'église charpentée, nous la retrouvons dans des églises voûtées, par exemple celle de Ferrières, église d'ailleurs voûtée en voûtes d'arête (fig. 1015 et 1016). Mais, voulant avoir un nombre plus grand de chapelles, et cependant conserver une certaine démarcation entre la partie du clergé et celle du peuple, on a admis que des chapelles pussent se grouper autour ou auprès du chœur; l'orientation devint dès lors une règle moins sévère, ou tout au moins l'orientation générale du chœur fut réputée orienter son entourage consacré. Mais à ces chapelles rayonnantes il fallait un accès; les bas-côtés furent donc continués au pourtour de

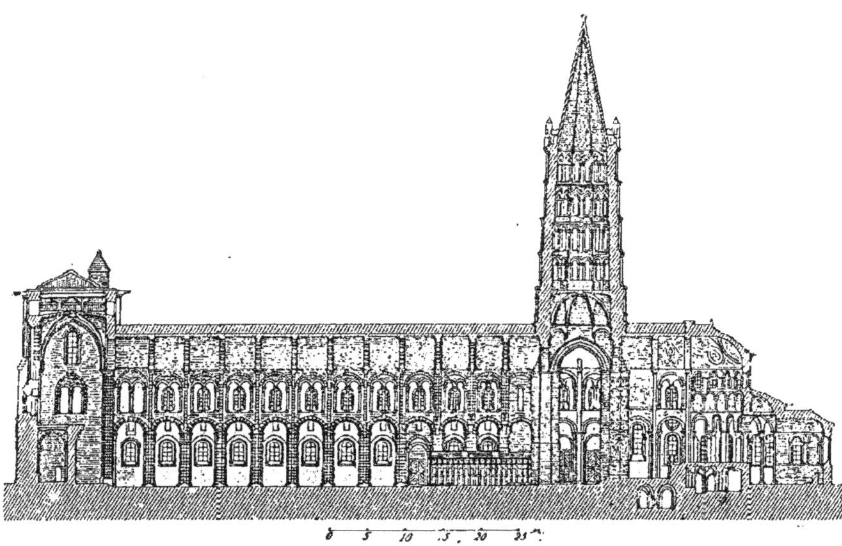

Fig. 1013. — Église Saint-Sernin de Toulouse. Coupe longitudinale.

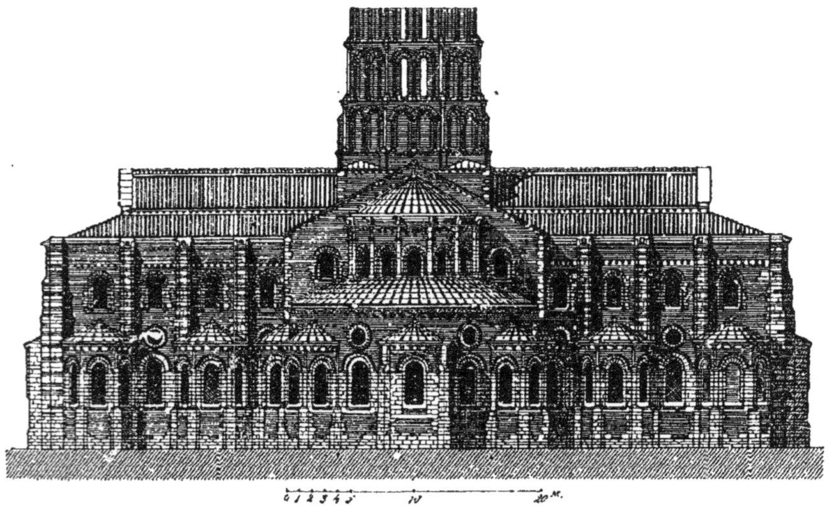

Fig. 1014. — Façade postérieure de l'église Saint-Sernin, à Toulouse.

l'abside, sauf que souvent le sol en était relevé de quelques marches comme le chœur lui-même. C'est ainsi que à Saint-Sernin, aux églises romanes de Poitiers, à l'église très primitive d'Issoire dont je vous ai déjà parlé, à Orcival, dont l'abside est l'une des plus intéressantes (fig. 1017 et 1018), et dans beaucoup

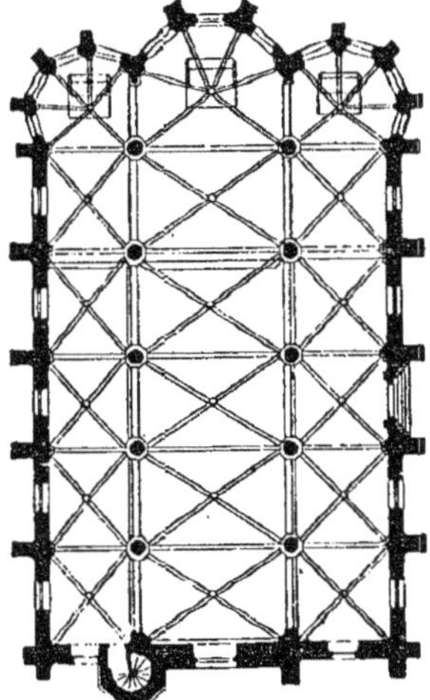

Fig. 1015. — Église de Ferrières. Plan.

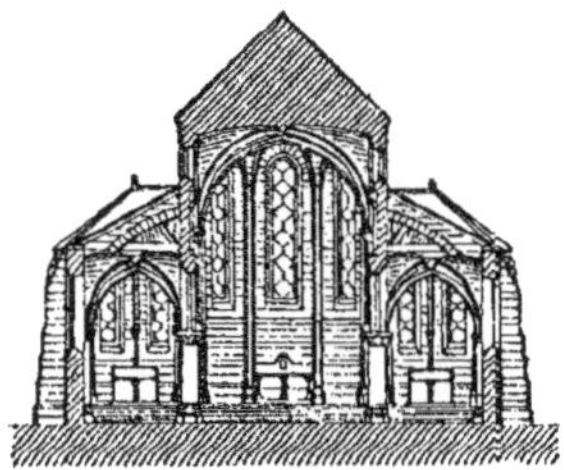

Fig. 1016. — Église de Ferrières. Coupe.

d'autres que je ne puis vous énumérer, vous voyez le *chevet*, ou l'abside, prendre une importance considérable, au profit d'ailleurs de très belles compositions. Plus tard, ces chapelles rayonnantes autour du chœur ne suffiront plus, les chapelles se répandront tout autour de l'église.

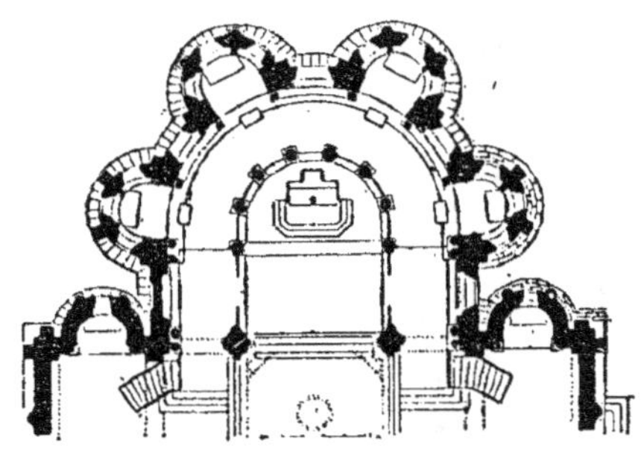

Fig. 1017. — Abside de N.-D. d'Orcival.

C'est là un des grands griefs du protestantisme sinon contre les églises catholiques, tout au moins contre le programme qui les inspire. Une religion monothéiste ne doit, dit-il, connaître qu'un seul sanctuaire; la multiplicité des autels fait admettre la

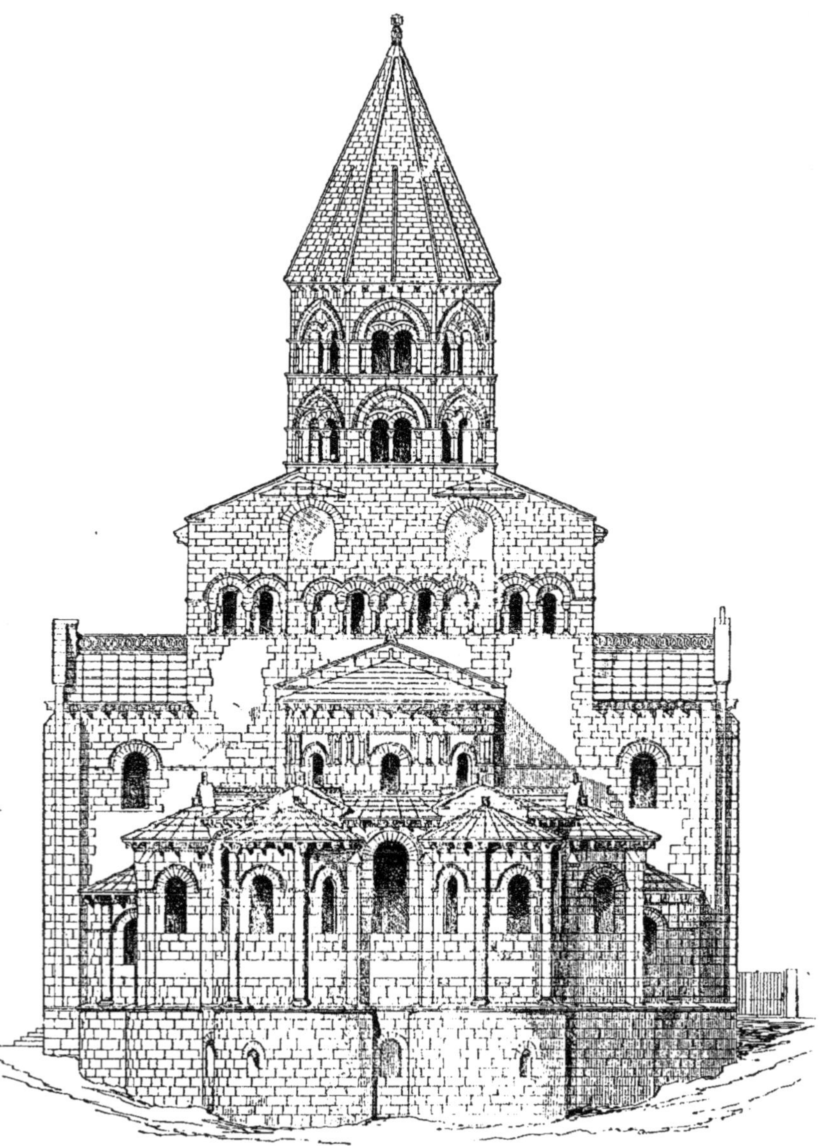

Fig. 1018. — Église de N.-D. d'Orcival.

multiplicité des invocations, et chaque chapelle étant consacrée à un saint, c'est le saint qui en devient le dieu, on introduit ainsi le polythéisme dans la religion chrétienne. — Nous n'avons pas à nous immiscer dans ces abstractions théologiques; en fait, d'ailleurs, la raison d'être de cette disposition est toute pratique : chaque prêtre, vous le savez, doit dire la messe chaque jour; lorsque le clergé d'une église est nombreux, trois autels ne suffisent plus, il en faut donc un plus grand nombre.

Au surplus, comme je vous l'ai souvent dit, le programme ne vous appartient pas. Ce n'est pas l'architecte qui décidera si une église n'aura qu'un autel ou aura vingt chapelles; mais c'est l'architecture qui dispose le mieux possible et de la façon la plus belle qu'elle peut, les vingt chapelles ou l'autel unique que lui demande le programme émané de qui de droit.

Il va d'ailleurs sans dire que les classifications ne sauraient être absolues. Je vous cite comme églises à poussées uniformes des églises dont la nef seule est voûtée en berceau, tandis que les bas-côtés ont des voûtes d'arête. C'est que c'est à la chose principale qu'il faut s'attacher; et puis enfin, nous ne classifions pas. Un cours de théorie d'architecture n'est pas un meuble à tiroirs où tout édifice quelconque doive trouver sa case, fût-ce sous l'étiquette *style de transition* ou *composite*, etc., appellations commodes pour donner l'apparence d'un savoir profond en dissimulant les incertitudes. Il est parfaitement logique que dans un même monument vous puissiez avoir les diverses sortes de voûtes; mais chacune aura ses conséquences et ses nécessités : et c'est là ce qu'il importe de savoir et de demander à l'expérience des siècles.

C'est je crois en France qu'on voit les plus beaux exemples

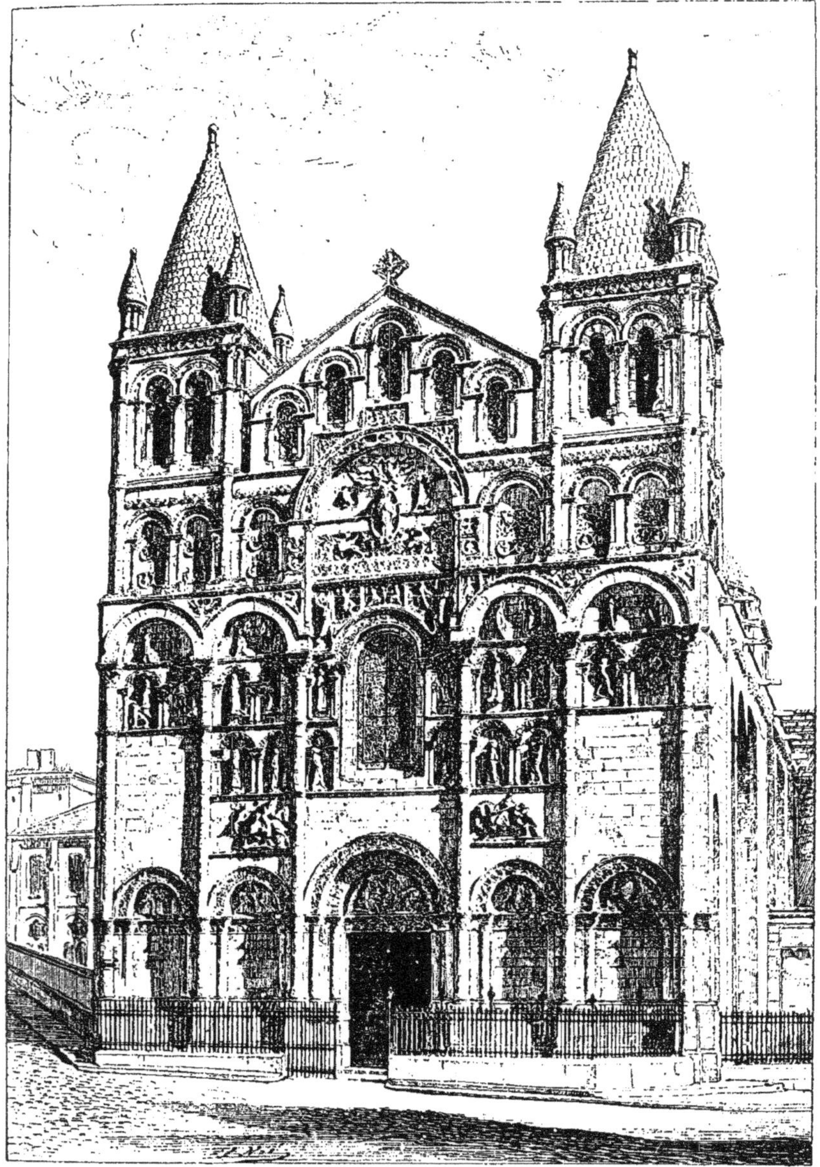

Fig. 1019. — Portail de la cathédrale d'Angoulême.

des églises à voûtes en berceau. Si l'intérieur en reste toujours imparfait, il s'y trouve des façades remarquables, surtout peut-être dans les absides, mais d'ailleurs sur toutes les faces du

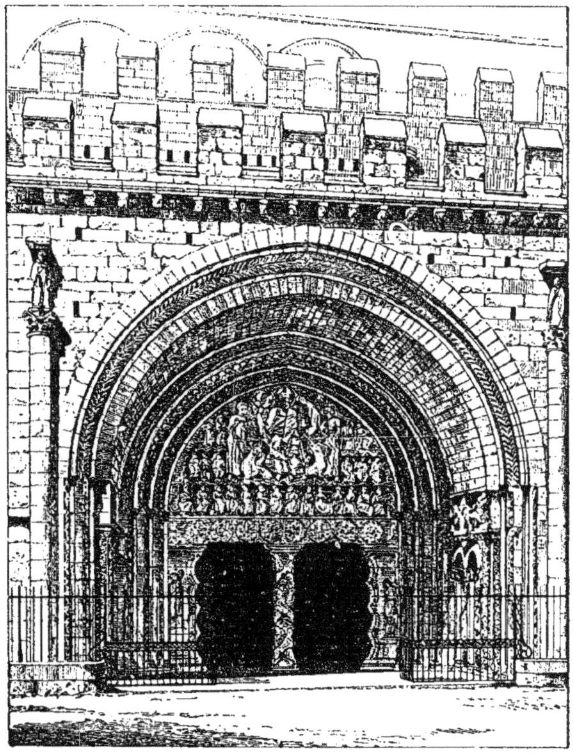

Fig. 1020. -- Portail de l'église de Moissac.

monument. La composition n'a pas encore la grandeur qu'elle atteindra plus tard, avec les puissants éléments qui assurent son unité de la base au sommet : vous ne trouverez pas dans ces anciennes églises la grandeur monumentale de Notre-Dame de Paris par exemple. Mais les morceaux exquis abondent. Rien n'est plus élégant de proportions, plus empreint de goût, plus juste d'effet que les portails de Notre-Dame de Poitiers, un peu lourd toutefois, et dont la façade de la cathédrale d'Angoulême rappelle la composition avec plus d'élégance (fig. 1019); que ceux de Sainte-Croix de Bordeaux, de Moissac (fig. 1020); que, dans un esprit sévère et imposant, les façades d'Ainay à Lyon, de Notre-Dame-du-Port à Clermont; enfin que ces joyaux

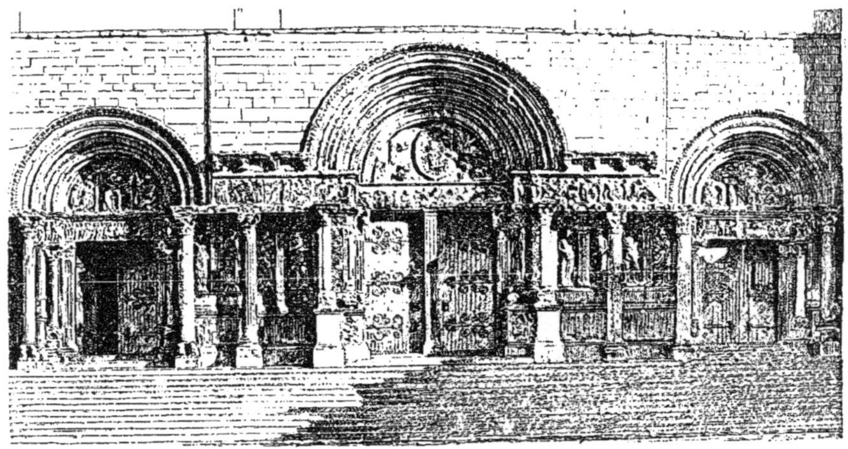

Fig. 1021. — Église Saint-Gilles du Gard.

uniques, la façade de Saint-Trophime à Arles, et de Saint-Gilles du Gard (fig. 1021).

Comme ces églises étaient moins élevées qu'on ne les fit plus tard, les façades ne pouvaient avoir ce caractère en quelque sorte triomphateur des églises des siècles suivants, dominant toute une ville par leur élévation. N'ayant pas à chercher ce prestige lointain, travaillant en général pour des emplacements étroits et encombrés, les architectes se sont attachés surtout au morceau visible, le porche, le portail, la chapelle saillante. En général, il y a opposition entre la richesse de ces parties très décorées et la simplicité rustique du monument.

Remarquez aussi le grand rôle que commence à jouer la sculpture dans l'architecture religieuse.

Longtemps le christianisme fut l'ennemi implacable de la sculpture. Reprochant au paganisme son idolâtrie, il devait confondre la représentation des divinités antiques avec ces divinités mêmes, voir dans la statue du dieu l'*idole* elle-même, voir les faux dieux dans l'image grossière ou parfaite. Aussi détruisit-il le plus qu'il put de statues antiques, mutilant des chefs-d'œuvre sans remords : les idoles renversées violemment et brisées par Polyeucte auraient pu être des merveilles de Phidias!

Cet acharnement à la destruction fut surtout l'œuvre de la secte des *Iconoclastes* (briseurs d'images). Si la Vénus de Milo n'a plus de bras ni de pieds, si les caryatides d'Athènes sont sans pieds, sans bras, sans nez, si les métopes et les frises du Parthénon sont mutilées et camardées, la cause en est là. On échafaudait un monument pour que des tailleurs de pierre pussent aller, à la masse et au ciseau, détruire les têtes, les mains, les pieds des *démons*.

Tant que dura ce fanatisme néfaste — bien autrement destructeur que les barbares — le christianisme ne songea pas à des représentations graphiques. Aussi, les premières basiliques furent-elles dénuées de toute sculpture; puis, timidement, furtivement, pourrait-on dire, on représenta sur les linteaux de la porte les anges protecteurs de l'église. Puis enfin, ces luttes une fois oubliées, on comprit que toute religion a besoin des arts, qu'il était nécessaire de donner aux néophytes et aux illettrés une idée de l'histoire sacrée et des dogmes; de là les statues des saints, des anges, la représentation du jugement dernier, de l'enfer et du paradis, pour agir sur les imaginations, en un mot la propagande par l'image sculptée.

Voyez ces monuments, étudiez-les avec tout votre respect : vous ne les copierez pas, je l'espère du moins, mais vous y trouverez une leçon touchante de dévouement artistique et de recherche passionnée du progrès.

Comme je l'ai fait en vous parlant des églises composées en croix grecque, je me bornerai ici à vous signaler l'analogie de problème qui existe entre ces vieilles églises romanes et des églises modernes. Certes, la chapelle de Versailles est d'une architecture très différente de celle de l'église d'Issoire; et cependant, le problème est le même. A Paris, la nef du Val-de-Grâce, à part des fenêtres en pénétration, est voûtée en berceau comme celle de Saint-Sernin de Toulouse. Mais là s'arrête l'analogie, et je ne puis assez élargir le cadre de chaque chapitre pour y faire entrer en même temps des choses aussi dissemblables.

Il faut donc que, quant à présent, je me limite au Moyen-âge; le champ est suffisamment vaste!

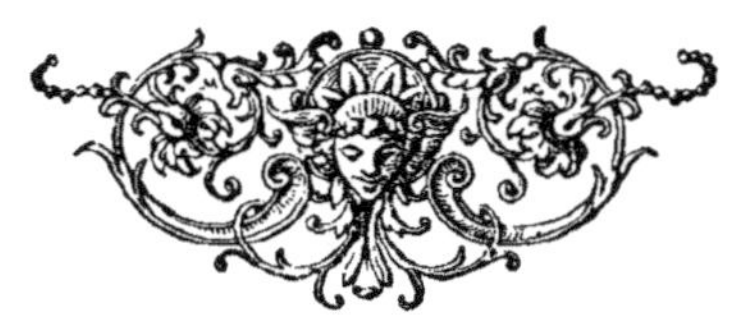

CHAPITRE IX

LES ÉGLISES VOUTÉES

(*Suite.*)

POUSSÉES LOCALISÉES ET RÉSISTANCES INTÉRIEURES

SOMMAIRE. — L'arc brisé, dit ogive. Sa raison d'être. — Le plan de l'église commandé par les voûtes. — Stabilité. — Actions réciproquement neutralisées, équilibre. — Résistances intérieures.

J'aborde maintenant les églises voûtées à poussées localisées, c'est-à-dire de beaucoup les plus nombreuses, et celles qui ont donné lieu aux monuments les plus considérables; entre celles-ci, j'aurai à faire encore une distinction essentielle entre les églises où les résistances sont intérieures ou extérieures : différence de composition au premier chef. Ce sujet embrasse presque entièrement l'architecture des églises du Moyen-âge, et il me faudra d'assez longs développements pour le traiter.

Mais, franchement, je voudrais bien pouvoir récuser l'emploi de ces termes : architecture *romane*, architecture *gothique*, qui ne signifient rien, le dernier surtout, les Goths n'ayant jamais eu d'architecture. « Gothique » est un terme de mépris par lequel la Renaissance désignait tout ce qui s'interposait entre elle et l'antique : cela signifiait tout simplement « barbare ». A cette appellation on a voulu substituer celle d'architecture *ogivale*, tirée d'éléments techniques, mais qui a le tort grave de voir le caractère distinctif d'une architecture dans ce qui ne serait qu'une apparence si l'on ne savait y voir la composition même des monuments; d'autant moins juste d'ailleurs que la courbe ogivale se trouve dans des édifices invariablement classés comme romans (ainsi la section de la voûte en berceau de Saint-Trophime est une courbe à deux centres) et que cette courbe est abandonnée dans des églises, comme Saint-Eustache de Paris, qui sont encore de la grande famille du Moyen-âge par leur composition et le système constructif.

Comme cette forme ogivale, ou d'*arc brisé*, se rencontrera à tout instant dans les monuments que nous allons examiner, c'est peut-être le moment d'une digression à ce sujet.

L'arc brisé se rencontre çà et là dans des constructions très anciennes de l'Asie; il y en a même quelques exemples dans l'architecture antique, dans des arcs de décharge. Nous l'avons vu aussi dans ces églises purement basilicales, la cathédrale de Montréale et la chapelle Palatine de Palerme. On lui a attribué une origine orientale, persane ou arabe : sa pratique aurait été importée en Europe à la suite des croisades. C'est possible, vraisemblable peut-être, mais d'un intérêt médiocre. Ces explications, qui ne tiennent compte que d'un premier fait, laissent de côté ce qui est bien autrement intéressant à connaître, c'est que l'arc brisé était un élément de construction presque inévitable avec le parti de composition qui allait être adopté pour les églises : c'était presque la condition nécessaire de cette composition, du moment où l'on tendait de plus en plus à les faire élevées et élancées.

La construction des églises voûtées, pour s'affranchir des timidités des voûtes que je vous ai décrites, devenait de plus en plus difficile et hardie. L'architecture du Moyen-âge, je ne saurais trop le répéter, est une lutte continuelle contre les dangers de la voûte : ce danger, c'est la poussée : première raison pour chercher un arc qui poussât moins que le plein-cintre, c'est-à-dire un arc surélevé. Or, de toutes les formes qu'on peut donner à un arc surélevé, ellipses d'un tracé et d'une exécution difficiles, courbes à plusieurs centres, la plus simple est la courbe à deux centres, qui conserve le cercle comme génération géométrique; et ce qui est plus facile à tracer est aussi plus facile à exécuter.

Et remarquez bien que si l'arc brisé ou l'ogive avait été l'importation d'une mode, rompant subitement avec une mode abandonnée, on n'assisterait pas à cette transformation graduelle et presque insensible que révèlent les monuments : les premières ogives sont à peine surhaussées par rapport au demi-cercle; c'est par des éloignements successifs des centres que la courbe arrive à sa forme franchement accusée.

Mais une autre raison l'appelait encore plus nécessairement. Les voûtes du Moyen-âge, vous ai-je dit, sont composées d'arcs indépendants et de remplissages. Arcs et remplissages se trouvent également dans les voûtes romaines, mais au même nu : sur le cintre général de la voûte générale les architectes romains pouvaient tracer les arcs : qu'ils fussent à simple ou à double courbure, circulaires ou elliptiques, il n'y avait aucune difficulté : l'ouvrier posait les briques sur le tracé, bloquait ensuite le remplissage; au décintrement, tout apparaissait; le maçon avait fait par exemple des arcs à double courbure sans le savoir. Rien de tel n'est possible avec la voûte du Moyen-âge, ou pour parler plus exactement avec la *construction d'arcs qui porteront une voûte.* C'est l'arc qui doit être cintré et appareillé, tracé au préalable en épure, construit avec des voussoirs taillés d'avance. Il faut donc que cet arc soit d'un tracé sûr, d'un appareil facile, d'une exécution mathématique.

Or, si je suppose le cas le plus simple, la croisée d'ogive sur plan carré, et si je la construis au moyen de six arcs, savoir : deux arcs-doubleaux en travers de la nef, deux arcs formerets le long des murs latéraux, et deux arcs diagonaux, — il se produira de deux choses l'une :

Ou les arcs seront de même forme, demi-circulaires par exemple (c'est le plus simple) et alors les arcs diagonaux ayant pour diamètre la diagonale du carré tandis que les formerets

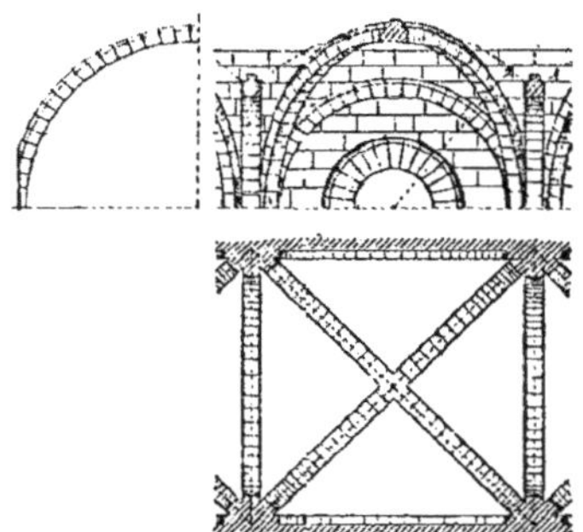

Fig. 1022. — Croisée d'ogive sur plan carré, tous les arcs tracés en plein-cintre. Remplissages en portions de sphère.

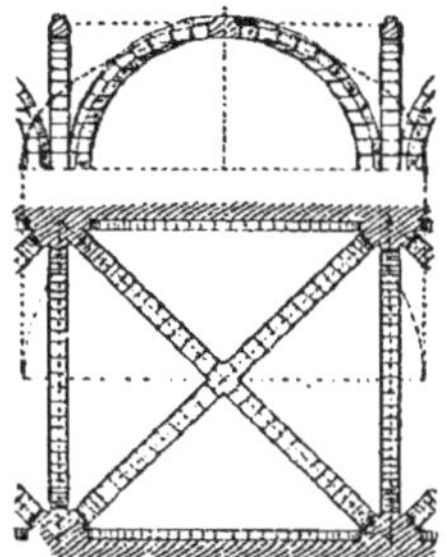

Fig. 1023. — Croisée d'ogive sur plan carré, clefs de niveau, arcs directeurs en plein-cintre, arc diagonal en ellipse surbaissée.

ont le côté pour diamètre, les arcs diagonaux s'élèveront à une hauteur plus grande (fig. 1022); la clef de la voûte sera plus haute que celle des arcs-doubleaux et formerets, et la surface enveloppe coupée par des demi cercles suivant ces arcs, et aussi suivant ses diagonales, sera tout simplement *une sphère*. Cette voûte sera en somme une voûte sphérique à pendentifs, soutenue par deux arcs diagonaux. Et tel fut en effet le passage de la voûte en pendentifs à la voûte sur arcs indépendants.

Ou bien l'architecte voudra que les clefs soient de niveau ou à peu près. Alors, les arcs ne peuvent être semblables. Si les arcs-doubleaux et formerets sont en plein-cintre, l'arc diagonal sera une *ellipse surbaissée* dont les axes seront dans le rapport de la diagonale au côté du carré (fig. 1023). Si ce sont les arcs diagonaux qui sont plein-cintre, les arcs-doubleaux et formerets seront des *ellipses surhaussées* avec le même rapport entre les axes.

Mais un arc en ellipse, surbaissé ou surhaussé, est d'un tracé difficile, passible d'erreurs; d'une exécution difficile, car les voussoirs sont constamment différents, et ne peuvent guère être préparés d'avance avec certitude. Il se posait donc ce problème :

Étant donnés deux arcs, qui doivent avoir même hauteur et des bases différentes, trouver la courbe qui permette pour ces arcs une exécution facile.

La solution devait être nécessairement l'arc brisé, qui permet les mêmes hauteurs de clefs, et qui permet le tracé des voussoirs sur une courbe toujours circulaire, et l'exécution par voussoirs identiques — ce qui est d'importance capitale. Et l'on aura alors le cas si fréquent dans l'architecture du Moyen-âge : les arcs diagonaux tracés en demi-cercle, et les arcs de tête en arc brisé de même hauteur (fig. 1024).

Mais ce cas simple est l'exception, et dans les plans des églises du Moyen-âge, vous verrez presque toujours la voûte d'arête couvrir une surface rectangulaire, tandis que dans l'architecture antique elle couvre presque toujours une surface carrée. Si vous vous reportez à nos études des éléments d'architecture, vous vous rappelez que, sur un plan de travée rectangulaire, et même dans la voûte stéréotomique, la voûte d'arête *cylindrique* aboutit à l'une ou l'autre de ces combinaisons : ou le petit cylindre est demi-circulaire et alors le grand est elliptique surbaissé; ou le grand cylindre est demi-circulaire, et alors le petit est elliptique surhaussé. Si donc on veut — comme on le voulait au Moyen-âge — que les arcs aient toujours un tracé circulaire, il faut pour que la voûte de la nef ou d'un bas-côté ne soit pas aplatie, que les voûtes transversales de la nef dépassent elles-mêmes en hauteur la section demi-circulaire (fig. 1025). Et il faut remarquer que si les plus anciennes voûtes de nefs sont presque toutes sur plan carré, comme les voûtes des salles de Thermes, celles des bas-côtés

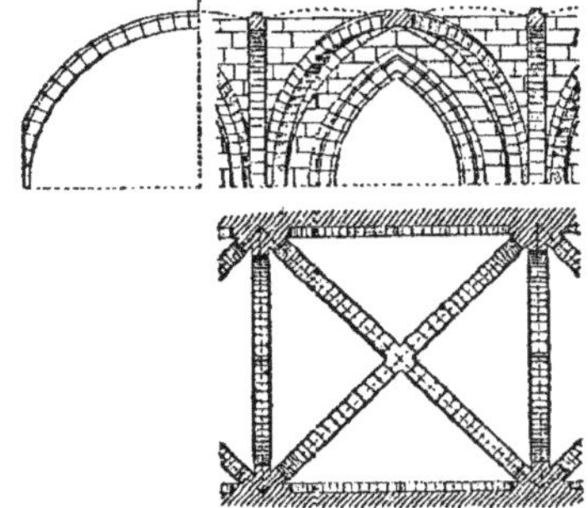

Fig. 1024. — Croisée d'ogive sur plan carré, clefs de niveau, arcs directeurs en ogive, arc diagonal en plein cintre.

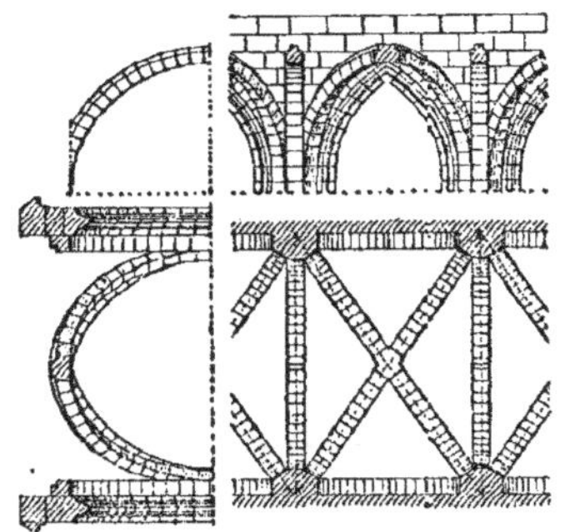

Fig. 1025. — Croisée d'ogive sur plan rectangulaire, arcs directeurs ogivaux, arc diagonal plein cintre.

sont souvent sur des travées rectangulaires. Du reste, que ces travées soient carrées ou rectangulaires, les considérations que je viens d'exposer pour les nefs s'appliquent nécessairement encore aux voûtes des bas-côtés. Il est vrai que ce cintre pourrait rester demi-circulaire à ses extrémités, par exemple les arcades entre la nef et les bas-côtés pourraient rester en plein cintre; mais alors, elles s'élèvent sensiblement moins haut que la voûte des bas-côtés, et la pénétration va en montant du tympan à la clef; c'est ce qu'on ne voulait pas : on voulait deux choses : réduire au minimum le poids mort au-dessus des arcs, et introduire le plus de lumière possible dans la nef. Pour cela, il fallait que les arcs latéraux atteignissent la hauteur même de la voûte; et, étant donné d'ailleurs que les naissances des voûtes, des arcs, et de tout ce qui se pénétrait devait être à un même niveau, une courbe plus élevée que le demi-cercle était une nécessité. Et cette courbe surélevée, c'était ici encore l'arc brisé qui en donnait la solution la plus simple et la plus facilement exécutable.

Tout cela est un peu aride, un peu géométrique, mais c'est l'explication architecturale d'un mode de construction qui a persisté pendant trois siècles. Ne voyez donc pas dans l'ogive une simple mode, une simple habitude d'une époque : voyez-y ce qui est, un élément constructif, logique et nécessaire de l'architecture que nous allons étudier : un élément de raison, et non un élément de fantaisie.

Ces considérations de poussée et de niveau des clefs d'arcs sont, il est vrai, impérieuses dans les combinaisons de voûtes, et le sont beaucoup moins dans les façades où les arcs, percés dans des murs pleins, sont forcément contre-butés par la masse du mur. Au point de vue purement statique, il serait très rationnel que Notre-Dame par exemple eût ses arcs de nef en ogive, et que ses portails fussent en plein cintre. Mais l'harmonie n'existerait plus, et il était naturel que le tracé ogival des arcs de voûte eût pour conséquence le tracé ogival des arcs de façades, portes, fenêtres, etc. Pour moi, et quelle que soit ici l'histoire, c'est la voûte qui devait appeler l'ogive, et c'est l'ogive des voûtes qui devait appeler l'ogive des baies dans les murs.

Je vous ai entretenu tout d'abord de l'ogive ou arc brisé, parce que c'est l'élément le plus usuel des églises voûtées à poussées localisées. Excusez cette digression, je reviens à mon sujet, et je veux tout d'abord appeler une fois de plus votre attention sur les conséquences du parti adopté pour les voûtes, au point de vue du plan, c'est-à-dire de la composition générale de l'édifice.

Au risque de me répéter, je rappellerai encore ici les principes que je vous ai exposés plus haut, en vous parlant des voûtes en général :

En mécanique, ou si vous le préférez en dynamique, on peut se proposer deux objectifs absolument différents : la stabilité ou le mouvement. Le mouvement est le but de toutes les combinaisons qui tendent à déplacer les corps, telles que la balistique, les locomotions ; pour nous, le mouvement reste à l'état exceptionnel, pour des applications spéciales, telles que l'hydraulique, la ventilation, le chauffage ; mais en général, et notamment pour la composition architecturale, nous n'avons à connaître les lois du mouvement des corps que pour le combattre : la stabilité, qui est la nécessité première des constructions, n'est obtenue que par la suppression, l'annihilation du mouvement.

Mais si nous devons arriver à supprimer le mouvement, il ne dépend pas de nous de supprimer les actions. Dans le repos immuable de l'édifice construit, il y a des actions, temporaires ou permanentes, qui tendent à le ruiner ; ce sont les pressions, les poussées, les tractions, les flexions, qui toutes peuvent se concevoir comme des modes divers d'application de la pesanteur — sans parler ici des actions chimiques ou physiques qui tendent à l'altération ou à la décomposition des matériaux. Pour que la stabilité existe, ou en d'autres termes pour que ces actions restent inoffensives, il faut que des résistances suffisantes leur fassent obstacle : si la résistance se trouvait exactement égale à l'action, il y aurait équilibre, mais équilibre instable : l'équilibre stable n'est obtenu que si les résistances sont supérieures aux actions. C'est la loi fondamentale de l'architecture. Résistances d'ailleurs aussi diversement combinées que les actions sont elles-mêmes diverses. Ainsi donc, à toute action doit correspondre une résistance appropriée, sans quoi il n'y a plus stabilité : à l'action verticale de la pesanteur des constructions, vous opposez des piliers de section suffisante pour résister à l'écrasement; à l'action inclinée des poussées, vous devez opposer des résistances qui par leur masse et leur direction neutralisent ces actions; si la poussée n'a lieu qu'en des points déterminés, c'est en ces points que la résistance est utile; donc aux poussées localisées correspondent des résistances localisées. Nous l'avons constaté à propos des salles de thermes des Romains; ce même principe préside à la composition des églises du Moyen-âge, et des églises modernes. Et à ce sujet, je vous montrerai tout de suite le plan de la cathédrale d'Amiens, qui est un exemple frappant de cette vérité (fig. 1026). Dans cette église si grande, aux combinaisons multiples, vous voyez clairement des points de faible section qui ne sont évidemment faits que pour porter une charge verticale, puis dans diverses directions des points d'appui rectangulaires disposés pour résister à des actions horizontales, dans le sens même de ces actions.

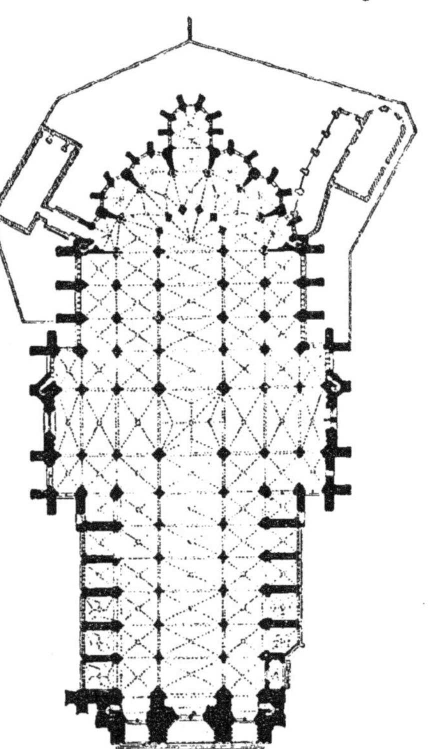

Fig. 1026. — Cathédrale d'Amiens. Plan.

Il est à peine besoin d'indiquer que les actions verticales sont les moins redoutables, ou en tous cas les plus faciles à neutraliser et aussi à calculer. La pierre est dans sa fonction naturelle lorsqu'elle n'a à résister qu'à des efforts de pression verticale, ou d'écrasement. Il est facile de calculer approximativement le poids des constructions supportées par un pilier, et de déterminer en conséquence la section de ce pilier, en tenant compte de la résistance de la pierre employée. Cependant, à ce point de vue même, il y a des dangers à ne pas négliger, car il y a dans nos églises des points très chargés, par exemple sous les tours, aux angles des transepts ou sous des retombées de coupoles élevées. Mais l'action renversante est de beaucoup la plus dangereuse : voyez un pilier isolé quelconque : pour l'écraser sous la pression d'un poids purement vertical, il faudrait une action que vous sentez bien devoir être énorme. Ainsi un fût cylindrique composé d'une pierre dure pouvant résister avec sécurité à une charge de 20 kilogs par centimètre carré, et pesant 2.200 kilogs par mètre cube, pourrait, s'il ne s'agissait que de son propre poids, atteindre 90 mètres de hauteur; pour le renverser latéralement il suffira peut-être d'une faible pression latérale : si ce pilier n'est pas assujetti par un poids supporté, vous le renverserez peut-être à la main.

Or, dans les églises voûtées, et en particulier avec les voûtes à poussées localisées, l'action renversante existe partout — par les voûtes des bas-côtés, par celles de la nef, par les combles — si cette action n'est pas neutralisée. Pour les neutraliser, on dispose de deux moyens : la résistance propre de la construction, véritable force d'inertie; et les actions en sens contraire soigneusement équilibrées. Et ce sont les voûtes qui sont avant tout l'occasion de ces actions renversantes; ce sont les voûtes qui constituent le danger, danger inévitable si l'ignorance seule entreprend de le conjurer.

Pour reprendre cet exemple du plan de la cathédrale d'Amiens, il a donc fallu que dès le principe, dès l'élaboration du plan, l'architecte connût avec certitude les actions de ses voûtes ; cela était indispensable pour le tracé même des fondations. Je vous ai dit souvent que le plan d'un édifice voûté doit se reconnaître à première vue ; j'ajoute que le plan de cet édifice voûté sera tout différent suivant le système des voûtes : le plan de la cathédrale d'Amiens ne saurait être le plan d'une église voûtée en berceau.

Puis, comme je vous l'ai indiqué déjà, il y a encore parmi ces églises une distinction générale à faire : les résistances peuvent, comme dans l'architecture romaine, être visibles de l'intérieur : ce sera le cas de la cathédrale d'Albi, de celle d'Angoulême, comme c'était le cas de Saint-Front de Périgueux ou de Saint-Marc de Venise ; — ou ces résistances seront rejetées pour ainsi dire en dehors de l'édifice, et ne seront pas visibles de l'intérieur, c'est le cas de Notre-Dame, de la cathédrale d'Amiens, de Saint-Eustache et d'une foule d'autres. Au point de vue de la composition et de l'effet produit par le monument, la différence est capitale.

Dans les unes et dans les autres, nous trouverons d'ailleurs des églises sans bas-côtés, puis des églises avec bas-côtés, parfois même doubles bas-côtés.

Ici encore, un peu d'histoire est inévitable, pour se rendre compte de cette survivance de la tradition romaine. Tandis que, après avoir longtemps reproduit la basilique charpentée, les architectes du Nord pratiquaient le berceau pour voûter leurs églises, il dut s'établir entre le midi de la France et le nord de l'Italie d'une part et l'Orient de l'autre, une communication architecturale, soit que les Orientaux vinssent chez nous, soit que des *latins* allassent s'instruire en Orient. De là ce qu'on a appelé chez nous architecture byzantine, par suite de similitudes de formes, de procédés, de décoration, mais non de composition, sauf pour Saint-Front et peut-être quelques églises qui ont pu en dériver.

Ces architectes, quels qu'ils fussent, plus habiles, disposant des ressources de l'Orient, qui lui-même avait reçu les traditions de l'architecture antique, étaient préparés à l'application

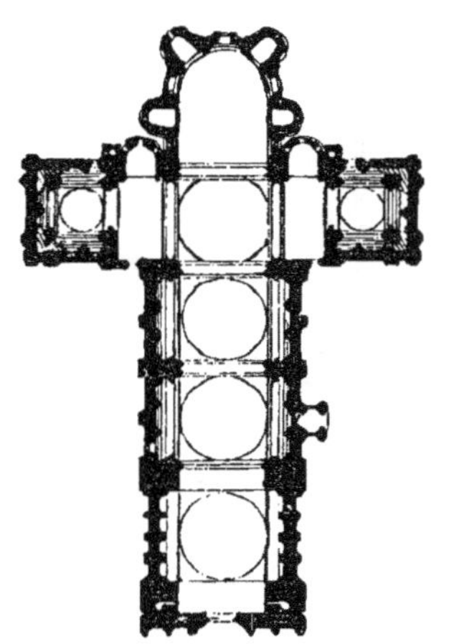

Fig. 1027. — Église d'Angoulême. Plan.

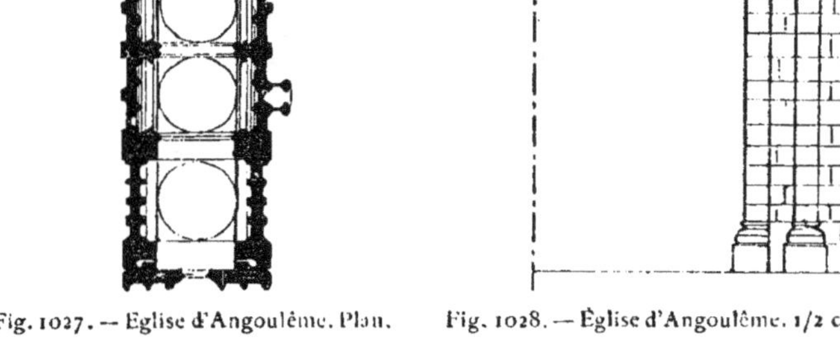

Fig. 1028. — Église d'Angoulême. 1/2 coupe transversale.

des voûtes; trouvant d'ailleurs une composition consacrée pour les églises, la longue nef rectangulaire et l'abside — en un mot la composition de l'ancienne basilique — ils durent abandonner la composition grecque à motif central; ils acceptèrent donc le programme traditionnel de la nef rectangulaire : seulement à la charpente il fallait substituer la voûte.

Élevés dans les traditions de l'architecture antique, ils devaient naturellement lui demander conseil, et ces premières nefs voûtées sont en général une inspiration assez directe de la salle de Thermes ou de la Basilique de Constantin. Il est à remarquer qu'elles se composent en général de trois travées; si l'on n'a plus les grandes et coûteuses colonnes qui recevaient les retombées des voûtes, il reste toujours le pilier robuste à l'endroit de cette retombée, et

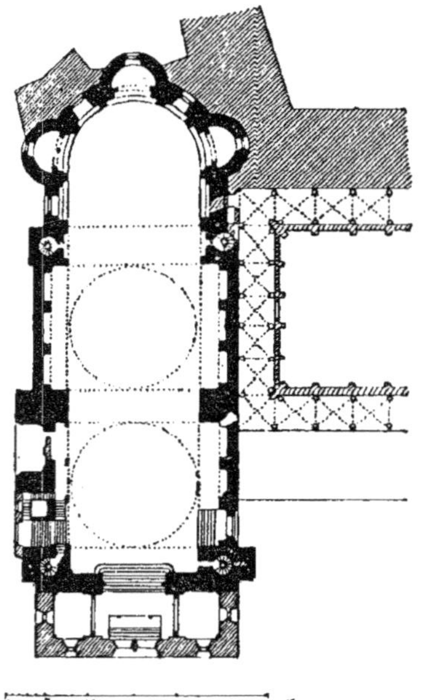

Fig. 1029. — Église de Cahors. Plan.

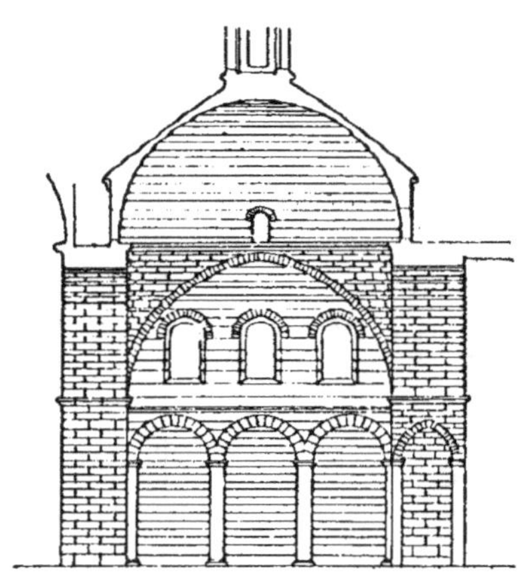

Fig. 1030. — Église de Cahors. Coupe transversale.

le simple mur de remplissage entre ces piliers; le pilier est profond, pour résister à la poussée: cette profondeur est à l'intérieur de l'église, sous la couverture, et des arcs-doubleaux d'égale largeur relient les piliers le long du mur latéral. C'est bien le parti de la Basilique de Constantin que nous trouvons ainsi dans la cathédrale d'Angoulême (fig. 1027 et 1028), dans celle de Cahors (fig. 1029 et 1030), l'église de Saint-Émilion, et nombre d'autres églises de l'*Aquitaine*, sauf toutefois des différences qu'il importe de signaler.

En premier lieu, à la voûte d'arête des Romains s'est substituée la voûte en coupole sur pendentif des Byzantins. Nous avons vu cette même substitution en Orient; d'ailleurs voûte d'arête ou voûte en pendentif, c'est tout un pour la composition, les poussées sont toujours localisées aux quatre angles de la travée, les tympans peuvent toujours s'éclairer jusqu'aux arcs-doubleaux.

Puis, ces églises n'ont pas de bas-côtés. Soit qu'on les ait trouvés inutiles, soit que les architectes n'aient pas osé tout d'abord appuyer des voûtes élevées et hardies sur de simples piliers isolés, toujours est-il que sous ce rapport on a rompu momentanément avec la tradition des anciennes basiliques, sacrifiant peut-être les bas-côtés à l'intérêt plus grand qu'on trouvait à couvrir les églises par les voûtes.

Cependant, cette absence de bas-côtés n'est pas un fait sans exception : à Saint-Front de Périgueux, nous trouvons le passage à travers le pilier-contrefort tout comme dans la Basilique de Constantin. Entre les travées de ces deux monuments, l'analogie est fort grande. Puis, insensiblement, à la voûte sphérique se substitue une voûte, sphérique encore, mais avec des arcs de soutien, ainsi que je vous l'ai dit plus haut. Telle est par exemple l'église de Saint-Avit Sénieur (Dordogne), ou celle de Saumur (fig. 1031).

L'église Saint-Maurice d'Angers (V. plus haut, vol. I, fig. 501), un des plus intéressants monuments de notre architecture religieuse, procède encore de la même composition. Seulement les voûtes de la nef ne sont plus ici le pendentif ou la voûte sphérique soutenue. Nous y voyons ce qu'on a appelé la *croisée d'ogive*, dans une de ses premières manifestations. Je reviendrai sur ce sujet.

La cathédrale d'Albi est aussi un monument du plus grand intérêt. Je vous en ai parlé déjà. Ici, une nef unique, très large, a sa voûte reçue par des piliers rectangulaires, véritables murs perpendiculaires à la direction de la nef. Au niveau des naissances, ces murs-éperons, entretoisés déjà vers le milieu de leur hauteur par un étage de tribunes, se relient par des voûtes en berceau qui forment ainsi comme de profonds arcs-doubleaux; toute cette construction est abritée par la toiture de l'église. Des fenêtres élevées sont pratiquées dans le mur latéral entre les éperons; la nef est ainsi éclairée par de grands jours au delà des éperons ou contreforts.

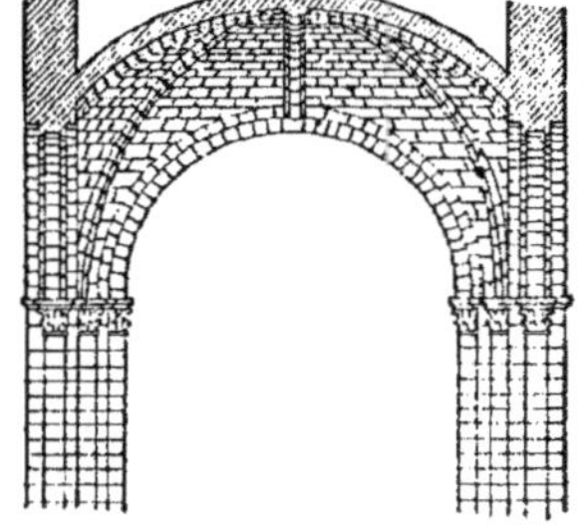

Fig. 1031. — Église de Saumur. Coupe.

Ce parti d'église, il faut le reconnaître, est très simple et très grand. Il n'y a pas de bas-côtés, mais la largeur de la nef est telle qu'on peut, si on le désire, séparer par des clôtures ou balustrades une partie milieu et des circulations latérales; le chœur est d'ailleurs circonscrit par une clôture qui l'isole d'un passage, véritable bas-côté, moins les piliers. C'est du reste le parti que Ballu a adopté à l'église de la Trinité; à Albi, on a fait tout naturellement des chapelles avec les enfoncements entre les contreforts, et une circulation latérale les dessert. En tant qu'usage les bas-côtés d'une église ne sont qu'une circulation; si l'on a par exemple une nef de 10 mètres de large, et deux bas-côtés de chacun 4 mètres, on trouvera évidemment les mêmes éléments dans une nef unique de 18 mètres de large, ce qui est précisément la largeur dans œuvre de la grande nef de la cathédrale d'Albi, la plus large, je crois, des nefs d'églises du Moyen-âge.

Et il est bien à considérer que si cette cathédrale ne présente pas la multiplicité d'aspects qui résulte de la multiplicité des points d'appui intérieurs, elle produit d'autre part un puissant effet par sa largeur et la simplicité imposante de sa composition.

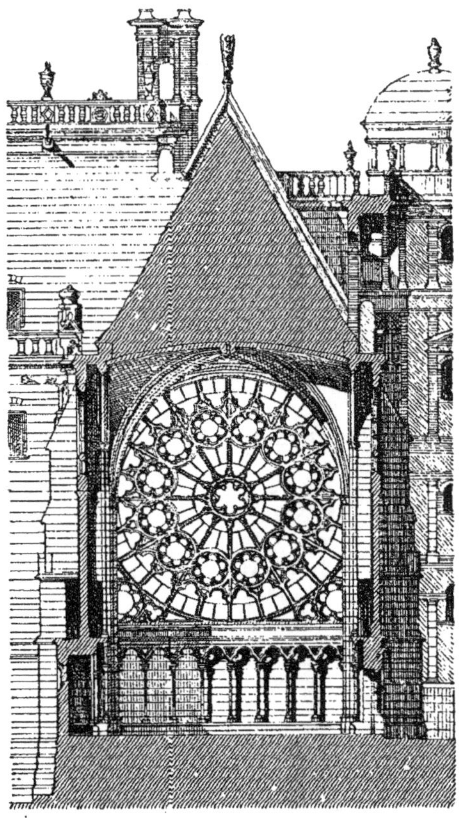

Fig. 1032. — Chapelle du château de Saint-Germain-en-Laye.

Je ne veux pas me détourner de mon sujet pour vous décrire l'extérieur curieux de cette église fortifiée ; nous y reviendrons s'il y a lieu.

La cathédrale d'Albi est déjà plus loin que les précédentes de la tradition romaine. Allons plus loin encore, et nous trouverons, procédant toujours de cette composition, la Sainte-Chapelle du château de Saint-Germain (fig. 1032 et 1033), analogue d'ailleurs à quelques autres édifices religieux, notamment en Champagne ; mais je vous la cite de préférence, parce qu'il vous est plus facile d'aller la voir.

Ici encore, les poussées des voûtes sont contrebutées, du moins en partie, par des éperons intérieurs, d'une forme rectangulaire. Le mur de clôture est rejeté au delà de ces éperons. Mais par une disposition très judicieuse, l'arc-doubleau qui reçoit en tête de l'éperon l'adossement de la voûte ne se prolonge pas en berceau au-dessus de l'enfoncement entre les deux éperons; l'espace entre cet arc-doubleau et le mur de clôture est simple-

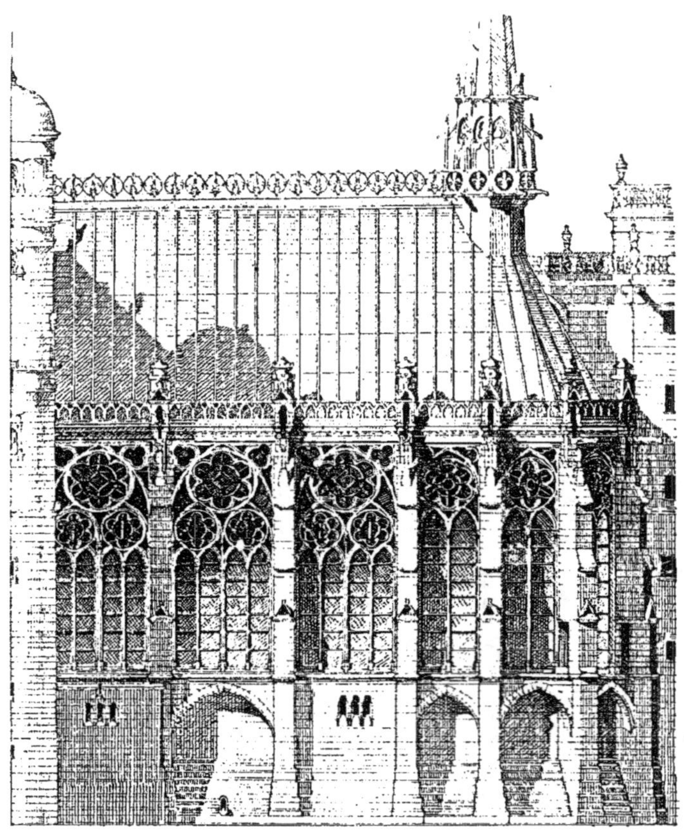

Fig. 1033. — Chapelle du château de Saint-Germain-en-Laye.

ment couvert par un plafond en dalles; dès lors, la partie du mur de clôture compris entre deux éperons et ce plafond servant de toiture est un rectangle, et, comme conséquence, les jours pratiqués dans ce mur de clôture sont *rectangulaires*. La chapelle de

Saint-Germain est donc éclairée par des baies en rectangle : cette disposition peu fréquente dans les édifices du Moyen-âge, mérite d'être étudiée.

Si j'ai groupé ici des édifices qui sont d'ailleurs très dissemblables sous le rapport des proportions, du style ou de la décoration, c'est pour vous montrer par quelques exemples le caractère commun de leur composition : ce caractère, on peut le définir ainsi : les édifices dont je viens de vous parler ont, ou peuvent avoir pour façade latérale un mur tout uni, percé de fenêtres ; au dessus de ce mur une toiture : et tous les organes de l'édifice, tous les éléments de sa construction se renferment dans le *gabarrit* de ces deux murs latéraux et de ces deux pans de toiture.

Tout à l'heure nous allons voir une composition tout autre : l'architecture crevant, passez-moi le mot, ce que j'appelais à l'instant le *gabarrit*, nous montrera des audaces formidables servies par une habileté extraordinaire. Est-ce une raison pour dédaigner ces plus modestes aspirations des monuments que nous venons d'étudier, et de n'y voir que les précurseurs d'une éclosion définitive ? Je ne le pense pas.

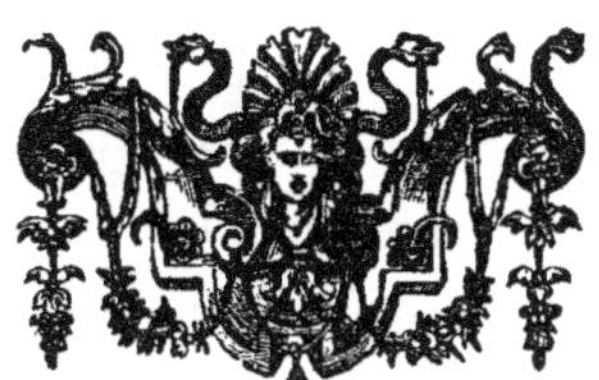

CHAPITRE X

LES ÉGLISES VOUTÉES

(*Suite.*)

POUSSÉES LOCALISÉES ET RÉSISTANCES INTÉRIEURES – II

SOMMAIRE. — Églises avec bas-côtés. — Contreforts. Voûtes en demi-cylindres. — Origine de l'arc-boutant intérieur. Combinaisons exceptionnelles des voûtes des nefs.

Jusqu'ici, nous n'avons vu que de la logique et du bon sens : toute la construction est close et couverte comme on dit au Palais; l'entretien est facile, les réparations seront rares, car la construction est simple : c'est de l'architecture honnête par excellence, de l'économie bien entendue. Si à Angoulême ou à Angers, on se sent un peu étouffé par la proximité des murs, si on y éprouve l'impression de quelque chose d'incomplet et de resserré par timidité, il n'en est pas de même à Albi ; la cathédrale d'Albi ne présente pas sans doute l'aspect pittoresque et *romantique* comme on disait naguère, ni les contrastes de lumière et d'obscurité des églises à bas-côtés; mais à d'autres égards, elle est plus hardie que Notre-Dame ou Amiens ; la portée de ses voûtes dépasse tout ce que nous avons l'habitude de voir, et c'était à coup sûr une hardiesse de construction de franchir 18 mètres avec des voûtes.

Ces principes sont bien ceux de l'architecture romaine; je vous ai montré les Thermes, où tout est piliers, rencontres de voûtes, combinaisons à l'infini, se limiter extérieurement par les quatre grands plans verticaux des murs, la partie circulaire exceptée. C'est comme on dit les quatre murs et le toit. Cela est d'ailleurs vrai encore à propos des églises de composition grecque que je vous ai citées : Sainte-Sophie de Constantinople, Saint-Marc de Venise, Saint-Front de Périgueux. C'est le même principe, la même sagesse. Dans ces monuments, les actions renversantes sont efficacement neutralisées par des organes intérieurs; à l'extérieur, vous ne trouverez que des contreforts indispensables à la partie haute au-dessus des bas-côtés : nous les avons vus à Sainte-Sophie, nous les avions vus dans les Thermes romains; mais ces contreforts sont d'une masse puissante et ne craignent pas grand'chose des intempéries : comme les éperons des piles des ponts, ils se défendent par leur épaisseur et leurs surfaces unies. Tout cela est de l'architecture éminemment rationnelle et on ne voit rien qui s'oppose à l'obtention des plus magnifiques résultats si le talent et le sens artistique se mettent au service de ces principes éternellement sages et vrais.

Mais il ne faudrait d'ailleurs pas conclure de ce qui précède que les églises que j'appelle *à résistances intérieures* ne pussent être que des églises sans bas-côtés. Sainte-Sophie, Saint-Front, Saint-Marc nous démontrent déjà le contraire, ainsi d'ailleurs que la Basilique de Constantin, qui, pour n'être pas une église, n'en est pas moins une salle à grande nef et à bas-côtés. Mais nous trouverons un exemple encore plus probant dans l'architecture lombarde, et spécialement dans la belle église de Saint-Ambroise à Milan (fig. 1034 et 1035), quoique à vrai dire une partie de la résistance soit ici demandée à des contreforts extérieurs. Ce

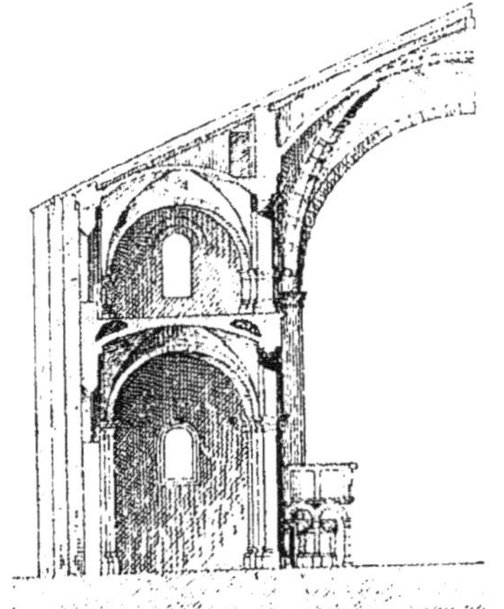

Fig. 1034. — Saint-Ambroise de Milan. 1/2 coupe transversale.

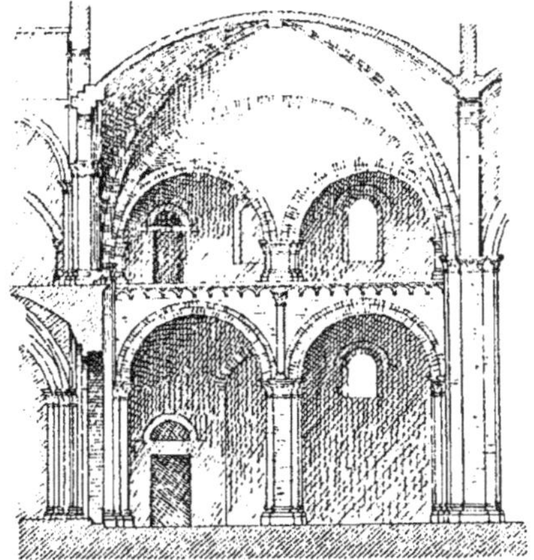

Fig. 1035. — Saint-Ambroise de Milan. Coupe longitudinale.

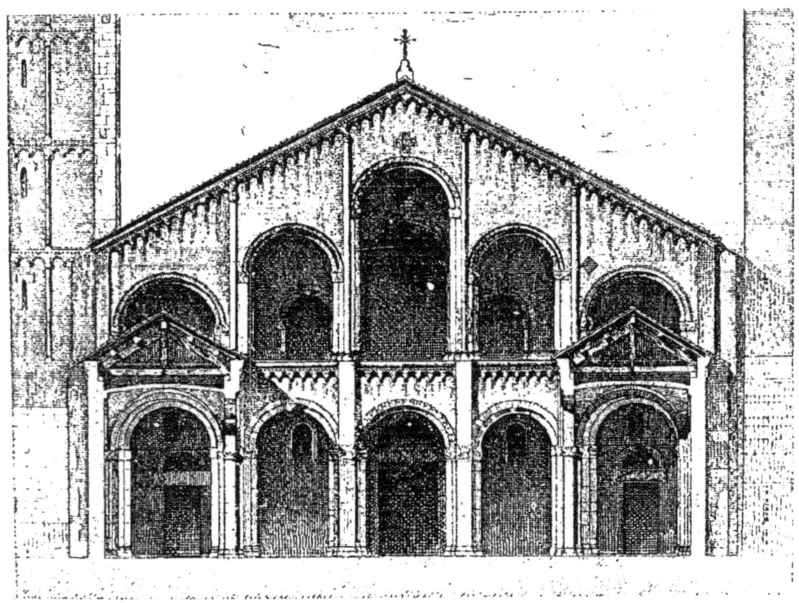

Fig. 1036. — Façade de Saint-Ambroise de Milan.

monument est du plus haut intérêt, et nous fait saisir sur le vif la pure disposition des basiliques avec la construction voûtée et les poussées localisées. Même composition générale : une nef, accompagnée de bas-côtés, surmontés eux-mêmes d'une tribune; à l'extrémité de la grande nef une abside principale formant le chœur de l'église; à l'extrémité de chaque bas-côté, une petite abside, comme nous l'avons vu à Saint-Clément. En avant de l'église est le narthex et la cour à portiques. La façade (fig. 1036) est l'expression même de l'intérieur.

La grande nef est voûtée en voûte d'arête sur plan carré : chaque travée de la grande nef correspond à deux travées des bas-côtés, dont la largeur est environ moitié de celle de la nef. Les bas-côtés et les tribunes, dont les travées sont les mêmes, sont également couverts par des voûtes d'arête. Une toiture unique à deux pentes couvre cet ensemble et reporte toutes les eaux directement au delà des murs latéraux.

Par une disposition très rationnelle, les contreforts au droit des retombées de la grande nef sont plus épais et plus saillants que ceux qui ne reçoivent que la poussée des travées de bas-côtés et de tribunes,

La nef s'éclaire par la façade et par les fenêtres ouvertes dans le mur des bas-côtés et des tribunes. Il faut reconnaître qu'elle est un peu sombre.

Avec une disposition générale très différente, si on ne considère qu'une travée en particulier, on peut avec quelques analogies relever des différences assez sensibles avec une travée de Saint-Marc. D'abord, le pendentif et la coupole remplacés par la voûte d'arête, les bas-côtés plus ouverts sur la nef. Mais surtout la disposition des tribunes est différente. Le parti de Saint-Marc, du moment où l'on voulait des tribunes, est évidemment plus logique : les points d'appui du rez-de-chaussée sont nécessaires pour porter la tribune, mais ceux de l'étage supérieur ne répondent plus à un besoin; le grand arc-doubleau de la nef, continué au-dessus des tribunes, suffisait. Sans doute l'architecte en introduisant cette division des tribunes en deux travées a voulu diminuer la hauteur de l'édifice sur les murs latéraux.

Quoi qu'il en soit, cette

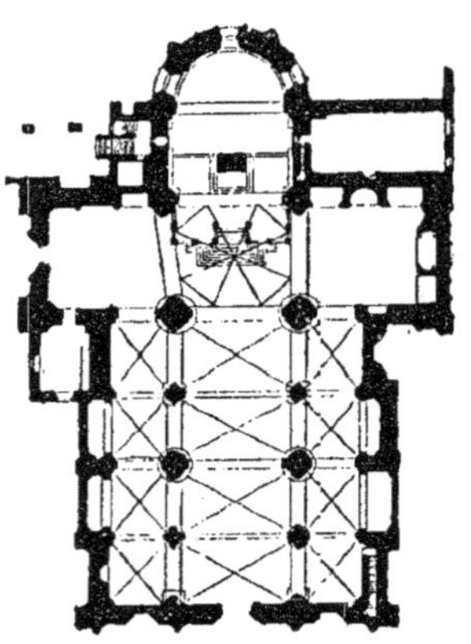

Fig. 1037. — Église Saint-Michel, à Pavie. Plan.

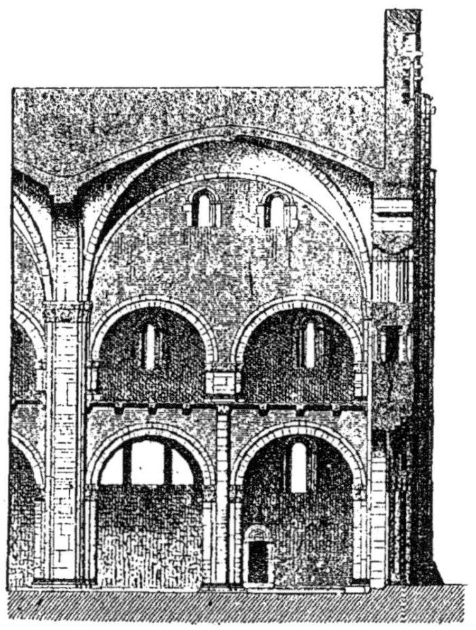

Fig. 1038. — Travée de la grande nef de l'église Saint-Michel, à Pavie.

église d'une grande et large simplicité, est d'un très bel effet : c'est un des types qu'il est nécessaire de connaître.

Avec un plan différent, puisqu'ici il se trouve un transept, tandis qu'à Saint-Ambroise la coupole s'élève tout simplement sur l'une des travées de la nef, l'église de Saint-Michel de Pavie présente une analogie frappante avec Saint-Ambroise dans la composition de la nef. C'est presque identiquement la même travée (fig. 1037, 1038 et 1039), si ce n'est qu'à Pavie deux petites fenêtres s'ouvrent dans le tympan sous la voûte d'arête.

Mais les façades sont très différentes et Saint-Michel de Pavie n'est pas précédée du narthex traditionnel (fig. 1040).

Enfin, je dois classer parmi les églises à résistances intérieures celles où sans doute il faut voir la première idée de l'arc-boutant ; cet examen est essentiel, car tout est enchaînement dans les transformations graduelles de l'architecture.

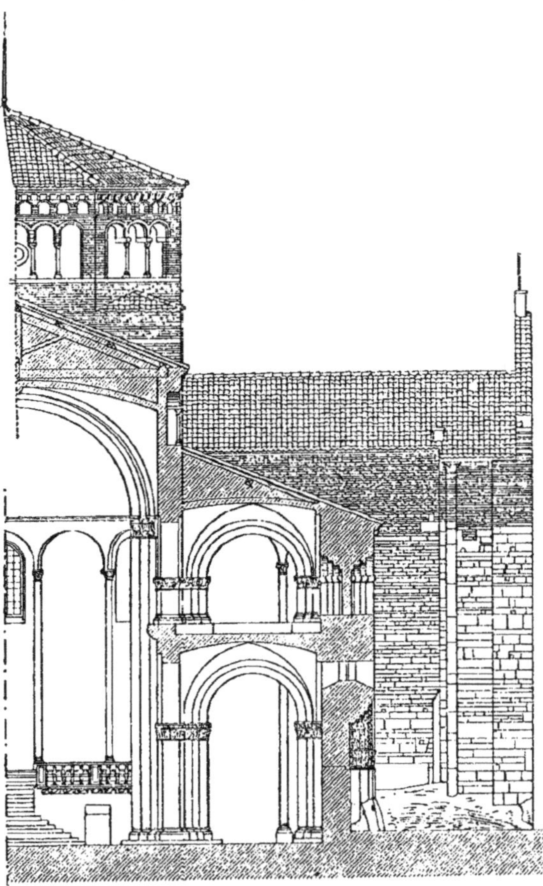

Fig. 1039. — Église Saint-Michel, à Pavie. Coupe transversale.

Si nous revenons à l'église d'Issoire, vous vous rappelez qu'elle se compose d'une nef principale voûtée en berceau, et de bas-côtés voûtés en demi-berceaux, s'élevant assez haut pour que la clef des voûtes des bas-côtés contrebute la naissance de la voûte de la nef. Je vous ai dit que cette église est de proportions timides, nef étroite, gros piliers, voûte forcément obscure.

Avec le temps, avec la hardiesse, la voûte s'est élevée, et pour l'éclairer on l'a disposée en voûte d'arête. Supposez maintenant que le demi-berceau des bas-côtés s'est élevé en même temps, de façon à contrebuter à peu près la naissance des voûtes de la nef. La proportion de ces bas-côtés serait tellement haute

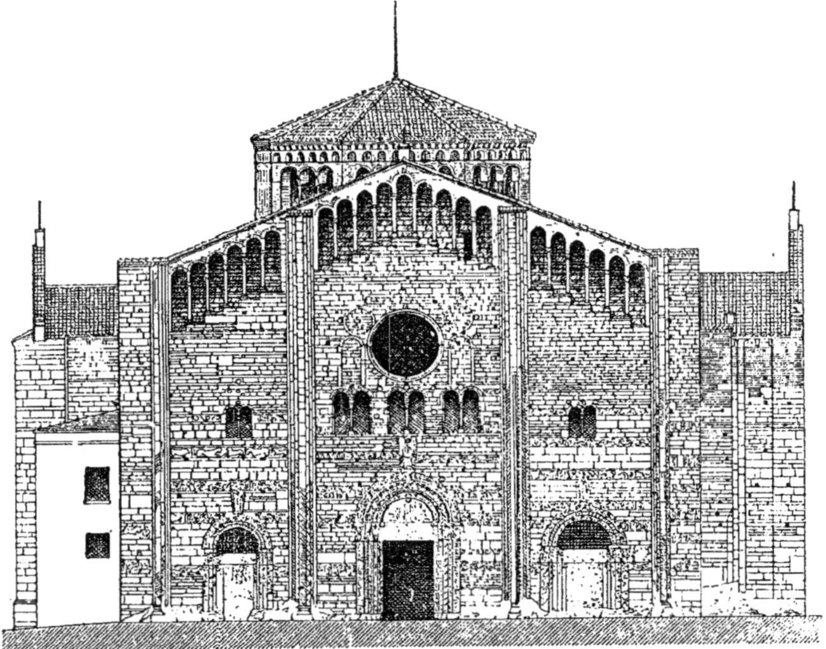

Fig. 1040. — Église Saint-Michel, à Pavie.

qu'elle deviendrait choquante : on a donc voûté ces bas-côtés en voûte d'arrête, au-dessous de ce demi-berceau qui ne recouvre plus que soit une tribune, soit une sorte de grenier. Mais, la voûte de la nef étant à poussées localisées, le demi-berceau n'a pas besoin d'exister partout, au contraire il pousserait inutilement en dedans là où il n'a rien à contrebuter : on l'a donc interrompu au droit des tympans, et maintenu seulement au droit des piliers. Ce berceau interrompu, ce sont des arcs, et des arcs qui *boutent* contre les piliers de la nef, mais qui restent inclus sous la toiture des bas-côtés, ne laissant au-dessus du

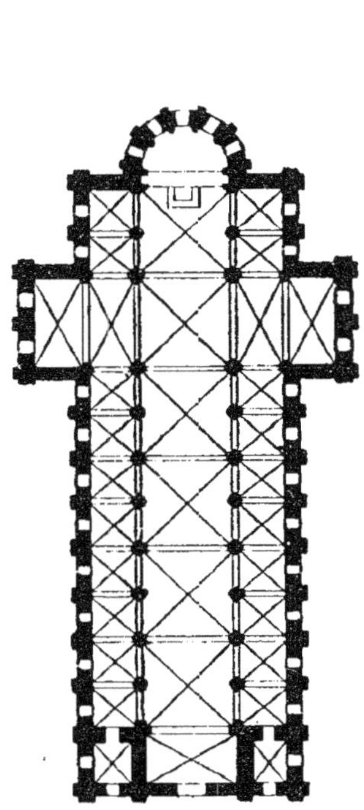

Fig. 1041. — Église de la Trinité, à Caen. Plan.

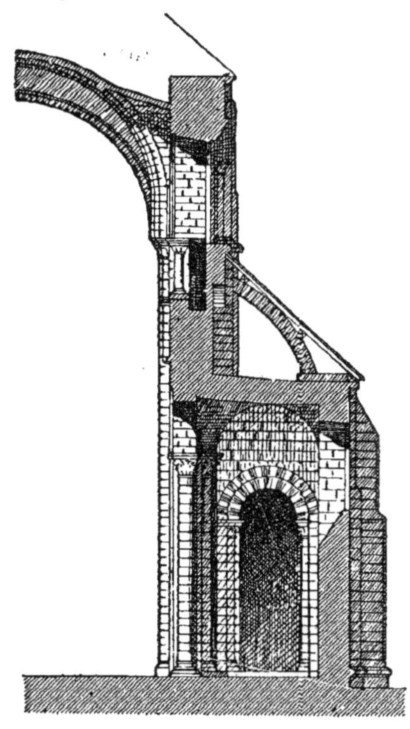

Fig. 1042. — Église de la Trinité, à Caen. 1/2 coupe transversale.

faîtage de cet appentis qu'une hauteur médiocre qui ne permet que de petites fenêtres pour éclairer la nef.

Telles sont à Caen les églises de la Trinité (Abbaye aux dames) (fig. 1041 et 1042) et de Saint-Étienne (abbaye aux hommes). Ce n'est pas encore l'église à arcs-boutants que nous verrons tout à l'heure; ce n'est plus l'église romane à voûtes en berceau; c'est une transformation intermédiaire, dont il reste d'assez nombreux exemples. Il faut toutefois distinguer encore entre les diverses phases d'acheminement à l'arc-boutant. Ainsi, à Saint-Étienne de Caen, les demi-berceaux sont continus sur les tribunes, mais renforcés au droit des piliers par un arc-doubleau saillant plus épais et d'un appareil plus robuste (fig. 1043). L'arc-boutant existe ainsi en réalité sous la toiture, mais continué par le demi-berceau; supprimez ce remplissage, l'arc-boutant restera seul, et vous aurez ainsi la coupe de l'église de Noyon, par exemple (V. plus haut, vol. I, fig. 445-444), où l'arc-boutant, inclus sous la toiture, reste le seul vestige de l'ancien demi-berceau des tribunes; ou bien la coupe de l'église de Durham en Angleterre, où les tribunes ou plutôt les greniers au-dessus des bas côtés sont simplement couverts par le chevronnage, les arcs-boutants tenant lieu et place de fermes d'appentis (fig. 1044).

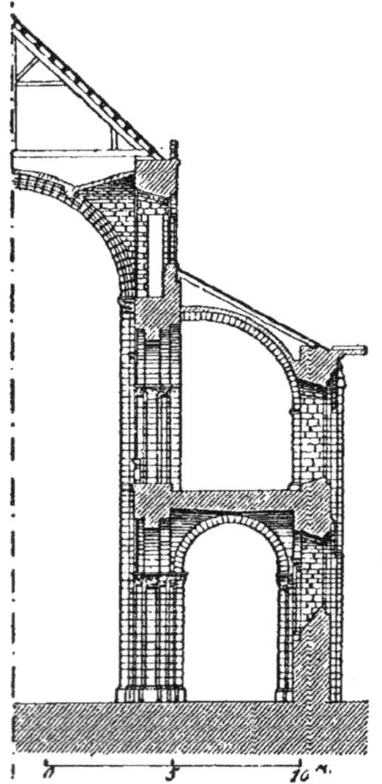

Fig. 1043. — Église Saint-Étienne, à Caen. 1/2 coupe transversale.

Enfin, je pourrais vous indiquer plus près de vous des églises où les nefs sont contrebutées par la seule action des bas-côtés. Dans vos promenades voyez les petites mais jolies églises de Bougival et de Mareil-Marly (fig. 1045, 1046 et 1047), et n'oubliez pas de vous rendre compte de leur mode de construction.

Vous le voyez donc encore une fois : la marche de l'architecture est graduelle : entre l'église charpentée, même la plus analogue à l'église voûtée, — celle du Mont-Saint-Michel, par exemple, — et l'église qui à Paris, à Reims, à Amiens, ira chercher sa stabilité au dehors en enjambant l'espace, il y a certes très loin; mais les transitions sont insensibles. Dans ces tâtonnements suivant d'autres tâtonnements, précédant d'autres tâtonnements, on voit l'effort d'une pensée toujours à la poursuite d'aspirations qui ne se réaliseront qu'à la longue, après bien du travail et de nombreux essais. Bientôt cependant il semble que la vieille église se sente à l'étroit dans son enveloppe naturelle et tende à la briser. Les audaces sont proches, en attendant les témérités.

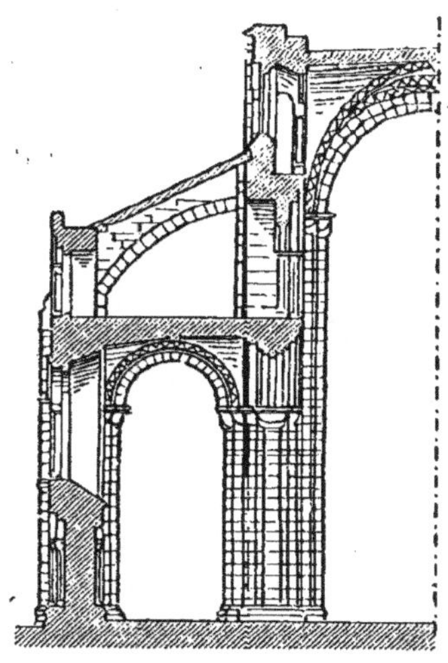
Fig. 1044. — Église de Durham.

La solution des résistances aux poussées localisées n'a pas toujours été demandée aux mêmes moyens, et avant d'arriver à la pratique qui a été suivie généralement pendant trois siècles, laissez-moi éliminer les variantes exceptionnelles.

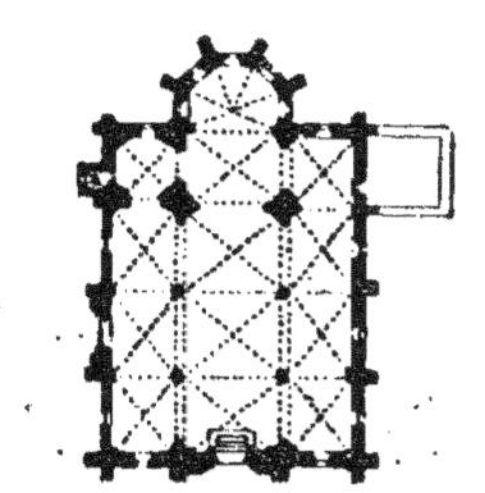
Fig. 1045. — Église de Mareil-Marly. Plan.

Dans la très ancienne église de Tournus (fig. 1048 et 1049), chaque pilier de la nef est relié au pilier vis-à-vis par un arc; au-dessus de la clef de ces arcs, des berceaux cylindriques, transversaux par rapport à la nef, relient lesdits arcs. La coupe longitudinale de la nef présente donc une succession de demi-cercles.

Il est visible que ces berceaux, contrebutés l'un par l'autre, n'exercent pas de poussées sur leurs naissances, sauf les deux extrêmes qui rencontrent la résistance des murs extérieurs; ils n'agissent donc sur les arcs transversaux que par leur poids,

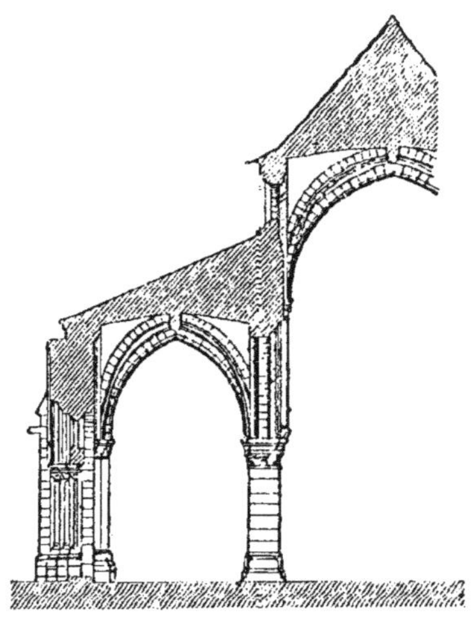

Fig. 1046. — Église de Mareil-Marly. Coupe transversale.

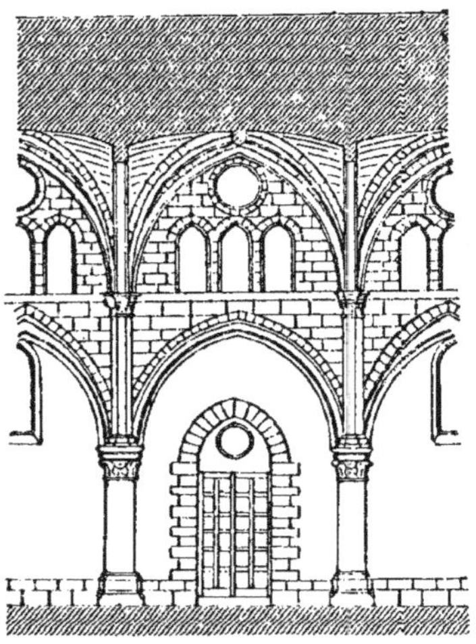

Fig. 1047. — Église de Mareil-Marly. Coupe longitudinale.

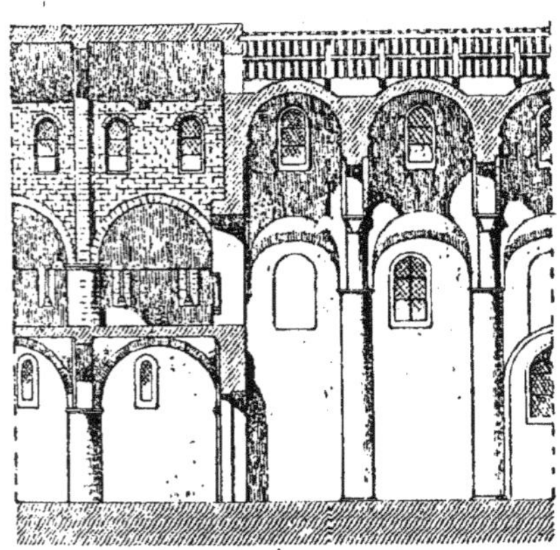

Fig. 1048. — Église de Tournus. Coupe longitudinale.

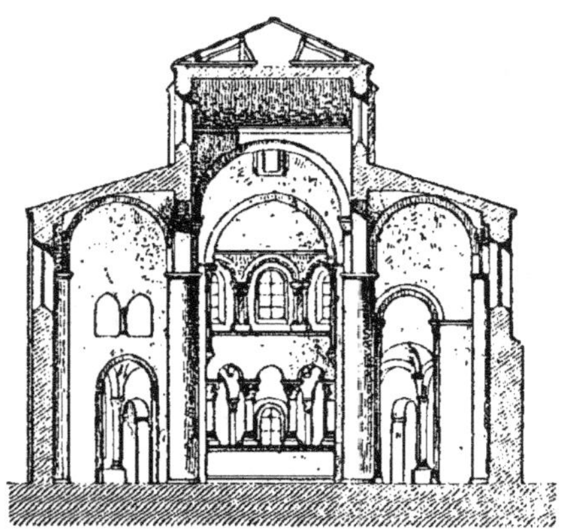

Fig. 1049. — Église de Tournus. Coupe transversale.

et ces arcs localisent la poussée en l'exerçant seulement sur les piliers, toute la travée comprise entre deux piliers ne subissant aucune poussée.

Cette combinaison, un peu compliquée, a l'inconvénient au point de vue statique d'augmenter le poids total des voûtes, et par conséquent l'intensité de l'action sur les piliers; d'autre part, et comme effet intérieur de l'église, il y a une certaine surprise à voir cette longue salle rectangulaire qu'est la nef couverte par des voûtes en travers; cette série de compartiments plus marqués que dans la voûte d'arête enlève d'ailleurs à la nef son unité d'aspect.

Mais comme il n'y a rien de nouveau sous le soleil, il est curieux de rencontrer là, avec d'autres moyens, la pratique de construction que nous suivons lorsque nous passons d'un mur à l'autre des poutres de fer et d'acier, et d'une poutre à l'autre de petites voûtes en berceau, dites voûtains. Dans l'église que je vous cite et qui n'est pas une exception unique, on peut dire que ce sont des poutres en pierre qui sont posées d'un mur à l'autre, et qui soutiennent aussi des voûtains. Mais la poutre en pierre est une poutre qui pousse d'autant plus qu'elle est plus chargée, et qui exige par conséquent des résistances équivalentes.

A la cathédrale du Puy (fig. 1050 et 1051), monument extrêmement intéressant, la nef est divisée en travées carrées; d'un pilier au pilier d'en face, il y a encore un arc, et par conséquent les deux arcs et les deux murs qui limitent une travée forment un carré de quatre murs. Cet espace est couvert par une coupole octogonale, reportée sur des trompes d'angle ou encorbellements par des arcs en diagonale, véritables *goussets* en maçonnerie.

Si la description s'arrêtait là, on se trouverait simplement en présence d'une variante de la coupole; au lieu de pendentifs on passe du carré au polygonal ou au circulaire par des arcs, c'est une combinaison très fréquente au Moyen-âge, surtout à la base des tours-lanternes au-dessus de la croix des transepts. Mais voici où est l'originalité de la nef du Puy. L'arc transversal qui porte cette coupole est sensiblement en contrebas; entre cet arc et la naissance de la coupole, il y a tout un mur; seulement ce mur est ajouré.

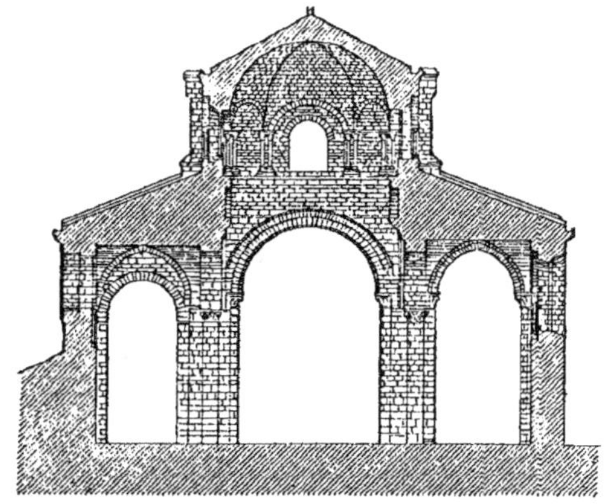

Fig. 1050. — Cathédrale du Puy. Coupe transversale.

Or, dans cette église sévère, d'un caractère si grave, on ne saurait admettre une fantaisie comme on en trouvera plus tard. Cette disposition a d'ailleurs pour conséquence et pour inconvénient de diviser la nef encore plus que ce que nous venons de voir, ou que la coupole

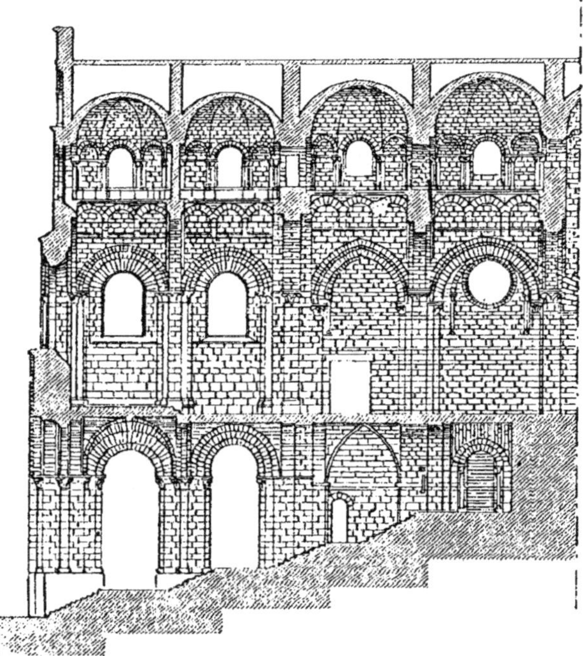

Fig. 1051. — Cathédrale du Puy. Coupe longitudinale.

ordinaire; quel a donc dû être le motif de cette disposition? Je crois que c'est encore et toujours une raison de construction. En abaissant ainsi l'arc portant — la poutre en pierre — on lui fait supporter à la vérité un poids supplémentaire : celui du mur interposé entre cet arc et la naissance de la coupole. Mais le point d'application des poussées descend; il rencontre les piliers plus bas, et par conséquent là où le bras de levier du renversement est moins grand, et là où il est plus facile d'opposer des résistances efficaces. Timidité, soit, prudence dont on s'est affranchi plus tard; conception hardie et savante si nous nous rappelons que cette église est du XIIe siècle, peut-être du XIe.

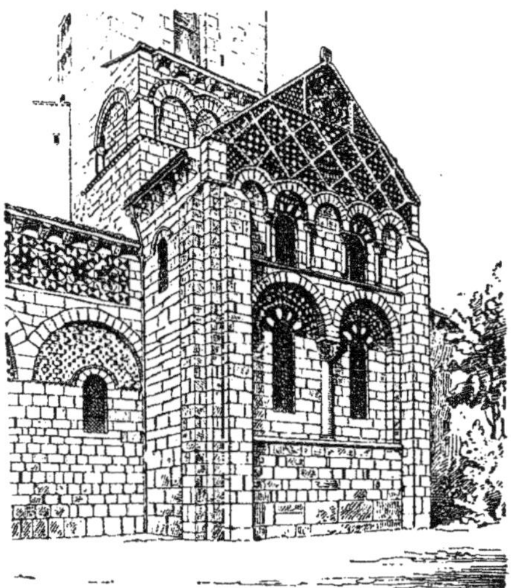

Fig. 1052. — Église de Chauriat.

Église bien curieuse d'ailleurs par son beau caractère et la pureté antique qu'on trouve dans les belles églises d'Auvergne; curieuse aussi par ses accès étranges. J'y reviendrai plus tard, en vous parlant de certaines dispositions exceptionnelles. D'ailleurs, dans la même partie de la France, cette disposition se rencontre dans plusieurs églises; je vous citerai entre autres celle de Chauriat dans le Puy-de-Dôme, l'une des plus caractéristiques d'ailleurs de l'architecture de l'Auvergne : là, comme à Notre-Dame-du-Port de Clermont, et comme dans plusieurs autres églises de la région, l'existence des résistances intérieures a permis des façades très simples, très unies, auxquelles l'emploi de matériaux variés, et le goût légué par les traditions antiques ont donné un charme tout particulier (fig. 1052).

Enfin, les poussées des voûtes peuvent être neutralisées de la façon la plus simple et la plus pratique par des tirants en fer. C'est la pratique constante de l'architecture italienne. J'y reviendrai plus loin.

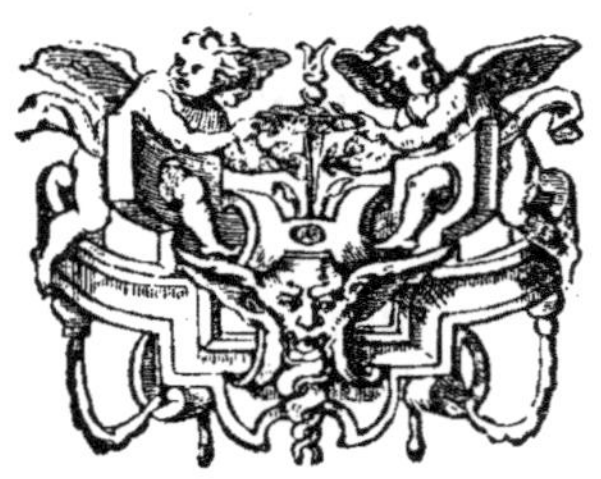

CHAPITRE XI

LES ÉGLISES VOUTÉES

(*Suite.*)

POUSSÉES LOCALISÉES ET RÉSISTANCES EXTÉRIEURES

SOMMAIRE. — Contreforts extérieurs et arcs-boutants. — La croisée d'ogives. — Voûtes légères. — Arcs indépendants. — Variété des combinaisons possibles.

Moyens de construction du Moyen-âge.

En dépit des difficultés, après que pendant plusieurs siècles les architectes s'étaient exercés sur ce programme d'église presque à l'exclusion de tous autres; après que toutes les intelligences et tous les efforts avaient concouru à la solution d'un problème unique, la confiance était née, confiance de l'architecture en elle-même, confiance de la société dans l'architecture. On lui demanda donc beaucoup, et elle accepta la tâche.

C'est une chose toute naturelle que celui qui doit se servir de l'édifice lui désire toutes les qualités, et ignore les difficultés. On voulut des nefs élevées, bien éclairées par de larges et hautes verrières, voûtées cela va sans dire; — et séparées des bas-côtés par des piliers minces et élancés, laissant passer la lumière et la vue, permettant une facile circulation, et laissant la nef compter avec les bas-côtés dans un seul ensemble.

Rien n'était plus naturel que ce désir; rien n'était plus difficile que de le réaliser. Surtout, où trouver les résistances aux poussées des voûtes des hautes nefs, si dans une hauteur considérable au-dessus des toitures des bas-côtés, on ne trouve plus pour point d'appui que le mur mince et précaire dont on peut surmonter les minces et précaires piliers de la nef? Compter sur la résistance horizontale de ces murs minces et élevés eût été folie, il fallait imaginer une combinaison qui permît de leur faire porter seulement un poids vertical, lequel, loin de les compromettre, les affermît et les maintînt. La clef du problème était donc l'*équilibre*. Il fallait que sur cette construction fragile, sur ce *quillage* comme on dit, l'ensemble des voûtes fût assez équilibré pour n'être plus en quelque sorte qu'un couvercle posé. Mais si la poussée pouvait être annulée à la portée sur les murs, ce ne pouvait être qu'à la condition qu'elle fût exactement compensée par une poussée égale et contraire, de même que deux arcades retombant sur une colonne se font réciproquement résistance et arrivent à neutraliser leurs efforts; seulement, de même que l'action de ces arcades reste entière sur le dernier pilier, de même il fallait bien que toute contre-poussée neutralisant celle de la voûte vint s'amortir contre une résistance extrême; et la hauteur qu'on voulait donner aux nefs au-dessus des bas-côtés, spécialement pour permettre les grandes verrières qui sont un si bel élément d'effet pour les églises, ne permettant pas que ces résistances fussent incluses sous les toitures, il fallait bien les en faire sortir, et trouver la place de ces combinaisons statiques au-dessus des bas-côtés, *en l'air*.

Reportez-vous en effet à ce plan de la cathédrale d'Amiens que je vous ai proposé comme type : où peuvent se placer les résistances? Uniquement sur les murs-éperons qui forment contrefort aux deux extrémités latérales du plan, au delà des bas-côtés. Là seulement peut être le point d'appui : il faut donc, pour neutraliser la poussée de la nef, franchir toute la largeur des bas-côtés, et trouver au delà les résistances nécessaires. Et non plus, comme nous l'avons vu dans les églises de la Trinité ou de Saint-Étienne de Caen, ou de Noyon, sous la toiture des tribunes, — car cela ne permettrait pas la hauteur désirée pour la nef — mais au-dessus de ces toitures, *en plein air*, de telle sorte que ces organes de contrebutement ne fussent pas un obstacle à la lumière nécessaire aux grandes verrières projetées. Nouveau problème, fort ardu, et qui comme toujours donne lieu à des solutions d'abord timides et tâtonnées, puis à des partis résolument acceptés avec toutes leurs conséquences, jusqu'à ce qu'on arrive à l'abus et à l'excès.

Voilà donc les églises que j'appelle *à résistances extérieures*, avec les avantages et les inconvénients inhérents nécessairement à ce mode de construction. Pour arriver à ces résultats, il fallait trois choses : alléger le plus possible les voûtes; les décharger de tout poids extérieur; assurer les résistances. C'est à quoi, après des tâtonnements inévitables, l'architecture est parvenue par des moyens assez complexes. Les voûtes ont été réduites au minimum de maçonnerie, et par conséquent de poids, par l'emploi des arcs indépendants et de remplissages, notamment ce qu'on a appelé *la croisée d'ogives*; elles ont été déchargées de tout poids extérieur par la constitution de combles supportés seulement par les murs latéraux; enfin les résistances ont été demandées à de puissants contreforts extérieurs, par l'intermédiaire des *arcs-boutants*, sauf dans un grand nombre d'églises italiennes où la poussée a été neutralisée tout simplement par l'introduction de tirants en fer.

Ces éléments de construction sont l'explication même de nos monuments du Moyen-âge; il importe donc de les étudier avec attention.

Je vous ai dit déjà combien il est nécessaire que les voûtes soient légères; nous avons vu les voûtes romaines composées de blocages en pierre ponce partout où l'on pouvait disposer de cette précieuse matière, et disposées avec des arcs principaux en briques et des remplissages dans lesquels étaient parfois insérées des poteries; nous avons même vu la voûte de Saint-Vital de Ravenne constituée uniquement par des poteries creuses. Seulement, dans ces voûtes romaines, les arcs et les remplissages ne faisaient qu'une seule et même surface évidée parfois par des caissons, tandis qu'au Moyen-âge, après les voûtes en coupole des édifices byzantins ou aquitains, on a peu à peu étudié des voûtes où des arcs directeurs sont construits en pierre soigneusement appareillée, formant ce qu'on a appelé des *cintres permanents* et supportant des remplissages plus minces. Je vous ai rappelé ces principes en vous parlant de l'ogive, et en vous citant quelques exemples pris parmi nos plus anciennes églises, à Angers, Saumur, etc.

Mais les travées de ces églises sont carrées, et si sur un plan carré vous élevez la voûte qui suppose l'arc normal en demi-cercle, et l'arc diagonal en demi-cercle aussi, comme vous vous rapprochez fatalement de la courbure de la voûte en pendentifs, vous arrivez à une voûte plus lourde que si vous élevez les clefs au même niveau, et dans cette recherche continue de la légèreté, c'est la considération capitale.

Aussi, employa-t-on de préférence les combinaisons d'arcs qui permettaient de placer les clefs à peu près au même niveau. Le système des arcs indépendants, en autorisant pour les remplissages des surfaces dont la formation pouvait n'être pas régulièrement géométrique, se prêtait à des variantes multiples de ces combinaisons.

Dans le cas le plus simple, c'est l'ensemble de ces arcs-directeurs, des arcs diagonaux et des remplissages qu'on a appelé la *croisée d'ogives*; je vous en ai entretenus à propos des éléments, je me bornerai donc à vous rappeler les dénominations données dans les églises du Moyen-âge à ses diverses parties : l'*arc doubleau* est l'arc directeur qui réunit un pilier de la nef au pilier vis-à-vis. Il est par conséquent dans l'axe de la résultante des poussées de la voûte sur les piliers; l'arc directeur dans le sens longitudinal de l'église, adossé au mur latéral de la nef est l'*arc formeret*; les arcs diagonaux conservent ce nom, ou encore s'appellent *arcs arêtiers*.

Pendant longtemps la croisée d'ogive se limita à ces éléments essentiels, sauf la juxtaposition d'arcs formerets contre l'arc-doubleau plus saillant. Mais lorsque l'église a des dimensions importantes, les remplissages deviennent assez considérables, et dans le double but de restreindre leurs compartiments en multipliant les éléments portants, et aussi de multiplier l'effet décoratif de la voûte, on introduisit de nouveaux arcs : d'abord des véritables faîtages légèrement cintrés, accusant les clefs des voûtes longitudinales et transversales, puis des combinaisons très variées, qui bientôt eurent pour inspiration la fantaisie et le goût plutôt que des nécessités constructives : combinaisons presque toujours élégantes et riches, inclinant parfois à la surcharge et à la confusion, arrivant parfois aussi à la perfection artistique (fig. 1053).

Il n'est aucun de vous qui n'ait à proximité de sa demeure quelque exemple de ces combinaisons multiples qu'on rencontre partout, tellement les applications en sont nombreuses. A Paris, vous pouvez voir entre autres des applications du parti le plus simple de la croisée d'ogives dans les bas-côtés de Notre-Dame, à la Sainte-Chapelle, à Saint-Germain-des-Prés, etc., etc., et des combinaisons variées à Saint-Germain-l'Auxerrois, à Saint-

Séverin, à Saint-Gervais, enfin dans les dernières manifestations de l'architecture du Moyen-âge, déjà conquise par la Renaissance, à Saint-Eustache et à Saint-Étienne-du-Mont.

Mais, remarquez-le bien, à travers ces différences profondes dans le style et le goût de chaque époque, c'est toujours le même problème dont la solution se poursuit : atteindre le minimum de légèreté de la voûte. Que la voûte soit simple comme celles que je vous citais à Paris, comme dans les nefs de Reims, d'Amiens, de Laon, d'Albi, et tant d'autres, ou qu'elle soit compliquée comme dans beaucoup d'églises anglaises, ou comme chez nous à Saint-Gervais, et dans les églises citées plus haut à Paris, ou à l'église de Brou, à Saint-Nizier de Lyon, à Saint-Jacques de Dieppe, à plusieurs églises de Troyes, ou encore à la chapelle du château d'Écouen, le principe de la construction est le même; il va plutôt en s'accentuant dans son application, car en rapprochant les arcs, c'est-à-dire l'ossature appareillée de la voûte, en réduisant par conséquent la dimension des remplissages;

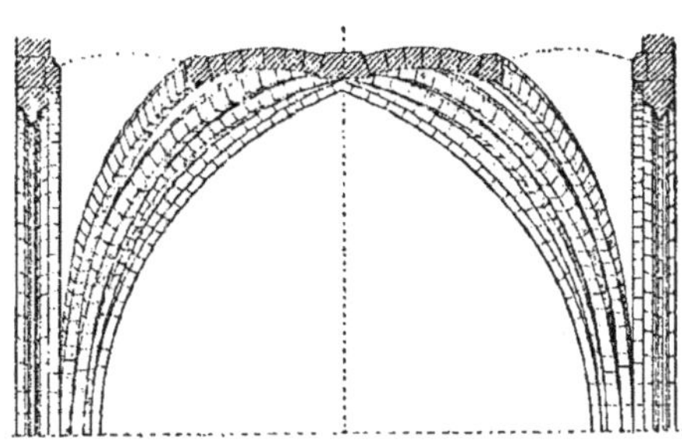

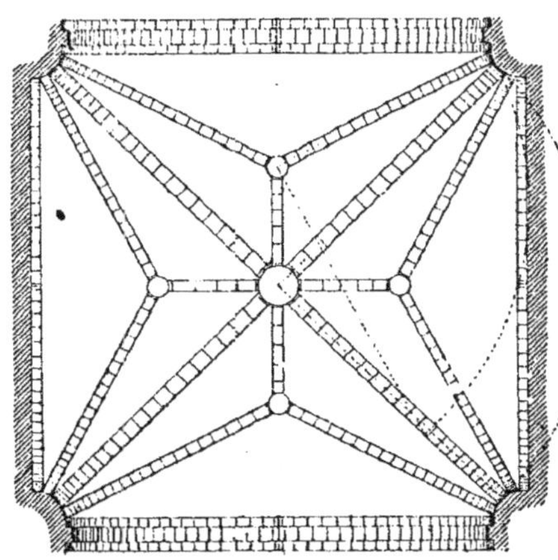

Fig. 1053. — Exemple de tracés schématiques d'arcs supportant des voûtes. Subdivisions de la croisée d'ogive.

on peut faire ceux-ci d'autant plus minces et légers. C'est donc bien toujours la poursuite du *minimum* de cube de pierre dans les voûtes, et par conséquent du *minimum* de poids.

Si vous voulez bien comprendre ce qui est plus qu'un artifice de construction, ce qui est un véritable système d'architecture, cherchez près de vous une église en ruine. Il n'en manque pas malheureusement. Là, vous verrez, comme par exemple dans les ruines de l'abbaye de Cernay, de l'église abbatiale d'Ourscamp ou dans celles de Soissons, les remplissages écroulés laissant voir l'ossature des arcs, et vous serez frappés plus vivement du parti de ce qu'on pourrait appeler une *charpente en pierre* servant de cintre aux *clôtures* de la voûte.

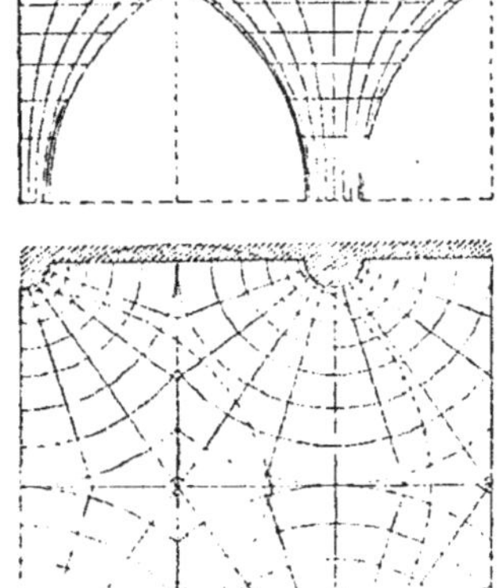

Fig. 1054. — Voûte composée de quatre quarts de tore sur plan carré.

Toutefois, si je vous ai cité plus haut les voûtes anglaises que je vous ai montrées, c'était pour grouper des analogies de tendances. Mais l'analogie s'arrête là, et la formation géométrique de ces voûtes n'est plus une transformation de la croisée d'ogive. Il y manque notamment cet élément capital de la voûte française, simple ou compliquée : l'arc diagonal. Voyons donc quelle est la formation géométrique de ces voûtes.

Supposons d'abord une travée carrée (fig. 1054) et de chacun des piliers faisons partir une voûte *en éventail* dont la surface *de révolution* sera engendrée par la rotation, autour de l'axe vertical du pilier, d'une courbe méridienne. Comme toute surface de révolution, celle-ci s'accusera par ses méridiens et ses parallèles

Les méridiens pourront être de tracés divers : le plus simple de tous sera le demi-cercle qui joindrait les piliers suivant la diagonale du carré. Quant aux parallèles, ou sections de la voûte par des plans horizontaux, ils seront nécessairement des cercles ayant pour centres des points pris sur l'axe de rotation. Méridiens et parallèles formeront un éventail accusé par des caissons, et les quatre surfaces ainsi engendrées se rencontreront suivant des intersections parallèles et perpendiculaires à l'axe de la nef.

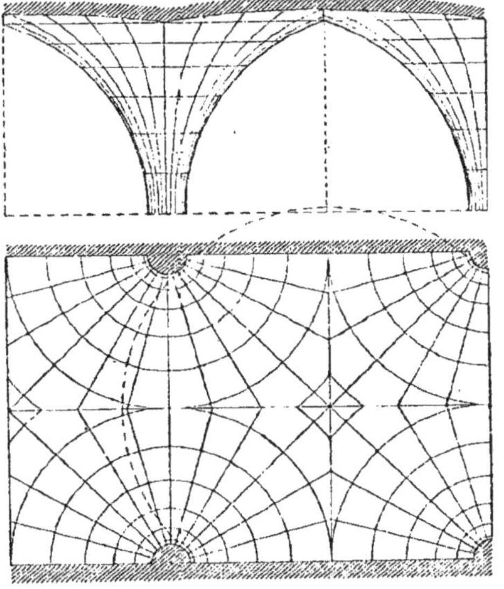

Fig. 1055. — Voûte composée de quatre quarts de tore sur plan rectangulaire.

Théoriquement et en géométrie on obtiendra le tracé de la figure ci-contre où la voûte totale se compose de quatre quarts de *tore* concaves. Ajoutez des arcs-doubleaux, des arcs formerets, etc., et vous complétez ainsi l'indication de cette voûte.

Sur une travée rectangulaire (fig. 1055) les données du problème seront encore les mêmes, la solution sera très analogue : il n'est pas besoin de l'expliquer à son tour.

L'architecture anglaise a ainsi obtenu des voûtes d'une grande richesse, d'autant plus qu'en général elle y a prodigué la sculpture, les clefs pendantes, etc., par exemple à la chapelle de King's Collège (fig. 1056) et à la cathédrale de Peterboroug (fig. 1057), où d'ailleurs l'arcature n'est pas une réalité et n'est que figurée par un ravalement après coup. Mais l'aspect en est mou, on peut dire émoussé, et cette combinaison reste moins saisissable que la voûte fidèle à ses grands arcs diagonaux.

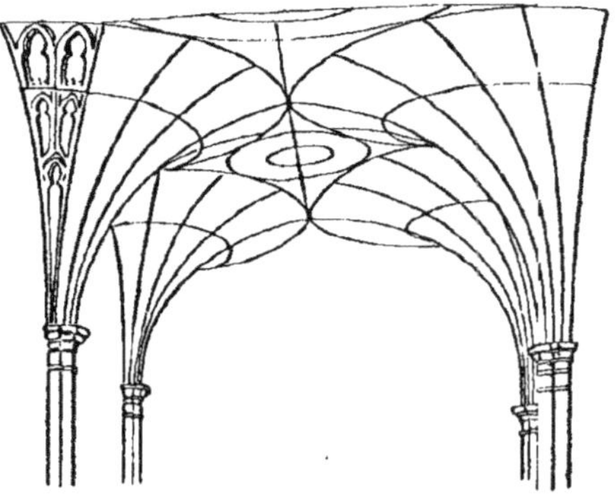

Fig. 1056. — Voûte de la chapelle de King's Collège. (Angleterre.)

Mais quelles que soient vos préférences entre ces habiletés, nous sommes loin, vous le voyez, du jugement dédaigneux de Quatremère de Quincy et de sa « batisse ignorante »; au contraire, le défaut de cette architecture serait plutôt dans l'excès d'habileté, car l'habileté appelle le tour de force, et c'est le tour de force qui lui deviendra fatal — en effet, par une loi vraiment morale et constante, le tour de force est un des symptômes les plus certains de la décadence ou tout au moins de son approche. Mais à sa plus belle époque même, l'habileté est bien remarquable, et était bien nécessaire pour la mise en œuvre de cette architecture.

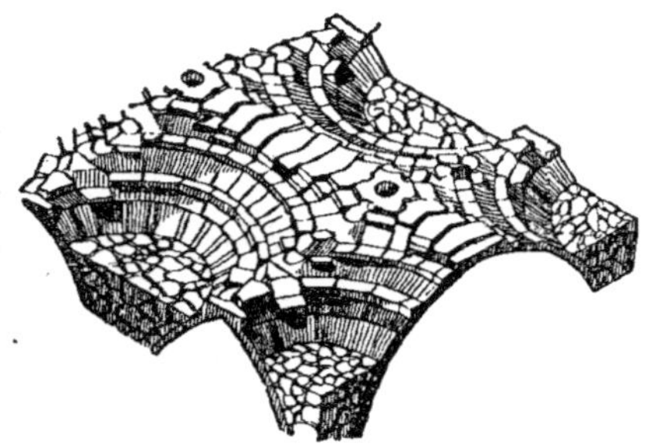

Fig. 1057. — Voûte de la cathédrale de Péterboroug (Angleterre).

Je vous ai montré comment l'architecture des Romains, non moins économe dans l'acception élevée du mot, était admirablement combinée pour une société où le manœuvre, le prisonnier de guerre qui n'avait que ses bras sans habileté, pouvait trouver en très grand nombre un travail à sa portée, sous la conduite d'un nombre relativement restreint d'ouvriers habiles — et cela jusque dans les voûtes.

Tout autre chose est l'architecture du moyen âge. Les constructions se faisaient avec moins de hâte — si quelques-unes ont été élevées très rapidement, beaucoup d'autres, on le sait, ont exigé de nombreuses années, parfois des siècles; l'habileté non seulement des architectes mais de tous les ouvriers était entretenue par les institutions monacales et corporatives; joignez à cela toutes les causes historiques que chacun soupçonne, et vous verrez que les architectes d'alors disposaient d'un personnel relativement restreint, comme quantité, mais très habile dans son art. On pouvait donc réaliser ces monuments où tant de précision est nécessaire, où chaque pierre, chaque moellon même demande pour être taillée et posée le concours d'une main habile et d'un œil exercé. Dans ces voûtes, les arcs seuls sont en pierre appareillée, les dimensions en sont assez faibles pour que l'ouvrier puisse aisément la manier : mais la précision est indispensable, et il n'est pas possible de se rattraper après coup aux dépens d'une masse qui n'existe pas. Combinaisons difficiles, d'une exécution difficile, voilà ce que n'a pas craint de réaliser, afin d'alléger les voûtes, une époque assez confiante dans son habileté pour ne pas être effrayée de ces difficultés.

CHAPITRE XII

LES ÉGLISES VOUTÉES

(*Suite.*)

POUSSÉES LOCALISÉES. — RÉSISTANCES DIVERSES

SOMMAIRE. — Les combles. — Couvertures sur les massifs des voûtes. — Charpente. — Poussée des combles neutralisée.

Tirants en fer des voûtes italiennes.

Fonction de l'arc-boutant. — Point d'application de la résistance. — Écoulement des eaux pluviales.

Bas-côtés doubles, absides.

L'arc-boutant, condition nécessaire des compositions d'églises du Moyen-âge.

Peu aurait servi d'alléger les voûtes, si on les avait chargées. Or, au-dessus des voûtes, il y a les toitures : ces toitures que vous indiquez parfois dans vos projets avec de graves contresens.

Rappelez-vous la salle des thermes : la voûte, comme vous le savez, est chargée des épaisseurs nécessaires pour atteindre le plan incliné des toitures, ou plutôt la construction, depuis l'intrados de la voûte jusqu'au plan des toitures, ne forme qu'un seul massif. Disposition excellente avec le mode de construction des voûtes romaines : ces voûtes en blocages avec d'excellent mortier forment un véritable monolithe qui ne pousse que s'il se casse : pour des voûtes ainsi constituées, on est peut-être dans l'erreur en appliquant les méthodes de contrôle qui vérifient la stabilité des voûtes appareillées, et peut-être la section rationnelle serait-elle celle qu'on chercherait pour un véritable monolithe.

Si, en effet, on considère la voûte — la voûte en berceau si vous voulez — comme un assemblage de prismes tendant au centre et pouvant glisser l'un contre l'autre dans leurs joints, ainsi qu'on le fait dans les épures de stabilité, la voûte aura son épaisseur *minima* à la clef, la plus forte à sa naissance. Mais si nous considérons cette voûte comme un linteau cintré, ou en d'autres termes comme un couvercle monolithe posé sur les deux murs et n'agissant sur eux que par pression verticale — aussi longtemps du moins que ce linteau ne se cassera pas, — cette pierre d'un seul morceau, ou ce blocage devra avoir sa plus grande épaisseur à la clef. La voûte romaine avec ses pentes de toiture (fig. 1058) se trouvait donc être fort bien comprise : l'épaisseur renforcée à la clef lui donnait la consistance du monolithe et en même temps la masse de matière accumulée à la base était une sauvegarde pour le cas où le monolithe serait venu à se rompre. Les Romains agissaient donc judicieusement en demandant au même massif la voûte et la toiture.

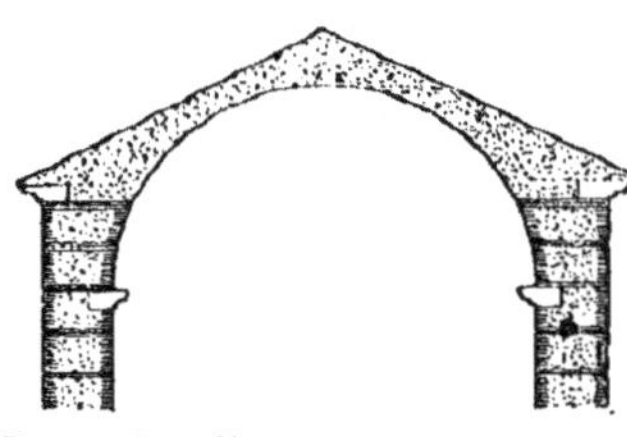

Fig. 1058. — Voûte romaine en blocages, solidaire avec la toiture.

Mais lorsque dans l'architecture romane, par exemple dans les églises si remarquables de l'Auvergne, on suivit avec d'autres moyens le même parti de coucher la couverture sur les voûtes, la voûte étant appareillée à part, ce n'était plus une même masse monolithe : on fit donc des toitures en dalles de pierre, d'ardoise, de lave, qui soit par l'interposition d'un remplissage plein, soit par l'intermédiaire de divers systèmes, notamment de petits murs, s'appuyaient sur la voûte. C'était évidemment une charge considérable portée par la voûte, surcharge qui naturellement se traduisait en surcroît de poussée. Ce système obligeait d'ailleurs à avoir des toitures assez plates (fig. 1059).

Est-ce l'exemple des charpentes des anciennes basiliques, est-ce la simple logique qui inspira les architectes? Toujours est-il qu'ils prirent avec raison le parti de constituer la toiture au moyen d'une charpente absolument indépendante des voûtes, se reportant sur les murs latéraux, à un niveau plus élevé que toute partie quelconque des voûtes, et au moyen de fermes sans poussée.

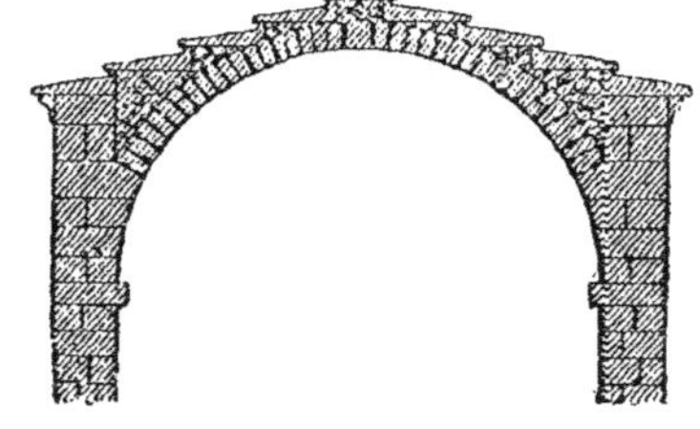

Fig. 1059. — Voûtes avec toitures en pierre.

Et cela eut un autre avantage; pour atteindre ce niveau du comble en charpente, il fallut élever quelque peu les murs latéraux; or, il est toujours bon que les piédroits d'une voûte soient chargés; de plus, tout le poids du comble, poids considérable, se reportant sur ces mêmes murs les charge encore; enfin, les combles ainsi rendus indépendants des voûtes, pouvaient prendre telle pente qu'on voulait, et il fut ainsi possible de leur donner ces silhouettes accentuées qui contribuent tant au bel effet des églises, sans compter qu'un comble élevé en augmentant le cube et par conséquent le poids du bois, la surface et par conséquent le poids des couvertures, charge davantage les murs latéraux, et contribue ainsi à la résistance aux poussées des voûtes.

Il s'introduisit cependant à propos des combles une pratique dont l'explication m'échappe : dans un grand nombre d'églises, vous le savez, chaque chevron est une ferme, avec son entrait, son poinçon, ses liens. Outre l'excès de bois qui résulte de cette disposition coûteuse, on perd ainsi le bénéfice, au point de vue même d'un édifice voûté et à poussées localisées, de la disposition du comble par fermes. Toute la poussée des voûtes se localisant en dernière analyse sur le pilier et non sur le mur, c'est sur le pilier qu'il faut accumuler la résistance : avec les fermes, tout le poids de la travée de comble se reporte sur les piliers seuls, appliquant ainsi cet élément de résistance verticale au point nécessaire. A tous égards donc, si, pour des églises voûtées en berceau, la pratique des chevrons-fermes est judicieuse, pour les églises voûtées avec poussées localisées la disposition par fermes et pannes est préférable. On ne peut pas supposer qu'elle fût inconnue des architectes d'alors, puisque nous la trouvons dans des charpentes apparentes contemporaines et dans un grand nombre d'églises voûtées dont la charpente a été plus logiquement étudiée.

Quoi qu'il en soit, rappelez-vous que dans toute église voûtée il faut au-dessus des voûtes un espace que vous appellerez *comble ou grenier*, espace considérable, affecté à la charpente du comble dont vous déterminerez la pente. J'ajouterai que cet espace est précieux, non pas comme débarras, ainsi qu'on l'emploie trop souvent malgré le risque d'incendie, mais pour la surveillance et l'entretien des voûtes, pour permettre l'accès aux toitures, aux chenaux, etc. Dans quelques combles d'églises, on a même poussé la prévoyance jusqu'à établir à mi-hauteur une série de pièces horizontales diversement disposées, qui peuvent le cas échéant servir de support d'échafaud pour les réparations.

Et puisque je vous parle de combles, n'oubliez ni de les aérer, ni de les éclairer. C'est facile et nécessaire.

Voilà donc des voûtes légères dont la combinaison aura toujours pour résultante de poussée une ligne X tracée dans le plan vertical des piliers; ce pilier est chargé du poids du mur au-dessus de l'adossement des voûtes, et du poids du comble reporté par les fermes sur les piliers. Tout le possible est donc fait pour atténuer la poussée et augmenter la résistance du point d'appui.

Cependant, il reste une poussée, poussée très sérieuse, qu'il faut neutraliser, car le point d'appui, même chargé, n'y suffit pas : il est trop mince. Nous voici donc en présence du problème d'équilibrage qui domine toute cette architecture. Comment fera-t-on équilibre à cette poussée, à ce renversement ? Par les deux moyens que je vous ai indiqués : les Italiens en munissant résolument leurs voûtes de tirants en fer, les Occidentaux au moyen des arcs-boutants.

Que n'a-t-on pas dit à propos des tirants en fer? Toute une école intransigeante n'avait pas assez de malédictions pour cette pratique qui se permettait d'employer d'autres moyens que ceux qu'on proclamait les seuls admissibles. On disait que la voûte, ouvrage de maçonnerie, ne doit rien emprunter qu'à la maçonnerie; que ce n'est pas triompher d'une difficulté que de la supprimer par une sorte d'escamotage; que supprimer la poussée des voûtes, c'était la négation même de l'architecture des voûtes... etc..., etc.

Phrases que tout cela. Le procédé est pratique, il est d'une efficacité absolue; il permet la voûte avec tous ses avantages dans des conditions d'économie autrement irréalisables; et j'ajouterai que si la vue d'un tirant en fer choque les regards de quelques théoriciens du contrefort et de l'arc-boutant, il ne choque nullement l'œil de l'homme de goût qui entre sans parti pris dans un édifice voûté, et qui ne s'aperçoit même pas de l'existence de ce mince morceau de fer qui traverse de distance en distance la naissance des voûtes, avec la régularité du parti voulu, et non avec le disparate de la réparation.

Je sais que pour oser y recourir de notre temps, il faudrait braver des critiques et même des colères; il faudrait quelque courage; et pourtant une solution simple, facile et pratique ne peut pas m'apparaître autrement que comme une solution légitime; et je ne puis oublier d'autre part que c'est à l'emploi de ce procédé si simple que nous devons de pouvoir admirer la Loge des Lanzi ou le Palais ducal de Venise, les églises de Sainte-Marie-des-Fleurs à Florence, de San-Petronio à Bologne, de Saint-Zacharie à Venise (fig. 1060 et 1061). Une pratique architecturale qui peut se réclamer de tels répondants me paraît au-dessus des *veto* et des indignations de théoriciens exclusifs.

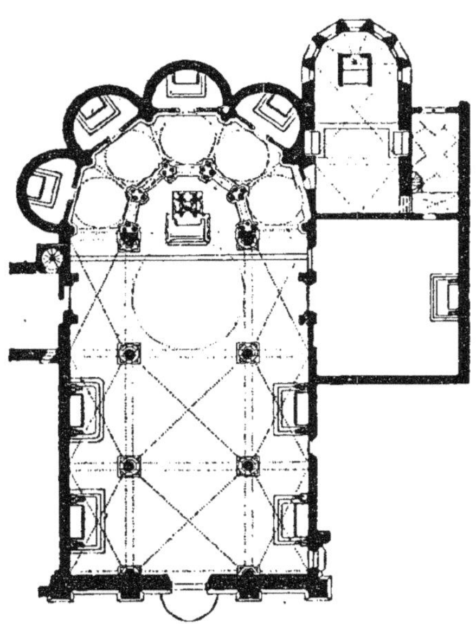

Fig. 1060. — Église Saint-Zacharie de Venise.

Si vous y recourez, les difficultés disparaissent comme par enchantement, et vous pouvez sans crainte et par des moyens faciles réaliser un édifice comme cette église de San Petronio dont je vous parlais à l'instant, un des plus grands et des plus magnifiques monuments de l'architecture du Moyen-âge.

En tous cas et sans prendre parti pour ou contre les tirants en fer des voûtes, que pour ma part je ne maudis pas plus que je ne maudis les tirants des fermes de comble, il m'a paru intéressant d'établir la comparaison, sur un même édifice, de ce qu'a commandé le recours aux résistances extérieures et de ce qu'aurait permis l'emploi de tirants en fer. Je prendrai pour exemple une église justement célèbre par ses proportions har-

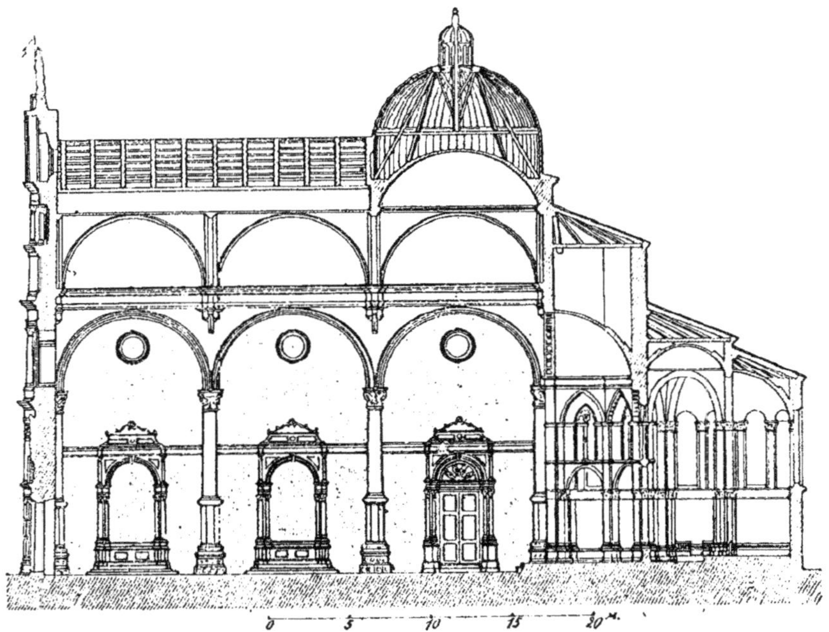

Fig. 1061. — Église Saint-Zacharie de Venise. Coupe longitudinale.

dies et sa grande élégance, Saint-Ouen de Rouen : l'architecture du moyen âge n'a pas de plus bel intérieur à nous offrir. Je suppose donc que sans rien changer à ces proportions, à ces élégances, à cette richesse, en un mot sans changer quoi que ce soit à cet intérieur admirable, on y ajoute seulement de minces tirants en fer rond, à chaque travée de la nef et des bas-côtés, et qu'ainsi la poussée des voûtes soit neutralisée non par contre-poussée, mais par obstacle à l'écartement.

Alors, si je considère la coupe prise sur Saint-Ouen, au droit des piliers, elle sera d'un côté en A (fig. 1062) celle qui résulte

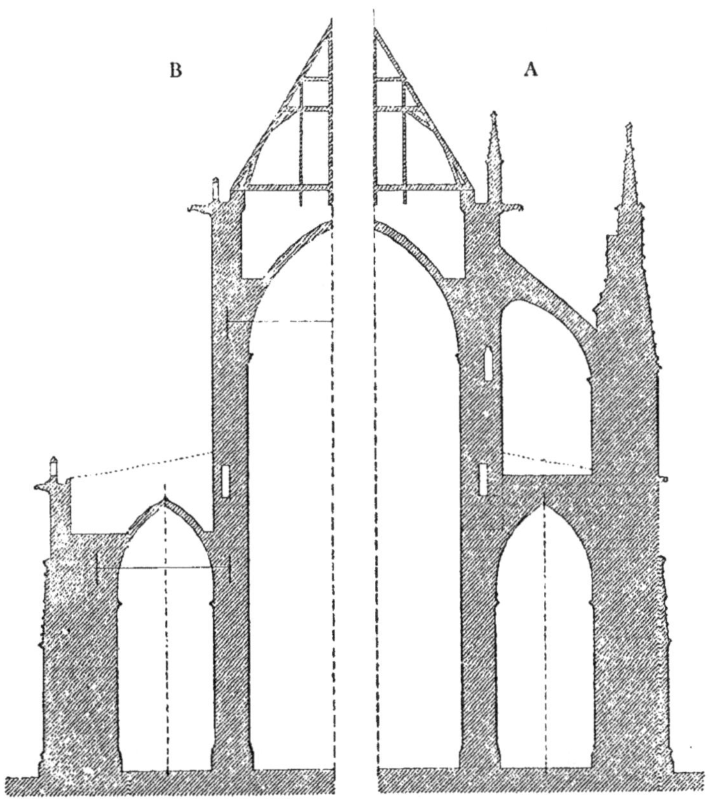

Fig. 1062. — Résistance aux poussées des voûtes :
par des tirants en fer à la naissance des voûtes. par des contreforts et arcs-boutants.
Exemple pris à l'église Saint-Ouen à Rouen.

des relevés du monument — de l'autre côté en B celle que permettrait l'emploi des tirants. La différence saute au yeux; je ne vais pas plus loin, je ne me charge pas de dire comment en ce cas l'artiste aurait étudié ses extérieurs; je constate seulement l'économie considérable, l'absence de fragilité des organes essentiels, et sans conclure je livre ce sujet à vos réflexions.

Quant à l'arc-boutant, son rôle est facile à définir : c'est un *étai*.

Lorsqu'une cause quelconque fait déverser un mur à l'extérieur, ou simplement menace de le faire déverser, que fait-on? On l'étaie, au moyen de pièces de bois, qu'on raidit plus ou moins suivant l'intensité de l'effet à combattre. Si l'étai est insuffisamment raidi, il ne s'oppose pas au déversement; s'il l'est trop, il risque de dépasser le but en faisant tomber en dedans le mur qu'il s'agit d'empêcher de tomber au dehors. Entre l'action renversante quelconque et l'action contrebutante de l'étai, il faut qu'il y ait équilibre. C'est précisément le cas de l'arc-boutant.

L'arc-boutant est donc *un étai en pierre*; mais tandis que l'étai en bois est toujours un expédient provisoire dont on use en attendant une solution définitive quelconque — fût-ce la démolition — l'arc-boutant est un étai permanent, un expédient définitif.

Notez que si je me sers de ces mots « étai » et « expédient » ce n'est pas dans un sens critique ou injurieux. Mais c'est une vérité : voyez Notre-Dame du côté du chevet : qui donc pourra dire que ce n'est pas là un monument étayé? Étais d'ailleurs nécessaires, car, à moins d'admettre les tirants en fer des Italiens, l'architecture des églises des XIIIe, XIVe et XVe siècles était, avec les moyens de construction dont on disposait alors, absolument impossible sans les arcs-boutants. Qui veut la fin veut les moyens : qui voulait le programme de ces églises, que j'ai indiqué plus haut, voulait des édifices qui ne pouvaient devoir leur stabilité qu'à l'étaiement. Pour ces monuments, l'étaiement, qui est d'ordinaire un accident, faisait inévitablement partie de la composition initiale.

En effet si au début on a construit des églises à poussée localisée sans arcs-boutants, avec de simples contreforts, c'est que les piliers entre la nef et les bas-côtés étaient épais, et que cette forte épaisseur, avec un peu d'encorbellement, permettait des contreforts peu saillants; d'ailleurs, les contreforts étaient toujours plus ou moins en porte à faux, au-dessus des arcs-doubleaux des bas-côtés, comme vous en voyez un exemple à Saint-Germain-des-Prés, et cette disposition ne peut être employée qu'avec prudence, car elle deviendrait bien vite dangereuse; mais ces églises ne satisfaisaient pas au désir de large circulation et d'unité d'effet qui résultent de la finesse des piliers.

Si ensuite, à Caen, à Noyon, dans quelques autres églises, on a recouru à une sorte d'arc-boutant, mais en l'enfermant, comme je vous l'ai dit, sous la toiture en appentis des bas-côtés ou des tribunes, on ne pouvait éclairer la nef que par de petites fenêtres, on ne pouvait ni lui donner la grande élévation désirée, ni les grandes verrières dont on voulait l'éclairer.

Non, pour réaliser Notre-Dame, Amiens, Reims, Bourges, l'arc-boutant est une nécessité, l'étaiement permanent est une condition *sine qua non*.

Je sais tous les inconvénients de l'arc-boutant, et je vous les dirai tout à l'heure ; mais ici encore je vous dirai :

« Une pratique architecturale qui peut se réclamer de tels répondants me paraît au-dessus des *veto* et des indignations de théoriciens exclusifs. »

On pourrait dire que l'étude des arcs-boutants de nos diverses églises est l'étude presque complète de ces églises, tellement son rôle est considérable, tellement l'arc-boutant est la clef de l'étude. Je ne puis entrer dans tous les détails des variantes innombrables d'arcs-boutants : je veux plutôt, en vous engageant à voir par vous-mêmes un grand nombre d'exemples, vous indiquer les réflexions que ce sujet peut provoquer.

L'arc-boutant, étayant le pilier de la nef vers la hauteur des naissances des voûtes, franchit la largeur du bas-côté pour trouver son point d'appui dans le contrefort rectangulaire qui prolonge dans l'espace le contrefort séparatif des travées de bas-côtés. Ces contreforts sont souvent, comme à Notre-Dame, les murs de séparation des chapelles latérales. Organe nécessaire de construction, ils deviennent ainsi en même temps un organe de distribution.

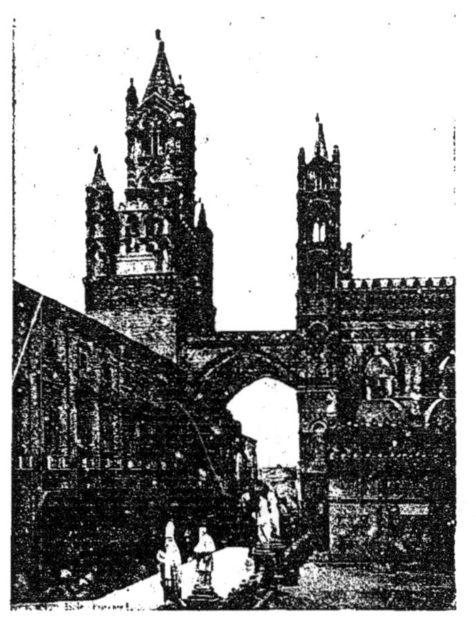

Fig. 1063. — Cathédrale de Palerme.

L'arc-boutant est toujours un arc rampant ; je ne connais pas d'exemple d'arc-boutant horizontal, sauf à la cathédrale de Palerme (fig. 1063) ; mais ceux-ci, contrebutant la façade principale, ont leur point d'appui sur un autre édifice ; ils jouent en réalité le rôle d'un pont sur une rue. Les architectes du moyen âge savaient-ils ou non chercher les résultantes des poussées, faire ce que nous appelons un tracé d'épure de stabilité ? Je l'ignore ; mais le bon sens suffit à montrer que le point d'appui sera plus résistant si on raccourcit son bras de levier. L'arc-boutant est donc incliné comme un étai, faisant avec le mur de la nef un angle, soit droit (à l'intrados de l'arc), soit plutôt aigu, et retombant en tangente sur le contrefort. Ce n'est que vers la fin du moyen âge qu'on a tracé des arcs-boutants en courbe à plusieurs centres, s'appuyant tangentiellement à la nef

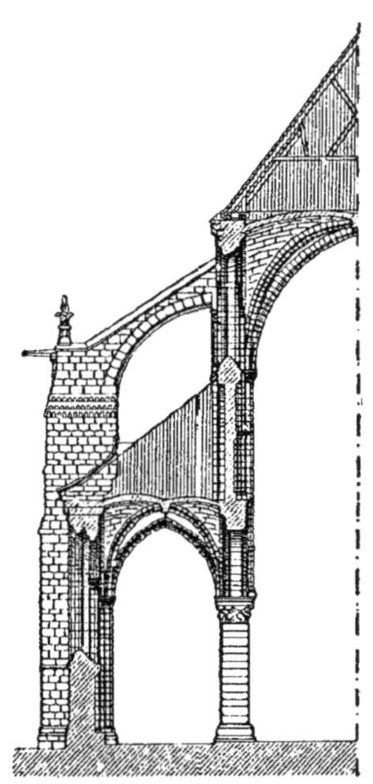

Fig. 1064. — Église Saint-Pierre de Lisieux. 1/2 coupe transversale.

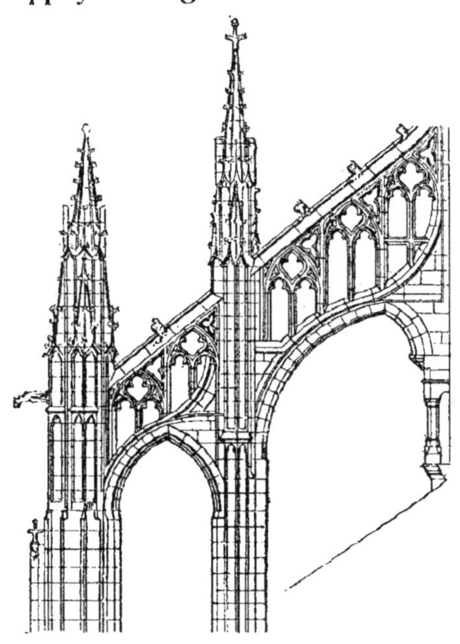

Fig. 1065. — Arc-boutant de l'église Saint-Vulfrand d'Abbeville.

aussi bien qu'au contrefort, peut-être pour obvier à cette apparence d'étaiement si sensible dans les églises du XIIIe siècle. Il n'est pas inutile à ce sujet de rapprocher deux combinaisons d'arcs-boutants, l'une très simple et très nette, empruntée à l'église de Saint-Pierre de Lisieux (fig. 1064), l'autre au contraire avec introduction de la fantaisie dans cet organe constructif, pris dans la trop riche église de Saint-Vulfrand (fig. 1065) à Abbeville.

Il est à peine besoin d'ajouter que l'arc-boutant doit aller chercher son point d'appui aussi près que possible. Un arc-boutant dont la portée serait plus large que la distance réelle entre le pilier résistant et le pilier à étayer serait un crime en construction.

Disons tout de suite que le pilier de résistance doit être lourd et l'arc-boutant lui-même léger. L'arc-boutant n'étaie la nef qu'en poussant sur le pilier extérieur; pour restreindre cette poussée, il faut restreindre le poids de la maçonnerie qui l'exerce. Tandis que le pilier extérieur, sollicité au déplacement horizontal dans le sens de la poussée, ne résistera à cette action que par son poids et par le frottement des assises les unes sur les autres : deux modes de la pesanteur. Plus ce contrefort pourra être long, plus il sera en état de s'opposer à la poussée, cela va sans dire; mais si de plus il est plus large que l'arc-boutant, cette largeur lui donnera du poids et partant de la stabilité. C'est ainsi que vous voyez le plus souvent le contrefort plus épais que l'arc-boutant.

Le mur évidé d'un arc constitué par l'arc-boutant se termine toujours par une ligne inclinée droite. Très ordinairement, l'assise supérieure qui suit cette inclinaison est un caniveau. C'était en effet une difficulté sérieuse de rejeter au dehors les eaux pluviales tombant sur la toiture de la grande nef. Dans certaines églises, elles s'égouttent tout simplement sur la toiture des bas côtés : solution simple, mais qui ne va pas sans inconvénients. L'arc-boutant s'élevant à peu de distance de l'égout du toit supérieur, on pouvait avec un court tuyau conduire les eaux du chenau de la nef dans le caniveau dont on couvrait l'arc-boutant. Souvent même le caniveau s'élève absolument jusqu'au niveau du chenau supérieur, et devient ainsi un branchement incliné de ce chenau, comme par exemple à l'église de Saint-Maclou, à

Rouen (fig. 1066). Les eaux prennent dans ce caniveau un courant rapide, et s'échappent par des gargouilles qui les rejettent le plus loin possible de l'édifice.

Comme l'arc-boutant exerce sur le contrefort extérieur une poussée accentuée, celui-ci a besoin, je le répète, d'une grande force de résistance. Il ne la trouve pas seulement dans sa forme et son épaisseur toujours très grande, il la trouve aussi dans le poids de toute la hauteur dont il dépasse le point de retombée de l'arc. C'est donc cette raison de poids, en vue de la résistance, qui a motivé les *pinacles* dont sont couronnés ces contreforts. Certes, les pinacles multipliés et pyramidaux sont un élément précieux de silhouette et de pittoresque; mais avant tout ils sont un élément de construction; ils sont un poids, là où le contrefort a besoin d'être chargé.

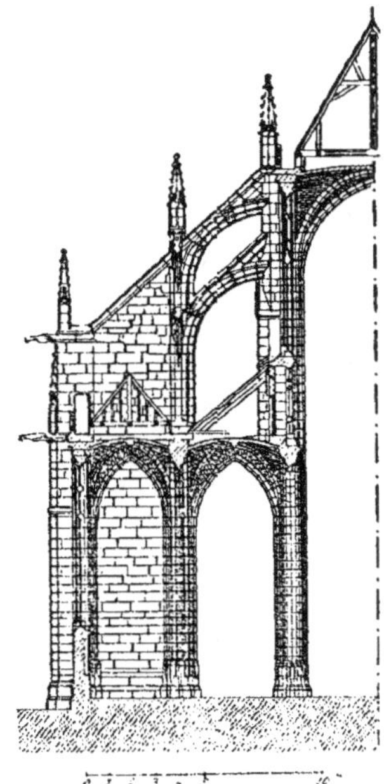

Fig. 1066. — Arc-boutant en caniveau de l'église Saint-Maclou à Rouen.

Une question toujours très délicate à propos d'arcs-boutants, est la détermination, ordinairement demandée au simple tâtonnement empirique, du point où ils viendront épauler la nef. Trop bas, ils poussent le pilier à l'intérieur; trop haut, ils poussent à l'intérieur le mur sous le comble : dans les deux cas, ils laissent la poussée des voûtes agir sur un point qui n'est pas directement soutenu. Il n'est pas possible de déterminer *a priori* ce point d'application : si le pilier est épais, il devra être plus bas que s'il est mince, car la résultante du poids et des poussées est une oblique qui descend de l'intérieur vers l'extérieur, et qui à son tour se décompose en verticale (pression sur le pilier) et en horizontale (poussée définitive). Il faut donc au préalable déterminer cette résultante par une épure de stabilité, et combiner l'arc-boutant en tenant réciproquement compte de ses éléments de résistance, poussée, poids propre, poids du contrefort.

De même pour contrôler l'épaisseur à donner aux contreforts extrêmes, l'épure de stabilité est nécessaire pour vous assurer que la résultante finale ne sort pas des limites de ce point d'appui. Je ne puis qu'indiquer cette étude de contrôle que le cours de construction vous enseigne à appliquer.

Mais il faut encore remarquer que l'architecte n'a pas pourvu à tout lorsqu'il a résolu le problème de la stabilité des voûtes de la haute nef. Là, le pilier peut être mince, l'arc-boutant allant chercher au delà du bas-côté le point d'appui épais et résistant. Mais il reste le problème de la stabilité des bas-côtés. Or, entre le bas-côté et la nef, le pilier aussi est mince, et cependant la voûte des bas-côtés le pousse vers la nef à un point dangereux de sa hauteur. Soumis à cet effort latéral, le pilier subit ainsi un travail *à la flexion*, c'est-à-dire une action renversante. Et ici nul moyen n'existe de contrebuter directement cette action.

Pour que le pilier résiste au renversement, il n'y a qu'une ressource : le charger. Déjà, il est chargé naturellement par le surplus de sa hauteur jusqu'aux combles, et si une église venait à être démolie sauf les bas-côtés, il y en a bien peu dont les piliers ne fussent pas renversés par la poussée des bas-côtés. Les parties hautes sont nécessaires à la solidité des parties basses. Mais malgré cela, il est arrivé parfois, assez souvent même, que les piliers aient fléchi sous cette poussée et présentent une courbure convexe vers la nef : l'église Saint-Michel de Bordeaux a été très compromise par cet effet; cela se remarque un peu à l'église

Saint-Séverin. Il faut donc admettre que la charge normale est insuffisante : ainsi, il semble qu'une église avec nef et bas-côtés voûtés en voûte d'arête, contrebutée par des arcs-boutants, n'aurait besoin — à ne considérer que la nef — que de piliers continuant l'épaisseur des piliers bas; il semble même, d'après nos habitudes de construction pyramidale, que ces piliers pussent être réduits à mesure qu'ils s'élèvent. Ce serait une erreur.

Les architectes du moyen âge ont été conduits au contraire, et judicieusement conduits, à donner au pilier supérieur une épaisseur plus grande par l'addition d'un contrefort en surplomb sur la naissance de la voûte des bas-côtés; ce contrefort, apparent ou non de l'intérieur, est souvent prolongé jusqu'au comble, et même chargé encore à ce niveau d'un pinacle, comme à Saint-Ouen de Rouen. C'est d'ailleurs ce qui permet la circulation si utile du *triforium* au-dessus des minces piliers de la nef. C'est ainsi que vous voyez à Saint-Germain-des-Prés, par exemple, des colonnes assez minces suffire à neutraliser la poussée des bas-côtés vers l'intérieur, parce que ces colonnes sont chargées et par le mur plein de la nef qui n'est percé que d'une fenêtre assez restreinte, et par les contreforts que vous apercevez de l'extérieur, et qui reposent sur les *reins* de la voûte des bas-côtés. C'est un cas où, par exception, le porte-à-faux est légitime et même nécessaire.

Mais il ne faut pas que ce porte-à-faux soit assez prononcé pour venir compromettre la partie fragile de la voûte des bas-côtés; il ne doit pas dépasser la partie stable, assez peu large, qui se limite presque au sommier. Dans ce problème très délicat, assez de porte-à-faux est prudence, trop de porte-à-faux est danger ; et entre assez et trop la latitude est minime. C'est vous dire que la question mérite d'être étudiée de très près; elle n'est pas d'ailleurs susceptible de solution générale, car les facteurs sont multiples : section du pilier, portée des voûtes, hauteur des nefs et des bas-côtés, dureté et densité de la pierre.

Et je crois que pour vous faire comprendre toute l'importance de ces considérations, il était utile de vous montrer la coupe transversale d'une église, non comme ordinairement en coupant suivant l'axe d'une travée, mais par une section des éléments constructifs en coupant sur un pilier. C'est ce que j'ai fait (V. plus haut, fig. 1062) en prenant pour exemple l'église Saint-Ouen de Rouen, parce que c'est l'une des plus belles, et l'une de celles où par l'élégance des piliers et par la légèreté des murs de nef, le problème se posait avec toutes ses difficultés. Je vous donne également la coupe analogue de Notre-Dame de Paris, en raison de sa composition exceptionnelle (fig. 1067).

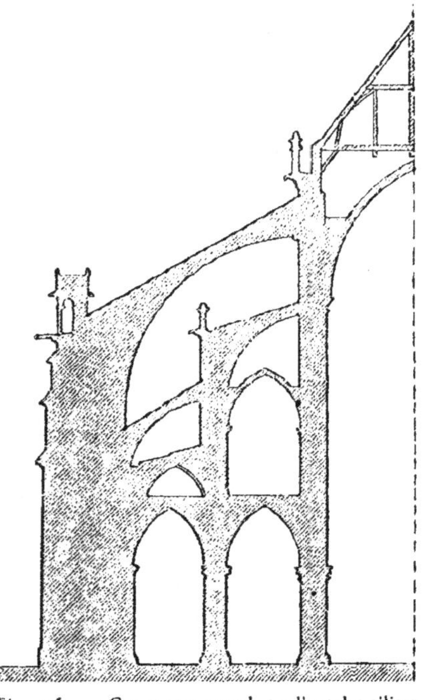

Fig. 1067. — Coupe transversale sur l'axe des piliers de l'église Notre-Dame de Paris.

Est-ce à dire cependant que les architectes du Moyen-âge qui ont construit de si nombreux arcs-boutants fussent en possession de méthodes scientifiques permettant de déterminer ou plus simplement de contrôler avec sûreté l'importance et la direction de ces poussées. J'en doute, ils n'ont dû agir que par tâtonnements, d'après les résultats de l'expérience; et c'est précisément le grand nombre des applications qui a dû leur permettre, à défaut de méthodes scientifiques, un empirisme assez certain pour établir des recettes qu'on se transmettait à titre d'expérience acquise. Si d'ailleurs le tracé n'est pas ce qu'aurait exigé la décomposition des efforts mécaniques, heureusement la solidarité d'une maçonnerie bien faite atténue les inconvénients de ce défaut de rigueur.

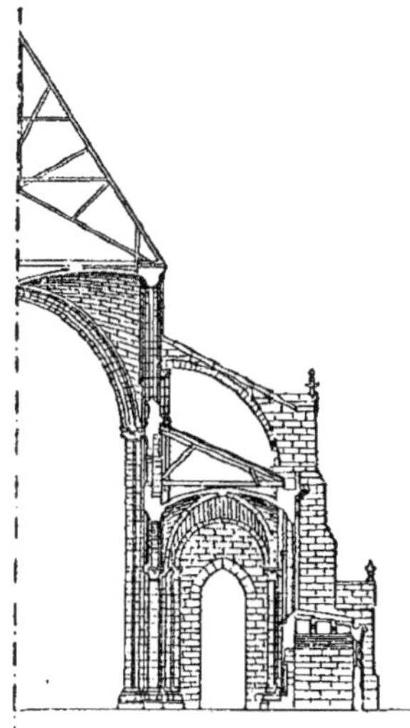

Fig. 1068. — Cathédrale de Sens.

Aussi je ne puis expliquer que par la timidité résultant de l'incertitude le parti, logiquement anormal, adopté dans beaucoup de grandes églises : je veux dire le redoublement des arcs-boutants.

Tandis que la science rigoureuse demanderait un arc-boutant unique, contrebutant le pilier un peu au-dessus de la naissance des voûtes, comme à la cathédrale de Sens (fig. 1068) qui peut être prise comme type à cet égard, vous voyez à Amiens, à Reims, à Bourges, au Mans, à Saint-Eustache, etc., un premier arc-boutant qui étaie le pilier un peu au-dessous de cette naissance, puis un second arc-boutant qui l'étaie plus haut. Le point critique P de la poussée, et par conséquent de la dislocation possible, est certainement entre ces deux têtes d'étais (fig. 1069); mais on comptait — et le raisonnement est juste en pratique — que le pilier sollicité à la flexion entre ces deux résistances assez rapprochées ne se déformerait pas grâce à sa solidarité. Mais il n'y en a pas moins un arc-boutant de trop.

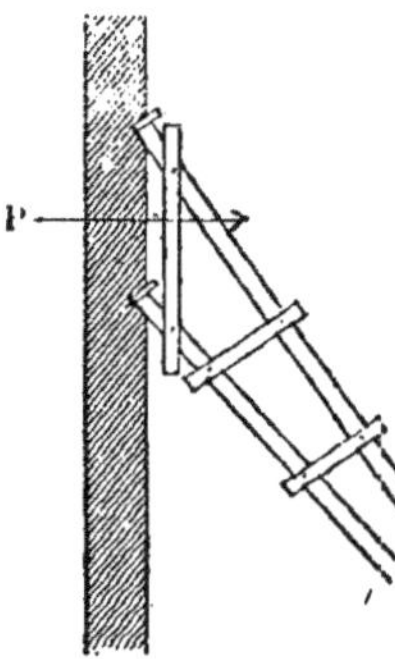

Fig. 1069. — Étaiement par deux contrefiches en dessus et en dessous d'une poussée.

Il est vrai que l'arc-boutant supérieur remplit en outre la

fonction de caniveau pour l'écoulement des eaux de la toiture supérieure. Mais à ce point de vue, l'arrangement qui consiste à surmonter l'arc-boutant d'une sorte de galerie à jour portant le caniveau, est bien plus rationnel, et crée d'ailleurs une élégante combinaison architecturale, comme par exemple à l'église de Saint-Gervais à Paris.

Les grandes cathédrales et même de simples églises ont souvent deux rangs de bas-côtés, ou comme on dit cinq nefs. Tel est le cas de Bourges, de Notre-Dame de Paris, de Reims, d'Amiens, de Saint-Eustache et des collatéraux du chœur au Mans. Le problème devient dès lors plus compliqué, car la rangée de piliers qui sépare les deux bas-côtés est mince, et on ne peut asseoir sur ces piliers un contrefort de résistance suffisante : il faut reporter l'effort, toujours sur un contrefort extérieur, c'est-à-dire au delà de l'ensemble des bas-côtés ; soit que ces contreforts, établis en saillie, n'aient pas d'autre fonction, comme à Reims, soit que, comme à Notre-Dame, ils constituent des murs séparatifs entre des chapelles latérales.

Alors, la combinaison la plus fréquente consiste à élever sur le rang de piliers intermédiaire entre les deux bas-côtés des piliers aériens qui reçoivent la retombée des arcs-boutants de la nef ; mais ces piliers, trop faibles pour résister à cette poussée, doivent à leur tour et comme les piliers de la nef être maintenus en équilibre par des poussées inverses ; ils sont donc à leur tour contrebutés par une deuxième série d'arcs-boutants qui se reportent sur les contreforts extrêmes. Telle est la disposition à Bourges, où les arcs-boutants multipliés témoignent de l'incertitude du constructeur (fig. 1070 et 1071), au Mans, à Beauvais, etc.

A Notre-Dame, le parti est plus hardi et plus dégagé, l'arc-boutant franchit tout l'espace entre la nef et les contreforts, sans aucune division intermédiaire (fig. 1072 et 1073). C'est comme si au lieu de deux bas-côtés, on n'en avait qu'un seul d'une largeur double. L'arc-boutant a donc une très grande portée, et accentue encore l'impression d'un étai. On est volontiers étonné

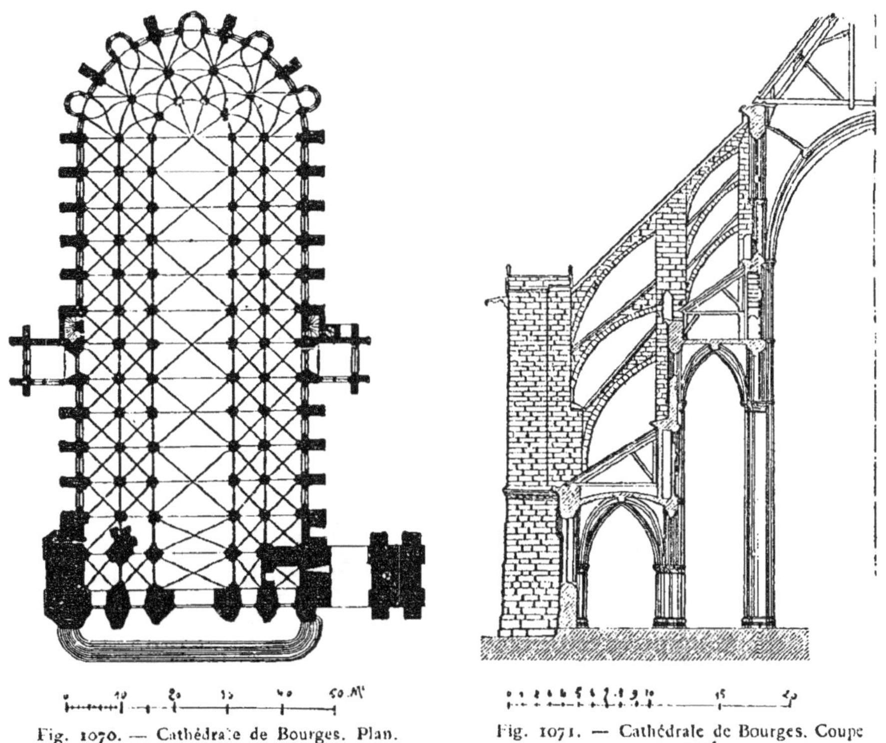

Fig. 1070. — Cathédrale de Bourges. Plan.

Fig. 1071. — Cathédrale de Bourges. Coupe transversale.

de cet immense enjambement, et la courbe en étant nécessairement plus tendue, il faut une exécution irréprochable, et la certitude qu'il ne se produira pas d'affaissements. C'est un des motifs les plus audacieux qu'on rencontre dans l'architecture du Moyen-âge, et aussi un exemple de l'esprit de perfectionnement continu qui était celui des architectes du Moyen-âge : car on assure que la disposition première était celle que nous venons de voir à Amiens ou à Reims, et que les arcs-boutants doubles et leurs piliers intermédiaires ayant été compromis par un incendie, on ne craignit pas de leur substituer ces hardis arcs-boutants de double portée.

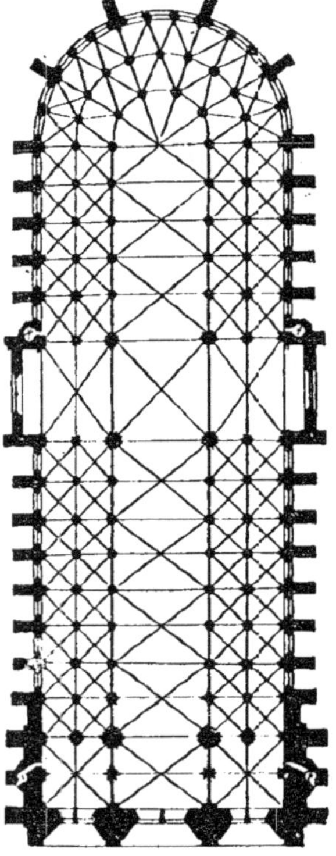

Fig. 1072. — Notre-Dame de Paris. Plan.

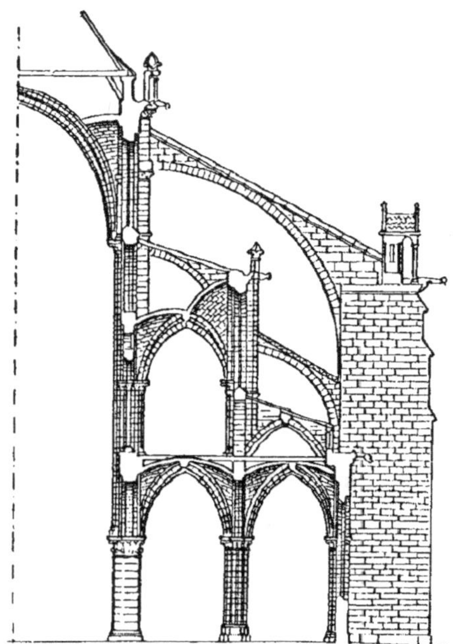

Fig. 1073. — Notre-Dame de Paris. Coupe transversale.

Enfin, on peut citer peut-être comme l'expression finale du parti d'étaiement par arcs-boutant poussé jusqu'à ses extrêmes limites, quelques églises — Notre-Dame de Chalons entre autres — où les contreforts sont tout à faits extérieurs, chez un voisin en quelque sorte. Le contrefort devient alors un monument à part, hors de l'église, uniquement destiné à recevoir la butée des étais. Rien ne montre mieux la conception des résistances *extérieures*, car il est impossible d'imaginer une résistance plus extérieure que celle-là : et rien ne montre mieux non plus combien le souci des dangers de la voûte a été la préoccupation constante des artistes qui ont eu à construire nos églises.

Du reste, l'architecture du Moyen-âge n'a pas toujours été prudente ; comme je vous le disais, l'écueil de l'habileté, c'est le tour de force. En s'habituant à jouer avec la difficulté, on la crée de propos délibéré, et je vous citerai divers exemples, les uns heureux, les autres malheureux, de cette tendance.

L'exemple le plus connu de ces malheurs est donné par la cathédrale de Beauvais. Des porte-à-faux excessifs, sur des piliers trop minces pour leur grande hauteur, et une conception générale qui ne s'explique pas, sinon par le désir malsain de tenter l'impossible, ont tellement compromis cette construction commencée sur des proportions gigantesques, qu'il n'a pas été possible de l'achever, et qu'il a fallu, à la suite d'écroulements trop motivés, reprendre et consolider les piliers en les augmentant de section, et cela dès la construction même de l'église.

A la cathédrale du Mans, il s'est produit également quelques désordres, mais moins graves, et dus plutôt peut-être à l'insuffisance des arcs-boutants qu'au porte-à-faux du contrefort intermédiaire.

L'église Notre-Dame de Dijon, très originale dans sa composition intérieure et extérieure, atteint peut-être les limites extrêmes de la prudence ou du bonheur. Sa coupe transversale (fig. 1074 et 1075) rend bien compte de toute l'habileté de son architecte. Il faut ajouter d'ailleurs qu'il était admirablement servi par la nature résistante des pierres de la Côte-d'Or, que nous employons encore lorsque nous voulons demander à la pierre son maximum de résistance et de dureté.

Dans tout ce qui précède, j'ai traité assez aridement un sujet aride. Je vais le traiter avec plus d'aridité encore. Car enfin, je vous ai parlé jusqu'ici d'expérience, de progrès continu, d'excès même, et je vous ai rappelé que, lorsque vous aurez étudié une disposition

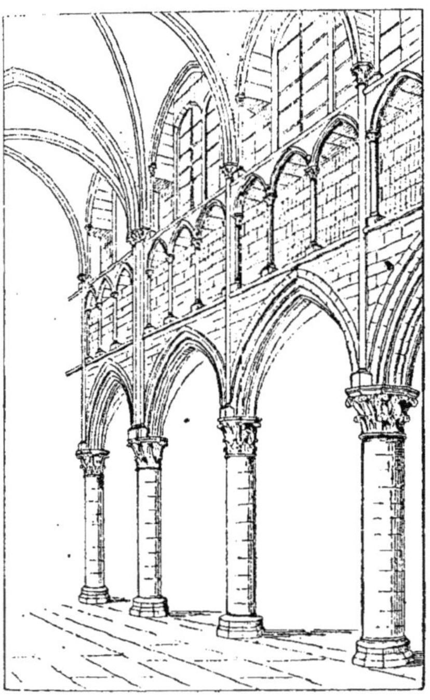

Fig. 1074. — Nef de Notre-Dame de Dijon.

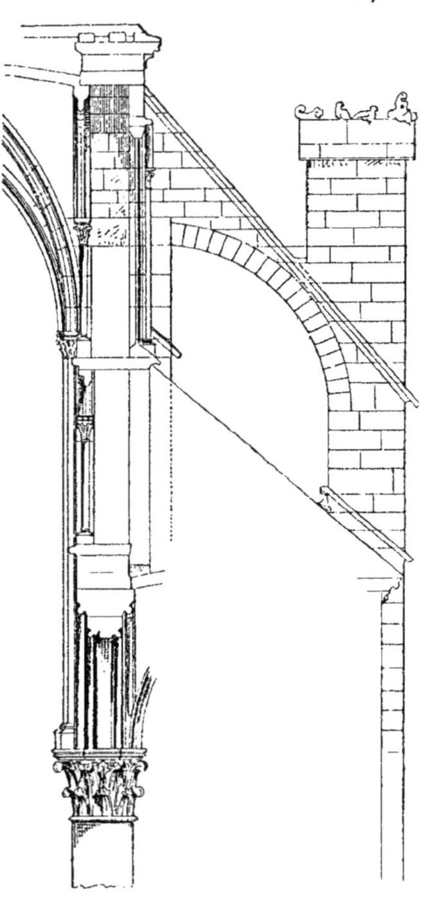

Fig. 1075. — Nef de Notre-Dame de Dijon. Coupe.

de contreforts et d'arc-boutants, les méthodes de construction vous permettent de contrôler son efficacité. Mais je pressens la question que vous vous posez sans doute : En dehors de l'enseignement des exemples, et de la vérification des tâtonnements, n'existe-t-il donc pas une théorie qui puisse guider dans ces difficiles études? Et si les architectes du Moyen-âge ont bien été forcés de se passer de cette théorie, n'est-il pas permis à la science moderne de l'établir?

Je le crois quant à moi; mais je dois vous avertir qu'il faut ici avoir recours à des calculs que vous ne pourrez pas tous essayer, et que notre instruction scientifique encore trop incomplète ne m'aurait pas permis d'affronter si je n'avais pu trouver bien près de moi les auxiliaires indispensables.

Voyons d'abord pour les hautes nefs quelle est la position précise du problème :

Les actions des voûtes se reportant sur les arcs de la croisée d'ogive (arcs doubleaux et arêtiers) finissent par se résumer dans le plan vertical qui sépare deux travées, par conséquent dans l'axe du pilier, en une résultante oblique, qui peut se décomposer elle-même en deux composantes : l'une verticale, représentant le *poids* qui du fait des voûtes, du mur supérieur et du comble constitue la charge supportée par le pilier; l'autre horizontale représentant la *poussée.*

Il faut donc tout d'abord : calculer le poids de la voûte; déterminer la position et la valeur de la composante horizontale (poussée); déterminer, d'après la charge totale qu'il supporte, la section à donner au pilier en se basant sur l'évaluation de la pression unitaire par centimètre carré qu'on peut imposer *avec sécurité* à la pierre employée, et qui rarement pourra dépasser 20 kilog. pour nos pierres dures et devra le plus souvent rester au-dessous de cette limite.

Ces déterminations sont assez simples — relativement — et s'obtiendront par les méthodes de calcul et de tracés que vous enseigne le cours de construction.

Supposons donc cette première partie du problème résolue. Et dès lors, il reste une poussée d'une valeur Q, ayant son point d'application en M, et qu'il faut équilibrer par un étaiement, sans quoi l'édifice serait renversé.

Comment sera réalisé cet étaiement?

Le point à étayer est à l'aplomb (ou à peu près) des piliers qui séparent la nef des bas-côtés; la base possible de l'étai est reportée au delà de la largeur des bas-côtés; son obliquité doit en tous cas rester au-dessus de la voûte des bas-côtés, ou plus exactement de l'arc doubleau qui dans cette voûte relie le pilier de la nef au pilier extérieur; sa base peut être à un niveau plus élevé, et est en effet ordinairement à un niveau plus élevé; la composition générale du plan permet et doit permettre de constituer au delà des bas-côtés un pilier ou contrefort très résistant, qui contrebutera la poussée transmise par l'étai, lequel pourra être plus ou moins incliné.

Il est évident que si cet étai était constitué par une poutre de bois ou de fer, ou même par un monolithe de pierre dure en délit, de marbre, etc., dont le poids serait négligeable par rapport aux forces en question, il devrait être rectiligne, et sa section se calculerait comme celle d'un poteau ou d'une bielle. L'inclinaison pourrait d'ailleurs n'être pas rigoureusement obligatoire, et n'aurait d'influence que sur la part de la composante verticale que l'étai prend à sa charge.

Mais si cet étai est en pierre, comme il serait très imprudent de le constituer par un prisme monolithe qui ne pourrait être qu'en délit, il faudra que ce soit un arc : ce sera l'arc-boutant; et son poids ne pourra plus être négligé dans les calculs. Les nécessités de l'appareil et celles de la statique seront d'accord pour exiger un tracé courbe.

Or, la théorie permet de calculer exactement la courbe que devra prendre la ligne médiane ou *la fibre neutre* de cet arc, de façon à ce que d'une part il soit en équilibre parfait, c'est-à-dire que pour chaque section la résultante passe au centre de gravité de cette section, et que d'autre part la pierre travaille partout uniformément, ce qui sera évidemment la solution la plus économique si on la fait travailler à une pression voisine de celle admise comme sécurité.

Sans entrer dans des développements mathématiques [1], il ressort de ce qui précède les résultats suivants :

1° Il existe mathématiquement une courbe nécessaire de la *fibre neutre* d'un arc-boutant d'égale résistance, en équilibre parfait, capable de faire équilibre à une poussée horizontale connue, en un point connu, et de prendre appui en un autre point donné;

2° Cette courbe est indépendante de l'intensité de la poussée à équilibrer; la surface de chaque section de l'arc se déterminera après qu'on aura tracé la courbe, et c'est cette surface seule qui dépendra de la poussée (elle lui sera proportionnelle);

3° Le tracé de la courbe ne dépend, outre les points de départ et d'arrivée, que de la nature des matériaux employés, densité et coefficient de sécurité à l'écrasement;

4° Quels que soient les points de départ et d'arrivée, la courbe à tracer sera toujours une portion d'une courbe théorique indéfinie, asymptotique vers le bas à une verticale déterminée, et ayant pour formule :

$$\frac{y}{h} = - \text{Log. cos. } \frac{x}{h}$$

où x est la distance horizontale entre les deux points;

y la hauteur;

h, la hauteur maxima d'une tour cylindrique construite avec la pierre employée, et ne subissant pas à sa base une pression

1. Pour l'étude scientifique complète de la question, je ne puis que renvoyer par avance à une publication qui sera prochainement faite sur cette intéressante question.

supérieure à celle que permet le coefficient de sécurité;

Log. le symbole des logarithmes népériens.

L'asymptote verticale de cette courbe est à une distance de son point d'origine exprimée par $\frac{\pi}{2} \times h$.

La portion à prendre sera déterminée par l'obligation de passer par ses points de départ et d'arrivée.

4° La construction d'un arc-boutant qui descendrait jusqu'à un massif encastré dans le sol, serait plus économique de matière que celle d'un arc-boutant et d'un contrefort.

Il faut remarquer d'ailleurs :

1° Que si la théorie pure conduirait à une configuration de l'arc-boutant telle que chaque section fût plus étendue que la suivante en largeur aussi bien qu'en hauteur, les nécessités ou tout au moins les exigences de la construction limitent la largeur de l'arc-boutant dans tout son parcours entre deux plans verticaux parallèles, et que c'est par conséquent la hauteur de la section qui peut seule varier;

2° Que si le point supérieur de contrebutement est fixe, le point inférieur d'appui peut varier, pourvu qu'il reste à distance suffisante des parements intérieur et extérieur du pilier dont on pourra disposer comme éperon ou contrefort depuis le *dans-œuvre* du bas-côté jusqu'à l'extérieur de l'édifice; mais qu'en général il y aura intérêt à le rapprocher le plus possible du parement intérieur.

Et maintenant, d'après tout ce qui précède, il est intéressant de voir par un exemple dans quelle mesure ce tracé théorique de l'arc-boutant suffisant et nécessaire pour équilibrer la poussée des voûtes s'écartera de celui d'une église du Moyen-âge. Je prendrai de nouveau pour exemple l'église Saint-Ouen de Rouen (fig. 1077) dans l'exposé théorique qui va suivre. (Pages 198 et suiv. Fig. 1076.)

Il n'est pas possible de donner ici *in extenso* la série des calculs relatifs à cette question. Il faudra se limiter aux résultats.

Si l'on suppose l'une des églises voûtées du moyen âge — par exemple Saint-Ouen de Rouen, considérée ici comme type parfait de ces églises — édifiée sans aucune modification même minime de son intérieur, verrières, triforium, galeries, etc., on peut se demander si l'*étaiement* extérieur est excessif, et s'il est rationnellement dirigé.

Or, la figure 1076 montre que, en employant uniquement les modes de construction du moyen âge, il pouvait être fait une très sérieuse économie de matière. Cette figure montre, à droite, la coupe de l'église Saint-Ouen prise dans l'axe d'un pilier, et telle qu'elle est ; et à gauche le tracé d'arc-boutant et de contrefort suffisant pour assurer la stabilité.

De l'étude approfondie de la question, il ressort :

1° Qu'un arc-boutant est nécessaire, le contrefort adossé au pilier ne suffisant pas à neutraliser les efforts renversants ;

2° Que l'arc-boutant doit, pour réaliser la plus grande économie, être construit en ayant pour axe (*ou fibre neutre*) une courbe mathématiquement déterminée ;

3° Que le tracé de cette courbe est indépendant de l'intensité de la poussée, et résulte seulement de deux facteurs : la densité de la pierre employée et la résistance à la compression qu'on admettra pour cette pierre comme coefficient de sécurité ; les valeurs des sections de l'arc-boutant dépendent seules de la poussée.

Le problème posé revient en effet à chercher un arc-boutant d'égale résistance et en équilibre parfait. Un tel arc, en effet, travaillera dans toutes ses parties à une même pression fixée d'avance, et aucune portion de matière n'y sera inutilisée. Ce sera donc le plus économique. Le passage de la résultante aux centres de gravité de chaque section droite réalise l'équilibre parfait, et la proportionnalité de cette résultante à l'aire de ces sections réalise l'égalité de résistance.

Si on appelle x la distance d'un point variable, de la *fibre neutre*, à la verticale du sommet de la courbe, et y la hauteur de ce même point au-dessous du même sommet, on obtient par une double intégration la formule suivante :

$$y = -h \operatorname{Log} \cos \frac{x}{h} \qquad (1)$$

où h représente la hauteur d'une pile de la pierre employée, dont la base travaillerait à la pression de sécurité donnée R, et où Log est le symbole des logarithmes népériens. Les sections droites, a, seront données par la formule :

$$a = \frac{Q}{R \cos \frac{x}{h}}, \qquad (2)$$

où Q est la poussée supérieure.

Mais si on applique ces formules en prenant l'origine des x et des y au point M on trouvera une courbe beaucoup trop horizontale et sortant très rapidement des limites imposées par les dimensions du monument, à moins de prendre le coefficient h très petit. La pierre serait alors mal employée puisqu'elle travaillerait à une pression beaucoup trop faible, et on obtiendrait des sections droites démesurées. On est donc amené à chercher une portion de courbe inclinée même en M. Pour cela on se donnera le point M et le point N, on se donnera aussi le coefficient h, que l'on a pris ici égal à 20^m, correspondant à de la pierre pesant 2500 kilog. le mètre cube et travaillant à 5 kilog. par centimètre carré ou 50000 kilog. par mètre. La faible section de ces sortes de constructions, par l'instabilité qui en résulte, et la difficulté d'exécution de l'appareil et des joints justifient cette basse pression de sécurité. On posera alors :

$$y = -20 \operatorname{Log} \cos \frac{x}{20} \quad \text{et} \quad x_{20} - x_1 = 6^m,50 \qquad y_{20} - y_1 = 14^m,60,$$

en appelant x_1, y_1, et x_{20}, y_{20} les coordonnées des points M et N, par rapport au sommet théorique inconnu de la courbe, et on en tirera facilement, par éliminations et en posant :

$$\text{Log } \varphi = \frac{14,60}{20}\ ;$$

$$\text{tg } \frac{x_1}{20} = \frac{\varphi \cos \frac{6,50}{20} - 1}{\varphi \sin \frac{6,50}{20}} \qquad \frac{x_1}{20} = 55^\circ\ 33'\ 56''\ 77 = 0^m,96979$$

$$x_1 = 19^m,3959 \text{ et } y_1 = 11^m,4024$$

Puis, une fois ce point de départ connu, on n'aura qu'à appliquer la formule (1) pour autant de v[illegible]s de x que l'on désirera obtenir de points (x_2, y_2), (x_3, y_3), (x_4, y_4)....., etc. [illegible]e même on obtiendra les sections a ou, puisque la largeur est constante, leurs épaisseurs b par la formule (2). On obtient ainsi la figure MNSUTV, où la courbe MN figure la fibre neutre, et SU et TV l'extrados et l'intrados. On a supposé en T un raccord circulaire pour éviter l'angle aigu et intéresser une plus grande hauteur de la pile.

Mais, lorsque l'on prend ainsi une portion limitée de la courbe générale, on devra, pour rester dans les conditions d'équilibre, remplacer sa partie supérieure par une force équivalente à son action, c'est-à-dire par son poids ; sa poussée étant par hypothèse égale à celle de la voûte de la nef. C'est dire que l'arc-boutant devra, pour être en équilibre, trouver en M une résistance égale au poids de la partie d'arc non existante, qui sera donnée par les formules suivantes, où P est ce poids, V le volume et D la densité de la pierre.

$$P = VD$$

$$\text{Or : } \quad V = \int_0^{x_1} a\,ds = \frac{D}{R}\int_0^{x_1} Q\frac{ds}{dx}\,ds = \frac{1}{b}Q\int_0^{x_1}\frac{ds^2}{dx^2}\,dx = Q\,\text{tg}\,\frac{x_1}{20}.$$

$$\text{Donc : } \quad P = DQ\,\text{tg}\,\frac{x_1}{20} = 11954^k.$$

On voit que cette résistance nécessaire est inférieure même au poids de la toiture seule. Il suffira donc d'avoir les assises voisines de M traversant le mur pour bien répartir les actions.

De même on calculera le contrefort NOWYXZ en appliquant les mêmes formules, où néanmoins b pourra être plus grand par suite de la moins grande fragilité de cette partie de construction. On a pris ici $b = 40$ correspondant à une pression de 10 kilog. par centimètre. Mais, au lieu de se donner N et O, comme tout à l'heure M et N, on ne se donnera que N, la poussée Q' et le poids total agissant en N, aussi bien de l'arc-boutant supérieur calculé comme plus haut, que de la maçonnerie des voûtes et de la façade. On trouve :

$$\text{tg}\,\frac{x_{20}}{40} = 7,17526 \qquad \frac{x_{20}}{40} = 82^\circ\ 3'\ 55'' = 1,43231 \qquad x_{20} = 57,2924.$$

On calculera les sections de même que plus haut. On obtient ainsi les courbes NO, XZ et WY. Mais pour respecter l'architecture intérieure et faciliter la construction extérieure et la liaison avec le mur de façade, on a rectifié le profil suivant une verticale à l'intérieur, correspondant au faisceau de colonnettes et suivant un profil à retraites verticales à l'extérieur, se rapprochant autant que possible de la courbe théorique. On a aussi augmenté la largeur dans la partie inférieure pour amener une bonne répartition des charges sur les fondations.

Coupe avec arc-boutant conforme au calcul.

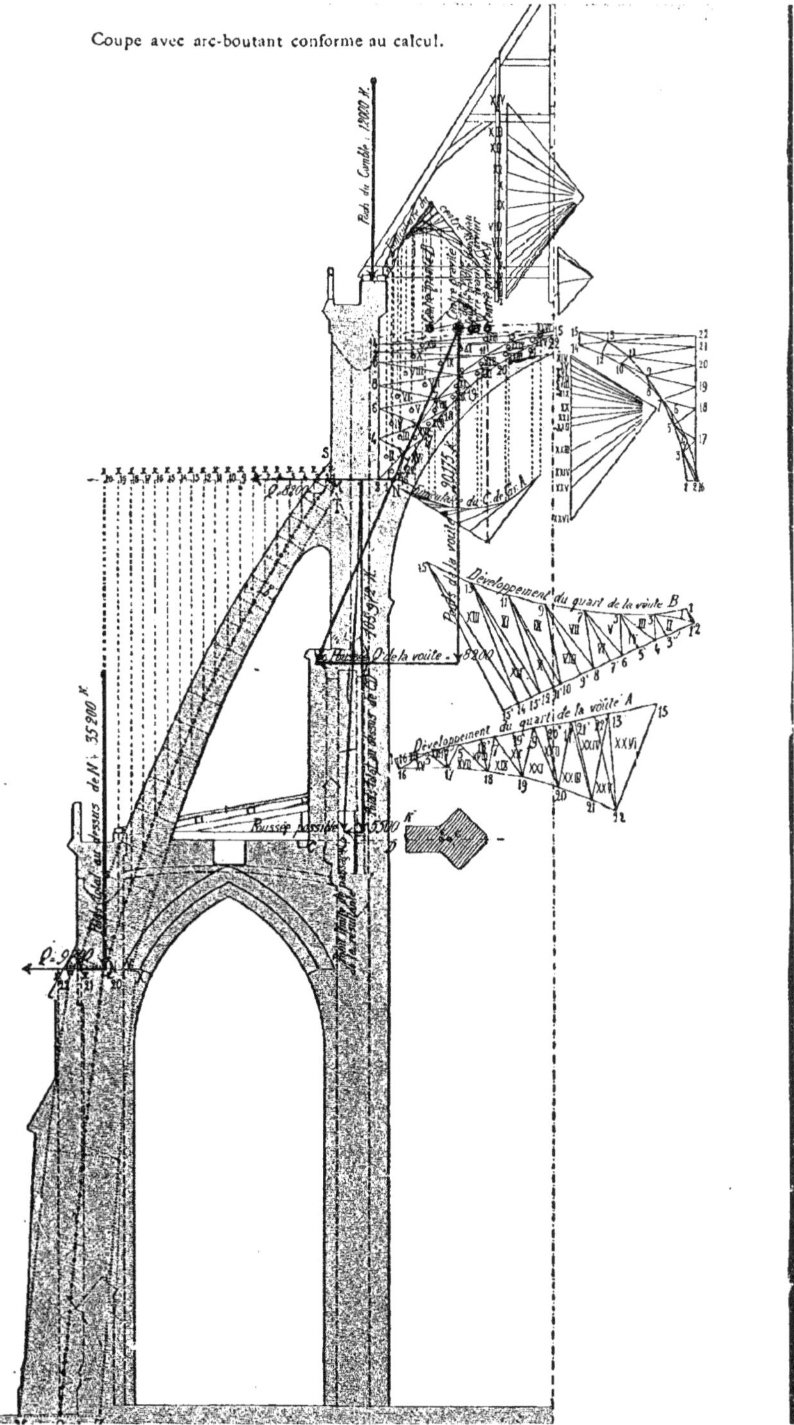

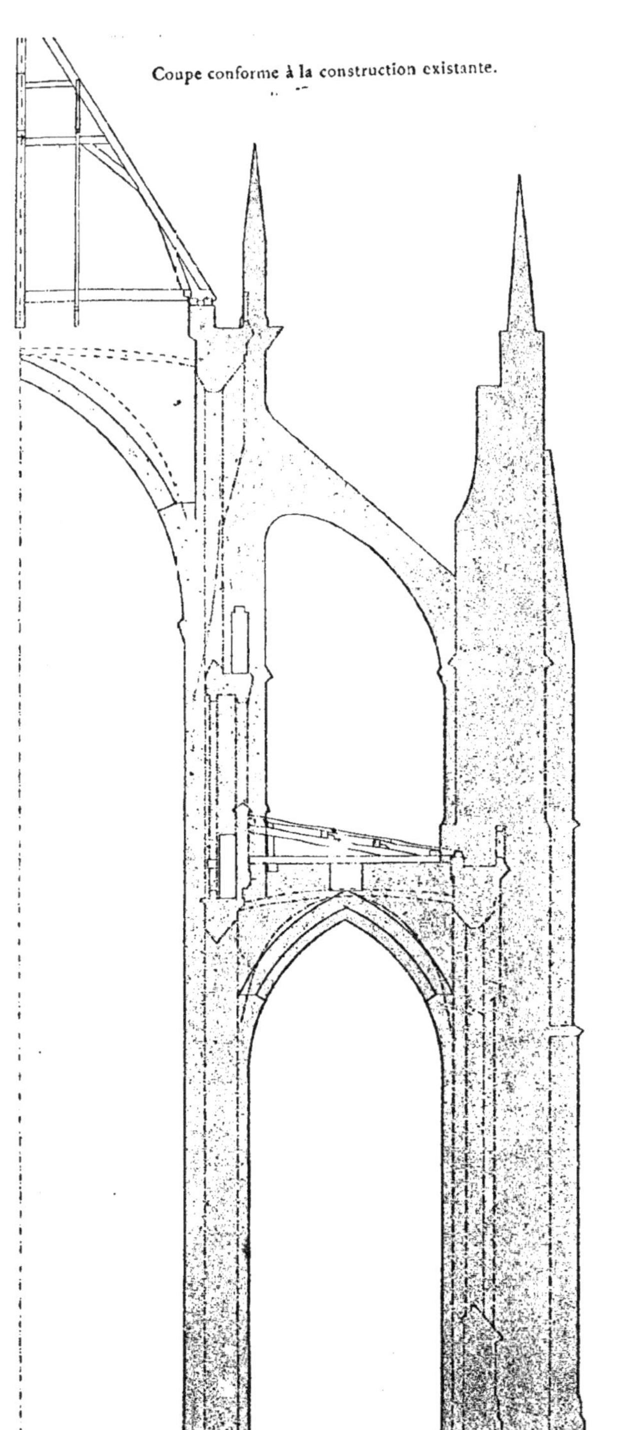
Coupe conforme à la construction existante.

POIDS DE LA CHARPENTE ET DE LA MAÇONNERIE

On ne détaillera pas ici ce calcul qui n'offre rien de particulier : les cubes se calculant de la façon ordinaire, de même que les centres de gravité. On n'a pas non plus figuré sur l'épure les compositions des poids partiels pour éviter la surcharge.

CALCUL DU POINT DE PASSAGE LIMITE DE LA RÉSULTANTE E AU NIVEAU C D.

$$x\text{, distance de E à D, } = \frac{I}{\Sigma \omega v}$$

$$
\begin{aligned}
I = \frac{0,75 \cdot \overline{1,5}^3}{12} &= 0.21093 \\
+ 2\,\frac{\overline{0,53}^3}{36} &= 0.00436 \\
+ 2\,\frac{\overline{0,9}^3}{36} &= 0.03695 \\
+ \overline{1,65}^2 \cdot 1,5 \cdot 0,75 &= 2.86031 \\
+ \overline{1,08}^2 \cdot \overline{0,53}^2 &= 0.32764 \\
+ \overline{0,6}^2 \cdot \overline{0,9} &= 0.29160 \\
&= 3.73179
\end{aligned}
$$

$$\Sigma \omega v = \Omega v_G = 2,216 \cdot 1,20 = 2,6592$$

$$x = 1^{m},403$$

POIDS DES VOUTES

QUART B

I.	0.60	×	0.35	=	0.2100
II.	1.25	×	0.35	=	0.4375
III.	0 65	×	0.58	=	0.3770
IV.	1.05	×	0.58	=	0.6090
V.	0.80	×	0.85	=	0.6800
VI.	0.90	×	0.85	=	0.7650
VII.	0.80	×	1.17	=	0.9360
VIII.	1.05	×	1.17	=	1.2285
IX.	0.78	×	1.53	=	1.1934
X.	0.65	×	1.53	=	0.9945
XI.	0.75	×	1.92	=	1.4400
XII.	0.45	×	1.92	=	0.8640
XIII.	0.80	×	2.48	=	1.9840

TOTAL..... 11.6189 m. q.

Soit, pour tenir compte de la double courbure des intrades : 12 m. q., qui, à 0^{m} 20 d'épaisseur, donnent : 2 400 m. c. et à 2000^{k} le m. c. : 4800^{k}.

Pour les deux : - - 9600^{k}.

ARC DOUBLEAU

R = 8,50.
angle = 41°428.
Longueur développée de l'arc 6.1437^{m}.
Section droite : 0.06125 m. q.
D'où le volume : 0.376 m. c.
et à 2000^{k} le poids : 752^{k}.60.

QUART A

XIV.	1.95	×	0.18	=	0.3510
XV.	4.60	×	0.18	=	0.8280
XVI.	1.95	×	0.30	=	0.5850
XVII.	2.70	×	0.30	=	0.8100
XVIII.	2.05	×	0.48	=	0.9840
XIX.	2.10	×	0.48	=	1.0080
XX.	2.25	×	0.65	=	1.4625
XXI.	2.30	×	0.65	=	1.4950
XXII.	2.20	×	0.90	=	1.9800
XXIII.	2.20	×	0.90	=	1.9800
XXIV.	2.25	×	1.20	=	2.7000
XXV.	1.60	×	1.20	=	1.9200
XXVI.	2.90	×	1.40	=	4.0600

TOTAL..... 20.1535 m. q.

Soit, pour tenir compte de la double courbure des intrados : 20,50 m. q., qui, à 0^{m} 20 d'épaisseur, donnent : 4 100 m. c. et à 2000^{k} le m. c. : 8200^{k}.

ARÊTIER

R = 8.30.
angle = 45°70.
Longueur développée de l'arc 6.61736^{m}.
Section droite : 0.06125 m. q.
D'où le volume : 0.4053.
2 fois : 0.8106.
et à 2000^{k} le poids : 1621^{k} 20.

POIDS TOTAL DES VOUTES.... 20175^{k}

CALCUL DE LA VOUTE DU BAS-COTÉ

Cette voûte étant semblable à celle de la nef, et l'évaluation du poids et de la poussée n'ayant pas besoin d'autant d'exactitude par suite de la hauteur peu élevée, on pourra calculer par le rapport de similitude ; ce qui donne une poussée :

$$Q' = 1500^k \text{ et } Q + Q' = 9700$$

et un poids :

$$P' = 3400^k$$

CALCUL DE L'ARC-BOUTANT $y = -20 \text{ Log} \cos \frac{x}{20}$ de M à N

x = distance du point considéré à M	Angle correspondant	y = hauteur du point considéré au-dessous de M	b = épaisseur de l'arc-boutant, la largeur dans le sens perpendiculaire étant de 0,40 c.
$x_1 = 0.000$	55° 33' 57"	$y_1 = 0.000$	$b_1 = 0.756$
$x_2 = 0.152$	56°	$y_2 = 0.223$	$b_2 = 0.778$
$x_3 = 0.500$	57°	$y_3 = 0.750$	$b_3 = 0.803$
$x_4 = 0.850$	58°	$y_4 = 1.298$	$b_4 = 0.826$
$x_5 = 1.199$	59°	$y_5 = 1.868$	$b_5 = 0.849$
$x_6 = 1.548$	60°	$y_6 = 2.461$	$b_6 = 0.874$
$x_7 = 1.897$	61°	$y_7 = 3.078$	$b_7 = 0.902$
$x_8 = 2.246$	62°	$y_8 = 3.721$	$b_8 = 0.932$
$x_9 = 2.595$	63°	$y_9 = 4.431$	$b_9 = 0.964$
$x_{10} = 2.944$	64°	$y_{10} = 5.091$	$b_{10} = 0.998$
$x_{11} = 3.293$	65°	$y_{11} = 5.823$	$b_{11} = 1.034$
$x_{12} = 3.642$	66°	$y_{12} = 6.589$	$b_{12} = 1.076$
$x_{13} = 3.991$	67°	$y_{13} = 7.392$	$b_{13} = 1.120$
$x_{14} = 4.340$	68°	$y_{14} = 8.235$	$b_{14} = 1.168$
$x_{15} = 4.689$	69°	$y_{15} = 9.122$	$b_{15} = 1.220$
$x_{16} = 5.039$	70°	$y_{16} = 10.055$	$b_{16} = 1.278$
$x_{17} = 5.388$	71°	$y_{17} = 11.041$	$b_{17} = 1.312$
$x_{18} = 5.737$	72°	$y_{18} = 12.083$	$b_{18} = 1.416$
$x_{19} = 6.086$	73°	$y_{19} = 13.192$	$b_{19} = 1.496$
$x_{20} = 6.500$	74° 11' 11"	$y_{20} = 14.599$	$b_{20} = 1.604$

CALCUL DU CONTREFORT $y = -20 \text{ Log} \cos \frac{x}{20}$

de N à O

x = distance du point considéré à P	Angle correspondant	y = hauteur du point considéré au-dessous de P	b = épaisseur du contrefort, la largeur étant de 0,40 c.
$x_{20} = 0.0000$	82° 3' 55"	$y_{20} = 0.0000$	$b_{20} = 1.88$
$x_{21} = 0,6524$	83°	$y_{21} = 5.9792$	$b_{21} = 2.12$
$x_{22} = 1.3504$	84° 1"	$y_{22} = 13.40$	$b_{22} = 2.62$

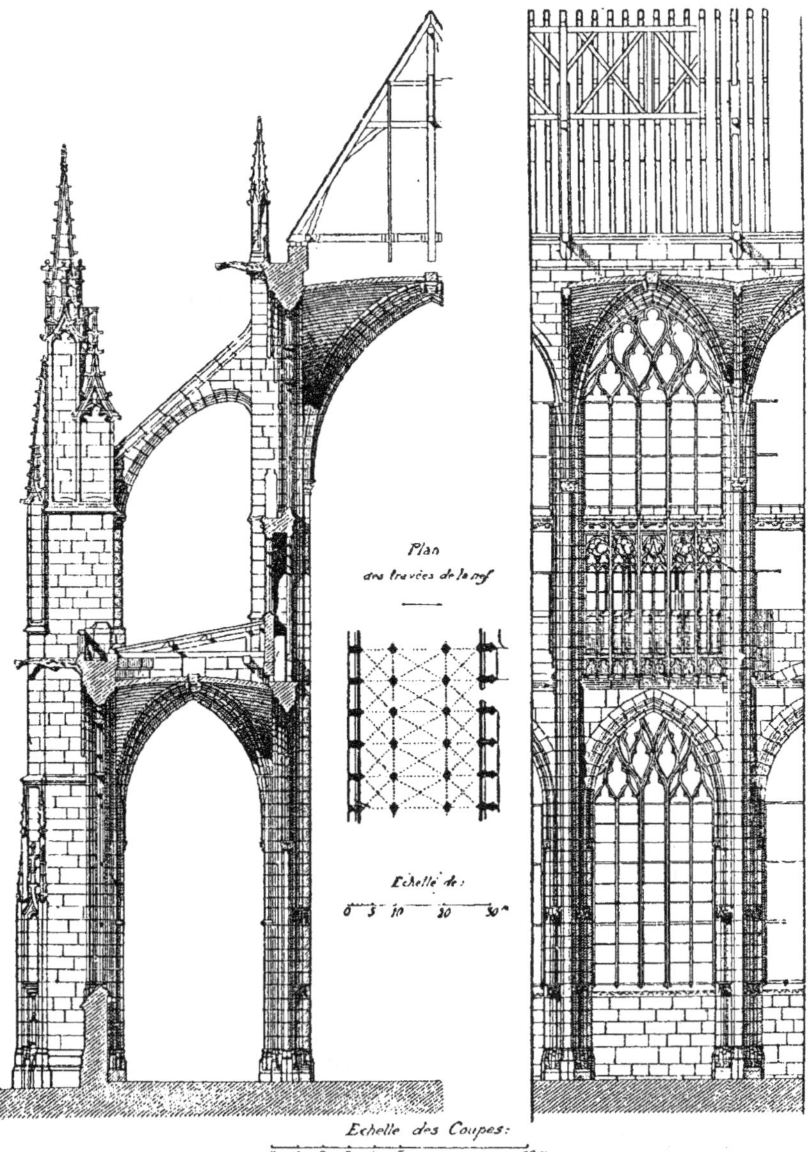

Fig. 1077. — Église Saint-Ouen à Rouen. Coupes transversale et longitudinale. Plan.

Dans tout ce qui précède, j'ai supposé que rien absolument n'est changé à l'aspect intérieur, aux proportions des divers éléments de l'église, et que le problème se posait uniquement ainsi :

L'architecte de Saint-Ouen *a voulu* une composition intérieure qui est admirable. Pour la réaliser, il *a subi* les nécessités de résistances extérieures — contreforts et arcs-boutants. L'intérieur a été son but, l'extérieur a été son moyen. Ce moyen pouvait-il être plus simple, plus économique? Oui. Plus scientifique, affranchie de la méthode des tâtonnements qui seule était à sa portée, l'architecture du Moyen-âge aurait pu simplifier notablement ses complications et ses fragilités extérieures, diminuer notablement par conséquent ses risques de destruction; et cela avec ses moyens, sans emploi de méthodes de construction qui n'ont été trouvées que plus tard, par exemple la simple poutre métallique qui, passée dans l'axe des piliers au-dessus des voûtes des bas-côtés, *nous* permettrait aujourd'hui de faire cette même église sans aucun arc-boutant, avec de simples contreforts appuyant la partie haute du mur de net.

Je suis bien hardi! — Revenons au Moyen-âge.

Malgré tout, vous n'auriez pas encore l'idée complète des difficultés que présentent les voûtes du Moyen-âge si vous ne considériez que les travées courantes de la nef et des bas-côtés. Il faut voir encore ce qui les termine.

Du côté de la façade principale, il n'y a pas en général de complication; la série des travées de nef bute contre l'arrêt des tours. Mais à la rencontre des nefs avec les transepts, la complication s'impose. Pour étayer la grande nef, il faut des arcs-boutants dirigés du nord au sud, pour étayer le transept, il en faut de dirigés de l'est à l'ouest. De là des croisements, des contreforts communs aux deux fonctions; ce n'est qu'en étudiant attentivement le plan des grandes églises que vous pourrez vous rendre compte des combinaisons nécessaires en pareil cas, en essayant de constituer le plan au-dessus des toitures. Vous êtes agiles, montez au sommet de Notre-Dame, vous verrez de là très nettement l'ossature d'une grande église.

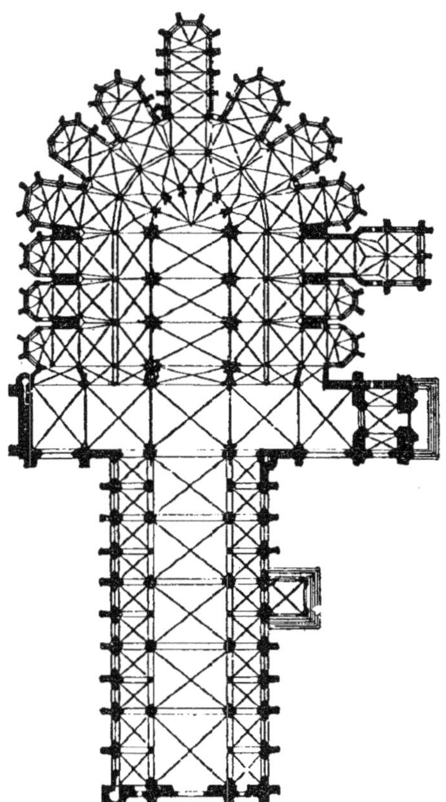
Fig. 1078. — Cathédrale du Mans, plan.

La combinaison est compliquée aussi autour des absides, par la disposition rayonnante des arcs-boutants : complication d'exécution plutôt que de composition, car là il n'y a pas de doute sur la place des arcs-boutants. Ils se placent tout naturellement dans le plan de la résultante des poussées exercées sur chaque pilier, c'est-à-dire en rayonnant vers le centre de l'abside. Cependant à la cathédrale du Mans (fig. 1078 et 1079), dont il n'a été construit que le chœur et le transept, sur des proportions colossales, la disposition est différente. A chaque pilier du chœur aboutissent deux arcs-boutants dont la direction est parallèle à l'axe de la travée; ils encadrent donc un espace rectangulaire, et forment entre eux un angle dièdre aigu dont le sommet est le milieu du pilier lui-même. Ce parti double le nombre des arcs-boutants et encombre en somme le chevet de l'église. Aussi n'a-t-il pas été suivi, bien que la cathédrale du Mans soit d'ailleurs un édifice d'une très haute valeur.

Parfois on a fait des arcs-boutants sans que la construction les motivât, par exemple dans des façades; c'est ainsi que à Saint-Nicolas-des-Champs vous voyez des arcs-boutants qui ne contre-butent rien. Ce n'est plus qu'un motif de fantaisie : un étai, là où il n'y a rien à étayer, n'a évidemment pas de raison d'être. Je n'insisterai pas sur ces exemples qui échappent à la théorie.

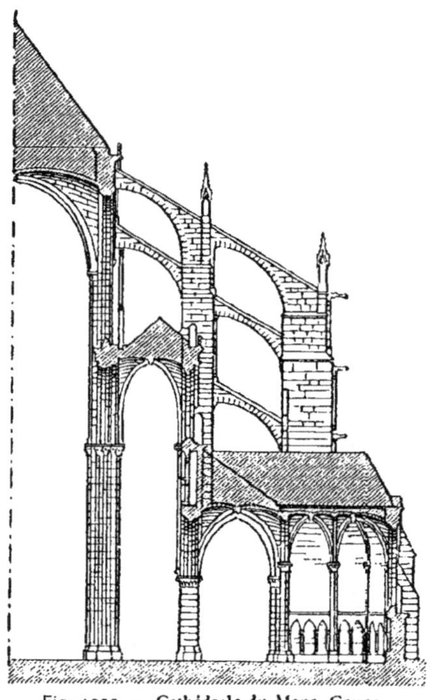
Fig. 1079. — Cathédrale du Mans. Coupe.

Voilà donc dans ses éléments de composition l'église à arcs-boutants, le type général de l'église du Moyen-âge à partir du XIIIe siècle. Je vous ai surtout parlé des nefs, parce que c'est ce qui engage et motive la composition du reste, mais tout ce qui précède peut s'appliquer à toute partie d'église ayant des bas-côtés ou collatéraux, transept, abside ou autre.

L'arc-boutant, vous devez le voir, est la cheville ouvrière de ces compositions; réalisables grâce à lui, sans lui elles auraient été impossibles. Cette architecture est fondée sur l'étaiement résolument accepté comme moyen permanent et comme élément définitif de stabilité. C'est là à la fois la haute originalité et la servitude infrangible de cette théorie. Examinons donc le fort et le faible de l'arc-boutant, ses avantages et ses dangers : en le jugeant, c'est l'architecture religieuse du Moyen-âge tout entière que vous jugerez.

Assurément la conception de l'arc-boutant est d'une hardiesse presque paradoxale. Comme toute chose, il est venu peu à peu; aujourd'hui d'ailleurs nous le voyons si souvent que, loin de nous étonner, nous le regardons à peine. Mais supposez que, subitement, contre toutes traditions, on construise pour la première fois un édifice ainsi étayé, par exemple Notre-Dame vue de l'île Saint-Louis, quelle serait l'impression ? L'étonnement d'abord, et une longue résistance. L'esprit accepte d'instinct ce qui est naturel et simple, il ne se livre pas sans combat à ce qui lui paraît contre nature. Il n'admet pas d'emblée que le monument qui s'élève ait besoin d'étais, et que ces étais soient non pas un expédient temporaire, mais une nécessité de la construction devant durer autant que l'édifice. Étais ou béquilles, je crois bien que le spectateur de cette exhibition, supposée subite, en garderait une impression de je ne sais quelle irrémédiable infirmité, tributaire de l'orthopédie monumentale.

Mais il entre dans le monument : alors, il est émerveillé à la vue de ces nefs élevées, de ces voûtes aériennes, de ces grandes verrières, de la superposition de tout cela à des piliers minces qui divisent les diverses parties de l'église sans les encombrer, de la profondeur et de la variété de ces aspects, de l'impression surprenante de difficulté vaincue, de réalisation de l'invraisemblable, de mélange du triomphe et du mystère : tout cela obtenu sans autres moyens apparents que le prodige et le miracle, car le spectateur n'aperçoit pas la rançon de sa jouissance. Et alors, je me figure une balance d'une extrême sensibilité : sur l'un des plateaux, ces splendeurs; sur l'autre, ces précarités. Lequel l'emportera? Les appréciations sur l'architecture religieuse du Moyen-âge ont singulièrement varié. Depuis la Renaissance jusqu'au commencement du XIXe siècle, on n'a voulu y voir que barbarie et ignorance; plus près de nous, on n'en a vu que les magnificences, on l'a admirée même dans ses imperfections. La vérité comme toujours est également loin de ces exagérations.

Il faut admirer ces très habiles combinaisons d'équilibre, et les résultats qu'elles ont produits; mais il faut reconnaître aussi ce qu'il y a d'aventureux dans les expédients — je ne recule pas devant le mot — dont elle a fait son élément indispensable. Voyez par exemple Notre-Dame : si une pierre vient à manquer dans un arc-boutant, c'est un effondrement. Lors même que tout sera parfaitement calculé, poussées dans tous les sens, résistance des points d'appui et des contreforts, lors même que les éléments statiques seront infailliblement contrôlés, il n'en est pas moins vrai que l'existence du monument est subordonnée à la durée des arcs-boutants, élément fragile, et exposé à toutes les causes de destruction qui résultent des actions extérieures et atmosphériques; c'est un corps dont les organes vitaux sont extérieurs : ce qui est le plus indispensable à la conservation est le plus exposé.

Cependant, ces édifices durent depuis sept siècles, et ce n'est que depuis un temps relativement court qu'on les a sérieusement entretenus. Ils se sont donc défendus longtemps par eux-mêmes et sans secours. C'est qu'ils étaient admirablement construits, avec d'excellents matériaux, par d'excellents ouvriers. Dans ces chefs-d'œuvre contestables à certains égards, chaque pierre est un chef-d'œuvre incontestable, et c'est là un des plus beaux caractères de cette architecture, un enseignement bien instructif qu'elle nous donne, au delà même de son programme particulier.

Que conclure de tout cela ? C'est à chacun de vous qu'appartient la conclusion : je n'ai quant à moi à vous en proposer qu'une seule : étudier sérieusement ces monuments, et par conséquent apprendre quelles sont les conditions nécessaires de leur construction. Si vous êtes assez heureux quelque jour pour avoir à vous mesurer avec ce magnifique programme d'une grande église, et si vous voulez faire des nefs comme à Notre-Dame ou à Saint-Eustache, sur des plans analogues à ceux de ces monuments, et en vous restreignant aux moyens dont disposaient leurs architectes, vous saurez qu'ils ne sont réalisables que moyennant l'une de ces conditions : neutraliser les poussées par des tirants en fer comme dans les églises italiennes ; ou neutraliser les poussées par l'arc-boutant. Lorsqu'on sait, on peut composer : vouloir faire une église sans savoir quels sont les moyens dont on dispose, c'est se préparer un désastre.

Arrivé à la fin de cet exposé général, permettez-moi de résumer brièvement l'évolution des anciennes églises.

La basilique civile des Romains est leur point de départ, les églises sont d'abord des basiliques, édifices couverts par des charpentes, avec nef, bas-côtés, ordinairement des tribunes ; une grande abside pour les offices, de petites absides au fond des bas-côtés ; souvent un transept.

Mais en Orient surtout, on veut l'église voûtée, et tout d'abord la composition des églises grecques avec une coupole centrale ; soit que cette coupole soit unique comme à Sainte-Sophie de Constantinople, soit que l'église, disposée en *croix grecque*, ait quatre autres coupoles dans les axes de la coupole centrale, comme à Saint-Marc de Venise ou à Saint-Front de Périgueux.

Cependant la forme basilicale étant plus appropriée au culte, on veut l'église rectangulaire voûtée. Au début, de nombreuses églises ainsi disposées sont sans bas-côtés, soit que la nef unique soit voûtée en berceau, soit que, comme à Angoulême, elle soit couverte par une suite de voûtes en pendentifs.

Mais une église sans bas-côtés n'est pas complète, et les bas-côtés des basiliques réapparaissent dans les églises voûtées, d'abord avec des voûtes en berceau sur la nef et les bas-côtés et des voûtes en demi-berceau sur les tribunes, épaulant la nef, comme à Issoire, à Notre-Dame-du-Port de Clermont, etc. Seulement cette construction timide livre des églises sombres : ce n'est qu'un acheminement vers une solution plus complète.

Cette solution sera demandée aux voûtes d'arête, permettant l'éclairage des nefs au-dessus des bas-côtés, des chapelles, etc. C'est la substitution des poussées localisées aux poussées uniformément réparties, et le retour ou plutôt la fidélité aux traditions de l'architecture des salles des Thermes des Romains ou de la Basilique de Constantin.

Dès lors se posent pour l'architecte des problèmes bien plus difficiles : à ces poussées localisées, il lui faut opposer des résistances localisées. Elles sont intérieures, tout comme dans l'architecture romaine, avec les églises lombardes, intérieures encore dans un grand nombre d'églises du XIIe et même du XIIIe siècle. Mais cela ne permet pas les grandes élévations des nefs, les élégances de points d'appui, les grandes verrières ; et pour obtenir ces résultats, à la recherche de la stabilité intérieure se substitue celle de l'équilibre neutralisant les poussées et demandé à des organes extérieurs du monument : c'est la fonction de l'arc-boutant. L'architecture, en vue des splendeurs intérieures, accepte, après des tâtonnements successifs, le parti de l'édifice étayé, étayé par des étais permanents qui au travers des airs vont chercher sur des points d'appui extérieurs la résistance nécessaire à l'équilibrage des actions renversantes des voûtes : condition *sine qua non* de la réalisation de ces édifices, de Notre-Dame à Saint-Eustache, à moins de recourir comme les Italiens à l'emploi des tirants en fer pour s'opposer à l'écartement des piliers.

Entre tout cela, il y a de profondes différences de styles et de moyens d'exécution; mais une marche continue, un développement séculaire des mêmes principes et des mêmes aspirations; cette étude, si diverse dans ses éléments, doit s'élever au-dessus des classifications superficielles pour en laisser voir l'unité.

CHAPITRE XIII

LES ÉGLISES VOUTÉES

(*Suite.*)

POUSSÉES LOCALISÉES A RÉSISTANCES EXTÉRIEURES
ÉTUDE DES NEFS

SOMMAIRE. — Divers partis des voûtes. — Subdivisions des travées. — Travées barlongues.
Bas-côtés très élevés. — Bas-côtés peu élevés. — Triforium. — Verrières. — Piliers. — Éclairage. — Chapelles latérales.

Nous pouvons maintenant passer rapidement en revue les nuances entre les partis différents qui ont été adoptés dans les églises à nefs élevées et à poussées localisées.

Les plus anciennes sont restées fidèles au principe de la travée sur plan carré, tel que le transmettait la double tradition des voûtes d'arête romaines et des voûtes en coupoles sur pendentifs. Dès lors, les bas-côtés devant être plus étroits que la grande nef, il fallait que les travées de bas-côtés fussent de la moitié de cette largeur, car on obtenait ainsi deux travées de bas-côtés pour une travée de nef : en d'autres termes, les retombées des arêtiers ont lieu de deux en deux travées. C'est le parti que nous avons vu à Saint-Ambroise de Milan, à Saint-Michel de Pavie. Telles sont, dans les églises qui nous occupent plus spécialement en ce moment, la cathédrale de Noyon, celle de Laon, celle de Sens, et enfin Notre-Dame de Paris.

Mais tandis qu'à Saint-Ambroise de Milan et à Pavie la voûte d'arête est franche et d'un seul jet sur la travée carrée de la nef, dans ces dernières églises il a été rajouté soit un arc-doubleau, soit une division assez indécise de la voûte, et des pénétrations d'une obliquité peu satisfaisante, au droit des piliers intermédiaires, partageant ainsi la voûte d'arête en deux moitiés. Ce parti manque de franchise, et introduit un élément assez inutile : la clef d'une voûte n'a pas besoin d'être ainsi soutenue, puisque au contraire elle risque plutôt de se relever que de s'abaisser. Je ne puis voir dans cette pratique qu'une sorte de tâtonnement timide.

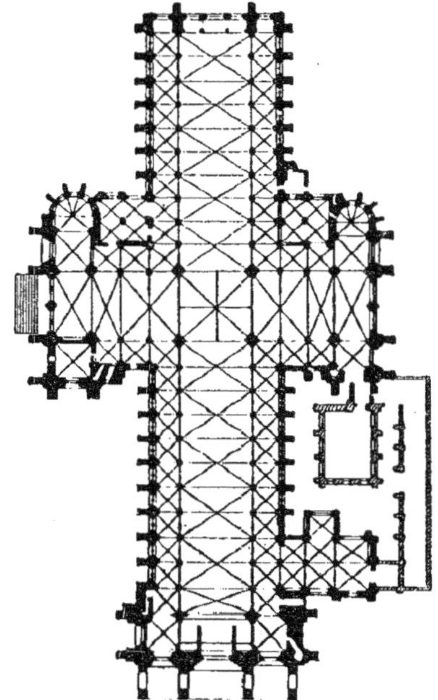

Fig. 1080. — Cathédrale de Laon, plan.

Toutefois, il faut encore observer une nuance entre ses applications. A Noyon, d'accord en cela avec Saint-Ambroise de Milan, l'architecte a du moins disposé judicieusement des contreforts plus résistants en face des vrais piliers de la nef où la poussée est plus forte, et des contreforts moindres au droit des piliers intermédiaires qui ne reçoivent que ce seul arc-doubleau. Au contraire à Laon, église d'ailleurs fort belle (fig. 1080 et 1081), à Sens et à Notre-Dame, les résistances sont traitées de façon identique en face des uns et des autres : de sorte que si vous considérez à Notre-Dame la série des contreforts et des arcs-boutants qui soutiennent la façade latérale, et qui sont tous pareils, de deux en deux ils contrebutent toute la poussée des voûtes, et de deux en deux la poussée seulement de cet arc-doubleau complémentaire. C'est évidemment illogique.

D'ailleurs cet arc-doubleau sous clef constitue en travers de la nef une sorte de barrage qui contraste avec la souplesse des voûtes retombant normalement sur leurs éléments directeurs.

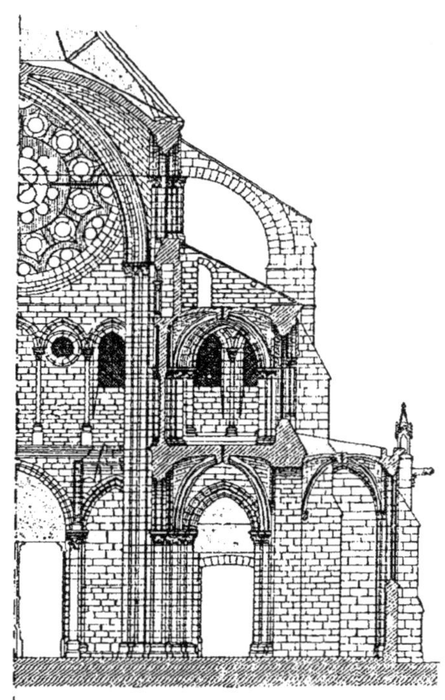

Fig. 1081. — Cathédrale de Laon. 1/2 coupe transversale.

A tous les points de vue donc cette combinaison est assez bâtarde, et elle a été bientôt abandonnée.

Un parti en quelque sorte inverse dispose les travées des bas-côtés sur la même largeur que celles de la nef, tout en conservant pour la nef la forme carrée, ou à peu près, comme plan de travées. Alors, l'arc entre la nef et le bas-côté est plus ou moins écrasé, à moins que le bas-côté ne soit très élevé, et la travée des bas-côtés est sur plan rectangulaire, le grand sens du rectangle étant parallèle à la nef. Ce parti ne soulève pas de critiques au regard de la construction, mais l'étude des proportions en est souvent difficile. Dans les églises françaises, il a d'ailleurs été rarement appliqué. Nous le trouverons en Italie, avec la cathédrale de Florence entre autres.

Mais la disposition de beaucoup la plus fréquente est celle des cathédrales de Reims, d'Amiens, etc., etc., c'est-à-dire autant de travées de bas-côtés que de travées de nef, moyennant que chaque travée de nef est projetée sur plan rectangulaire, le petit sens du rectangle étant parallèle à l'axe de l'église et aux murs latéraux. Dès lors, tous les piliers ont une fonction identique; leurs sections sont identiques aussi, et vous pouvez vous représenter ces églises comme constituées par une série d'organes tous les mêmes, établis dans des plans verticaux parallèles à la façade, et équidistants. C'est le parti rigoureusement pur, celui dont on ne s'est plus écarté une fois qu'il a été adopté.

Il a d'ailleurs l'avantage de multiplier en les rapprochant les éléments de résistance. Chaque contrefort extrême devant neutraliser en dernière analyse toutes les actions produites dans un espace rectangulaire déterminé par la distance de ce contrefort à la clef de la grande nef, multipliée par l'entre-axe des travées, si la longueur du rectangle est prise comme constante, la somme des actions sera en fonction de sa largeur. Le rapprochement des travées est donc au bénéfice de la solidité; et le système des voûtes en croisée d'ogive, ainsi que la pratique des arcs brisés, permet facilement des écarts considérables entre les portées des arcs directeurs dans les deux sens : les arcs doubleaux et les arcs formerets.

Nous n'aurons plus dans cette étude à considérer, sauf quelques exceptions, que des églises où les travées de nef sont rectangulaires, celles des bas-côtés pouvant d'ailleurs être soit carrées, soit rectangulaires elles-mêmes.

Or, dans ce parti, je dois tout d'abord vous signaler deux tendances très différentes, au point de vue de la proportion et de l'aspect général intérieur de l'église. Dans les plus belles églises italiennes, à Sainte-Marie-des-Fleurs, à San Petronio de Bologne, à la cathédrale de Milan, les bas-côtés sont très élevés. Il en résulte une magnifique unité d'effet, le regard se prolongeant sans obstacle d'un mur à l'autre, et les bas-côtés participant de l'élévation de la nef qui ainsi ne forme plus une sorte d'exception en hauteur. Par contre, les nefs ne dominant plus autant les bas-côtés, et devant toujours recevoir l'adossement des toitures inférieures en appentis, ne peuvent donner lieu aux grandes verrières des églises françaises, et ne peuvent s'éclairer que par de petites fenêtres : aussi, le plus souvent, les tympans des voûtes de la haute nef sont-ils percés seulement d'une petite rosace. L'église s'éclaire autant par les fenêtres élevées des bas-côtés, dont la lumière pénètre facilement jusqu'à la nef, que par ces ouvertures supérieures des tympans.

Il y a même des églises où les bas-côtés, quoique moins larges que la nef, sont aussi élevés; les naissances et les clefs de voûtes de l'une et des autres sont de niveau. Telle est l'église de Belem en Portugal (fig. 1082), trop surchargée d'ornements à notre goût français, mais remarquable par ses proportions, la finesse de ses piliers équilibrés et la possibilité de saisir toute l'architecture d'un coup d'œil. Naturellement les bas-côtés seuls, — j'ai tort d'employer ici ce mot *bas-côtés*, — les collatéraux seuls ont des fenêtres. La belle lumière du midi leur permet d'éclairer abondamment tout l'édifice.

Au contraire, dans nos églises françaises, telles que Reims, Amiens et tant d'autres, les bas-côtés sont relativement peu élevés, et ont à peu de choses près gardé l'ancienne proportion du temps où ils étaient surmontés de tribunes. Le vaisseau de la nef s'élève alors d'une hauteur considérable au-dessus des arcades des bas-côtés, et non seulement on trouve dans cette hauteur une première partie assez élevée qui reçoit l'adossement des toitures basses, — soit qu'il y ait ou non un *triforium* — mais au-dessus, les verrières élevées qui éclairent la nef et dont vous connaissez la grande hauteur. Alors, si, d'une part,

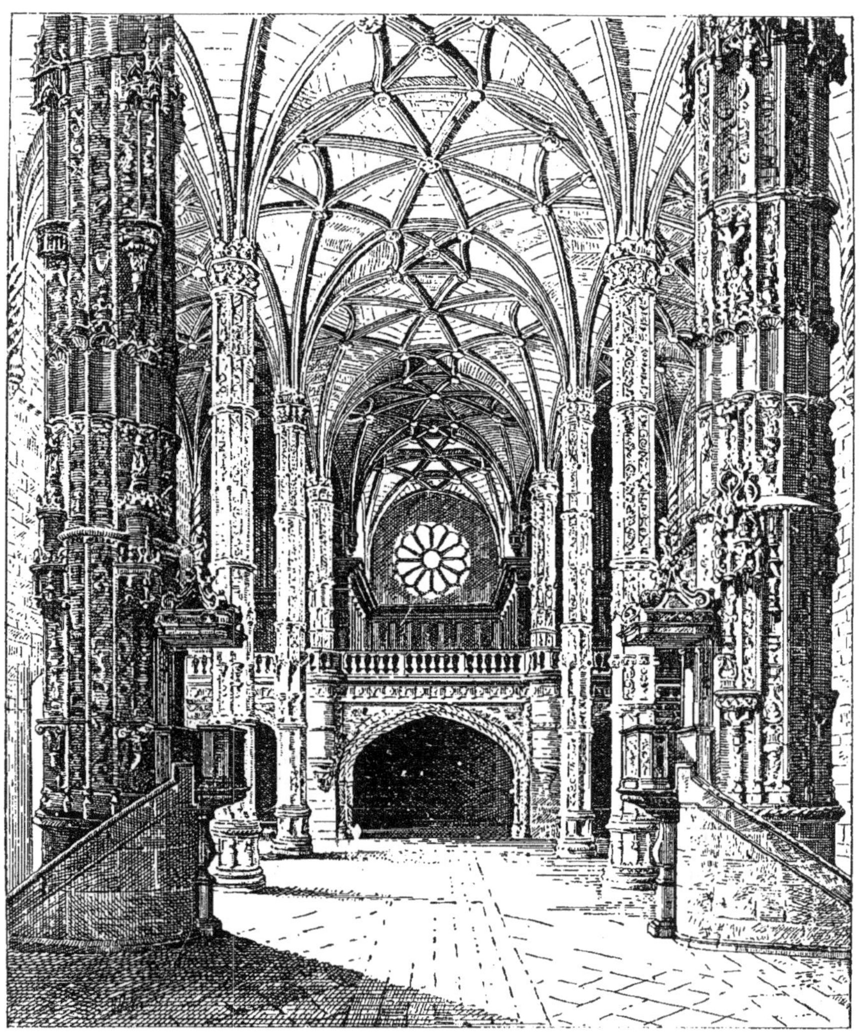

Fig. 1082. -- Intérieur de l'église de Belem (Portugal).

vous avez cette richesse d'effet des verrières, et l'impression de hauteur de la nef, vous éprouvez par contre une impression d'étroitesse et de séparation entre la nef et les bas-côtés. L'église est ainsi plus compartimentée, ou plutôt se réduit presque à la nef seule, les bas-côtés ne jouant plus que le rôle d'une circulation latérale.

Il existe cependant des églises du Moyen-âge où les bas-côtés sont très élevés, non pas seulement matériellement comme à Amiens où tout est colossal, mais proportionnellement. Telles sont à Paris les deux églises de Saint-Étienne-du-Mont et de Saint-Eustache. Mais pour oser faire ces piliers si élancés, il fallait avec une pierre excellente une sûreté d'exécution très remarquable. Aussi dans quelques églises dont les bas-côtés sont très élevés a-t-on obvié — tant bien que mal — à cette précarité du pilier par un dispositif analogue à celui des arcades de la mosquée de Cordoue (fig. 1083) : un arc qui n'a pas d'autre objet que d'étrésillonner les piliers les relie l'un à l'autre vers les deux tiers de leur hauteur : ce parti existe notamment à l'église de Saint-Étienne-du-Mont, où des arcs étrésillons forment un chemin à mi-hauteur des bas-côtés, et à la grande église d'Eu (fig. 1084, 1085 et 1086). Mais il est regrettable à mon avis que cet arc soit surmonté d'un cordon horizontal, qui lui donne l'apparence d'un appui de tribune qui aurait été démolie. Peut-être en trouverait-on ailleurs de plus judicieusement étudiés.

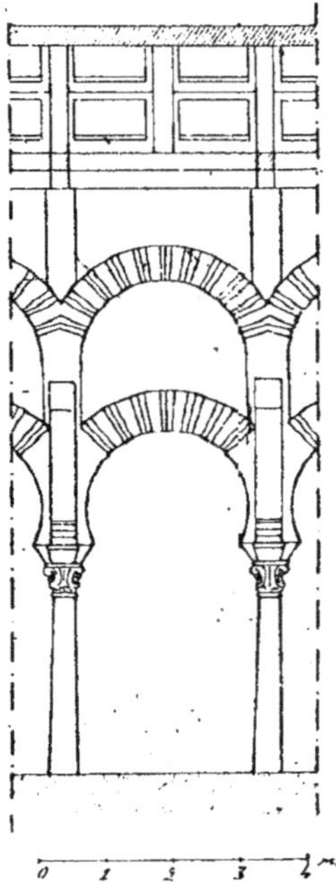

Fig. 1083. — Arcades de la mosquée de Cordoue.

Dans la proportion italienne poursuivant l'unité de la nef et des bas-côtés, attachez-vous d'abord à Sainte-Marie-des-Fleurs à Florence (fig. 1087 et 1088), non par ordre chronologique, mais parce que c'est peut-être la plus nette affirmation de

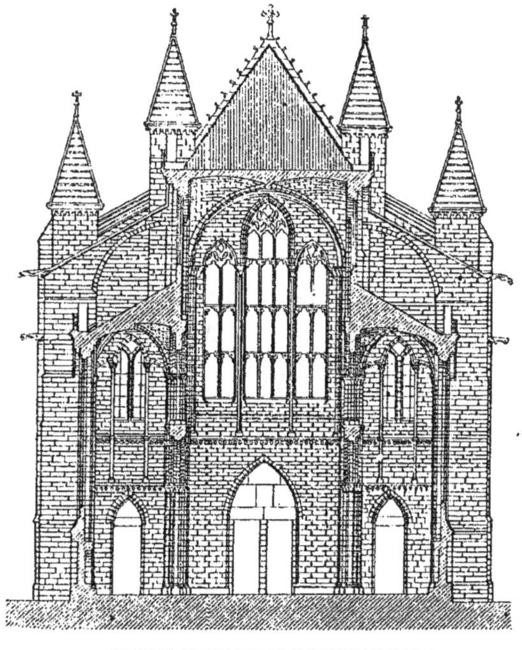

Fig. 1085. — Église d'Eu. Coupe transversale.

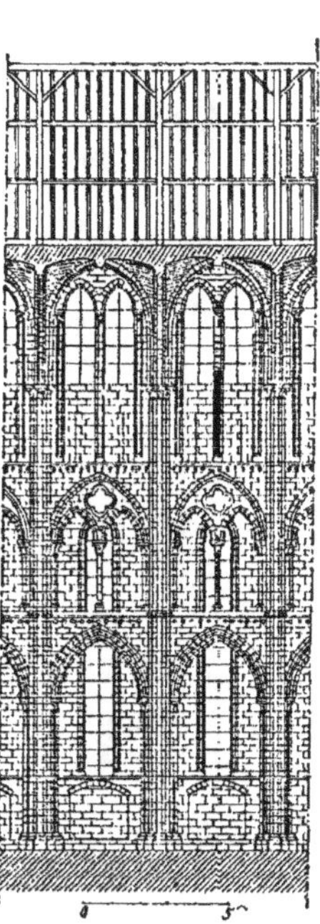

Fig. 1086. — Église d'Eu. Coupe longitudinale.

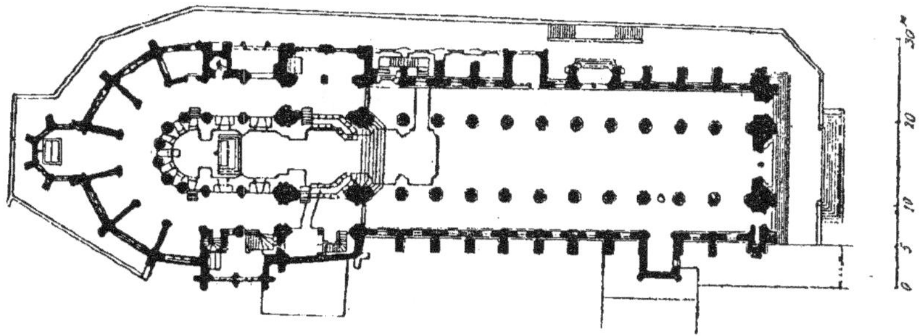

Fig. 1084. — Église d'Eu. Plan.

ce parti qui ne veut voir dans la nef et les bas-côtés qu'une seule et unique salle. Voyez ce plan, — je ne parle en ce moment que de la nef, — où si peu d'espace est occupé par les points d'appui. Quatre travées en longueur occupent tout l'espace du mur de face aux piliers du dôme; mais ces arcs ont 17 mètres d'ouver-

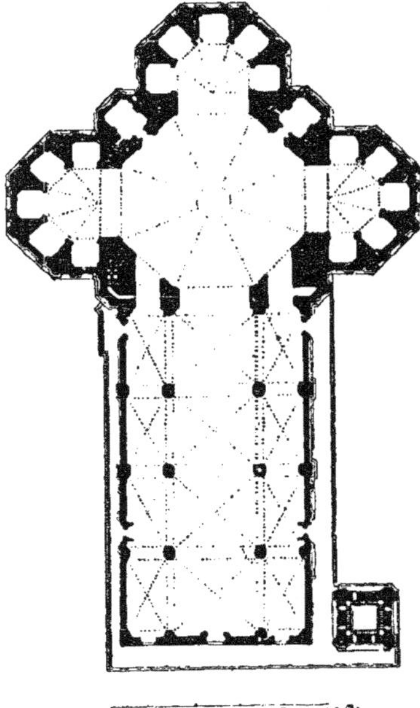

Fig. 1087. — Église Sainte-Marie des Fleurs à Florence. Plan.

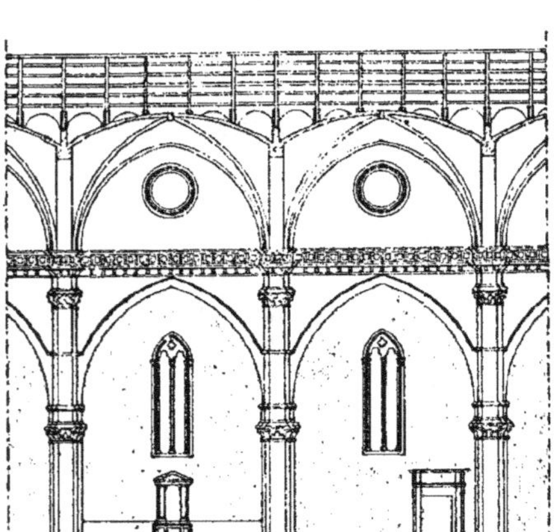

Fig. 1088. — Église Sainte-Marie des Fleurs à Florence. Coupe longitudinale.

ture et 20 mètres environ d'entre axe : et la hauteur de ces arcs qui séparent la nef des bas-côtés n'est pas moindre de 27 mètres. Les travées des bas-côtés n'ont en profondeur que la moitié environ de leur largeur d'ouverture sur la nef : ce parti que je vous ai déjà signalé est ici irréprochable, puisqu'il n'en résulte aucun aspect écrasé pour les grandes et hautes arcades ; la voûte d'arête de la nef est donc sur plan carré, et celle du bas-côté sur plan rectangulaire très allongé.

De grandes et belles fenêtres, ouvertes dans le mur extérieur, éclairent toute l'église, et dans les tympans de la nef il n'y a plus que des rosaces d'un diamètre relativement restreint. Il semble même qu'il y ait eu chez l'architecte une certaine volonté d'arrêter le regard à la hauteur du sommet des arcs, car il a disposé au-dessus de leur clef une corniche continue, élevée et saillante, qui forme une sorte de couronnement général de la nef au-dessous de ses voûtes et de ses tympans : disposition contraire à la tradition aussi bien des salles romaines des thermes que des églises du Moyen-âge en général, où la travée de nef s'élève d'une seule venue depuis le sol jusqu'au sommet du tympan.

Nous retrouverons du reste cette église à propos des grandes coupoles.

L'église San-Petronio de Bologne, d'une composition plus analogue à celle des églises françaises, a des travées plus nombreuses. Édifiée sur des proportions colossales, elle a aussi des arcades très élevées entre la nef et les bas-côtés, également des rosaces pour éclairer des tympans. Inutile de tomber dans des redites.

La cathédrale de Milan, édifice plus étrange que vraiment beau à l'extérieur, produit intérieurement un très grand effet, par une sorte de combinaison des deux tendances italienne et française. Les travées y sont étroites et multipliées comme dans nos cathédrales, mais les bas-côtés sont très élevés. Dès lors, l'arcade très allongée laisse la lumière des bas-côtés pénétrer dans la nef; sauf le rapprochement des piliers, c'est toujours le même parti qu'à Florence. Les piliers, de forme circulaire, s'élèvent d'un seul jet jusqu'à la naissance très relevée des arcs, et se couronnent par une sorte de diadème de niches et de statues. Le goût n'en est plus celui de Florence, mais le parti est d'un beau jet et d'un effet saisissant.

Quant aux églises françaises, l'embarras est extrême pour vous présenter des types de cette sorte de monument, dont le nombre est immense. Peut-être faut-il prendre tout de suite son type sinon le plus parfait, du moins le plus caractéristique : je le trouverais dans la cathédrale d'Amiens (V. plus haut, fig. 874-875, vol. II, p. 613, et 1026, vol. III, p. 135). C'est là peut-être qu'on a poussé au plus haut point les aspirations propres à cette architecture, et qu'on en trouve l'expression la plus affirmée.

La grande nef a environ 13 m 30 de largeur dans œuvre, et un peu plus de 40 mètres de haut. C'est donc une hauteur triple de la largeur; mais je ne pense pas que ce rapport résulte d'une volonté arrêtée. Quoi qu'il en soit, la proportion, vous le voyez, est très élevée. Or, en matière de proportions, *élevé* et *étroit* sont synonymes. Aussi lorsqu'on entre dans la cathédrale d'Amiens, surpris par cette hauteur, on éprouve involontairement le sentiment d'une nef étroite et plutôt courte. La hauteur exagérée nuit à l'effet des autres dimensions, et avec l'admirable plan de cette cathédrale, on aurait eu, je crois, un effet plus véritablement grand si la nef — qui en réalité est large — avait eu quelques mètres de moins en hauteur.

Le parti est du reste d'une netteté et d'une volonté indiscutables. Les piliers en faisceau montent d'une seule volée à 33 mètres du sol, accentuant ainsi la verticalité de la composition. Les bas-côtés sont élevés — le parti pris général d'extrême hauteur le permettait. Au-dessus de leurs arcs, qui s'élèvent à 18 mètres environ du sol, règne le *triforium*, subdivisant en deux la largeur de la travée, et formant chemin de circulation; enfin, à partir du *triforium* et dans tout le tympan, l'ensemble d'une immense verrière, dont la hauteur atteint 13 mètres.

Comme construction, vous ai-je dit, on a cherché à réduire au minimum le poids des parties pleines; comme effet également. Les nus disparaissent : l'architecture accentue les piliers qui portent l'œuvre, mais ensuite, à part une petite partie de mur nu entre les arcs des bas-côtés et le cordon qui règne sous le *triforium,* vous ne voyez pas une parcelle de mur. Là même où il y en a forcément, derrière l'adossement des toitures, l'évidement du *triforium* supprime non pas le poids réel, mais le poids apparent de ce mur inévitable. Tout est combiné pour produire un effet élancé, déchargé, en quelque sorte immatériel, et rarement je crois un effet fortement voulu n'a été aussi fortement obtenu.

C'est beaucoup, cela. Dans l'espèce, c'est presque trop. Si la construction est hardie, très hardie, en y ajoutant une sorte de coquetterie de la témérité, en cachant presque ce qui pourrait rassurer, on étonne certes, mais on inquiète aussi. Tout le monde ne sait pas que derrière ces gracilités, il y a des résistances puissantes; pour la plupart des fidèles, l'effet cherché est produit : l'étonnement un peu alarmé : cela paraît si audacieux que le moindre choc, semble-t-il, ou la moindre chute doive compromettre et faire effondrer cet ensemble dont la hardiesse semble presque dépasser les bornes du possible.

C'est bien là en effet une tendance de l'architecture dite *gothique,* tendance de plus en plus accentuée à mesure que les habiles constructeurs d'églises devenaient de plus en plus assurés de leur habileté : dissimuler la matière, on pourrait presque dire l'éliminer. Il en résulte un effet saisissant, une impression profonde sur l'imagination : il plaît à cette architecture que l'on proclame le prodige, que l'on subisse le merveilleux de cette hardiesse — bientôt de cette témérité. C'est, je vous l'ai dit déjà, l'antipode de la tendance antique, où tout affirme la sécurité, où l'on n'est étonné que de la grandeur et de la perfection artistique, mais où le principe de construction est si évident aux yeux qu'il semble que ses œuvres n'aient coûté aucun effort de conception.

Au point de vue du parti, c'est dans la disposition du *triforium* que vous trouverez surtout des différences sensibles entre les églises des XIIIe, XIVe et XVe siècles. Elles en ont toutes, sauf de rares exceptions, telles que, à Paris, l'église Saint-Gervais; le motif est d'ailleurs fort ancien, car on le trouve déjà à la cathédrale d'Autun, une des plus anciennes de France, et une des plus directement inspirées des traditions antiques (fig. 1089, 1090 et 1091).

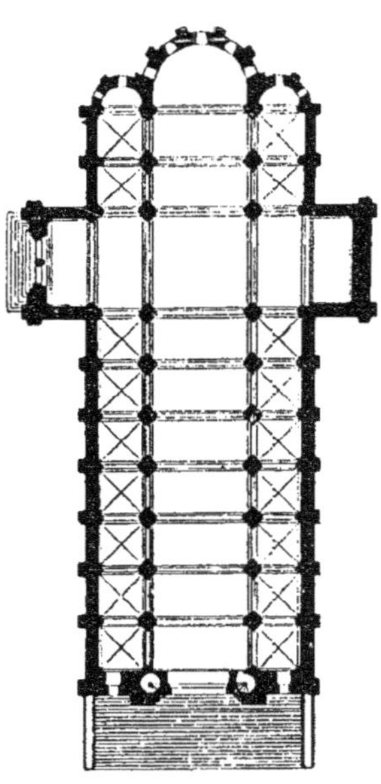

Fig. 1089. — Cathédrale d'Autun. Plan.

Le plus souvent, et dans les exemples les plus purs, le *triforium* est effectivement une galerie de circulation, ou la façade ajourée d'un espace libre au-dessus du bas-côté. Mais on a fait aussi le *triforium* aveugle, comme on dit, c'est-

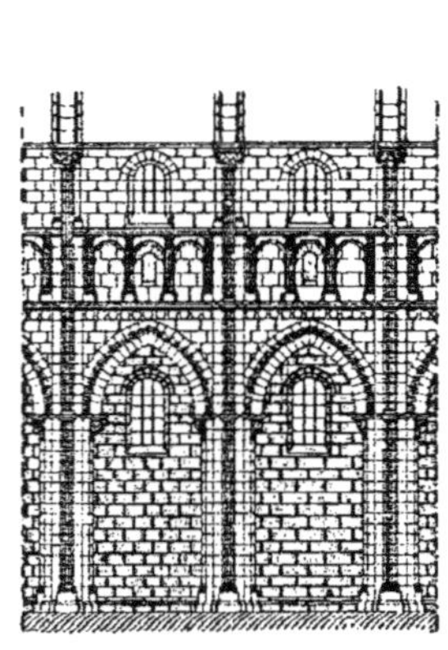

Fig. 1090. — Cathédrale d'Autun. 2 travées de la nef.

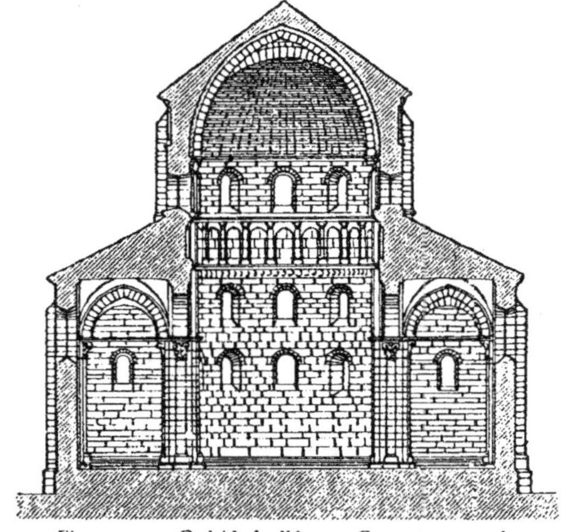

Fig. 1091. — Cathédrale d'Autun. Coupe transversale.

à-dire une simple arcature en bas-relief, représentant la galerie, mais sans galerie effective, comme, près de Paris, à l'intéressante église de Domont (fig. 1092). Il y a d'ailleurs des dispositions très diverses de *triforium* : ainsi par exemple dans l'église très typique de Ouistreham (Calvados) les fenêtres descendent jusqu'à la base du *triforium*, qu'elles interrompent, et qui se traduit seulement par une arcade de chaque côté de la fenêtre (fig. 1093 et 1094).

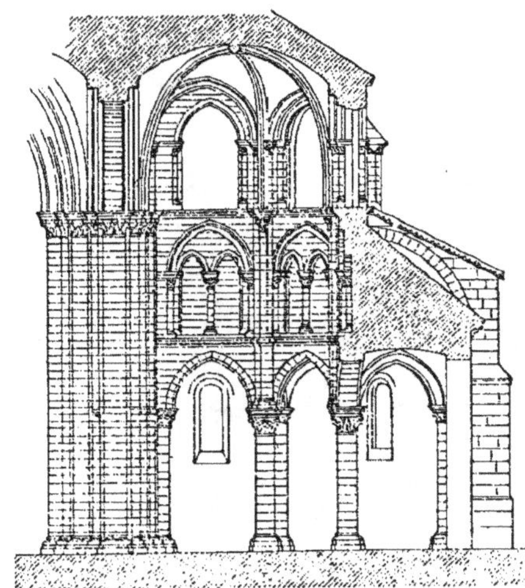

Fig. 1092. — Église de Domont. Coupe longitudinale de l'abside.

Puis, au XIVe siècle, toujours en vue de supprimer le plus possible toute apparence matérielle, et afin d'agrandir encore le parti des verrières qu'on savait si heureusement décorer, on a adopté assez fréquemment une disposition nouvelle : le *triforium* devient lui aussi un élément d'éclairage de la nef par des verrières. Pour cela, il fallait supprimer l'adossement des toitures de bas-côtés : alors, au lieu de les couvrir en appentis, on les a couverts soit par des combles très plats, véritables terrasses, soit par une série de toitures en pavillons, avec un chenau le long du mur de la nef, et des chenaux transversaux au-dessus des arcs-doubleaux des bas-côtés. Le *triforium* ainsi dégagé devient une arcature à jour, et comme une première zone de lumière au-dessous des grandes verrières.

Je ne saurais vous citer un plus bel exemple de cette disposition que l'église Saint-Ouen à Rouen (V. plus haut, fig. 1077).

dont l'intérieur est à mon avis la plus pure expression de l'art religieux du Moyen-âge. Rien n'est plus harmonieux de proportions, rien n'assure une plus complète unité d'effet et d'aspect. Il n'y a plus dans cette nef que deux parties superposées: les arcs des bas-côtés, puis un grand ensemble lumineux qui s'élève

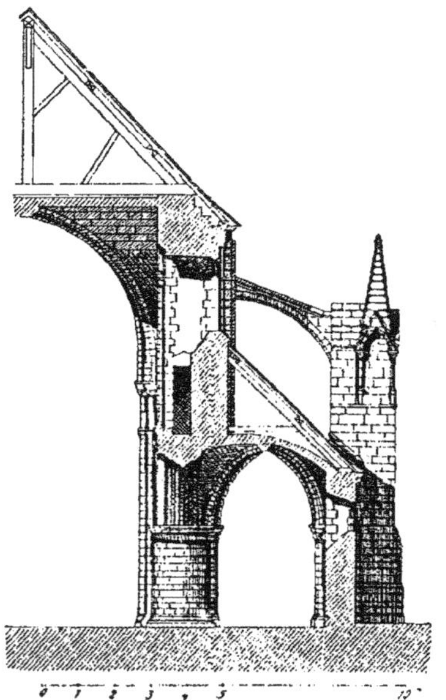

Fig. 1093. — Église de Ouistreham. 1/2 coupe transversale.

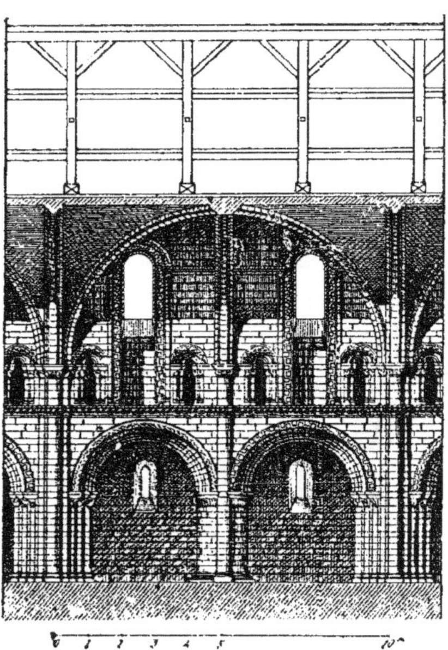

Fig. 1094. — Église de Ouistreham. Coupe longitudinale.

d'une seule venue jusqu'aux voûtes. Que ceux d'entre vous qui visiteront Rouen ne manquent pas le pèlerinage artistique de Saint-Ouen. L'angle de la nef et du transept, avec le retour des mêmes travées sur les deux sens, produit, dans cette église particulièrement, un effet à la fois saisissant par sa hardiesse, et reposant par son unité.

Dans le même parti, quoique avec une perfection moins

grande, vous pouvez voir plus près de vous une application de ce parti dans l'église Saint-Séverin à Paris.

Rappelez-vous toutefois que cette belle disposition ne peut être obtenue qu'au prix de complications dans les toitures, ou de terrasses, ou tout au moins de toitures très plates sur les bas-côtés. La couverture des bas-côtés par un appentis à pente prononcée est évidemment plus simple et plus rationnelle. Le parti de Saint-Ouen est magnifique intérieurement, mais soit qu'on ait recours à des chenaux intérieurs ou comme ici à des couvertures plates, il expose le monument à tous les dangers d'infiltrations et de dégradations qui naissent de ces sortes de couvertures. En toute chose, il y a du pour et du contre; je ne conseille ni ne proscris rien, mais je cherche du moins à vous faire bien voir quelles sont les conditions nécessaires de chaque parti que vous pourrez prendre. Et rappelez-vous surtout que lorsqu'un parti présente des dangers inhérents à sa conception, ce n'est que par une exécution très prévoyante et très sérieuse qu'on peut du moins les atténuer. Il ne faudrait pas s'aventurer dans le parti de Saint-Ouen avec de la construction précaire et trop économique : la perfection est ici de rigueur.

Dans les églises à hautes nefs et à arcs-boutants dont nous nous occupons en ce moment, la tendance a été jusqu'à la fin du Moyen-âge d'amincir de plus en plus les piliers, d'accentuer la sveltesse du parti. Il serait fastidieux de vous en multiplier les exemples; partout dans les églises de la fin du XIVe siècle ou du XVe siècle vous retrouverez ces mêmes tendances. Vous pouvez à Paris même en voir deux exemples remarquables : Saint-Eustache et Saint-Étienne-du-Mont (fig. 1095 et 1096).

Dans ces deux belles églises, malgré de notables différences d'étude, vous pouvez constater une analogie assez grande de parti. Les bas-côtés sont très élevés, largement ouverts sur la nef : c'est un peu ce que nous avons vu dans les églises italiennes. Les piliers, circulaires, sont aussi minces que possible. Il semble qu'on a poussé l'amincissement à ses dernières

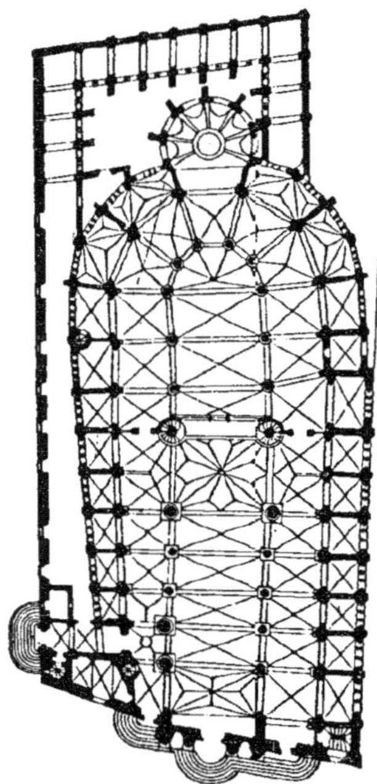

Fig. 1095. — Église Saint-Étienne-du-Mont. Plan.

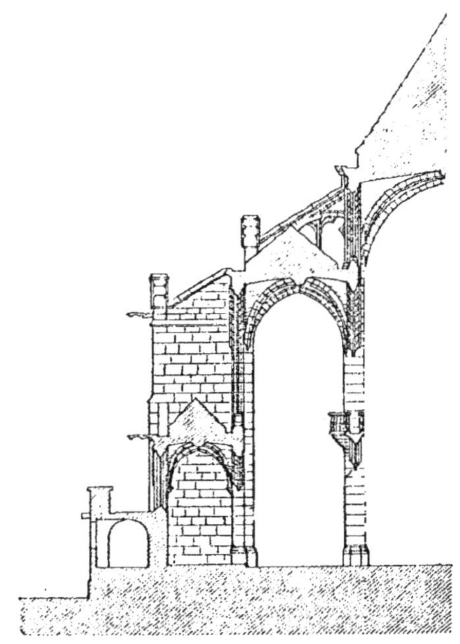

Fig. 1096. — Église Saint-Étienne-du-Mont. Coupe transversale.

limites, et qu'il ne serait plus possible de diminuer encore. Saint-Étienne-du-Mont se recommande d'ailleurs à votre attention par son beau *jubé* à l'entrée du chœur.

Cependant, l'église de Saint-Nazaire à Carcassonne (fig. 1097 et 1098) a, d'un côté du transept, des piliers encore plus élancés ; mais si l'effet en est très saisissant, et la combinaison très originale, il faut reconnaître que l'extrême limite de la prudence a été ici dépassée, car il a fallu relier et entretoiser tous ces piliers par des barres de fer qui, soit qu'elles aient été posées dès la construction, soit qu'elles soient rajoutées après coup, n'ont pas dû être prévues par l'architecte lorsqu'il concevait cette témérité. Il avait demandé à la pierre ce que la pierre ne pouvait pas donner.

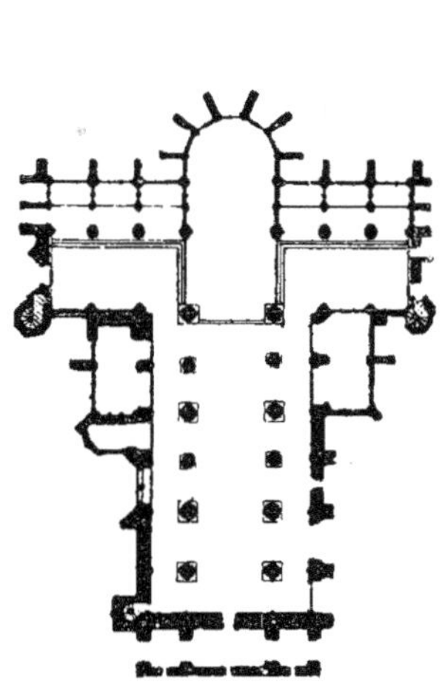

Fig. 1097. — Église Saint-Nazaire à Carcassonne. Plan.

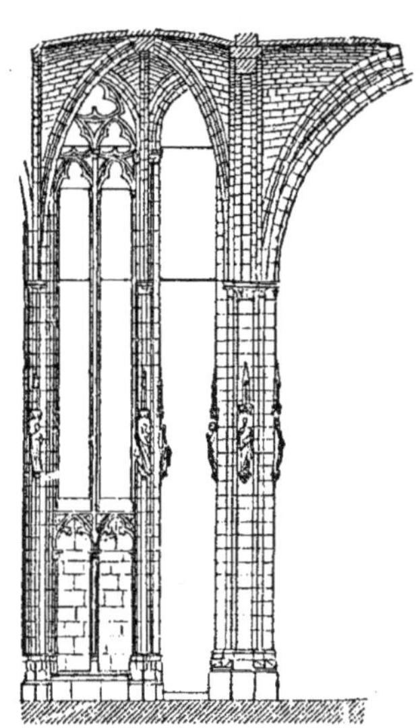

Fig. 1098. — Église Saint-Nazaire à Carcassonne.

Les églises à doubles bas-côtés ou à cinq nefs sont assez rares, et cela se comprend. C'est un luxe qu'on ne pouvait en général se permettre que dans de grandes cathédrales, et une difficulté qui exigeait de puissants moyens d'action et des ressources exceptionnelles. Je vous ai déjà parlé de Notre-Dame, que vous pouvez et devez d'ailleurs visiter très sérieusement. Au point de vue du parti, je vous signalerai deux cathédrales, très différentes d'étude, mais où se trouve une même disposition : celles de Bourges et du Mans (v. plus haut, fig. 1070 et

1071, 1078 et 1079); la première complète, la seconde inachevée, le chœur et le transept ayant seuls été construits conformément au plan d'ensemble.

Dans ces deux églises, le premier bas-côté, celui qui est immédiatement contigu à la nef, est sensiblement plus élevé que le second. Il en résulte un effet pyramidal très heureux, et le premier bas-côté peut ainsi avoir des fenêtres qui l'éclairent et éclairent la nef elle-même au-dessus des arcs qui le séparent du second bas-côté. En d'autres termes, le grand bas-côté est par rapport au second traité comme une nef ordinaire au-dessus d'un bas-côté unique. Vous concevez bien que cela n'est possible que dans de très grands édifices; l'aspect de ce sextuple rang de lumières est d'une grande richesse; de chaque côté vous avez d'abord les verrières de la nef, puis plus bas celles du premier bas-côté, puis enfin et plus bas encore celles du second bas-côté ou des chapelles latérales. C'est au Mans surtout que cette combinaison produit tout son effet. Une disposition assez analogue se trouve à Saint-Eustache. J'y reviendrai plus loin avec les églises que vous pouvez étudier à Paris même.

CHAPITRE XIV

LES ÉGLISES VOUTÉES

(*Suite*).

LES ÉGLISES DE PARIS

SOMMAIRE. — Étude par la réalité. — Notre-Dame de Paris. — Saint-Julien-le-Pauvre. — Saint-Germain-des-Prés. — Saint-Séverin. — Saint-Gervais. — Saint-Méry. — Saint-Leu. — Saint-Nicolas-des-Champs. — Saint-Eustache. — Saint-Étienne-du-Mont.

Avant de quitter cette étude des nefs, qui régit l'architecture de toute l'église, lorsque du moins il y a unité entre ses diverses parties, je tiens à vous dire que je n'ai pas eu la prétention de vous présenter un répertoire de tous les exemples intéressants : il faudrait une liste longue et fastidieuse de monuments, en France et à l'étranger. J'ai cherché à vous signaler des types, auxquels se rapporteront plus ou moins directement, et avec des variantes infinies dans le détail, les églises que vous pourrez voir. Mais j'ajoute : voyez-les, et voyez-les bien. Je ne puis vous dire : allez à Rouen, à Cologne, à Laon, à Strasbourg, à Dijon, à Nevers, à Lyon, à Bordeaux, à Narbonne, que sais-je ? Mais chacun de vous, dans son pays, a certainement près de lui plusieurs exemples de belles églises : qu'il les voie, et qu'il les analyse. Puis, vous voyagez; pendant vos vacances, entre deux trains, arrêtez-vous dans les villes où vous savez trouver de belles églises, allez les voir et les bien voir.

Bien voir, pour vous architectes, ce n'est pas voir en touristes. Certes, il y a une flânerie intelligente qui est un plaisir délicat : on admire au dehors, au dedans, on garde le souvenir d'une émotion artistique ressentie devant une belle chose, d'une impression profonde ou délicate : je m'en voudrais beaucoup si mes conseils pouvaient vous priver de cette jouissance d'autant plus vive que le goût est plus éveillé, que le talent vous rend plus apte à sentir en artistes. Je m'en voudrais si à cette rêverie, à cette impression, à cette révélation, peut-être, vous deviez, en interprétant mal ma pensée, substituer la dissection froide, l'analyse sèche et sans émotion. Non certes, et d'abord, voyez, laissez-vous prendre, ne vous raidissez pas contre l'impression, sachez admirer. Mais cela, vous l'obtiendrez comme tout homme de goût digne de visiter nos beaux monuments.

Mais vous êtes architectes, et vous devez voir plus ; vous devez voir les moyens et pas seulement les résultats, vous devez après l'émotion, demander au monument la leçon. Sachez discerner comment a pu être réalisé cet ensemble que vous admirez, sachez revivre la vie de l'architecte pendant qu'il concevait et élaborait son œuvre, mesurer ses efforts et juger ses résultats. A cette condition, la visite des monuments sera doublement instructive pour vous, et vous saurez en présence de l'œuvre qui vous émerveille, comprendre au prix de quel savoir et de quel labeur vous pourrez à votre tour produire les grandes et profondes impressions que vous-même aurez ressenties.

Et puisque c'est à Paris que vous étudiez, puisque c'est à Paris que j'enseigne, permettez-moi, comme je cherche toujours à le faire, de vous indiquer ce que vous pouvez avec profit et facilement voir à Paris même. Paris offre des exemples de presque tout, et lors même que vous n'y trouverez pas le plus parfait exemple de tel ou tel sujet d'études, vous y trouverez du moins de grands enseignements et la facilité de voir des modèles à votre portée immédiate.

Pour rester dans ce sujet si vaste des nefs d'églises, et sans m'astreindre à un ordre chronologique sans intérêt ici, je vous engage tout d'abord à visiter avec soin Notre-Dame.

Notre-Dame est une des plus grandes églises du Moyen-âge; le plan en est d'une admirable netteté (V. plus haut, fig. 1072-1073), et vous serez frappés tout d'abord de l'unité d'aspect, unité qui vous frapperait plus encore si des barrières purement fiscales ne vous empêchaient pas de parcourir librement ces magnifiques collatéraux qui se poursuivent avec la même ordonnance autour des nefs et du chœur.

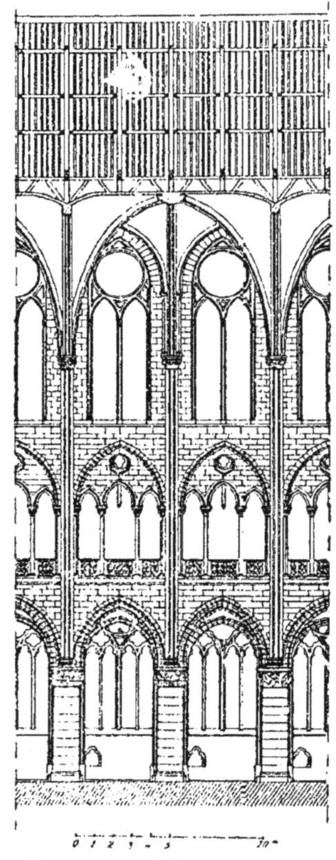

Fig. 1099. — Élévation intérieure d'une travée de Notre-Dame-de-Paris.

La grande nef est d'une proportion élancée; je vous ai déjà parlé des voûtes sur plan carré refendu par des divisions assez indécises de parti; il faut dire nettement que cette unité de piliers, n'aboutissant pas à une pareille unité de voûtes, n'a la franchise et la netteté ni de la voûte vraiment projetée sur plan carré, ni de la voûte résolument divisée en autant de sections qu'il y a de travées verticales.

Les bas-côtés sont relativement peu élevés, et tirent plutôt leur effet de l'ampleur des dimensions horizontales (fig. 1099). Entre les deux bas-côtés, les piliers sont alternés : en face des piliers principaux, ce sont des piliers en faisceaux, en face des piliers intermédiaires, des colonnes circulaires. Cette alternance, que d'ailleurs la construction ne motive pas — puisque les uns et les autres ne portent que les retombées de voûtes semblables, et ne servent pas de points d'appui à des contreforts — est encore un parti assez indécis à côté de l'unité des piliers de la nef qui plus logiquement devraient être alternés dans leur forme comme ils le sont dans leur fonction. La même critique s'impose, je vous l'ai déjà dit, à propos des arcs-boutants qui, eux aussi, présentent la contradiction d'une unité de forme, lorsque la fonction est différente de deux en deux : tout au moins pour les arcs-boutants de la haute nef, car ceux qui soutiennent la poussée des voûtes des tribunes sont logiquement uniformes.

Ces tribunes ont pu avoir autrefois une raison d'être ; elles n'en ont plus guère aujourd'hui, sauf dans des occasions de cérémonies d'apparat où Notre-Dame devient quelque chose de plus que la cathédrale de Paris. L'accès en est d'ailleurs peu facile. Très élevées relativement, elles constituent en elles-mêmes de beaux vaisseaux, et les jours qui les éclairent complètent heureusement l'éclairage de la nef, malgré l'aspect bien froid des vitraux sans valeur qui trahissent ici la composition.

Mais l'élévation des tribunes laisse relativement peu de hauteur pour les grandes verrières de la nef, dont l'aspect, il faut bien le dire, présente une division peu franche en trois hauteurs à peu près égales, les arcades des bas-côtés, celles des tribunes, celles des verrières. Malgré la belle composition des piliers composés d'un fût unique jusqu'à la naissance des arcs des bas-côtés, puis d'un faisceau d'une seule venue jusqu'aux naissances des voûtes, cette division en trois zones presque égales nuit à la grandeur de l'aspect, tandis que les pignons d'extrémité des transepts sont d'un parti et d'une étude irréprochable.

Vous me trouverez sans doute bien hardi de me permettre ces critiques des nefs de Notre-Dame, d'ailleurs fort belles. Mais quoi ? Ces critiques ont dû être faites avant moi par des hommes très autorisés, car on a abandonné les errements de la composition de Notre-Dame, et à Reims ou à Amiens on est parvenu à un parti plus franc et plus pur. De Notre-Dame à Reims, il y

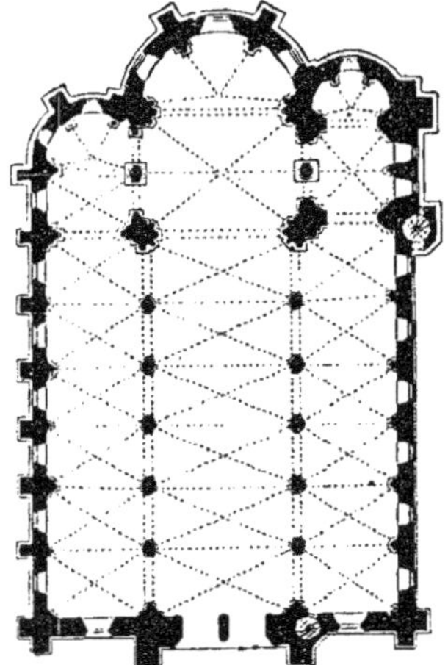

Fig. 1100. — Église Saint-Julien-le-Pauvre.

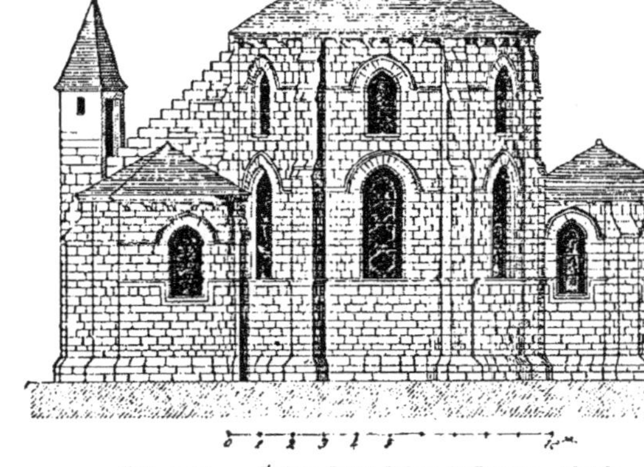

Fig. 1101. — Église Saint-Julien-le-Pauvre. Abside.

a un progrès très réel dans la composition des nefs : il n'y a pas d'irrespect à le constater.

J'ai commencé par Notre-Dame, et c'était justice; mais maintenant, revenons en arrière. Paris vous présente de plus anciennes églises : Saint-Julien-le-Pauvre (fig. 1100 et 1101), vénérable surtout par son antiquité, bien délabrée d'ailleurs, et Saint-Germain-des-Prés.

Cette dernière église est d'une assez grande unité (fig. 1102); c'est de l'architecture encore romane par ses arcs plein-cintre et par son style, mais déjà gothique par ses voûtes. Il faut admettre cependant que lorsqu'on a construit la nef de Saint-Germain-

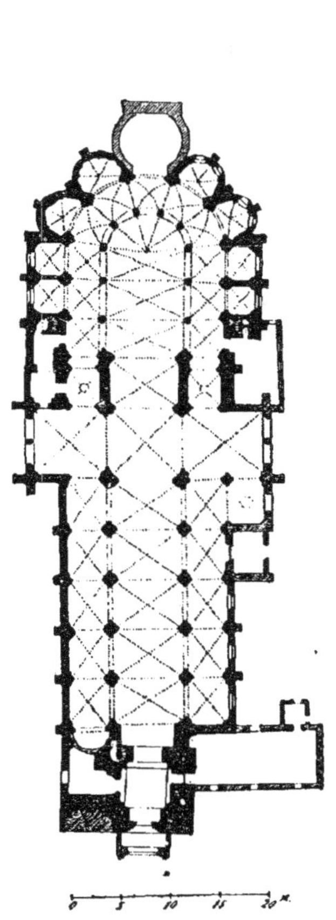

Fig. 1102. — Église Saint-Germain-des-Prés à Paris. Plan.

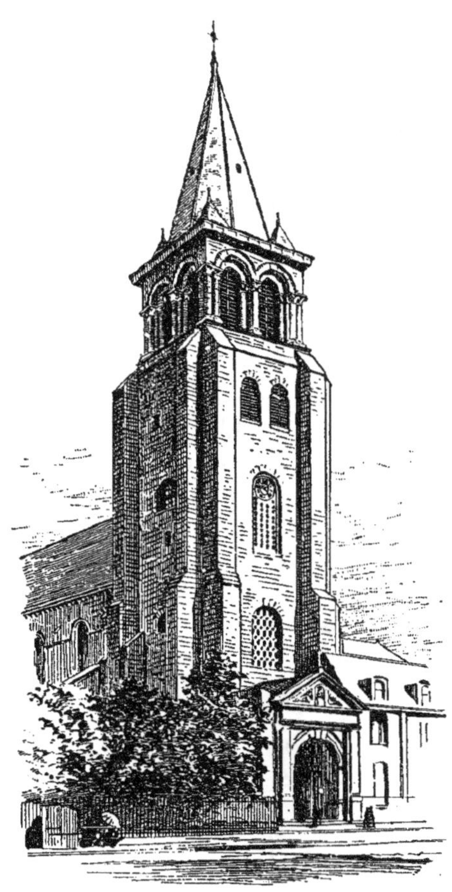

Fig. 1103. — Clocher de Saint-Germain-des-Prés à Paris.

des-Prés on n'avait pas encore imaginé l'arc-boutant, le chœur seul en a : la poussée des voûtes n'est contrebutée que par les murs assez épais, et par des contreforts ou éperons en saillie sur le parement extérieur du mur, et en porte-à-faux sur les arcs-doubleaux des bas-côtés. Ce système n'est pas sans danger, mais enfin ici il a fait ses preuves de stabilité, puisqu'il subsiste depuis sept siècles.

L'église est comme vous le savez d'une grande simplicité ; ici l'adossement des toitures de bas-côtés donne lieu simplement à de grands nus, qui ont livré un emplacement favorable aux belles compositions de Flandrin. Mais je n'insiste pas dans cette étude sur la décoration des églises, je me propose de vous en parler plus tard.

La façade principale est très rustique, et est plutôt celle d'un clocher que d'une église (fig. 1103) ; les façades latérales sont d'une très grande simplicité ; la plus intéressante est certainement la façade postérieure, ou façade des absides, que d'ailleurs on voit mal, à moins d'entrer dans une propriété voisine ; on peut cependant s'en faire quelque idée du square qui borde le boulevard Saint-Germain.

Près des deux précédentes, vous verrez une autre église à double rang de bas-côtés, Saint-Séverin, de plus d'un siècle postérieure (fig. 1104 et 1105).

Pourquoi cette église, qui n'est en somme qu'une assez modeste église paroissiale, a-t-elle deux bas-côtés ? Je l'ignore, mais je suppose que c'est en raison du terrain large et peu profond dont on disposait. Pour trouver la place d'un nombre suffisant de fidèles, il aura fallu faire une église large plutôt que profonde. Et en fait, dans la pratique, le premier bas-côté est annexé à la nef, et le second seulement sert à la circulation. Quoi qu'il en soit, la nef de cette jolie église est d'une heureuse proportion ; le parti des voûtes en croisée d'ogive est très pur ; le *triforium*, comme je vous l'ai dit déjà, est éclairé comme à Saint-Ouen de Rouen, mais l'étude en est plus lourde.

Remarquez la disposition judicieuse, et d'ailleurs fréquente, des voûtes des bas-côtés : dans le sens transversal — perpendiculaire à la nef — la clef de ces voûtes va en s'élevant sensiblement de la nef aux chapelles latérales : en d'autres termes, l'arc de la nef est sensiblement moins élevé que celui des chapelles, ce qui permet l'éclairage des bas-côtés par des jours plus élevés. En passant, vous verrez à Saint-Séverin de beaux exemples de vitraux.

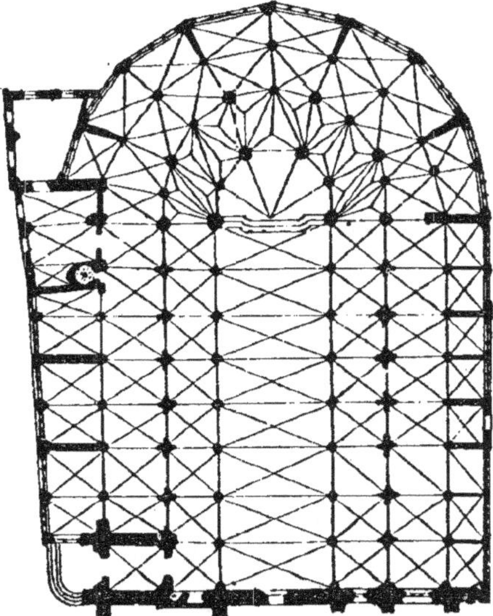

Fig. 1104. — Église Saint-Séverin. Plan.

Autour du chœur, les bas-côtés de l'abside sont disposés avec deux travées dans la rangée intermédiaire entre les deux bas-côtés pour une travée du chœur. Cela permet des portées normales des arcs, qui sans cela deviendraient très larges dans ce plan rayonnant d'un court rayon.

Je vous signalerai enfin la disposition particulière des arcs-boutants du chœur, qui, au lieu de buter contre les piliers de la voûte supérieure suivant un angle un peu aigu, comme dans la pratique ordinaire, sont tracés suivant une courbe à plusieurs centres, avec une retombée verticale, tangente au pilier. L'arc-boutant se relève ainsi plus haut que sa naissance, ce qui permet, tout en lui laissant un point d'application nécessaire au contrebutement, de se hausser pour supporter le caniveau d'écoulement sans excès de pierre.

L'église Saint-Gervais mérite également votre attention, non pas tant, malgré sa réputation, pour sa façade, qui n'est en réalité qu'un placage, que pour son intérieur remarquable à plusieurs égards, et les parties latérales et postérieures des façades, qu'on ne peut d'ailleurs guère voir à cause de l'obstruction des masures qui s'adossent à l'église. La nef est plus haute ou plus étroite proportionnellement qu'à Saint-Séverin; les bas-côtés plus élevés. Il n'y a pas de triforium, mais la distance n'est pas grande entre les arcs des bas-côtés et les verrières de la nef. Les chapelles

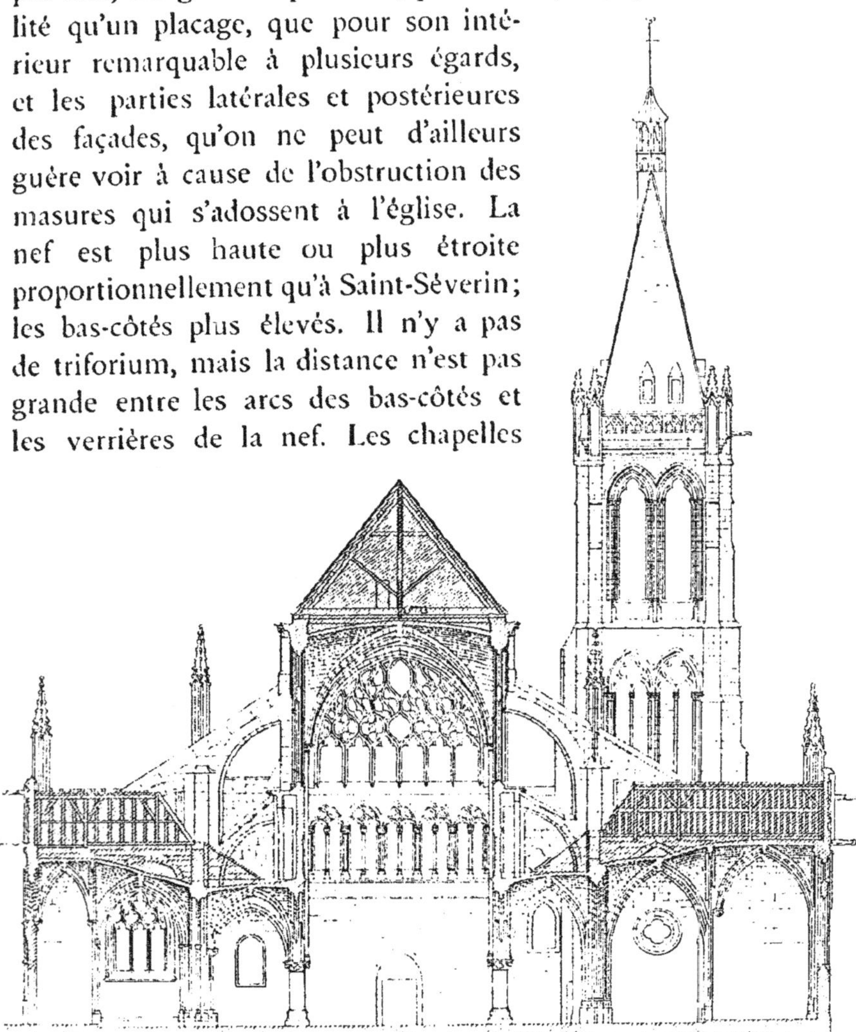

Fig. 1105. — Église Saint-Séverin à Paris. Coupe longitudinale.

rayonnantes sont desservies, outre le bas-côté, par une circulation à travers leurs murs séparatifs.

Les voûtes de la nef sont à nervures multiples; mais une disposition très heureuse évite la confusion qui peut naître parfois de cette multiplicité : les arcs-doubleaux sont très saillants et vigoureux, toutes les autres nervures plus fines; l'œil saisit ainsi l'ensemble d'une travée. Cette disposition est assez exceptionnelle dans les églises du Moyen-âge et mérite d'être signalée. La chapelle de la Vierge en particulier est un des plus remarquables exemples de l'art raffiné des voûtes à la fin du Moyen-âge, avec sa quantité de nervures et une clef pendante qui leur sert de retombée aérienne. Vous ne quitterez pas d'ailleurs cette église sans avoir examiné une jolie tribune de transept et celle qui supporte le grand orgue — celle-ci de la Renaissance — et surtout sans avoir admiré ses célèbres vitraux.

A l'extérieur, il y a à vous signaler l'étude particulière de l'abside, nettement polygonale, et celle des contreforts et arcs-boutants. Les contreforts, très longs, sont décorés et terminés par une crête élégante; les arcs-boutants sont surmontés de parties à jour portant le caniveau. Malheureusement toute cette élégante architecture est presque invisible, ce n'est en quelque sorte que par surprise qu'on peut en apercevoir quelques parties.

A Saint-Méry, cette église dont la façade présente des sculptures si curieusement fouillées, vous ne verrez pas une composition d'ensemble. L'église a un double bas-côté à droite, un bas-côté simple à gauche. Le deuxième bas-côté de droite est plus élevé que les autres, et ouvre sur de grandes chapelles ajoutées après coup. Autour du chœur, il n'y a plus qu'un seul bas-côté, mais, à droite, une circulation ménagée dans les murs éperons qui séparent les chapelles. Cette église n'a pas de triforium, sa disposition est en cela analogue à celle que nous venons de voir à Saint-Gervais. Les arcs-boutants sont également surmontés d'une galerie à jour portant le caniveau.

Saint-Leu, non loin de la précédente église, est un édifice de styles divers : la nef est d'architecture Moyen-âge, le chœur de la Renaissance, soit qu'il ait été reconstruit, ou que, pour un motif quelconque, sa construction ait été ajournée, contrairement à l'usage fréquent de commencer par le chœur les églises qu'on ne pouvait édifier en une seule fois.

L'effet intérieur de l'église est un peu court; la dimension réelle est courte en effet, mais l'impression est accentuée par la proportion de hauteur et de largeur de la nef, qui conviendrait certainement mieux s'il y avait quelques travées de plus en longueur.

L'église n'a ni triforium ni transept. Le chœur est plus élevé et l'autel est placé au-dessus d'une petite crypte intérieure.

Quelques particularités originales sont à signaler dans cette église; ainsi les grands piliers de la nef sont accusés à l'intérieur par de véritables contreforts rectangulaires s'élevant du sol à la naissance des voûtes. Bien entendu, ces piliers n'ont ni la saillie ni l'épaisseur des contreforts extérieurs, mais ce n'en est pas moins une dérogation à l'usage constant des piliers à formes curvilignes, soit colonnes cylindriques, soit faisceaux de colonnettes.

Il n'y a pas d'arcs-boutants pour la nef, le chœur seul en a dont la retombée est tangente au pilier. Du côté gauche, le bas-côté est resserré à chaque travée par un éperon, ce qui fait que les arcs de passage d'une travée à l'autre ne sont pas dans l'axe du bas-côté et de ses voûtes.

A droite se trouve une grande chapelle, moderne ou modernisée, dont l'ossature n'est pas sans intérêt. Elle est couverte d'un plancher solivé, dont les poutres sont des arcs en pierre appareillée.

Saint-Nicolas-des-Champs, qu'il ne faut pas confondre avec Saint-Martin-des-Champs, se recommande surtout par ses façades (fig. 1106 et 1107) : l'une du Moyen-âge sur la rue Saint-Martin, l'autre de la Renaissance sur la rue Cunin-Gridaine, mais qu'on a plus l'occasion de voir en suivant la rue Turbigo. C'est encore une église à double rang de bas-côtés, et la disposition en est

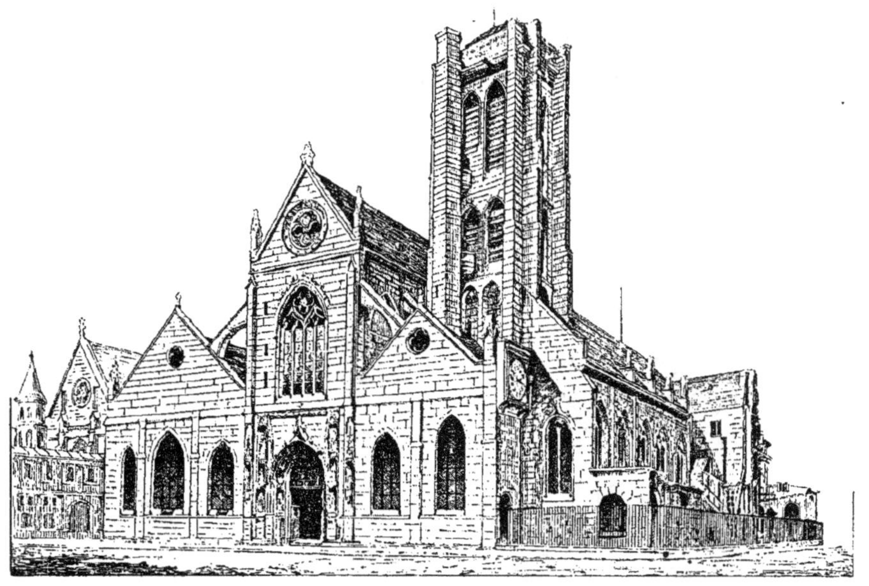

Fig. 1106. — Église Saint-Nicolas-des-Champs à Paris.

celle que nous avons déjà vue à Saint-Séverin, le second bas-côté étant couvert d'une voûte d'arête dont la clef s'élève sensiblement afin de laisser plus de hauteur à l'ouverture des chapelles et par suite plus de passage à la lumière. La disposition des doubles bas-côtés se traduit ici en façade par un motif de composition dont il y a d'ailleurs d'autres exemples : la façade est à trois pignons, celui du milieu plus élevé mais de largeur sensiblement égale. Cette façade est une des plus intéressantes des églises de Paris.

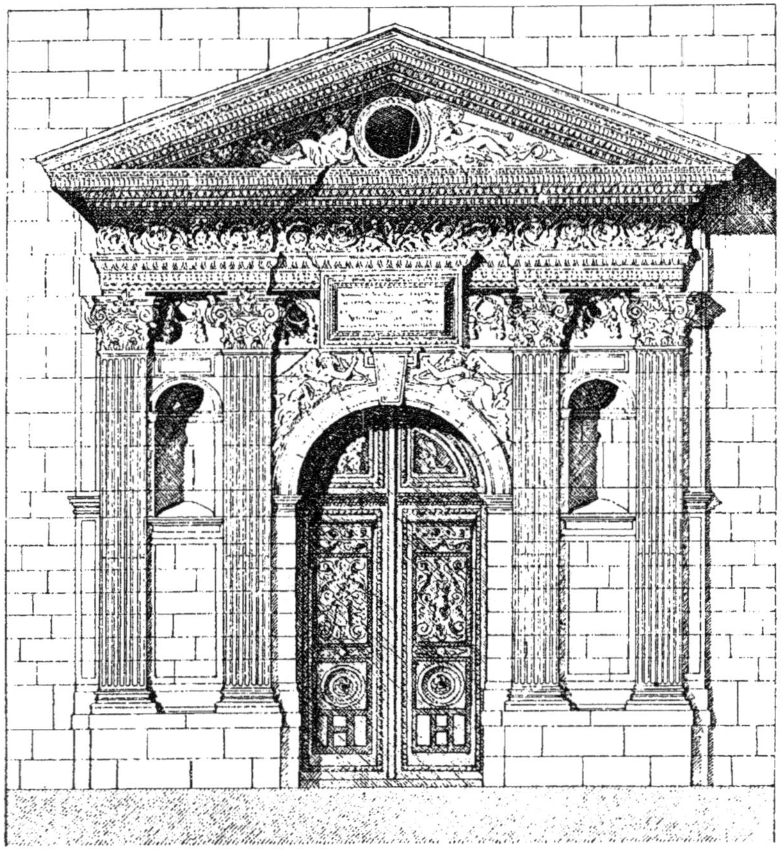

Fig. 1107. — Église Saint-Nicolas-des-Champs. Façade latérale du porche Henri II.

Les doubles bas-côtés sont ainsi couverts à deux pentes, dont l'une ramène les eaux vers la nef; je vous ai signalé les dangers de cette combinaison. Au point de vue de l'intérieur, il en résulte que presque aucun adossement n'existe contre le mur de la nef au-dessus des arcades des bas-côtés; aussi n'y a-t-il pas de triforium.

La partie antérieure de la nef est plus ancienne que le fond et le chœur, qui sont de la Renaissance. La composition des voûtes est d'ailleurs la même partout : c'est la croisée d'ogive.

Vous trouverez dans cette église un exemple de redoublement des arcs-boutants, avec une forme particulière assez indécise de l'arc-boutant inférieur; il semblerait qu'il se fût affaissé; en réalité, on sent l'hésitation et le tâtonnement, à moins que ce ne fût déjà l'oubli des principes et des réalités.

Je vous dirai peu de chose de Saint-Martin-des-Champs, sa voisine, non qu'elle soit sans intérêt, mais parce que vous n'y trouveriez plus guère les éléments de l'architecture religieuse. L'ancienne église abbatiale à nef unique n'est plus qu'une salle, intéressante avec sa charpente apparente; seul le chœur présente un témoignage de ce qu'était l'ancienne église, dont cette partie remontait au XIIe et peut-être au XIe siècle. Mais vous pouvez y voir une façade postérieure d'abside et de chapelles du plus haut intérêt; je vous ai déjà exposé que les absides des églises romanes sont souvent particulièrement belles; celle-ci, bien qu'elle ne présente pas la netteté de celles que je vous ai montrées, est encore du nombre.

Peu de chose à dire aussi de Saint-Germain-l'Auxerrois, sauf bien entendu son joli porche que vous connaissez tous. Mais si la façade est ingénieuse et heureuse, l'intérieur est plutôt insignifiant, et je n'ai rien à vous y signaler sans risquer de tomber dans des redites.

Toute autre est la magnifique église de Saint-Eustache (fig. 1108, 1109 et 1110) qui vous représente avec Saint-Étienne-du-Mont la dernière évolution de l'architecture religieuse du Moyen-âge.

Je dis « Moyen-âge », bien que l'esprit et le goût de la Renaissance soient déjà si manifestes dans ces monuments; mais la structure, la composition même de l'édifice est encore celle des siècles précédents. Cette architecture de plus en plus hardie et élancée, devait arriver à cette expression finale; et après cela, il fallait bien qu'elle s'arrêtât, car elle ne pouvait plus dépasser ces hardiesses. Pour persister après Saint-Eustache, il eût fallu l'une ou l'autre de ces choses impossibles : que l'architecture s'immobilisât, qu'elle affrontât l'inexécutable, ou qu'elle revînt en arrière. Rien de tout cela ne se pouvait, et l'évolution était désormais complète. Saint-Eustache est à mes yeux le testament ou, si vous le préférez, le chant du cygne de l'architecture du Moyen-âge plutôt que l'aurore de l'architecture religieuse moderne.

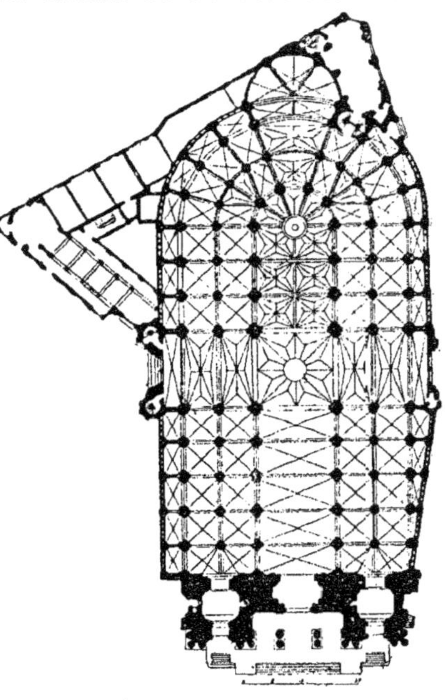

Fig. 1108. — Église de Saint-Eustache à Paris. Plan.

Vous y admirerez avant tout l'élégance suprême des proportions, la hauteur des nefs et des bas-côtés, la sveltesse des piliers, les habiles combinaisons des nervures de voûtes.

L'église est à doubles bas-côtés, très élevés, laissant cependant, en raison de la grande élévation de la nef, une hauteur encore considérable pour un triforium en galerie éclairé, et de grandes verrières au-dessus. Ces bas-côtés sont eux-mêmes éclairés, mais non suivant la disposition que je vous ai indiquée pour les cathédrales de Bourges et du Mans : ici les deux bas-côtés sont d'égale hauteur, et c'est le second qui s'éclaire au-

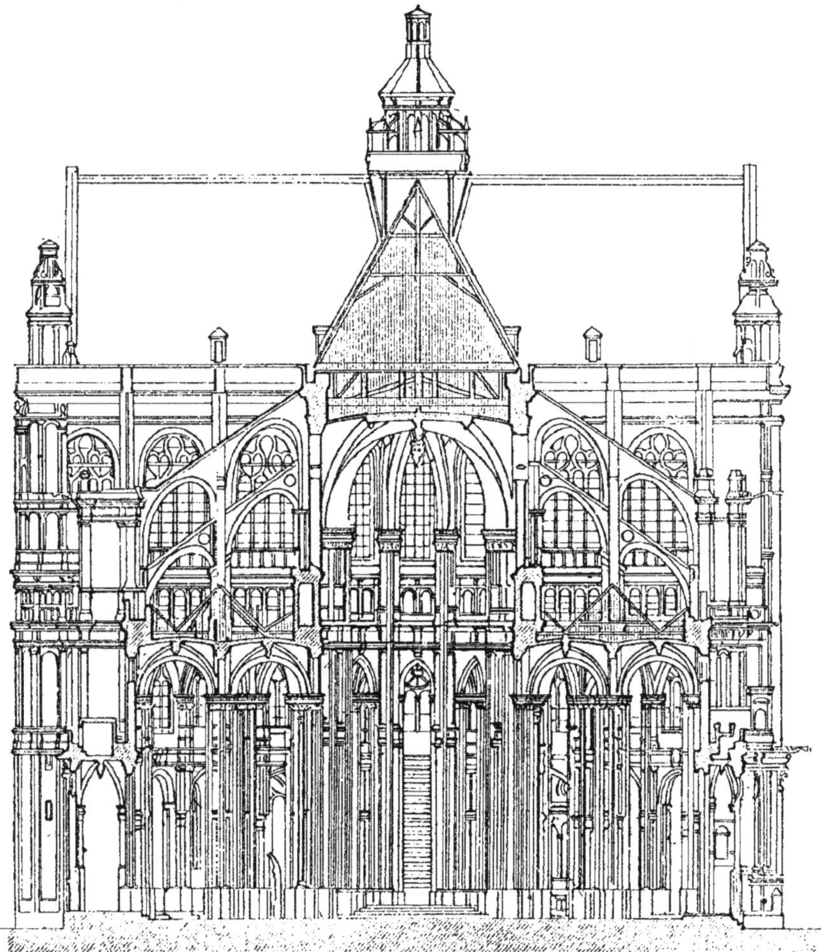

Fig. 1109 — Église Saint-Eustache. Coupe transversale.

dessus des chapelles latérales. Cette combinaison est d'un grand et riche effet.

Vous remarquerez à Saint-Eustache, comme un chef-d'œuvre

de taille de pierre, les grandes clefs pendantes l'une au croise-

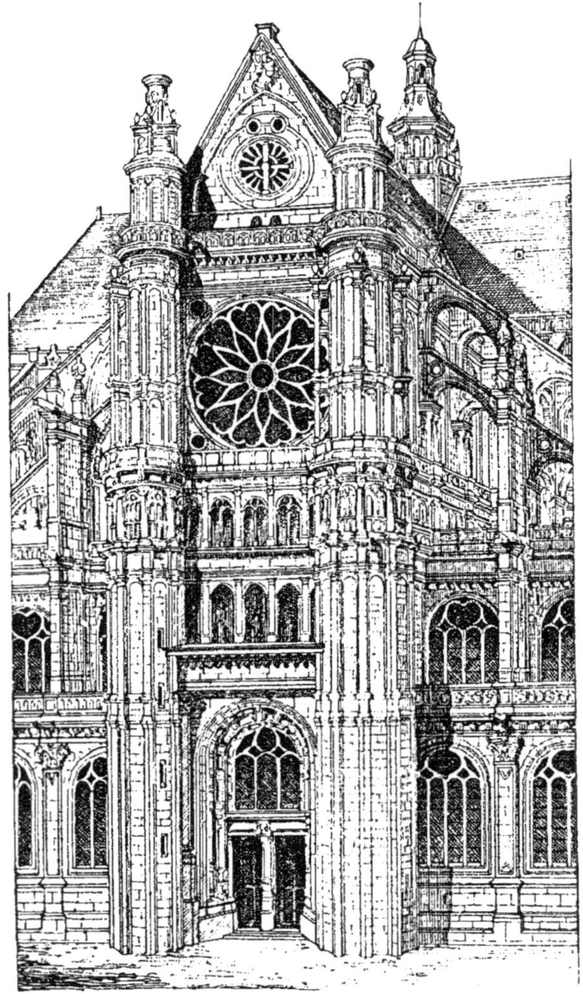

Fig. 1110. — Portail nord de l'église Saint-Eustache à Paris.

ment des transepts, l'autre au centre du chœur. Il est impossible d'imaginer rien de plus élégant.

Tout le monde connaît la façade sud de Saint-Eustache; peut-être quelques-uns d'entre vous ne connaissent-ils pas le portail nord, qu'on ne voit qu'en entrant dans une impasse, rue Montmartre (fig. 1110). C'est un motif exquis de pignon; remarquez-y notamment la disposition de la grande rose qui en réalité est un ajourage carré; c'est, appliqué à une rose, le parti si judicieux que je vous ai indiqué pour les fenêtres de la chapelle de Saint-Germain.

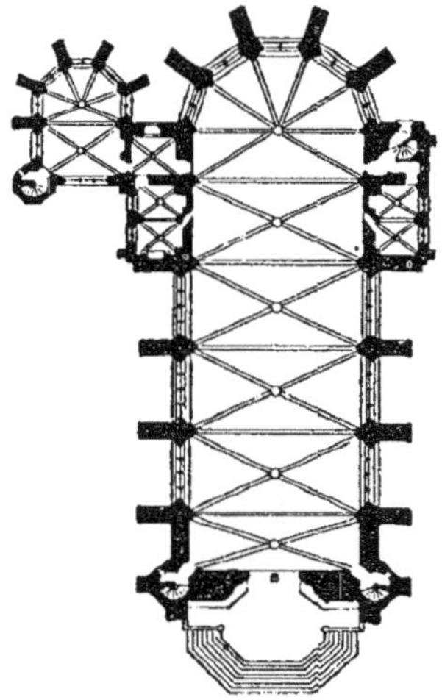

Fig. 1111. — Chapelle du château de Vincennes.

Il va sans dire que la structure de Saint-Eustache appelait les arcs-boutants. C'est un exemple très complet de la disposition que j'ai essayé de vous décrire pour les églises à deux rangs de bas-côtés.

Il y a bien des Parisiens qui ne sont jamais entrés à Saint-Eustache : croyez bien que si cette admirable œuvre d'architecture était à cent lieues de Paris, on ferait un long voyage pour aller la voir et l'admirer.

Je vous ai parlé plus haut de Saint-Étienne-du-Mont; je n'y reviendrai pas. Je me bornerai à vous rappeler non plus comme églises avec bas-côtés, mais comme grandes chapelles à une nef unique, les deux chefs-d'œuvre qui s'appellent la Sainte Chapelle et la chapelle de Vincennes (fig. 1111, 1112, 1113). Oserai-je le dire? Cette dernière plus encore peut-être, et pourtant moins connue.

Il y a bien encore quelques autres églises du Moyen-âge à Paris, mais moins importantes ou dénuées d'intérêt au point de vue des études. Ainsi l'église Saint-Pierre de Montmartre, trés ancienne mais fort délabrée, curieuse comme antiquité; l'église Saint-Médard, d'un extérieur pittoresque au milieu d'un vieux quartier.

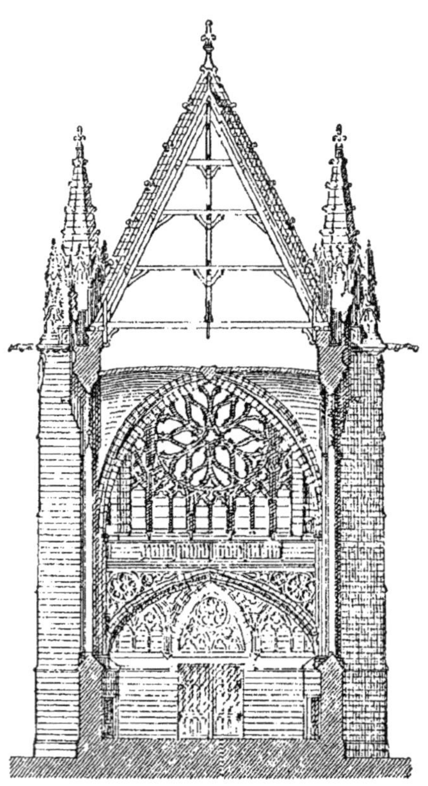

Fig. 1112. — Chapelle du château de Vincennes. Coupe transversale.

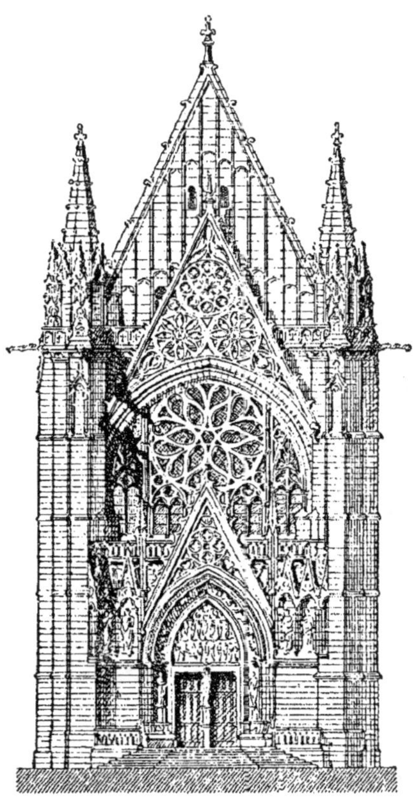

Fig. 1113. — Chapelle du château de Vincennes. Façade.

Puis nous trouvons encore à Paris un certain nombre d'églises modernes dont plusieurs sont intéressantes. Mais l'étude en serait maintenant prématurée, et je la réserve pour plus tard, lorsque nous aurons examiné quelle a été la composition des églises postérieures au Moyen-âge.

CHAPITRE XV

LES ÉGLISES VOUTÉES

(*Suite.*)

CHŒURS ET CHAPELLES

SOMMAIRE. — Chœurs avec abside circulaire ou polygonale. — Absides carrées. — Chœurs surélevés. — Chœurs des églises abbatiales. — Clôtures et stalles. — Jubés. — Ambons et chaires à prêcher. — Chapelles.
Cryptes. — Églises souterraines.

Je me suis longuement étendu sur les nefs, car c'est de beaucoup le sujet le plus important lorsqu'il s'agit d'églises. L'étude des nefs est la clef de la composition de tout le surplus, car tout en découle. Les transepts sont des reproductions des nefs, les chœurs en sont le prolongement et la terminaison, les façades principales et latérales sont régies dans leur composition et leurs proportions par la structure des nefs. Aussi, lorsque l'architecte a une église à composer, après s'être rendu compte de la disposition du plan, doit-il tout d'abord s'attacher à combiner la structure de la nef et des bas-côtés, avec les conditions possibles de stabilité, d'éclairage, d'écoulement d'eaux et aussi de proportions.

Cela revient à dire toute l'importance de la coupe *transversale* dans un projet d'église. C'est elle qui détermine la construction et la proportion : ce n'est pas assurément la seule coupe à projeter, mais c'est assurément la première, comme aussi c'est celle qui doit avant tout être présentée lorsqu'on veut rendre compte d'une église existante.

Par conséquent, après vous avoir parlé des nefs et des bas-côtés, j'aurai peu de choses à vous dire du surplus de l'intérieur des églises.

Le *chœur* est la partie réservée à l'officiant et au clergé. Nous avons vu que dans les plus anciennes églises le chœur est une abside close par un mur demi-circulaire, comme était celle des anciennes basiliques. Mais successivement il a grandi, surtout dans les cathédrales où il faut des places spéciales pour le chapitre et pour l'évêque. De là est venue la disposition usuelle, qui affecte au chœur non seulement l'abside proprement dite, mais le prolongement de la nef à partir du transept, disposition qui se trouve aussi dans les églises paroissiales. Vous le trouverez dans la plupart des églises, avec deux partis très différents : tantôt le chœur termine l'église, tantôt les bas-côtés le pourtournent et donnent accès à des chapelles rayonnantes. Notre-Dame vous offre un des exemples les plus complets de cette disposition.

Lorsque le chœur termine l'église, le fond en est généralement une abside demi-circulaire ou demi-polygonale, mais ici encore se retrouve la distinction entre les voûtes à poussée uniformément répartie et les voûtes à poussées localisées ; et de là deux partis très différents au point de vue de l'aspect de l'église. L'abside demi-circulaire, voûtée en quart de sphère, comme dans les monuments antiques et dans les églises byzantines et romanes, très simple comme construction et demandant comme retombée un mur d'égale épaisseur, livre pour l'aspect une surface opaque, éminemment favorable à la décoration de peintures ou de mosaïques; l'abside en pareil cas peut s'éclairer par quelques fenêtres ou par un *oculus* demi-circulaire au sommet, mais surtout par la lumière qui vient des fenêtres des dernières travées de la nef ou de celles latérales du chœur. Les anciennes basiliques chrétiennes sont toutes conçues ainsi. L'autre parti, beaucoup plus fréquent au Moyen-âge du XIIIe au XVe siècle, applique à l'abside comme aux nefs le parti des voûtes sur arcs indépendants retombant sur des piliers analogues à ceux des nefs, avec les mêmes conditions d'équilibre et d'épaulement extérieur, et dans la même hauteur, des fenêtres ou verrières qui assurent à l'église un fond lumineux, coloré par les vitraux. C'est l'ordonnance de la nef qui se poursuit; toutefois les travées deviennent plus étroites, les fenêtres plus longues; les voûtes se divisent par des arcs-doubleaux rayonnants et des demi-voûtes d'arête, construites comme celles des nefs. Les considérations restent les mêmes quant aux poussées des voûtes et à leurs résistances : tout ce que je vous ai dit à ce sujet trouve ici encore son application, et il serait inutile d'y revenir.

Quelques-unes de ces églises ont un chœur rectangulaire, ou comme on dit une abside carrée. On peut citer en ce genre la cathédrale de Laon, l'église de Dol en Bretagne, la cathédrale d'Oxford en Angleterre, trois beaux monuments, et avant tous autres, peut-être, ce monument grandiose, la cathédrale de Lincoln (fig. 1114), dont le plan est si extraordinaire. Je reparlerai d'ailleurs de ces dispositions à propos des façades postérieures ou absidales des églises. Dans ce parti d'abside carrée, le pignon d'extrémité peut être traité d'une façon analogue à celui d'entrée, ou à ceux des extrémités de transepts, avec une grande rose; ou au contraire les travées de la nef peuvent se retourner en sens transversal. Le premier parti a l'inconvénient de la répétition, sans marquer par un motif spécial la fin de l'église; le second exige pour être correct que la largeur de la nef soit un multiple exact de la largeur des travées, afin que l'ordonnance conserve son unité. Dans la proportion la plus usitée, il en résulterait un pilier dans l'axe du chevet, la largeur de la nef étant en général à peu près double de celle des travées; ou bien il faut une combinaison d'angle spéciale pour conserver une arcade au milieu.

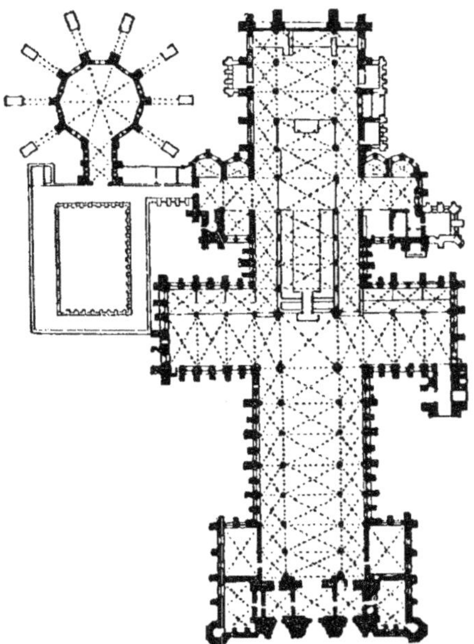

Fig. 1114. — Cathédrale de Lincoln.

L'église de Tour (Calvados) offre un exemple original d'une combinaison en quelque sorte intermédiaire entre l'abside carrée et l'abside circulaire (fig. 1115 et 1116). En face de la nef et du chœur, qui ne sont pas accompagnés de bas-côtés, l'abside se clôt par trois arcades, dont une plus large au milieu. Mais bien que les piliers de retombée soient sur une même ligne droite comme le fait voir le plan, les voûtes de ces trois parties concourent à une clef unique, moyennant un biais accentué des parties latérales. Cela à vrai dire n'est pas simple. Mais ce qui produit surtout l'originalité de cette composition, c'est la galerie de triforium très dégagée, pourtournant le chœur, et prise en retraite sur les murs épais du rez-de-chaussée.

Évidemment la forme demi-circulaire d'abside est d'un

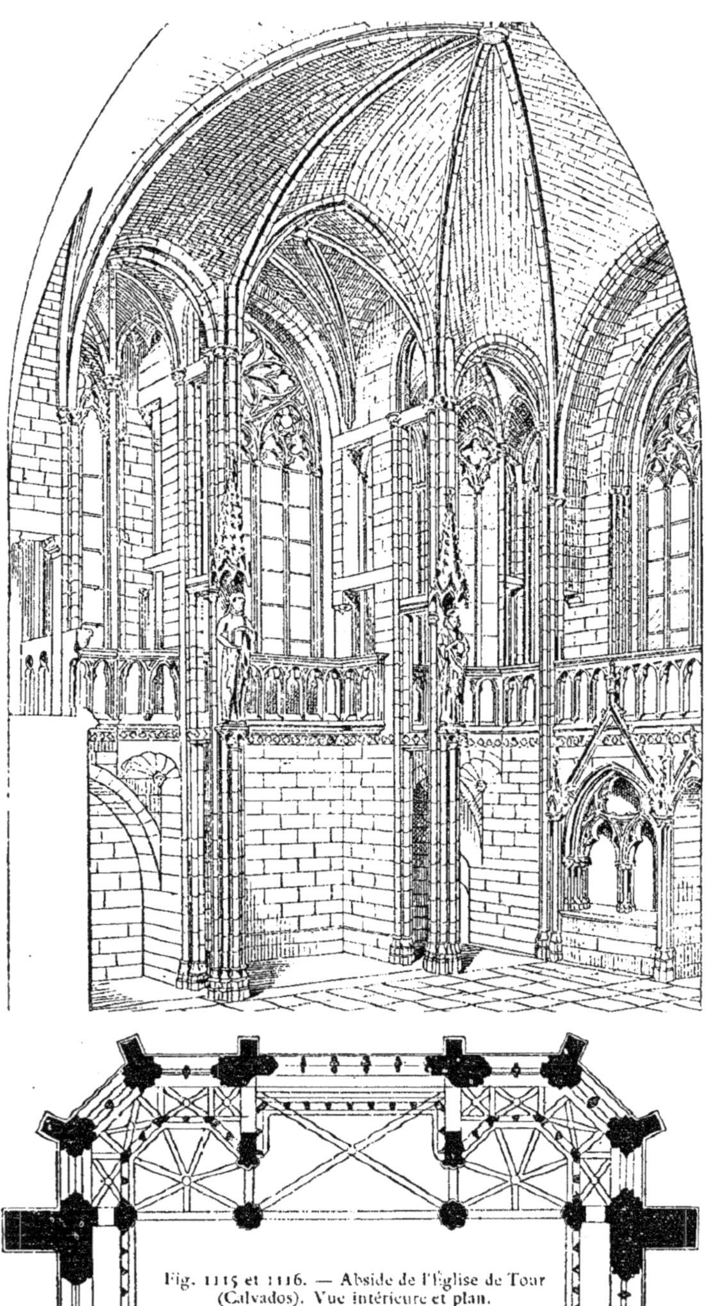

Fig. 1115 et 1116. — Abside de l'Église de Tour (Calvados). Vue intérieure et plan.

principe plus pur; cette forme marque mieux la fin du monument et encadre mieux l'autel. Aussi est-elle de beaucoup la plus ordinaire; les chœurs rectangulaires sont toujours restés à l'état d'exception, que la pensée fût une conception particulière, ou une coutume locale, ou encore un motif d'économie. Ainsi, pour de petites et modestes églises, lorsque les ressources sont minimes, il peut être très à propos de disposer un chœur rectangulaire, plutôt que de faire avec trop d'ambition des absides circulaires, si on ne peut les faire bien; avant tout, il importe que l'architecture soit sérieusement traitée : la modestie n'est jamais blâmable, la prétention l'est toujours.

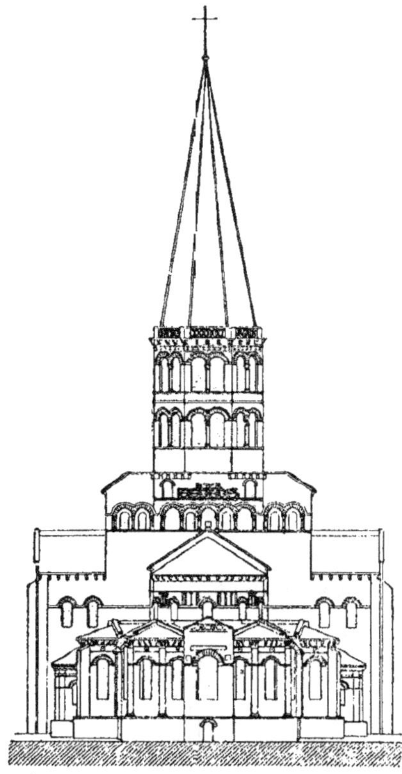

Fig. 1117. — Abside de l'Église d'Issoire.

Quant aux absides sur plan circulaire ou polygonal, les exemples en sont innombrables, et souvent cette partie de l'église a donné lieu à de très heureuses compositions. C'est peut-être dans les églises romanes qu'il faut chercher les plus parfaites combinaisons de façades absidales, à Issoire par exemple (fig. 1117); l'abside n'est pas encore encombrée des arcs-boutants qui se projettent dans toutes les directions, et qui apporteront plus tard une certaine confusion substituée à la simplicité claire et lisible. Aussi les plus belles absides gothiques sont peut-être celles des églises où le chœur ne pourtourne pas les bas-côtés. Cependant, parmi les absides d'églises romanes à bas-côtés pourtournant le chœur, on peut citer celle de Saint-

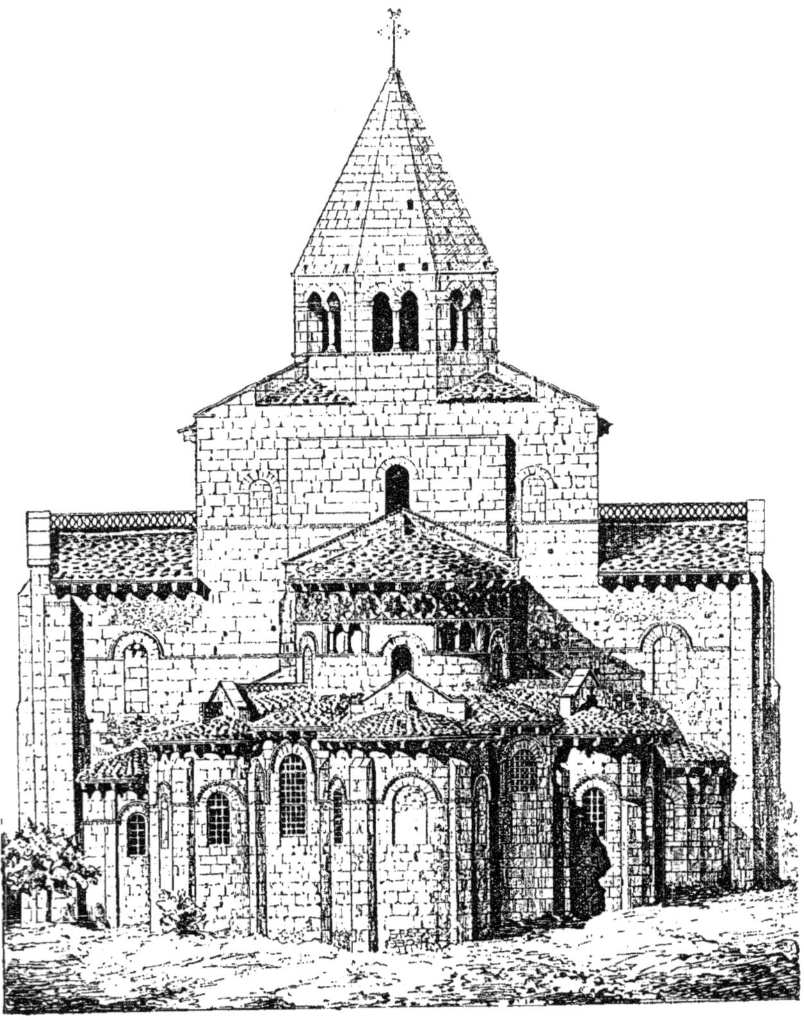

Fig. 1118. — Abside de l'Église de Saint-Nectaire.

Nectaire (fig. 1118) où les chapelles forment saillie avec des hauteurs d'ailleurs différentes; mais ces chapelles ne sont pas contiguës les unes aux autres, et entre deux s'ouvrent de grandes fenêtres éclairant les bas-côtés. Ce parti est d'ailleurs fréquent. A l'église de Châteaumeillant, dans le Cher (fig. 1119), nous trouvons au contraire la disposition plus purement basi-

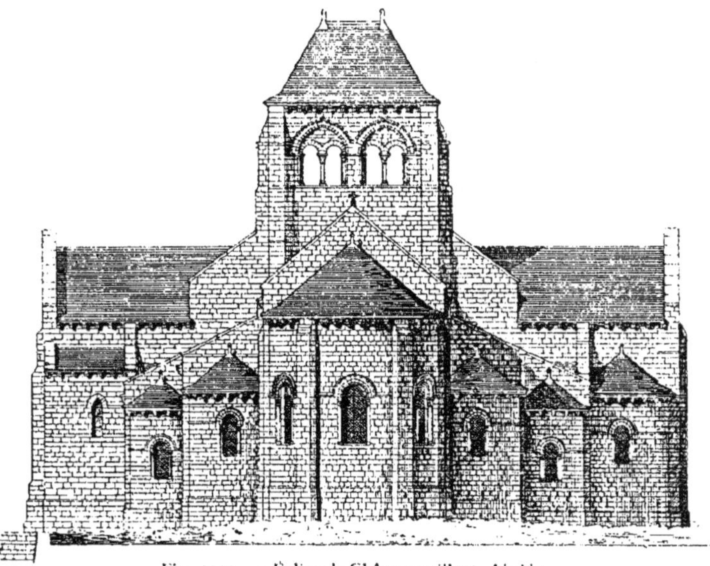

Fig. 1119. — Église de Châteaumeillant. Abside.

licale des chapelles s'ouvrant en face des bas-côtés, et du chœur même de l'église visible extérieurement dans toute son élévation. Dans l'architecture romane même, comme vous le voyez, la disposition des absides est loin d'être uniforme.

Plus tard, cette variété devient plus grande encore, les absides sont souvent traitées avec beaucoup d'imagination et de souci de la silhouette et du pittoresque : la composition absidale s'y prête d'ailleurs à merveille. Il n'y a presque pas d'abside qui ne soit réussie; l'une des plus intéressantes est celle de l'église Saint-Sauveur à Dinan (Côtes-du-Nord) où chaque chapelle est traitée comme un édicule particulier avec une toiture pyramidale énergiquement accentuée (fig. 1120 et 1121). Une chose très curieuse est d'ailleurs à constater au sujet de cette abside : aucun arc-boutant ne contre-bute la poussée de ses voûtes, et si à l'extrémité des bas-côtés des arcs-boutants ont été projetés, soit qu'ils aient été démolis, soit qu'ils n'aient jamais été construits, toujours

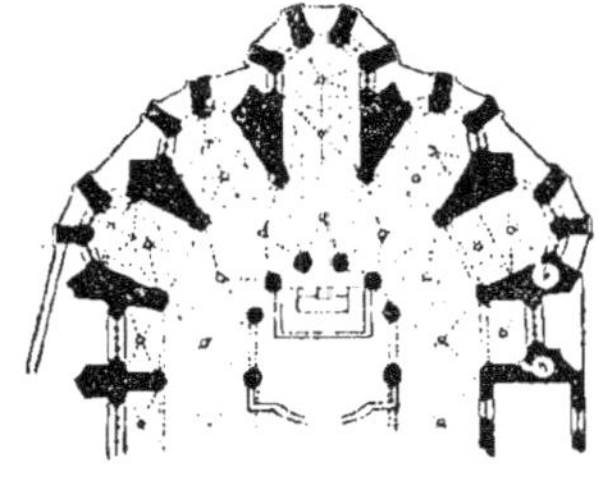

Fig. 1120. — Abside de l'Église Saint-Sauveur à Dinan.

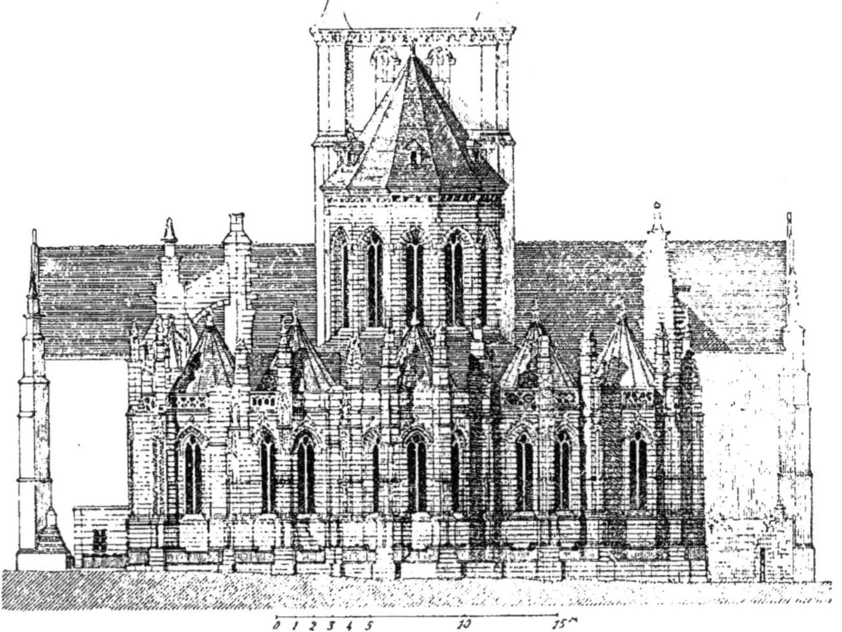

Fig. 1121. — Abside de l'Église Saint-Sauveur à Dinan.

est-il qu'il n'en existe que les amorces. Je n'en conclus rien, et

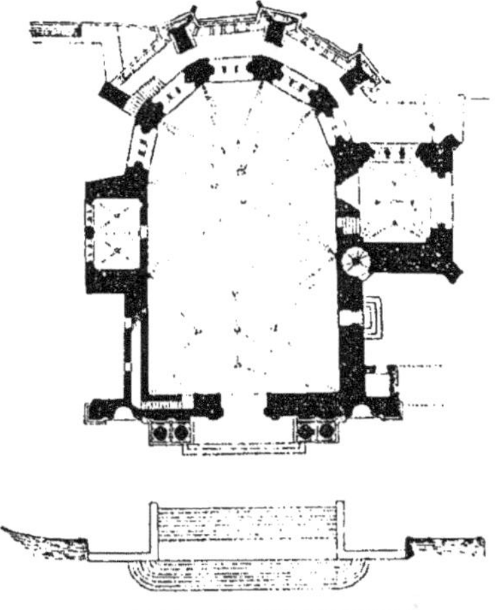
Fig. 1122. — Abside de la Sainte Chapelle du château de Chambéry.

cependant il serait très intéressant de faire à propos de ce chevet une étude approfondie de stabilité, car en apparence tout au moins cette absence de l'arc-boutant d'abord prévu ne serait rien moins que la négation de toute la théorie des églises du Moyen-âge..... Je ne vous cache pas que j'en suis effrayé.

Quelques édifices religieux empruntent à une situation spéciale un parti d'abside sur de hauts soubassements ; ainsi la chapelle du château d'Amboise, ou celle du château de Chambéry (fig. 1122 et 1123). De l'opposition de ces grandes terrasses nues et des élégances qui les couronnent, il résulte infailliblement un grand effet.

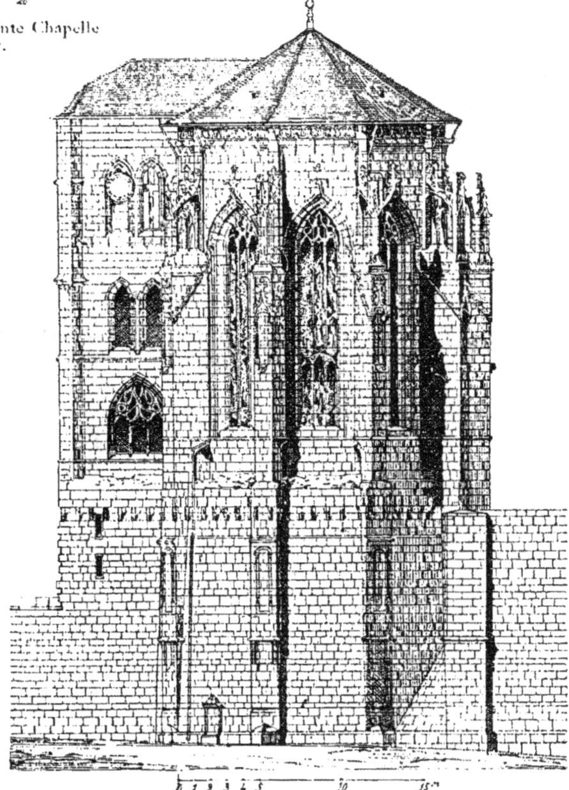
Fig. 1123. — Abside de la Sainte Chapelle du château de Chambéry.

Pour en revenir aux absides d'églises proprement di-

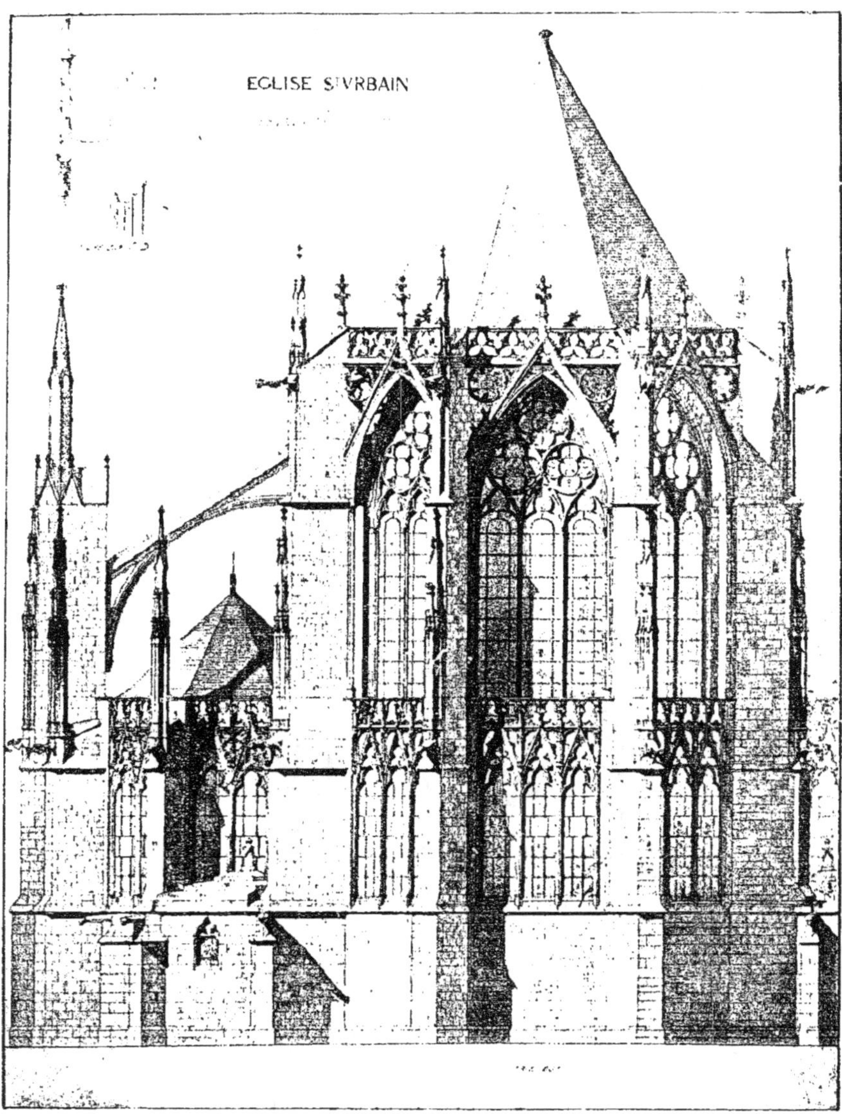

Fig. 1125. Abside de l'église Saint-Urbain de Troyes.

(*D'après un relevé des monuments historiques*).

tes et dans les conditions ordinaires de nivellement des villes, il y en a beaucoup de circulaires, puis on les a faites plus volontiers sur plan polygonal : c'était plus rationnel en effet : la forme circulaire convient à la voûte sphérique, tandis que la voûte d'arête appelle bien plutôt le plan polygonal. Parmi les plus élégantes, je me bornerai à vous en indiquer encore deux : l'abside de Saint-Urbain, à Troyes (fig. 1124 et 1125), et celle de Saint-Pierre, à Caen (fig. 1126), autrefois bien plus pittoresque lorsqu'elle baignait dans l'eau d'un canal, remplacé de nos jours par un boulevard.

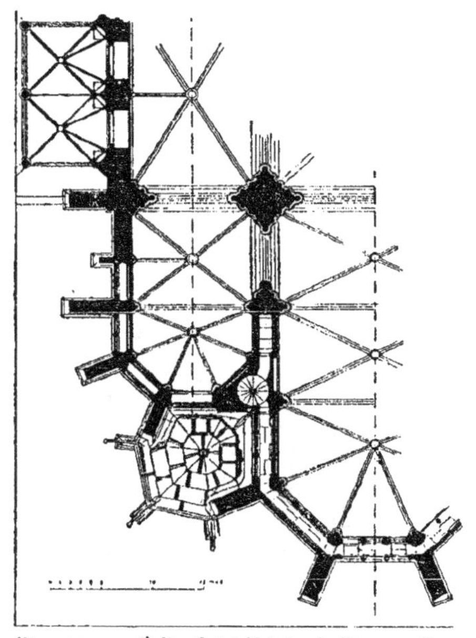

Fig. 1124. — Église Saint-Urbain de Troyes. Plan.

Le chœur est ordinairement surélevé de quelques marches; parfois cette surélévation est grande : nous en avons vu un exemple à San-Miniato de Florence. Vous pouvez en rapprocher la disposition très monumentale du chœur de l'église Saint-Martin-des-Monts, à Rome.

Les églises monacales ou abbatiales offrent des dispositions particulières pour le chœur; dans ces églises, le clergé, ou plutôt la congrégation, a besoin d'une place considérable; le plus souvent d'ailleurs, et surtout lorsqu'il s'agit d'un ordre cloîtré, on cherche à éviter les communications même visuelles entre les religieux et le public. De là deux dispositions différentes des chœurs d'églises. Tandis que dans l'église publique, cathédrales ou paroisses, le clergé est ordinairement en avant de l'autel dans des stalles disposées de chaque côté du chœur, dans les

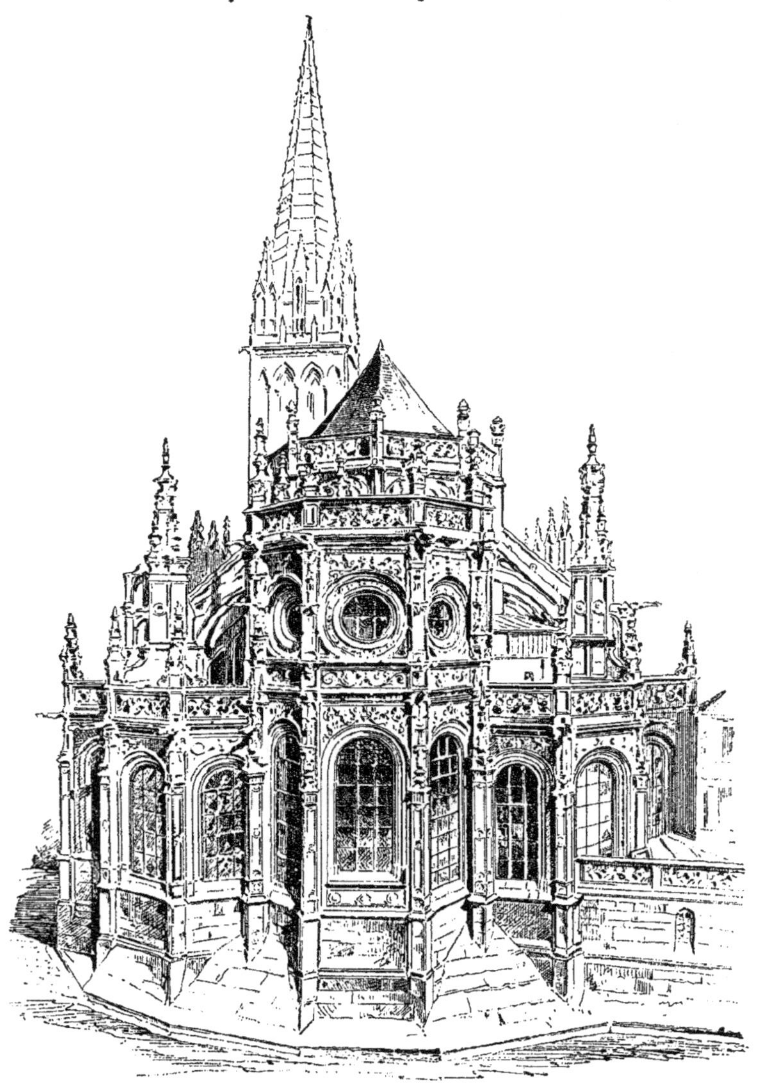

Fig. 1126. — Abside de l'Église Saint-Pierre à Caen. (État ancien.)

églises monacales, les religieux ont ordinairement leurs stalles au delà de l'autel ; et même pour certains ordres cloîtrés, ces places sont au delà d'une grille. L'ancienne église de Cluny (fig. 1127), aujourd'hui presque entièrement démolie, ou l'église de la célèbre abbaye du Mont-Cassin (v. plus haut, vol. I, fig. 38), sont des types d'églises abbatiales.

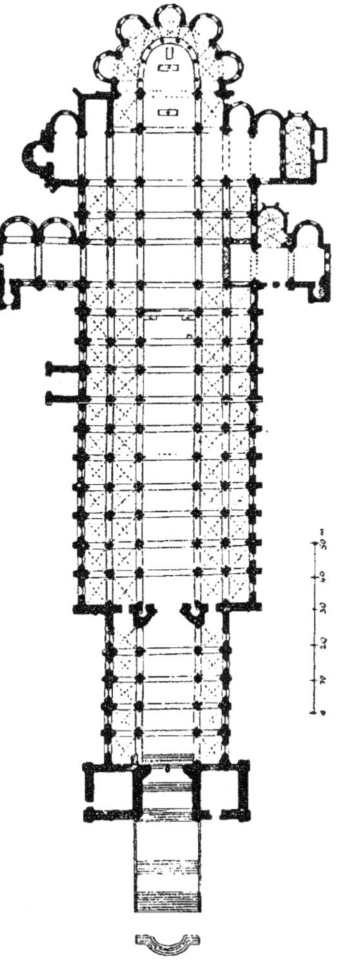

Fig. 1127. — Église de l'ancienne abbaye de Cluny. Plan.

Les prêtres, les chanoines, les religieux assistent aux offices dans des stalles dont le dossier est toujours élevé. Le chœur est donc forcément un espace fermé, sauf du côté de la nef. De là les clôtures de chœur. Lorsque le chœur n'est pas compris entre des murs, il faut donc que les arcades qui le séparent des bas-côtés soient fermées jusqu'à une assez grande hauteur ; cela d'ailleurs a l'avantage de défendre contre les courants d'air le clergé qui doit chaque jour assister à de longs offices. Déjà dans les anciennes basiliques chrétiennes, il y avait des clôtures de chœur : celle de Saint-Clément, à Rome, en marbre et mosaïques,est justement célèbre. Plus tard, ce motif a été étudié de façons diverses suivant l'esprit des églises auxquelles il s'appliquait. Parmi les plus intéressantes de ces clôtures, il faut citer celle de la cathédrale de Chartres, et celle de Notre-Dame de Paris (fig. 1128). Mais comme en toutes choses, on est deven

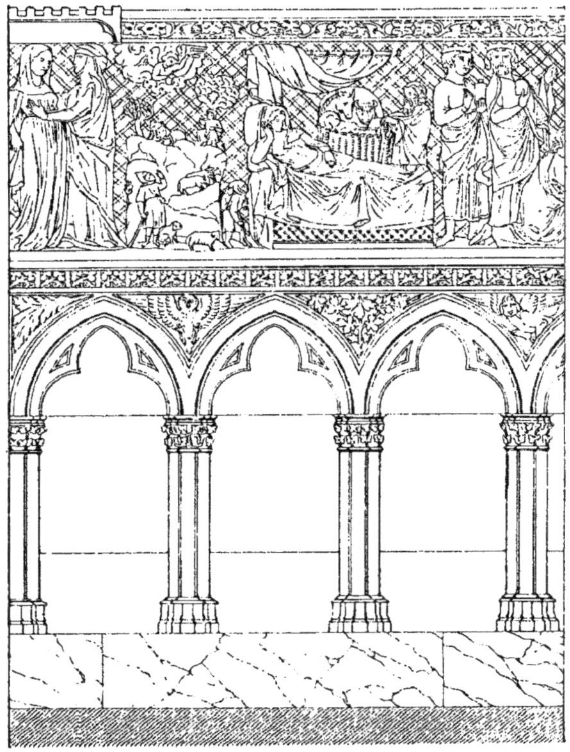

Fig. 1128. — Clôture de chœur de Notre-Dame de Paris.

plus exigeant avec le temps, et c'est surtout dans les églises relativement modernes que les clôtures de chœur ont pris un grand développement, par exemple dans l'église de Brou. Dans d'autres, ces clôtures ont été rajoutées après coup, et dans le style de l'époque où on les a faites : ainsi, à la cathédrale d'Amiens la très belle grille en fer forgé qui entoure le chœur, et à Notre-

Dame les remarquables boiseries que vous connaissez : deux belles œuvres du XVIIIe siècle.

Je pourrais vous citer de nombreux exemples de belles stalles. Celles de Brou sont au nombre des plus remarquables. Mais c'est là du mobilier, et ce serait sortir du cadre d'un cours de théorie d'architecture que d'entrer dans ce domaine qui est sans limites.

De même pour les autels, dont vous n'avez à retenir ici qu'une prescription, c'est que l'officiant doit être bien en vue du public et que le palier qui règne devant l'autel soit assez large pour qu'il puisse s'y mouvoir sans crainte. Il est bon que derrière l'autel, et hors de la vue du public, il y ait des gradins d'accès permettant la pose facile des ornements d'autel.

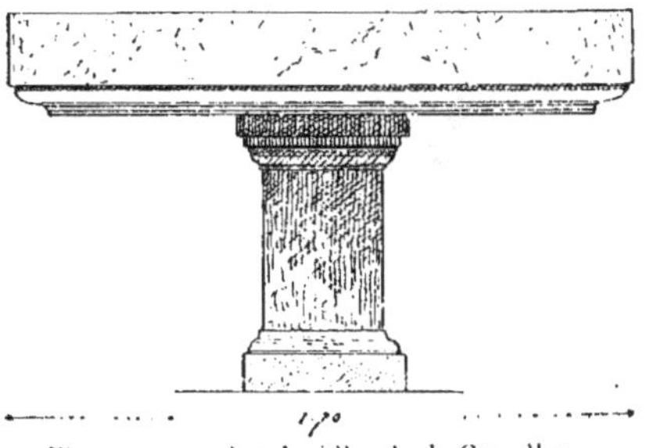

Fig. 1129. — Autel pédicycle de Cavaillon.

En principe, l'autel est une table. Cela est nettement marqué dans la composition absolument primitive d'un autel de Cavaillon (fig. 1129). Puis cette table a été placée sous un baldaquin, ou *ciborium* (fig. 1130). Je ne m'étendrai d'ailleurs pas sur ce sujet, ne voulant pas traiter du mobilier de l'église. Mais il y a, à propos d'autel, une considération qui peut influer sur la composition générale : c'est la direction de l'autel. Chez nous, le prêtre officiant tourne le dos à l'assistance; en Italie, le prêtre se tient au delà de l'autel et fait face aux fidèles. Il en résulte que chez nous, l'autel doit être précédé de marches et de paliers; en Italie, il est souvent placé à l'aplomb d'une balustrade qui sépare le chœur de la partie publique de l'église, parfois même il domine une partie basse, dite *confession*, ou l'entrée de la crypte.

Il en résulte cette autre différence encore : chez nous, l'autel est en général conçu comme en adossement à une décoration plus élevée, gradins avec vases de fleurs, candélabres, statues, etc. Cela n'est pas seulement combiné pour produire de l'effet, c'est aussi une sorte d'écran qui masque à la vue ce qui se passe derrière l'autel, par exemple l'exécution des morceaux de musique, souvent confinée entre l'autel et la clôture du chœur. Avec l'autel italien, il faut que rien ne dépasse le niveau de la table d'autel. Le prêtre est là presque comme un orateur à la tribune; on ne voit que son buste, mais on le voit de face. Au point de vue du geste, la différence est grande entre ces deux conditions.

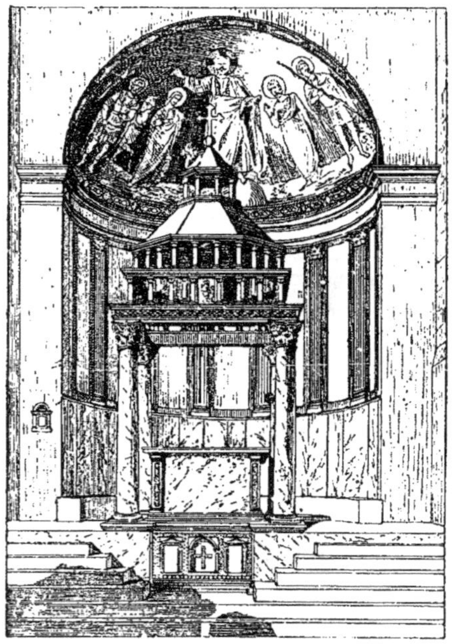

Fig. 1130. — Ciborium de l'Église Saint-Georges au Velabre à Rome.

En avant du chœur, quelques églises ont un *jubé*, souvenir des anciens *ambons* des basiliques. Vous en avez un bel exemple à Saint-Étienne-du-Mont (fig. 1131), d'autres à Troyes, à Brou, à Fécamp (fig. 1132, 1133 et 1134), à Albi (fig. 1135), etc. Ces jubés sont des ouvrages souvent très délicats, en pierre dure ou en marbre, avec de riches plafonds sous leur plate-forme supérieure, laquelle constitue une sorte de terrasse. En général, on y accède par des escaliers spéciaux, parfois par les circulations du *triforium*. Tout cela est prétexte à combinaisons ingénieuses, à coquetteries d'exécution. Il en existe aussi en bois, quoique plus rarement, entre autres le très intéressant jubé de l'église du

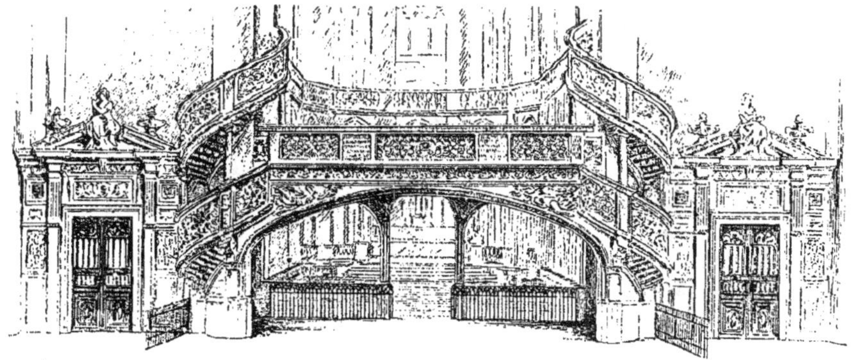

Fig. 1131. — Jubé de l'Église Saint-Étienne-du-Mont.

Faouet, dans le Morbihan (fig. 1136). Une disposition un peu analogue existe déjà à Saint-Marc de Venise; mais à Saint-Marc ce n'est qu'une clôture, tandis que les jubés que je cite plus haut soutiennent un balcon de circulation. Le jubé n'est pas un organe nécessaire de l'église, et en fait il est assez rare. On peut

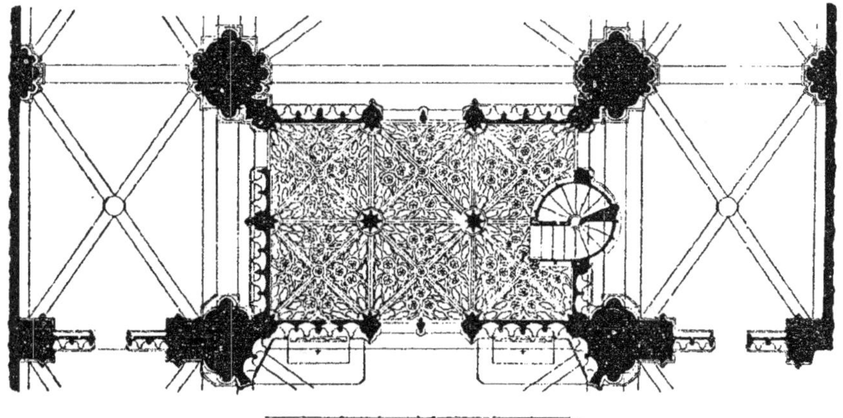

Fig. 1132. — Jubé de l'Église abbatiale de Fécamp. Plan.

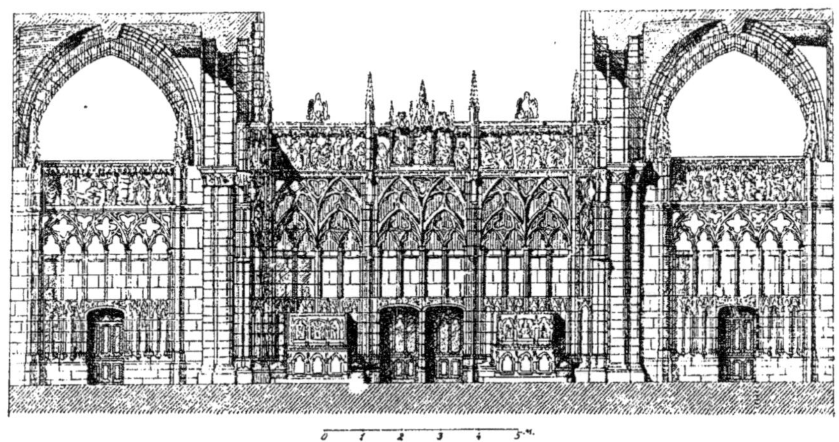

Fig. 1133. — Jubé de l'Église abbatiale de Fécamp. Élévation sur la nef.

dire que c'est une fantaisie sans grand objet, car je crois bien que ceux qui existent ne servent en réalité à rien. Lors même qu'ils comportent des pupitres ou ambons, en fait on ne s'en sert pas. Mais ce hors-d'œuvre a donné lieu à des compositions charmantes, et c'est bien quelque chose que cela.

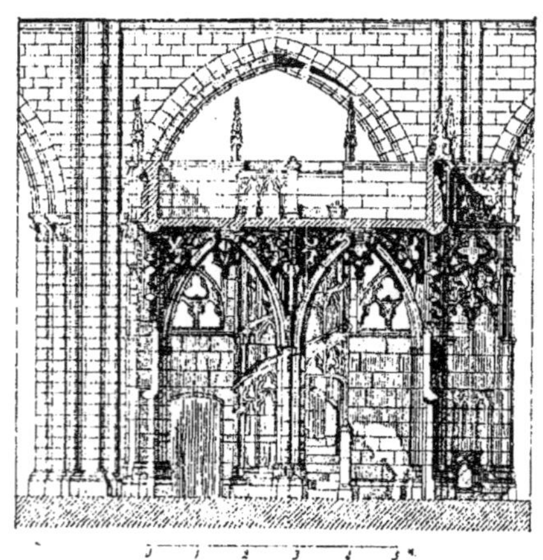

Fig. 1134. — Jubé de l'Église abbatiale de Fécamp. Coupe transversale.

L'église telle que nous la voyons partout serait une composition irréprochable si son programme ne comportait que les offices. Mais dans ce programme, il y a autre chose encore, la prédication. Ici, il faut bien reconnaître que la solution est défectueuse : la forme allongée des nefs, parfaite pour les offices, n'est évidemment pas celle d'une salle où l'on écoute un orateur.

En vous reportant au plan de Saint-Clément, vous y voyez une chaire à prêcher attenante au chœur; comme le chœur s'avance profondément dans la nef, cela était possible : avec le chœur nettement séparé, et surtout avec les transepts, cela ne

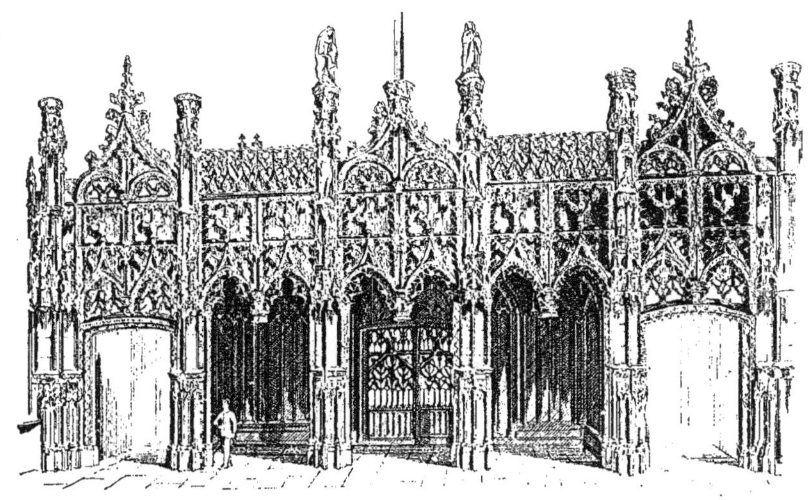

Fig. 1135. — Jubé de la Cathédrale d'Albi.

n'est plus; et il a bien fallu que le prédicateur allât prendre place au milieu de ses auditeurs, c'est-à-dire dans la nef. De là les chaires à prêcher invariablement placées sur l'un des côtés de la nef, soit contre un pilier, soit devant une arcade. Il faut que le prédicateur sorte de l'enceinte du clergé et arrive, au milieu de l'affluence, parfois avec quelque difficulté, jusqu'à l'escalier de la chaire. La chaire est tantôt d'un côté, tantôt de l'autre, vis-à-vis du *banc d'œuvre*. La composition des églises n'a pas pu ou n'a pas su lui trouver de place nettement marquée : ce n'est qu'un meuble qui se place ici ou là, et tandis que le

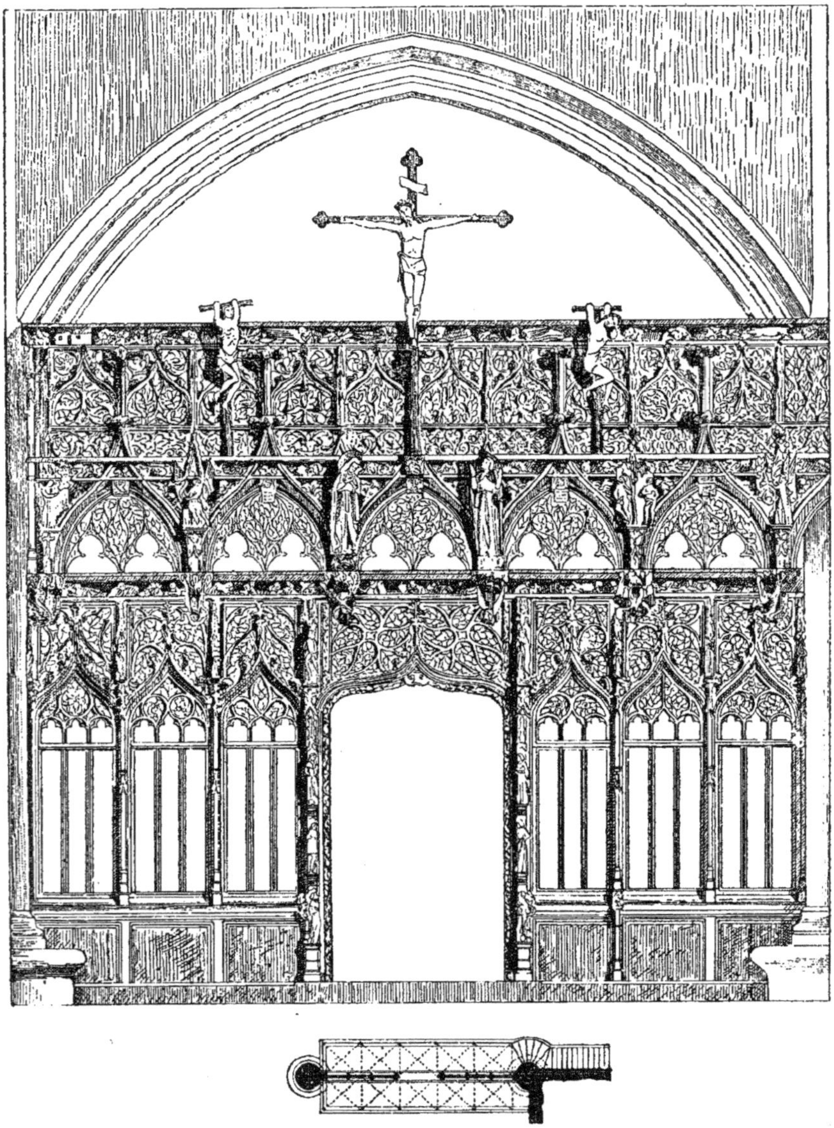

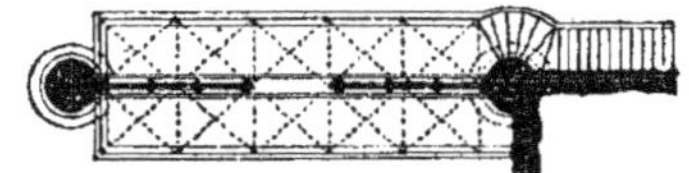

Fig. 1136. — Jubé de l'Église du Faouet.

prêtre officiant a une place si nettement écrite dans la composition, le prêtre prêchant n'en a pas.

Tout ce qu'on peut vous recommander dans ces conditions, c'est que l'accès de la chaire soit facile et digne; il serait bon que l'auditoire se préparât à entendre la prédication en voyant le prêtre gravir les degrés de la chaire avec quelque solennité. Malheureusement cela n'est guère, et je ne vois pas de disposition à vous citer comme modèle. La chaire se traitera longtemps encore comme elle s'est toujours traitée, et la longue habitude que l'on a de cette absence de solution continuera à absoudre cette imperfection.

Les chapelles jouent un grand rôle dans les églises. Les premières, vous le savez déjà, étaient des *absidioles* ou petites absides, ouvertes à l'extrémité des bas-côtés, telles que vous les voyez dans les plans des anciennes basiliques, puis à Saint-Ambroise de Milan. Ce parti s'est développé, et les chapelles se sont multipliées, mais en restant orientées comme le chœur et se groupant de chaque côté toujours avec de petites absides. Le plan de Saint-Sernin de Toulouse vous présente une application très complète de ce parti, et motive une façade postérieure d'un grand intérêt.

Mais le nombre des prêtres augmentant, et chacun étant tenu de dire chaque jour la messe, le nombre des messes demandées par les fidèles augmentant d'autre part, ainsi que le nombre des saints à qui on voulait témoigner une dévotion spéciale, le nombre des chapelles devait promptement excéder les ressources offertes par cette disposition. D'autre part, le mode de construction des églises à poussées localisées, en créant de longs contreforts pour les résistances, créait des espaces qui devaient ou rester extérieurs comme à la cathédrale de Reims, ou être occupés à l'intérieur de l'église : il devenait naturel de les occuper par des chapelles. De là les chapelles latérales et rayonnantes.

Parfois, outre la communication générale par les bas-côtés, on a pratiqué des ouvertures de service dans les murs séparatifs des chapelles. Cette disposition est commode, car elle permet de faire tout le service en dehors du public, et on peut cesser momentanément de s'en servir s'il en résulte une gêne temporaire lorsque des messes sont célébrées dans les chapelles. Je vous ai signalé l'existence de ces circulations dans les églises parisiennes de Saint-Gervais et de Saint-Méry.

Vous connaissez l'usage de disposer une chapelle plus importante, lorsque l'espace le permet, au fond et dans l'axe du chevet de l'église. Cette chapelle est généralement consacrée à la Vierge et prend le nom de chapelle de la Vierge. Je n'ai rien de particulier à vous signaler à ce sujet, la dimension exceptée : ordinairement cette chapelle se termine en abside. Vous en verrez à Paris de beaux exemples à Saint-Gervais et à Saint-Eustache.

Les chapelles sont toujours closes, soit par de la menuiserie, soit par des grilles. Cette clôture, le plus souvent fort simple, a souvent aussi donné lieu à des motifs trés artistiques, et même à des clôtures en pierre, véritables petits jubés devant les chapelles. Telles sont entre autres les clôtures de Saint-Jacques de Dieppe, de l'abbaye de Fécamp, de la cathédrale de Rodez, de Notre-Dame de Saint-Omer (fig. 1137), etc., avec des éléments de grande richesse et de variété intéressante dans le même monument.

Enfin, des chapelles peuvent être affectées à des destinations spéciales; telles sont notamment les chapelles des fonts baptismaux, toujours placées à l'entrée de l'église, en souvenir de la tradition des baptistéres extérieurs. La cuve baptismale est placée au centre de la chapelle, qui d'ailleurs comme architecture ne présente rien de bien particulier.

L'orgue et la tribune des orgues qui en est la conséquence, est une addition relativement moderne. Dans les églises du Moyen-âge, on n'avait pas eu à prévoir cette disposition, et vous n'y trouverez que des additions postérieures, parfois ingénieuses, mais qui ont toujours eu pour effet inévitable de supprimer à l'intérieur de l'église l'aspect du pignon d'entrée, et de réduire la grande rose à la fonction d'un simple motif décoratif de façade. Ainsi, à Notre-Dame, par exemple, tandis que vous voyez parfaitement les pignons d'extrémité des transepts et le bel effet intérieur des grandes roses qui les éclairent, l'effet du pignon d'entrée est perdu; et certes ce devait être une plus belle impression d'ensemble lorsque du centre de l'église, sous la croisée du transept, on pouvait apercevoir ces trois façades intérieures se répondant l'une à l'autre par leur composition et par leur éclairage richement coloré. Mais il est certain que du

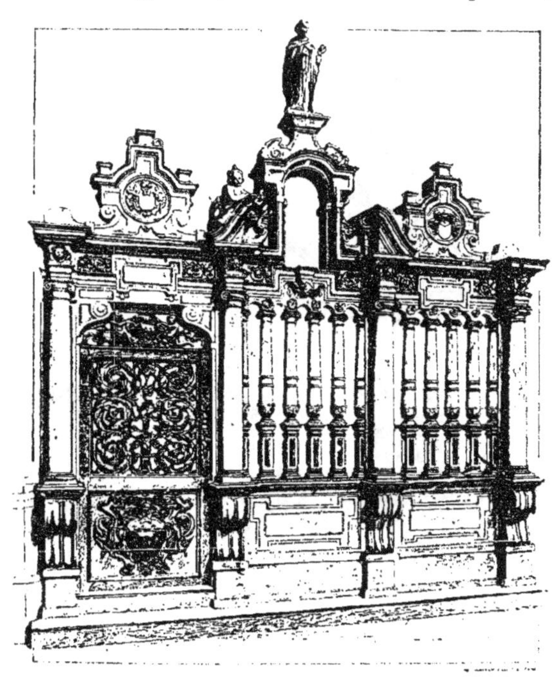

Fig. 1137. — Clôture de la chapelle de N.-D. de Saint-Omer.

moment qu'on voulait un grand orgue, il n'y avait pas d'autre emplacement possible, et qu'il fallait bien sacrifier ce beau parti décoratif.

Le grand orgue donne d'ailleurs lieu à un motif particulier d'architecture, la *tribune de l'orgue*, tantôt portée sur des points d'appui, tantot sur un arc surbaissé. Il a été fait des *buffets* d'orgue très artistiques, par exemple celui de Saint-Quentin, par J. Bérain (fig. 1138). La tribune doit être assez grande, car elle contient souvent, en plus de l'orgue et de l'organiste, des exécutants, chanteurs, etc., et en arrière l'espace nécessaire à la soufflerie. Il faut que l'accès en soit assuré par un escalier assez facile, chose rare, pour qu'on puisse y faire parvenir des instruments volumineux tels qu'une contrebasse. Il faut d'ailleurs que le maître de musique et surtout l'organiste puissent constamment se rendre compte de la marche des offices, et par conséquent puissent voir l'officiant. Or, l'organiste joue sur un

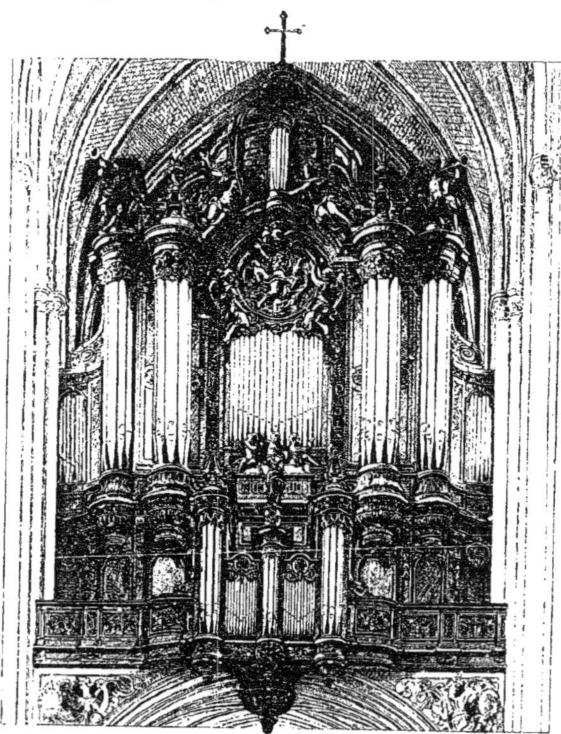

Fig. 1138. — Buffet d'orgue de Saint-Quentin.

clavier, de la grandeur à peu près de celui d'un piano, en avant du grand orgue, dont toute la tuyauterie n'est qu'une façade masquant les vrais tuyaux sonores. Ce clavier, qu'on appelle le *positif*, est placé soit au bord de la tribune, et alors l'organiste fait face à l'autel et doit voir l'officiant par-dessus le clavier, tenu suffisamment bas, soit adossé au grand orgue, et alors l'organiste tourne le dos à l'autel et doit suivre dans un miroir la marche de l'office. Aujourd'hui, d'ailleurs, avec les orgues électriques, dont le clavier peut être très éloigné, par exemple dans le chœur même, ces difficultés peuvent disparaître; mais l'orgue électrique est encore très exceptionnel. Dans les grandes églises, il y a en outre un orgue d'accompagnement pour le chœur. Tout cela, il faut bien le reconnaître, se case difficilement dans nos églises nées d'un programme qui ne connaissait pas ces complications modernes.

De même les confessionnaux — inconnus lorsque la confession était publique — sont venus compromettre l'unité artistique des églises. Il en faut, et de nombreux; mais un plan d'église du Moyen-âge ne se prête pas aux adossements, et toute disposition de confessionnaux ne peut dans ces églises être qu'un expédient, à moins d'être rejetée uniquement contre les murs séparatifs des chapelles latérales.

D'une façon générale, on peut dire que l'invasion du meuble dans les églises a été incompatible avec la composition de nos anciennes églises. J'ignore à quelle époque remonte l'habitude des sièges, des chaires à prêcher, des bancs d'œuvre, des confessionnaux. En tous cas, ce sont des créations postérieures, et tout comme les anciennes basiliques, les églises du Moyen-âge n'étaient pas faites pour les recevoir. On les a placés comme on a pu, et l'habitude est restée de n'en pas tenir compte dans la composition. Mais si vous voulez vous représenter par la pensée ces églises telles que leurs auteurs les ont conçues, il faut vous les imaginer débarrassées de ces barrières, de ces bancs ou de ces chaises, de tout ce mobilier en un mot : l'assistance debout ou agenouillée sur la dalle, et les piliers reliés par en bas par un beau dallage ou une belle mosaïque, comme ils sont par en haut reliés par de belles voûtes : le chœur seul avec son mobilier nécessaire; l'église plus digne, plus simple... et moins confortable : différente en tout cela du programme de l'église moderne.

Avant de sortir de l'église, il faut parler encore des cryptes qui existent sous quelques églises, et notamment sous les plus anciennes.

Lorsque la tradition était encore récente des premières assemblées de chrétiens dans les catacombes, il était naturel de rappeler cette histoire tragique par la disposition de la crypte sous l'église. Là se plaçait le tombeau du saint vénéré, du martyr, et généralement là où il existe une crypte, elle est restée le lieu d'une dévotion profonde.

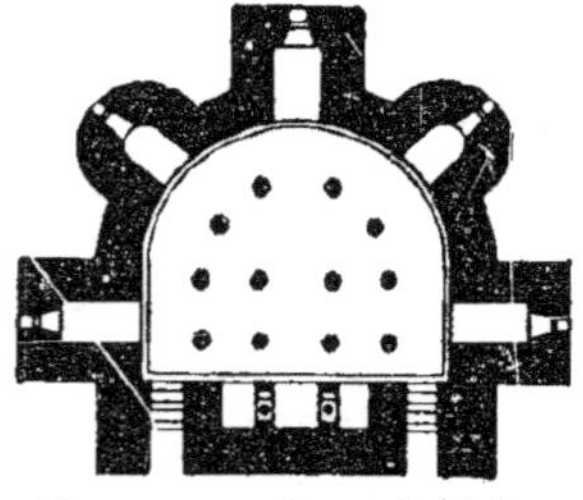

Fig. 1139. — Crypte de l'église d'Issoire. Plan.

Il est rare que la crypte s'étende sous toute l'église; le plus souvent elle règne sous le chœur seul, et entre les fondations des piliers de l'église supérieure, de petits piliers intermédiaires divisent l'espace qui n'étant jamais très haut se prêterait mal aux portées que permet l'église elle-même, Telle est, par exemple, la crypte de l'église Notre-Dame-du-Port à Clermont, ou celle d'Issoire (fig. 1139), où les fenêtres basses sont pratiquées au fond de longs ébrasements disposés sous les chapelles rayonnantes. Ordinairement, l'accès de la crypte se fait par l'église même; parfois cependant elle a une entrée extérieure, surtout lorsque la déclivité du terrain s'y prête; parfois même la crypte n'a aucune communication avec l'église : ainsi, par exemple, la très curieuse crypte ou église souterraine de Saint Émilion, taillée à même le roc sans aucune maçonnerie, dans la terrasse, sorte de falaise, qui porte l'église supérieure à peu près au-dessus.

Il y a d'assez nombreux exemples de cryptes diversement disposées; je ne vous citerai que les plus intéressantes :

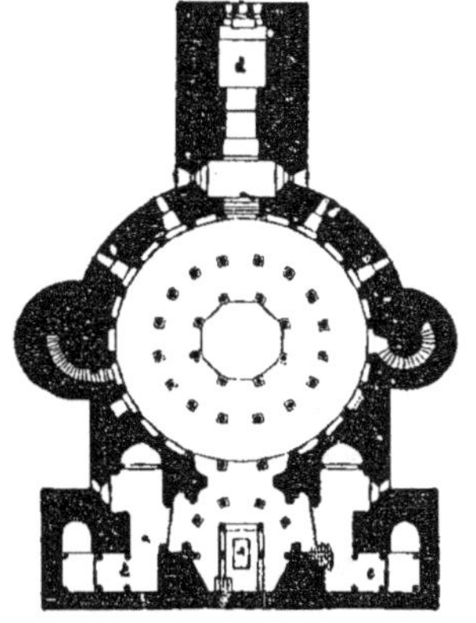

Fig. 1140. — Crypte de l'église Saint-Bénigne, à Dijon. Plan.

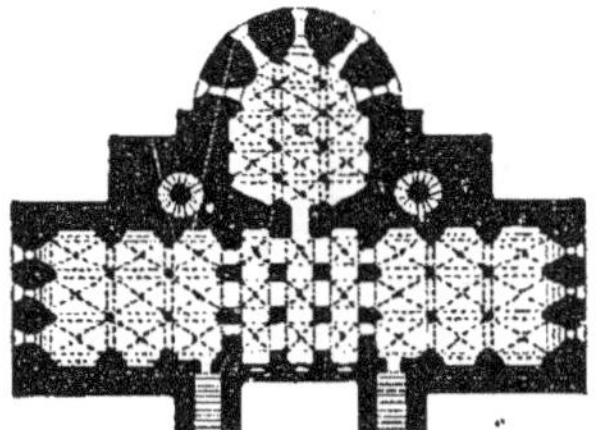

Fig. 1141. — Crypte de l'église de Spire. Plan.

La crypte de Saint-Bénigne à Dijon (fig. 1140), disposée sous le chœur de l'ancienne église aujourd'hui disparue, et longtemps remblayée elle-même, puis dégagée de nos jours, est complètement circulaire. Celle de Spire (fig. 1141) s'étend à la fois sous le chœur et sous le transept de l'église haute. Mais dans certains cas particuliers, la crypte devient une véritable église sous une autre église. L'exemple le plus saisissant de cette disposition se trouve à l'église de Saint-François à Assise. Là ce sont non pas deux, mais bien trois églises qui se superposent, et qui, grâce à la configuration du terrain, peuvent avoir chacune leur entrée extérieure.

Sous l'église du haut, claire, élancée, brillante, il y a une autre église, sombre, trapue, sévère, orientée de même, mais éclairée d'un seul côté, car de l'autre elle est adossée au terre-

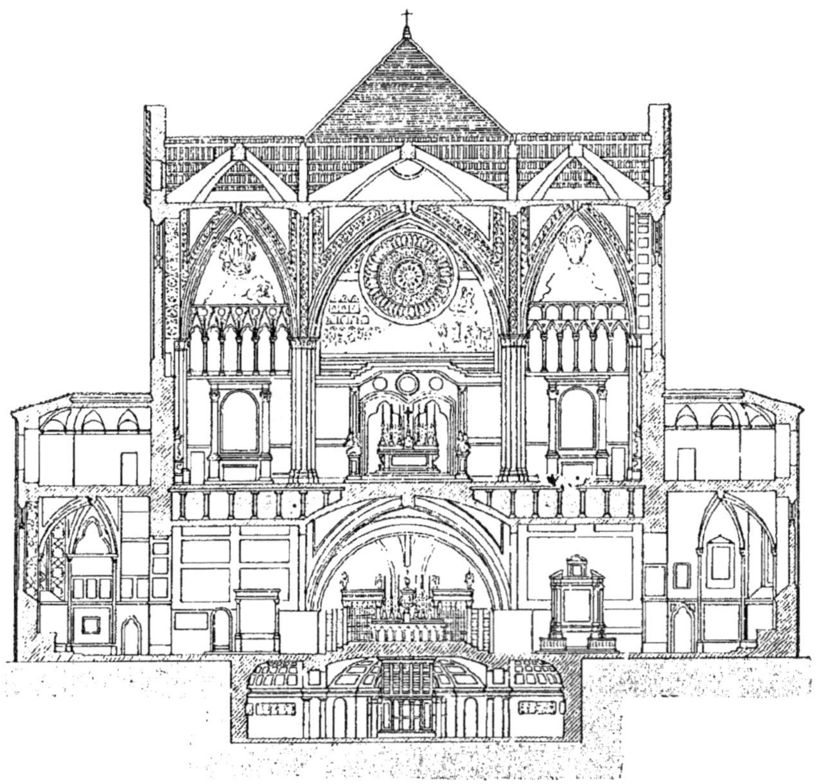

Fig. 1142. — Églises superposées, à Assise.

plain. Chacune est fort belle, mais d'une beauté opposée, et le contraste double la beauté de chacune. Celle du bas surtout est un des monuments les plus saisissants de l'architecture religieuse (fig. 1142). Engagée dans la montagne sur un de ses longs côtés, et aussi sous le terre-plain qui forme une place devant l'église supérieure, elle a son entrée en façade latérale.

Puis, au-dessous encore, il y a une troisième église ou chapelle, plus petite, sous le chœur de la précédente, beaucoup moins importante, et qui a son entrée sur une place plus

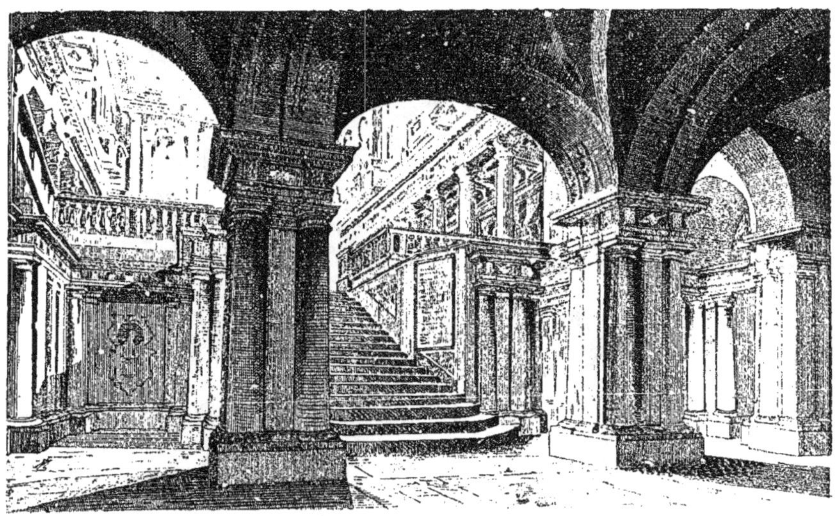

Fig. 1143. — Crypte de San-Martino ai Monti, à Rome.

basse, sous la façade postérieure ou le chevet des deux précédentes.

Je vous ai déjà signalé la disposition des cryptes de San-Miniato de Florence et de Saint-Martin-des-Monts à Rome (fig. 1143). Placées sous un chœur très surélevé, ces cryptes sont à un sol intermédiaire : plus bas que celui de l'église, plus haut que celui d'une crypte pratiquée en cave. Les larges accès qui les mettent en communication avec l'église font que de l'église on voit la crypte, de la crypte on voit l'église : effet certainement plus monumental que lorsque la crypte n'est accessible que par des escaliers fermés, souvent étroits et sombres.

Quelle que soit d'ailleurs la disposition, la force des choses donne à toutes ces cryptes un caractère commun : leur architecture souterraine et basse contraste avec l'élancement de l'église

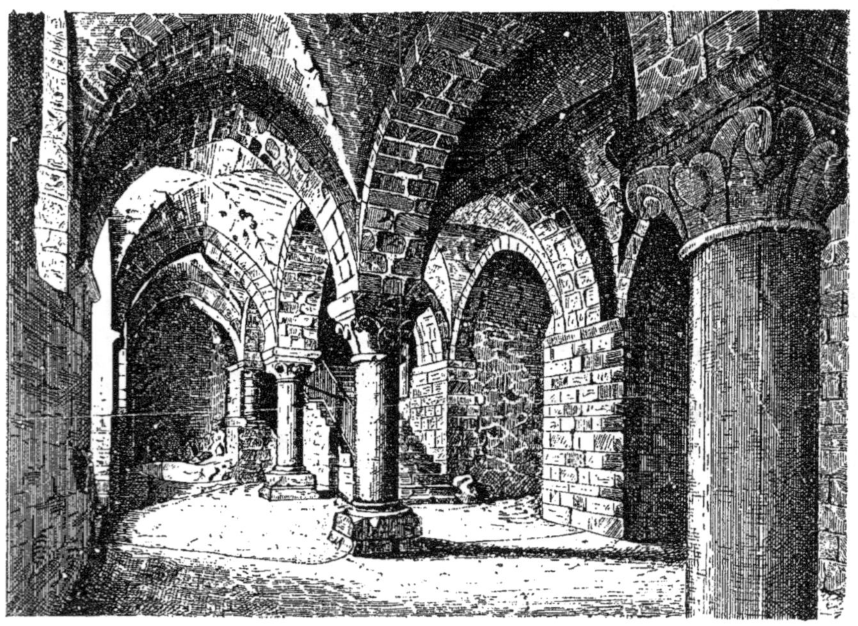

Fig. 1144. — Crypte de l'abbaye du Mont-Saint-Michel.

supérieure : une crypte est toujours une cave, mais une cave dont l'art a su faire une œuvre d'un beau et grand caractère. La plus connue en France, tout au moins des touristes, est sans doute la crypte de l'abbaye du Mont-Saint-Michel. A vrai dire, ce n'est pas tout à fait la crypte sous l'église; c'est plutôt un lieu de passage entre diverses parties d'un étage souterrain ou engagé dans le flanc du rocher. Mais elle peut néanmoins être montrée comme type de l'architecture des cryptes (fig. 1144), réunissant au caractère robuste et trapu qui leur est commun des qualités particulières de pittoresque dues à la situation, à la nature étrange de l'édifice et à l'éclairage digne de Rembrandt que lui assurent des fenêtres restreintes, ouvrant au fond de profondes embrasures, mais riches d'une lumière que rien n'arrête depuis l'horizon.

CHAPITRE XVI

LES CLOCHERS

SOMMAIRE. — Programme général des clochers. — Clochers isolés. — Clochers attenant aux églises.
Flèches en pierre et en charpente, pleines et à jour.

De l'église souterraine, passons à ce qu'il y a de plus aérien dans l'église : le clocher.

Les plus anciennes églises n'avaient pas de clochers, mais bientôt on a éprouvé le besoin d'un moyen extérieur d'appel des fidèles. Le signal est une nécessité du culte, et de même que l'église a son clocher, la mosquée musulmane a son minaret : dans l'un c'est la cloche qui vibre, au sommet de l'autre c'est le prêtre lui-même qui appelle les croyants.

Les clochers ont tout d'abord été une adjonction à d'anciennes églises, et de là est venu ce fait que beaucoup d'églises, et non des moindres, ont des clochers extérieurs et isolés. Cela est surtout vrai en Italie où il y en a de célèbres : la tour penchée de Pise, le campanile de Sainte-Marie-des-Fleurs, naguère encore celui de Saint-Marc de Venise et tant d'autres. C'est de ce fait qu'est née sans doute une confusion persistante : pour beaucoup de personnes, même pour des architectes, *campanile* est synonyme de *clocher isolé*, et je me rappelle des programmes de vos concours dont le titre était « un campanile ou clocher isolé ». C'est une erreur : *campanile*, mot qui vient de *campana*, cloche, veut dire exactement la même chose que *clocher*, mot qui vient de *cloche*, *clossa*. Il n'y a là qu'un fait, c'est que le campanile, ou clocher italien, a été plus souvent isolé que le clocher français ou occidental.

Que d'ailleurs le clocher soit isolé ou incorporé à l'église, c'est une question de composition ou de circonstances, mais le programme reste le même.

Qu'est-ce donc que le clocher? Un instrument de musique. Il faut que le son se produise à une grande hauteur pour se propager au loin; tout ce qui dans la construction du clocher est au-dessous des cloches n'est là que pour créer cette hauteur. Le clocher est donc une chambre sonore au-dessus d'un piédestal très élevé. Logiquement, la chambre sonore sera très ouverte pour permettre la sortie du son, le piédestal sera robuste et plein, car cette hauteur exige une construction très solide, et les vibrations, comme le balancement de la cloche, réclament aussi une grande solidité de tout ce qui la porte. Mais le clocher fait souvent partie d'une façade d'église, principale, latérale ou postérieure, et alors il emprunte à cette situation des éléments qui ne sont pas inhérents à sa fonction de clocher : c'est ainsi qu'à Notre-Dame les clochers, ou comme on dit les tours, sont partie intégrante de la façade, avec des portails qui ouvrent dans leur base, avec la galerie dite des Rois, avec les grands jours qui accompagnent la rose centrale.

Réservons ces applications pour étudier le clocher en lui-même : nous trouverons d'abord ses éléments propres dans les clochers isolés, puisqu'ils n'ont pas d'autre fonction que d'élever le son des cloches; c'est surtout dans les clochers italiens que nous trouverons cet enseignement.

Tout d'abord, le clocher se composera donc d'un haut piédestal — dites si vous le préférez un fût — lequel sera souvent divisé en plusieurs étages pour l'entretoisement de la construction, et d'un escalier; puis d'une partie haute, largement ouverte, recevant les cloches. Mais les coussinets des cloches ne se scellent pas dans la maçonnerie : les mouvements de rotation et de vibration se transmettraient trop directement aux murs qu'ils ébranleraient rapidement. Les cloches sont donc suspendues à un ouvrage en charpente, nommé *beffroi*, qui n'adhère à la maçonnerie du clocher que par sa base : c'est une sorte de cage carrée dont les côtés sont formés de poteaux, traverses, entretoises ou croix de Saint-André, soit à plomb, soit légèrement inclinés, et qui porte à la partie haute les fortes poutres auxquelles les cloches sont suspendues (fig. 1145). Le beffroi repose par les pieds de ses poteaux ou par les traverses de sa base sur une retraite de la maçonnerie ou sur des corbeaux saillants; à part ce seul contact, il ne doit en aucun point toucher les murs. Si donc il prend un mouvement oscillatoire, ce balancement se perd dans l'élasticité de la charpente sans compromettre la maçonnerie.

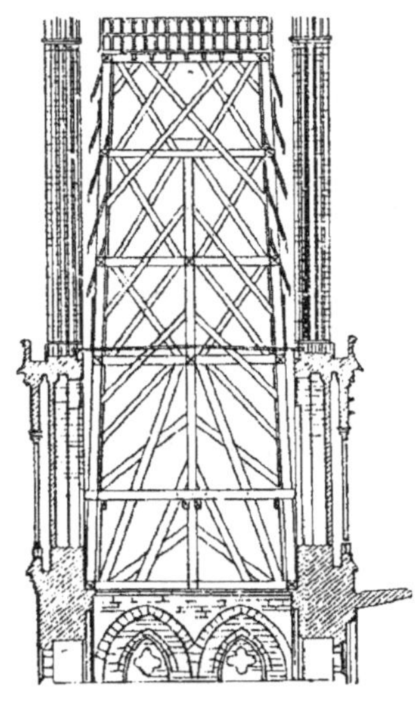

Fig. 1145 — Beffroi en charpente de N.-D. de Paris.

Quant aux murs de cette partie haute, ils sont très ouverts, par des fenêtres longues et évasées, munies souvent d'abat-sons, clôture en sorte de grandes lames de persiennes, qui s'opposent au mouvement ascensionnel du son, tout en défendant le beffroi et l'intérieur du clocher contre la pluie.

Au-dessus, il ne reste plus qu'à couvrir le clocher, soit par une toiture ordinaire, soit par une toiture aiguë, qui prend alors le nom de *flèche*, qu'elle soit d'ailleurs carrée, ronde ou polygonale, qu'elle soit en charpente avec couverture d'espèce quelconque, ou en pierre.

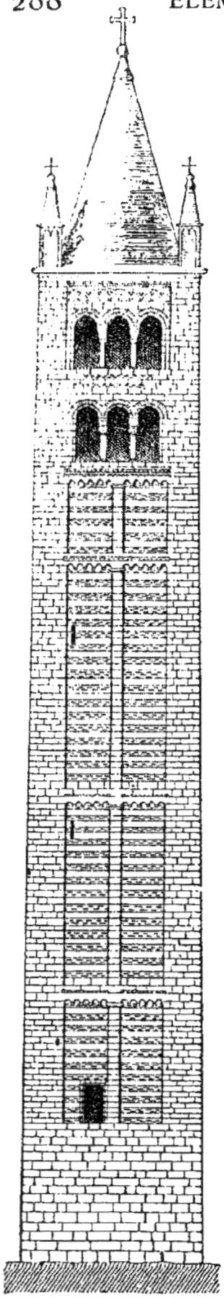

Aucun clocher peut-être ne répond plus nettement à ce programme que celui de l'église Saint-Zénon à Vérone (fig. 1146). Ce clocher isolé se compose d'un fût carré, trés svelte, sans autres ouvertures que quelques barbacanes pour éclairer l'escalier, et de deux rangs de fenêtres correspondant à deux étages de cloches. Aucune saillie, aucune corniche ni bandeau n'interrompent cette unité, jusqu'à la corniche finale de couronnement sous la flèche. C'est bien le clocher d'une seule venue, accusant nettement son objet : d'ailleurs, d'une remarquable élégance par le fait seul de la proportion et du goût.

Le clocher de Pistoia (fig. 1147) est d'une composition assez analogue, quoique moins nettement écrite. On est un peu indécis sur l'emplacement des cloches : sont-elles derrière les arcades en galeries qui terminent le fût, ou derrière celle de la base de la flèche ?

Fig. 1146. — Clocher de l'église Saint-Zénon, à Vérone.

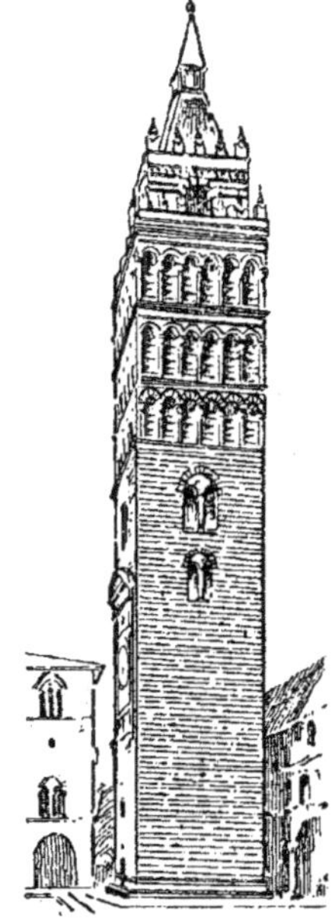

Fig. 1147. — Clocher de Pistoia.

Nous trouvons également ce parti d'un fût unique et très simple, mais avec l'étage des cloches en retraite et servant de base à la flèche, dans deux clochers très différents d'étude : celui de Saint-Marc de Venise et celui de Saint-Germain-des-Prés à Paris.

Le clocher de Saint-Marc, récemment écroulé (fig. 1148 et 1149), n'était ni du temps ni du style de l'église ; il en était d'ailleurs isolé. Très simple de parti, et d'une masse à la fois imposante et élégante, il peut être considéré aussi comme un type de clocher purement conçu. Sa grande largeur a permis une disposition d'escalier, assez fréquente d'ailleurs dans les clochers italiens, composé de révolutions successives longeant les parois autour d'un vide central. Ces escaliers sont très doux en raison de leur grand développement, et bien plus praticables que les escaliers en tourelles, étroits et raides, qui desservent la plupart des clochers ; on prétend que divers personnages historiques ont fait à cheval l'ascension du clocher de Saint-Marc. Au pied de cet édifice était la *logette*, charmant édifice de la Renaissance, qui pour être un hors-d'œuvre n'en contribue

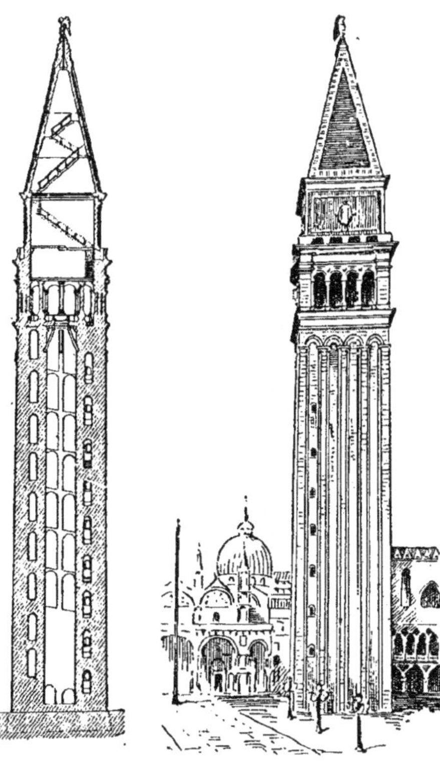

Fig. 1148. — Coupe du clocher de Saint-Marc de Venise.

Fig. 1149. — Clocher de Saint-Marc de Venise.

pas moins au charme pittoresque de ce beau monument. — Je reviendrai plus loin sur les enseignements qu'on peut tirer de sa ruine.

A Saint-Germain-des-Prés, le clocher n'est pas isolé, et si je le cite ici un peu prématurément, c'est à cause de son analogie avec le précédent; en effet, le parti est le même, sauf pour l'escalier, et aussi sauf que la base du clocher est percée par l'entrée

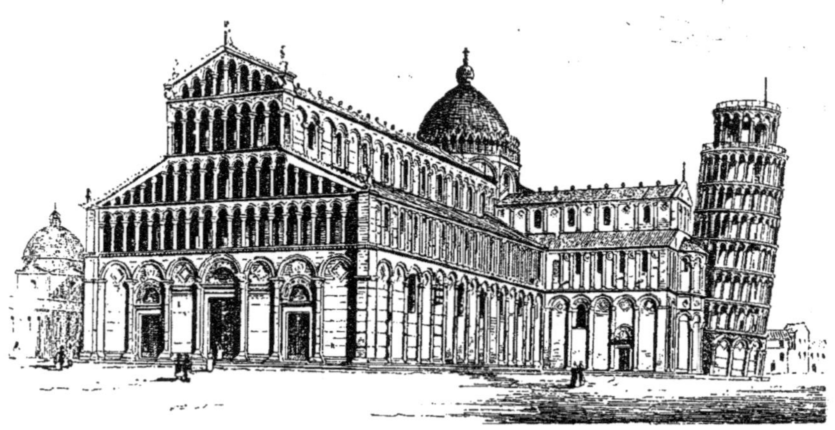

Fig. 1150. — Le dôme et la tour penchée de Pise.

de l'église. Mais ici l'architecture est rude et primitive. Malgré cela, un parti franchement accentué a toujours une telle saveur qu'il est permis de citer Saint-Germain-des-Prés comme exemple de clocher à etudier dans l'expression très nette d'une volonté qui ne s'égare pas.

Mais les clochers, même isolés, n'ont pas toujours eu cette simplicité énergique jusqu'à la brutalité. Pour rester en Italie, vous connaissez par les photographies la *tour penchée* de Pise (fig. 1150). Vous savez sans doute qu'il y a encore des crédulités toutes prêtes pour attribuer son inclinaison à un tour de force de construction : en fait, cette tour a tassé comme tous les monuments de Pise ont tassé, un peu plus peut-être à cause de son poids plus grand à égalité de surface. Donc, à ce point de vue, son originalité n'est que l'originalité du hasard. Ce clocher est circulaire, et composé dans le système pisan, d'un grand nombre de rangs d'arcades superposées. L'escalier est annulaire, très doux, appuyé au mur en tour ronde de la façade, et à un autre mur cylindrique intérieur; le centre est vide du haut en bas, de sorte que par suite de l'obliquité due au tassement, la corde de la cloche vient, au bas, frotter contre le mur enveloppe [1].

Je suis loin d'ailleurs de vous citer comme un modèle cette construction curieuse, qui compte pour beaucoup dans l'ensemble pittoresque de Pise, qui attire par le charme du détail, mais qui, somme toute, manque de parti.

Bien autrement beau est celui de Florence, le célèbre Campanile de Sainte-Marie-des-Fleurs (fig. 1151), cette tour superbe due au Giotto, qui d'une seule venue, d'un seul jet, s'élance à une hauteur considérable, avec une grande variété d'éléments, et cependant une grande unité. Vous savez qu'elle est, comme la cathédrale, revêtue de compartiments en marbre; l'effet de richesse en est prodigieux, et cependant il n'y a que trois sortes de marbres, blanc, rouge-brun et vert foncé.

Je devrais vous dire d'admirer, et passer. Cependant, il y a un enseignement à demander à ce beau monument. Rien n'est plus simple que sa composition : un fût. Des fenêtres pour éclai-

1. Ce n'est pas d'ailleurs le seul effet original de ce tassement. L'escalier annulaire a ses marches qui tantôt descendent et tantôt montent vers le centre; cet escalier est d'ailleurs compris tout le temps entre deux murs circulaires assez rapprochés. La personne qui le monte, et qui forcément conserve son aplomb, a tantôt l'épaule gauche touchée et comme pressée par le mur extérieur, puis l'épaule droite par le mur intérieur, et ainsi alternativement à chaque demi-révolution de l'escalier. L'effet produit, joint à celui du dénivellement des marches, est absolument celui d'un balancement de la tour — du roulis d'un navire.

rer les divers étages, mais fenêtres secondaires; puis au haut les grandes fenêtres de l'étage des cloches. Au-dessus une puissante corniche qui couronne le tout, et domine par son relief et sa hauteur les petits cordons qui subdivisent les étages. Puis, plus rien qu'une simple toiture. On dit que Giotto voulait ajouter une flèche : il serait téméraire de dire que le monument y aurait perdu; et cependant, il est si complet comme il est : ce clocher est un chef-d'œuvre.

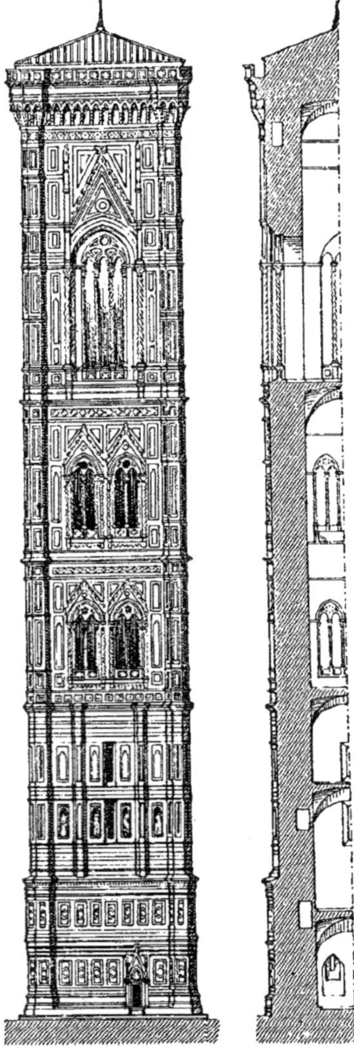

Fig. 1151. — Campanile de Florence. Élévation et coupe.

Eh bien, pour construire ce clocher, dont l'aspect de stabilité est si rassurant, on sait quelles précautions il a fallu prendre pour que les fondations ne fléchissent pas comme à Pise; il a fallu lui faire dans la profondeur du sol une assiette éternellement inébranlable. Puis, comme toujours, on a voulu exagérer : on a voulu faire sinon plus haut, du moins plus élancé; alors on a osé les tours de Bologne, dont l'une n'a même pas pu être achevée, dont l'autre a subi un surplomb menaçant.

C'est qu'un clocher isolé est une construction toujours périlleuse, étant abandonnée à elle-même dans des conditions presque instables. On l'a malheureusement bien vu avec la chute du Campanile de Saint-Marc à Venise. Je ne prétends pas savoir plus que d'autres à quoi attribuer cette ruine soudaine; mais je puis à cette occasion appeler toute votre attention sur les difficultés de la construction des clochers en général et des clochers isolés en particulier. Un clocher incorporé à une église, comme les tours de Notre-Dame, est épaulé dans une grande partie de sa hauteur, sur deux ou trois sens : la partie haute est seule abandonnée. Le clocher isolé, au contraire, n'a aucun appui, et doit trouver en lui seul tous les éléments de résistance aux causes de destruction. Comme les obélisques égyptiens, il ne peut tenir debout que grâce à une stabilité parfaite, et toute défectuosité prend dans cette situation, dangereuse par elle-même, une exceptionnelle gravité. Les fondations du campanile de Venise ont-elles subi un fléchissement ? C'est possible, car à Venise c'est chose ordinaire. Les maçonneries étaient-elles de mauvaise qualité ? C'est possible encore; je l'ignore. Mais tout cela, ce serait affaire d'exécution. L'intéressant pour nous est de rechercher s'il y a dans cette catastrophe des leçons à recevoir au point de vue de la composition.

Or, je crois qu'il n'est pas prudent d'élever ainsi un monument à une grande hauteur en ne construisant que quatre murs enveloppes. Nos constructions, vous ai-je dit en parlant des murs, tiennent par l'assemblage. Un fût tout en hauteur, s'il n'est pas, comme la colonne Trajane, composé de monolithes, n'est assemblé que par les quatre rencontres angulaires de ses murs de face. Si l'on avait à faire une salle carrée, de 20 mètres de côté, par exemple, et qu'on voulût lui donner 40 mètres de haut, on n'oserait pas l'encadrer simplement de quatre murs; on l'ose pour le clocher parce que, instinctivement, on compte sur le rapprochement des quatre assemblages angulaires. Malgré cela, je crois que les murs du campanile de Venise n'étaient pas suffisamment assemblés, et je crois que la composition du campanile de Florence, où les murs sont reliés par de nombreux rangs de voûtes, est beaucoup plus prudente. Si l'exécution est bonne, et je crois qu'à Florence elle est excellente, on peut considérer qu'à une construction peu élevée et complète se superpose une autre construction peu élevée et complète, et ainsi de suite, surtout si à l'occasion des voûtes il a été pratiqué des chaînages sérieux.

Je tiens donc pour peu prudente la composition du vide central de toute la hauteur du clocher, qui caractérise le campanile de Venise et la tour penchée de Pise. Cependant cette dernière reste debout, malgré son extraordinaire tassement. Mais il faut remarquer que la proportion en est tout autre : environ trois fois son diamètre pour la hauteur du mur enveloppe, tandis qu'à Venise cette proportion était de cinq fois et demie. Puis, à Pise, la forme circulaire doit être une garantie de solidité, car dans un mur cylindrique chaque section est soumise au même travail, alors que dans les murs d'un édifice carré les angles ou les parties courantes ont des fonctions différentes. Et enfin, la tour de Pise et sa survivance à un tassement terrible peut plutôt être citée comme un exemple de bonheur que de composition rassurante : car les monuments aussi ont leurs bonheurs ou leurs fatalités.

Au contraire, dans le parti toujours audacieux du clocher isolé, le campanile de Florence est composé avec prudence; ses proportions sont cependant très élancées, plus même que celles de Venise. Il a en hauteur six fois sa largeur : un pilier d'un mètre de large et six mètres de haut, isolé, nous effraierait presque, et cependant il est plein. Cela veut dire tout simplement que ces constructions exigent une grande perfection : ne faites pas de clochers si vous ne pouvez les composer comme il convient ou si vous ne pouvez disposer ni de matériaux assez résistants, ni d'ouvriers assez habiles : vous vous en repentiriez.

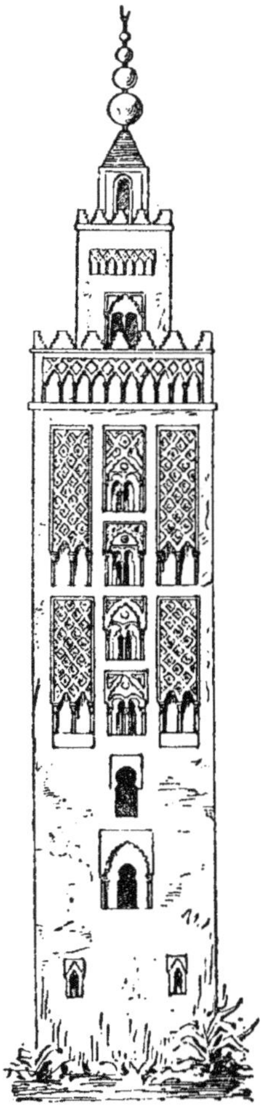

Il est intéressant de comparer à ces clochers la célèbre tour dite *la Giralda*, à Séville, construction moresque qui, dans le principe, était un minaret, c'est-à-dire la tour du haut de laquelle le *muezzin* appelle les fidèles à la prière par un chant lentement modulé. Les chrétiens en ont fait un clocher; mais dans ces deux formes, c'était toujours l'instrument de musique dont je vous parlais tout à l'heure : voix humaine ou voix de bronze élevée dans les airs. L'ouvrage de Girault de Prangey reproduit cette tour dans ses deux états (fig. 1152 et 1153). Vous y voyez toujours le fût nettement accentué par sa

Fig. 1152. — Tour de la Giralda, à Séville. Restauration.

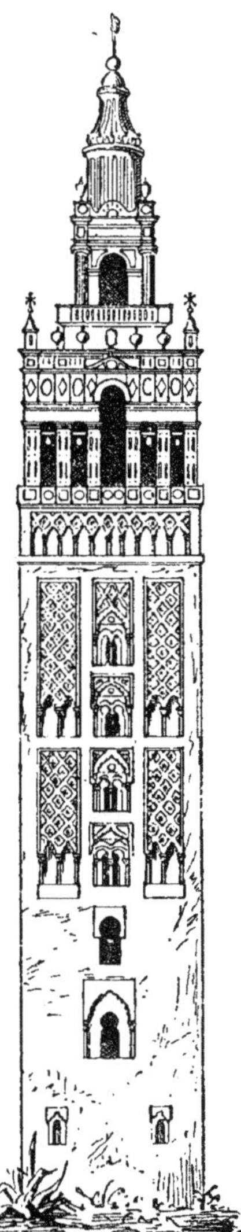

Fig. 1153. — Tour de la Giralda, à Séville. État actuel.

tour carrée, très décorée d'*arabesques*, mais presque pleine : toujours le piédestal. Ailleurs, vous trouverez fréquemment le clocher à plusieurs rangs d'arcades; tel est dans l'architecture romane le clocher de Puisalicon (Hérault), d'un caractère très sérieux (fig. 1154). Je suis loin de prétendre que la composition des clochers, pas plus que toute autre composition, doive être coulée dans un moule unique. Mais enfin comparez ce clocher de Puisalicon, avec ses trois rangées d'arcades qui laissent indécise la place des cloches, et sa petite rosace du haut sans destination bien définie, à la tour de la Giralda, avant ou après que de musulmane elle fut devenue chrétienne, et vous reconnaîtrez je pense que cette dernière composition est bien plus nettement celle d'un clocher, parce qu'elle répond mieux à la vérité de ce programme très simple.

Le clocher est ordinairement en pierre. Il y a cependant des pays en grand nombre où la pierre est rare et où il faut recourir à la brique : parfois la construction est en briques, le revêtement en pierre ou en marbre; mais d'autres clochers se présentent avec leurs parements en brique apparente; dans l'Italie du Nord il y en a des exemples assez nombreux. Parmi les plus intéressants je puis vous citer celui de San-Rustico, à Caravaggio (fig. 1155), plus moderne que les précédents, mais d'ailleurs d'une élégante proportion.

Les clochers attenant aux églises sont beaucoup plus nombreux que les clochers isolés. Les premiers furent de simples tours carrées peu élevées et dénuées de tout caractère décoratif ou simplement architectural. Il serait inutile de nous y attarder. Mais bientôt le clocher devint un élément de silhouette et de richesse, et souvent vous y verrez accumulées toutes les ressources de l'architecture : ici encore la profusion a fini par remplacer le goût et la mesure.

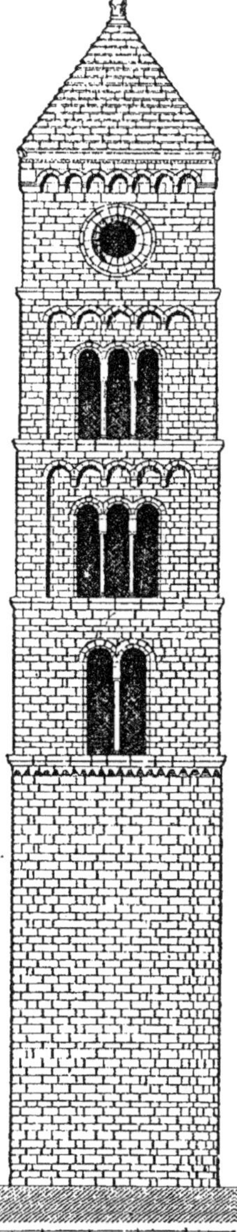

Fig. 1154. — Clocher de Puisalicon (Hérault).

Dans un grand nombre d'églises modestes, les cloches n'ont pas motivé un clocher proprement dit : le pignon de façade s'élève au-dessus des toitures, dans ce pignon sont pratiquées une ou plusieurs arcades, et dans ces arcades sont placées des cloches qui oscillent entre les piédroits. Dans la langue courante, on dit souvent que ce sont des églises à *campaniles* : locution vicieuse comme je l'ai dit plus haut. Entre beaucoup d'exemples de ce parti, je vous citerai l'église de Montsaunes, dans la Haute-Garonne, et surtout l'église de Moirax (fig. 1156), dans le Lot-et-Garonne, très simple d'étude et très pure de caractère. Mais revenons au clocher proprement dit.

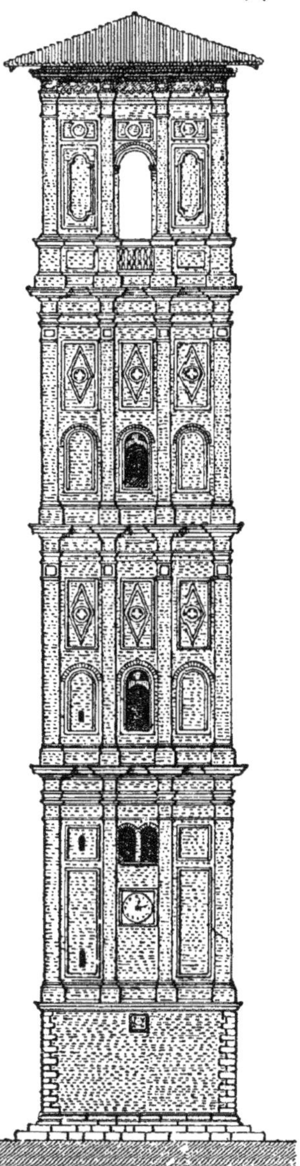

Fig. 1155. — Campanile de San-Rustico, à Caravaggio.

Il ne faut pas confondre le clocher avec la *tour-lanterne* dont nous avons déjà parlé, et qui, dans un grand nombre d'églises, s'élève à l'intersection de la nef et des transepts, apportant à leur croisement un supplément d'éclairage du haut. Il y a bien sans doute des églises où cette tour sert de clocher, par exemple l'église de Langrune (Calvados) (fig. 1157 et 1158), mais ce n'est pas commode, et surtout ce n'était pas commode lorsqu'on ne disposait pas d'autre moyen de sonnerie que la corde. Aujourd'hui la plupart des grosses cloches sont mues par des pédales oscillantes, sorte d'escarpolettes, placées à hauteur des tourillons de la cloche dans le beffroi; mais cette disposition est relativement récente. Avec la corde, il importait donc que le clocher fût placé de telle sorte que la manœuvre des sonneurs ne gênât ni les offices, ni les accès : c'est pourquoi les clochers sont ordinairement rejetés dans des angles; parfois cependant ils sont à l'entrée même de l'église, comme à Saint-Germain-des-Prés, mais alors la sonnerie se faisait à un étage supérieur.

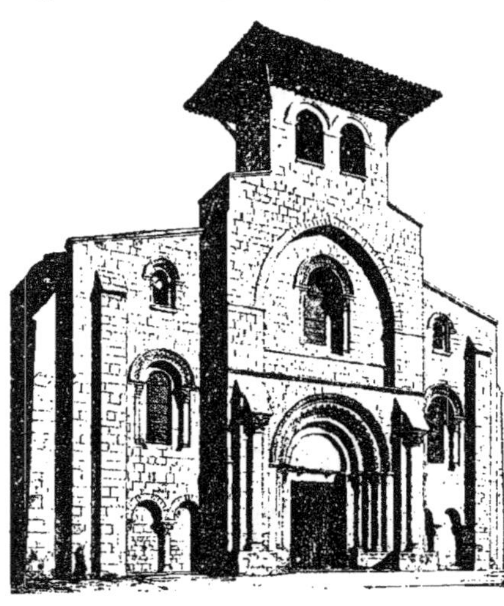

Fig. 1156. — Église de Moirax.

Les églises ont le plus souvent plusieurs clochers, en général deux; presque toutes les cathédrales sont ainsi, quelques-unes en ont plus de deux : ainsi la cathédrale de Bordeaux était disposée pour recevoir deux clochers en façade principale, et deux à chaque pignon de transept, soit six en tout; deux seulement ont été construits. C'est là d'ailleurs une conséquence fréquente des inutilités : une fois que le nécessaire existe, et que le complément n'importerait plus qu'à l'aspect, on trouve bien plus difficilement les ressources nécessaires, et l'ouvrage reste en route.

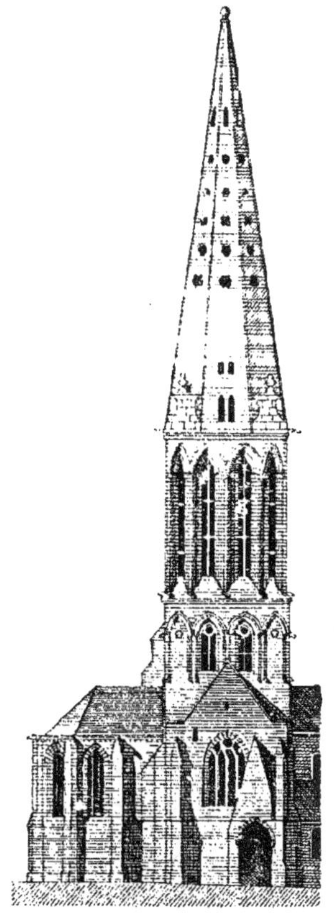

Fig. 1158.
Église de Langrune.

Pendant longtemps, il paraît que le double clocher ait été une sorte de luxe réservé aux cathédrales. Mais en admettant que cette régle ait été formelle — et elle a dû subir de tous temps des exceptions — elle ne s'est pas consacrée, et un grand nombre d'églises paroissiales, même fort anciennes, ont deux clochers. En fait, il n'y a pas à cet égard de régle, et les diverses compositions sont ici permises.

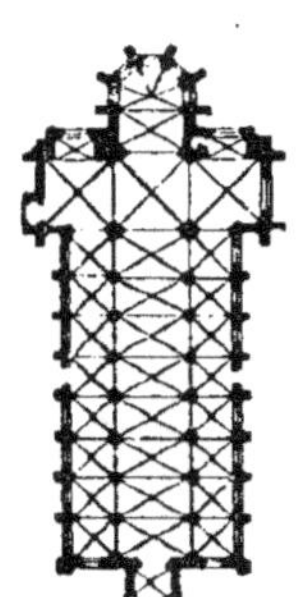

Fig. 1157.
Église de Langrune.
Plan.

Quoi qu'il en soit, le programme du clocher en lui-même reste ce qu'il était pour les clochers isolés, sauf bien entendu les exigences artistiques de la composition des façades auxquelles il se raccorde. La construction en est à certains égards plus facile, puisque le clocher se trouve épaulé par les constructions élevées de l'église; toutefois, il y a des précautions de prudence à prendre dans l'exécution, car cette masse trés élevée et trés lourde, liée à un voisinage plus léger, est de nature à produire des déchirements par l'inégalité des tassements. Au Moyen-âge, la construction des églises était ordinairement lente : c'était une condition excellente, en permettant à toutes les parties de prendre régulièrement leur assiette; et de nos jours quelques accidents survenus soit dans les clochers eux-mêmes, soit dans leurs liaisons avec l'église, sont imputables à la rapidité de l'exécution. Nous sommes loin de la construction à joints vifs des anciens, et nos lits de mortier doivent forcément tasser si des charges considérables sont imposées à des mortiers encore frais. Ne consentez donc pas à élever un clocher important à la hâte : il faut que lorsque le travail arrive aux étages supérieurs, la base soit devenue incompressible sous la charge. Question de calculs faciles à faire, mais qu'il faut faire.

Il importe aussi — ai-je besoin de le dire ? — que le clocher soit monté avec un soin rigoureux des aplombs. Et cependant, en dehors du fait de tassement du sol comme à Pise, il y a d'assez nombreux exemples de clochers dont les aplombs ne sont pas irréprochables. C'est que cette vérification des aplombs est souvent difficile au milieu des échafaudages; il y faut beaucoup de soin et de précision. En somme, un clocher est une construction toujours difficile, plus difficile en pratique qu'en théorie. Je ne puis que vous en avertir.

Dans les églises à deux clochers, vous verrez fréquemment deux compositions très différentes; lors même qu'elles sont semblables, comme à Notre-Dame de Paris, il y a parfois des différences encore sensibles dans le détail. Cela résulterait-il d'un parti pris? Je ne le crois pas. Mais le Moyen-âge n'était pas assez sensible à la symétrie pour la considérer comme une nécessité; et lorsque deux clochers étaient élevés à deux époques éloignées, chacun était conçu suivant les préférences de son temps. Il y avait aussi des raisons de circonstances : ainsi, à la cathédrale de Rouen, la tour principale de la façade a été élevée, dit-on, avec le produit des dispenses annuelles en temps de carême, et s'est par ce motif appelée la *Tour du beurre*. Puis enfin l'émulation : le siècle précédent avait construit un clocher, ce clocher était beau, mais on voulait faire mieux. Mais je n'ai à vous parler du clocher qu'en tant qu'élément de composition : faites deux clochers symétriques ou non symétriques, c'est votre droit; ce qu'il importe d'abord, c'est d'étudier le clocher en lui-même.

Ce programme si simple dans son unité a donné lieu aux solutions les plus variées comme aspect architectural. Je ne puis que vous en citer quelques exemples, en essayant de les classer par grands groupes.

Quelques-uns, malgré leur liaison avec l'église, conservent la grande unité de fût que je vous signalais dans ceux de Saint-Zénon de Vérone ou de Sainte-Marie-des-Fleurs à Florence. Tels sont les clochers de l'église de Saint-Abondio à Côme (fig. 1159), d'une belle et élégante simplicité; celui de la cathédrale de Sienne, trop divisé toutefois en étages multiples; ceux de la cathédrale de Lincoln en Angleterre, d'un grand effet malgré des dissonances de goût; celui de l'église Saint-Pierre à Caen; celui de la cathédrale de Rodez, rejeté sur le côté, et d'un grand effet par le contraste de sa base purement carrée et nue, recevant l'architecture délicate de ses deux étages de cloches. Je vous citerai encore le clocher, d'une étude très pure et très ferme, de la chapelle de Notre-Dame de Kreisker à Saint-Pol-de-Léon (fig. 1160).

Mais dans ce parti, les plus souverainement beaux, à mon avis, sont ceux de Notre-Dame de Paris. On ne saurait trop admirer la franchise et la netteté de ce grand et puissant étage des cloches, avec ses hautes fenêtres d'une seule venue, ainsi que l'art profond qui, tout en élargissant l'ordonnance de la façade

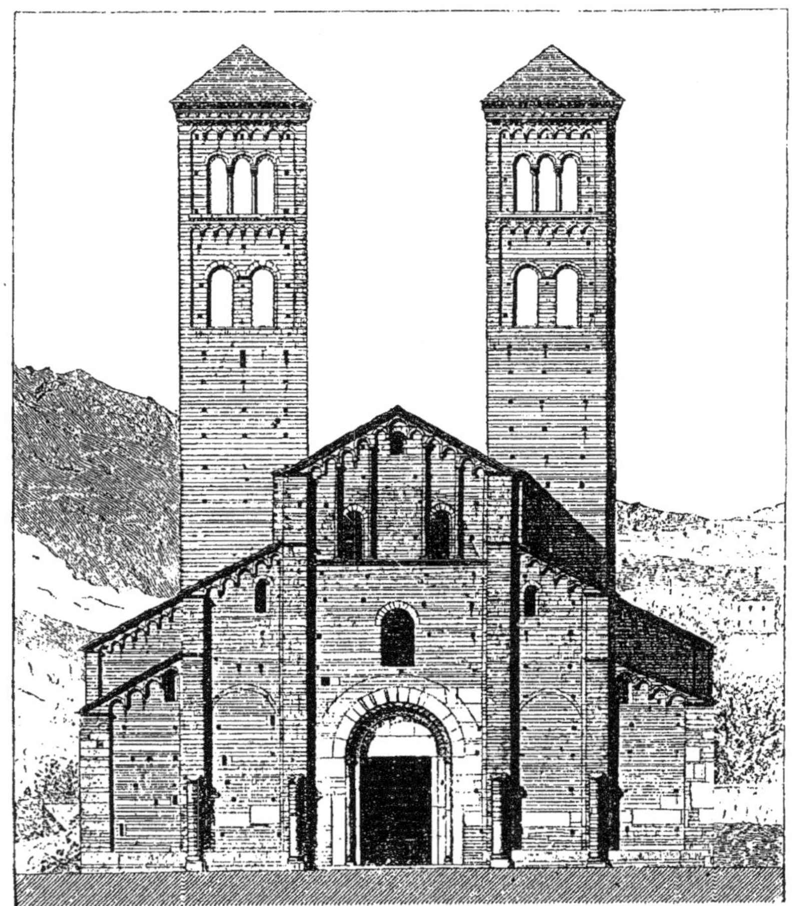

Fig. 1159. — Église de Saint-Abondio, à Côme.

d'une extrémité à l'autre des tours, a su maintenir l'unité du clocher au moyen des grands contreforts qui lui donnent une assiette si puissante. Je vous ai déjà parlé, et souvent, de cette admirable façade de Notre-Dame, et je ne puis que vous féliciter d'avoir sous les yeux et à la portée de vos études le chef-d'œuvre le plus incontestable, à mon avis, de l'architecture du Moyen-âge. Mais voyez aussi la façade latérale de ces tours (fig. 1161), surtout du côté du quai où vous aurez le recul suffisant. Vous serez frappés, je pense, de l'énergie de la composition de cette tour si puissamment assise, si majestueuse dans son unité simple depuis le sol jusqu'à son couronnement. Croyez bien que c'est là de l'architecture classique au premier chef, de l'architecture faite tout entière de pure vérité.

De ces divers clochers, les uns sont couverts par des flèches, les autres par des toitures presque en terrasse, comme le campanile de Sainte-Marie-des-Fleurs. Notre-Dame est dans ce cas. Viollet-Leduc pensait que c'est là le résultat d'un ina-

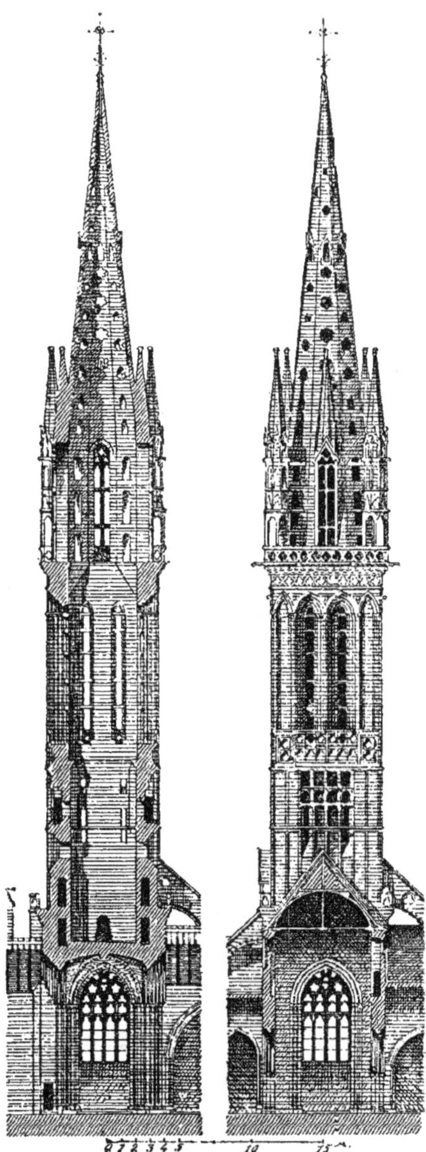

Fig. 1160. — Clocher de la chapelle de Kreisker, à Saint-Pol-de-Léon.

chèvement, que les tours de Notre-Dame devaient être terminées par des flèches. Il était peut-être dans le vrai historiquement : mais si ces clochers sont en effet inachevés, faut-il le regretter ? Non, certes. La composition est bien autrement saisissante telle qu'elle est : il fallait élever les cloches le plus haut possible : elles le sont ; ensuite, plus n'est besoin de rien que d'un toit ; et pour moi, dans tous les clochers où l'étage des cloches est encore surmonté d'une grande hauteur de construction, il semble que la composition soit restée en chemin ou plutôt se soit prolongée lorsque le programme était rempli : si vous pouviez monter plus haut votre construction, pourquoi n'avez-vous pas monté plus haut vos cloches ? Ce sont les cloches qu'il faut placer haut pour qu'elles s'entendent au loin. En tous cas, si c'est là une construction inachevée, on n'a pas tardé à comprendre la beauté de cet inachèvement, puisqu'à Reims on s'en est visiblement inspiré.

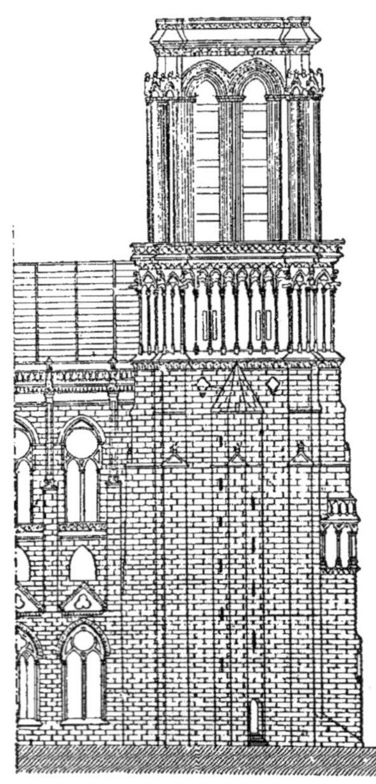

Fig. 1161. — Façade latérale des tours de N.-D. de Paris.

D'autres clochers, moins francs de parti, tout en conservant cette composition d'un étage de cloches nettement accentué, n'ont plus la fermeté d'assiette des précédents. Ainsi, pour prendre un exemple cependant célèbre, les clochers de la cathédrale de Reims : si leur partie supérieure rappelle — quoique avec moins de franchise — l'architecture de Notre-Dame, il n'en est pas de même de leur base : les grands contreforts paraissent s'appuyer sur les lignes rampantes des portails : aspect contraire à la logique et à l'impression monumentale.

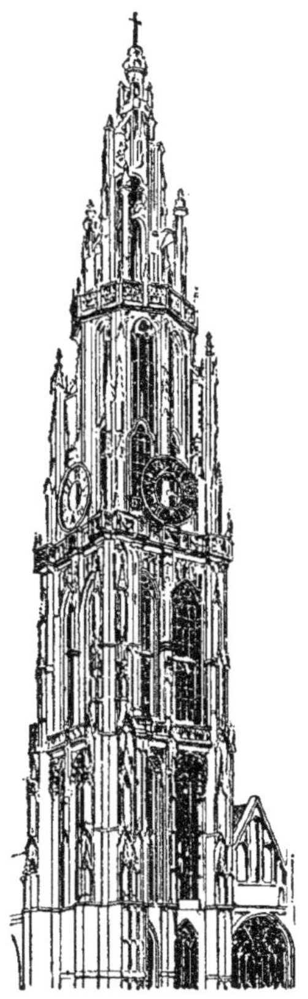

Fig. 1162. — Clocher de la cathédrale d'Anvers.

D'autres enfin, en conservant au contraire des éléments verticaux qui les délimitent depuis le sol jusqu'au sommet, sont exprimés plutôt comme des tours à étages multiples; l'étage des cloches y est bien moins franchement indiqué, et les flèches souvent très hautes mettent les cloches vers le milieu de la hauteur totale.

Il en est ainsi des clochers de la cathédrale de Bordeaux, de ceux de Bayeux, de Senlis, de la tour de Saint-Jacques la Boucherie à Paris, seul reste d'une ancienne église. On est même arrivé dans ce parti, en procédant par retraites successives, à effacer complètement la démarcation entre un fût vertical et une flèche pyramidale. Le clocher n'est plus en quelque sorte qu'une flèche qui part presque du sol et se termine en pointe aiguë sans qu'on puisse distinguer une partie de l'autre, tellement le tout est fondu dans une dégradation continue des aplombs. Tel aurait été, s'il eût été achevé, le clocher cité plus haut, dit la *Tour du beurre*, à la cathédrale de Rouen, ou la tour isolée de Saint-Michel, à Bordeaux; mais l'exemple le plus typique de cette disposition est peut-être le clocher de la cathédrale d'Anvers (fig. 1162), ouvrage très remarquable d'ailleurs, très harmonieux dans son parti, et où vous pouvez plus que dans tout autre peut-être voir la recherche d'une unité d'un tout autre esprit que l'unité des clochers de Notre-Dame. Dans ceux-ci, c'est l'unité des murs verticaux; à Anvers, c'est l'unité d'une aiguille pyramidale de la base au sommet.

Vous trouverez enfin des églises où le clocher ne monte pas de fond, au moins comme élément de façade. Alors, au-dessus d'une façade d'église avec son ordonnance propre, le clocher ne se traduit que par un exhaussement qui ne paraît commencer qu'au couronnement de cette façade. Des exemples vous feront mieux saisir cette différence.

A la cathédrale de Poitiers, la façade de l'église est composée en elle-même sur toute la largeur de l'édifice, puis les clochers se superposent, un peu au hasard, à cette composition. De même à la cathédrale de Laon (fig. 1163); là, l'église se présente en façade avec trois portails, puis trois arcades, dont l'une, plus grande, encadre la rose et dessine la nef; enfin une galerie, surélevée au-dessus de l'arcade centrale. La composition est complète, et les étages de cloches des tours émergent seuls au-dessus de cette façade. Ce n'est que latéralement qu'on peut apprécier l'unité de la tour. Comparez Laon et Notre-Dame de Paris; certaines qualités sont communes, la composition des façades est toute différente.

La célèbre cathédrale de Burgos est encore dans un parti un peu analogue, ou plutôt intermédiaire. Les clochers ne se dessinent pas dans la hauteur du rez-de-chaussée; ils ne commencent à compter en façade qu'à partir du premier étage au-dessus des portails.

Ces exemples suffiront, je pense, pour vous permettre, au

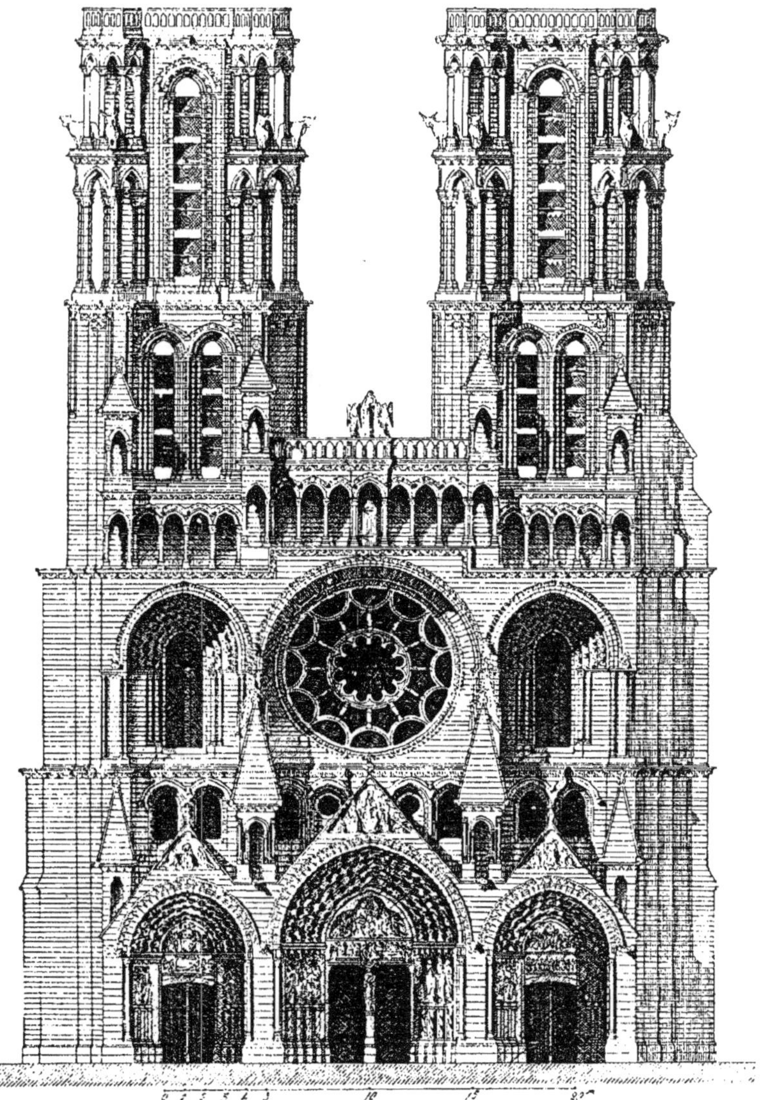

Fig. 1163. — Cathédrale de Laon.

milieu de l'infinie variété des clochers, de les rattacher à l'un ou l'autre de ces types.

Permettez-moi toutefois une remarque : ici, comme à propos des nefs, vous voyez que je ne groupe pas les exemples chronologiquement, ni par styles comme on dit. C'est que, je le répète encore, la composition n'est pas affaire de chronologie. Ainsi, comme époque et comme conception à beaucoup d'égards, la chronologie rapprocherait Laon de Notre-Dame. Entre les nefs, en effet, il y a analogie ; mais comme composition des façades, en ce qui concerne notamment les clochers, les différences sont capitales. Le clocher de Rodez est conçu dans le même esprit que celui de Vérone ou que la tour de *la Giralda*; je vous ai cité en parallèle ceux de Saint-Marc de Venise et de Saint-Germain-des-Prés; et ainsi de bien d'autres. C'est que, avec des formes variées, qui sont le style d'une époque, il y a analogie ou disparate dans la composition, qui est de tous les temps. L'architecture du Moyen-âge ne fait pas exception : elle compose d'abord, plus ou moins heureusement, avec une idée directrice qu'il vous faut dégager de ces œuvres; puis vient l'étude, la décoration, l'habitude de l'époque; cela, c'est le domaine de la classification historique. Mais vous avez avant tout à chercher dans l'architecture de tous les temps des leçons de composition : sachez voir dans les monuments du passé l'idée maîtresse et le pourquoi de la composition, vous y apprendrez à composer vous-mêmes, en parlant à votre tour votre langue, comme les auteurs de ces monuments ont parlé la leur.

Nous avons vu la plupart des clochers terminés par des flèches. Dans le cas le plus simple, la flèche est une toiture à pentes rapides, conforme au plan de ce qui la supporte, carrée, ronde, octogonale, suivant que le fût est lui-même carré, rond ou octogonal. Souvent cependant, sur un plan carré, la flèche est octogonale; les angles sont alors combinés avec des amortissements plus ou moins heureux.

Mais beaucoup de flèches sont en pierre. De celles-ci, les plus anciennes sont de véritables voûtes très surélevées, sans ouvertures. C'était le parti le plus naturel, et c'est ainsi qu'a été conçue la flèche des clochers de la cathédrale de Poitiers, que je vous ai citée plus haut, ou celle de Saint-Front; puis on en a fait de pyramidales, toujours sans ouverture; un grand nombre de flèches de l'époque romane sont composées ainsi, notamment celle d'un parti très pur de l'église Notre-Dame de Beaune (fig. 1164).

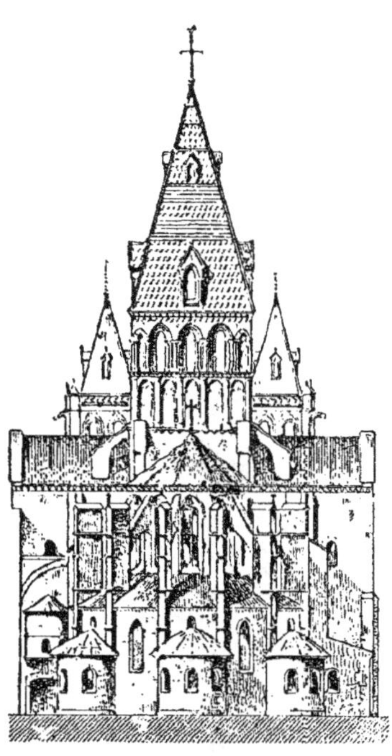

Fig. 1164. — Flèche de l'église Notre-Dame de Beaune.

De même un grand nombre de clochers de l'époque gothique sont couronnés par des flèches en pierre, mais plus ajourées. Je vous en citerai quelques exemples, outre ceux que nous avons déjà rencontrés : ainsi, les clochers de Bordeaux, de Coutances, de Burgos, de Saint-Pierre de Caen, et une foule d'autres. Un des exemples les plus intéressants est celui des clochers de l'église de Saint-Pol-de-Léon (fig. 1165) en Bretagne. Mais remarquez bien que ces flèches à jour ne sont pas en réalité une toiture. Si raide que puisse en être la pente, les ouvertures laissent entrer l'eau et la neige, surtout du côté où frappe le vent. Et cependant il faut abriter l'intérieur, le beffroi et les cloches. Aussi est-on obligé de pratiquer à la base de la flèche une toiture intérieure de protection : la flèche elle-même n'est qu'un motif de décoration.

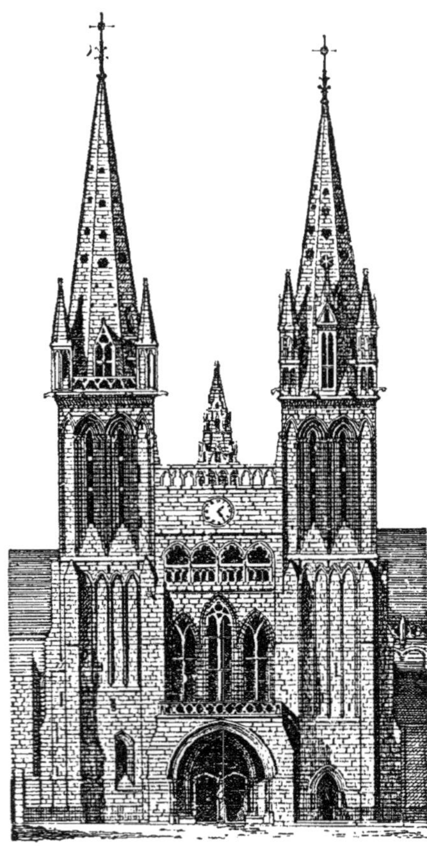

Fig. 1165. — Église Saint-Pol-de-Léon. Façade.

Les flèches en charpente, avec couverture soit en métal, soit en ardoises sont plus fréquentes encore que les flèches en pierre, surtout dans les églises modestes. La plupart sont pleines, et parmi celles-ci je vous citerai celles de Vailly (Aisne) (fig. 1166), et sur de grandes proportions, celle de Montier-en-Der (fig. 1167) dans la Haute-Marne. Quelques-unes sont ajourées, par exemple la flèche de la Sainte Chapelle de Paris. Au point de vue de la composition de l'édifice, je n'ai rien à ajouter à ce que je vous disais des flèches en pierre apparente. Pour les flèches à jour, notamment, les inconvénients restent les mêmes.

Les mêmes observations s'appliquent aux flèches, plus décoratives qu'utiles, qui s'élèvent sur les combles des églises,

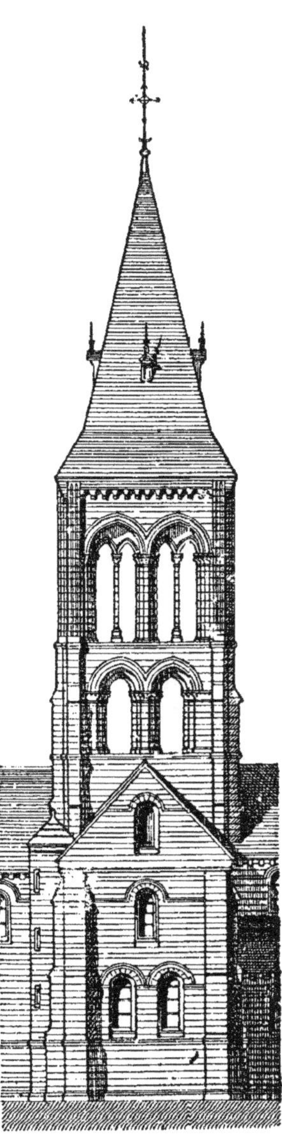

Fig. 1166. — Flèche de l'église de Vailly (Aisne).

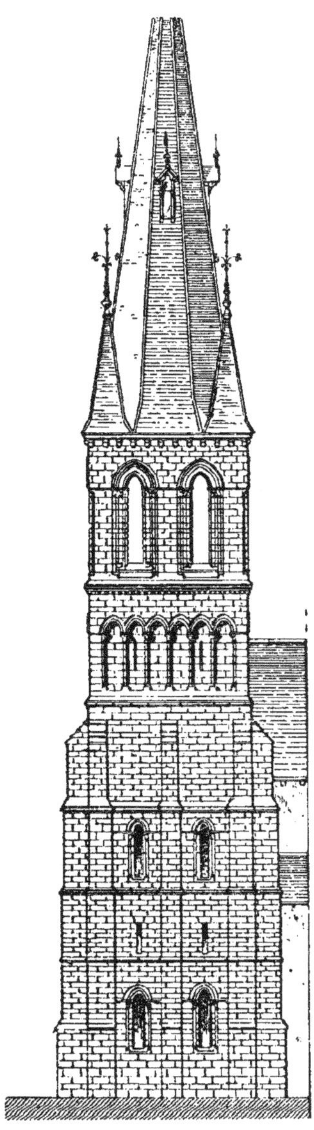

Fig. 1167. — Flèche de l'église de Montier-en-Der.

ouvrages de charpente composés surtout en vue de la silhouette. Celle de la Sainte Chapelle de Paris est un des plus beaux exemples de ce genre de flèches. Enfin, aux premiers temps de la Renaissance, les tours ont souvent reçu une couverture en coupole cylindrique à pans; telles sont celles de la cathédrale de Tours, celle de Bressuire, celle de Saint-Germain à Argentan (fig. 1168), et d'autres principalement dans la Touraine et l'ouest de la France.

Cette étude des clochers, qui débute par la description d'un organe essentiel de l'église, arrive donc finalement à la constatation de somptuosités décoratives. Matériellement, la flèche n'a pas d'utilité; et cependant partout et pendant des siècles on a fait des flèches. Est-ce donc sans motif ? Non, certes. Les flèches répondent à un besoin, à une pensée profonde; besoin, mais besoin moral.

Laissons de côté les rivalités quelque peu enfantines de hauteur, les glorioles dues à quelques mètres de plus ou de moins dans l'élévation du point culminant de telle ou telle flèche. Vienne dépasse Strasbourg, qui dépasse Amiens : quand on voudra, on dépassera Vienne, — question de hauteur — on ne dépassera pas quand on voudra Notre-Dame — question d'art !

Mais, petite ou grande, peu importe, l'église a toujours un programme immatériel, sans quoi elle ne serait pas l'église. Ce n'est pas l'hygiène, ce n'est pas le cube d'air, ce n'est pas l'éclairage qui commande les nefs élevées, les piliers élancés, les voûtes aériennes. C'est le sentiment. Or, le sentiment en art c'est la poésie. Les nefs de Saint-Eustache étonneraient et seraient peut-être taxées de folie si leur programme n'était pas l'église : jamais on ne penserait à ces proportions pour une Bourse, une salle de Pas-perdus, un musée, pour les plus nobles

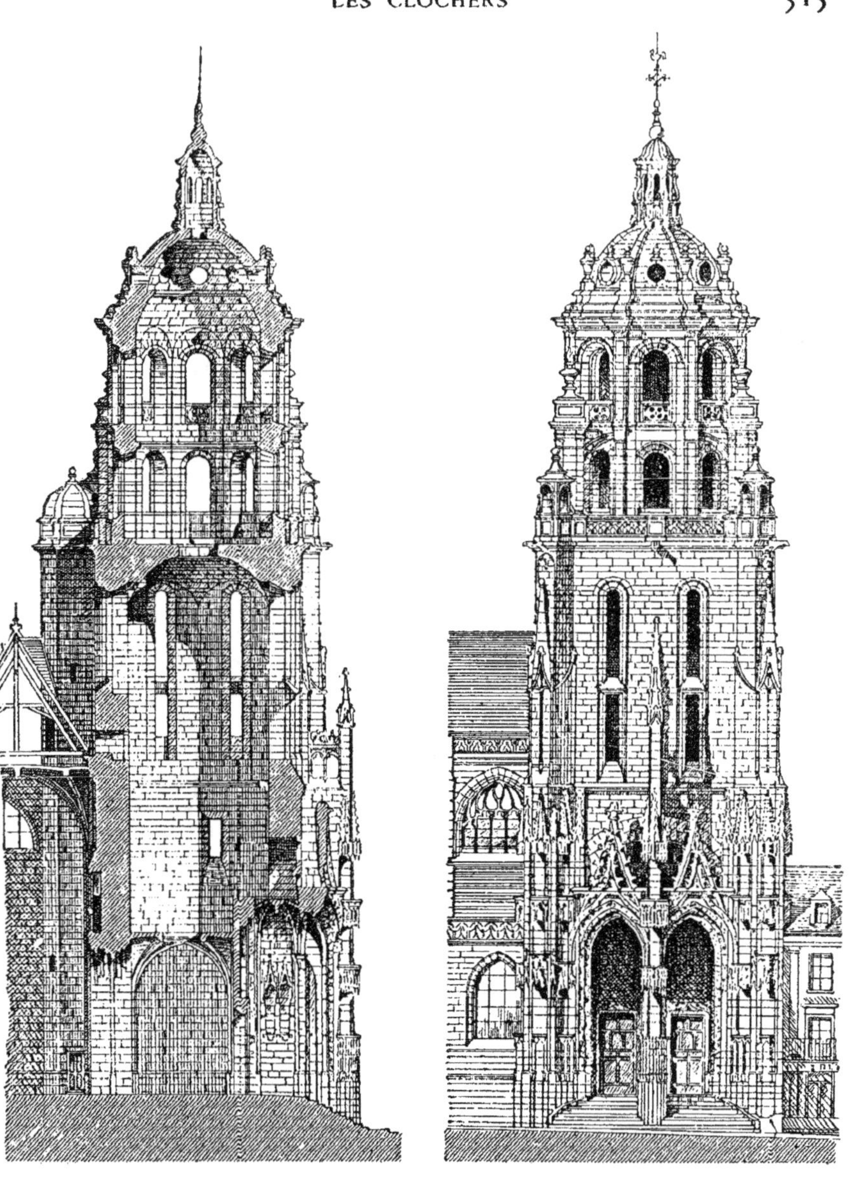

Fig. 1168. — Église Saint-Germain, à Argentan.

expressions même de la vie purement humaine. L'église s'élance comme on dit vers le ciel. Programme sous-entendu lorsque nous devons composer une église, mais programme antérieur et supérieur que nous ne devons pas perdre de vue un seul instant sous peine du plus désastreux contre-sens.

Eh bien, la flèche n'a pas d'autre raison d'être : c'est son principe et sa légitimité.

Et voyez le panorama d'une ville; de loin, vous apercevez une masse confuse, étendue, qui vous dénonce la grande cité; çà et là émergent de cette masse des verticalités qui dépassent l'ensemble et se profilent dans le ciel; ce sont des flèches d'églises : elles dominent tout l'entourage : idée de domination, assurément; mais idée aussi d'affirmation d'une foi commune, de consécration s'étendant à tout ce qui naît, vit et meurt dans le rayon de leur protection.

Sans doute pour comprendre cela, surtout pour le saisir, il nous faut aujourd'hui un effort et une volonté. Même les plus croyants ne vivent plus dans cette atmosphère de foi qui faisait jadis de l'architecture religieuse la langue et le poème « des « peuples prosternés ». Il nous faut une mise au point, un entraînement voulu. Mais l'artiste doit avoir du moins la foi dans son programme; c'est pour lui un devoir, c'est la condition nécessaire de l'œuvre. A qui ne croit pas au programme proposé, ce programme est interdit.

CHAPITRE XVII

PORCHES, PORTAILS ET FAÇADES D'ÉGLISES

SOMMAIRE. — Les porches. — Porches charpentés. — Porches voûtés. — Les anciens *narthex*. — Porches adossés.

Portails et façades. — Variété infinie. — Façades principales. — Façades à pignons. — Traditions antiques.

Avec les clochers nous sommes déjà sortis un peu de l'église proprement dite. Parmi ses éléments franchement extérieurs, nous trouvons d'abord le *porche*, qu'il soit sur la façade principale ou latérale. Pour bien l'étudier, il faut peut-être se reporter surtout aux églises les plus anciennes, qui étaient bien plus rarement que les nôtres des édificee isolés. Aujourd'hui, lorsqu'on parle d'églises, on se figure tout d'abord un édifice unique, dont on peut à volonté faire le tour. Lorsqu'il n'est pas cela, c'est par exception. Autrefois, l'église était bien souvent comprise dans un vaste ensemble, abbaye, couvent, ou engagée au milieu de maisons. A Rome, qui est par excellence la ville des églises, il y en a à peine quelques-unes qui soient isolées. Et alors les fidèles avaient souvent fait un assez long parcours dans un ensemble religieux avant de pénétrer dans l'église elle-même. C'est ainsi que la célèbre église de la Chartreuse de Pavie, par exemple, s'ouvre au fond d'une grande cour, qui elle-même est séparée de la voie publique par un pavillon d'entrée. Et, en effet, l'entrée immédiate de la rue dans l'église en poussant une simple porte a quelque chose qui nous étonne. Voyez par exemple le plan de Sainte-Marie-des-Fleurs de Florence : vous trouverez certainement que entre la place publique et l'intérieur consacré il n'y a pas grand'chose : un simple mur.

On a donc désiré naturellement pour l'église comme pour tout autre édifice important l'adjonction d'une entrée : c'est parfois la cour à portiques, un cloître, très souvent le cimetière; ailleurs, un vestibule, et souvent aussi le porche, dans toute sa variété.

Ainsi donc, le porche n'est pas une partie indispensable de l'église, et beaucoup n'en ont pas, car il ne faut pas appeler porche un simple ébrasement même grandiose et magnifique, comme les portails en retraites successives des églises du Moyen-âge. Notre-Dame, Reims, Amiens, n'ont pas de porches, mais des portes en retraite; tandis que le porche est un portique, un vestibule ouvert à l'extérieur, une transition interposée entre la voie publique et l'église, afin qu'on puisse se rajuster, secouer la pluie ou la neige des vêtements, converser un moment, et aussi se recueillir, et pour employer un mot moderne à propos de vieilles mœurs, s'écluser pour ne pas passer sans transition du bruit et du mouvement du monde au silence et à la paix de l'église.

Le porche est aussi la place des pauvres; si l'église encourage l'aumône, elle ne peut cependant admettre la mendicité dans l'enceinte sacrée elle-même. Aussi pour vous donner l'idée du porche primitif, je ferai tout d'abord appel aux souvenirs de ceux d'entre vous qui ont visité la Bretagne. Là, les anciennes églises ont leur entrée précédée d'un porche, souvent bien rustique, souvent étroit, mais toujours assez long; une arcade

s'ouvre sur la voie publique ou plus fréquemment sur le cimetière, et donne accès à un passage voûté qui conduit à la porte de l'église; de chaque côté de ce passage, un banc de pierre; sur ces deux bancs, les pauvres, hommes et femmes, tendent la main aux entrants ou aux sortants. Ainsi, pour arriver à la porte de l'église, vous traversez cette double haie de mendiants — corvée peu agréable pour le touriste, j'en conviens, mais raison d'être de ce porche qui est avant tout une aumônerie.

Au surplus, le porche répond, je le répète, à ce besoin général de composition qui réclame toujours un vestibule, un frontispice, un péristyle — appelez-le comme vous voudrez — afin qu'on n'entre pas directement de la rue dans l'édifice. Historiquement, il s'est substitué à l'ancien *narthex* des basiliques, mais sans en conserver l'antique fonction, c'est-à-dire la mise à part des néophytes et des pénitents à qui l'entrée de l'église n'était pas encore accordée.

Comme architecture et construction, les porches se rattachent comme les églises elles-mêmes à des conceptions très diverses; il y en a de charpentés et de plafonnés; la plupart sont voûtés. Le porche est généralement en saillie; parfois cependant il est engagé sous l'église; parfois sa saillie est comprise entre des tours qui le limitent de chaque côté, le plus souvent il est ouvert sur trois faces; il est couvert en terrasse ou en toitures accentuées; il est très important ou n'est presque qu'un encadrement de la porte. Enfin, tantôt il est au niveau de l'église, et si l'église est plus élevée que la voie publique, le perron est alors en avant du porche; tantôt au contraire il est au niveau de la voie publique, et les emmarchements nécessaires sont à l'abri sous le porche même.

Tout cela motive plutôt des exemples que des préceptes. Le

porche est un abri, couvert mais non clos; comme programme rien n'est plus simple.

Parmi les porches plafonnés ou charpentés, je vous citerai de nouveau celui de Saint-Laurent-hors-les-murs à Rome, colonnade couverte en appentis, fermée sur les côtés : composition antique, certainement inspirée directement des basiliques, mais étudiée avec des formes et des proportions qui ne sont plus celles de l'antiquité pure. Cette composition est charmante au demeurant, et mérite toute votre étude. Je vous ai déjà montré la façade de Saint-Georges au Vélabre (v. plus haut ces deux façades, fig. 944 et 945). Ils résument ce qu'ont été ou dû être les porches des anciennes églises et basiliques.

Les porches voûtés sont innombrables. Comme disposition extérieure, nous avons déjà vu ceux qui accompagnent d'anciennes églises, au fond d'une cour, comme à Saint-Clément à Rome, Sainte-Sophie à Constantinople, Saint-Ambroise à Milan; je n'y reviendrai pas. Ce sont de véritables portiques, peu différents de portiques ordinaires. Il en est de même des portiques qui entourent sur deux sens Saint-Marc de Venise.

Mais vous retrouverez le *narthex* à l'état de vestibule engagé dans l'édifice même avec un certain nombre des anciennes églises de Syrie dont je vous ai entretenus. Je n'y reviendrai pas davantage.

Dans quelques anciennes églises de France, le porche ou narthex est incorporé à l'église sous la hauteur d'un premier étage; la nef est alors plus longue au niveau des voûtes qu'à celui du pavage. Tel est le narthex de la très intéressante église de Tournus, dont je vous ai déjà parlé, celui de la curieuse église de Vézelay (fig. 1169, 1170 et 1171), ou celui de Saint-Benoît-sur-Loire (fig. 1172). Mais aucun exemple peut-être n'est plus saisissant dans cet ordre d'idées que le porche de la cathédrale du

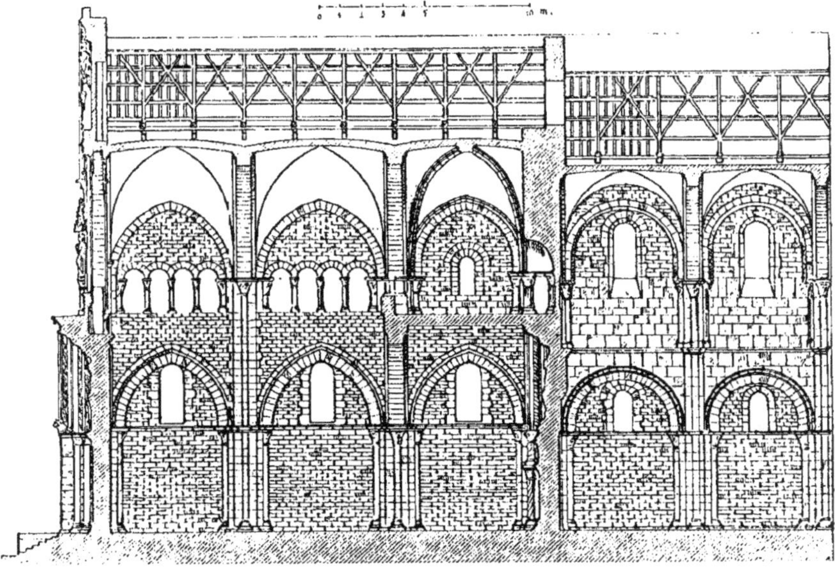

Fig. 1171. — Église de la Magdeleine, à Vézelay. Coupe longitudinale.

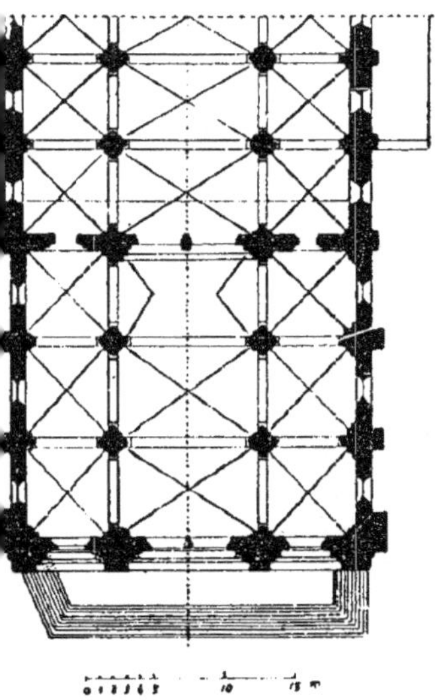

Fig. 1169. — Église de la Magdeleine, à Vézelay. Plan.

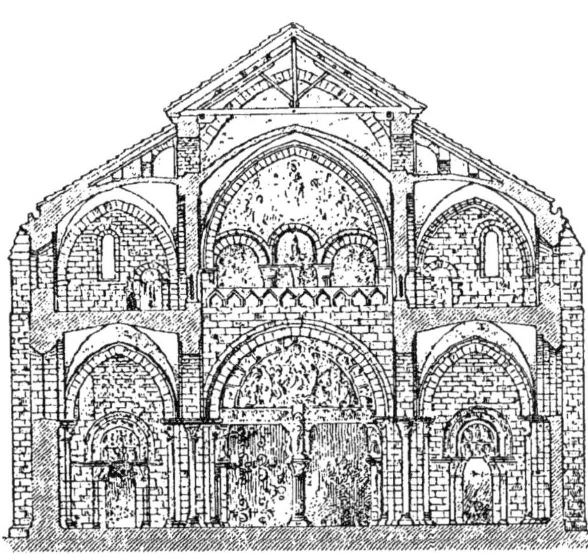

Fig. 1170. — Église de la Magdeleine, à Vézelay. Coupe transversale

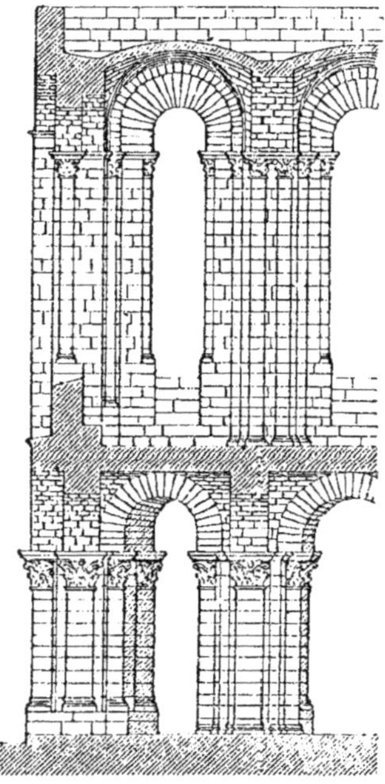

Fig. 1172. — Porche engagé de l'église de Saint-Benoît-sur-Loire.

Puy. La ville, comme son nom l'indique, n'est qu'un morceau de montagne; des rues très raides montent à la cathédrale, et malgré les perrons qui s'y ajoutent, le sol de l'église est encore très élevé au-dessus du pied de sa façade. Un large porche ouvre donc, non comme à Tournus sous la partie supérieure de la nef, mais sous le sol de la nef elle-même, qui se prolonge ainsi jusqu'à un mur de façade sans porte. De ce porche, deux larges escaliers conduisent de chaque côté de la nef vers les entrées latérales — les seules — de l'église. Bien entendu, c'est là une disposition exceptionnelle, et née d'une configuration particulière du terrain dans une ville montagneuse : exemple d'ailleurs de la variété de motifs que peut comporter un programme très simple, suivant les circonstances.

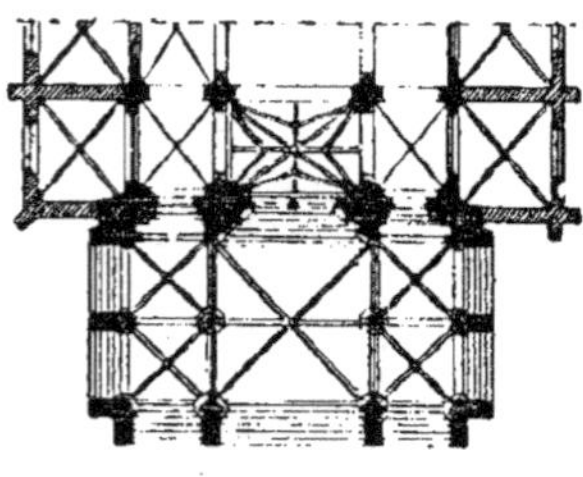

Fig. 1173. — Église de Notre-Dame de Beaune. Plan.

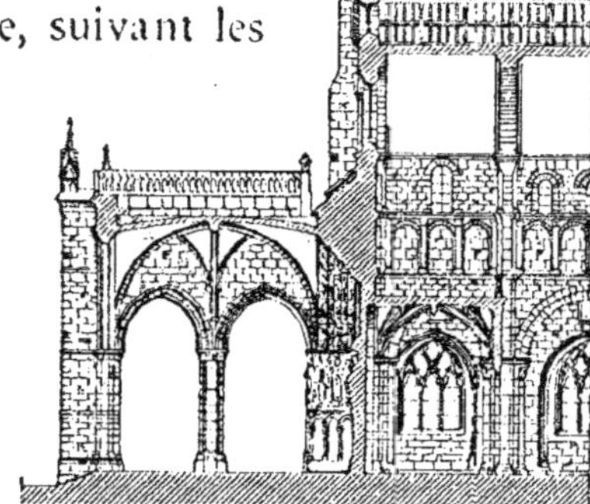

Fig. 1174. — Église Notre-Dame, à Beaune. Coupe longitudinale.

Peu à peu le porche voûté prit un caractère plus élancé, plus extérieur aussi. Avec des conceptions plus hardies, une sveltesse plus grande, vous trouverez le porche de l'église Notre-Dame de Beaune (fig. 1173 et 1174), ou celui de Notre-Dame de Dijon, dont l'exécution n'était possible qu'avec la pierre exceptionnellement dure et résistante que fournit la Côte-d'Or, et celui, très curieux, de Saint-Urbain à Troyes (fig. 1175, 1176 et 1177), où les fragiles piliers du porche sont épaulés par des arcs-boutants appuyés sur de puissants contreforts absolument extérieurs. Voyez aussi, adossé à la façade

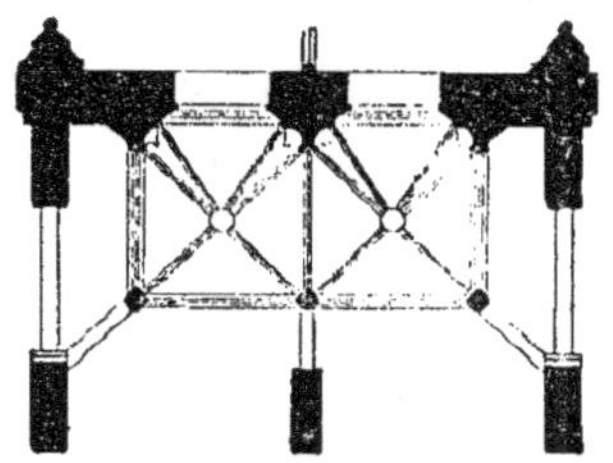

Fig. 1175. — Porche de Saint-Urbain, à Troyes. Plan.

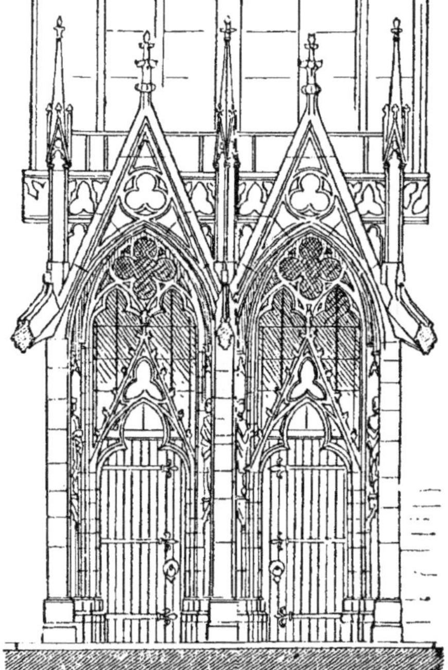

Fig. 1176. — Porche de Saint-Urbain de Troyes.

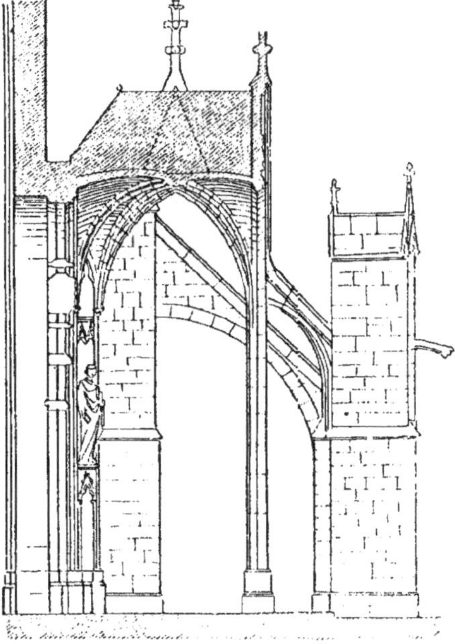

Fig. 1177. — Porche de Saint-Urbain, à Troyes.

latérale, le porche de la cathédrale de Palerme; enfin, à Paris même, celui de l'église Saint-Germain-l'Auxerrois. Je ne puis m'attarder à la description de ces divers porches, qui, je le répète, sont toujours un portique, avec toute la variété d'étude que comporte le portique.

Viént ensuite le groupe encore plus nombreux des petits porches, qui ne sont souvent qu'un encadrement saillant de la porte d'entrée. Ce motif est très fréquent dans les églises italiennes, à Milan, à Venise, etc. Par une tradition dont l'origine n'est pas bien connue, ces colonnes ou colonnettes s'appuient souvent sur des lions; tel est en France le porche de l'église d'Embrun (fig. 1178); ces porches ne peuvent en général résister à la poussée de leurs voûtes que grâce aux tirants en fer dont ils sont armés. Mais ce sujet rentre en somme dans l'étude des portes en général avec leurs encadrements.

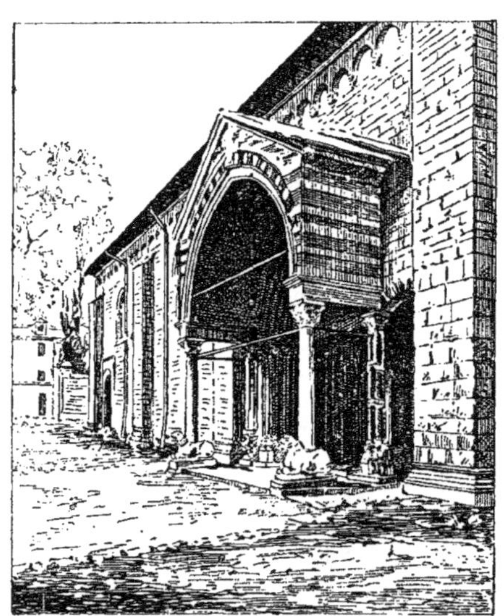

Fig. 1178. — Porche de l'église d'Embrun.

Quelques églises monumentales, et empruntant à leur situation topographique des conditions spéciales de pittoresque, ont des accès qui participent à la fois du porche et du perron. Le perron ne consiste plus en quelques marches en avant du porche, mais en degrés nombreux sous l'abri du porche. Je vous ai cité la cathédrale du Puy; je vous montrerai encore le porche, très monumental, de la cathédrale d'Autun (fig. 1179). Ces exemples ne sont pas uniques, bien entendu, mais ce sont peut-être les plus typiques. L'étude des porches est au surplus liée à celle des façades, que j'aborderai plus loin.

Il est bien évident d'ailleurs que les combinaisons de porches sont infinies, et naissent de la composition générale de chaque

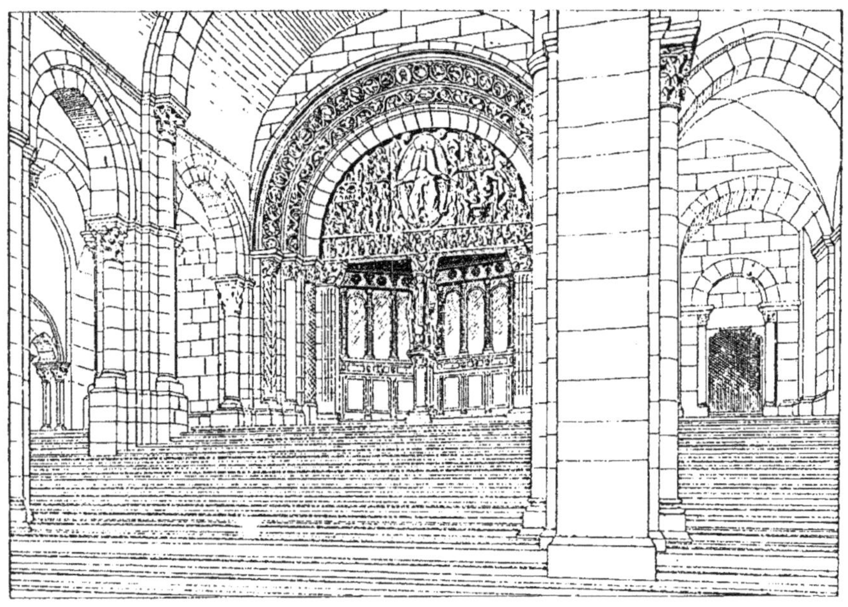

Fig. 1179. — Porche de la cathédrale d'Autun.

église; il me suffit de vous avoir indiqué quelle est votre liberté à cet égard, sous réserve, bien entendu, de l'harmonie à assurer entre le porche et le surplus de la composition de votre église.

Je vous ai parlé bien longtemps des divers éléments de l'église; il en reste un cependant que je ne puis passer sous silence, c'est la façade, ou les façades. Mais notez tout d'abord cette différence : les éléments dont je vous ai entretenus jusqu'ici sont ceux qui servent de base et de point de départ à la composition : l'architecte se demande *a priori* si son église sera voûtée ou non, si elle aura des bas-côtés et des chapelles, une abside circulaire ou rectangulaire, un transept ou des nefs continues, etc. Il compose en conséquence; puis, la façade arrive à son tour comme une résultante de la composition. On ne compose pas une façade d'église en elle-même et pour elle-même; on ne fait pas de la conception d'une façade le point de départ de la composition. Aussi, bien que les façades aient une très grande importance, bien qu'elles soient souvent le motif principal d'une admiration traditionnellement consacrée, j'aurai moins à m'étendre sur ce sujet : si vous savez disposer judicieusement et avec talent les éléments constitutifs de votre église, il ne tiendra qu'à vous de donner aux façades toute leur valeur : je ne dirai pas que ce sera une résultante nécessaire de votre composition — au contraire, votre liberté restera entière — mais ce sera une résultante en votre pouvoir, sous la condition du goût, du jugement et du talent.

La variété est immense dans les façades d'églises; je vais essayer de les rattacher à une certaine classification. Tout d'abord, nous trouvons, en raison de l'emplacement, des façades *principales, latérales, postérieures*.

Sous la dénomination « façades principales », nous comprendrons non seulement celles qui contiennent les portails principaux, mais aussi celles qui terminent des transepts; en un mot, les clôtures transversales des nefs; ainsi à Notre-Dame, si la façade principale est celle du Parvis, les extrémités de transepts sur le quai et sur la rue du Cloître sont également composées comme des façades principales, comme des *pignons*. Je réserverai l'appellation de « façades latérales » aux travées courantes, quelle qu'en soit la direction, par exemple à Notre-Dame les travées comprises entre les tours et les transepts. Sur le sens de « façades postérieures », il ne peut y avoir d'incertitude.

Les façades principales se répartissent tout d'abord en deux grands groupes : les églises qui accusent les pignons, celles qui ne les accusent pas. Dans les premières, la façade est en quelque sorte la coupe transversale murée; dans les secondes, un ensemble de composition monumentale se place devant l'église et en intercepte l'aspect. Ainsi, pour garder notre exemple de Notre-Dame, les façades d'extrémité des transepts appartiennent au premier groupe, la façade principale au second.

Le premier groupe comprend en général les églises les plus anciennes et, plus tard, les plus simples; les grandes cathédrales appartiennent plutôt au deuxième; celui-ci peut se subdiviser encore d'après la nature et le nombre de ce qui se place devant l'église proprement dite : ainsi, vous trouverez l'église à une seule tour dans l'axe, façade de clocher plus que d'église, par exemple Saint-Germain-des-Prés; — l'église à deux tours avec frontispice entre les deux, par exemple Notre-Dame; — enfin l'église avec une devanture de fantaisie que rien ne rattache à l'intérieur, par exemple Saint-Gervais, — cas d'ailleurs assez rare dans les églises du Moyen-âge.

Commençons par la disposition la plus simple, celle qui accuse les pignons de l'église.

Il n'est pas douteux que les façades des anciennes basiliques ne fussent ainsi composées, un fronton formant comme dans les temples le pignon d'extrémité des toitures. Ces façades étaient très simples, c'était comme je le disais tout à l'heure la coupe transversale murée. Mais presque toutes les anciennes basiliques chrétiennes ont subi des modifications profondes, et c'est surtout dans les églises de Syrie que nous trouverons ces anciennes façades. La petite église de Babouda (V. plus haut, fig. 951) nous montre, par un exemple très bien conservé, la façade d'une église à porche et à tribune au-dessus, soit que cette tribune, à laquelle on devait accéder par un escalier intérieur, servît à la prédication en plein air ou que ce fût une loge de bénédiction. En tous cas, cette jolie façade est bien l'expression identique de la coupe transversale de l'édifice.

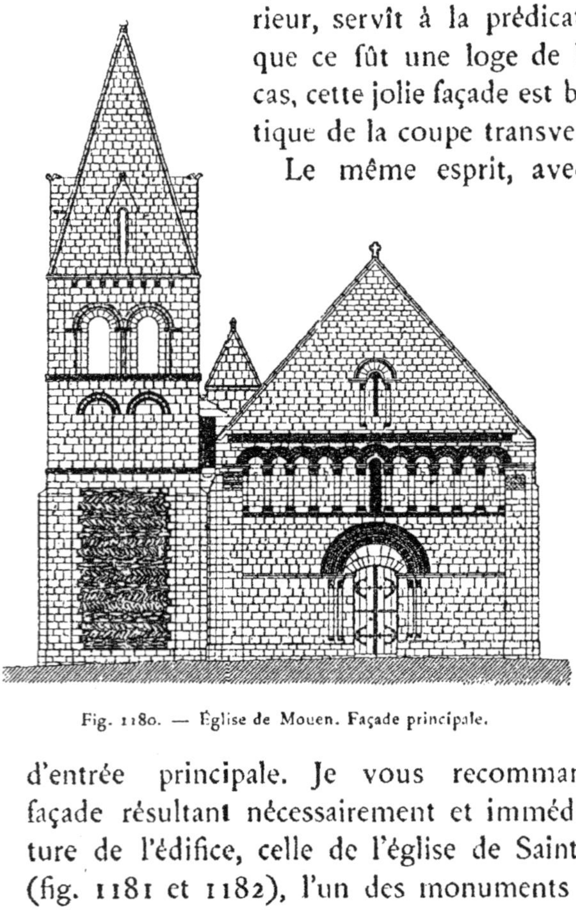

Fig. 1180. — Église de Mouen. Façade principale.

Le même esprit, avec des formes différentes, se retrouve dans quelques-unes de nos anciennes églises françaises; par exemple, celle de Mouen (Calvados) (fig. 1180), église à une seule nef, dont la façade est la traduction absolue de la coupe transversale. Vous y remarquerez aussi la galerie ou loge au-dessus de la porte d'entrée principale. Je vous recommande encore, comme façade résultant nécessairement et immédiatement de la structure de l'édifice, celle de l'église de Saint-Paul-Trois-Châteaux (fig. 1181 et 1182), l'un des monuments les plus intéressants du Midi de la France, et témoin irrécusable de la persistance des traditions de l'antiquité, que vous pouvez également constater dans la jolie petite église de Loupiac (Gironde) (fig. 1183,

1184, 1185 et 1186), ou dans le porche, d'un caractère antique bien visible, de la cathédrale d'Avignon (fig. 1187).

Dans ces façades, en général, la rose n'a pas encore fait son apparition, sans toutefois qu'on puisse à cet égard formuler rien d'invariable. Le plus souvent une fenêtre cintrée, concentrique à la voûte de la nef ou parfois à un niveau supérieur, est le seul motif, très simple, qui se place entre le portail et le pignon. Vous pouvez voir ce parti sur deux exemples, entre autres

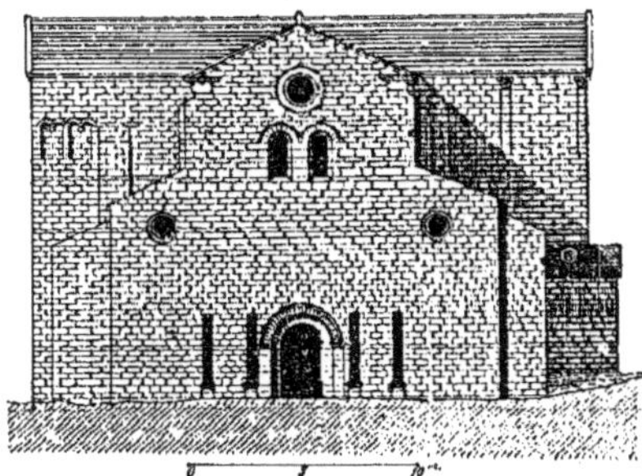

Fig. 1181. — Église Saint-Paul-Trois-Châteaux. Façade principale.

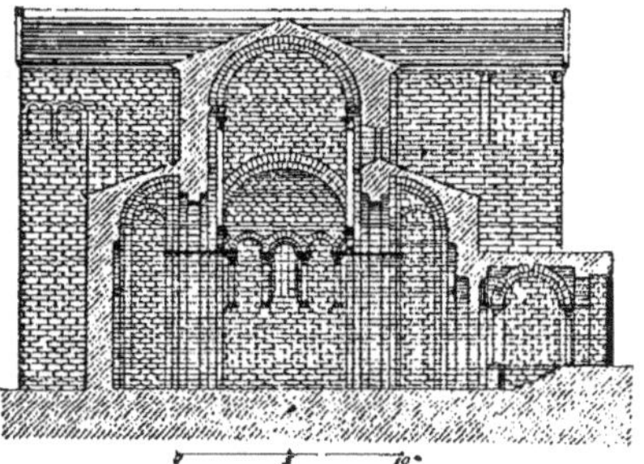

Fig. 1182. — Église Saint-Paul-Trois-Châteaux. Coupe transversale.

l'église de Saint-Pierre-au-Parvis, à Soissons (fig. 1188), d'un style très sévère et très pur, dont la façade présente cette particularité de n'avoir de porte secondaire qu'en face de l'un des bas-côtés ; et l'église de Bois-Sainte-Marie en Saône-et-Loire (fig. 1189), d'architecture romane aussi, mais un peu moins austère. Elle présente une combinaison particulière de perron extérieur n'aboutissant qu'à une porte centrale, car il n'y a pas de portes de bas-côtés; et les fenêtres même des pignons de bas-côtés sont murées, dès l'origine je crois.

C'est encore, avec un style particulier, l'accord complet des façades et de la coupe qui caractérise les églises si intéressantes de l'Auvergne. Notre-Dame-du-Port à Clermont (V. plus haut,

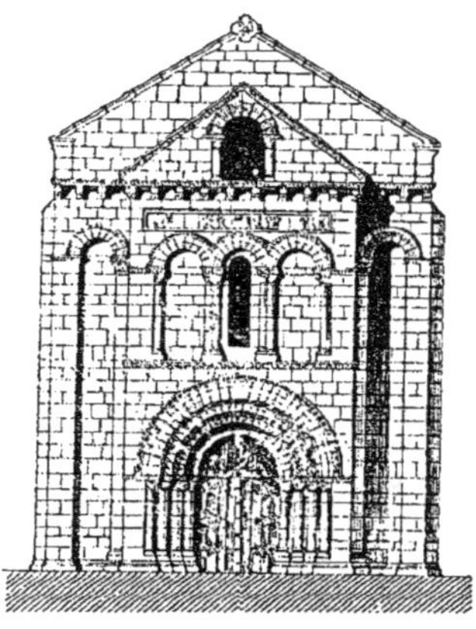

Fig. 1183. — Église de Loupiac.
Façade principale.

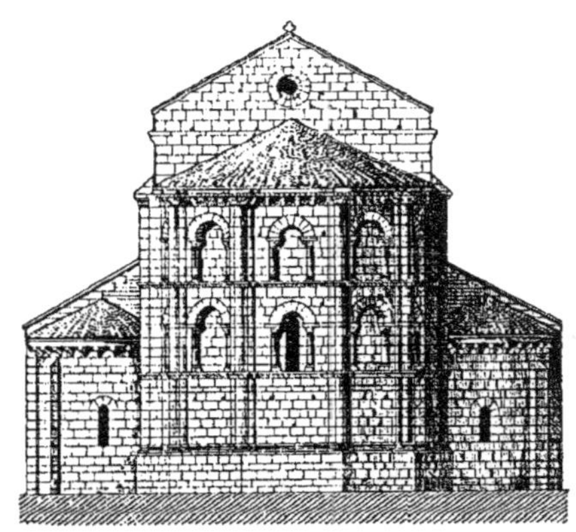

Fig. 1184. — Église de Loupiac.
Façade postérieure.

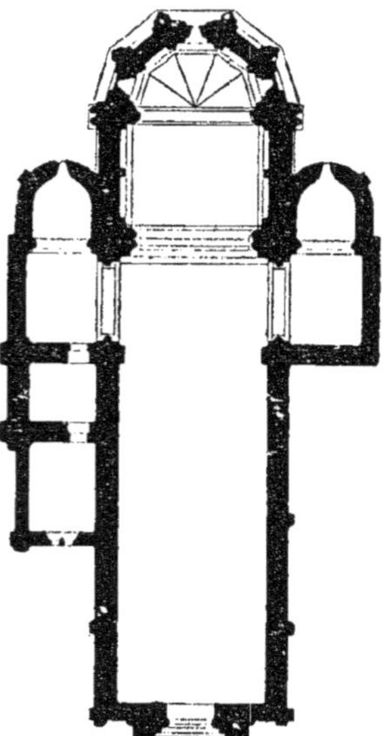

Fig. 1185. — Église de Loupiac.
Plan.

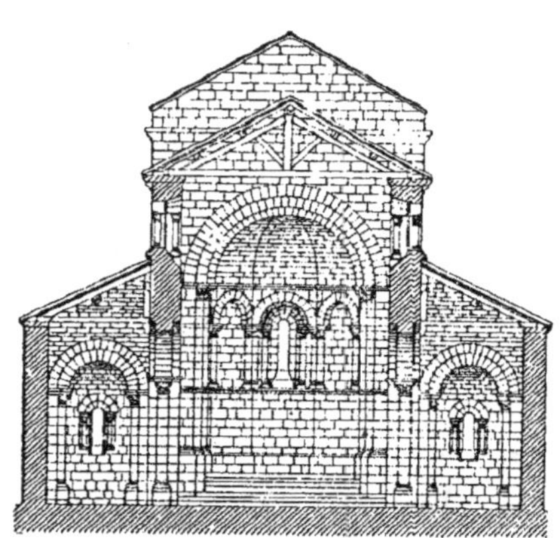

Fig. 1186. — Église de Loupiac.
Coupe transversale.

fig. 1003 à 1005), l'église de Chauriat (Puy-de-Dôme) (V. fig. 1052), pour ne vous citer que quelques exemples, ont des façades dont la composition est purement antique; et je vous affirme qu'il s'en dégage un bien grand charme pour l'artiste et l'homme de goût : charme qu'on subit sans l'analyser, mais dont l'architecte doit pénétrer les raisons : ce sont les qualités maîtresses de l'architecture antique, la vérité et la simplicité. Mais ce n'est pas là une qualité particulière à l'Auvergne; ainsi en Normandie, et surtout peut-être dans le Sud-

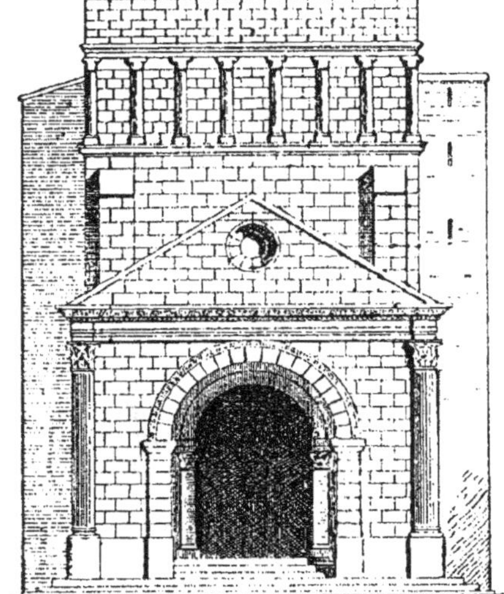

Fig. 1187 -- Façade de la cathédrale d'Avignon.

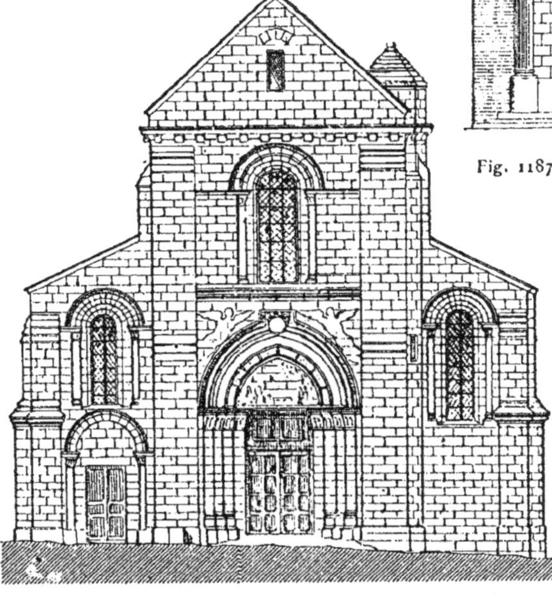

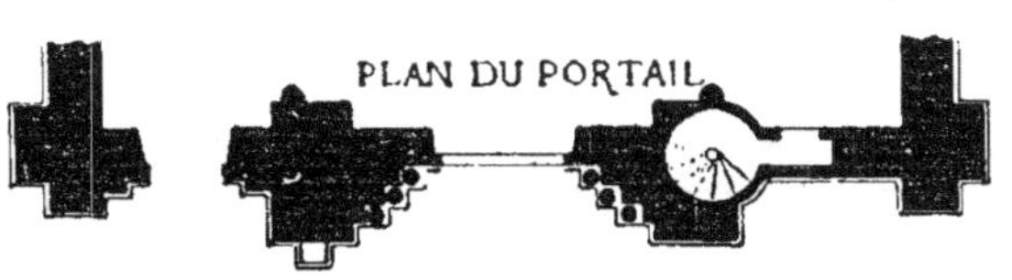

Fig. 1188. — Église de Saint-Pierre au Parvis, à Soissons. Façade.

Ouest, en Poitou, en Vendée, en Saintonge, vous le retrouverez souvent. Ainsi encore, avec une composition assez spéciale, mais qui, elle aussi, n'est que l'expression de la construction elle-même, la façade de l'église de Châtel-Montagne, dans l'Allier (fig. 1190, 1191 et 1192).

A certains égards, on peut considérer cette variété de

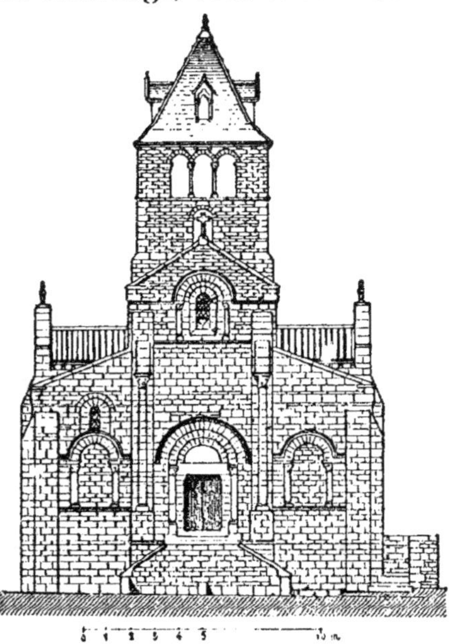

Fig. 1189. — Église de Bois-Sainte-Marie (Saône-et-Loire). Façade.

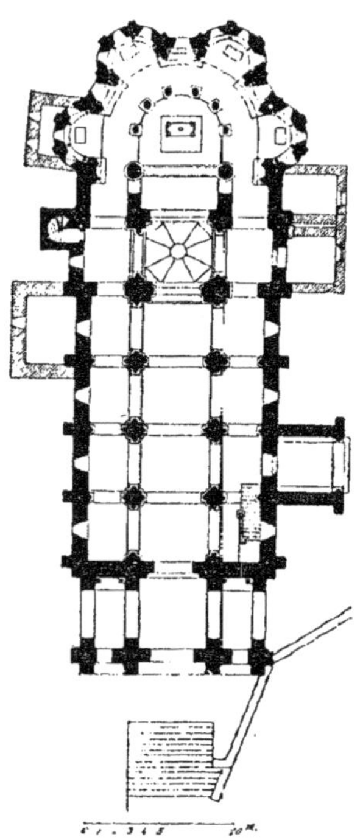

Fig. 1190. — Église de Châtel-Montagne (Allier). Plan.

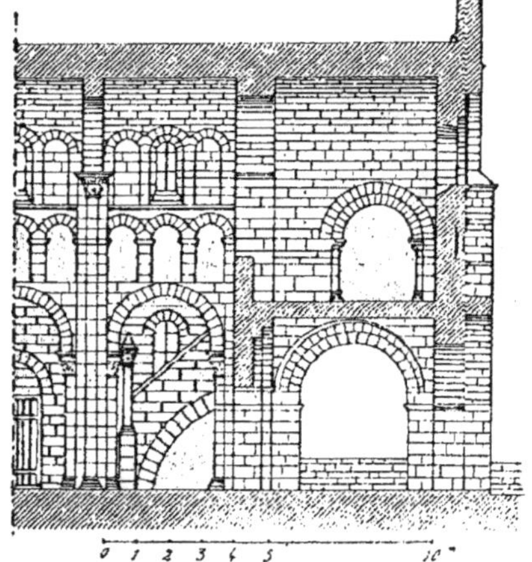

Fig. 1191. — Église de Châtel-Montagne Coupe sur la tribune.

façades d'églises comme synthétisée par celle de Châteaumeillant (Cher) (fig. 1193). Cette église a une nef et des bas-côtés, et sa façade comporte en tout quatre ouvertures : la porte, une fenêtre en arc concentrique avec la voûte de la nef, deux fenêtres concentriques aux voûtes des bas-côtés. C'est du reste un exemple choisi entre tant d'autres, car ces exemples pourraient se multiplier indéfiniment. Il me suffit de vous avoir montré quelques types.

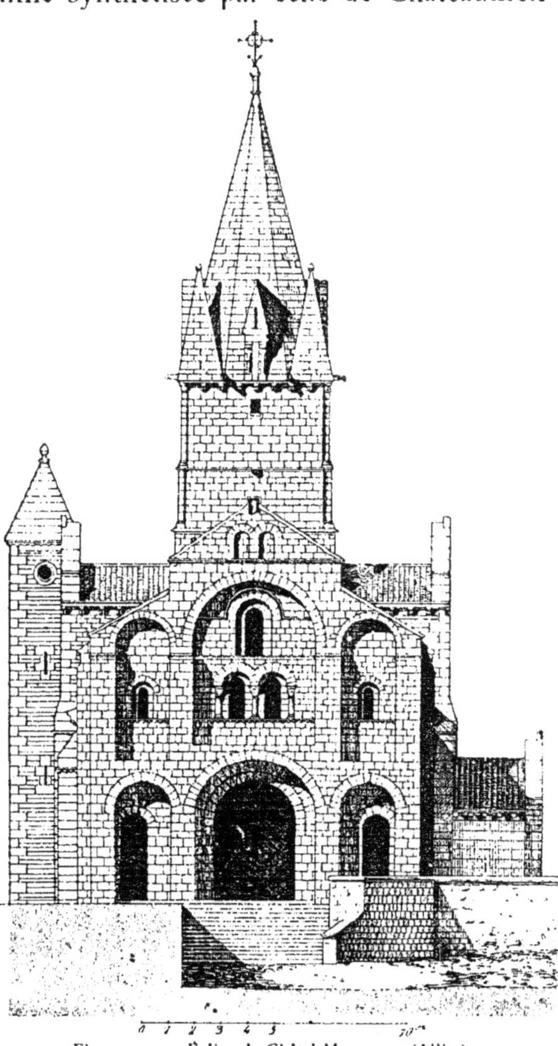
Fig. 1192. — Église de Châtel-Montagne (Allier).

Un élément spécial s'introduisit de bonne heure dans la composition des façades d'églises : la rose centrale, éclairant la nef. Parmi les plus anciens exemples, et toujours en nous en tenant quant à présent aux

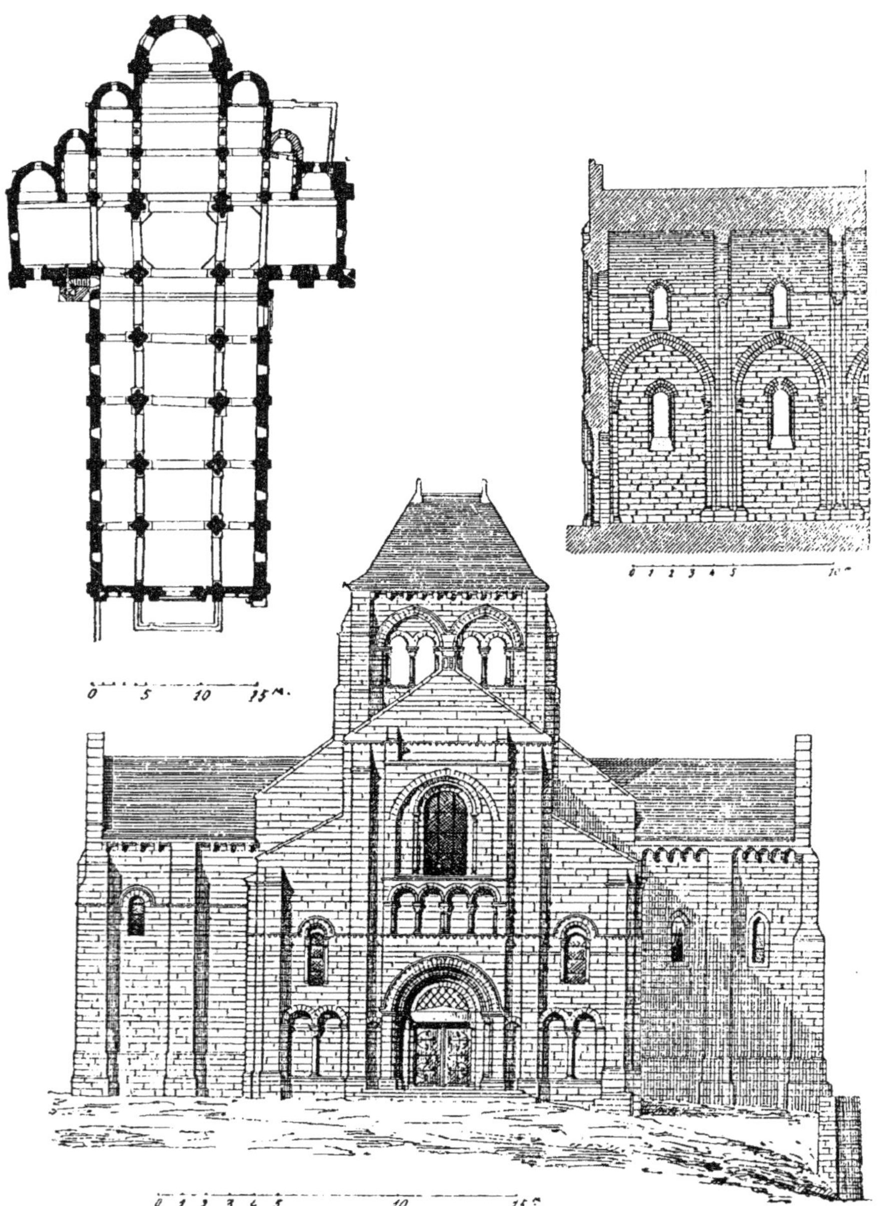

Fig. 1193. — Église de Châteaumeillant (Cher).

églises à pignons, j'appellerai votre attention sur les deux anciennes églises de Toscanella en Italie (fig. 1194), si nettement caractérisées par la franchise de la composition.

Dans le Midi de la France, l'architecture dite *romane* a produit des façades d'une grande richesse, inspirées de l'art antique.

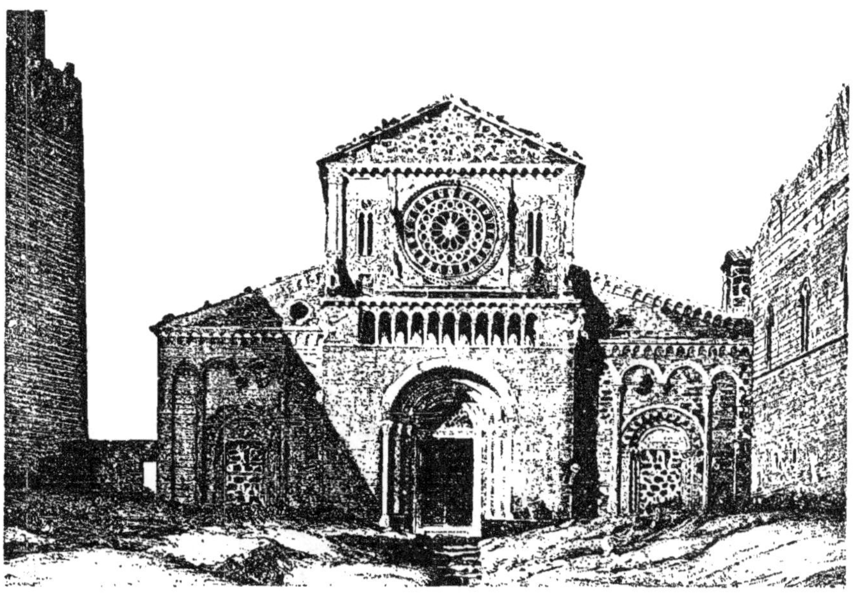

Fig. 1194. — Église de Sainte-Marie de Toscanella.

Vous connaissez certainement tous la si jolie façade de Saint-Trophime (fig. 1195) à Arles. Vous pouvez en rapprocher la façade, également très intéressante, de l'église de Saint-Gilles (Gard) (V. plus haut, fig. 1021), moins connue, mais qui mérite également d'être étudiée.

Une saveur très particulière se dégage des façades d'églises de l'Italie du Nord, au moment où le Moyen-âge va faire place à la Renaissance. La composition reste en général un pignon au-dessus d'une rose et de la porte centrale, mais le tout est étudié avec des éléments très fins d'arcatures peu saillantes. L'église Saint-Zénon à Vérone (V. plus haut, fig. 978) est un des plus remarquables exemples de ces belles compositions.

Avec l'architecture *gothique*, les façades ainsi composées

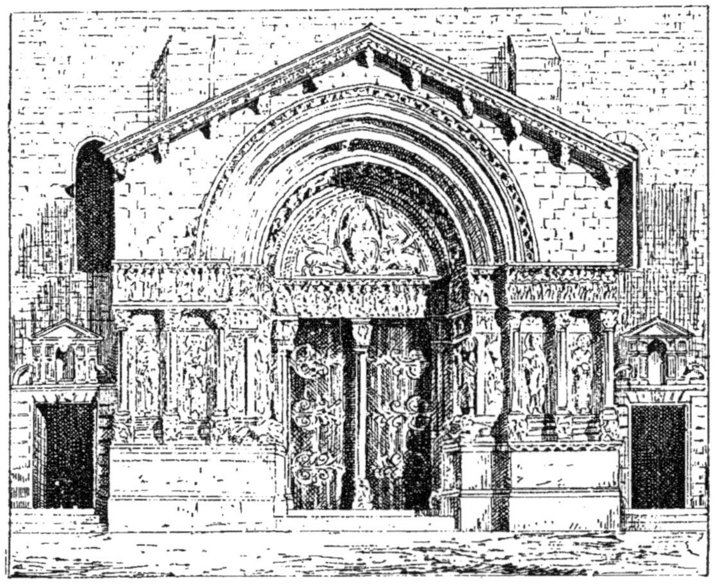

Fig. 1195. — Portail de l'église Saint-Trophime, à Arles.

abondent : tantôt avec une nef sans bas-côtés, comme la Sainte Chapelle de Paris, ou celle de Saint-Germer (fig. 1196 et 1197), où vous trouverez un exemple de rose carrée, si l'on peut employer cette expression; c'est une combinaison de construction analogue à celle que je vous ai signalée à propos des travées latérales de la chapelle du château de Saint-Germain; tantôt avec nef et bas-côtés. Dans celles-ci, les bas-côtés se décrochent plus ou moins en façade suivant les combinaisons de la coupe transversale : ainsi, la petite église de Longjumeau, près de Paris, contient la nef et les bas-côtés sous un seul pignon; cette façade est d'une jolie étude, et il vous est facile d'aller la voir. tandis que dans la façade de l'église Saint-Jacques de Dieppe (fig. 1198), les bas-côtés apparaissent très en contre-bas de la

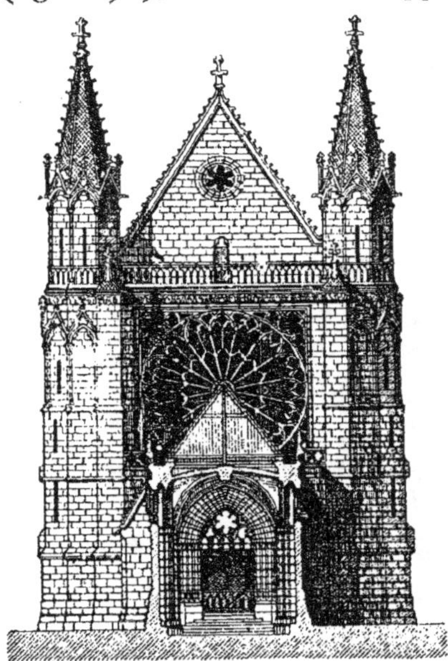

Fig. 1196. — Chapelle de Saint-Germer. Façade.

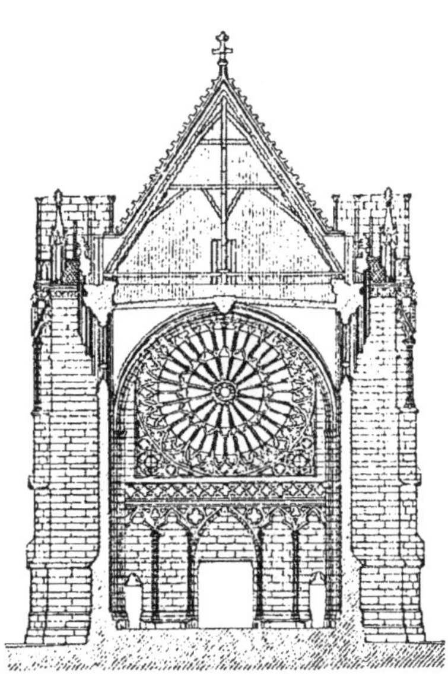

Fig. 1197. — Chapelle de Saint-Germer. Coupe transversale.

nef, et laissent voir les arcs-boutants avec leur galerie rampante portant les caniveaux. Il y a d'ailleurs dans cette façade quelque indécision, et le niveau du comble n'est pas écrit franchement comme dans beaucoup d'églises du Moyen-âge.

Quelques églises présentent, de chaque côté du pignon de la nef, un pignon complet à deux pentes, couvrant le bas-côté et les chapelles, ou un double bas-côté. Telle est, à Paris, la façade de l'église Saint-Nicolas-des-Champs, ou à Lyon celle de l'église Saint-Bonaventure.

Avec les églises de la Renaissance — je ne parle pas encore de celles qui peuvent être classées comme modernes — la composition devient plus libre, plus imprévue, et par cela même

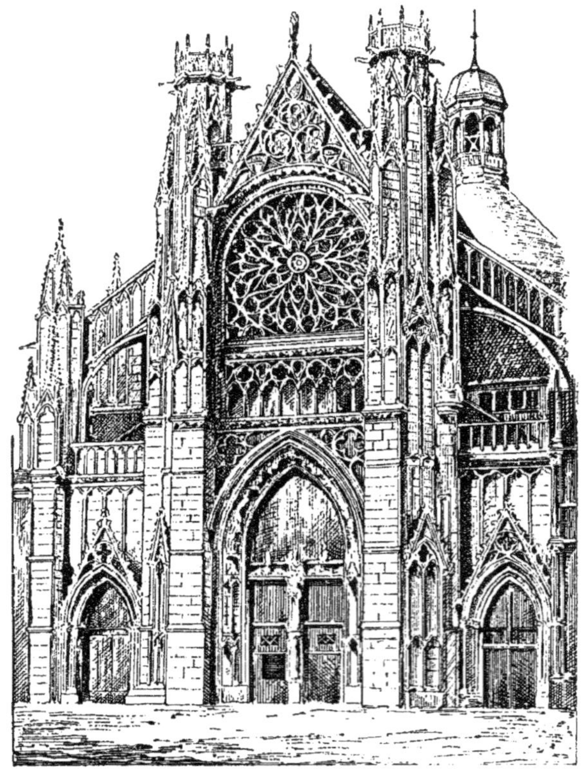

Fig. 1198. — Église Saint-Jacques, à Dieppe.

plus difficile à analyser. Ainsi vous pouvez, près de Paris, voir les façades très intéressantes de Belloy (fig. 1199), de Cergy (fig. 1200), de Gisors, en Seine-et-Oise. A celle de Cergy, on a, je crois, enlevé le meneau qui devait diviser en deux la grande porte. Ailleurs, dans un caractère assez analogue, je vous

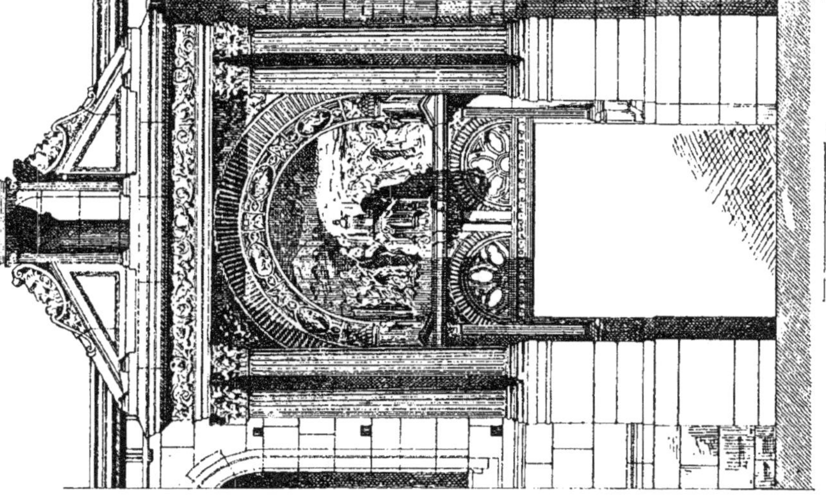

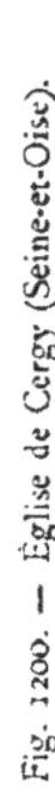

Fig. 1200. — Église de Cergy (Seine-et-Oise).

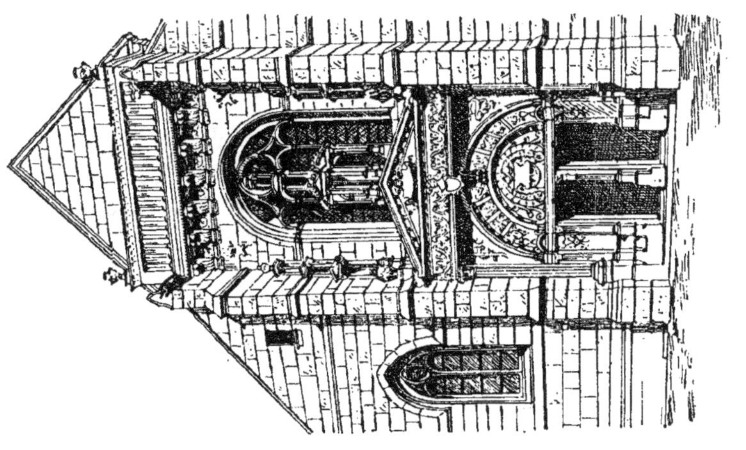

Fig. 1199. — Façade de l'église de Belloy.

citerai les églises de Bodilis (Finistère), de Montrésor (Indre-et-Loire), de Vétheuil (fig. 1201) (Seine-et-Oise). Je pourrais vous en indiquer d'autres encore; mais on peut dire que ce sont là des fantaisies très artistiques, dont la composition volontiers capricieuse échappe à toute théorie, si ce n'est à la grande règle affirmée par Molière, qui est de plaire. Saint-Eustache avec ses portails latéraux, principalement le portail nord, présente des compositions plus fidèles à la théorie; tandis que Saint-Étienne-du-Mont ne relève à peu près que de la fantaisie. Quelquefois, mais assez rarement, ces façades se terminent, non par une pointe de pignon, mais par une plate-forme en terrasse comme à l'église de Loudun (Vienne), ou par une toiture en croupe comme à l'église très intéressante des Andelys (fig. 1202).

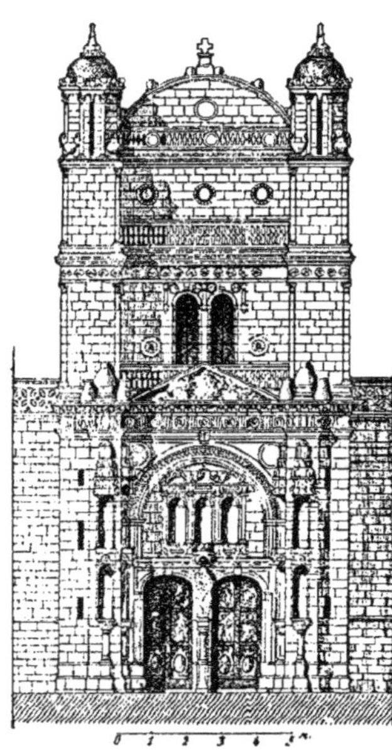

Fig. 1201. — Église de Vétheuil. Façade.

Je ne puis naturellement que vous donner sur ce sujet si vaste des indications générales et sommaires. J'ai voulu vous faire voir qu'il y a un esprit général de composition, une théorie de la structure des façades, et que le mot de cette théorie est l'unité entre la coupe transversale de l'église et la façade qui l'accuse. On s'en est plus ou moins écarté, ou plutôt on a plus ou moins librement appliqué cette grande règle de vérité : ici comme ailleurs nous trouvons des licences; mais je ne puis m'empêcher de répéter que toute licence a besoin de se faire pardonner et que le talent est la condition nécessaire de l'absolution.

Ainsi, pour terminer cette revue partielle par un exemple très séduisant, voyez la façade du *Dôme d'Orvieto* en Italie (V. fig. 972). Cette façade, parée de toutes les séductions des

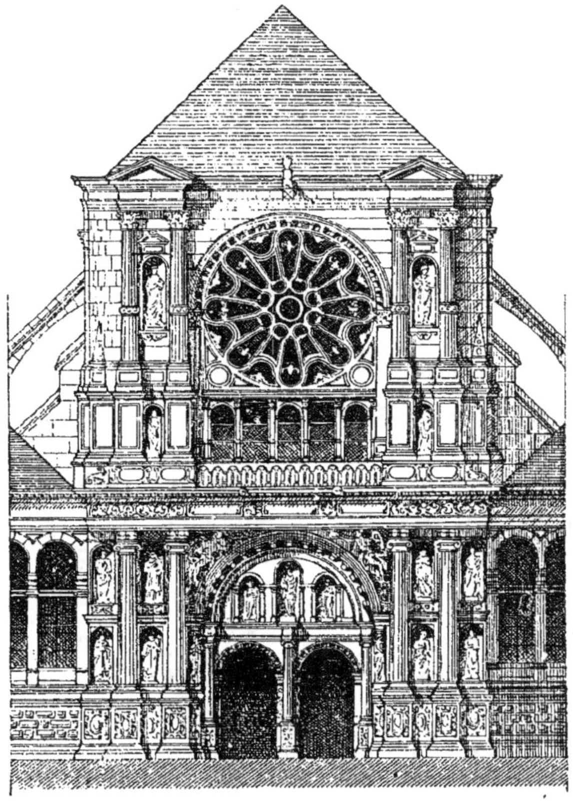

Fig. 1202. — Église des Andelys. Façade.

marbres, des mosaïques, des ors, traitée avec un goût exquis, est un véritable joyau; si elle était vraiment la projection de la structure de l'église, l'admiration serait sans réserve. Malheureusement ce n'est qu'une composition de fantaisie, du moins dans ses silhouettes supérieures, et c'est là une infériorité. Cela n'empêche pas de l'admirer, mais pour le talent si gracieux que révèle son étude, et non pour sa composition : le talent rachète et absout la défaillance de la logique. Mais le talent ne s'enseigne pas, la logique s'enseigne, et la façade d'Orvieto se dérobe à l'enseignement.

Voilà donc une première série de façades dont on peut dire que, plus que toutes autres, elles sont des façades d'églises. Le grand principe de la vérité y trouve son application entière : une salle longue se présente par son petit côté; elle est couverte par une toiture à deux pentes; à son origine, il y a un mur; ce mur se terminera par un pignon à deux pentes. S'il y a contre cette salle des collatéraux couverts en appentis, ces toitures se traduiront encore par des pignons; sous ces toitures, il y a des voûtes; à la hauteur du centre de la maîtresse-voûte sera pratiquée la rose qui l'indique nettement. Ce sera de l'architecture du Moyen-âge, de celle qu'on appelle gothique, et rien ne m'empêche de vous dire : voyez les temples grecs, Pestum ou le Parthénon, et vous constaterez la même sincérité, la même fidélité au vrai : tellement les principes des belles choses sont éternels!

Mais cette solution n'est pas unique, et avec une variété infinie nous trouverons de nombreux exemples d'autres partis. J'essaierai, comme je vous l'ai dit, de les grouper par analogie de composition; et à propos de ces façades, j'aurai souvent à vous parler du clocher ou des clochers, cet élément qui, avec le temps, a pris une si grande importance dans l'ensemble de l'église.

Il y a peu de façades d'églises remarquables avec une tour unique au centre de la façade. Il faut bien reconnaître que dans cette composition, le clocher se substitue à l'église, et que l'église n'a pas à proprement parler de façade. Et cependant, il faut bien qu'on entre dans l'église par une porte principale, et que par conséquent il se trouve à la base du clocher une large baie d'accès. De là une contradiction inévitable entre deux caractères opposés que devrait avoir une même chose : résistante et pleine pour servir de base à une tour, percée d'une porte et d'une rose pour laisser entrer dans l'église la foule et la lumière.

Aussi verrez-vous plus souvent, soit des églises dont le clocher est disposé au-dessus du transept, soit des églises avec un clocher latéral — je parle d'églises à clocher unique — qu'avec un clocher dans l'axe de la façade.

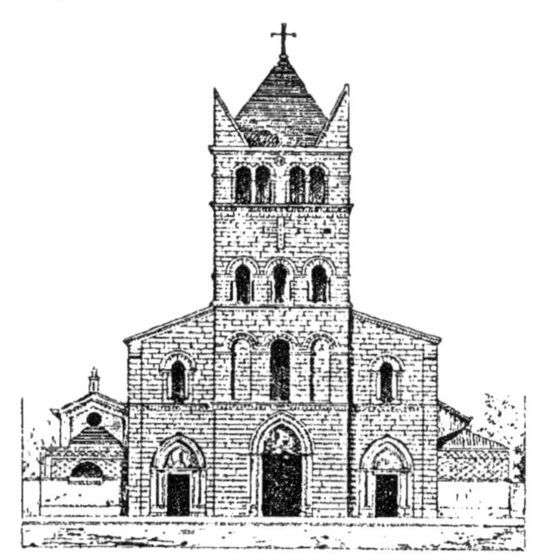

Fig. 1203. -- Église d'Ainay, à Lyon.

Le clocher central a d'ailleurs pour effet inévitable un aspect d'étroitesse. Si large que puisse être un clocher, sa proportion est toujours élancée, c'est donc une proportion étroite par définition; et lorsque la composition oblige à concevoir derrière ce clocher la nef même de l'église, l'impression ressentie est forcément celle d'une insuffisance de largeur de la nef. Examinez à cet égard la façade principale de Saint-Germain-des-Prés, et je crois que cette considération vous frappera.

Cependant je vous citerai quelques façades d'églises ainsi composées, et qui sont fort intéressantes : c'est surtout dans l'architecture romane que vous les rencontrerez. Ainsi, à Lyon, l'église d'Ainay (fig. 1203), l'une des plus anciennes de France, avec son clocher de proportions lourdes et trapues, élégant cependant par le détail de l'étude. L'église de Moirax (V. plus haut, fig. 1156), dans le Lot-et-Garonne, comporte plutôt un campanile qu'un clocher; ce campanile, très rustique comme toute la façade, est couronné de toitures saillantes. A Ibos

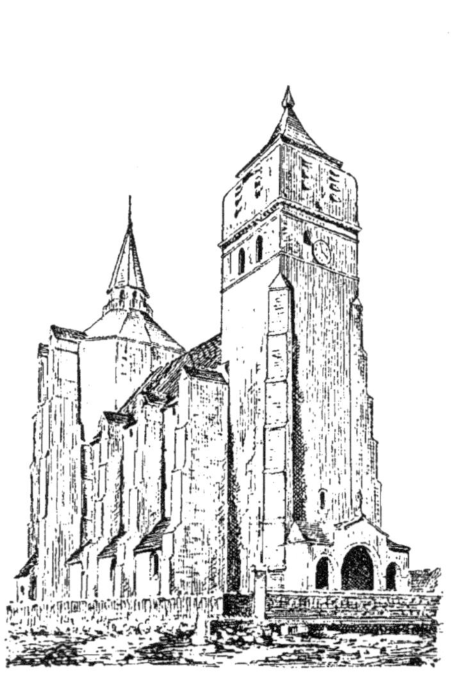

Fig. 1204. — Église d'Ibos (Hautes-Pyrénées).

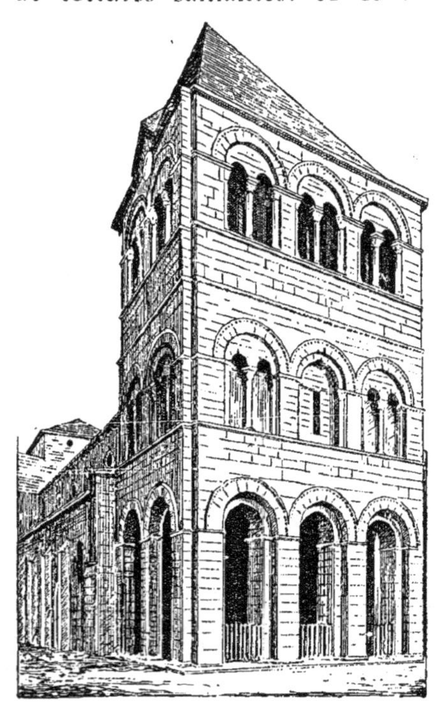

Fig. 1205. — Église d'Ébreuil (Allier). Façade.

(Hautes-Pyrénées) (fig. 1204), l'édifice de style roman rustique se présente avec un grand fût nu, très simple, au bas duquel est un petit porche saillant.

La façade, romane aussi, de l'église d'Ebreuil (Allier) (fig. 1205) est d'une composition toute particulière. La tour du clocher est ici formée de trois travées au-dessus d'un porche. C'est donc plutôt une façade recevant des cloches à sa partie supérieure qu'une façade formée par un clocher proprement dit.

Dans la période *gothique*, il y a de nombreuses églises qui ont

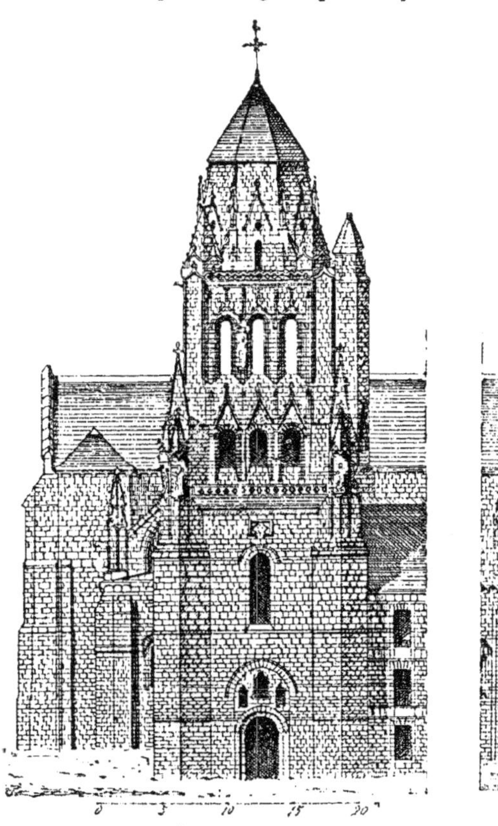

Fig. 1206. — Église de Saint-Maixent. Façade principale.

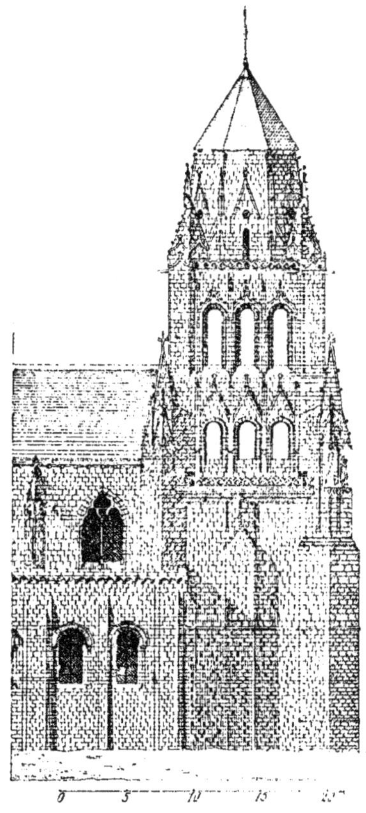

Fig. 1207. — Église de Saint-Maixent. Façade latérale nord.

des façades composées avec un clocher central. Je ne puis vous les citer toutes, et d'ailleurs il y a souvent entre elles beaucoup d'analogie; la difficulté est toujours d'échapper à cette impression d'étroitesse que je vous signalais. L'église de Saint-Maixent (fig. 1206 et 1207), dans les Deux-Sèvres, est parmi celles où le caractère monumental d'une façade d'église transparaît le mieux dans une façade de clocher, tandis que beaucoup d'autres arrivent à donner l'idée d'une église moindre qu'elle n'est en réalité, résultat toujours très regrettable. Quoi qu'il en soit, dans ces compositions romanes ou gothiques, malgré l'uniformité du parti, vous voyez que j'ai pu encore vous montrer des conceptions très différentes de cette même composition.

Composition assurément judicieuse, car il est certain que si l'église a besoin d'un clocher, elle n'en a vraiment pas besoin de deux; mais composition qui malheureusement interpose entre le spectateur et l'église quelque chose qui n'est pas l'église même et qui la cache.

Aussi, toutes les fois que cela a été possible, l'architecte a-t-il abordé de préférence la composition de façade avec deux tours, si fréquente non seulement dans les grandes cathédrales, mais même dans des églises modestes.

S'il est difficile, au moins pour des églises simples, de justifier pratiquement le double clocher, il faut reconnaître que ce parti met admirablement en valeur la façade de l'église et proclame la majesté du monument. L'entrée de l'église, bien dégagée, peut se faire librement par une grande et belle porte; la grande rose centrale peut accuser largement la nef; l'architecture peut se faire aérée et lumineuse là où ces qualités importent tant, et où ne le permettrait pas l'existence d'un fût de clocher, nécessairement opaque. Nous avons vu d'ailleurs, à propos des clochers, les motifs qui avaient fait rejeter sur les côtés ces accessoires de l'église. J'ajouterai enfin que rien ne saurait mieux recevoir et arrêter l'extrémité des façades latérales que ces tours robustes, dont la nudité et l'aspect énergique contrastent si heureusement avec l'allure élancée et les grands percements des travées de la nef et des bas-côtés.

En général donc, une façade d'église ainsi comprise se composera d'une partie milieu, correspondant à la largeur de la nef, où s'ouvriront la porte principale, la grande rose centrale, ou des arcatures supérieures; puis, devant les bas-côtés et les chapelles latérales s'il y a lieu, les deux tours d'une architecture plus fermée, où seront pratiquées au besoin des portes secondaires, des arcades de premier étage, mais tout cela moins ouvert et gardant au clocher l'aspect de fût ou de pylône qui doit le caractériser.

Au point de vue de la composition de la façade en elle-même, nous trouverons encore ici deux partis très différents : entre les deux tours, la façade peut se silhouetter par un pignon suivant les rampants de la nef, ou se terminer par une galerie ou tout autre motif horizontal comme à Notre-Dame, et dans chacun de ces deux partis, les tours étudiées avec plus ou moins d'ampleur.

Les plus anciennes églises à deux tours, notamment dans l'architecture romane, suivant plus scrupuleusement les formes résultant de la construction même, sont en général conçues avec un pignon central. Tantôt, comme à Poitiers (fig. 1208), les tours de la façade principale, d'ailleurs peu importantes et subordonnées au clocher central, sont rejetées au delà des trois portails d'entrée, et alors le pignon central se dégage franchement en silhouette, les demi-pignons des bas-côtés venant seuls s'appuyer à l'épaulement des deux tours. Tantôt, comme à la cathédrale d'Angoulême (V. plus haut, fig. 1019) ou à Saint-Étienne de Caen, les tours encadrent directement le pignon de la nef : vous savez d'ailleurs que ces deux églises n'ont pas de bas-côtés.

Mais dans ces églises, et en général dans toutes les façades d'églises à deux clochers, il faut distinguer des tendances assez diverses. Vous en trouverez qui, fidèles à la composition logique du clocher — un fût, puis l'étage des cloches, — présentent des

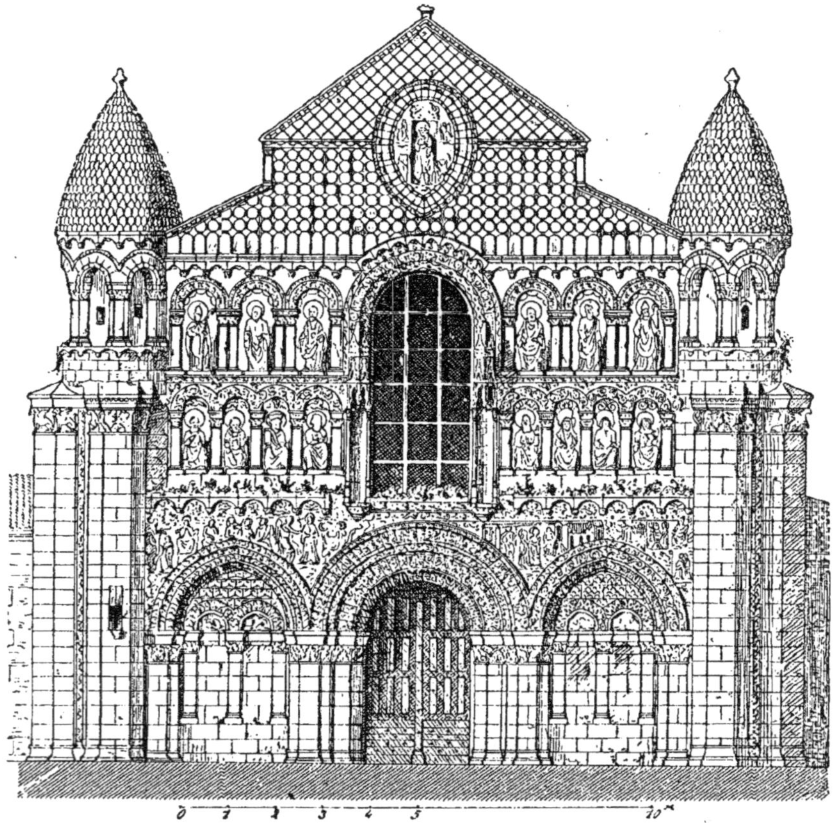

Fig. 1208. — Église Notre-Dame-la-Grande, à Poitiers. Façade.

tours pleines dans toute leur partie inférieure, et ajourées seulement à la hauteur des cloches; tandis que dans d'autres, plus nombreuses, les clochers sont percés de portes d'accès aux bas-côtés et de fenêtres au niveau des hautes voûtes. Le premier de ces deux partis se combine facilement avec les églises qui n'ont pas de bas-côtés, et c'est ainsi que dans ces façades de Poitiers ou d'Angoulême que je vous ai montrées, les clochers sont constitués par des tours pleines, d'une composition d'ailleurs assez indécise à Poitiers, et à Angoulême avec une simple continuation devant les tours des arcatures de la façade : motif qui donne évidemment à cette façade un caractère d'ensemble, mais qui écrit moins nettement le clocher : il semble que celui-ci ne commence qu'au-dessus de la corniche de la façade, et ce n'est qu'en façade latérale qu'il retrouve la fermeté d'une tour.

Ce n'est pas à dire cependant que le parti des clochers pleins n'ait pas eu ses applications avec les églises à bas-côtés. Mais alors il faut, ou bien qu'ils soient rejetés au delà des bas-côtés, devant les chapelles latérales s'il en existe, ou complètement en saillie; ou bien que ces clochers peu importants soient élevés à la jonction de la nef et des bas-côtés, en se réduisant assez pour laisser à l'une comme aux autres une proportion possible. Un des plus jolis exemples de cette disposition est l'église de Vernon (fig. 1209), où la grande rose, inscrite dans une baie carrée et surmontée d'un pignon aigu, remplit tout l'espace entre deux élégantes tours polygonales de dimensions assez restreintes pour ne former pour ainsi dire qu'un contrefort d'angle, en laissant apercevoir les arcs-boutants de la nef.

Mais, je le répète, le parti des clochers ouverts est bien plus fréquent : il est naturel en effet, dans la composition du plan, de les placer devant les bas-côtés, et on peut dire que presque toutes les églises à deux clochers sont ainsi conçues. C'est le parti de la plupart des grandes cathédrales notamment, soit que les clochers soient symétriques ou dissemblables. C'est le cas, avec des variétés infinies, des plus célèbres églises, Reims, Amiens, Cologne, etc., de Notre-Dame de Paris et de la cathé-

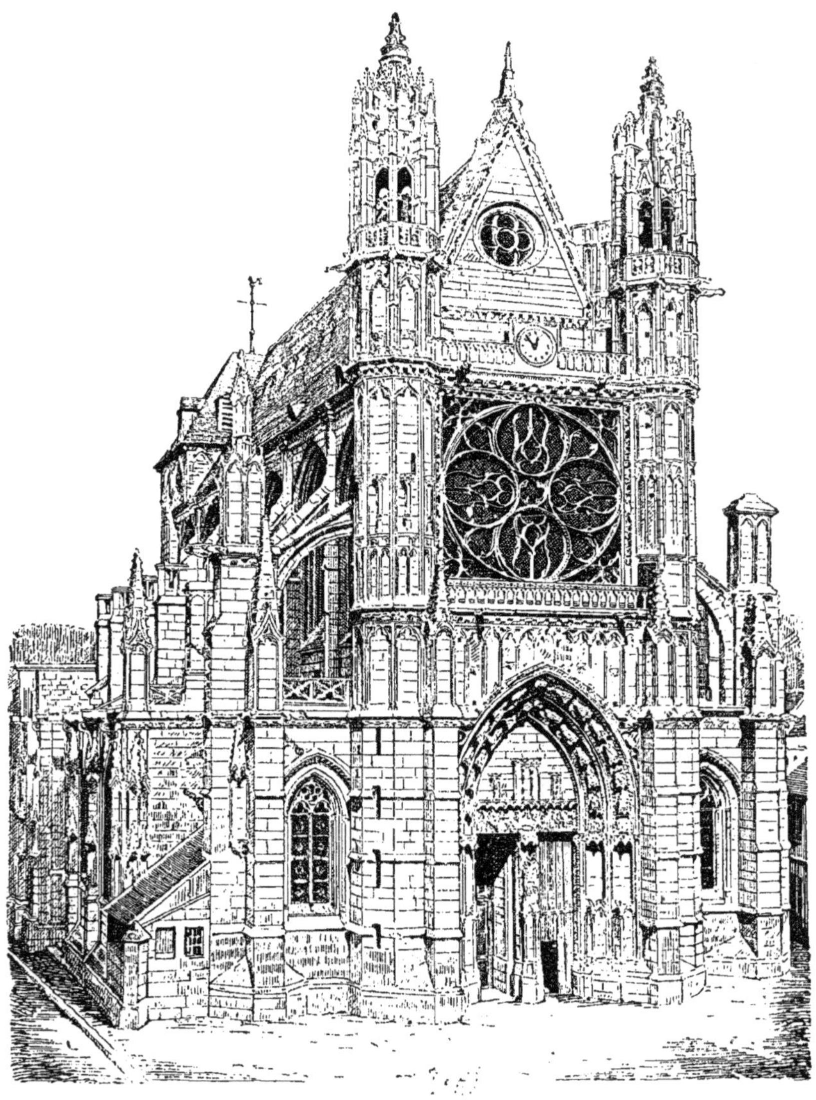

Fig. 1209. — Église de Vernon.

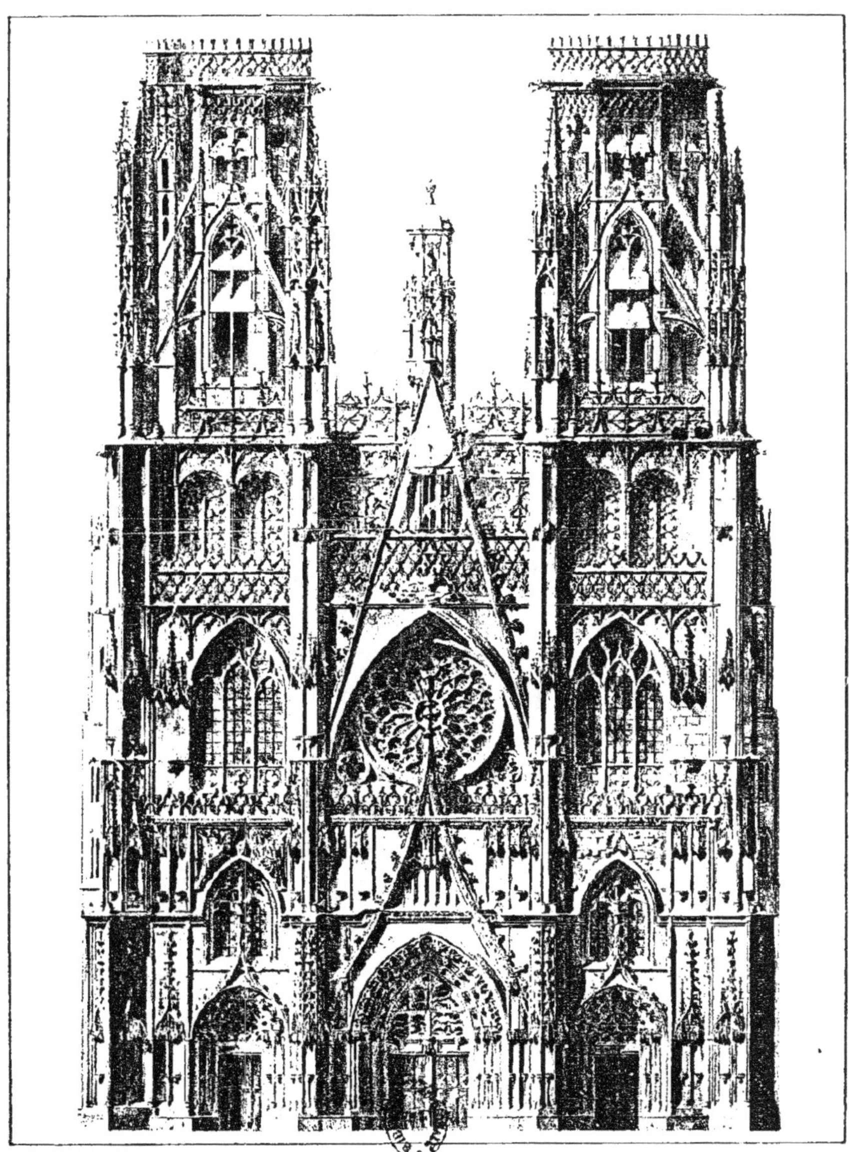

Fig. 1210. — Cathédrale de Toul.

(*D'après un relevé des monuments historiques*).

drale de Laon, que je vous ai déjà montrées. Je me bornerai à vous citer comme exemple l'ancienne cathédrale de Toul (fig. 1210), dont la façade très élégante contraste avec les fermetés de Notre-Dame ou de Laon, et qui combine les deux dispositions du pignon et de la galerie horizontale entre les deux tours.

Mais ce parti conduit toujours à des difficultés assez grandes. Le pignon paraît resserré entre la masse des deux tours si celles-ci sont puissantes, ou il ne peut les dominer de son importance, comme à Vernon, que si ces tours sont elles-mêmes assez exiguës. La façade de l'église paraît réduite à la largeur du pignon seul, et ne paraît pas s'étendre en largeur autant que le bâtiment lui-même.

Ce sont sans doute ces difficultés qui ont fait le plus souvent adopter le parti d'une composition horizontale entre les deux tours; c'est la composition de Notre-Dame de Paris, de la cathédrale de Reims, de celles d'Amiens, de Burgos, de Saint-Pol-de-Léon, de Bordeaux, et sauf un ressaut en gradin de la partie centrale, de celle de Laon. Je n'ai pas besoin de vous décrire plus en détail ce parti de composition dont je vous ai déjà montré plusieurs exemples, et que vous connaissez tous. Alors, le couronnement horizontal qui relie les deux tours cache le pignon de la nef, soit que la toiture vienne directement buter contre ce motif, ce qui est la disposition la plus ordinaire, soit que, comme à Notre-Dame, il soit reporté en arrière de la terrasse qui couvre la jonction des tours.

Tout cela d'ailleurs peut s'étudier avec toute la variété imaginable, les exemples sont là pour le montrer. Aux prises avec ce programme, vous y apporterez chacun votre goût et votre talent : mais comme vous devez le voir, la composition des façades d'églises se rattache toujours en définitive à des types principaux, qui ne sont eux-mêmes que des applications de l'idée de vérité qui doit dominer et diriger toute l'architecture. Je vous disais tout à l'heure que la façade est en quelque sorte une résultante de la composition qui se manifeste dans le plan et dans la coupe transversale : retournez si vous le voulez la démonstration : et derrière une façade d'église pure et bien ordonnée, il sera impossible que vous ne pressentiez pas la structure de l'édifice. Il en est du monument comme de la nature humaine : vous n'imagineriez pas un homme dont l'aspect serait court et trapu lorsque son ossature serait de proportions élancées : vous ne sauriez imaginer davantage derrière une façade large et haute une structure étroite ou basse. Encore une fois répétons-le : il n'y a pas dans la réalité des plans, des coupes, des façades : il y a un monument, une œuvre : à cette unité nécessaire doit correspondre l'unité de conception, et votre mur de façade — car c'est un mur — a deux faces, l'une interne, l'autre externe : que l'une ne soit pas un démenti pour l'autre. C'est toujours le précepte éternellement vrai de l'Art poétique :

Denique sit quidvis simplex duntaxat et unum.

Des façades latérales, je vous dirai peu de chose. L'étude de la travée dans sa construction et sa proportion fixe les éléments de la façade de cette travée. Au surplus, une façade latérale, particulièrement dans une église, n'a guère de proportion générale à observer. Que la nef, par exemple, ait un nombre de travées qui variera du simple au double, cet élément ne changera pas pour cela : la proportion de la travée, la hauteur de ses diverses parties, la largeur des ouvertures, tout cela constituera une unité de façade qui se répétera cinq ou dix fois; façade générale courte dans un cas, longue dans l'autre, comme la nef même de l'église, mais sans que la composition de cette façade latérale ou sa proportion d'ensemble agisse *a priori* sur celle du monument qui se détermine par d'autres considérations.

Comme conséquence, nous retiendrons donc que l'étude d'une façade latérale se concentre dans l'étude d'une travée.

Et naturellement, à chaque conception de la travée d'église correspondra une expression différente de la travée de façade latérale. Vous sentez bien d'ailleurs que j'exagère un peu. Dans l'enseignement, pour faire pénétrer une idée juste, il faut la soumettre à un grossissement d'optique. Je ne voudrais donc pas que vous pussiez, sur la foi de ce qui précède, vous figurer que l'étude des façades latérales soit négligeable. Le projet d'ensemble doit être et rester une composition d'ensemble; mais lorsque vous vous êtes assurés, à petite échelle au besoin, que les proportions générales de vos façades latérales vous donnent satisfaction, c'est l'étude de travée, avec celle des pignons de transept s'il y en a, qui demande à être vue de près, et il serait en général inutile de faire à grande échelle une étude de toute une façade latérale, tandis que pour la façade principale c'est une nécessité.

En tous cas et à propos d'éléments, je n'ai à vous parler des façades latérales d'églises qu'à propos de leurs travées.

Dans les églises charpentées ou plafonnées, le problème est tout simple : un mur limite les bas-côtés, un autre mur limite la nef; dans chacun d'eux, une fenêtre par travée. Cela peut s'étudier avec la plus extrême simplicité, comme dans la plupart des anciennes basiliques, ou peut au contraire se prêter à toutes les richesses décoratives. Pas d'autre règle que de bien distribuer la lumière de façon à éclairer convenablement les intérieurs, et assurer l'écoulement des eaux, chose facile dans cette combinaison. La façade latérale de l'église Saint-Zénon à

Vérone (fig. 1211), dont je vous ai déjà montré plus haut la façade principale (fig. 978), est une des mieux réussies dans ce parti.

Avec les églises voûtées, nous trouverons des partis très différents suivant la disposition même de la voûte. Si l'église est voûtée en berceau, comme dans beaucoup d'anciennes églises romanes, les fenêtres latérales seront pratiquées au-dessous du berceau; elles ne peuvent alors être bien grandes. Tel est le cas par exemple de Saint-Sernin à Toulouse (fig. 1212) ou de Notre-Dame-du-Port à Clermont, de l'église d'Issoire, etc., que je vous ai montrées plus haut. Sauf l'épaisseur des murs, et une plus grande hauteur de maçonnerie au-dessus des fenêtres, à cause de la distance inévitable entre la naissance de la voûte et le pied du comble, la façade latérale ressemble fort à celle d'une église charpentée.

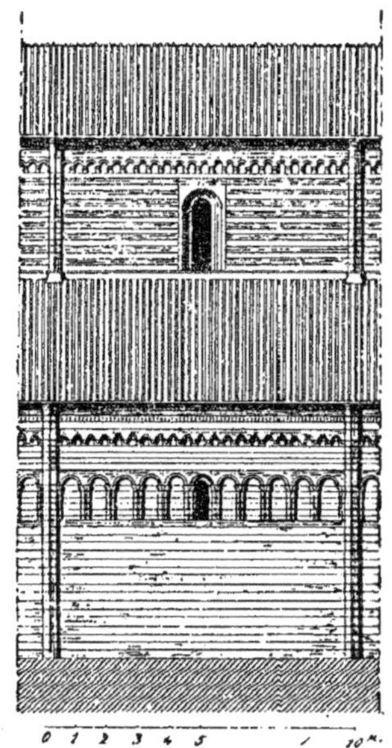

Fig. 1211. — Travée de façade de Saint-Zénon, à Vérone.

Si l'église est voûtée en coupoles, comme les anciennes églises byzantines, alors la façade latérale devient le mur pignon d'une large travée; la composition se rapproche de celle des salles de Thermes, et à part la forme des baies, la façade latérale de Sainte-Sophie de Constantinople, par exemple, est composée dans cet esprit. Le même principe a encore dicté la composition des façades latérales de ces églises à travées sur plan carré, telles que Cahors, Angoulême, Angers, Saumur, etc.

Si l'église est disposée avec des travées multipliées, et voûtées en voûtes d'arête, comme c'est le cas de l'immense majorité des églises du Moyen-âge, il y aura encore deux partis différents qui s'imposeront presque nécessairement d'après le mode de construction.

En effet, les plus anciennes églises, vous le savez, s'inspirant de la tradition romaine des salles de thermes, avaient les toitures couchées directement sur l'extrados des voûtes; toute la construction, depuis l'intrados des voûtes jusqu'à la surface externe des dalles de pierre formant toiture, n'était qu'un seul ouvrage de maçonnerie. Tel est le système de construction suivi dans beaucoup d'églises du midi de la France notamment, et dans les églises d'Auvergne que j'ai déjà eu l'occasion de vous citer. Ces églises, il est vrai, sont généralement voûtées en berceau, et dès lors leur façade latérale ne présente pas de particularité au point de vue de la composition. Mais si elles sont voûtées en pendentifs ou voûtes d'arête, il faut alors nécessairement que, comme dans les thermes, les jours éclairant les tympans des voûtes soient pratiqués dans des pignons — un par travée — s'élevant dans la hauteur de la voûte. Alors, il n'est plus possible d'avoir un chenau ou un égout horizontal : les eaux de toiture se réunissent dans les noues ou noulets formés par la rencontre des rampants de ces pignons avec les rampants du grand comble de la nef, et aboutissent à des gargouilles qui les projettent aussi loin que possible de la façade — ou à de simples tuyaux de descente qui doivent alors être aussi nombreux que les piliers séparatifs de travées.

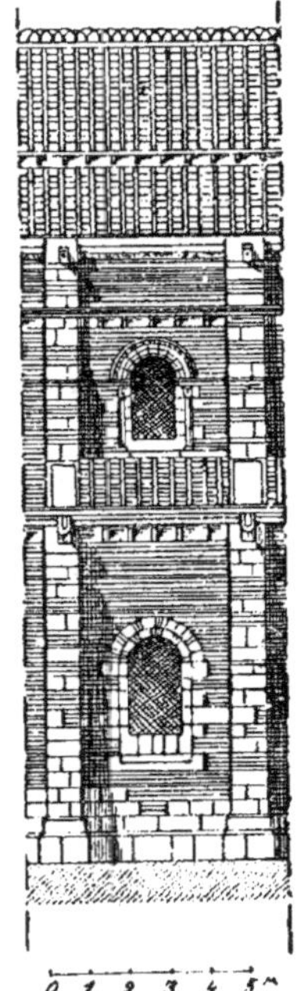

Fig. 1212. — Travée de façade latérale de l'église Saint-Sernin, à Toulouse.

Mais, je vous l'ai dit déjà, cet ancien errement de construction fut bientôt abandonné, et pour diminuer le poids porté par les voûtes et par conséquent leur poussée, les architectes furent conduits à composer de grands combles en charpente, élevés au-dessus des voûtes. Dès lors, les voûtes d'arête n'ont plus aucune action sur la forme des toitures : au niveau où commence le travail du charpentier, il est fait table rase, et l'église n'a plus qu'à se couvrir comme il est rationnel, par un grand comble à deux égouts. Alors, il est naturel qu'au pied de chacun de ces rampants le chenau ou l'égout continu se traduise par une ligne continue aussi, horizontale, qui sera le motif de la galerie si fréquente à la base des combles des églises du Moyen-âge, et d'où partent à chaque travée les écoulements au moyen des caniveaux superposés aux arcs-boutants. Cette disposition a l'avantage de restreindre la surface tributaire de chaque descente, et d'éviter par conséquent les chances d'engorgements.

Ainsi donc, dans ce parti, qui est de beaucoup le plus fréquent, vous revenez à une composition de façade latérale encore analogue à celle des anciennes basiliques : dans le mur latéral des bas-côtés, des fenêtres au-dessous de l'entablement, quel qu'il soit, qui reçoit la toiture des bas-côtés; puis dans le mur latéral de la nef, des fenêtres au-dessous de l'entablement qui reçoit la toiture de la nef : seulement ces fenêtres s'ouvrent intérieurement dans le tympan d'une voûte d'arête, au lieu de s'ouvrir dans le mur de soutien d'une charpente. La fenêtre sera une simple baie comme dans les premières églises voûtées en voûte d'arête, telles que Saint-Germain-des-Prés ou les églises de Caen; ou bien elle deviendra plus tard la grande verrière qui caractérise de plus en plus les églises du Moyen-âge : de là des différences profondes dans l'étude et le caractère. Les églises ainsi disposées sont innombrables, et sauf les variétés d'étude, la composition de leurs façades latérales ne peut varier beaucoup. Elle sera cependant différente selon qu'il y aura ou non des tribunes au-dessus des bas-côtés. Comme églises sans tribune, je vous citerai parmi tant d'autres les travées latérales de l'église de La Ferté-Bernard (fig. 1213); et comme églises avec tribunes celles de Notre-Dame de Paris et de Laon, que je vous ai déjà montrées, et qu'il est intéressant de rapprocher de celle de l'église d'Eu (fig. 1214), qui n'a pas de tribunes, mais dont les bas-côtés sont assez élevés pour en rappeler la composition avec l'arc qui entretoise les piliers au milieu de leur hauteur.

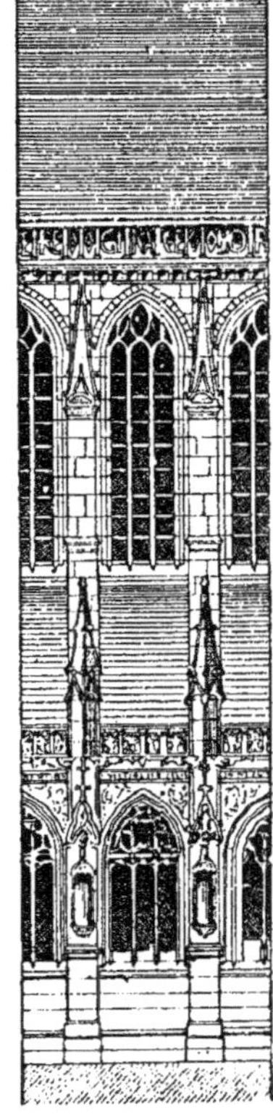

Fig. 1213. — Travée de façade latérale de l'église de La Ferté-Bernard.

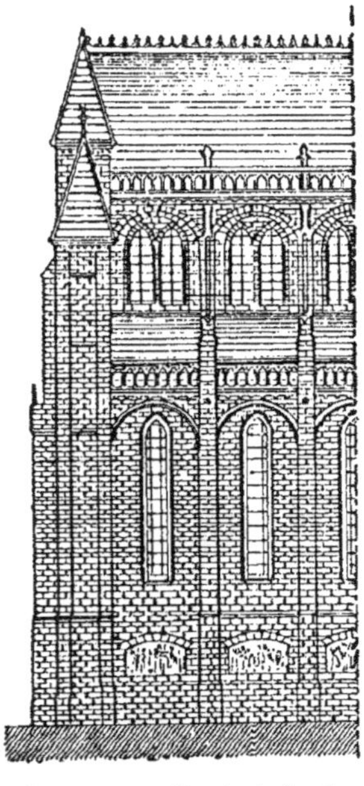

Fig. 1214. — Travée de façade latérale de l'église d'Eu.

Mais, je le répète, cette étude, ce caractère, sont déterminés par l'aspect que l'artiste veut donner à l'intérieur de ses nefs. La façade latérale est une conséquence. Certes, elle doit être étudiée, mais elle est régie, elle ne régit pas.

Aussi vous remarquerez dans les travées de façades latérales des églises du Moyen-âge de très grandes variétés de proportions. Reprenons ces deux exemples : les églises d'Eu et de La Ferté-

Bernard. A celle-ci, les fenêtres des bas-côtés sont d'une hauteur très ordinaire; par contre, celles qui éclairent la nef sont très hautes, et prennent une importance capitale dans la composition. A Eu, c'est le contraire; les fenêtres des bas-côtés, bien qu'élevées au-dessus d'un soubassement plus important qu'à La Ferté-Bernard, sont d'une hauteur considérable, et celles de la nef paraissent basses par comparaison.

Or, c'est bien ici la démonstration de ce que je disais plus haut : croyez-vous que ce soit dans une intention de proportions de façade latérale que les architectes de ces deux monuments les aient ainsi conçues? Certainement non. L'architecte de La Ferté-Bernard a voulu, intérieurement, une nef dominant de haut les bas-côtés, il a voulu de grandes et belles verrières éclairant sa nef, et tel est bien le caractère de cette église. L'architecte d'Eu a voulu, intérieurement, des bas-côtés très élevés, comptant avec la nef : si élevés même qu'il a fallu l'adjonction de ces arcs d'entretoisement que j'ai signalés plus haut. L'un a voulu, intérieurement, une nef desservie par des bas-côtés; l'autre, une église en quelque sorte à trois nefs. Les façades latérales devaient forcément différer du tout au tout, mais c'est la différence profonde des intérieurs qui a commandé ces différences de façades.

Le souvenir des anciennes pénétrations de toitures, bien que sans motif avec l'emploi des grands combles en charpente, s'est parfois conservé comme par exemple dans la façade latérale de la Sainte Chapelle de Paris. Mais ce n'est plus alors qu'un motif de décoration, contradictoire — il faut le reconnaître — avec la conception même de l'édifice, et créant pour les écoulements d'eaux des complications inutiles. Le parti classique des églises à galerie horizontale au bas du grand comble est certainement plus rationnel et plus pur, et comporte d'ailleurs une variété extrême de motifs, que je n'analyserai pas, n'ayant pas à faire un traité d'architecture descriptive.

Les façades postérieures résultent aussi nécessairement des éléments de structure de l'édifice, et sont forcément déterminées par eux. Cependant, il faut remarquer ici que la proportion générale se perçoit bien plus nettement que dans les façades latérales. Souvent l'*abside* ou le *chevet* de l'église est très en vue; il se compose avec symétrie et exprime de la façon la plus saisissante, par un aspect extérieur, la composition interne de l'église. Il est donc indispensable de contrôler par l'étude ce que seront ces proportions avant d'arrêter définitivement les éléments constructifs de l'église. La forme des absides, les saillies de chapelles peuvent, dans une certaine mesure, obéir à ces considérations.

En réalité, lorsque je vous ai parlé du chœur et des absides des églises, je me trouvais vous parler en même temps des façades postérieures. Je vous ai signalé les absides souvent très heureuses et harmonieuses des églises romanes, avec le groupement des chapelles s'accusant en dehors par de petites absides, qu'on a appelées des *absidioles*. Souvent, ainsi que vous avez pu le voir par quelques-uns des exemples donnés plus haut, le bas-côté circulaire ne s'éclaire que par les chapelles, et cet éclairage suffit en effet ; il y a cependant aussi des exemples d'églises où les chapelles ne sont pas contiguës les unes aux autres, et où des fenêtres de bas-côtés s'interposent entre les saillies des chapelles. Tel est par exemple le chevet de l'église de Selles-sur-Cher (fig. 1215) dans le Loir-et-Cher. Mais je vous ai parlé assez, je crois, de ces absides romanes, puis des absides d'églises gothiques. En général, une travée d'abside n'est pas identique à une travée de façade latérale : le plan concentrique en fait une nécessité ainsi que le rayonnement des arcs-boutants. Le nombre des églises ainsi conçues est infini. Celle de la cathédrale de Noyon est des plus remarquables. Mais nulle part, je pense, vous ne pouvez mieux saisir qu'à Notre-Dame de

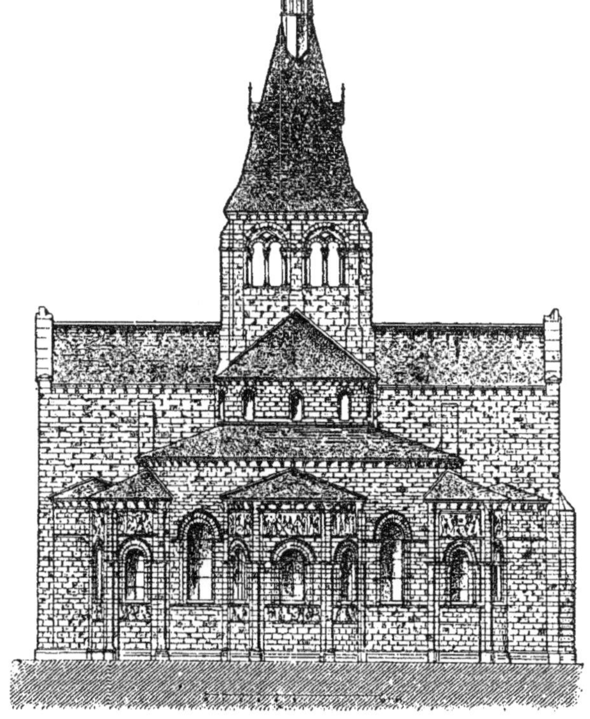

Fig. 1215. — Église de Selles-sur-Cher. Façade postérieure.

Paris cette composition concentrique qui là, plus qu'ailleurs, s'accuse par la portée immense des arcs-boutants. C'est l'expression la plus franchement accentuée de l'étaiement accepté comme condition *sine qua non* d'une conception architecturale.

Aux derniers temps du Moyen-âge, et à cette époque encore féconde où la Renaissance s'annonçait sans qu'on eût encore abandonné les traditions d'ensemble de l'architecture des siècles précédents, les absides polygonales furent en faveur. Et en effet, la construction en est plus simple, les lignes plus nettes, et l'on évite les arcs sur plan courbe. Je vous ai déjà cité à ce propos l'abside élégante, mais malheureusement peu visible, de Saint-Gervais à Paris, celle de Saint-Urbain de Troyes, celle de l'église Saint-Pierre de Caen. Ces exemples suffisent, ou alors il faudrait les multiplier à l'infini.

Presque toutes les façades postérieures d'églises réunissent le double mérite de la régularité symétrique de la composition, et du pittoresque résultant de la variété des formes rayonnantes, des accidents de lumière dus à l'éclairage sous des angles variables. Intérieurement, nous l'avons vu, le chœur fermé par une abside demi-circulaire ou demi-polygonale est l'élément non seulement traditionnel, mais aussi la terminaison logique et expressive de l'église. A l'extérieur, cette disposition présente encore les mêmes avantages : beauté, symétrie, pittoresque, à tel point qu'on pourrait dire à peu près infaillible la réussite d'un chevet d'église : dans ce programme redoutable, c'est la partie qui doit le moins effrayer.

Cependant je vous ai montré des églises dont le chœur est rectangulaire, soit par suite d'habitudes locales, soit par des raisons d'emplacement ou d'économie. En général, dans ce parti, les bas-côtés ne tournent pas autour du chœur. Tel est le cas de la cathédrale de Laon, de celles de Lamballe, de celle de Lincoln en Angleterre, etc. La façade postérieure devient alors une véritable composition de façade principale : cela est très manifeste à Laon. Si les bas-côtés se pourtournent, comme dans la belle église de Dol en Bretagne (fig. 1216 et 1217), il y a généralement une chapelle principale qui fait saillie sur l'abside et prolonge en quelque sorte la nef; puis un grand jour vertical forme le fond de la perspective de l'église. Et c'est là un très beau motif. Certes, la perspective des absides rayonnantes vues de la nef est belle et termine admirablement le monument; mais ses éléments sont forcément plus étroits que ceux de la nef. Avec l'abside rectangulaire au contraire, s'il y a cette infériorité de composition (peut-être) que l'église semble avoir été terminée arbitrairement à une travée quelconque, il y a d'autre part l'aspect monumental de cette grande verrière en face des

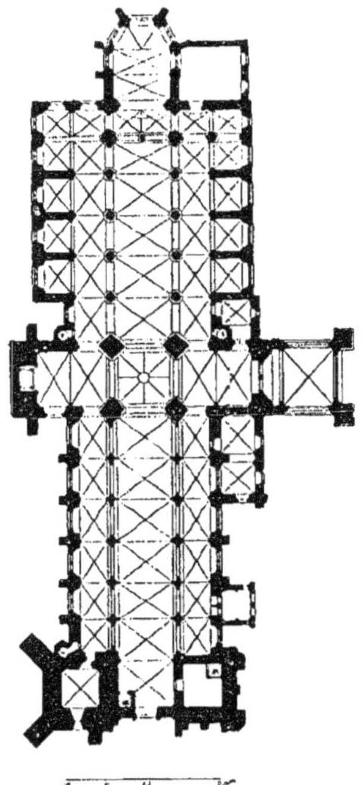

Fig. 1216. — Église de Dol. Plan.

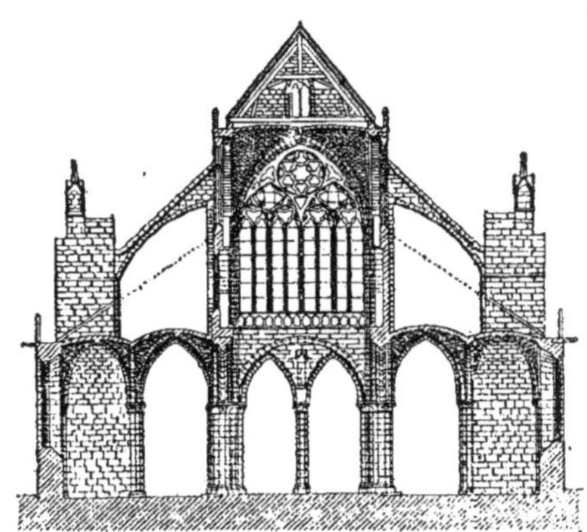

Fig. 1217. — Abside carrée de l'église de Dol.

fidèles, motif particulièrement beau lorsque de longs bras de transepts à peu près égaux à la profondeur du chœur, et traités aussi avec de grandes verrières, permettent d'apercevoir d'un même point de l'église ces trois terminaisons lumineuses, à droite, à gauche, en face.

Si d'ailleurs autour de ce chœur rectangulaire et des bas-côtés qui l'encadrent en trois sens, des chapelles font saillie, la composition redevient analogue à celle des chevets rayonnants, moins la concentricité. Mais cette disposition est rare, et le chœur rectangulaire qui n'a été admis que tard reste exceptionnel. Il est plus fréquent dans de petites églises, lorsque des motifs d'économie l'ont imposé.

Circulaire ou carrée, l'abside est en général et notamment dans les grandes églises le prolongement pur et simple de la nef. Mais parfois aussi elle est plus étroite, plus basse, et forme en décrochement comme une grande chapelle à l'extrémité du chœur. Alors un pignon limite l'architecture de la nef et du chœur, et l'abside apparaît comme un petit édifice complémentaire. C'est souvent la disposition la plus prudente lorsque les ressources sont médiocres. Si le client a trop souvent le goût de l'apparence avant tout, l'architecte a le devoir de mettre en première ligne la solidité et la durée, de rechercher l'économie dans les dispositions et non dans des expédients qui ne peuvent produire une illusion momentanée qu'au détriment de la qualité de l'œuvre.

Construisez modestement s'il y a lieu, mais construisez sérieusement.

CHAPITRE XVIII

PARTICULARITÉS, DISPOSITIONS EXCEPTIONNELLES

SOMMAIRE. — Compositions résultant d'emplacements spéciaux. — Églises de divers ordres religieux.
Baptistères. — Églises fortifiées.

En vous parlant des églises en général, je n'ai pas eu la prétention de traiter à fond un si vaste sujet. Nous devons dans les études générales vous exposer les lois générales sans nous lancer dans le champ infini des exceptions. Les églises ont été faites par milliers, et il n'y en a pas deux qui soient absolument identiques. C'est que l'art est libre et n'obéit en dernière analyse qu'aux propres inspirations de l'artiste : mais les principes sont permanents, assez larges pour permettre cette étonnante variété, assez puissants pour imposer cette unité qui fait les grandes époques d'art.

Il y a donc entre toutes les églises d'une même époque une très puissante unité; la variété est dans le style et l'expression. Et par époque, il ne faut pas entendre ici quelques années, ni les classifications oiseuses : en un grand nombre de siècles, il y a eu quatre ères différentes — pas plus — dans l'architecture religieuse : l'ère des églises basilicales inspirées de la basilique romaine; — celle des églises grecques, voûtées, à motif central — celle des tâtonnements s'essayant timidement à la voûte pour concilier la disposition basilicale et la construction voûtée; — celle des voûtes habiles et savantes. Voilà les différences profondes, celles qui agissent sur la composition : dans chacun de ces quatre grands groupes, il y a des nuances certes, des nuances souvent très prononcées, mais en somme, des nuances seulement pour qui sait voir de haut et de loin.

Mais en même temps, il faut considérer qu'à aucune époque l'architecture n'échappe aux lois de la contingence. Nous avons vu déjà le terrain, l'emplacement, exiger tel ou tel parti de composition. Un terrain court et large appellera une disposition tout autre qu'un terrain étroit et long. Et la proportion même de votre édifice s'en ressentira. Si dans un terrain court, vous voulez placer dans la nef un nombre suffisant de fidèles, il vous faudra la faire plus large. Pour lui laisser toute la longueur possible, vous ne pratiquerez sans doute pas de transept. Vous serez peut-être conduits à deux rangs de bas-côtés; les chapelles seront plutôt latérales que postérieures. Dans un terrain long, tout sera à l'inverse.

Voilà donc une cause de différences notables dans la composition. Il y en a aussi dans l'emplacement. Je vous ai parlé de la cathédrale du Puy : la déclivité de la montagne est tellement prononcée que, même avec un perron monumental, il est impossible que, du centre de la ville, on arrive au niveau de la nef sur le devant de l'église : de là cette disposition étrange d'une entrée principale de l'église à un niveau sensiblement inférieur.

A Rodez (fig. 1218), la cathédrale avait sa façade principale sur les remparts mêmes de la ville, au bord d'un fossé aujourd'hui comblé : on ne pouvait y entrer que latéralement, et de cette situation résulte l'aspect singulier de cette façade unie et pleine, percée seulement de quelques meurtrières de défense, jusqu'au niveau de la grande rose, assez haut placée pour que les exigences de la fortification en permissent l'ouverture.

A Palerme, la cathédrale a bien une entrée principale, mais d'un côté d'une rue peu large, et vis-à-vis se trouve un grand bâtiment ecclésiastique relié à la façade de la cathédrale par deux ponts de service. C'est la façade latérale qui est vraiment celle du monument.

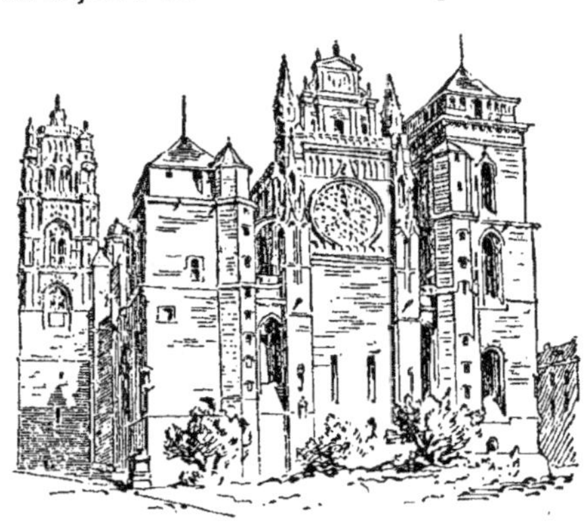

Fig. 1218. — Cathédrale de Rodez.

A Assise, la configuration du rocher ne permet d'entrer que latéralement dans l'église basse.

Je pourrais multiplier ces exemples : ils vous montreraient en somme que les *sujétions* ont existé de tout temps pour les compositions d'architecture. Il y a aussi des différences marquées entre diverses églises par suite de l'emploi de matériaux différents. Pour nous, l'église appelle l'idée de la pierre de taille. Ailleurs, c'est la brique et la terre cuite qui sont la ressource unique. Il a été fait ainsi dans l'Italie du Nord des églises remarquables, par exemple la cathédrale de Crema (fig. 1219), les églises de Pavie, d'Alexandrie, de Plaisance, etc. ; en France, dans l'architecture du Midi, les églises de Toulouse, d'Albi ; en briques et pierre, l'église de Tilloloy, dans la Somme (fig. 1120), qui à la vérité n'est déjà plus du Moyen-âge.

Il y eut aussi des différences entre les églises des divers ordres religieux ; la plus marquée est peut-être dans la forme adoptée jusqu'à la destruction de leur ordre par les Templiers, dont toutes les églises furent polygonales en souvenir de celles qu'ils fondèrent à Jérusalem même. Sans entrer dans le détail des nuances auxquelles les antiquaires reconnaissent que telle ou telle église a dû être élevée par tels ou tels religieux, je vous signalerai seulement que l'église abbatiale ou conventuelle diffère de l'église publique par l'importance et la clôture du chœur, par la contiguïté de l'église avec de vastes services tels que salles de chapitres et autres; par l'adjonction du cloître où les religieux se tenaient en attendant l'heure des offices, pour de là pénétrer dans l'église par le fond ou par un côté.

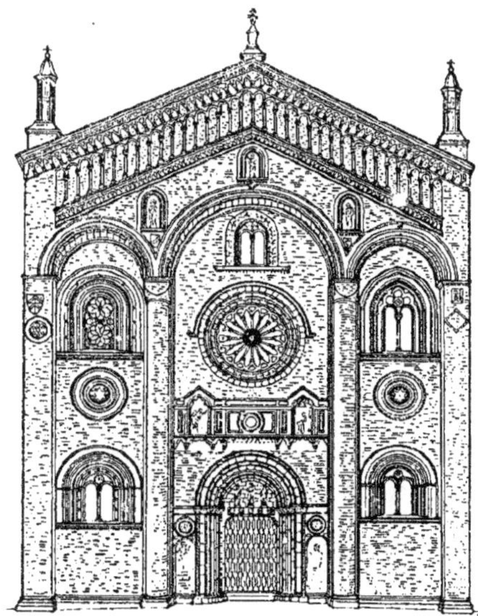

Fig. 1219. — Cathédrale de Crema.

Les églises, assez nombreuses, dédiées au Saint-Sépulcre étaient en général circulaires, en souvenir de l'ancien édifice dans lequel, à Jérusalem, on avait cru reconnaître le tombeau du Christ.

Au surplus, une église circulaire, qui est toujours une exception, est nécessairement un édifice dont tous les côtés sont semblables. Une porte principale désignera bien l'entrée, parfois cette porte sera précédée d'un porche en saillie; à part cela, l'église circulaire donne lieu avant tout à une étude de travée qui forcément ressemble beaucoup à une travée de chœur dans une église de composition ordinaire. Circulaire ou polygonale d'ailleurs, c'est tout un. Je vous ai déjà montré Saint-Vital de Ravenne, la chapelle d'Aix; je me bornerai à vous montrer ici l'église circulaire charpentée de Saint-Ange, à Pérouse (fig. 1221 et 1222). Cette église, composée uniquement d'un double bas-

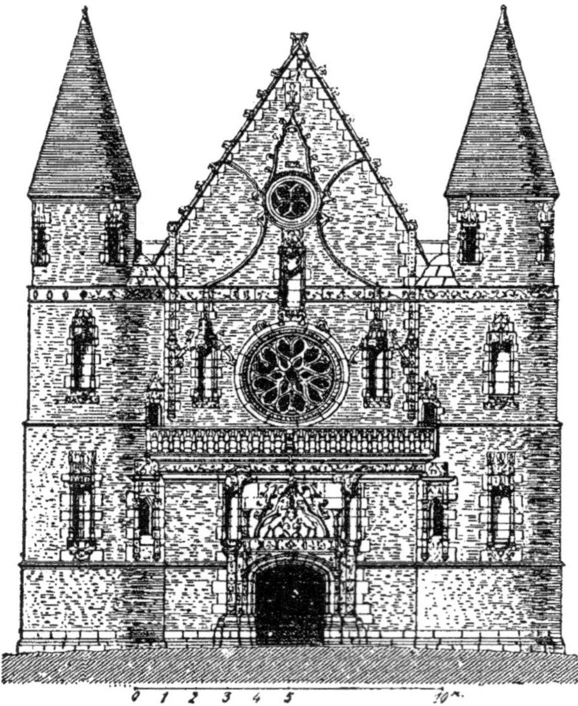

Fig. 1220. — Église de Tilloloy.

côté autour d'une salle centrale, a ainsi un mur de façade purement circulaire; c'est la simplicité absolue de la basilique. D'autres églises circulaires répondent à un autre ordre d'idées. Ainsi, dans la Charente, l'église très intéressante de Saint-Michel d'Entraigues (fig. 1223 et 1224) présente une ceinture d'absides rayonnant sur un point central. A voir sa façade, qui ne peut

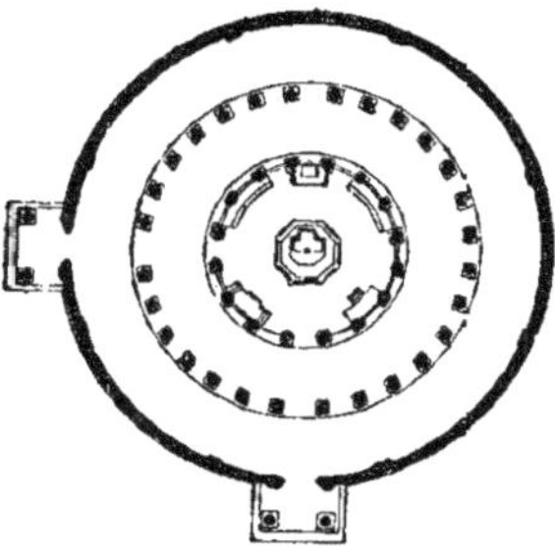

Fig. 1221. — Église Santo Angelo, à Pérouse. Plan.

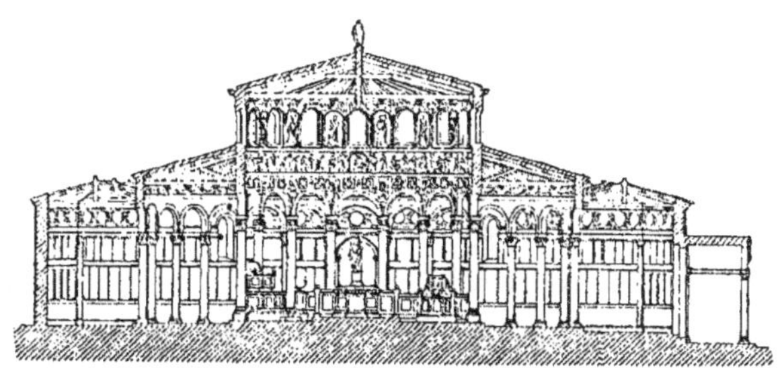

Fig. 1222. — Église circulaire de Santo Angelo, à Pérouse. Coupe.

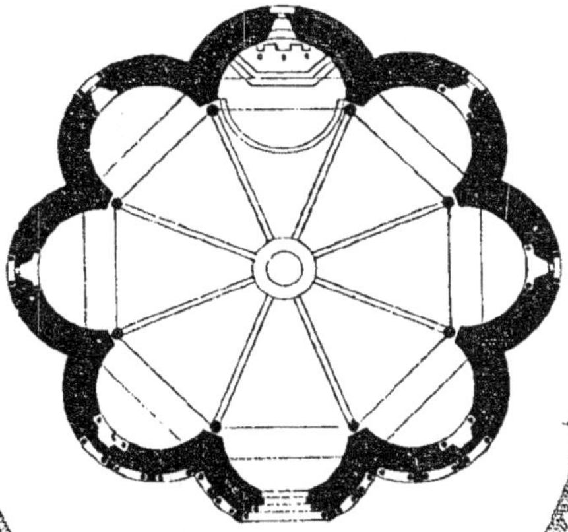

Fig. 1223. — Saint-Michel d'Entraigues. Plan.

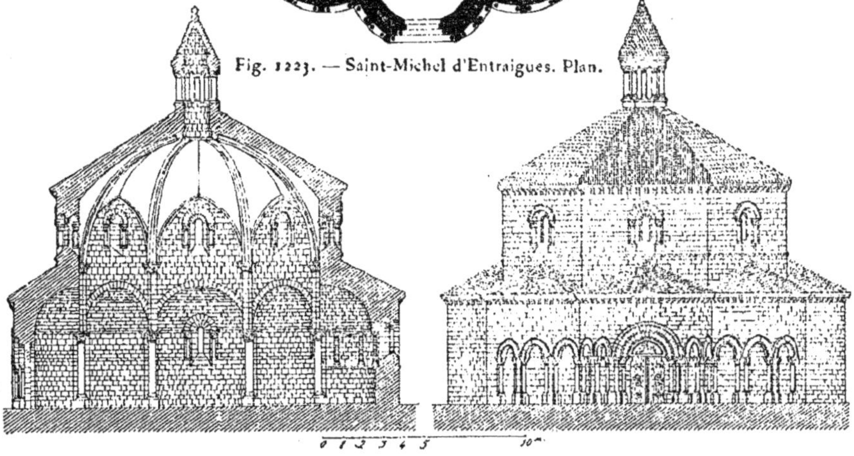

Fig. 1224. — Saint-Michel d'Entraigues (Charente). Coupe et façade.

naturellement être vue que successivement sous ses angles divers, on croirait voir l'abside d'une église romane. On tourne autour du monument, c'est toujours cette composition d'abside qui apparaît. Il y a bien, à un point quelconque de la circonférence, une porte d'entrée : cela seul désigne une façade principale, ou plutôt il n'y a pas de façade principale.

Quelle pouvait être la raison d'être de ces églises circulaires? Je l'ignore. Cette forme se prête peu, évidemment, aux cérémonies du culte, c'est une exception, et une exception illogique, il faut le dire. Mais cela n'empêche pas plusieurs de ces monuments d'être fort intéressants et de mériter une sérieuse étude.

D'ailleurs, c'est surtout dans les baptistères, ces édifices annexés aux anciennes églises, que vous trouverez les exemples les plus intéressants de monuments circulaires ou polygonaux affectés à l'architecture religieuse. Et pour le baptistère, la forme ronde ou polygonale était parfaitement logique, car ici il s'agissait de voir un acte qui se passait en public. La foule faisait cercle tout autour, c'était exactement ce qui se serait passé si la cérémonie avait eu lieu en place publique. Observez cependant que le baptistère était encore une église d'une nature spéciale, car il s'y trouvait toujours l'autel.

Vous savez quel était le rite très sévère de l'ancienne Église chrétienne. Nul ne pouvait sans profanation, et n'étant pas baptisé, entrer dans l'édifice consacré. Le baptême avait donc lieu hors l'église, modestement ou avec pompe. Mais il va de soi que lorsque la religion était encore contestée, lorsque le baptême était aussi souvent un témoignage de conversion chez des adultes, qu'une consécration d'enfants nouveau-nés dans des familles déjà chrétiennes, les baptêmes marquants, *sensationnels* comme dit le jargon du jour, devaient se faire avec un grand éclat, triomphalement même. Tel dut être à coup sûr le baptême de Constantin par exemple, qui fut le signe public d'un des plus importants événements de l'histoire.

La primitive Église fut donc amenée à faire des édifices spéciaux pour le baptême. La conversion publique d'un personnage en évidence était un fait trop suggestif pour qu'on la célébrât pour ainsi dire entre deux portes. D'autre part, le baptême se faisait alors par immersion : le *néophyte*, en souvenir de Jésus baptisé dans le Jourdain, se dépouillait de ses vêtements et entrait dans une piscine ou cuve placée au milieu du baptistère : les assistants et spécialement les parrains se tenaient autour; enfin, séance tenante, une messe était célébrée à l'autel du baptistère même, après quoi le nouveau chrétien était introduit dans l'église, toujours voisine.

Tel fut le rôle, très défini, des anciens baptistères, assez nombreux encore à proximité de vieilles églises. Plus tard, on fit fléchir la règle : l'ancien *narthex*, l'ancien baptistère ne furent plus impérieusement motivés par la discipline ecclésiastique. On n'en est plus à purifier une église dans laquelle sera entré un mécréant ou un hérétique : le baptistère extérieur a fait place à la chapelle des fonts baptismaux, encore placée à l'entrée de l'église comme dernière survivance de la tradition. Quant aux baptistères construits à l'époque où la Renaissance s'annonçait déjà, comme ceux de Pise et de Florence, ils ne furent sans doute qu'une réminiscence née d'une sorte de dilettantisme ou peut-être d'une idée de retour à l'ancienne Église, idée qui fut assez répandue dans tout l'art primitif contemporain des poèmes de Dante ou des prédications de Savonarole.

Comme composition, le baptistère est un édifice très simple : un bassin central, une clôture suffisent. Plusieurs ne sont que cela. Les plus importants ont été conçus comme les églises elles-mêmes avec nefs et bas-côtés. Alors la nef, ronde ou polygonale, forme la partie milieu et abrite la piscine; les bas-côtés recevaient l'assistance, souvent au haut de quelques marches. Et l'analogie avec les églises se poursuit : à l'époque des basiliques, le baptistère devient lui-même une basilique circulaire ou polygonale : tel est celui de Constantin, près de Saint-Jean-de-Latran à Rome (fig. 1225 et 1226). L'édifice a

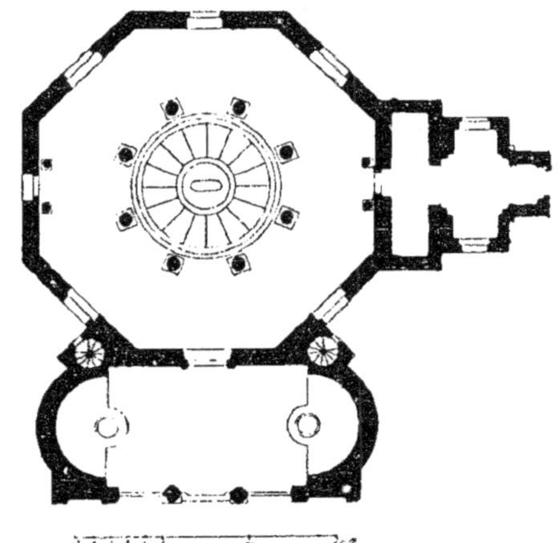

Fig. 1225. — Baptistère de Constantin. Plan.

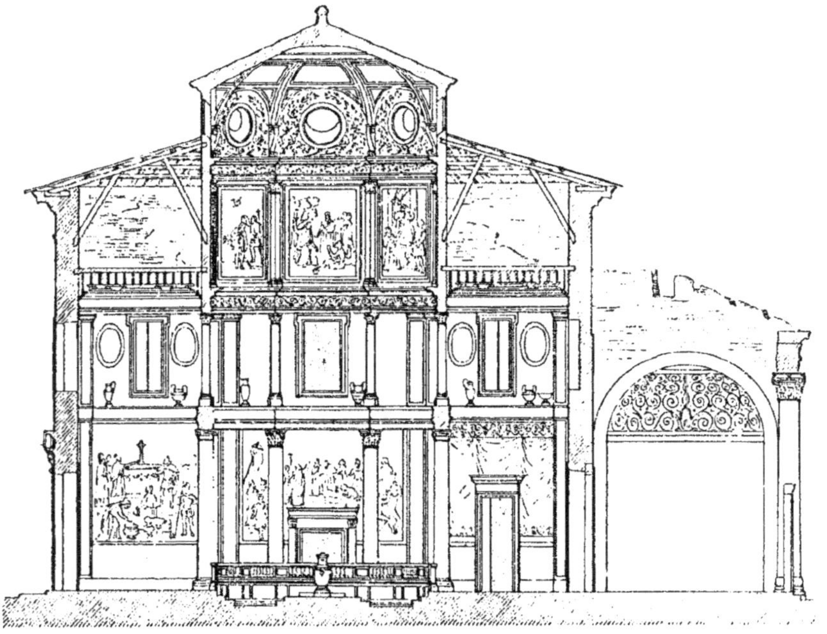

Fig. 1226. — Baptistère de Constantin. Coupe.

été assez profondément modifié : on y trouve encore cependant l'antique disposition de la basilique charpentée, avec ses bas-côtés et même ses tribunes couvertes en appentis. Même éclairage par des fenêtres semblablement placées : si l'on pouvait développer en ligne droite les travées du baptistère de Constantin, on réaliserait une basilique.

Le baptistére de Pise au contraire est voûté, toujours avec partie centrale et bas-côtés (fig. 1227, 1228 et 1229) : c'est ici l'analogie avec les églises voûtées qui apparaît : construction d'ailleurs curieuse avec sa salle centrale conique terminée en coupole, et son identité de l'expression extérieure avec la structure interne.

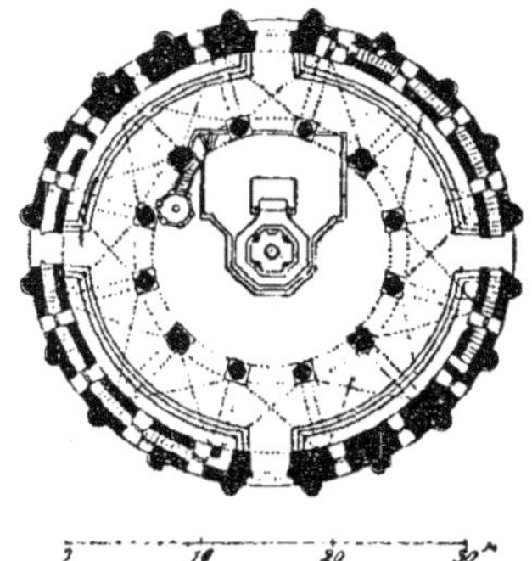

Fig. 1227. — Baptistère de Pise. Plan.

Je vous citerai en passant quelques baptistéres de moindre importance, intéressants d'ailleurs par leur composition et leur étude, ceux de Ravenne (fig. 1230 et 1231), de Novare, en Italie; celui de Moudjelije en Syrie, dont la disposition demi-polygonale est plutôt celle d'une abside en face d'une absidiole qui recouvre l'autel ; celui de Saint-Georges d'Ezra, en Syrie, édifice polygonal inscrit dans un carré, toujours avec l'absidiole pour l'autel; celui de Biella, en Italie, composé d'une coupole centrale sur pendentifs, ouvrant sur quatre absides, comme la chapelle de Montmajour que je vous ai montrée (V. plus haut, fig. 995 et 996); en France, où les baptistéres sont plus rares, celui de Poitiers, dit aujourd'hui Temple de Saint-Jean (fig. 1232 et 1233), édifice charpenté sauf les absides, et qui passe pour l'un des plus anciens monuments religieux de la France.

Vient enfin le dernier en date, je crois, de tous ceux

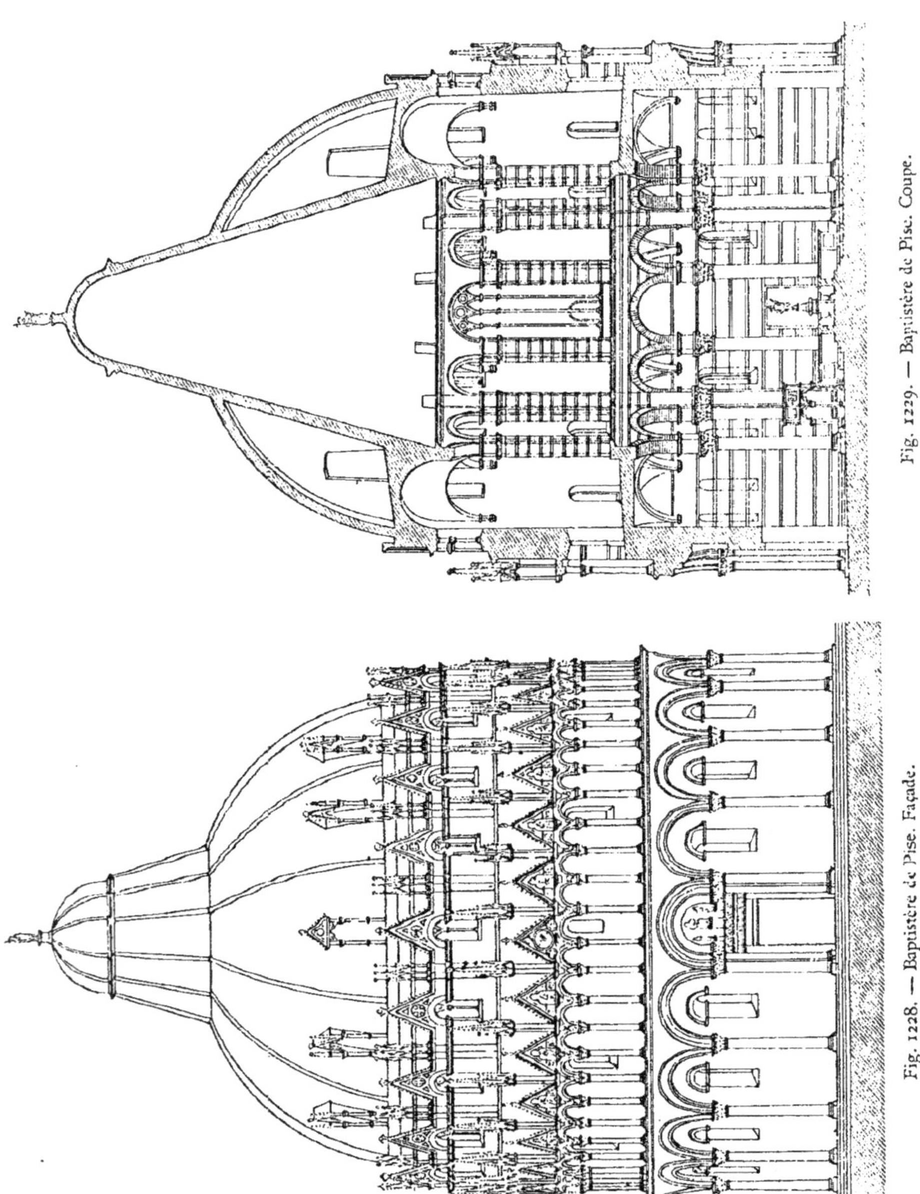

Fig. 1228. — Baptistère de Pise. Façade.

Fig. 1229. — Baptistère de Pise. Coupe.

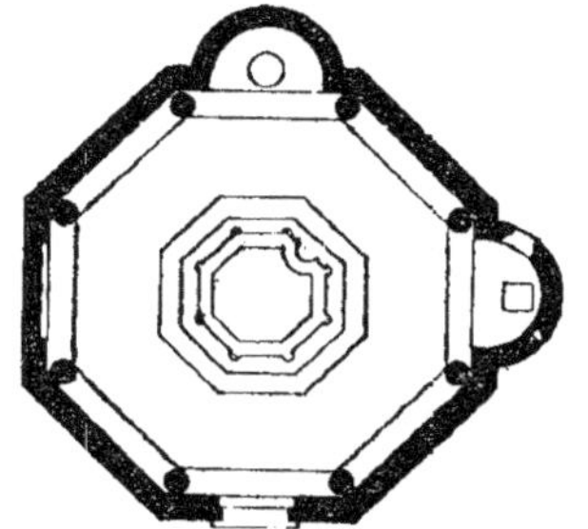

Fig. 1230. — Baptistère de Ravenne. Plan.

qui existent, le Baptistère de Florence (fig. 1234, 1235 et 1236).

Élevé à une époque où le goût des études antiques qui a caractérisé la Renaissance était déjà en pleine vigueur, sans pour cela restreindre la liberté des artistes, ce monument est inspiré très directement des grandes salles circu-

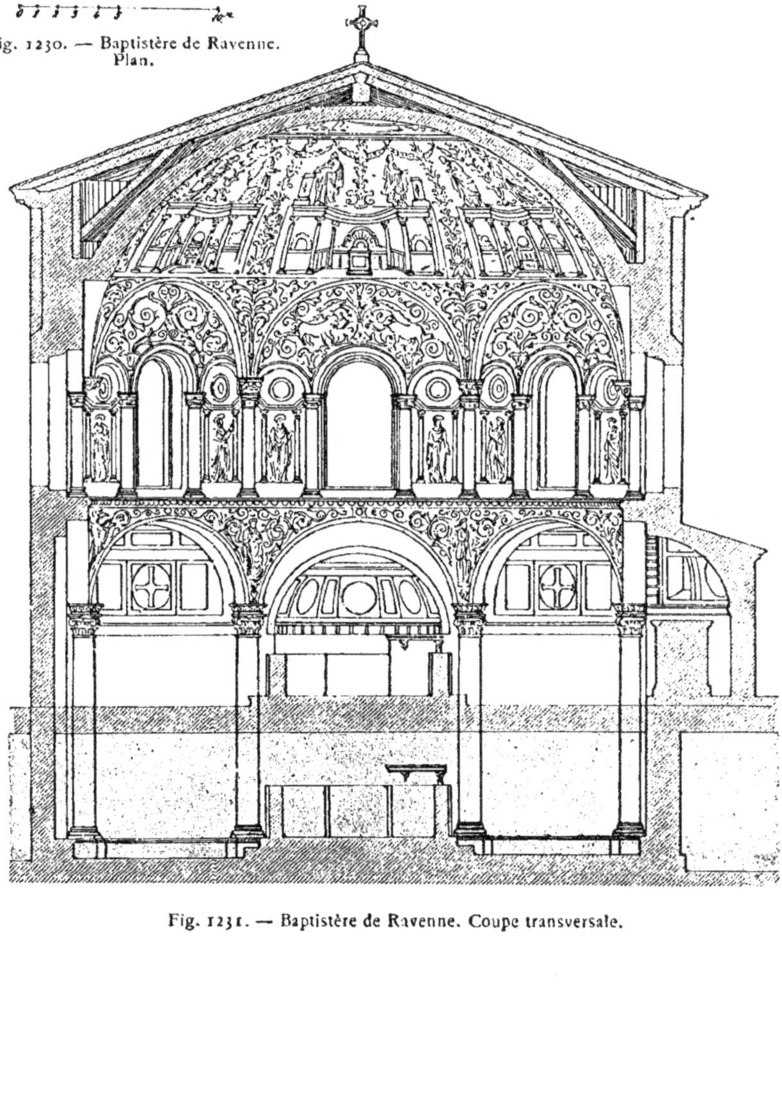

Fig. 1231. — Baptistère de Ravenne. Coupe transversale.

laires des Romains, telles que le Panthéon dit d'Agrippa, le Temple de Minerve Medica,

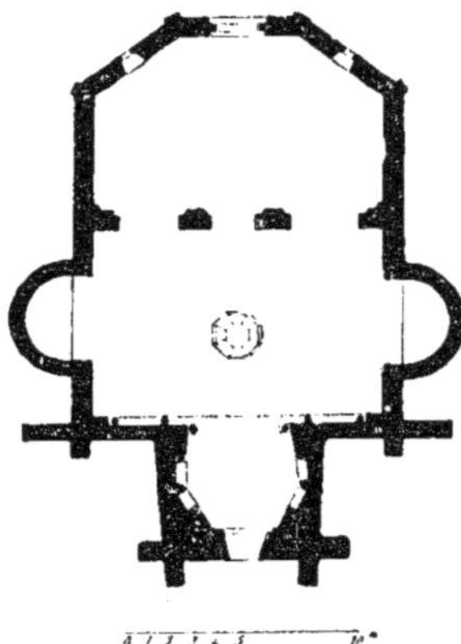

Fig. 1232. — Baptistère de Saint-Jean, à Poitiers. Plan.

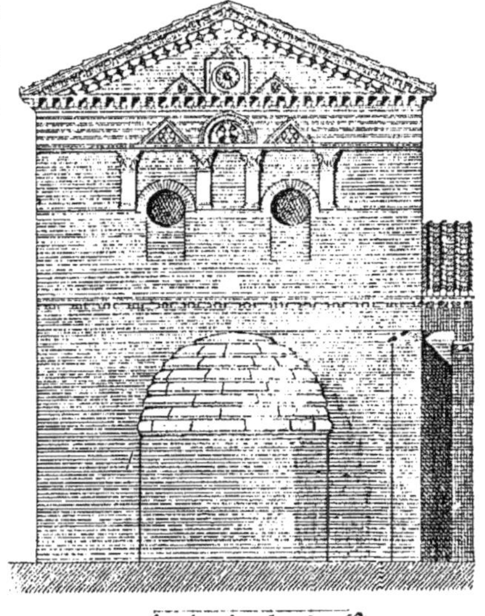

Fig. 1233. — Baptistère Saint-Jean, à Poitiers. Façade.

les caldaria des thermes. C'est le même principe de construction, le même esprit de décoration demandé à la polychromie marmoréenne. Vous savez d'ailleurs quelles merveilles artistiques il contient, et avant tout ses fameuses portes de bronze qui à elles seules sont une gloire de Florence.

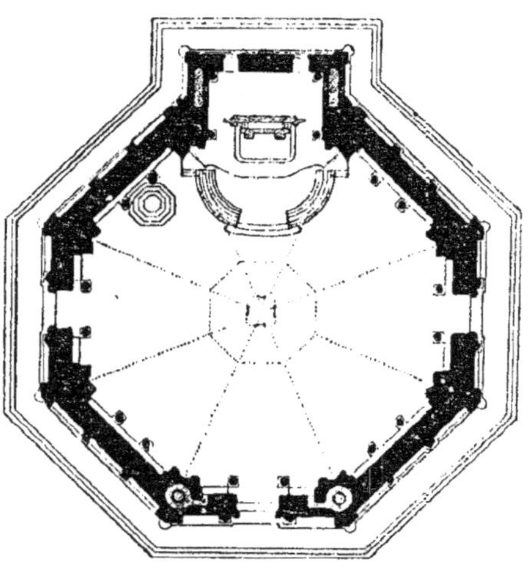

Fig. 1234. — Baptistère de Florence. Plan.

J'ai été amené à vous parler des baptistères par

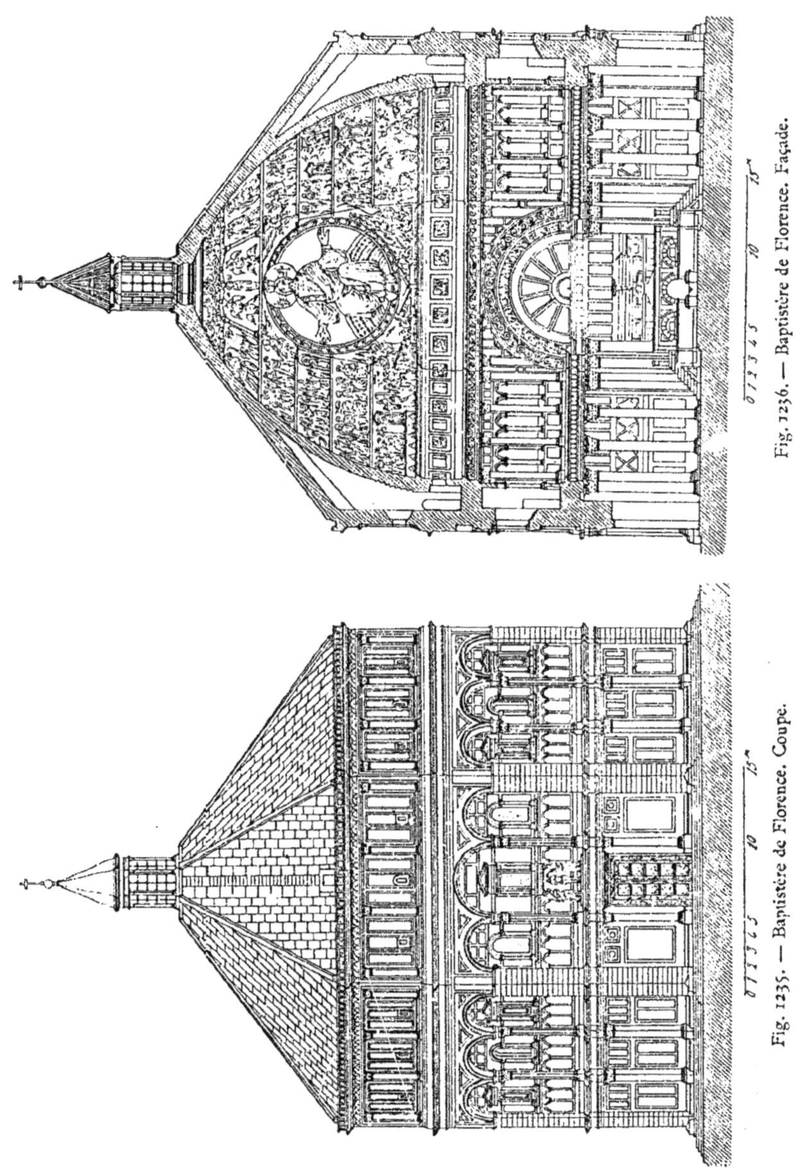

Fig. 1235. — Baptistère de Florence. Coupe.

Fig. 1236. — Baptistère de Florence. Façade.

une sorte de digression, à propos des églises circulaires, dans la rapide revue des particularités remarquables dans la composition des églises. Je reviens aux églises proprement dites afin de vous dire un mot d'un groupe très original : les églises fortifiées.

L'exemple le plus célèbre peut-être de ce genre d'églises est la cathédrale d'Albi (fig. 1237), dont j'ai eu déjà à vous parler. Mais elle est loin d'être une exception. C'est surtout dans le Midi de la France que les églises fortifiées sont nombreuses, mais aussi dans l'ouest : partout où l'église pouvait être l'objet d'attaques armées de la part de bandes qui ne craignaient pas les foudres spirituelles, que ce fussent des Normands ou des Sarrasins. Puis, dans la région d'Albi ce fut entre chrétiens qu'on se disputa les églises : la guerre des Albigeois a laissé de terribles souvenirs.

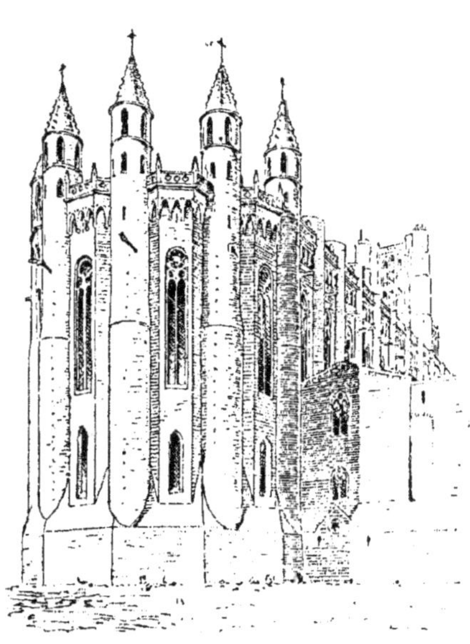

Fig. 1237. — Abside de la cathédrale d'Albi.

A Albi, à Rodez, à Carcassonne, à Esnandes (fig. 1238) (Charente-Inférieure) ou dans la célèbre église des Saintes-Marie-de-la-Mer (fig. 1239, 1240 et 1241) ainsi que dans bien des églises d'Orient vous trouvez cette composition : l'église revêt extérieurement l'aspect d'un château fort. Dans ces divers monuments, le phénomène est toujours le même : à l'architecture religieuse qui a conservé toute sa liberté, se superpose une architecture militaire de tours, de remparts, de machicoulis.

L'église reste ce qu'elle serait en toute circonstance, mais son enveloppe est une fortification : l'ensemble est souvent très pittoresque, et se prête à des contrastes saisissants entre les quelques élégances qui apparaissent çà et là, et la rusticité énergique de la forteresse. Il n'y a là d'ailleurs pour nous qu'une curiosité historique et pittoresque, mais non la continuité d'un programme : exceptionnelle au Moyen-âge, l'église fortifiée serait aujourd'hui un non-sens ou un jouet — ce qui est pire encore.

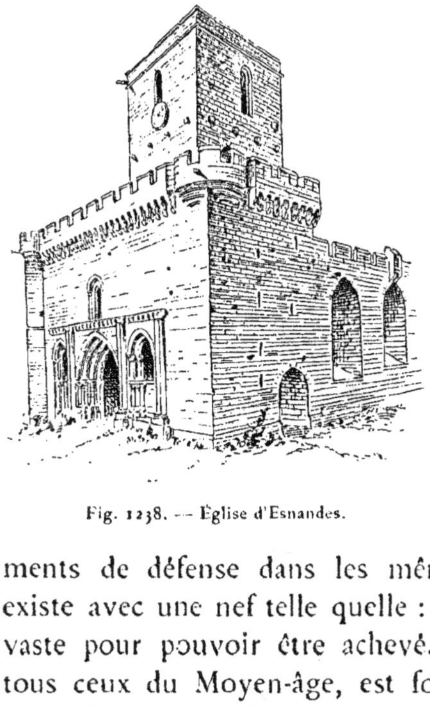

Fig. 1238. — Église d'Esnandes.

La fortification n'a d'ailleurs pas apporté d'éléments nouveaux à l'architecture de l'église : elle l'a enveloppée comme une cuirasse sans la modifier. Je ne connais guère que la cathédrale de Narbonne (fig. 1242) où existe une combinaison des deux architectures et une composition qui associe la construction de l'église et les éléments de défense dans les mêmes organes. Le chœur seul existe avec une nef telle quelle : l'édifice commencé était trop vaste pour pouvoir être achevé. Ce chœur, comme presque tous ceux du Moyen-âge, est formé de travées voûtées avec contreforts et arcs-boutants concentriques. Mais ces contreforts extérieurs portent, en guise de pinacles, des tourelles en surplomb, reliées l'une à l'autre par une galerie couverte formant ainsi ceinture polygonale de défense autour du chœur. La composition est très originale et d'un effet puissant.

Quant aux églises ou chapelles, très nombreuses, qui se trouvaient dans une enceinte fortifiée, comme à Vincennes ou à Saint-Germain, sans être fortifiées elles-mêmes, rien ne les distingue des autres églises des mêmes époques.

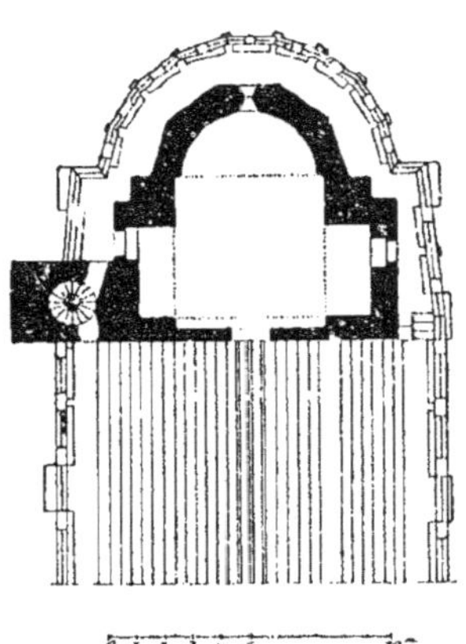

Fig. 1239. — Église de Sainte-Marie-de-la-Mer. Plan de la chapelle haute.

J'ai cherché à vous montrer dans ses grandes lignes ce que peut être la classification des églises au point de vue de leur composition. A cela se borne ma mission. Les habitudes de chaque époque, les styles successifs comme on dit, ont apporté des modifications profondes dans l'aspect et le caractère des monuments, et certes une église du xve siècle est très différente

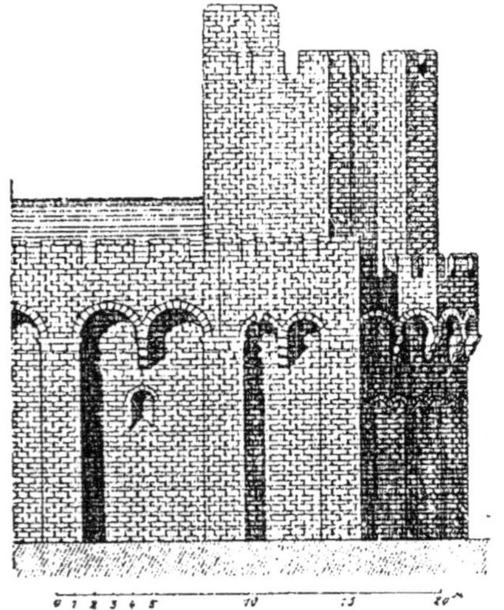

Fig. 1240. — Église de Sainte-Marie-de-la-Mer. Façade.

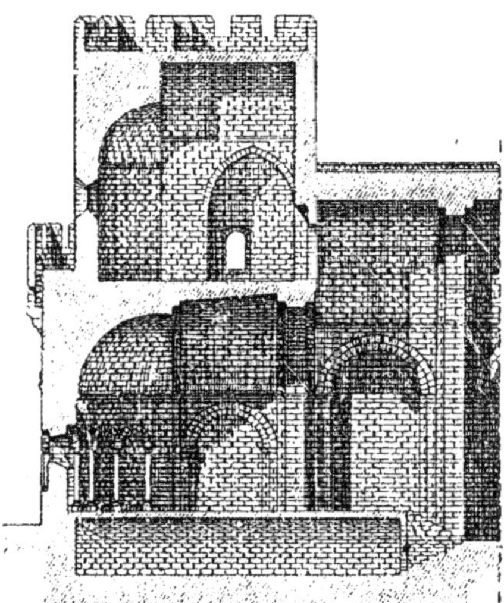

Fig. 1241. — Église de Sainte-Marie-de-la-Mer. Coupe longitudinale.

d'une église du XIe ou XIIe. Mais vous devrez étudier les différences de composition plus encore que les différences de style. Le style de vos églises sera ce que vous pourrez le faire, la composition vous appartient, pourvu que vous sachiez le pourquoi de ce que vous voulez faire, et aussi pourvu que vous sachiez prévoir les conséquences du parti que vous adoptez. Je vous ai fait voir, je l'espère du moins, que ce vaste programme est régi par des lois impérieuses de construction : le programme de l'église est interdit à quiconque n'est pas habile constructeur d'abord. Le constructeur au Moyen-âge n'avait sans doute pour le guider que la tradition et l'expérience des essais successifs. Vous avez aujourd'hui la science qui trouve là une de ses plus intéressantes applications. A cet égard donc vous êtes plus favorisés.

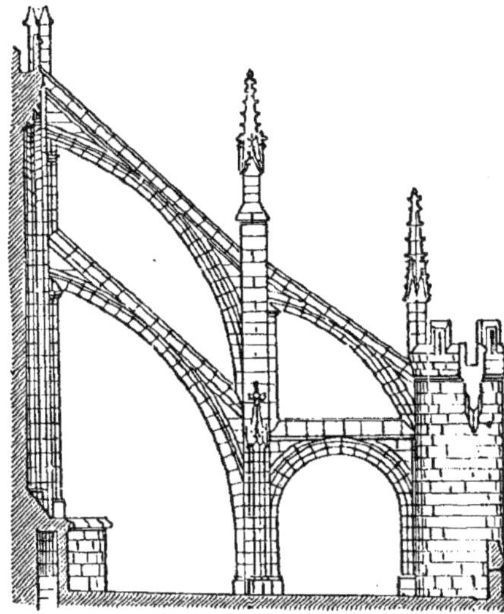

Fig. 1242. — Cathédrale de Narbonne. Arcs au-dessus des terrasses.

Mais nous n'avons plus, il faut le reconnaître, les conditions sociales qui faisaient alors de l'église le programme par excellence, celui sur lequel l'architecture pouvait le plus exercer son ingéniosité; nous n'avons plus la coopération de tous, directe ou indirecte, à l'œuvre commune; nous ne sommes plus dans les conditions historiques de cette époque. Et cela depuis longtemps : l'architecture du Moyen-âge, si intéressante à étudier, a fait son temps; elle a accompli son évolution entière; suivant la loi éternelle, elle a progressé, puis elle est tombée dans l'excès de son propre principe. Lorsque sa tendance à exagérer la hardiesse, à éliminer la matière, est arrivée aux dernières limites, il lui fallait ou continuer une évolution qui devait conduire aux impossibilités, ou retourner en arrière. Ni l'un ni l'autre ne se pouvait : en architecture comme en tout le reste, la Renaissance ne fut pas une mode ou un accident, c'était une nécessité.

Il nous reste à voir ce qu'a été l'église moderne à partir de cette grande transformation de l'esprit humain.

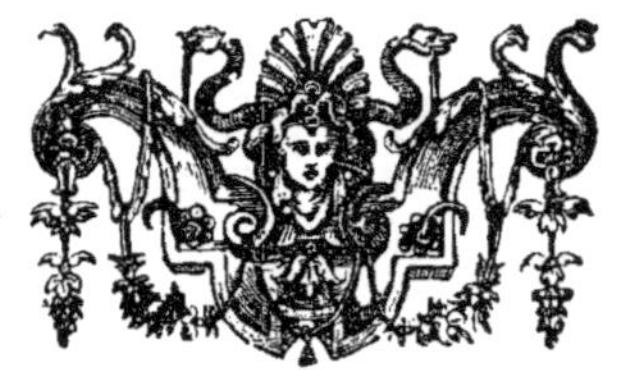

CHAPITRE XIX

LES ÉGLISES DE LA RENAISSANCE
LES ÉGLISES MODERNES

SOMMAIRE. — Esprit de la Renaissance. — Sa liberté. — Églises plafonnées. — Églises voûtées italiennes. — Matériaux de construction, leurs conséquences. — Technique de l'antiquité.

Les églises à coupoles. — Coupoles montant de fond, Sainte-Marie-des-Fleurs. — Coupoles sur pendentifs, Saint-Pierre de Rome.

Églises en pierre de taille, leurs voûtes. — Églises et coupoles françaises.

La Renaissance, composé exquis de jeunesse et de souvenirs, fut elle aussi une époque d'enthousiasme. Mais ce n'était plus l'enthousiasme de la foi : au contraire l'aspiration de la Renaissance fut l'affranchissement et la liberté. Mais pour le bien comprendre, il faut se faire par la pensée contemporain de ses précurseurs, voir quel était alors l'*état d'âme* de l'humanité pensante.

Le principe même du Moyen-âge, la foi et la soumission, était battue en brèche par des ferments de liberté, qui, en dépit des répressions souvent impitoyables, grandissaient et s'affirmaient de plus en plus. La pensée avait trouvé ses véhicules et marchait à l'affranchissement. La vieille discipline, désorientée et sénile, était impuissante en face de cette ébullition féconde, le passé battait en retraite devant l'avenir. Il semblait aux générations d'alors qu'elles assistassent, suivant un mot qui a cours aujourd'hui, à la faillite du Moyen-âge. En réalité, l'humanité était arrivée à une étape, la route suivie n'allait pas plus avant, et pour avancer encore il fallait créer des voies nouvelles, changer de guides et d'orientation. La Renaissance les chercha dans l'antiquité retrouvée. Les lettres, la poésie, la philosophie, la science, retournèrent passionnément à l'antiquité, non par servitude d'esprit, mais parce que là seulement elles pensaient trouver l'instrument nécessaire de l'affranchissement qui était le besoin impérieux de l'époque. Les croisades même, l'Orient interrogé, l'érudition ressuscitée, les richesses nées de l'expansion du commerce, les découvertes des fouilles, les explorations des bibliothèques, l'esprit d'examen et d'indépendance, l'étude du vieux droit, les rivalités de villes ou d'états substituées aux rivalités seigneuriales de la féodalité, les antagonismes mêmes des ordres religieux, tout créa un mouvement irrésistible dont la première passion fut la délivrance de la hiérarchie et de l'autorité surannées du Moyen-âge. Ce fut la *delenda Carthago* des précurseurs de la Renaissance. Puis comme l'antiquité avait été l'instrument puissant de cette émancipation, la Renaissance en fit son drapeau et son arche sainte. La Renaissance est caractérisée dans l'histoire par l'enthousiasme de l'antiquité.

Enthousiasme, mais non fanatisme. La pensée n'abdiqua pas : si l'antiquité lui fournit des armes, des idées et un langage, des formes et un style, la Renaissance sut rester sa propre contemporaine sans dévier de son idéal propre et de sa mission historique. Son expression se fit volontiers antique, sa pensée ne s'asservit pas à celle des anciens. Dans les arts notamment, elle étudia l'antiquité avec passion, lui demanda ses secrets et ses moyens, s'inspira certes de ses beautés et de ses séductions, mais au service de ses idées et de ses tendances propres : elle ne se fit pas l'esclave de l'antiquité, elle obligea plutôt l'antiquité à une collaboration dont elle sut garder la direction. Grande époque à qui tous ces emprunts et ces évocations ne purent rien ravir de son originalité.

Il ne faudrait donc pas voir dans la Renaissance un simple retour à l'antiquité. Elle ne s'attacha pas à un cadavre, elle fut vivante et bien vivante. Les œuvres des grands artistes de la Renaissance diffèrent à coup sûr de celles du Moyen-âge; elles diffèrent aussi de celles de l'antiquité, plus peut-être qu'ils ne le croyaient eux-mêmes. Et cela ne pouvait être autrement : l'art d'une époque est toujours le reflet et l'expression de cette époque. Bramante n'est pas plus l'effigie d'Ictinus que Michel-Ange n'est l'effigie de Phidias. L'art de la Renaissance a son autonomie.

En ce qui concerne l'architecture religieuse, la liberté de la Renaissance n'était pas aussi entière que pour les autres arts. Le Moyen-âge avait construit un nombre prodigieux d'églises, toutes vénérées, et la composition même de l'église était fixée par le culte, les habitudes prises, les traditions : le programme n'était pas changé. Il y eut toujours les nefs et les bas-côtés, les transepts, les absides, les chapelles, les clochers. L'art religieux nouveau commença par être plutôt la mise au point, en vue de formes et d'expressions nouvelles, d'une composition respectée dans sa tradition. C'est ainsi que, en Italie, les cathédrales de Pise, de Florence, de Sienne restent intérieurement des compositions du Moyen-âge avec des formes nouvelles; la Chartreuse de Pavie également. Et dans les façades, par un phénomène presque inverse, ce sont souvent les formes du Moyen-âge qui subsistent avec une nouvelle étude, tandis que la composition vise avant tout à l'agrément des yeux et n'est plus l'expression même de la structure. Ainsi, à la cathédrale de Sienne, dont l'intérieur est du Moyen-âge assez analogue, richesse et élégance à part, aux travées de nef de la cathédrale du Puy, la façade est un ravissant mensonge et non la résultante de l'intérieur

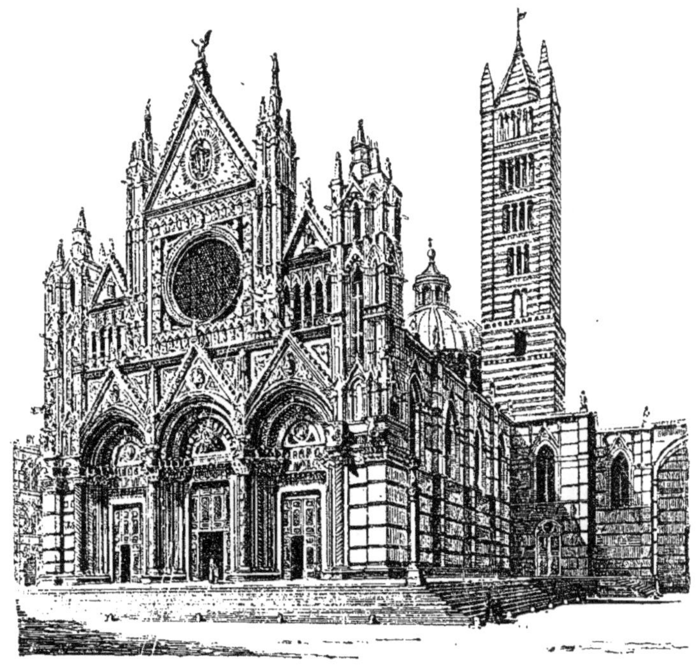

Fig. 1243. — Cathédrale de Sienne.

(fig. 1243). C'est surtout en France que vous voyez ces adaptations si élégantes de l'art de la Renaissance à la composition gothique dans l'église de Saint-Eustache ou dans ces façades si séduisantes de Gisors (fig. 1244), de Belloy, de Loudun, des Andelys, de Saint-Florentin (fig. 1245), de Vétheuil, de la cathédrale de Tours, de Saint-Michel de Dijon, de tant d'autres dans toutes les parties de la France.

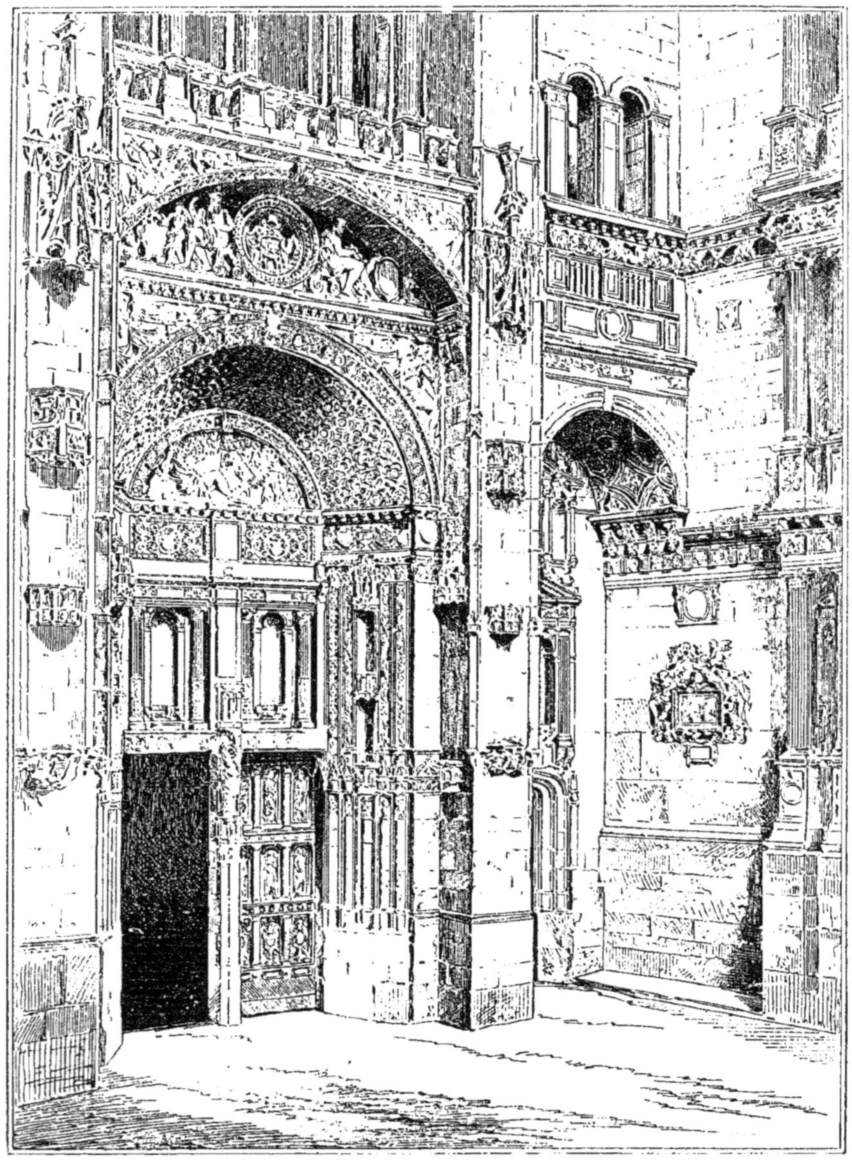

Fig. 1244. — Portail de Gisors.

Mais bientôt les architectes ne pensèrent plus qu'ils fussent astreints à une continuation immédiate des errements suivis. Ils cherchèrent, un peu de tous côtés, l'expression artistique qu'ils devaient à leur tour donner à leurs églises. L'architecture du Moyen-âge s'était pour ainsi dire canalisée, et ne faisait plus depuis longtemps que l'église voûtée, à arcs indépendants, à poussées localisées, à contreforts et arcs-boutants. La Renaissance envisagea de nouveau toutes les solutions, églises basilicales charpentées ou plafonnées, églises voûtées en berceau, en coupoles, en voûtes d'arête. L'unité de conception qui se dégage de l'examen des églises du Moyen-âge dans leur parti général fit place à la diversité dans la composition même.

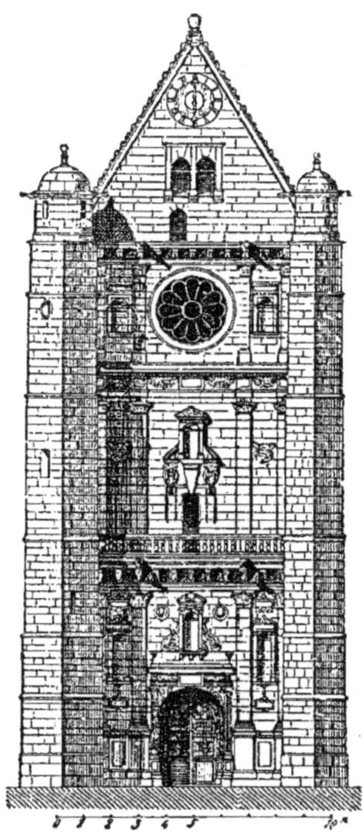

Fig. 1245. — Église de Saint-Florentin.

Il est donc moins facile de résumer et de classifier l'architecture religieuse moderne. Depuis la Renaissance, chaque église, du moins chaque église remarquable, est plus l'œuvre personnelle d'un artiste, est moins l'œuvre collective d'une époque. C'est toujours le même phénomène historique que je vous ai déjà signalé maintes fois : l'architecture d'une époque est le reflet et la résultante de l'état social contemporain : or il est certain que la Renaissance fut l'avènement de la libre personnalité substituée à la discipline collective.

Entendons-nous bien cependant. Je ne veux pas dire, en me donnant d'ailleurs un démenti, que la liberté fût inconnue à l'architecture du Moyen-âge. Je cherche à m'abstraire de ces préjugés exclusifs qui, tantôt dans un sens, tantôt dans un autre, cantonnent nos admirations, comme si nous n'avions pas l'esprit assez large pour qu'il puisse être juste. Mais je constate simplement que, à chaque époque du Moyen-âge, il y eut, plus qu'à la Renaissance, unité de composition; avec la plus grande liberté dans la mise en œuvre, dans les formes et les expressions, l'architecte s'attachait à réaliser, avec toute la diversité des emplacements, des dimensions, des conditions locales de toute espèce, la conception constante de l'église, telle que les siècles l'avaient fixée : il ne se croyait pas le droit de chercher autre chose, et l'idée même ne lui en serait pas venue.

Avec la Renaissance, l'esprit humain avait fait table rase. En dépit de résistances impuissantes, la philosophie, la science, les lettres, les mœurs, tout brisait les anciens moules, tout s'éloignait du passé d'hier à la recherche aventureuse et pleine d'espérance d'un avenir splendide dont ne voulait pas douter un présent enthousiaste. Chacun y courait suivant sa voie propre, son imagination personnelle, sa sagesse ou parfois sa folie. Et alors, dans les arts, ce fut une émulation ardente d'entraînement vers un même idéal, chacun choisissant sa voie et se reprenant à se poser à lui-même et à espérer résoudre ces éternelles questions que des siècles entiers s'étaient posées. En architecture notamment, la Renaissance osa tout, essaya tout : la Renaissance fut la liberté même — au moins en art!

La Renaissance admit donc les types d'églises les plus divers, et en premier lieu l'église charpentée. Mais si elle en construisit quelques-unes, comme San-Miniato de Florence dont je vous ai déjà parlé, et qui a conservé jusqu'à nous l'un des plus beaux exemples de charpente apparente, elle préféra en général l'église plafonnée. Et non seulement elle en construisit en grand nombre, mais elle transforma en églises plafonnées d'anciennes basiliques à charpente apparente, telles que Sainte-Marie-Majeure à Rome, et plus tard Saint-Jean-de-Latran — mais ici ce fut une reconstruction totale. Plusieurs de ces plafonds sont de toute beauté, notamment celui de l'église de l'Ara-Cœli à Rome. Mais il faut ajouter que la conception de l'église plafonnée, si généralement admise en Italie, ne s'est pas acclimatée en France. Nous voulons voir les deux parois de nos nefs se relier par une forme plus souple que le plan horizontal d'un plafond; nous résistons, peut-être instinctivement, à l'aspect d'un plafond, c'est-à-dire à la présomption d'un plancher sur lequel on pourrait marcher ou superposer un autre étage. Cela n'empêche les églises plafonnées d'Italie d'être d'un puissant effet et de mériter notre étude, mais plutôt peut-être comme salles plafonnées que comme églises. Du reste en Italie même, elles restèrent exceptionnelles, et la très grande majorité des églises fut voûtée.

Mais l'église voûtée de la Renaissance, et spécialement de la Renaissance italienne — qui fut l'avant-garde et l'inspiratrice des autres écoles — fut essentiellement différente de l'église voûtée du Moyen-âge, qui d'ailleurs n'avait jamais conquis absolument l'Italie. Il y eut la transformation esthétique dont j'ai cherché à vous indiquer les causes multiples et profondes, mais il y eut aussi la transformation technique.

L'église voûtée du Moyen-âge dans sa dernière et sa plus monumentale expression a pour élément indispensable la pierre de taille. Les petits matériaux n'y paraissent que dans les remplissages des voûtes; les arcs qui portent les voûtes sont en pierre appareillée; en pierre aussi les piliers, les arcs-boutants, les contreforts, les pinacles. Les sections de tout cela étant réduites au minimum, il fallait des matériaux résistants, non seulement par leur dureté propre, mais aussi par le mode d'emploi : appareil, rectitude de taille, finesse de joints, etc. Cet art, dont l'habileté du tailleur de pierres est la condition nécessaire, est un art de pays calcaires. L'architecture du Moyen-âge, issue de l'architecture romaine, puis de l'art byzantin, s'est épanouie en France, en Belgique, en Allemagne, en Angleterre, et par une série de modifications est arrivée dans ces pays de *pierre calcaire* à l'habileté de plus en plus grande dans la mise en œuvre de la pierre jusqu'au XVe siècle.

En Italie, la pierre est plus rare, et toute architecture basée sur l'emploi unique de la pierre de taille doit rester exceptionnelle dans ce pays. L'Italie de la Renaissance revint donc au mode de construire que la nécessité avait déjà imposé aux Romains : les murs, les piliers, en briques, en blocages, avec des revêtements de pierre ou de marbre lorsqu'on était riche, de simples enduits lorsqu'il fallait être modeste; les voûtes en briques et blocages, sans emploi de pierre. Si la construction ne fut pas tout à fait celle des Romains, elle s'inspira des mêmes nécessités et ramena aux mêmes principes. Avec ce genre de construction, les murs en agglomération non seulement peuvent, mais doivent être épais; les voûtes reprennent ce caractère de grandes surfaces qu'elles présentaient dans l'antiquité, et non plus cette sorte de charpente en pierre du Moyen-âge; les saillies constructives de contreforts et tout l'arsenal des résistances extérieures disparaît, et les murs de façade, plus unis, autorisent plus de liberté dans leur étude; les revêtements en marbre, tradition antique, reparaissent en Toscane surtout, ainsi, à Florence, à Sainte-Marie-des-Fleurs, à Sainte-Marie-Nouvelle (fig. 1246), à San-Miniato, au Baptistère; — à Pise, à Lucques, à Sienne, etc.

L'architecture du Moyen-âge est une architecture de pierre de taille; l'architecture de la Renaissance est une architecture de briques et de blocage.

A la pierre de taille, il faut avant tout le soin de l'appareil; au blocage, il faut avant tout la masse. Vous ferez en pierre un

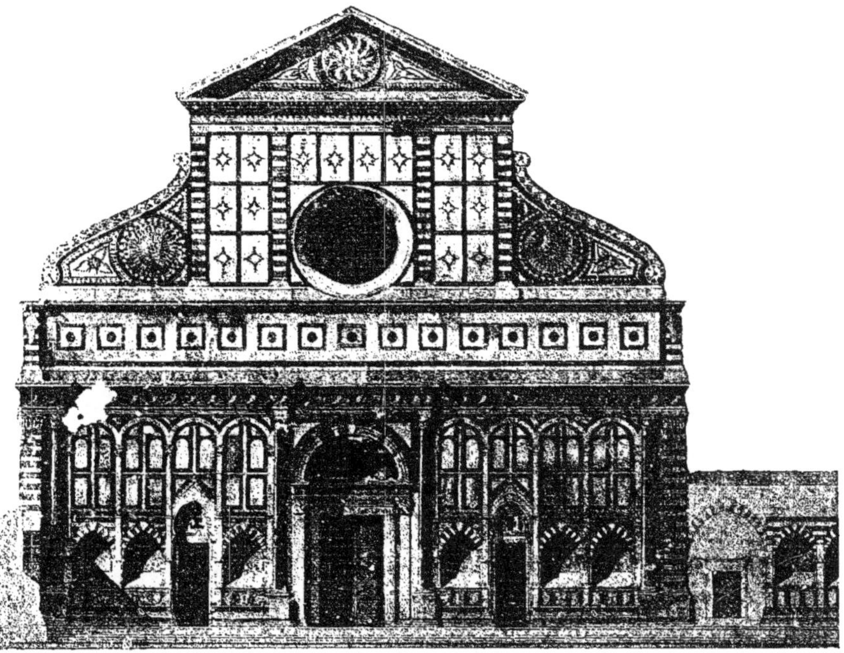

Fig. 1246. — Église Sainte-Marie-Nouvelle, à Florence.

mur élevé et solide, de mince épaisseur, si les matériaux sont bien choisis et bien mis en œuvre; pour le mur en blocage, il vous faudra une épaisseur double ou triple.

Cette distinction vous étonne peut-être; vous vous figurez par analogie que ces grands monuments de Rome et d'Italie sont des édifices de pierre de taille. Il y a de la pierre de taille sans doute, dans les parties les plus en évidence des façades, mais encore c'est plutôt un parement, un placage. Et à Rome, ces pierres de taille furent trop souvent enlevées aux monuments antiques dont la construction avait en partie épuisé les carrières.

Vous voyez que les conditions techniques de l'architecture étaient très différentes en Italie de ce qu'elles étaient en France : et vous n'en êtes plus à apprendre quelle est l'influence de ces conditions sur l'architecture. Voilà, en effet, ce que nous ne devons pas perdre de vue, nous, techniciens. L'architecture est la mise en œuvre de matériaux que la nature livre à l'homme : autres matériaux, autre architecture. Je n'ai jamais négligé de vous faire saisir cette vérité, qui explique si simplement tant de choses que compliquent les explications savantes. Supposez un artisan italien, très habile, et mis en présence de Saint-Eustache, par exemple. Qu'on lui demande si, à l'aide de relevés, de moulages, etc., il se chargera de reproduire cette église à Rome ou à Florence : oui, dira-t-il, mais donnez-moi d'abord la pierre.

De l'ensemble de ces éléments divers résulta pour les églises voûtées de la Renaissance italienne un caractère, ou si vous préférez, un principe de composition absolument différent de ce que nous avons vu dans les derniers siècles du Moyen-âge. Ses églises furent, comme les monuments antiques, des édifices voûtés à résistances intérieures et assurant ces résistances par les épaisseurs propres des murs et des piliers. L'étaiement disparaît, et nous ne le retrouverons qu'avec les églises françaises en pierre de taille, telles que Saint-Sulpice, par exemple.

Voyez bien, je vous en prie, cette différence capitale. Entre l'église *gothique* et l'église de la Renaissance italienne, il y a des contrastes profonds dans les formes; mais cela est presque superficiel; ce n'est pas parce que l'une emploie les ordres antiques et l'autre les arcatures ogivales que ces deux architectures sont exclusives l'une de l'autre : je vous ai montré Saint-Eustache appliquant à une composition *gothique* tout le goût et toutes les formes de la Renaissance; mais Saint-Eustache est absolument une église Moyen-âge : Saint-Eustache se charge de démontrer de la façon la plus éclatante qu'un principe de composition n'est pas rivé à l'emploi exclusif de certaines formes ou d'un certain style. Ce qui est contradictoire au point d'être inconciliable, c'est l'esprit de composition des monuments voûtés de l'antiquité, les Thermes, par exemple, et des monuments voûtés du Moyen-âge, Notre-Dame, si vous voulez : d'une part, la stabilité due à la suffisance des points d'appui, à la disposition des résistances à l'intérieur et sous l'enveloppe du monument; d'autre part, la stabilité demandée à l'équilibre entre un étaiement extérieur et l'action renversante de voûtes dont cet étaiement est la condition *sine qua non*.

L'architecture de la Renaissance revint donc à la conception antique, et je viens de vous montrer que, se produisant en Italie, elle y était obligée non seulement par les souvenirs et les traditions patriotiques — c'est le motif qu'on trouve dans tous les traités d'histoire, — mais surtout parce que la construction antique est la construction italienne nécessaire en raison des matériaux italiens.

Reprenant donc les murs épais en briques ou en blocages, les piliers robustes, les voûtes à grandes surfaces, en un mot la construction du mortier plutôt que la construction de l'appareil, elle devait revenir aux formes de la construction antique. Mais respectant, d'autre part, la composition traditionnelle des églises, elle resta fidèle aux dispositions consacrées, nefs, chœurs, transepts, et même aux habitudes de divisions de travées; ainsi, chose remarquable, vous ne voyez pas d'église reproduisant les grandes salles des Thermes ou la Basilique de Constantin, que les architectes de la Renaissance auraient cependant été heureux de ressusciter. Ils auraient craint sans doute qu'on n'y reconnût pas une église, et la seule église en forme de salle de thermes — Sainte-Marie-des-Anges à Rome (fig. 1247) — doit cette similitude à ce que, en effet, elle n'est autre que la grande salle des Thermes de Dioclétien, malheureusement enterrée sur une assez grande profondeur.

En général donc le programme constructif fut, comme au Moyen-âge, une nef voûtée, avec des entre-axes de travées beaucoup plus rapprochées que la largeur de la nef; les bas-côtés avec une proportion sensiblement carrée de chaque travée. Mais l'architecte affranchi de la préoccupation de réunir toutes les poussées en un point unique, conduit au contraire par son mode de construction aux murs épais, était logiquement amené à revenir, de l'église voûtée à poussées localisées, à l'église voûtée à poussées uniformément réparties. Or, comme nous l'avons vu, ces voûtes sont le berceau droit ou annulaire, la voûte en arc de cloître, la voûte sphérique ou ses similaires. Seulement comme il faut bien éclairer les voûtes, et que pour cela, avec la lumière italienne surtout, de simples fenêtres suffisent, au lieu des grands tympans allant d'un pilier à l'autre et défoncés par les grandes verrières, on demanda l'éclairage des voûtes à de simples pénétrations.

Ainsi, l'église de la Renaissance dans son type le plus spécial, est conçue en vue de la voûte en berceau pour les nefs, de la voûte sphérique pour le chœur, sphérique ou en arc de cloître pour les coupoles, le tout avec des jours en pénétration.

Je dis *en général*, parce que dans l'architecture de la Renaissance l'unité n'existe pas, et toute régle a ses nombreuses exceptions.

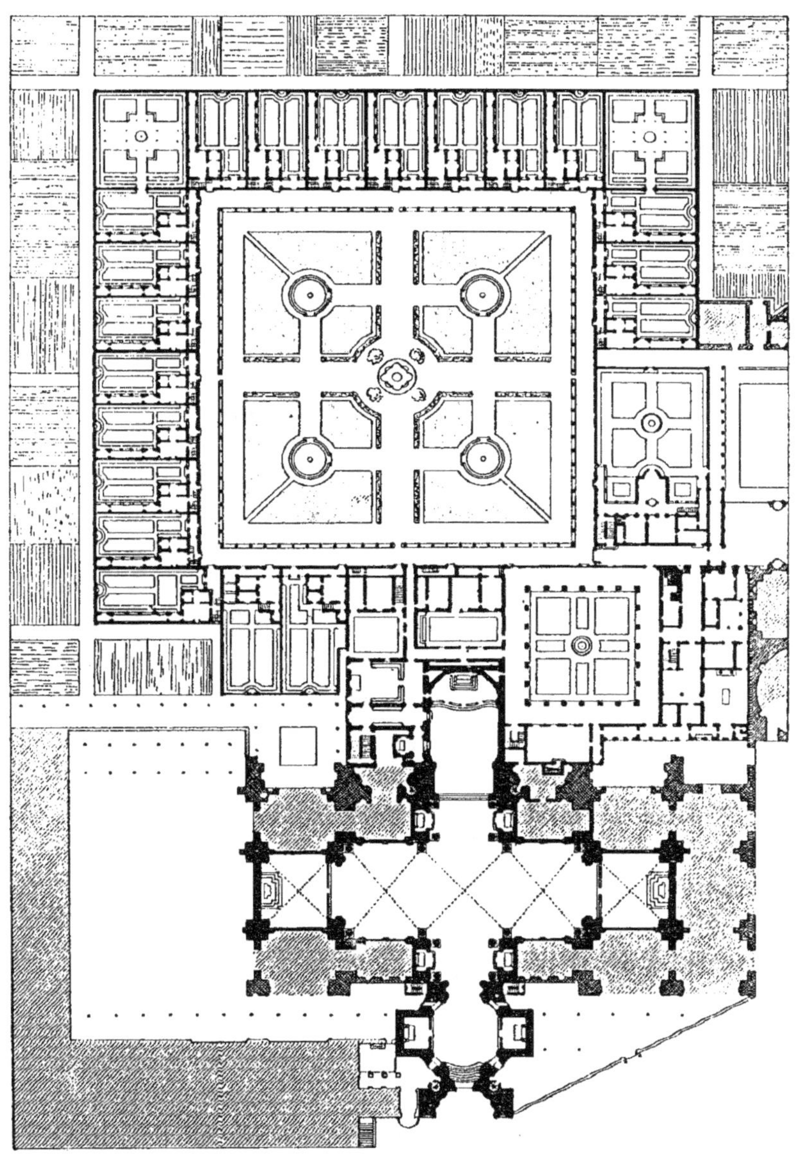

Fig. 1247. — Église Sainte-Marie-des-Anges et Chartreuse, à Rome.

Mais l'architecture de la Renaissance ne se borna pas à appliquer ces errements de la construction antique aux dispositions classiques de l'église du Moyen-âge. Elle avait sous les yeux les grandes voûtes sphériques des Romains, le Panthéon, *Minerva Medica*, les *Caldaria* des Thermes. Ces exemples l'incitèrent à chercher des applications de ces belles formes à ses églises. De là deux dispositions fréquentes dans cette architecture : les églises circulaires ou polygonales, et les églises à coupoles montant de fond, au croisement des nefs.

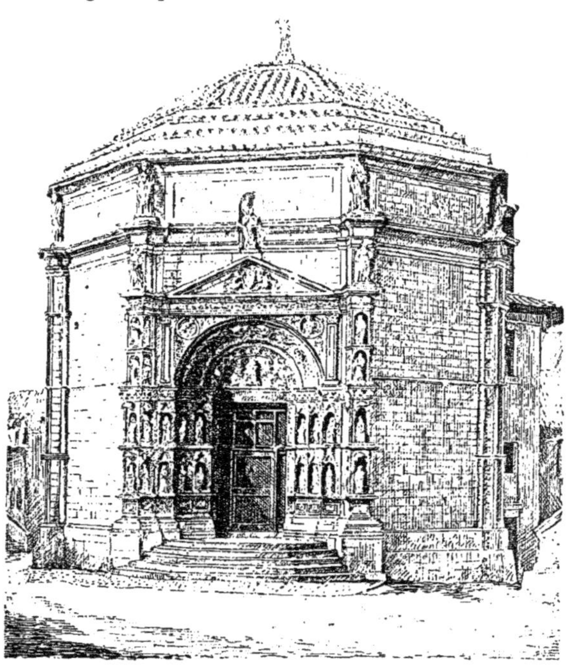

Fig. 1248. — Église attribuée à Bramante, près de Rome.

Les premières nous ont laissé comme exemples les édifices circulaires tels que le Baptistère de Florence dont je vous ai déjà parlé; l'église de Sainte-Marie-des-Grâces à Milan; une église attribuée à Bramante dans les environs de Rome (fig. 1248); plus tard enfin, et avec toute la fantaisie vénitienne, l'église si pittoresque de *Santa Maria della Salute* à Venise (fig. 1249), ou dans des proportions plus modestes le petit temple de Bramante dans le cloître de *San Pietro in Montorio*, à Rome.

L'autre disposition est surtout exprimée par la cathédrale de Florence, Sainte-Marie-des-Fleurs. C'est l'exemple le plus monumental d'une coupole montant de fond et se raccordant

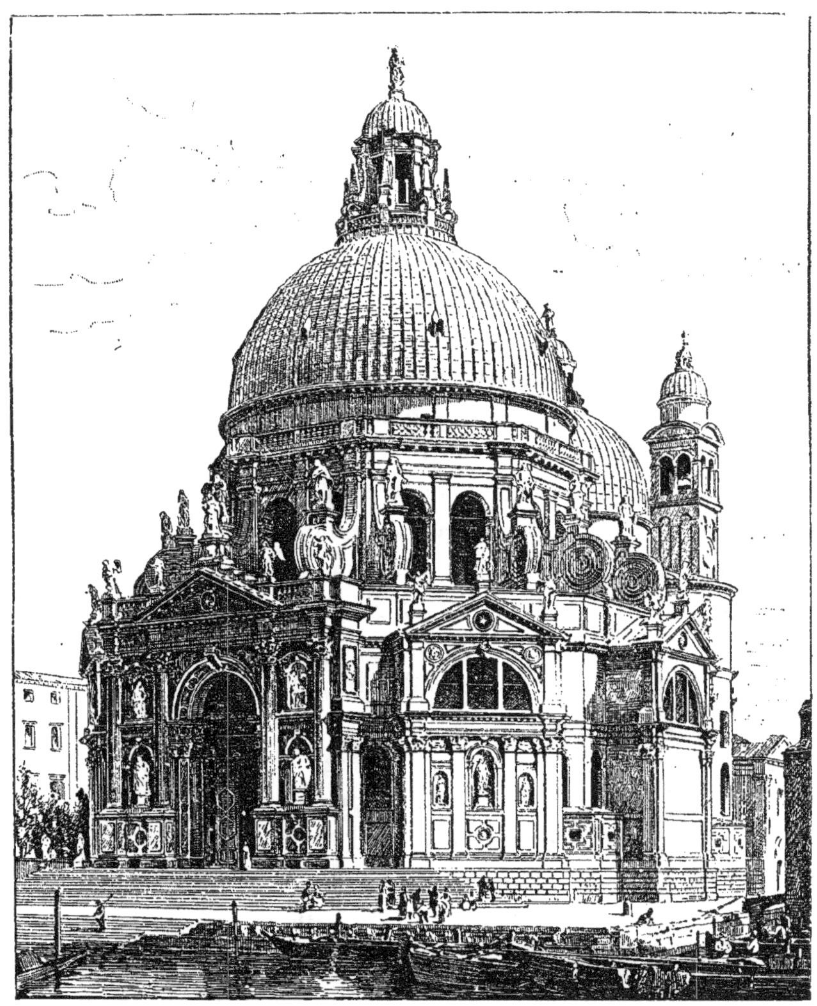

Fig. 1249. — Église della Salute, à Venise.

avec des nefs. J'ignore comment Arnolfo di Lapo, l'habile architecte des nefs de cette cathédrale, se proposait d'en composer le chœur. Brunelleschi la dota de cette coupole sur plan octogonal qui fut un des plus nobles problèmes de construction qu'on se fût encore posé. Peut-être l'exemple de Saint-Vital de Ravenne l'inspira-t-il au moins pour la donnée générale : il est plus probable que cette conception fut le résultat d'une méditation personnelle, et d'une féconde émulation avec les grands monuments antiques.

Très différente des coupoles ultérieures, dont nous trouverons le type dans Saint-Pierre de Rome, cette coupole s'élève sur un plan octogonal régulier, dont les faces verticales supportent les fuseaux cylindriques d'une voûte en arc de cloître à huit pans. Elle est sensiblement plus large que la nef, et correspond aux largeurs réunies de la nef et des bas-côtés qui, ainsi que nous l'avons vu, sont relativement étroits par rapport à la nef. C'est, je crois, le premier exemple de cet élargissement nettement voulu de l'église, ainsi composée avec une nef et ses bas-côtés puis un centre élargi, dominé par cette coupole monumentale formant jonction de la nef, des transepts et du chœur. Pour obtenir ce résultat, Brunelleschi ne craignit pas de faire aboutir les bas-côtés aux faces diagonales de la coupole par des arcs dont la tête est biaise par rapport à ces faces octogonales. L'autel se place sous la coupole, un peu en arrière du centre; une belle clôture de marbrerie l'entoure; les chapelles se disposent en rayonnant autour des extrémités absidales des transepts et du chœur, et deux vastes sacristies sont pratiquées dans les deux diagonales opposées à celles qui reçoivent les bas-côtés (V. plus haut, fig. 1088 et 1089). La coupe de cette coupole et des absides qui l'épaulent est particulièrement instructive (fig. 1250) et mérite toute votre étude.

Ce monument grandiose est un des plus purs chefs-d'œuvre de l'architecture. On peut regretter seulement que la voûte en

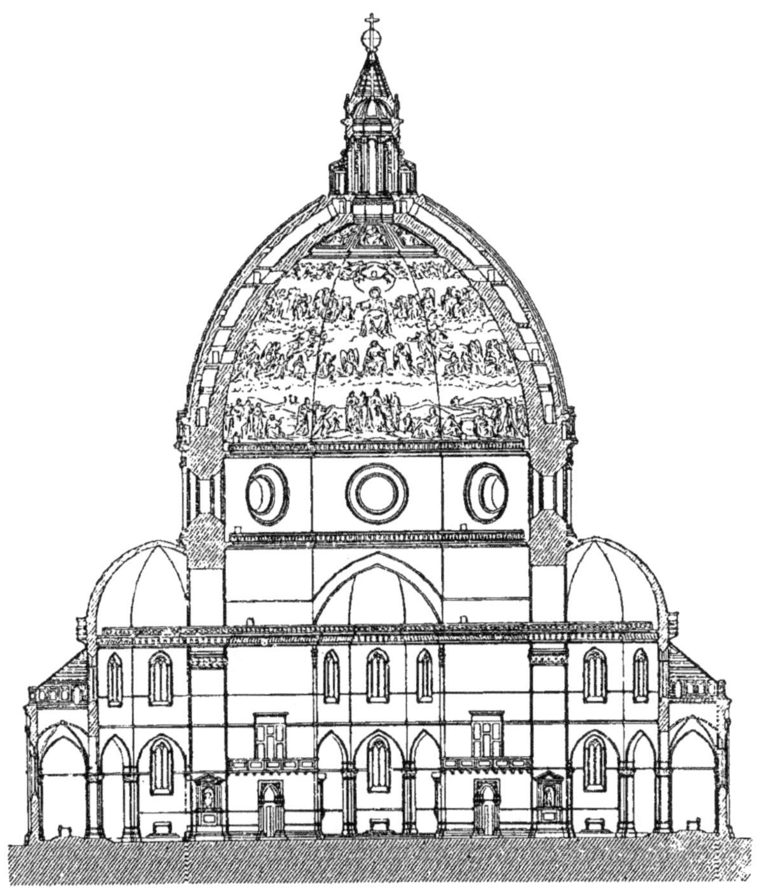

Fig. 1250. — Sainte-Marie-des-Fleurs, à Florence. Coupe.

soit un peu obscure, et surtout que son aspect ait été défiguré par une peinture malheureuse de Vasari qui, au lieu d'en respecter les coupures constructives, semble s'être attachée à les faire disparaître par des superpositions de figures sans aucune divi-

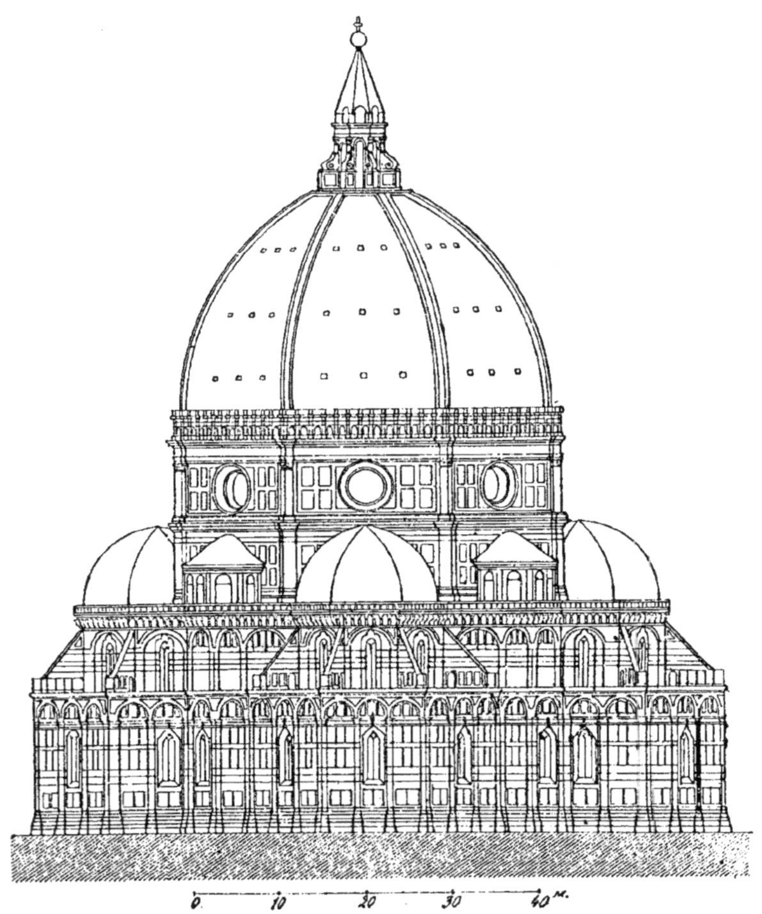

Fig. 1251. — Façade postérieure de Sainte-Marie-des-Fleurs.

sion qui accentue la voûte en arc de cloître. L'effet désirable d'élancement de cette voûte, dont vous voyez si bien le galbe élevé dans les coupes, est perdu par la maladresse du décorateur. Ces méfaits sont trop fréquents.

A l'extérieur, l'architecture, très riche de décoration empruntée à des applications de marbres, est non seulement très harmonieuse, mais elle est l'expression la plus sincère de cette belle construction (fig. 1251). Les absides et la nef viennent épauler la base de la coupole, éclairée par de grandes ouvertures circulaires, puis la coupole elle-même s'élance nettement avec sa forme logique d'arc de cloître, terminée par une lanterne. La construction ne consiste pas, comme on le dit, en deux voûtes superposées : une ossature d'arcs puissants forme les arêtiers, et deux parois cylindriques relient ces arêtiers : c'est en réalité une voûte creuse, permettant ainsi plus d'épaisseur, un abri plus efficace contre les intempéries, et la possibilité de surveiller et entretenir les surfaces internes et externes. C'est la voûte des Romains élégie et allégée.

Plusieurs parmi vous iront quelque jour en Italie : ne vous bornez pas comme de simples touristes à entrer dans cette église et à l'admirer en passant : montez au-dessus de ses voûtes et étudiez sa construction : c'est un grand enseignement. Un beau motif d'architecture reste d'ailleurs rarement à l'état d'exemple unique. A Florence même, à côté de la coupole octogonale et voûtée en arc de cloître de Sainte-Marie-des-Fleurs, on trouve celle du Baptistère, celle de la chapelle des Médicis, toutes deux voûtées de même, mais isolées. La coupole octogonale à la rencontre de nefs d'églises est beaucoup plus rare; certainement il doit en exister d'autres exemples, mais c'est le parti des coupoles sur pendentifs qui fut le plus universellement adopté dans cette situation. De là cette association si intéressante de la composition byzantine et de l'architecture romaine évoquée à une vie nouvelle.

C'est que la Renaissance, fervente admiratrice de l'antiquité, et spécialement de l'antiquité romaine, car elle ne connaissait pas l'antiquité hellénique, ne fut pas, je vous l'ai dit, une copiste servile. Déjà dans les édifices de Florence, le Baptistère, la cathédrale, si l'inspiration est antique, l'expression est bien particulière à son époque. La Renaissance ne devait donc pas se limiter aux éléments que lui avait transmis l'architecture romaine; elle n'était nullement portée à exclure de son patrimoine ce que les Romains n'avaient pas connu. Le pendentif, cette importation de la Grèce, ou si vous aimez mieux de l'art byzantin, ne pouvait être pour elle un élément nul et non avenu. Saint-Marc entre autres avait fait voir, en Italie, tout le parti qu'on pouvait tirer de cette féconde conception. L'art ne se limita donc pas à la coupole montant de fond, et la Renaissance devait aussi avoir ses coupoles sur pendentifs.

Le goût des grandes coupoles avait créé dans les églises une disposition nouvelle, à laquelle on s'attachait d'autant plus que c'était un errement nouveau, une conception récente de l'église. Mais il y avait la difficulté très réelle d'associer la composition rectangulaire des nefs avec la forme circulaire ou polygonale de coupole; la rencontre de quatre bras appelle plus simplement un croisement carré : le pendentif permettait de concilier ces aspirations; grâce à son emploi, on pouvait sur un plan carré élever à telle hauteur qu'on voulait une coupole aérienne, circulaire. La coupole sur pendentifs devait, pour les églises de la Renaissance, devenir l'expression plus monumentale de ce que nous avons vu à propos des tours-lanternes qui, dans des églises du Moyen-âge, introduisaient un élément d'éclairage supérieur au croisement des nefs.

Je vous ai exposé, en traitant des éléments de l'architecture, comment le pendentif permet sur un plan carré d'élever une première voûte composée de quatre parties de sphère; comment cette voûte sphérique peut s'interrompre dès qu'une assise circulaire est complète; comment dès lors cette base circulaire élevée au-dessus des quatre pénétrations cylindriques peut devenir la fondation aérienne d'un nouvel édifice circulaire dont la paroi cylindrique pourra avoir telle hauteur que vous voudrez lui donner, et se couvrir logiquement par une voûte sphérique. Telle est la conception d'un grand nombre d'églises de la Renaissance, dont l'exemple le plus monumental et le type grandiose devait être Saint-Pierre de Rome. (V. plus haut, vol. 1, plan primitif, fig. 369; coupe, fig. 370; façade absidale, fig. 371; vue générale, fig. 372.)

Saint-Pierre de Rome est plus qu'une œuvre d'architecture, c'est un événement historique considérable, c'est l'effort le plus colossal de l'art de la Renaissance. Le monument a excité des critiques violentes à côté d'admirations enthousiastes : il est nécessaire de l'étudier avec respect et de lui demander l'enseignement qui doit ressortir de cette étude. Et pour cela il est nécessaire aussi de voir quelles furent les conditions de la création de ce monument.

Saint-Pierre n'est pas une cathédrale, la cathédrale de Rome est Saint-Jean-de-Latran, et c'est là que le pape allait officier en qualité d'évêque de Rome. Saint-Pierre n'est pas davantage une paroisse. Son programme est unique.

Sans être grands clercs en histoire, vous savez par quelle lente et invariable persévérance les évêques de Rome convertirent peu à peu une suprématie honorifique en une domination effective sur l'Église et autant que faire se pouvait sur le monde chrétien. Nulle résistance ne put prévaloir contre cette absorption poursuivie pendant des siècles avec un esprit de suite, une méthode et une persistance de volonté dont il n'y a pas d'autre exemple dans l'histoire. Peu à peu, lentement mais sûrement, cette chose analogue à d'autres, l'épiscopat de Rome, devint cette chose sans égale et sans rivale, la Papauté. Ce fut l'une des œuvres du Moyen-âge, et avant la Renaissance, malgré les luttes, malgré les crimes, malgré tout, la Papauté était un fait accompli, dominant et indiscutable, et ne se laissant pas discuter. Le monde chrétien tout entier, comme jadis le monde antique, attendait de Rome l'autorité; Rome était l'axe ou le pivot du monde, et Rome se personnifiait dans le Pontife qui résidait au Vatican. Il avait ses conseillers, sa hiérarchie ecclésiastique, mais seul il paraissait tout décider, tout régir.

Cette autorité immense, que ne créait pas la force matérielle, était en réalité une autorité d'opinion et de prestige; or, le prestige a deux conditions possibles, le mystère ou la splendeur.

Le mystère avait entouré et sanctifié Rome aux temps du Moyen-âge. On savait que là existait une autorité suprême, qui se manifestait par ses légats, par ses ordres d'autant plus facilement subis qu'ils étaient plus hautains et plus lointains : on ne voyait pas la Papauté, quelques pèlerins à peine passaient par Rome, et la diplomatie pontificale savait bien en faire les missionnaires de sa toute-puissance. Mais lorsque s'éveilla avec l'esprit d'examen et de liberté, l'intuition vague d'abord, puis nettement affirmée de l'indépendance humaine; lorsque les mœurs plus faciles et plus sociables permirent les contacts et bientôt les indiscrétions; lorsque la foi devint moins soumise et plus clairvoyante, le mystère ne fut plus possible, et la Papauté toujours habile sut comprendre les nécessités nouvelles que lui créait un monde nouveau. La splendeur devint son moyen d'action, et à cette époque de la Renaissance où tous, rois, grands seigneurs, républiques, cités, commerçants rivalisaient de splendeur, la Papauté voulut être et fut la plus splendide, restant ainsi à la tête du mouvement qui transformait l'esprit humain.

Pour cette pensée, l'architecture est un des plus puissants moyens d'action. Rome avait ses monuments antiques, ses églises vénérées, mais en somme le pèlerin pouvait revenir de Rome avec cette idée que le Pape officiait dans une église *comme une autre*. Il pouvait même trouver que la comparaison fût en faveur de l'église qu'il avait toujours connue. Il fallait donc à la Papauté une église unique, à laquelle rien ne pût être comparé : une église — pour employer le langage des proportions mathématiques — qui fût à une cathédrale quelconque ce que le Pape est à un évêque.

Telle fut la pensée qui créa Saint-Pierre. La construction de Saint-Pierre fut moins une œuvre de foi — la foi était alors en coquetterie avec le scepticisme — qu'une œuvre de politique : une grande bataille livrée par la Papauté, un coup d'éclat et de prestige, une affirmation de puissance et d'autorité.

Le programme était donc de faire ce qui ne s'était vu nulle part ; ambition formidable après les merveilleux monuments de l'architecture religieuse. Bramante, San-Gallo, Michel-Ange furent les artistes choisis pour cet effort ; et en dépit de différences notables dans leurs projets, une conception acceptée dès le début dirigea toutes leurs études : l'élévation d'une coupole immense au-dessus de puissants pendentifs au centre du monument. C'est ce qu'indiquait Bramante en disant qu'il voulait élever le Panthéon d'Aggripa au-dessus des voûtes du temple de la Paix.

Je ne vous parlerai pas des étapes successives de la préparation du monument ; la réalité concrète est ce qui importe à vos études. Vous savez quel était le plan sur lequel fut construit Saint-Pierre : une croix grecque, c'est-à-dire à quatres branches égales, se croisant sous le vide d'une coupole de plus de 40 mètres de diamètre élevée sur pendentifs; cette coupole forme un notable élargissement par rapport aux nefs, et les bas-côtés viennent se terminer contre les quatre énormes piliers diagonaux. Sous la coupole, le gigantesque autel qu'on peut qualifier le maître-autel du catholicisme (fig. 1252); les bras de la croix terminés en absides comme à Florence. Plus tard, avant l'achèvement de l'église, on résolut d'allonger la nef principale, et la composition devint ce que nous la voyons aujourd'hui (fig. 1253) : une église avec nef principale, bas-côtés et grandes chapelles latérales; coupole centrale, transept et chœur se croisant sous cette coupole; le tout précédé d'un magnifique vestibule — une des plus belles salles qu'il y ait — surmonté lui-même de la grande *loggia* ou portique destiné aux bénédictions que de là le pape donne *urbi et orbi*, à la ville et à l'univers (fig. 1254).

Tout cela est immense, d'architecture colossale, très riche et pompeux (fig. 1255). Aussi faut-il voir Saint-Pierre dans les conditions vraies de son programme, lorsque aux fêtes pontificales trente à quarante mille personnes circulent dans cet immense vaisseau, entre les haies militaires formées par les hallebardiers, parmi les costumes ecclésiastiques, monastiques, les casques et les cuirasses, et que, au milieu de cette foule debout ou agenouillée, — jamais assise, — se déroule la lente procession pontificale, avec sa progression pompeuse, jusqu'au dais sous lequel est porté le Pape, coiffé de la tiare que seul il a le droit de placer sur sa tête. Programme bien différent, vous le voyez, de celui de l'église ordinaire, et programme admirablement suivi.

Sans doute, les proportions de l'architecture et de la sculpture sont excessives, hors de l'échelle humaine. Le monument

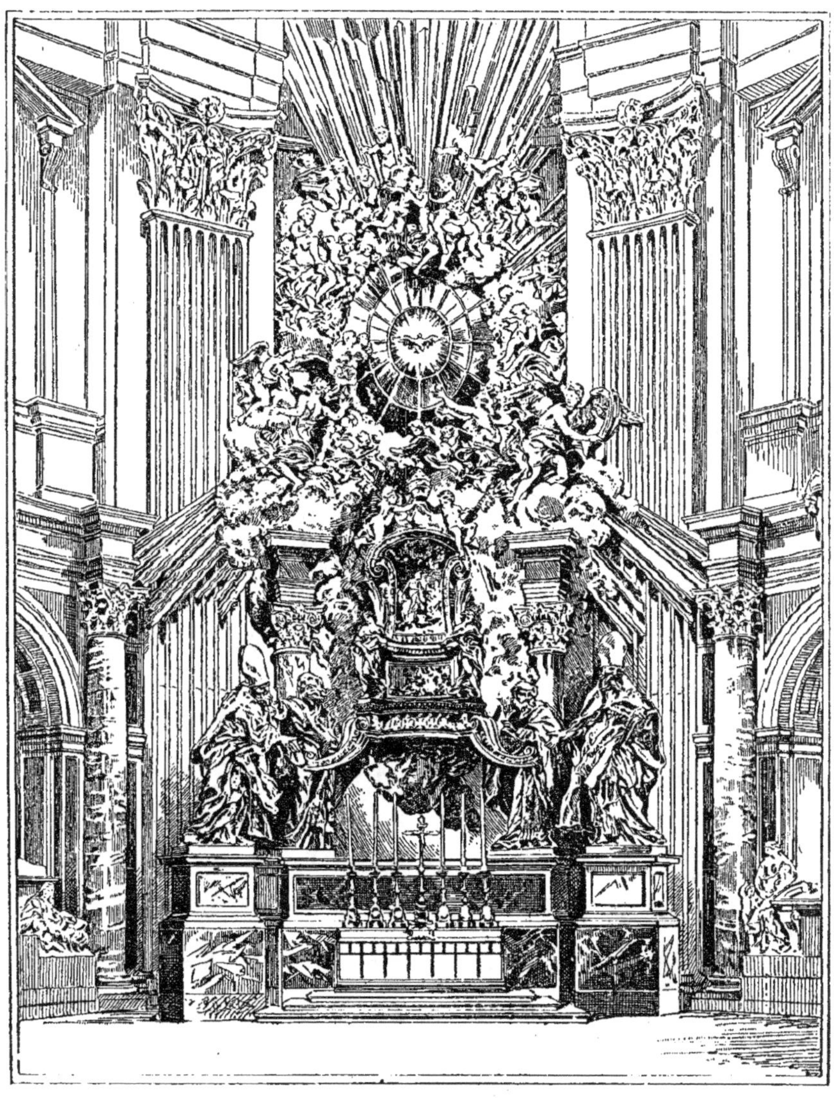

Fig. 1252. — Maître-autel de Saint-Pierre de Rome.

y perd en grandeur apparente dans la vie quotidienne; mais il devient extraordinairement grandiose lorsque s'y célèbrent ces fêtes pour lesquelles il est fait, lorsqu'un peuple entier circulant entre ses murs et sous ses voûtes donne leur échelle véritable à ces éléments colossaux!

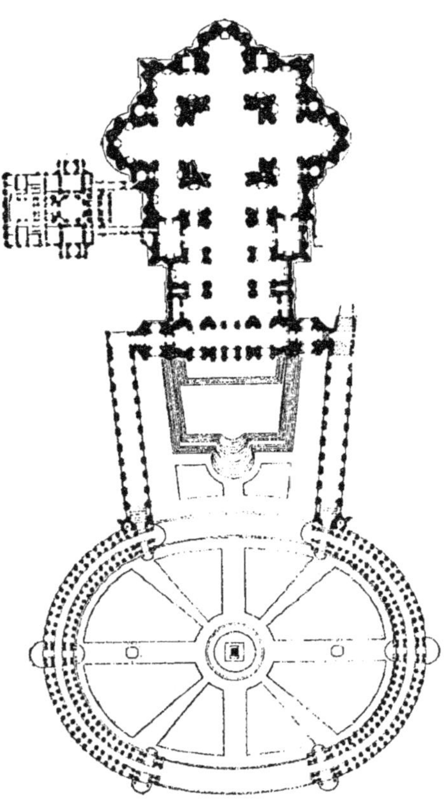

Fig. 1253. — Plan actuel de Saint-Pierre de Rome.

Plus grandiose encore est l'aspect émouvant de l'extérieur, lorsque la fête appelle la bénédiction sur la foule prosternée sur la place, entre les immenses colonnades qui la circonscrivent; lorsque dans le silence imposant de milliers et de milliers d'assistants, la voix lointaine du Pontife s'élève dans les airs. Alors, l'Église elle-même devient en quelque sorte l'autel, la nef est l'espace immense de la merveilleuse place, et au delà encore, au delà de la ville même, l'abstraction de ce monde chrétien que le Pape bénit à travers les mers et les continents.

Voilà Saint-Pierre, et voilà peut-être l'expression la plus identique à son programme que l'architecture ait jamais réalisée. Saint-Pierre est plus encore peut-être la Papauté que Versailles n'est la Royauté.

Aussi, ce serait mal comprendre Saint-Pierre que d'y voir deux choses — l'église — la place. Ce serait ne pas comprendre l'unité de pensée de cet ensemble immense. L'église, son vestibule, la loge de bénédiction, la place avec ses degrés, l'avant-

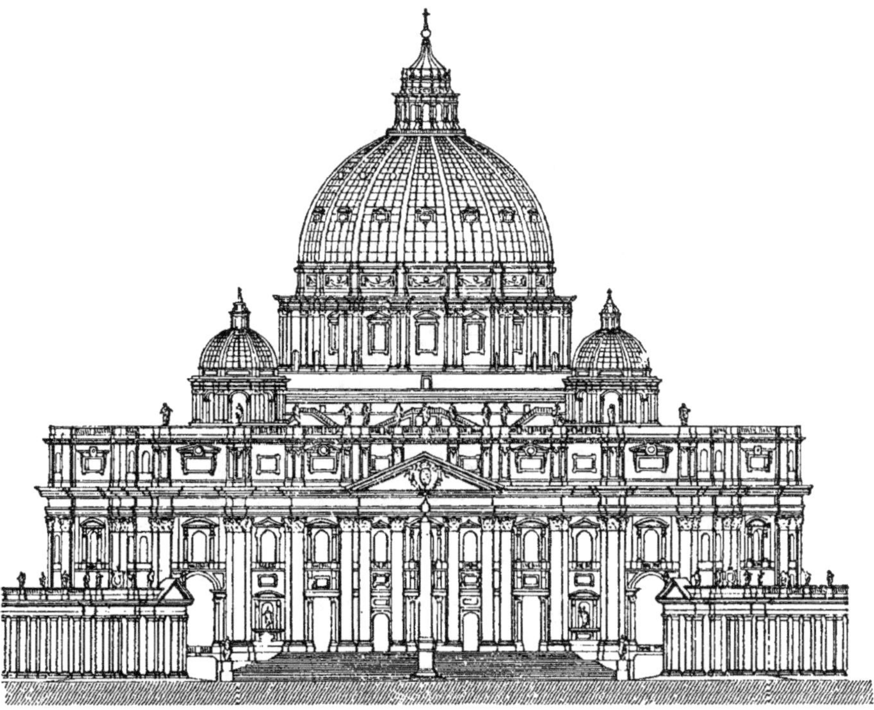

Fig. 1254. — Saint-Pierre de Rome.

place entourée de ses colonnades, tout cela est un tout, un seul tout, l'affirmation de la puissance pontificale. Affirmation éclatante, certes, et qui pourtant coïncide historiquement avec l'époque où, pour la première fois, la Papauté est battue en brèche avec succès. Serait-ce que le besoin de s'affirmer naît surtout du pressentiment de la contestation ?... Peu importe, d'ailleurs, pour nous; nous avons, ici comme ailleurs, à voir quel était le programme et s'il a été compris. C'est ce que j'ai cherché à vous faire saisir.

La merveille de cet ensemble est la coupole. A la hauteur d'environ 35 mètres au-dessus du sol de l'église commence ce

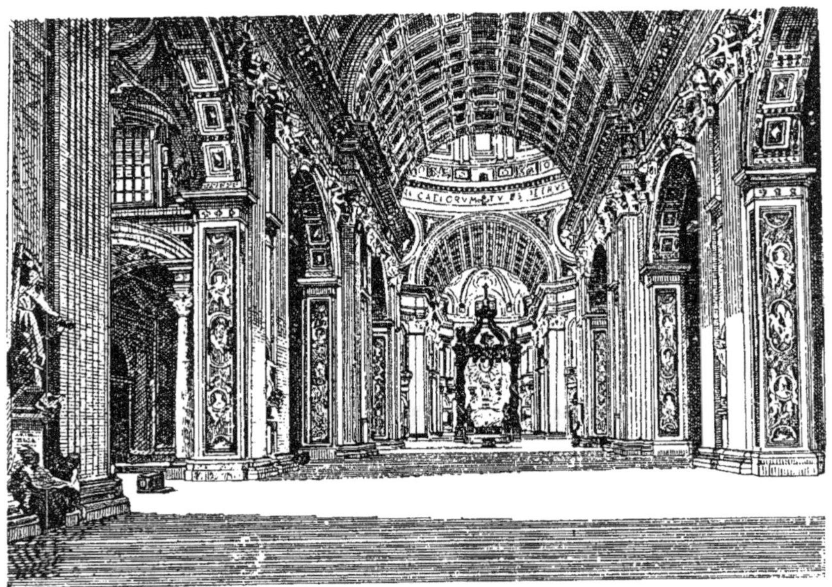

Fig. 1255. — Vue intérieure de Saint-Pierre de Rome.

monument unique, dont le mur cylindrique a plus de 40 mètres de diamètre intérieur, ayant pour fondation en quelque sorte les assises interrompues d'une voûte sphérique en pendentifs, et recouvert lui-même par une voûte sphérique ouverte à son sommet. Lorsque de cette ouverture circulaire on regarde l'église à 100 mètres au-dessous de soi, l'impression est vertigineuse. La voûte est formée, non de trois voûtes comme on le dit à tort, mais d'arcs normaux reliés par des fuseaux sphériques;

c'est le même parti de voûte creuse que nous avons vu à Florence. A l'intérieur, la majesté de cette coupole est extraordinaire; au dehors, elle est souveraine. Et plus on s'éloigne et plus peut-être cette majesté s'affirme et frappe l'esprit.

Lorsque j'arrivais pour la première fois à Rome, — permettez-moi ce souvenir — en voiture, à un point de la route distant de Rome de cinquante kilomètres environ, le cocher nous montrant de son fouet une silhouette imposante nous dit « *Ecco la Cuppola* — Voici la coupole! » Après trois ou quatre heures de voiture encore nous commencions à apercevoir les autres monuments de la ville. Et je songeais à ce que devait être l'émotion des pèlerins, lorsque le voyage était long, difficile et dangereux; lorsque las et éprouvés par les privations subies, énervés sans doute par la longue attente, par les déboires du voyage, soudain à un tournant de route, ils pouvaient plus triomphalement à coup sûr pousser avec enthousiasme ce cri : « *Ecco la Cuppola!* » N'essayez pas de comprendre et de juger Saint-Pierre sans cette mise au point. Programme unique, monument unique, voilà ce qu'il faut comprendre. Et il faut ajouter aussi qu'un tel monument ne se fait qu'une fois dans la vie de l'humanité.

Je ne méconnais pas d'ailleurs la justesse de bien des critiques qu'on a faites à ce monument. Les façades sont de Carle Maderne, artiste bien inférieur à ceux du début; à l'extérieur comme à l'intérieur le colossal est trop la règle constante, et sans doute quelques colosses auraient mieux affirmé leur proportion si près d'eux se trouvaient des éléments d'une échelle plus humaine. La décoration même n'a plus cette perfection exquise des œuvres de la Renaissance encore immaculée. Tout cela est vrai; mais quel est le monument qui ne puisse motiver des critiques? Et quel autre pourrait offrir quelque chose à mettre en comparaison avec la coupole Saint-Pierre ?

Revenons à l'église ordinaire. L'Italie fit de très nombreuses églises à coupoles, sur des proportions beaucoup plus restreintes. La coupole alors n'est en général que l'intersection des nefs et du transept : c'est le parti de l'ancienne tour-lanterne, traité avec les éléments que livrait le pendentif. A Rome même il y en a plusieurs bien réussies, et ce motif, toujours le même en principe, s'est plié cependant à une grande variété, comme par exemple dans les deux églises qui terminent le forum de Trajan (fig. 1256). La plupart de ces églises sont voûtées en berceau avec des fenêtres en pénétration; quelques-unes cependant ont des voûtes d'arête, parfois très richement décorées; telle est par exemple l'église de San-Martino à Naples. Les façades principales sont en général composées

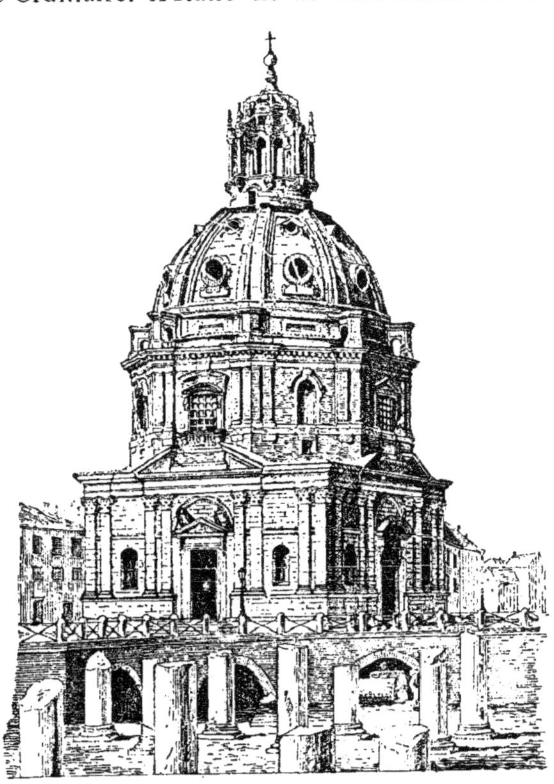

Fig. 1256. — Église à coupole, près du Forum de Trajan.

avec deux étages, comme d'ailleurs dans l'architecture du Moyen-âge, l'un affecté aux portes d'entrée, l'autre à la rose ou à une arcade éclairant la nef; seulement la décoration est demandée à des ordres superposés. Et malheureusement, souvent la fantaisie vient sans règle détruire toute idée de composition.

Dans tout cet ensemble si varié, je ne puis que vous citer quelques exemples, très différents entre eux.

L'église de Rimini, de L.-B. Alberti, est une des œuvres les plus pures et les plus originales de la Renaissance : originale à l'extérieur, bien que le motif en soit bien connu — des arcades entre colonnes engagées — parce qu'il est toujours très original de faire mieux que tout autre ce que tous ont cherché à faire; et aussi par le parti de ses façades latérales, composées d'une série d'arcades qui devaient recevoir autant de sarcophages; originale à l'intérieur par le caractère très particulier de sa décoration.

L'église Saint-François de Pérouse (fig. 1257), peu importante, a une jolie façade avec un motif unique de grande arcade qui l'occupe tout entière, et encadre à la fois la porte et la gloire qui tient lieu de rose, accompagnée d'ailleurs de jolies sculptures.

San-Lorenzo in Damaso, à Rome, par le Bramante, est une des églises nombreuses en Italie qui n'ont pas de façade propre L'intérieur est d'une étude digne de son auteur, notamment les piliers de la nef d'une élégance parfaite.

Plusieurs églises de Venise, de Gênes, de Naples, et d'une foule de villes moins importantes seraient à citer. Mais comme je vous l'ai dit, il ne serait pas possible de condenser théoriquement les réflexions qu'elles suggéreraient. Il s'y trouve de charmants motifs pour le voyageur, des détails souvent exquis, parfois des décorations puissantes. Je ne puis vous dire d'aller les voir, et je ne saurais vous les résumer.

Une mention spéciale est due cependant à la Chartreuse de Pavie, non pas tant à cause de sa célèbre façade qui n'est malheureusement qu'un placage, que pour son intérieur dont les proportions sont très heureuses, et la décoration d'une richesse étonnante, et pour ses façades latérales et postérieure, remarquables par l'emploi monumental de la brique et de la terre cuite : combinaison qu'on trouve d'ailleurs dans un grand nombre de villes de l'Italie du centre ou du nord, à Bologne, à Plaisance, à Parme, à Ferrare, dans la Lombardie et les régions au pied des Alpes, dont l'église de Come est un des monuments les plus intéressants.

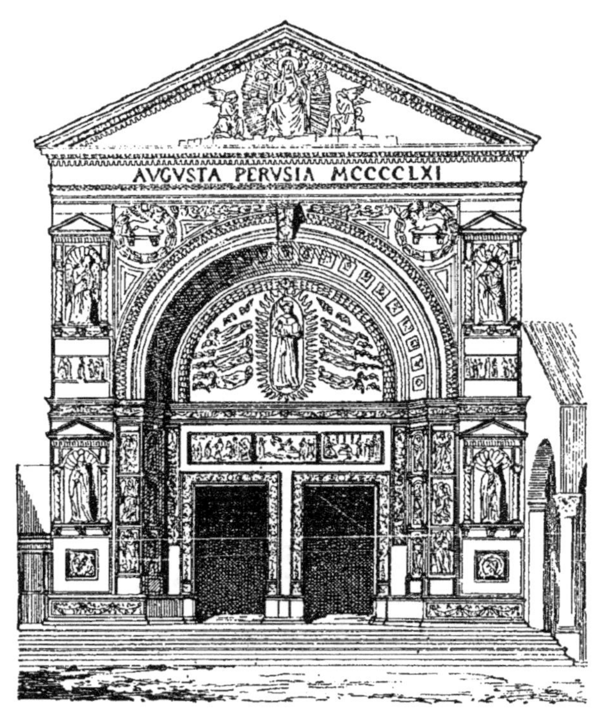

Fig. 1257. — Église Saint-François, à Pérouse.

Venise est originale dans ses églises comme dans tout le reste. A des titres divers, on peut vous recommander l'étude de Saint-Zacharie et de plusieurs autres, *San-Giorgio, Santa-Maria dè Miracoli*, et enfin de la petite chapelle Émilienne de l'île de Murano (fig. 1258), par le grand artiste San-Micheli : exemple intéressant d'une voûte sphérique sur pendentifs disposés aux angles d'un plan hexagonal régulier.

En France, après les guerres d'Italie, depuis Louis XII et François Ier, ce fut longtemps l'Italie qui fut l'inspiratrice des arts. L'église française se modela dans une certaine mesure sur l'église italienne de la Renaissance, dans les façades surtout. La façade célèbre, et à mon avis surfaite, de Saint-Gervais est un exemple bien connu de ce genre de composition. Mais ce n'est là qu'une façade rajoutée à un ancien édifice, et l'on n'y peut chercher l'architecture religieuse complète. Au surplus, l'époque de la Renaissance française construisit peu d'églises entières; elle acheva d'anciennes églises, comme la cathédrale de Tours, Saint-Michel de Dijon (fig. 1259) dont la façade est si intéressante, l'église célèbre de Gisors, et des monuments moins importants, mais toujours exquis, et qui

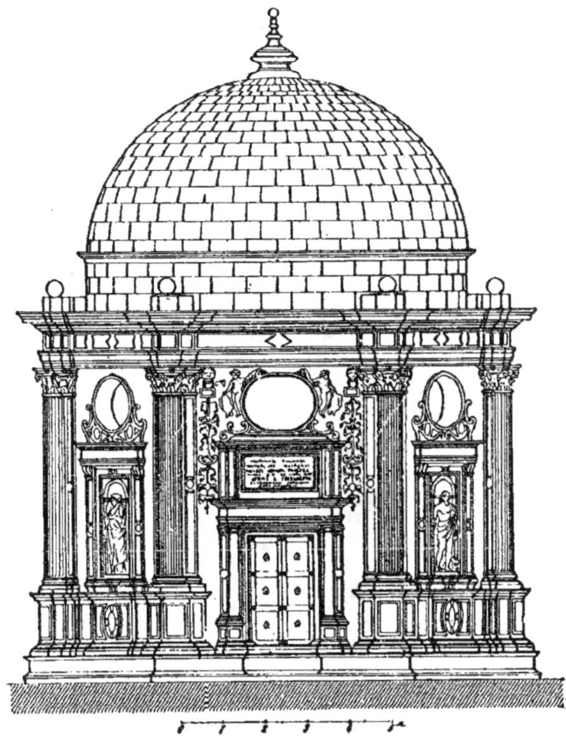

Fig. 1258. — Chapelle Emilienne, delle de Murano.

toujours sont une fête pour les yeux, tels que la chapelle d'Écouen, celle de Valmont, etc., ou encore la chapelle d'Anet dont vous voyez la façade dans la cour de votre École des Beaux-Arts.

Mais lorsque l'architecture française eut à composer de toutes pièces une église, elle le fit tout autrement que l'architecture italienne. La France, vous ai-je dit, est en général un pays de pierre calcaire; pendant plusieurs siècles ses monuments religieux étaient construits en pierres de taille : cette tradition fut conservée. Les églises françaises furent donc construites en pierre; elles furent aussi voûtées en pierre; on n'y voit pas en général la voûte italienne en briques, avec ses enduits, ses stucs ou ses peintures; mais ce n'est plus d'autre part la voûte à arcs indépendants et à remplissages du Moyen-âge. La voûte stéréotomique la remplace et arrive à un très haut degré d'habileté, parfois au tour de force de *l'art du trait.*

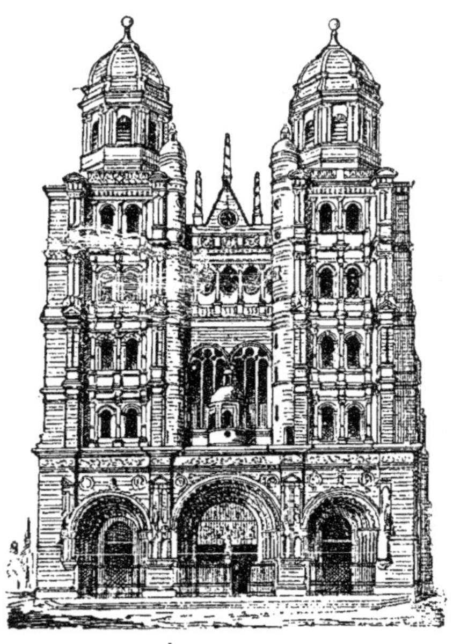

Fig. 1259. — Église Saint-Michel de Dijon.

La voûte stéréotomique se prête à la disposition en berceau, et de là quelques exemples d'églises ainsi voûtées, avec toutefois des fenêtres en pénétration pour éclairer les voûtes. Par exemple, la nef très remarquable de l'église du Val-de-Grâce est ainsi étudiée. Elle se prête aussi à la disposition des poussées localisées, et il y en a de nombreux exemples. Seulement, comme la composition traditionnelle des églises comportait des travées étroites par rapport à l'ouverture de la nef, des voûtes d'arête auraient été très *barlongues*. Cela est sans inconvénient avec les voûtes sur arcs indépendants du Moyen-âge; ce serait une difficulté d'appareil pour la voûte stéréotomique. Aussi le plus souvent, au lieu de la voûte d'arête, a-t-on disposé de préférence des pénétrations, dont vous voyez des exemples notamment à la nef de l'église des Invalides, à Saint-Roch, à Saint-Sulpice.

Mais alors, la voûte ayant ses poussées localisées, le problème se posait le même qu'au Moyen-âge; à moins d'interposer des piliers énormes entre la nef et les bas-côtés, il fallait donc aller chercher les résistances à l'extérieur ? Sans doute, et si vous voulez bien y regarder, vous retrouverez dans ces églises les contreforts et les arcs-boutants. Et voyez une fois encore combien les nécessités de la construction, en livrant tout naturellement les mêmes solutions pour les mêmes problèmes, unifient l'architecture. Certes, à l'époque où l'on construisait Saint-Roch ou Saint-Sulpice, on ne cherchait nullement des inspirations dans l'art du Moyen-âge. Mais au XVIIe siècle, les voûtes poussent comme au XIIIe, et si ces poussées sont localisées sur des points déterminés, à ces points il faut des résistances; et si ces résistances ne peuvent être intérieures, il faut les demander à l'étaiement. Et voilà comment, entre les nefs de Saint-Ouen ou celles de Saint-Roch, avec des différences extrêmes dans l'étude et le style, il y a toujours la composition qui s'impose la même, et qui a pour moyen l'arc-boutant.

Seulement l'arc-boutant perd l'apparence de l'étaiement pour prendre plutôt celle de l'épaulement. C'est peut-être à la petite église de Saint-Nicolas-du-Chardonnet que vous trouverez, à Paris, l'exemple le plus caractéristique de cette disposition (fig. 1260).

Vous vous rappelez que l'arc-boutant du Moyen-âge contrebute les piliers de la nef en un point unique, dont la détermination est assez délicate; quelques-uns les pénètrent trop bas, d'autres trop haut, d'autres enfin ont été doublés par superposition, afin d'embrasser une plus grande hauteur de contact et d'offrir ainsi une sécurité complète, quel que fût le point de

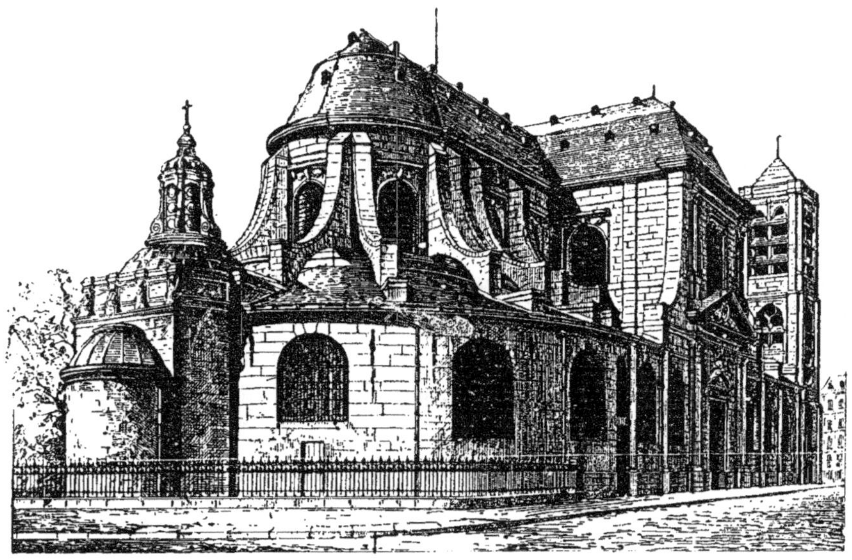

Fig. 1260. — Église Saint-Nicolas-du-Chardonnet, à Paris.

passage de la résultante des poussées. A Saint-Nicolas, et dans les autres églises similaires, l'arc-boutant proprement dit est descendu beaucoup plus bas, très évidemment au-dessous du point critique, et est surmonté d'un mur d'épaulement dont le contact avec le pilier de la nef embrasse toute la hauteur de son mur; la forme de cet épaulement enveloppe nécessairement la courbe des résultantes. Si la construction est plus lourde, on ne peut contester qu'elle soit rationnelle et serre de près la solution théorique de la résistance aux poussées. Saint-Roch, Saint-Sulpice présentent de même des arcs-boutants ainsi tracés ; vous les trouverez encore à la chapelle de Versailles (fig. 1261 et 1262). Je pourrais multiplier ces exemples. On pourrait dire assez justement que l'arc-boutant est ici

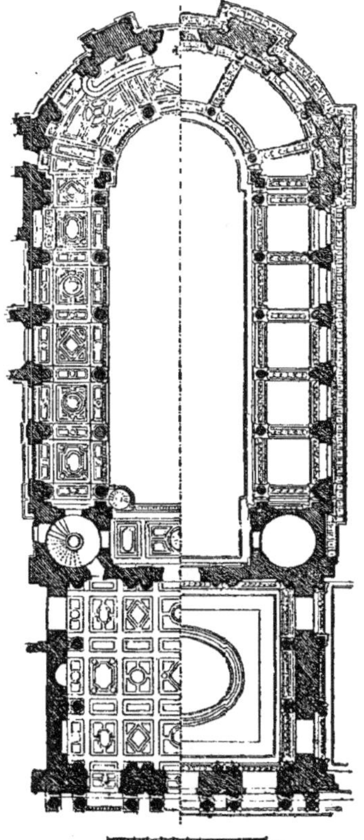

Fig. 1261. — Chapelle de Versailles. Plan.

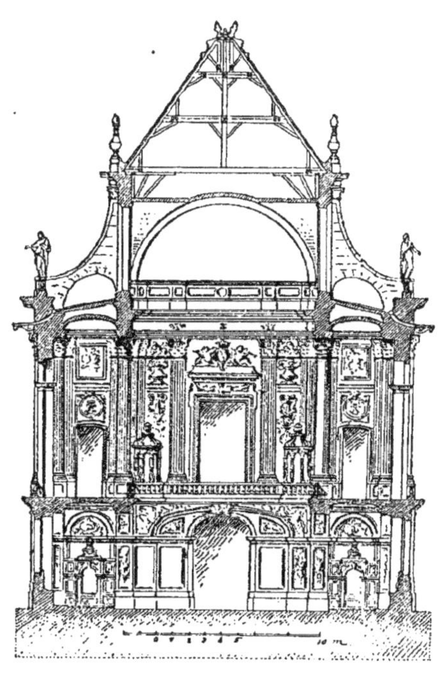

Fig. 1262. — Chapelle de Versailles. Coupe transversale.

plutôt un contrefort qui s'élargit assez par le bas pour pouvoir, au moyen d'un arc, enjamber la portée des bas-côtés.

En général, ces églises françaises modernes, tout en étant composées comme celles du Moyen-âge, s'en distinguent non seulement par le style, mais par les proportions générales. Les points d'appui intérieurs sont plus épais, la hauteur est moins grande; de simples fenêtres se substituent aux grandes verrières, la tendance n'est plus l'élimination de la matière, mais plutôt l'aspect de stabilité. L'effet des voûtes appareillées, et généralement en berceau avec pénétrations, n'a plus rien de commun avec celui des voûtes portées par des arcs. C'est un autre art, suivant la loi éternelle des transformations. Les combles sont, en général, comme ceux du Moyen-âge, indépendants et assis au-dessus des voûtes; les clochers prennent moins d'importance, et se terminent par des toitures plates ou des terrasses et non plus par des flèches aiguës. Les façades sont en général conçues comme en Italie avec deux ordres superposés; celle de Saint-Roch à Paris peut être considérée comme un type, sinon comme un modèle, de ce genre de compositions. Quelques-unes cependant, comme Saint-Sulpice, consistent en un frontispice entre deux tours; il faut reconnaître que cette façade, intéressante par son étude, notamment en ce qui concerne le portique dorique du rez-de-chaussée, n'est nullement la façade de l'église qu'elle cache plutôt qu'elle ne la signale. C'est plutôt sur les faces latérales, aux extrémités du transept, que l'église se traduit par des façades d'une composition appropriée.

Mais je le répète, nous ne trouvons plus ici les données traditionnelles qui firent l'unité des églises du Moyen-âge. La composition personnelle s'affranchit de la discipline et se soustrait à la théorie.

En France comme en Italie, et en souvenir de Saint-Pierre de Rome, il a été fait d'assez nombreuses églises à coupoles. En général, ces coupoles sont à l'intersection de la nef et du transept, et n'excèdent pas la largeur de la nef. Mais tandis que l'architecture italienne, s'inspirant plus directement de l'antiquité, faisait en général reposer la couverture de ses coupoles sur une voûte, l'architecture française, fidèle à un mode de construction éprouvé, recouvrit ses voûtes circulaires d'un comble en charpente, de même que ses voûtes de nefs sont surmontées d'un comble indépendant. Seulement, à moins d'une hauteur excessive, le comble ne pouvait ici être relevé à un niveau supérieur à celui des voûtes; il n'y a donc pas d'entraits horizontaux à sa base. Au surplus, un assemblage de fermes concentriques sur plan circulaire n'a pas besoin d'entraits, puisque la poussée des fermes peut aussi bien être neutralisée par une ceinture indéformable à la base du comble.

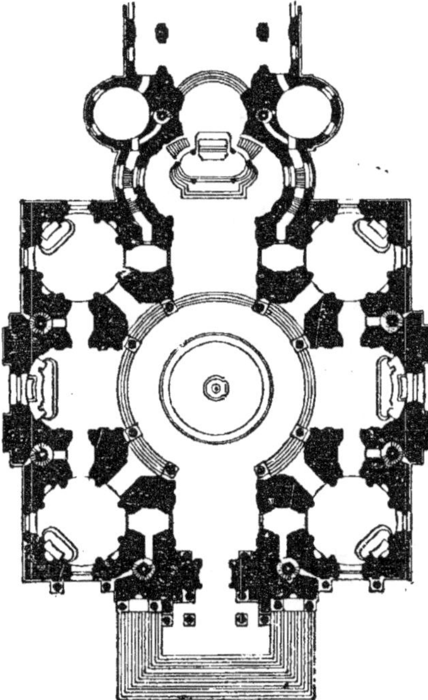
Fig. 1263. — Coupole des Invalides. Plan.

La silhouette extérieure de nos coupoles résulte donc de la combinaison d'un ouvrage en charpente, souvent remarquable. Il y en a de relativement modestes, d'un profil cependant très intéressant, par exemple la Sorbonne; d'autres plus simples, comme Saint-Paul à Paris ou l'église Notre-Dame de Versailles; parmi les plus belles il me suffira de vous citer le Val-de-Grâce et les Invalides, dont le caractère commun est de demander de riches éléments de silhouette décorative à l'emploi combiné de la charpente et de la plomberie, dont la décoration a surtout été portée à une grande richesse à la coupole des Invalides (fig. 1263, 1264 et 1265).

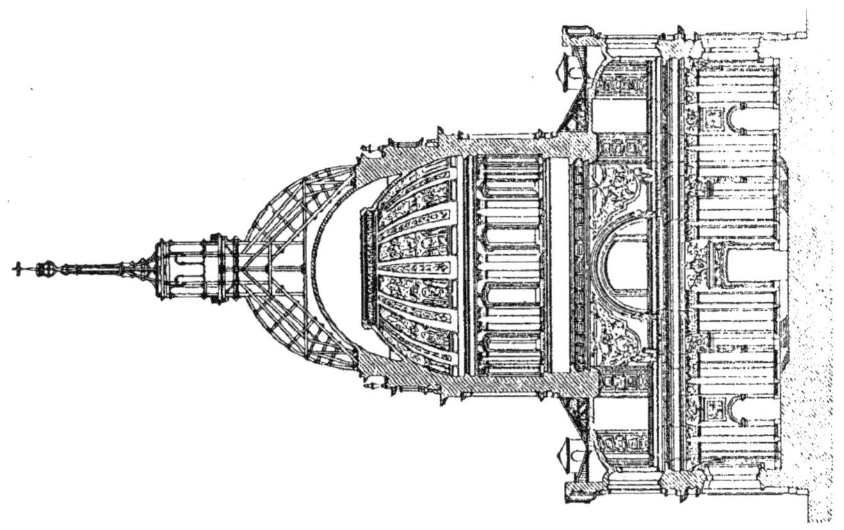

Fig. 1264. — Coupole des Invalides. Coupe.

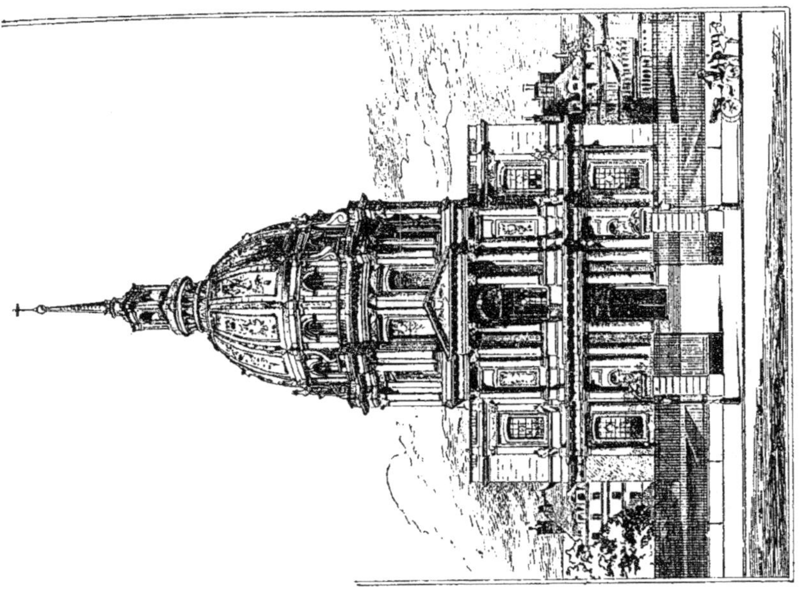

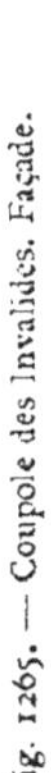

Fig. 1265. — Coupole des Invalides. Façade.

Élevées sur le vide annulaire d'une voûte en pendentifs, ces coupoles sont circulaires. Mais celle des Invalides présente une disposition toute particulière et très intéressante comme expression extérieure de la composition. Quatre groupes de piliers principaux et quatre groupes de nervures sur le comble prolongent les piliers des pendentifs, et conservent à cette coupole circulaire une division en quatre parties, correspondant aux quatre grandes ouvertures des nefs. Je n'ai pas besoin d'ailleurs de vous signaler la belle silhouette et le noble caractère de ces beaux monuments. Le Val-de-Grâce et les Invalides comptent pour beaucoup dans l'aspect général de Paris.

Plus tard, dans la seconde moitié du XVIIIe siècle, il fut fait avec l'église Sainte-Geneviève — aujourd'hui le Panthéon — une tentative très intéressante, mais très personnelle, dont la tendance est assez analogue à celle de l'architecture de la fin du Moyen-âge : l'affirmation de l'excessive habileté. Autrefois, l'excès avec les éléments du Moyen-âge, ici l'excès avec les éléments modernes de la coupe des pierres. Sainte-Geneviève (fig. 1266 à 1268) n'était en effet réalisable que par un prodige d'habileté heureuse : c'est donc le même esprit, la même témérité qu'à Beauvais par exemple.

Il semble en effet que Soufflot ait voulu accumuler les difficultés. Sa coupole reposait sur des points d'appui tellement réduits au minimum qu'il a fallu les renforcer ; tandis que les coupoles du Val-de-Grâce ou des Invalides s'appuient tout bonnement sur un mur circulaire reçu tout bonnement par l'ouverture du pendentif, ici l'architecte a voulu entourer sa coupole d'un portique en porte-à-faux, qu'il a fallu soutenir par des arrière-pendentifs invisibles, et bien autrement formidables que ceux qu'on voit (fig. 1267). Les nefs elles-mêmes sont voûtées en coupoles sur pendentifs, et les pendentifs se reportent sur de simples colonnes par l'intermédiaire d'un petit pilier d'attique qui ne résiste que par un miracle d'équilibre aux actions diverses qu'il subit. Il en résulte un aspect de hardiesse extrême,

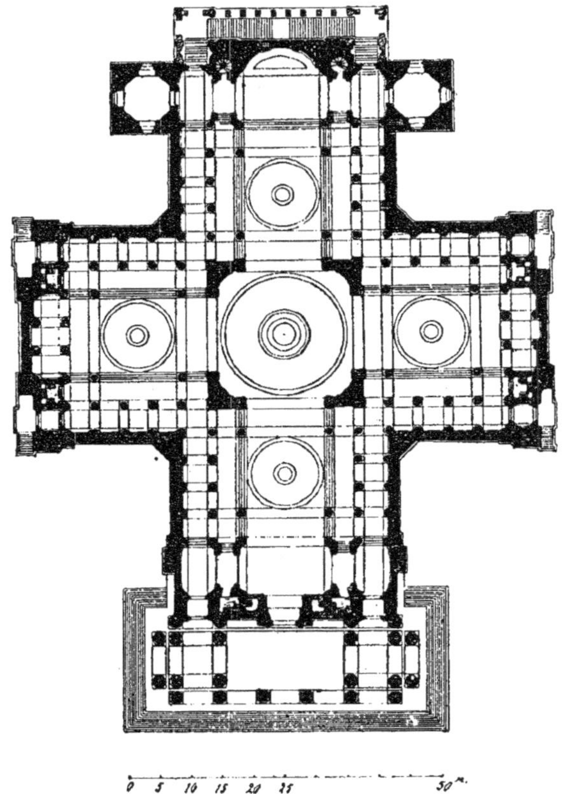

0 5 10 15 20 25 50m.

Fig. 1266. — Panthéon de Paris. Plan.

et j'ajoute, une élégance raffinée dans les proportions. Mais, chose singulière et rare, tandis que le plus souvent ce sont les ignorants qui s'effraient de hardiesses apparentes, qui ne sont pas en réalité hardies, ici plus on sait et plus on est effrayé. L'exécution est irréprochable et cela rassure un peu, puis en

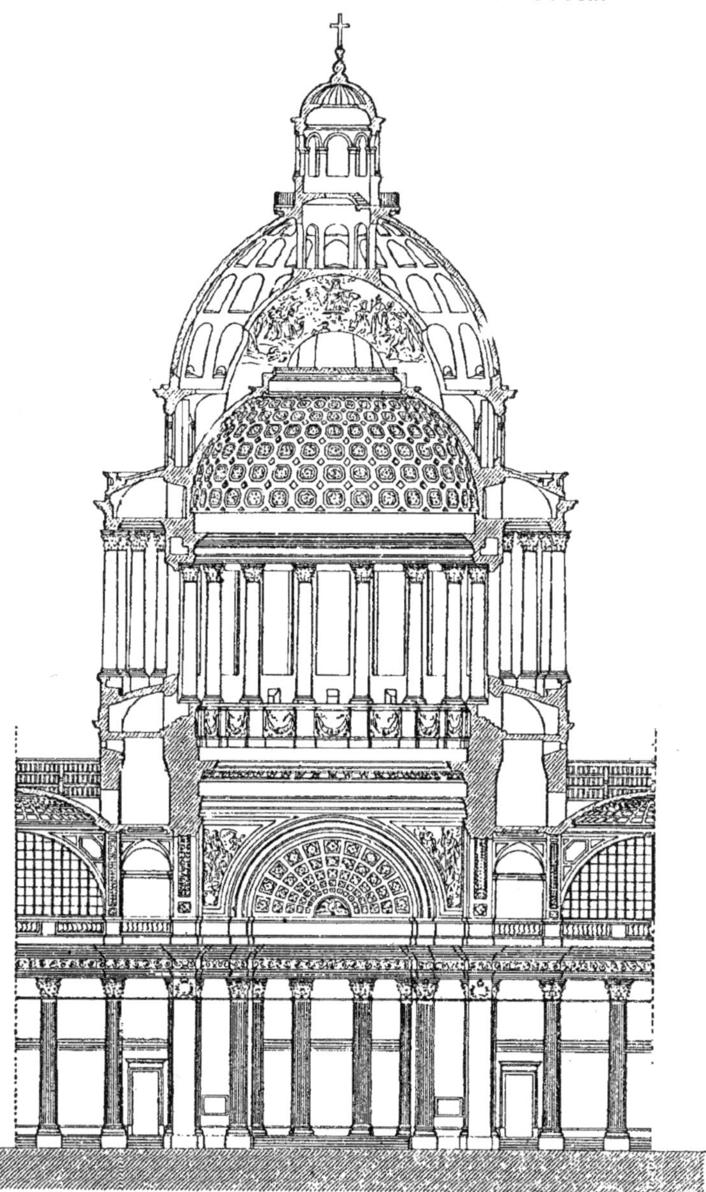

Fig. 1267. — Le Panthéon de Paris. Coupe transversale.

somme la preuve faite par plus d'un siècle de durée, après toutefois que les piliers eurent été renforcés. Mais n'importe, et je ne comprends pas, je l'avoue, comment un architecte a pu se lancer dans des périls aussi redoutables. Un tel courage est de la témérité, et ne s'explique que par l'ambition du tour de force, la passion d'arriver aux dernières limites de l'habileté permise. Un rien de plus, on entrerait dans l'impossible : mieux vaut en rester plus distant.

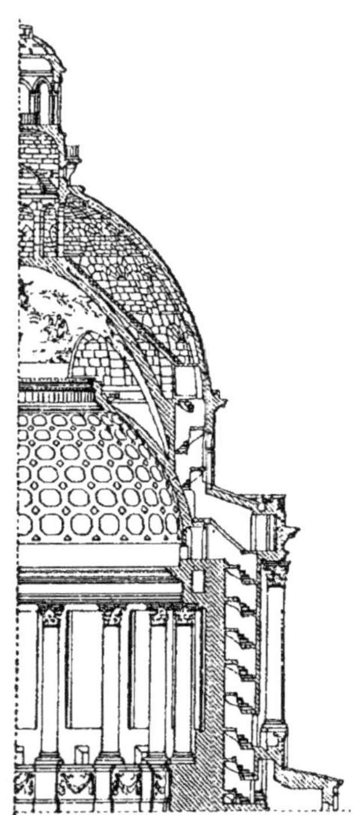

Fig. 1268. — Église Sainte-Geneviève. Construction.

Le plan de l'église Sainte-Geneviève est inspiré de celui de Saint-Pierre de Rome en ce que là aussi la coupole est plus large que la nef; une disposition ingénieuse reporte les bas-côtés au delà du pilier du pendentif par la saillie de colonnes qui portent les arcs-doubleaux des pendentifs des nefs. La coupole est en pierre, avec trois voûtes enveloppées l'une dans l'autre (fig. 1268). Sauf les combles des nefs, tout est conçu au point de vue unique de la pierre de taille, très remarquablement employée.

Cette conception n'est pas sans analogie avec celle de Saint-Paul de Londres (fig. 1269, 1270, 1271 et 1272), vaste édifice d'une grande valeur, qu'on peut bien associer à l'étude des églises catholiques, car il n'en diffère pas. Là aussi la coupole est plus large que les bas-côtés, qu'elle reçoit par l'intermédiaire de grands exèdres demi-circulaires ouverts sous la retombée des pendentifs. La coupole présente une particularité d'étude remarquable : le mur-tambour, au lieu d'être cylindrique, est conique : la voûte demi-sphérique supérieure est donc d'un plus petit diamètre que l'ouverture circulaire des pendentifs. En réalité, il faut être prévenu de cette particularité pour s'en apercevoir. L'étude intérieure est d'un beau caractère, très ferme et sobre. A l'extérieur, le monument présente ce caractère étrange d'offrir sur tout son

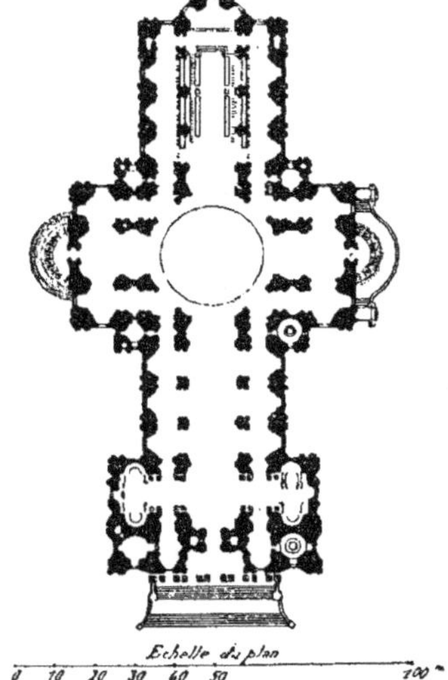

Fig. 1269. — Église Saint-Paul de Londres. Plan.

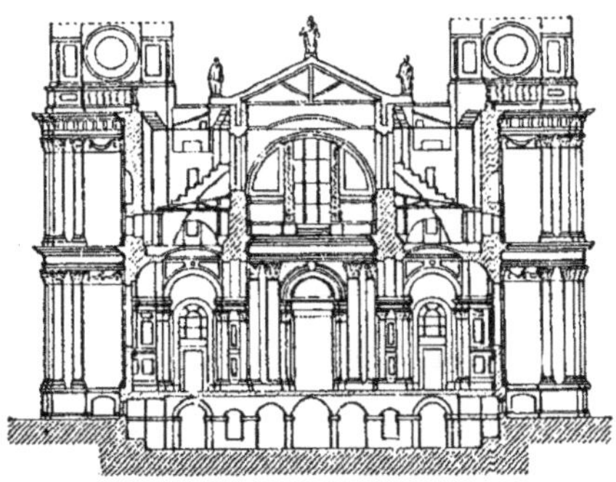

Fig. 1270. — Église Saint-Paul de Londres. Coupe transversale.

pourtour une architecture à deux étages, comme un palais qui aurait un rez-de-chaussée et un premier étage : disposition évidemment contradictoire avec l'expression logique d'une église qui a une nef et des bas-côtés.

Parmi les églises à coupoles, outre la *Salute* de Venise, dont je vous ai déjà parlé, il convient de citer celle de la *Superga* à Turin, puis de nombreuses églises italiennes, espagnoles, etc. Je ne saurais vous les décrire sans tomber dans des redites inutiles.

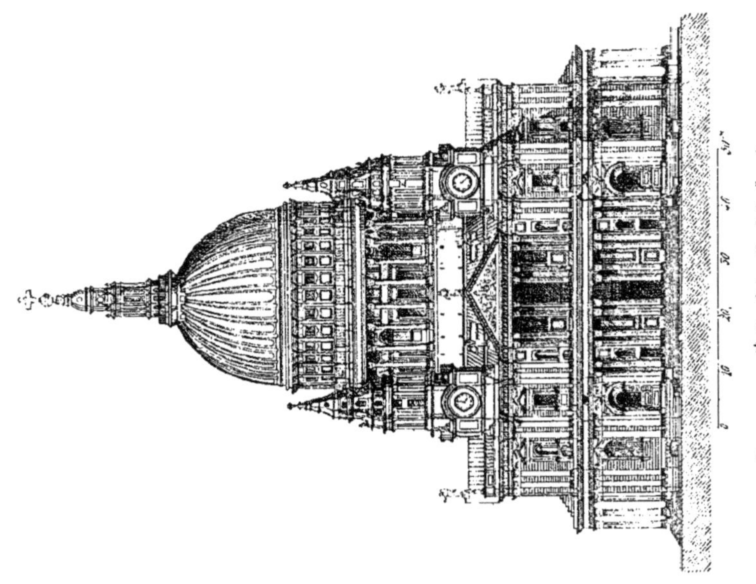

Fig. 1271. — Église Saint-Paul de Londres.
Façade.

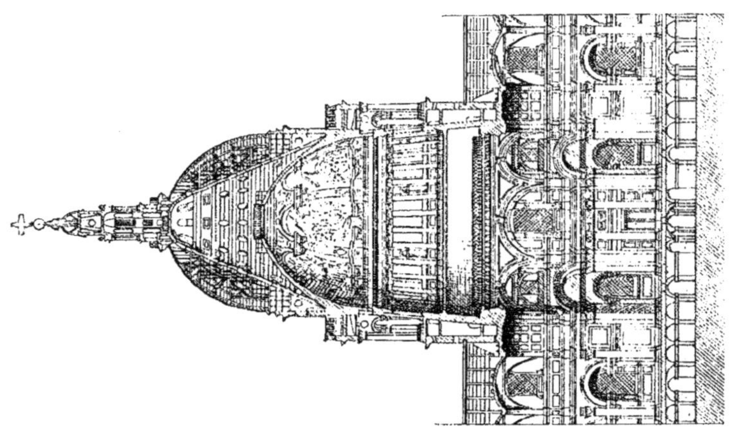

Fig. 1272. — Église Saint-Paul de Londres.
Coupe de la coupole.

CHAPITRE XX

ÉGLISES MODERNES DE PARIS

SOMMAIRE. — **Saint-Gervais.** — **Saint-Nicolas-du-Chardonnet.** — **Le Val-de-Grâce.** — **Les Invalides.** — **Chapelle du Palais de Versailles.** — **Notre-Dame-des-Victoires.** — **Saint-Roch.** — **Saint-Paul.** — **Saint-Sulpice.**

Ainsi que je l'ai fait pour les églises du Moyen-âge, je désire vous donner quelques indications sur les églises modernes que vous pouvez voir à Paris.

Quelques mots d'abord sur la façade de Saint-Gervais (fig. 1273 et 1274). Cette façade a été longtemps considérée comme un chef-d'œuvre : c'était bien exagéré. Sans doute l'étude des ordres superposés est habile, mais encore n'arrive-t-elle pas à masquer le défaut des saillies trop grandes des groupes profilants, qui imposent ainsi aux corniches rampantes des surplombs excessifs. Il y a plutôt là des détails intéressants qu'une composition artistique, même en se plaçant au point de vue de l'architecte qui a placé devant l'église de Saint-Gervais ce frontispice d'un tout autre caractère.

Car, — et je désire que nous nous entendions bien — ce n'est pas là ce que je lui reproche. A une église qui manquait de façade, de Brosse a fait une façade de son temps et non un pastiche de l'époque de l'église : il a bien fait : il a fait tout naturellement ce qu'on faisait à toute époque : de l'architecture de son temps. De même vous voyez des façades gothiques devant des églises romanes en tout ou en partie, ne fût-ce que Notre-Dame. Dans un intérieur même, chaque époque de travaux marque son empreinte.

Mais cette adaptation d'un style nouveau peut et doit respecter la composition : gothique ou renaissance, une façade est toujours une façade, c'est-à-dire la paroi principale d'un monument qui a des

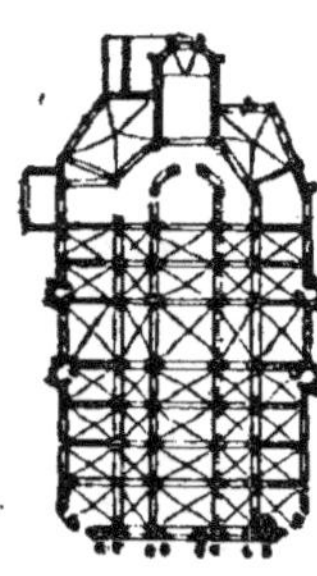

Fig. 1273. — Église Saint-Gervais-Saint-Protais, à Paris. Plan.

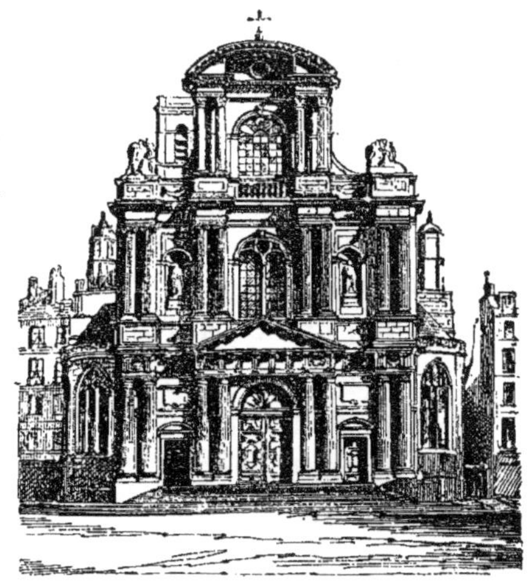

Fig. 1274. — Église Saint-Gervais-Saint-Protais, à Paris.

dimensions de largeur et de hauteur. Si telle église a par exemple 25 mètres de hauteur à son faîte, et que, pour je ne sais quelle harmonie de proportions voulues *a priori*, on lui dispose une façade qui s'élèvera à 30 ou 35 mètres — ou qui débordera en largeur la largeur de l'édifice — ce n'est plus une façade : c'est un décor, un frontispice, quelque chose d'étranger au monument : il n'y a même plus de monument. Voilà le très grave défaut de cette composition, qui malheureusement a fait école, à cause même de la valeur de son étude. A

Saint-Gervais, ce n'était du moins qu'une adjonction : on s'en est autorisé plus tard pour faire des églises qui d'un seul jet venaient au monde avec ces déformations. Et ce fut, il faut le dire, une des plus grandes erreurs de l'architecture moderne.

L'église Saint-Nicolas-du-Chardonnet, que je vous ai citée comme exemple nettement caractérisé de l'arc-boutant moderne, vaudrait pour cela seul votre étude. Cette modeste église est d'ailleurs harmonieuse dans sa simplicité pauvre et dans sa parfaite unité intérieure. Les arcs-boutants du chœur y sont disposés comme à la cathédrale du Mans, en double à chaque pilier, moyennant un angle aigu entre eux. Il en résulte un encombrement plus sensible encore qu'au Mans, parce qu'ici le contact de l'arc-boutant et du pilier étant beaucoup plus prolongé, l'angle dièdre formé par la rencontre des deux arcs-boutants se prolonge lui-même sur une plus grande hauteur.

Vous verrez en passant la jolie porte latérale sur la rue des Bernardins, et quelques monuments intéressants à l'intérieur, entre autres le tombeau de Lebrun et de sa mère.

Je ne reviendrai pas sur le Val-de-Grâce dont je vous ai déjà entretenu. Cependant, remarquez-y le grand effet que produit une façade d'église au fond d'une cour d'honneur (fig. 1275 et 1276). Si elle y perd l'isolement des façades latérales, d'autre part cette introduction à l'église éloignée de la voie publique répond à un désir qu'on a toujours éprouvé, soit que l'église fût précédée d'une cour spéciale comme Sainte-Sophie, Saint-Clément, Saint-Ambroise de Milan, soit qu'une place spéciale la précédât, comme faisaient autrefois les *parvis* de nos anciennes cathédrales, ou comme fait pour Saint-Pierre de Rome sa magnifique colonnade.

D'ailleurs, je le répète, le Val-de-Grâce est l'un des plus beaux monuments de l'architecture française : c'est même pour cela que je n'ai plus rien à vous en dire, ayant eu trop souvent à vous le citer.

Je ne veux pas séparer les Invalides du Val-de-Grâce, car ce sont certainement les deux monuments les plus remarquables que puisse vous offrir l'étude de l'architecture religieuse moderne à Paris.

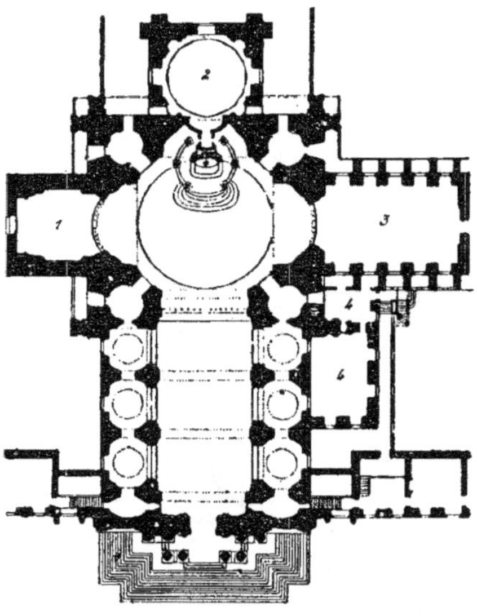

Fig. 1275. — Église du Val-de-Grâce. Plan.

1, chapelle Sainte-Anne. — 2, chapelle du Saint-Sacrement. — 3, chœur des religieuses. — 4,4, sacristies.

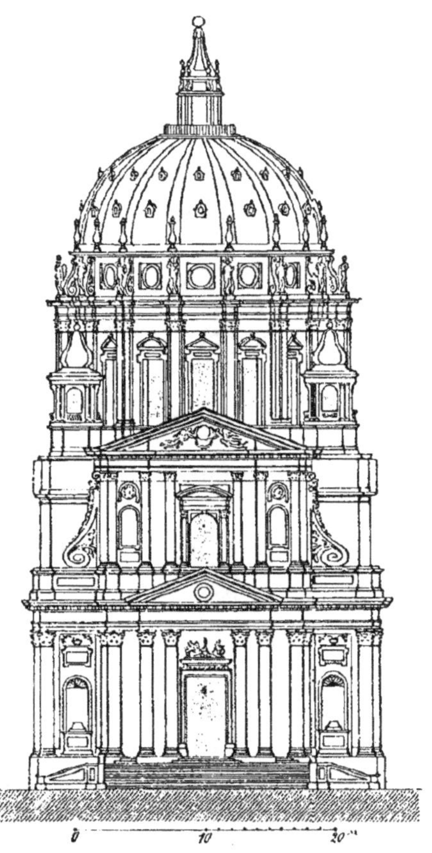

Fig. 1276. — Façade du Val-de-Grâce, à Paris.

La composition de l'église ou chapelle des Invalides est unique. La coupole, si importante, qui constitue une des silhouettes les plus marquées de l'aspect général de Paris, qui est le centre auquel rayonnent les larges et belles avenues qui convergent à la Place Vauban, cette coupole ne fait pour ainsi dire pas partie de l'église. L'église, vaste, claire, d'une simplicité militaire (fig. 1277), a sa nef et ses bas-côtés, puis son autel; les bas-côtés sont surmontés de tribunes, d'autant plus justifiées ici que les invalides étaient répartis en plusieurs étages, et qu'il était nécessaire de ne pas faire descendre inutilement jusqu'au rez-de-chaussée des mutilés pour qui c'eût été une pénible corvée. La voûte est éclairée par des pénétrations. Cette église n'a pas de façade au sens ordinaire de façade d'église; mais elle motive dans les deux étages de portiques de la cour d'honneur un pavillon central plus décoré que l'ensemble austère de cette grande cour.

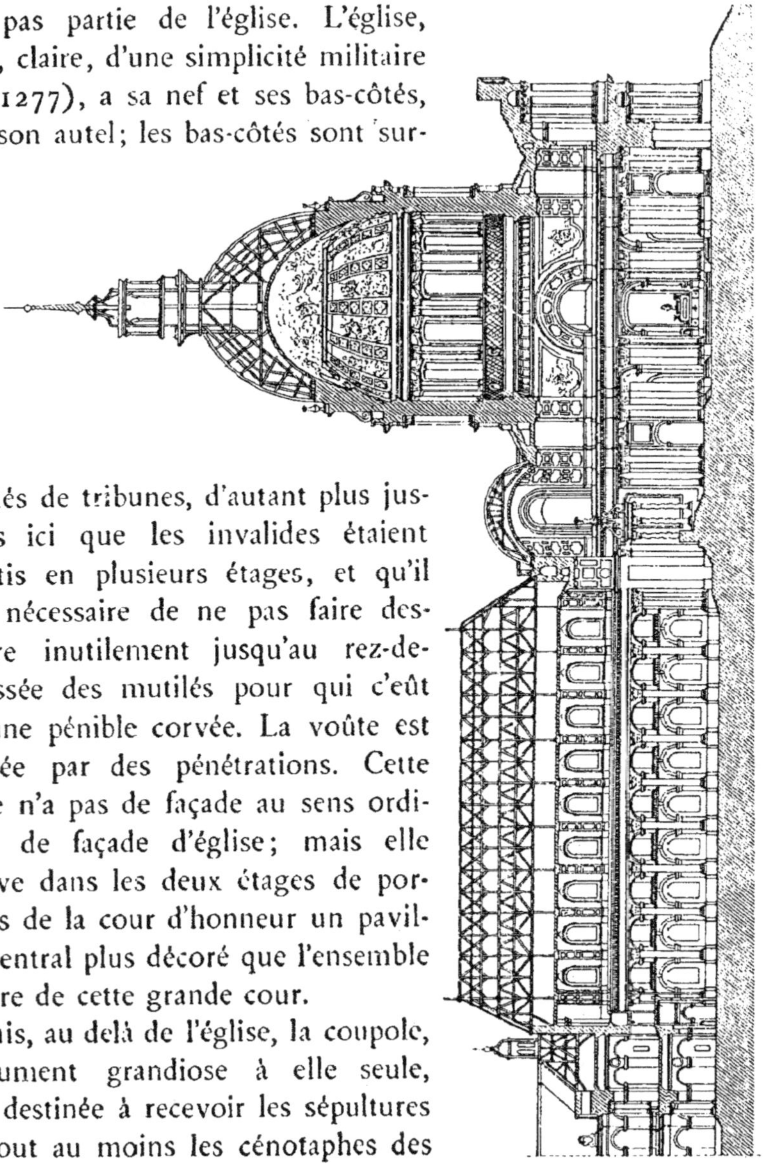

Fig. 1277. — Nef de l'église des Invalides, à Paris.

Puis, au delà de l'église, la coupole, monument grandiose à elle seule, était destinée à recevoir les sépultures ou tout au moins les cénotaphes des plus illustres généraux. Là, plus rien de la simplicité énergique de l'église : le monument devient pompeux et triomphal. Ses proportions monumentales, sa belle décoration, ses pavements de marbre en font comme un Panthéon militaire. Puis, au centre on a pratiqué une sorte de crypte ouverte où est placé le tombeau de Napoléon Ier. Chose remarquable, ce changement si grave apporté à l'aspect d'un monument comme la coupole des Invalides ne l'a pas dénaturé.

Les façades sont certainement une des plus belles expressions de l'architecture du règne de Louis XIV, avec leur composition très nette du grand ensemble carré qui s'élève jusqu'au-dessus des pendentifs, et que surmonte la coupole elle-même avec son élégance et sa grandeur.

Mais, j'insiste sur ce point, cette coupole n'est pas comme toutes les autres le centre d'une église à la rencontre des nefs. C'est un centre aussi, mais d'un monument complet par lui-même, avec ses quatre bras et ses quatre chapelles diagonales, avec ses monuments glorieux à la mémoire des guerriers illustres : grande pensée d'avoir placé cette apothéose à l'extrémité et comme au sommet de l'église des vieux soldats et des vieux officiers.

Et puisque nous avons quitté momentanément l'église paroissiale, poussons la digression jusqu'à Versailles. La chapelle du Palais nous y convie. Je vous en ai d'ailleurs déjà entretenus. (V. plus haut, vol. I, fig. 56 et 217, et III, 1261, 1262.)

Le programme n'est ici qu'une chapelle : un seul autel, une seule assistance; mais assistance royale, à une époque où la Royauté avait d'elle-même une idée très grande. Cette chapelle est aussi à deux niveaux ; mais c'est le premier étage qui est ici l'étage noble, car c'est l'étage de plain-pied avec les appartements du roi. C'est dans une tribune de face, ouvrant sur la grande antichambre des appartements royaux que le roi et sa famille assistent aux offices; les plus grands seigneurs se répartissent dans les tribunes latérales; la nef et les bas-côtés du rez-de-chaussée reçoivent le personnel de la cour et du château en général.

Et voyez à ce sujet ce qu'est en architecture l'intelligence du programme exprimée dans une composition. Tandis que aux Invalides, comme dans toutes les églises à tribunes, les tribunes n'ont qu'une proportion secondaire par rapport aux bas-côtés, à Versailles les tribunes dominent de leur majesté tout le rez-de-chaussée qui, tout monumental qu'il est, n'apparaît que comme une sorte de soubassement en comparaison de la grande et noble colonnade de l'étage royal. La proportion est analogue à celle que Gabriel donnera plus tard à ses monuments de la Place de la Concorde.

Les colonnades latérales reçoivent au-dessus de la nef centrale une voûte en berceau décorée de peintures et éclairée à sa partie inférieure par les grandes pénétrations des fenêtres d'attique; la chapelle est donc éclairée à trois niveaux : au rez-de-chaussée sous les tribunes; au premier étage par les grandes fenêtres des tribunes; enfin à la naissance de la voûte. La stabilité de la construction est assurée par la résistance des contreforts en forme de pilastres qui épaulent directement les plafonds appareillés des tribunes et sont utilement chargés par les retombées des arcs-boutants qui étayent les piédroits des pénétrations de la grande voûte. Comme toujours, la charpente du comble est indépendante et sans poussée. La construction de ce monument est donc très bien conçue, et si de nos jours il a fallu y faire des réparations importantes, ce n'est pas à cause d'une défectuosité organique, mais parce qu'on avait négligé de couvrir en plomb les saillies de corniches. Ce complément est aujourd'hui réalisé, et rien ne s'oppose plus à une très longue durée de la chapelle de Versailles.

Je n'essaierai pas de vous décrire la richesse et la valeur artistique de cet ensemble où tout est étudié de main de maître. Intérieur, extérieur, tout mérite la même admiration. Versailles est une mine inépuisable d'études, qu'on parcourt trop rapidement : on va dix, vingt fois à Versailles, mais dix ou vingt fois on y va partout : limitez-vous un jour à la chapelle : ce sera une journée bien employée.

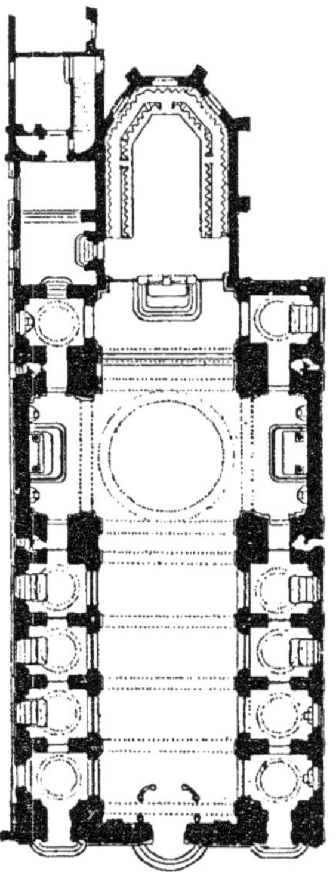

Fig. 1278. — Église Notre-Dame-des-Victoires, à Paris. Plan.

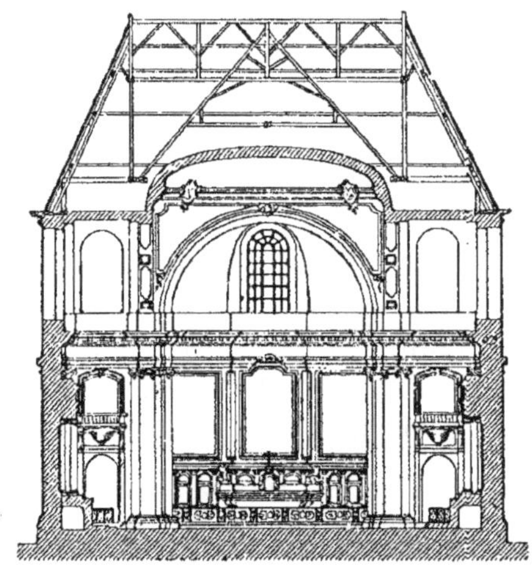

Fig. 1279. — Église Notre-Dame-des-Victoires, à Paris, Coupe sur le transept.

Revenons aux églises parisiennes.

Notre-Dame-des-Victoires (fig. 1278 et 1279), autrefois église des *Petits pères*, était l'église d'un couvent important, et s'y rattachait par ses dépendances et des communications intérieures. Ce n'était pas une église paroissiale; l'importance du chœur et son emplacement en arrière du maître-autel sont des caractéristiques de l'église monacale.

A l'intérieur, il n'y a pas de bas-côtés : seulement une nef, et des chapelles latérales assez profondes, communiquant entre elles. Toutefois la première travée de chaque côté n'est pas disposée en chapelle. Ce sont des vestibules secondaires permettant en façade les deux portes latérales de chaque côté de la grande porte.

La nef est voûtée en berceau avec pénétrations, en avant du chœur un transept, nécessairement assez court, est voûté en pendentifs. Cela est d'une étude satisfaisante, sans rien de remarquable. Quant à la façade composée de deux ordres superposés, l'ordre supérieur y est très élevé et écrase celui du rez-de-chaussée.

Cette église n'est en somme qu'un spécimen d'un type très commun à la même époque, et que vous retrouverez plus intéressant avec Saint-Thomas-d'Aquin, et surtout avec Saint-Roch.

Saint-Roch est en effet une des plus intéressantes parmi les églises modernes de Paris, par la disposition de son plan (fig. 1280 et 1281). On y trouve d'abord l'église ordinaire, avec nef, bas-côtés, chapelles latérales, transept et chœur. Les nefs sont d'une étude distinguée; la voûte divisée par des arcs-doubleaux, décorés de sculptures discrètes et élégantes, est éclairée par de grandes pénétrations, contrebutées par les arcs-boutants que je vous ai signalés.

Puis derrière le chœur s'élève une vaste salle circulaire, comme un second monument greffé sur le premier, et entouré lui aussi de bas-côtés circulaires se raccordant sur les deux diagonales de l'église principale; enfin une seconde coupole, moins

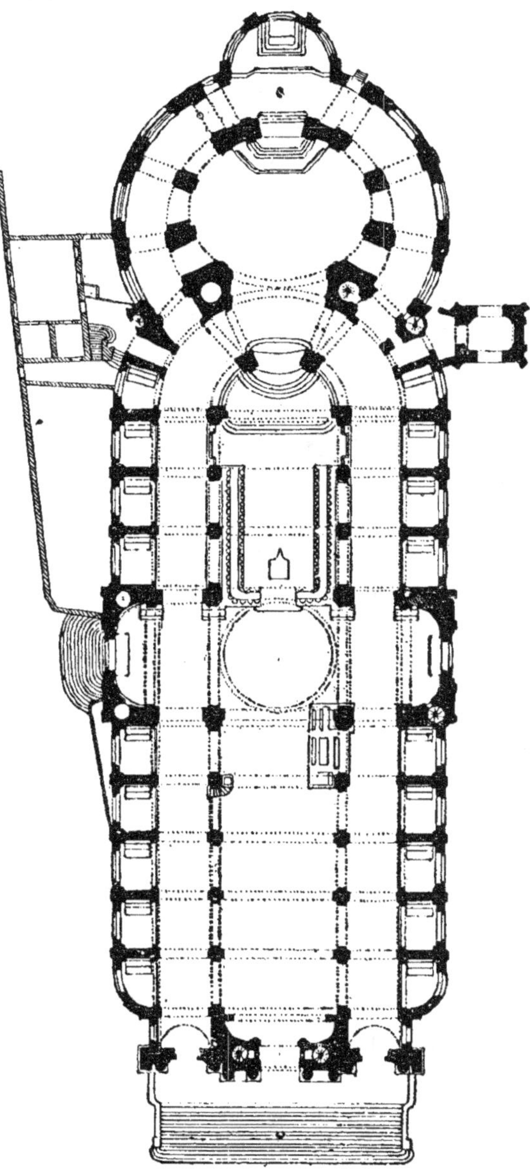

Fig. 1280. — Église Saint-Roch, à Paris. Plan.

importante, s'ouvre derrière la première; il y a donc en quelque sorte trois édifices successifs, l'un à la suite de l'autre. Quelle a pu être l'origine de cette disposition étrange ? Je l'ignore : peut-être des additions après coup, peut-être des nécessités particulières de programme. Il était en tous cas intéressant de vous signaler cette composition exceptionnelle. La façade de Saint-Roch (fig. 1282) est une des plus correctement étudiées dans le parti d'ordres superposés.

Saint-Thomas-d'Aquin est assez analogue à Saint-Roch, et comme façade, et comme structure, proportion et décoration des nefs, mais sans les particularités du plan général de Saint-Roch.

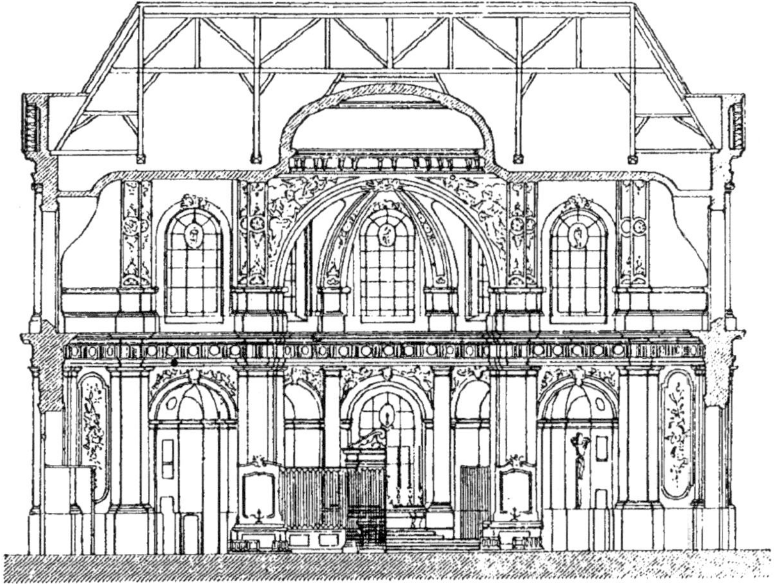

Fig. 1281. — Église Saint-Roch, à Paris. Coupe sur le transept.

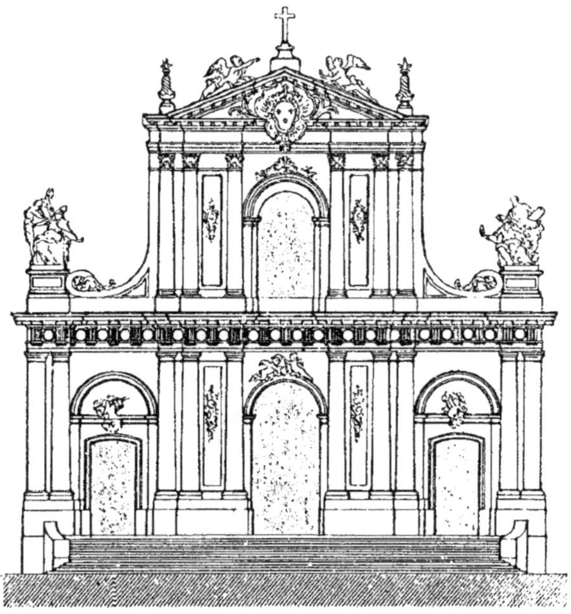

Fig. 1282. — Église Saint-Roch, à Paris. Façade.

Une église plus différente des autres est l'église Saint-Paul, rue Saint-Antoine (fig. 1283 et 1284), exemple parisien de ce qu'on a appelé le style jésuitique, c'est-à-dire tout simplement un parti pris de décoration très riche.

Extérieurement, la façade principale de Saint-Paul procède de celle de Saint-Gervais, avec trois ordonnances superposées, tandis que, à Saint-Roch, comme à Saint-Thomas

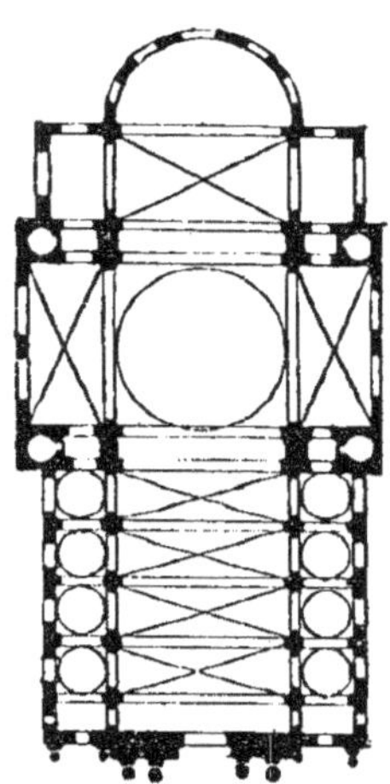

Fig. 1283. — Église Saint-Paul-Saint-Louis, à Paris.

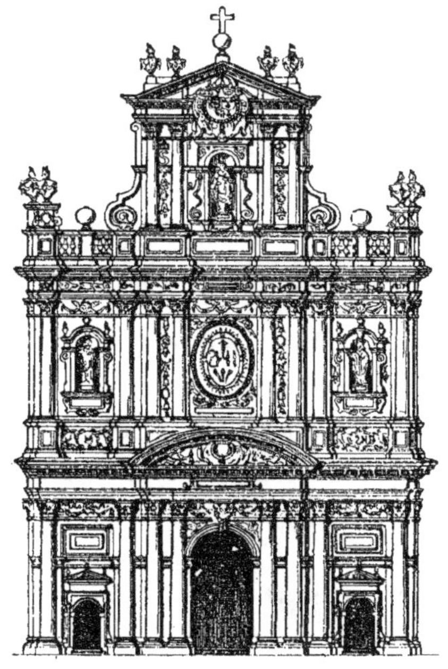

Fig. 1284. — Église Saint-Paul-Saint-Louis. Façade.

d'Aquin, il n'y en a que deux, mieux en rapport avec la division logique de l'église en une première hauteur correspondant à la nef et aux bas-côtés, et une seconde qui règne avec les voûtes. C'est la division classique des églises de tous les temps : au rez-de-chaussée, les portails; au-dessus, la rose ou les grands arcs éclairant la voûte de la nef; enfin le comble. Saint-Paul, avec ses trois ordres, tombe dans le même contresens que Saint-

Gervais : sa façade, étudiée pour elle-même et non pour le monument, le dépasse et ne se compose pas avec lui. Son architecture n'est pas d'ailleurs sans valeur, au contraire les morceaux d'étude habile y abondent.

Intérieurement, cette église présente quelques dispositions assez particulières. La nef est voûtée en voûtes d'arête très allongées, dont les travées sont séparées par des arcs-doubleaux; un entablement général forme la retombée des voûtes, et au-dessous de cet entablement s'ouvrent les bas-côtés, peu élevés, et une tribune. Les bas-côtés sont pratiqués au moyen d'arcades ouvertes dans les piliers-éperons de la nef et prennent ainsi l'aspect de compartiments successifs plutôt que d'un vaisseau continu. Les tribunes pourtournent le transept. Tout cela constitue un ensemble un peu lourd mais intéressant.

Vous remarquerez que les églises que nous venons de passer en revue n'ont pas de tours, ou du moins que leurs tours très peu importantes ne comptent pas dans la composition d'ensemble.

Les tours reparaissent comme élément monumental avec Saint-Sulpice.

Tandis que Saint-Roch et les églises similaires présentent en façade un pignon, plus ou moins heureusement étudié, à Saint-Sulpice la composition est ce que nous avons vu à Notre-Dame, à Reims, à Amiens : un grand frontispice, en réalité un bâtiment transversal, épaulé de deux tours, et recevant l'appui du pignon des nefs. Seulement, à Saint-Sulpice, les tours sont rejetées au delà des bas-côtés, et dès lors nef et bas-côtés ouvrent sous un très large porche monumental, surmonté d'un portique supérieur qui, il faut bien le dire, est sans objet. Sans doute, on a voulu y faire quelque chose d'analogue aux loges de bénédiction de Saint-Pierre, de Saint-Jean-de-Latran. Mais, outre que le programme était un peu trop ambitieux pour une église qui n'est en somme qu'une paroisse, les loges de bénédiction que je viens de citer sont accessibles par de vastes escaliers monumentaux où les processions et les cortèges peuvent se développer. A Saint-Sulpice, il n'y a pas d'escaliers suffisants pour autoriser un élément aussi monumental que le portique du premier étage, du moins actuellement; car il résulte des tracés reproduits dans l'*Architecture française* de Blondel qu'un escalier assez monumental était projeté dans la tour de droite. On y voit aussi la composition initiale des tours, en partie réalisée dans celle de droite, puis abandonnée. C'est cette composition intéressante que je préfère vous montrer dans les figures 1285 et 1286, en vous engageant à la comparer avec ce qui a été exécuté.

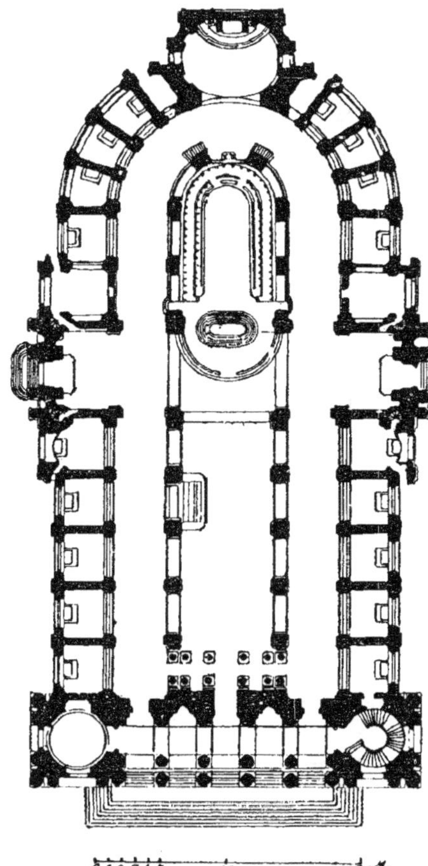

Fig. 1285. — Église Saint-Sulpice, à Paris. Plan.

Cette composition présente en tous cas au niveau de l'église un porche magnifique, d'un caractère très monumental. Les tours, très écartées, sont évidemment étroites pour cette distance, et paraissent maigres pour l'ensemble.

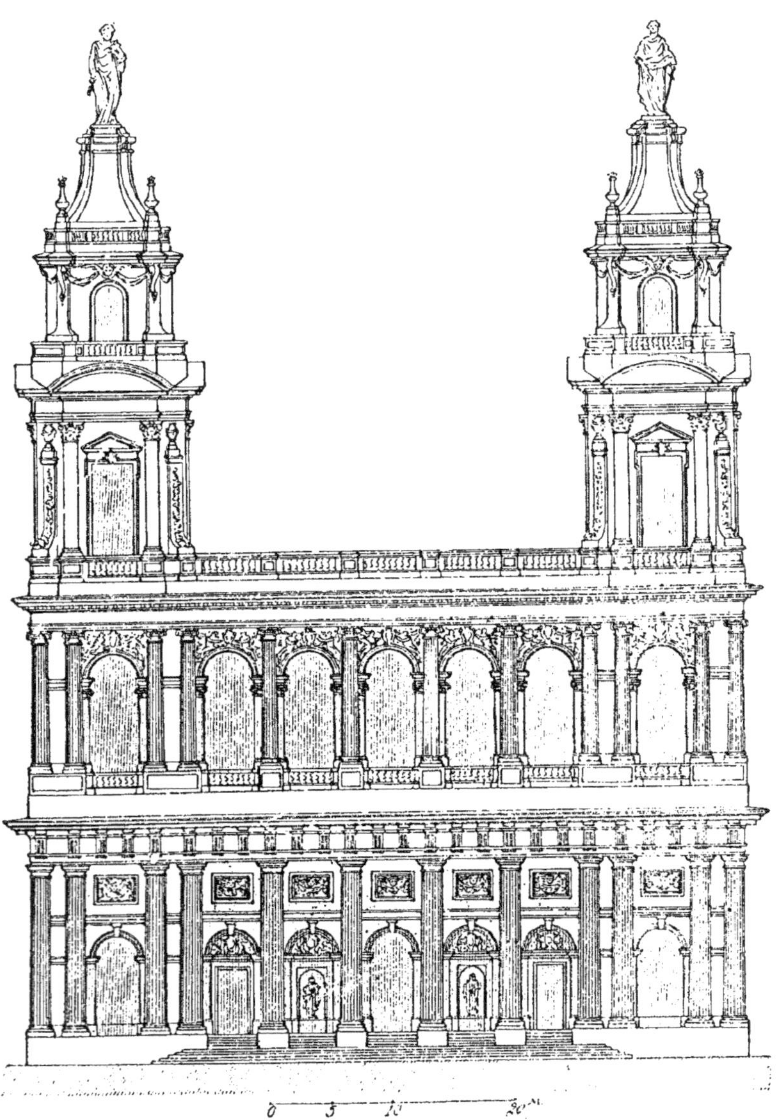

Fig. 1286. — Église Saint-Sulpice, à Paris.

Laissez-moi, à ce sujet et puisque j'ai mission de vous parler de théorie, vous faire remarquer encore que le châtiment est infaillible lorsqu'on s'écarte de la vérité du programme. Pour cette église simplement paroissiale l'architecte s'est laissé hanter par le souvenir des grandes églises pontificales. Mais à Saint-Pierre, à Saint-Jean-de-Latran, à Sainte-Marie-Majeure, la grande loge de la bénédiction au premier étage répond à une nécessité. Elle ne sert pas tous les jours sans doute, mais aux jours des grandes fêtes religieuses il s'y développe une pompe vraiment grande, impressionnante affirmation de puissance. A Saint-Sulpice, jamais personne n'a aperçu quoi que ce fût ou qui que ce fût pouvant donner un semblant de raison d'être à ce vaste portique du premier étage. C'est une belle inutilité. Certes le monument, tel surtout qu'il était prévu, est de haute valeur, mais on y sent d'instinct quelque chose comme une superfétation. L'explication en est là.

Intérieurement, l'église Saint-Sulpice est, comme vous le savez, une des plus vastes qui existent. Ses proportions monumentales la rendent propre aux cérémonies nombreuses, comme les exige souvent le voisinage du plus important des grands séminaires de France. Cet intérieur est assurément d'une belle étude et d'une grande noblesse ; la disposition n'a d'ailleurs rien de spécial, et n'est autre que celle de Saint-Thomas d'Aquin, par exemple, sauf les dimensions beaucoup plus grandes de toutes les parties. Les nefs sont éclairées ici encore par de grandes pénétrations contrebutées par des arcs-boutants en épaulement. Au croisement des nefs, suivant l'usage presque constant des églises modernes, la voûte est sphérique sur pendentifs, mais sans coupole relevée.

Un élément original de cette église est sa chapelle de la Vierge, elliptique, avec une première voûte ouverte au sommet, qui laisse voir les peintures d'une seconde voûte ellipsoïde. C'est, vous le savez, un bel ensemble décoratif, riche et puissant.

Je vous ai déjà parlé plus haut du Panthéon, ou église de Sainte-Geneviève ; je n'y reviendrai donc pas, et je négligerai quelques églises secondaires telles que Saint-Jacques du Haut-Pas, Sainte-Élisabeth-du-Temple, etc.

Les diverses églises dont je viens de vous parler ont été construites du XVIe au XVIIIe siècle inclusivement. Comme les églises italiennes modernes, les églises françaises de cette époque ont le grand mérite d'être de leur temps. L'art du Moyen-âge avait accompli son évolution, un autre art lui avait succédé : vous pouvez être plus sensibles à l'un ou à l'autre : ne les croyez pas pourtant si différents qu'un examen superficiel le ferait supposer. Les formes et les moyens sont très différents en effet, mais non la composition générale.

Mais ensuite s'est produit ce phénomème nouveau et si fâcheux de l'architecture rétrospective. Les artistes du XVIIIe siècle, tout comme ceux du XIIIe, parlaient leur langue, faisaient de leur mieux avec leurs moyens et leur pensée propre. On n'imaginait pas alors que le pastiche archéologique pût tenir lieu d'architecture. A la fin du XVIIIe siècle, dans les églises comme en tout le reste, cette maladie jusque là inconnue vint frapper l'art de stérilité. Ce fut au passé qu'on demanda ses inspirations : non pas celles qu'il est légitime de lui demander, et qui ne sont que l'expérience acquise, mais celles qui écartent l'initiative et la sincérité. On fit du romain d'abord — du moins ce qu'on croyait être du romain — non parce qu'une conception logique aurait conduit à une identité d'expressions, de construction et de style, mais parce que le programme fut de faire du romain : on tortura l'église pour en faire un temple, et l'on ne fit ainsi ni temple ni église. Saint-Philippe-du-Roule, Saint-Louis d'Antin sont là pour vous montrer jusqu'où peut déchoir l'architecture rabaissée au pastiche prémédité.

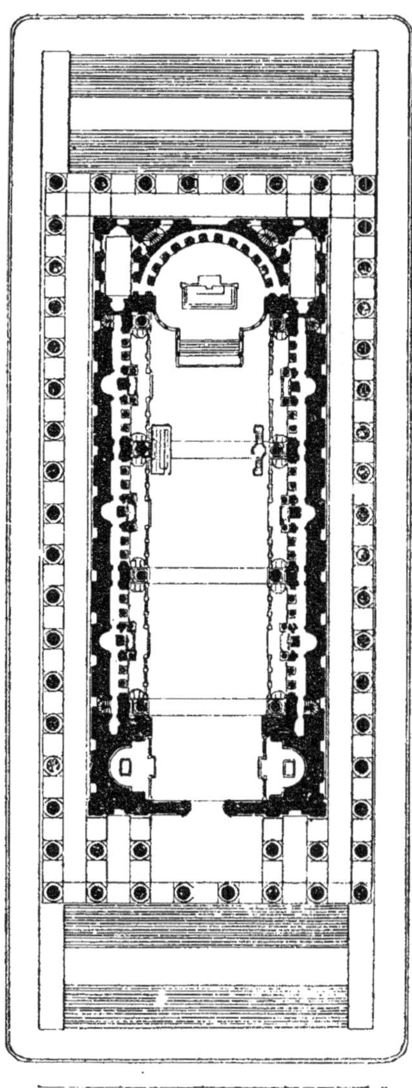

Fig. 1287. — Église de la Magdeleine, à Paris. Plan.

Et rien à ce sujet n'est plus instructif que l'exemple de la Magdeleine (fig. 1287, 1288 et 1289), précisément parce qu'à la Magdeleine il y a beaucoup de talent. Église ou Temple de la Gloire suivant les époques, église aujourd'hui, ce monument répond tant bien que mal aux nécessités du culte. Il manque de chapelles et de sacristies, les circulations ne peuvent s'y faire qu'en rétrécissant la nef, mais enfin il assure, tel quel, le service d'une riche paroisse. Mais voyons-le en architectes.

A l'extérieur, c'est un temple romain : péristyle en avant, portique de chaque côté, péristyle postérieur. Le péristyle principal surtout est beau, d'une disposition monumentale, et il a cet immense mérite de clore à merveille la perspective de la Place de la

Concorde. Les colonnades sont belles, les plafonds sont beaux, le monument compte beaucoup dans l'aspect général de Paris.

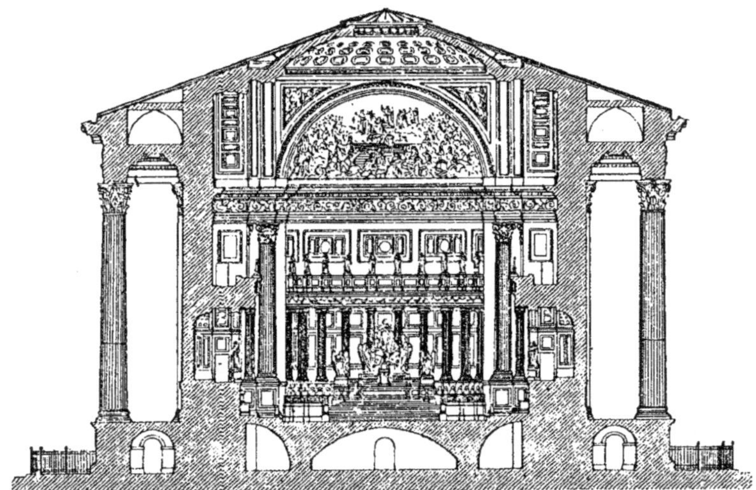

Fig. 1288. — Église de la Magdeleine, à Paris. Coupe transversale.

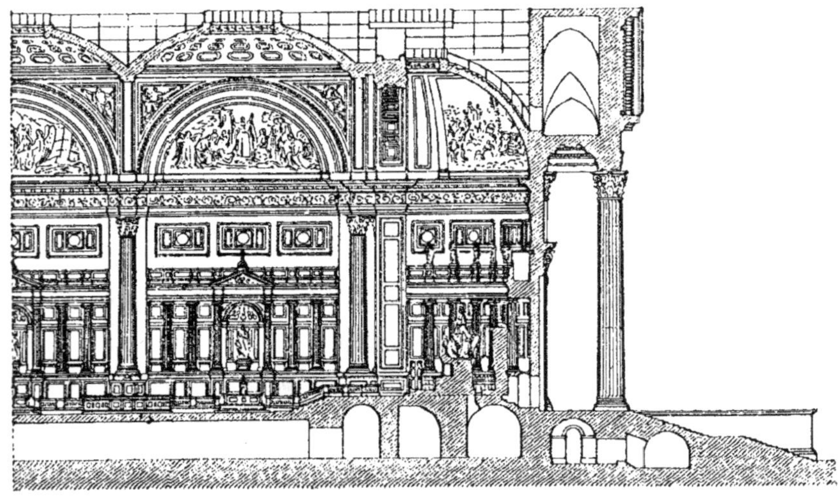

Fig. 1289. — Église de la Magdeleine, à Paris. Coupe longitudinale.

Mais la volonté de faire un temple romain appelait les murs sans fenêtres de la *cella*; l'édifice est aveugle ou du moins ne peut être éclairé que par les toitures. Et tandis que extérieurement on a copié le temple, à l'intérieur on a visé la salle des thermes : trois travées voûtées sur plan carré, sauf que, pour les nécessités de l'éclairage, la voûte en pendentifs est substituée à la voûte d'arête.

Je suis très loin de contester la valeur d'étude de cet intérieur. Mais enfin voyez la différence avec une salle de thermes, en dehors même de la différence de proportions. Figurez-vous les entablements limités aux colonnes seules sous la retombée des voûtes; les six tympans des trois travées évidés de grandes fenêtres élevées, — tout se motive, tout s'explique, mais tout appelle un autre extérieur. Comparez à cette évocation de la salle des Thermes l'intérieur que vous voyez : pourquoi cette division en travées que rien n'explique, pourquoi ces tympans aveugles, pourquoi ce triste éclairage du haut, pourquoi cette contradiction entre le dedans et le dehors? Parce que, *a priori*, on a voulu enfermer l'église dans le gabarit du temple antique, parce que ayant à faire une église on a voulu d'abord faire un temple ; parce que à cette époque la consigne inflexible était de faire du romain.

Je vous ai montré que Rousseau fut le grand artisan de cette servitude, en attendant que Chateaubriand fût l'inspirateur d'une réaction qui ne fut qu'un changement de servitude.

Les artistes furent-ils victimes ou complices? Tous les deux peut-être; en tous cas ils suivirent une impulsion dévoyée. Du respect des anciens monuments, on conclut à leur imitation minutieuse et servile. Cette abdication pèse encore sur nous, et la vérité est encore proscrite. Journellement, en plein XIXe siècle, on faisait, on fait encore des églises du XIIe, du XIIIe, du

XIVe siècles. La mode remplace une imitation par une autre imitation, on ne se dégoûte d'un pastiche que pour s'annihiler dans un autre pastiche. On fait des églises dont la date est contemporaine, et dont la conception est telle que, pour elles, la perfection serait de si bien et si complètement copier que rien ne pût révéler que ce monument a un auteur vivant et pensant. Efforts inutiles d'ailleurs, car la copie est morte en naissant, et le poète a eu cent fois raison de proclamer il y a bientôt deux mille ans que les copistes sont un troupeau d'esclaves!

Cela est triste, et cela ne doit pas durer. Le programme d'église est et doit être un programme d'architecture. De vaillants efforts ont été faits, je le sais; mais il faut longtemps peut-être pour s'affranchir de la pression de tout un siècle. Aux esprits les plus hardis et les plus libres s'impose encore une servitude qui semble presque infrangible. A l'architecte d'une église il est défendu d'être lui-même.

Et c'est là, pour nous, l'immense difficulté de ce programme. Certes, la sujétion archéologique pèse sur nous dans toutes nos œuvres : il semble que nous ne sachions plus être que d'adroits assembleurs d'éléments glanés dans les époques qui nous ont précédés. Mais c'est dans l'architecture religieuse surtout que le passé nous comprime et nous stérilise. Il n'est personne peut-être qui, ayant à construire une église, ne se pose cette question étrange : « de quelle époque vais-je faire mon église? » Tout est licite, pourvu qu'on n'ait pas l'audace d'être son propre contemporain.

Malgré des efforts courageux, notre génération n'a pas encore triomphé de cette servitude invétérée. Mais il semble qu'on se lasse enfin du pastiche. Soyez plus heureux que nous, et rappelez-vous que pour mériter cet affranchissement il faut d'abord le vouloir.

CHAPITRE XXI

ÉDIFICES RELIGIEUX NON CATHOLIQUES

SOMMAIRE. — Les Mosquées. — Les églises grecques ou russes. — Le temple protestant. — Absence d'architecture propre au protestantisme.
Les synagogues.

Je voudrais bien vous dire quelque chose de particulier à propos des édifices religieux qui ne sont pas l'église catholique, héritière de l'ancienne église simplement chrétienne. Mais le sujet est ici beaucoup plus restreint. J'y suis d'ailleurs peu préparé, je le reconnais.

Ainsi, qu'est-ce au juste que la mosquée ? Le programme en paraît très élastique, car les solutions en sont très diverses. Il y a la mosquée conçue comme une salle, plus ou moins analogue de composition à l'église byzantine, mais il y aussi la mosquée conçue comme un abri formé de piliers en quinconce. La célèbre mosquée de Cordoue est un exemple bien connu de cette disposition : une étendue couverte aussi vaste que possible, et un sanctuaire consacré interdit aux profanes. Même disposition se rencontre au Caire à la mosquée d'Amrou qui comprend une avant-cour et une grande cour au centre de la mosquée, avec la fontaine des ablutions au milieu. Cette cour est entourée de larges portiques sur six rangs de colonnades au fond, trois et deux rangs sur les côtés. Une disposition analogue est celle de la mosquée d'El-Moyed, également au Caire (fig. 1290 et 1291), qui présente cette particularité d'une entrée fortifiée. Et je crois bien que ces mosquées sont en effet des abris, des asiles, où les fidèles entrent, se reposent, dorment même, où l'on n'exige d'eux que de la tenue et du silence,

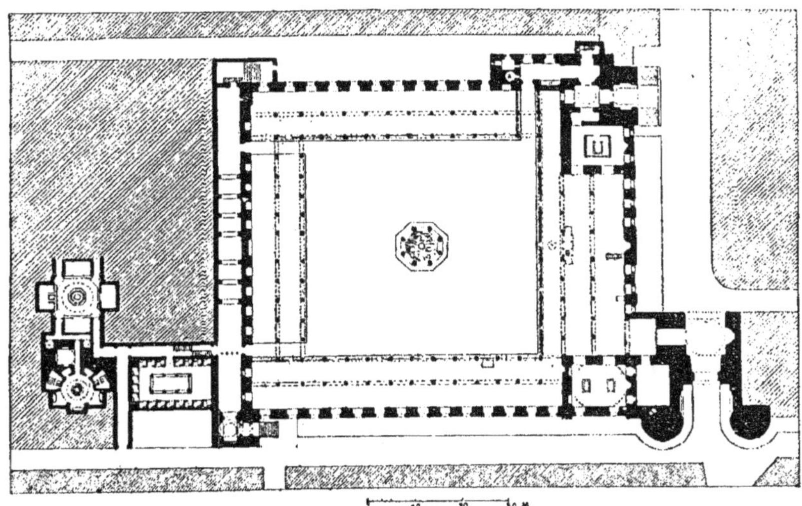

Fig. 1290. — Mosquée d'El-Moyed, au Caire.

tandis que çà et là des groupes se forment au centre desquels un prêtre explique et commente le Coran. Comme architecture, c'est le portique multiple, souvent très riche et de grandes proportions.

Mais il y a aussi la mosquée, plus analogue à l'église, et qui probablement s'en est inspirée. Cette inspiration est manifeste à Constantinople, où Sainte-Sophie est devenue le type de la mosquée. Il y en a dans la ville même plusieurs reproductions monumentales, celles d'Achmedt, de Bajazid, et ce type se retrouve dans les régions voisines, à Andrinople, à Scutari. Est-ce donc une mosquée turque, différente de la mosquée arabe? On pourrait le croire, et cependant la salle de mosquée se trouve aussi au Caire. Je vous citerai comme exemple la mosquée d'Hacen ou Hassan (fig. 1292 et 1293), construction voûtée, où quatre bras couverts en berceau forment une sorte de croix grecque, mais où la coupole centrale fait place à un espace carré *hypètre*. Au fond est un sanctuaire fermé; l'entrée de cette mosquée présente aussi le caractère de fortification. Ces monuments, sauf les formes particulières à l'art arabe, rappellent évidemment la composition des églises grecques.

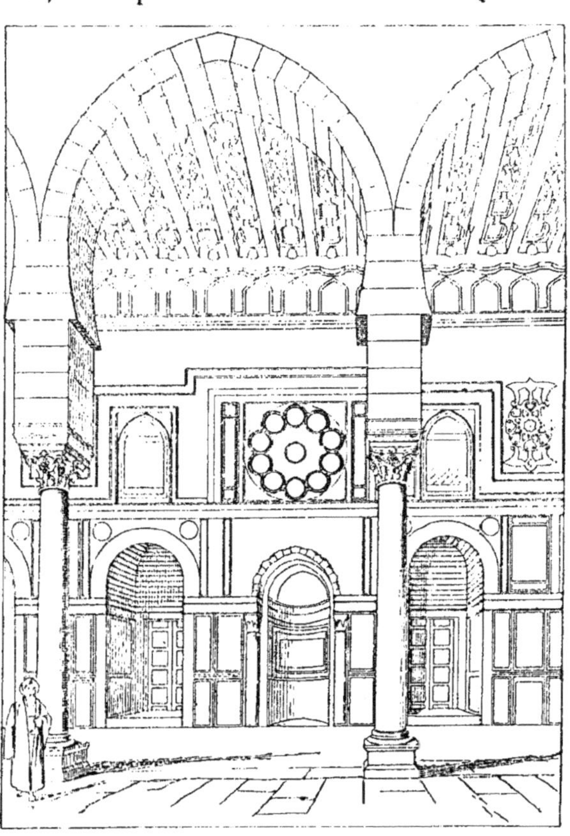

Fig. 1291. — Mosquée d'El-Moyed, au Caire.

En général, si la mosquée n'est pas elle-même composée de bâtiments autour d'une cour, elle est précédée d'une cour entourée de portiques où se trouve la fontaine des ablutions. Cela

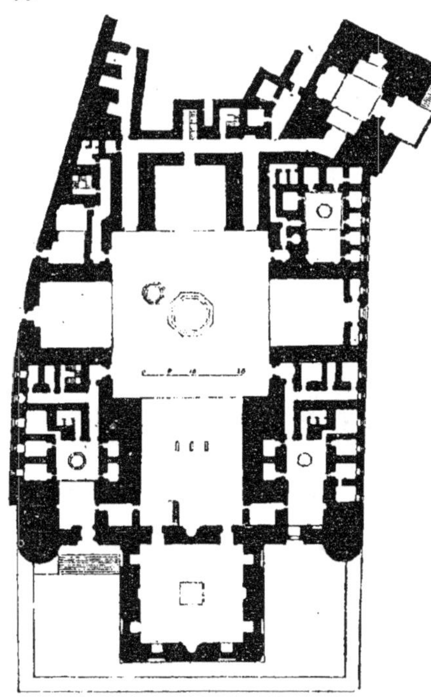

Fig. 1292. — Mosquée d'Hassan, au Caire.

nous reporte aux cours des églises grecques telles que Sainte-Sophie. Elle est caractérisée aussi par ses *minarets*, variante du clocher. Seulement, tandis que le clocher devant résister à l'ébranlement des cloches doit être une construction très robuste, le minaret qui n'a d'autre objet que d'élever à une grande hauteur le *muezzin*, ou prêtre chanteur qui appelle à la prière, peut être beaucoup plus élancé et l'est en effet : ce n'est qu'une cage d'un étroit escalier en vis, atteignant souvent à une grande élégance, comme vous pouvez en juger par une vue de la pittoresque mosquée de Kaïl-Bey, au Caire (fig. 1294).

Je m'en voudrais d'ailleurs

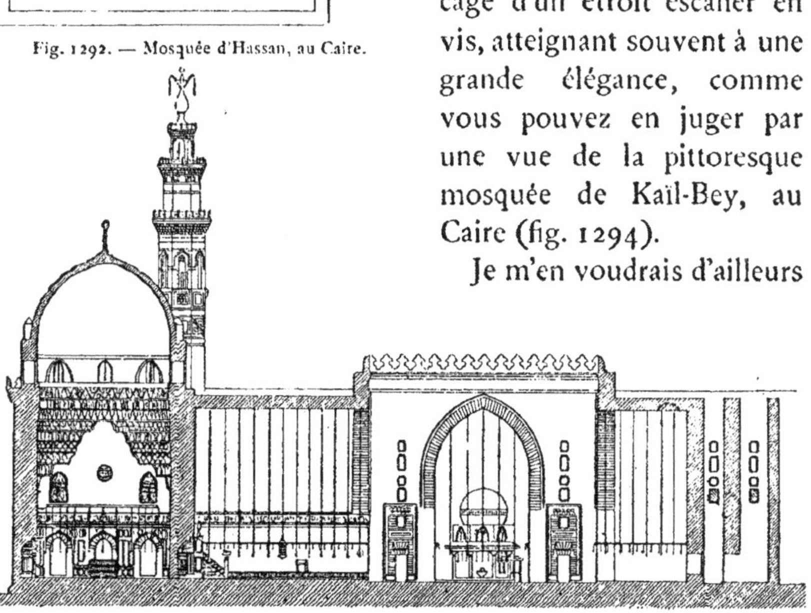

Fig. 1293. — Mosquée d'Hassan. Coupe longitudinale.

de ne vous citer ici que des mosquées turques ou égyptiennes. Dans notre Algérie, il y en a aussi de fort intéressantes, soit qu'elles restent encore consacrées au culte musulman, soit qu'elles aient été affectées à d'autres usages. Entre autres, je vous montrerai (fig. 1295 à 1298) la mosquée de *Djama el Djedid* à Alger, non pas que ce soit le plus pur spécimen de l'art arabe : il se trouve au contraire dans plusieurs autres mosquées d'Alger même des études bien plus artistiques; mais parce que celle-ci est peut-être la plus complète, et parce qu'elle présente un type de composition bien différent des précédents. Après la mosquée en colonnades, après celle qui rappelle l'église grecque, en voici une qui nous reporte au plan de l'église basilicale, avec nef, bas-côtés, transept. Ces différences correspondent-elles à des nuances de mahométisme, à des variétés de sectes, ou n'est-ce simplement que la conséquence d'une liberté de composition

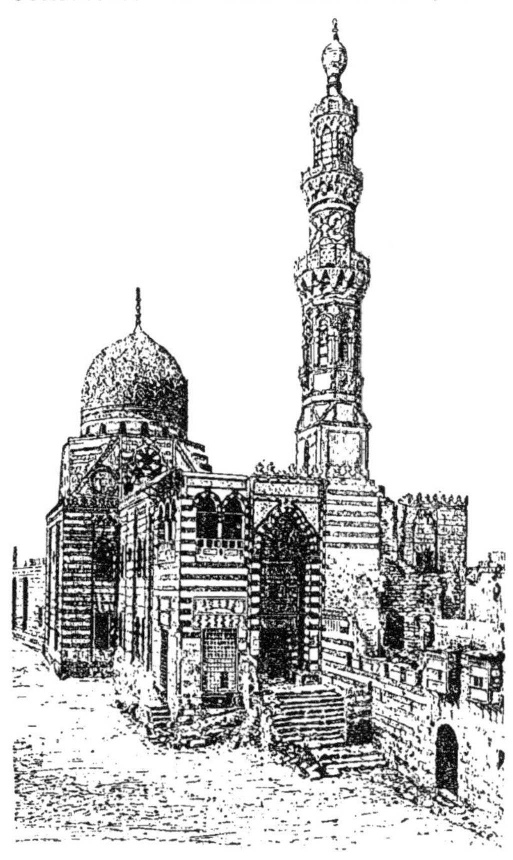

Fig. 1294. — Mosquée de Kaïl-Bey, au Caire.

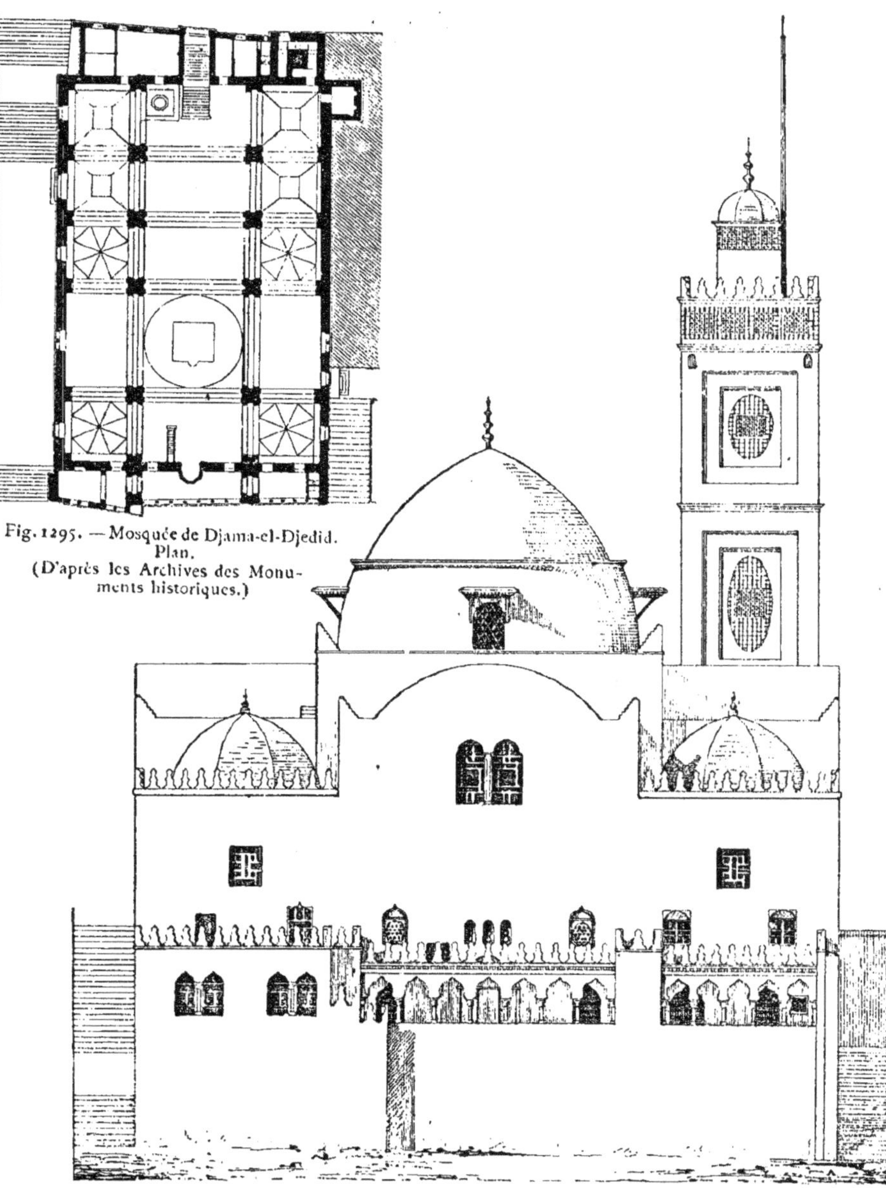

Fig. 1295. — Mosquée de Djama-el-Djedid. Plan.
(D'après les Archives des Monuments historiques.)

Fig 1296. — Mosquée de Djama-el-Djedid, à Alger. Façade postérieure.
(D'après les Archives des Monuments historiques.)

laissée entière aux artistes? Je ne puis vous le dire, car je l'ignore.

Je vous signalerai également, encore à Alger, la mosquée de Sidi-Abd-er-Rhaman (fig. 1299, 1300 et 1301), dont le plan général, assez irrégulier, offre un exemple de grande salle voûtée en hexagone et une disposition de fenêtres en pénétration daus la voûte à deux niveaux. Le minaret en est assez élégant, sans atteindre

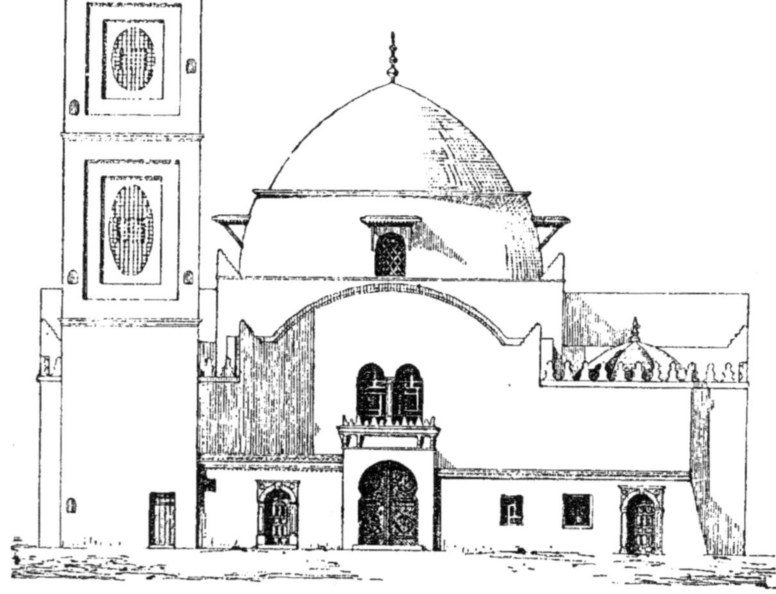

Fig. 1297. — Mosquée de Djama-el-Djedid. Façade principale.
(D'après les Archives des Monuments historiques.)

cependant aux finesses que nous avons vues au Caire.

Au surplus, ce programme est trop loin de nous pour que son étude appartienne à notre théorie de l'architecture, sinon par ses éléments. Il n'est pas vraisemblable que vous ayez jamais à vous exercer sur ce sujet.

L'église grecque ou russe n'est en somme que la suite des

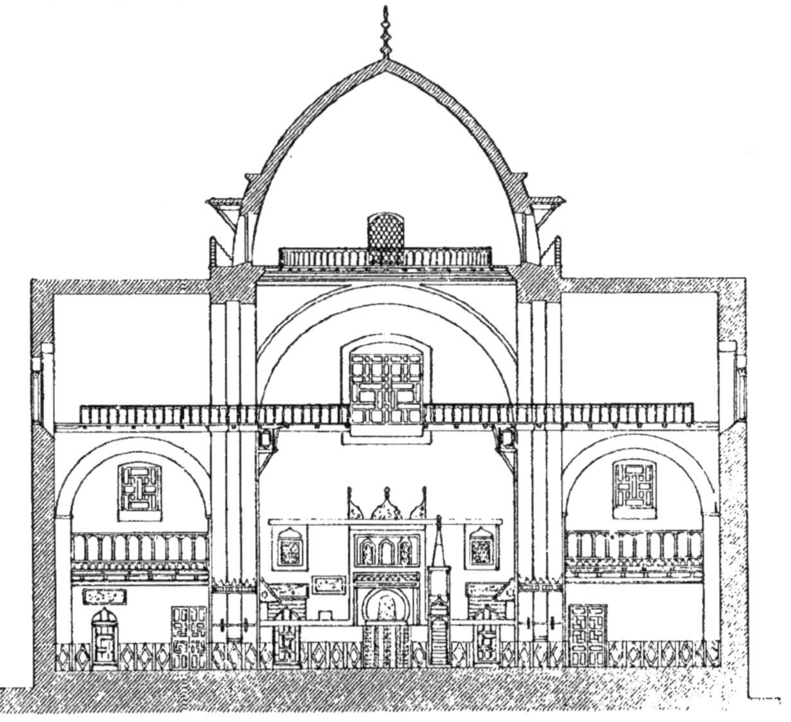

Fig. 1298. — Mosquée de Djama-el-Djedid. Coupe transversale. (D'après les Archives des Monuments historiques.)

églises byzantines, mais ces dernières ont une richesse plus éclatante parfois dans la décoration.

Un sujet qui, au contraire, devrait donner des résultats très différents de l'église catholique, est le temple protestant. Mais à vrai dire le temple protestant n'existe pas : j'entends par là qu'il ne s'est pas affirmé par une composition architecturale qui lui soit propre.

Les temples protestants ont en effet presque toujours été installés dans d'anciennes églises catholiques, telles que, à Paris, l'Oratoire, l'Abbaye de Panthemont, etc., que j'aurais pu sans paradoxe ajouter à la nomenclature des églises de Paris, mais qui sont d'ailleurs d'un intérêt assez médiocre. Peut-être s'est-on plus approché du programme du temple protestant dans l'adaptation de l'ancienne église des Filles Sainte-Marie (fig. 1302 et 1303), rue Saint-

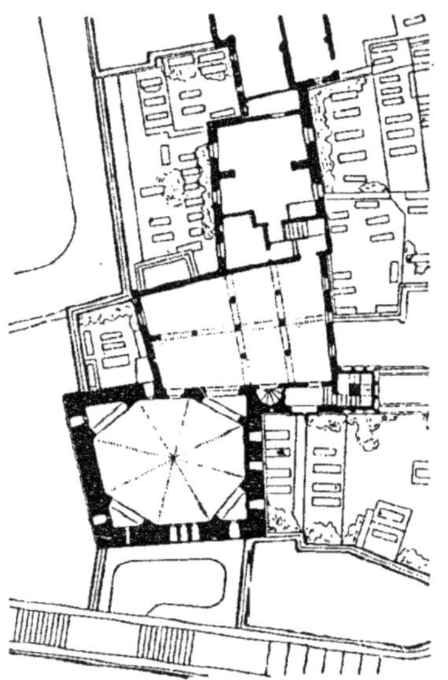

Fig. 1299. — Mosquée de Sidi-Abd-er-Rhaman. Plan du 1er étage.
(D'après les Archives des Monuments historiques.)

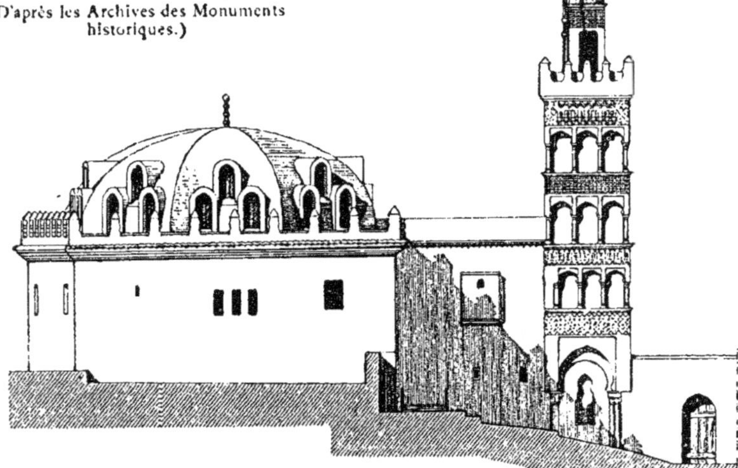

Fig. 1300. — Mosquée de Sidi-Abd-er-Rhaman. Façade latérale.
(D'après les Archives des Monuments historiques.)

Antoine, parce que cette église, ou plutôt cette chapelle, était circulaire, et dès lors se rapproche davantage de la forme appropriée au culte réformé. Et, lorsque des constructions spéciales ont été faites pour cet objet, elles ont toujours reproduit comme ensemble de composition les églises catholiques.

Le programme serait cependant tout autre : à l'église, il faut surtout que les fidèles voient les offices; la voix de l'officiant peut parvenir

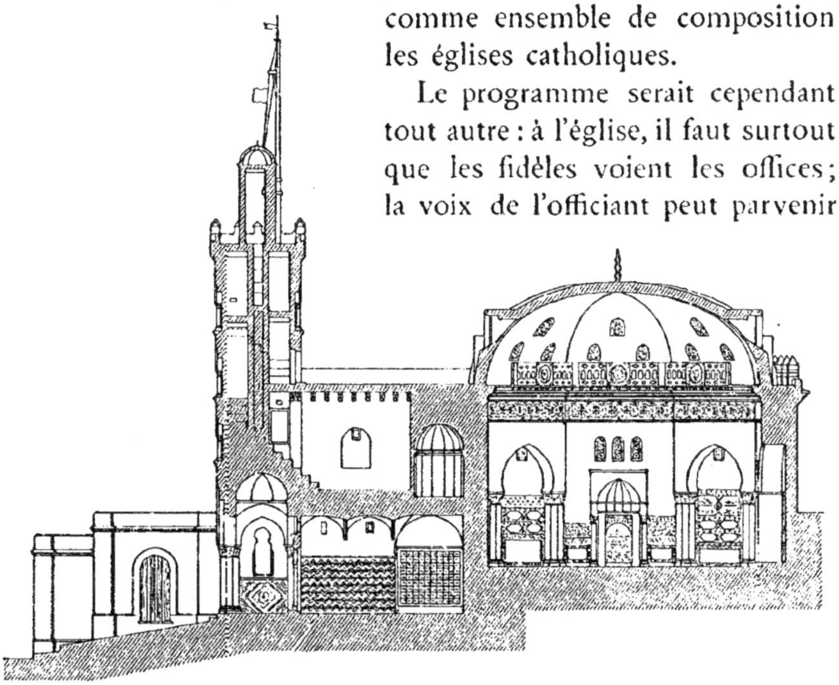

Fig. 1301. — Mosquée de Sidi-Abd-er-Rhaman, à Alger. Coupe sur la Couba. (D'après les Archives des Monuments historiques.)

jusqu'à l'entrée de la nef, parce que les paroles sont modulées, chantées, et que le chant porte plus loin que la parole. Pour la prédication, le prêtre se déplace et va chercher au milieu de l'assistance la chaire à prêcher. L'effet de profondeur des églises catholiques est donc parfaitement logique, il ajoute à la solennité des cérémonies faites pour être surtout vues.

Le temple protestant n'a pas ces cérémonies pompeuses : la

prédication est tout, et dans les anciennes églises converties en temples, la chaire est placée au milieu d'un des côtés de la nef. Le chœur est sans objet.

Au culte catholique, il faut donc l'édifice profond et en longueur; au culte protestant il faudrait plutôt une salle carrée ou

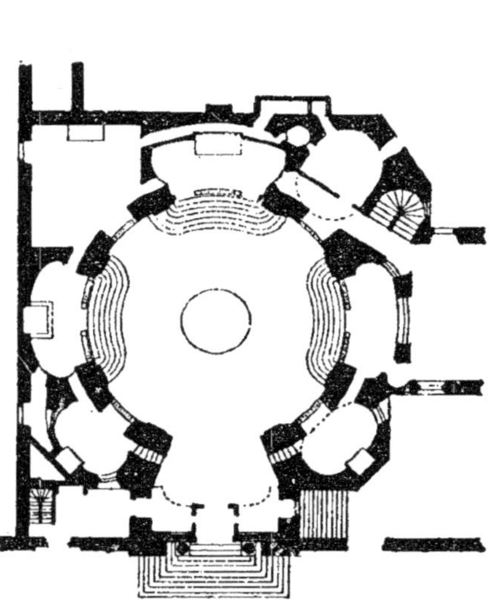

Fig. 1302. — Ancienne église des Filles Sainte-Marie, rue Saint-Antoine. Temple protestant. Plan.

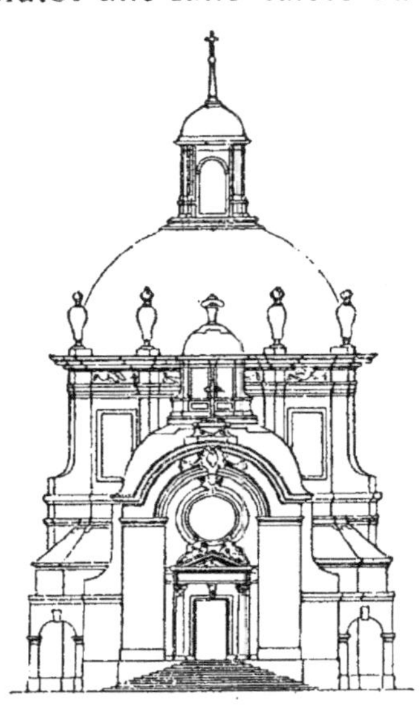

Fig. 1303. — Ancienne église des Filles Sainte-Marie. Temple protestant. Façade.

à peu près : en réalité, une salle de cours serait l'expression rationnelle du temple protestant.

Mais les clergés protestants n'admettraient pas cette analogie; ils veulent que leurs temples donnent l'idée d'un édifice religieux, et ils ont raison; mais une tradition séculaire ayant consacré des formes qui caractérisent l'église, ils craindraient sans doute qu'on ne reconnût pas un édifice religieux si la composition traditionnelle de l'église était absente. C'est une contradiction et une timidité. Le caractère religieux peut rester indépendant de toute disposition : il est dans la noblesse des formes, dans la sérénité des aspects, dans l'impression de gravité et de durée, dans la majesté du style. Il semble que la Réforme, qui a osé modifier le culte, aurait dû oser modifier son expression architecturale, alors que les longues nefs, les transepts, les chœurs devenaient sans objet pour une conception religieuse qui réagissait contre la pompe des cérémonies et l'idée du spectacle dans le culte.

Ce serait une œuvre intéressante à étudier, mais où tout serait encore à créer. Je n'ai pas d'exemples à vous proposer.

Je ne vous parlerai pas des édifices religieux de l'Inde, de la Chine : cela n'a pour nous qu'un intérêt de curiosité. Mais au milieu de notre société même, le judaïsme a ses temples : c'est la *synagogue*. Le culte israélite, plus ancien que le Christianisme, et à qui les richesses n'ont jamais fait défaut, aurait pu, semble-t-il, donner lieu à une architecture ayant une histoire. Il n'en est rien. On a fait de nombreuses conjectures sur le Temple de Jérusalem, mais ce ne sont que des conjectures. Depuis sa dispersion, le peuple juif a vécu partout mais ne s'est affirmé nulle part. Clandestinement riche, il affichait la misère, déjouait la persécution par l'humilité et se gardait bien de manifester sa solidarité par des imprudences monumentales. Aussi la synagogue, héritière du temple, est-elle un programme moderne après dix-huit siècles d'effacement voulu.

Tel qu'il a été réalisé de nos jours, ce programme n'est pas très différent de celui de nos églises. Il en diffère toutefois en plusieurs points : il n'y a pas de chapelles, mais seulement une nef et des bas-côtés, et au fond un chœur ; des tribunes y sont nécessaires, avec des escaliers faciles, car les femmes n'assistent aux offices que dans les tribunes. Dans l'ornementation, toute

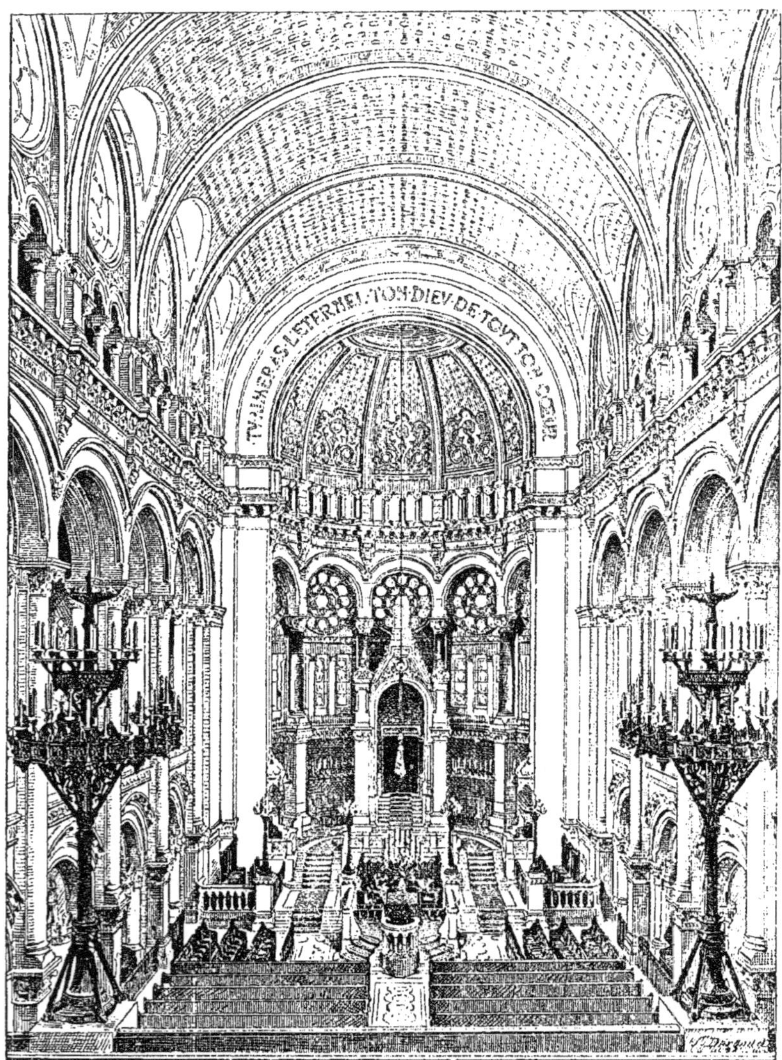

Fig. 1304. — Synagogue de la rue de la Victoire, à Paris.

représentation de l'homme et de tout être vivant est interdite.

Une disposition fréquente est celle d'un grand vestibule, en quelque sorte un salon, qui précède la nef. C'est d'ailleurs analogue aux porches engagés que nous avons vus à Vézelay par exemple.

Je ne puis mieux faire à ce sujet que de vous inviter à voir

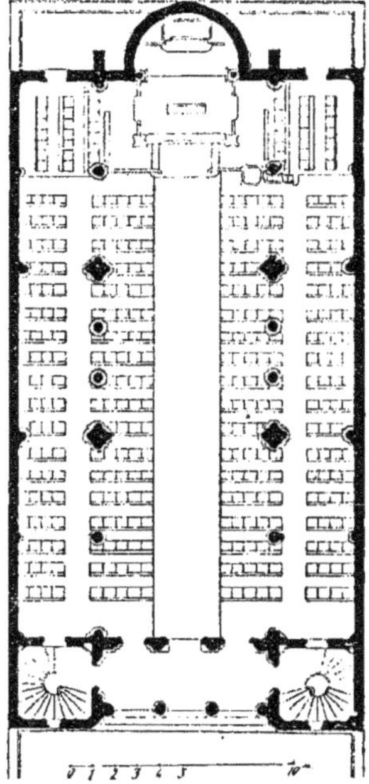

Fig. 1305. — Synagogue de Lyon. Rez-de-chaussée.

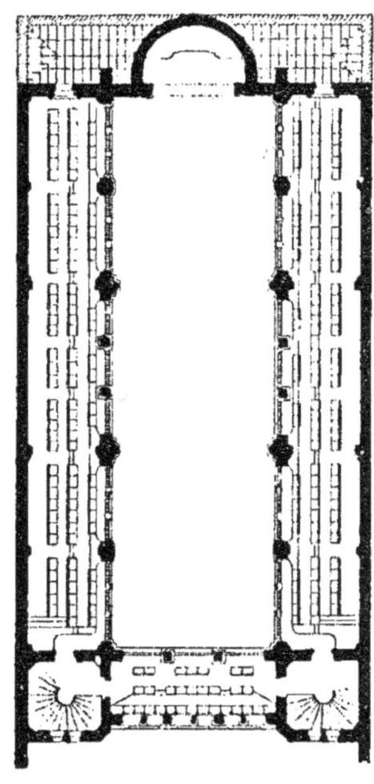

Fig. 1306. — Synagogue de Lyon. 1er étage.

la synagogue de la rue de la Victoire à Paris (fig. 1304), ainsi que le plan de la synagogue de Lyon (fig. 1305 et 1306). Ne le prenez d'ailleurs que comme un programme, sans y chercher une expression obligatoire de ce que devrait être une composition qui paraît comporter des solutions très différentes. Peut-être un jour sera-t-on mieux fixé sur ce sujet que nous ne pouvons l'être aujourd'hui.

CHAPITRE XXII

LA DÉCORATION DES ÉGLISES

SOMMAIRE. — Caractère de la décoration des églises. — Sculpture. — Proportions. — Peinture et mosaïque.

L'église peut être pauvre, elle peut être riche. L'extrême simplicité lui sied, lorsque d'ailleurs les proportions sont nobles, et personne ne méconnaît le caractère grandiose des sévères églises romanes par exemple, où la construction seule apparaît. Chaque peuple a d'ailleurs sur ce point son sentiment collectif : en France, nous concevons volontiers l'église simple et nue ; en Italie, en Espagne, l'église paraît incomplète, si elle n'est décorée. Rien n'est plus légitime, à condition que la décoration soit religieuse.

On peut, je crois, définir la décoration religieuse en disant qu'elle doit concourir à l'enseignement religieux. Aussi l'église a-t-elle de tout temps cherché dans la sculpture et la peinture les grands éléments de sa décoration. La sculpture vient surtout compléter les formes architecturales, elle se lie à la construction, la peinture lui donne ses revêtements. L'une et l'autre font partie de l'édifice, et le tableau accroché peut bien être intrinsèquement un chef-d'œuvre, il ne fait pas partie de la décoration de l'église : il n'est qu'un objet mobilier, presque toujours mal placé, et pour lui-même et pour le monument.

La décoration sculptée a surtout trouvé sa place dans les façades. Après les premiers temps du christianisme, où la sculpture était proscrite par haine des anciennes statues des dieux devenus les démons, la sculpture reparut timidement d'abord : les symboles des évangélistes, les anges se rencontrent ainsi dans quelques anciennes églises. Puis vinrent les bas-reliefs représentant des scènes des Écritures, notamment le Jugement dernier. Enfin les statues des saints décorèrent à leur tour les façades, et vous voyez à Saint-Trophime d'Arles, à Saint-Gilles, de beaux exemples de cette association de la sculpture et de l'architecture, que vous pourriez trouver encore dans bien d'autres édifices religieux des mêmes temps. Et successivement on est arrivé aux splendeurs des portails de Notre-Dame, de Reims, d'Amiens, de Chartres (fig. 1307, 1308 et 1309), pour ne citer que les plus célèbres. Ronde bosse ou bas-relief, on peut dire que la sculpture devient la marque caractéristique des riches églises du Moyen-âge : autels, triptyques, chaires à prêcher, tout ce qui peut offrir une page à la représentation des actes ou de la vie des saints est mis à profit avec une variété prodigieuse, parfois de la gaucherie, toujours de la naïveté et une expression saisissante du caractère ou du sujet.

La sculpture, assurément, ne dépend pas de vous, elle est l'œuvre du statuaire, et toute pensée de despotisme de la part de l'architecte, à l'encontre d'autres artistes, serait criminelle. Mais il y a une chose qui appartient à l'architecte seul, c'est la proportion. Lorsque, à Notre-Dame, l'architecte a décidé que les portails seraient revêtus de figures, que la galerie des rois recevrait une suite de statues, il doit en déterminer la grandeur, et exiger que cette proportion soit respectée. En cela, comme pour le reste, il est le *maître de l'œuvre*. Eh bien, cette autorité de l'architecte est visible dans les édifices du Moyen-âge : la sculpture accepte son rôle et sa fonction d'élément architectural avant tout.

Or, dans cette sculpture, la proportion est humaine. Les sta-

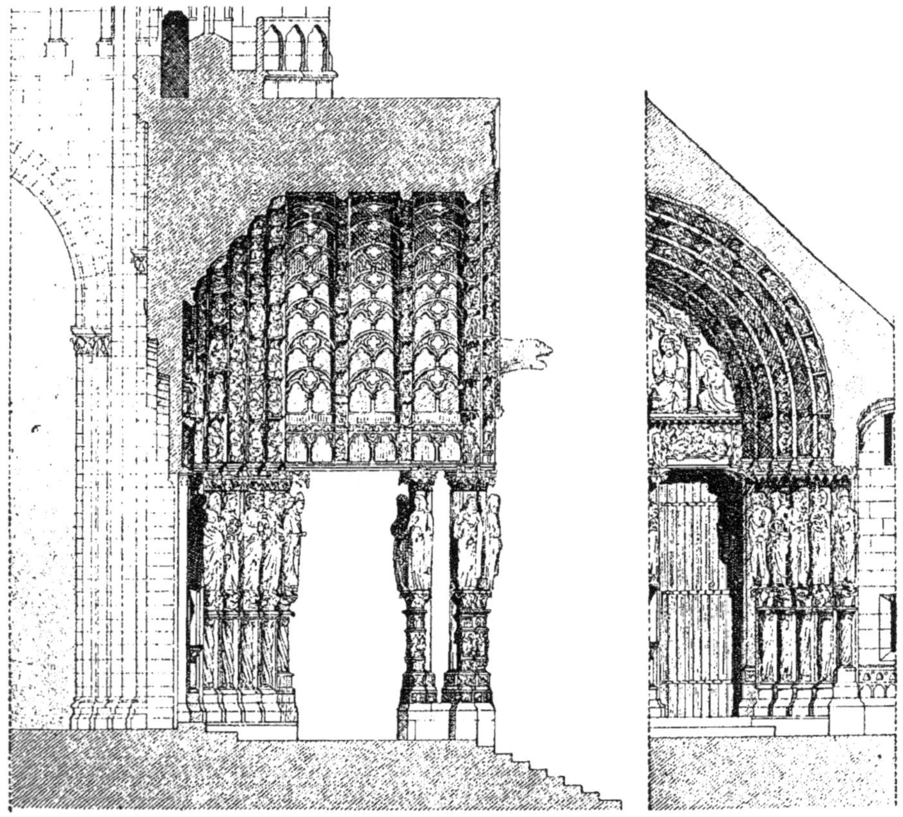

Fig. 1307. — Sculptures du portail de la cathédrale de Chartres. Coupe du porche nord.

tues des portails sont à peu de chose près de grandeur naturelle; plus haut, l'éloignement exige des proportions plus grandes, mais encore restent-elles à peu près ce qu'il faut pour donner l'idée de la stature humaine; le colossal n'existe pas, ou

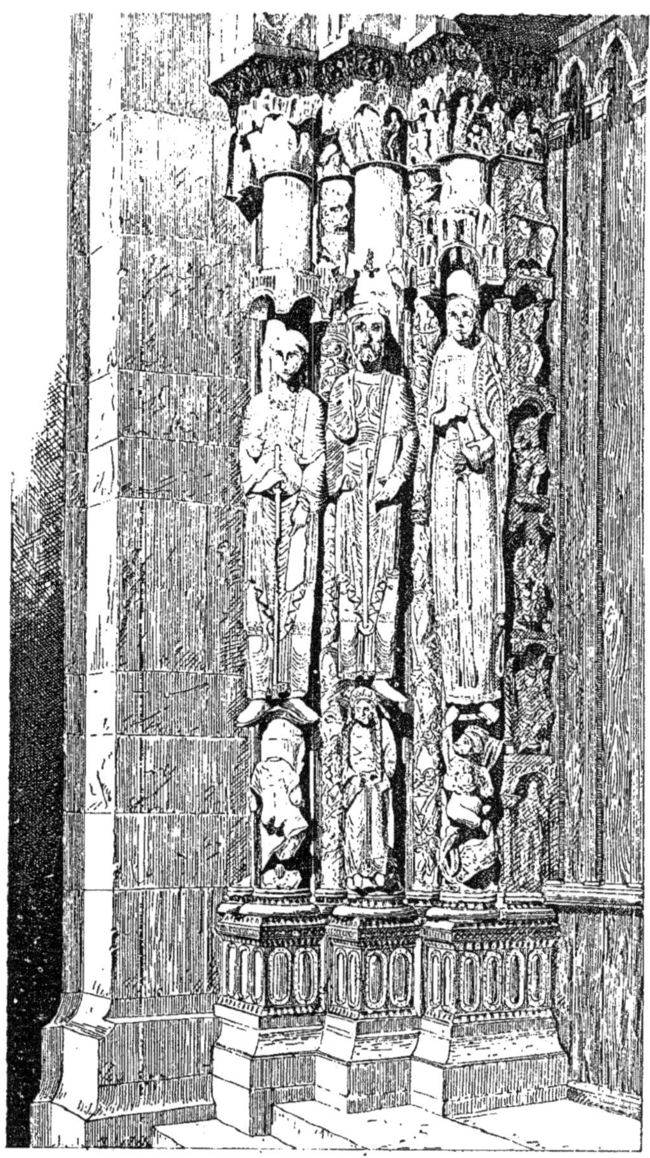

Fig. 1308. — Sculptures du portail de la cathédrale de Chartres. Groupe de la porte Royale.

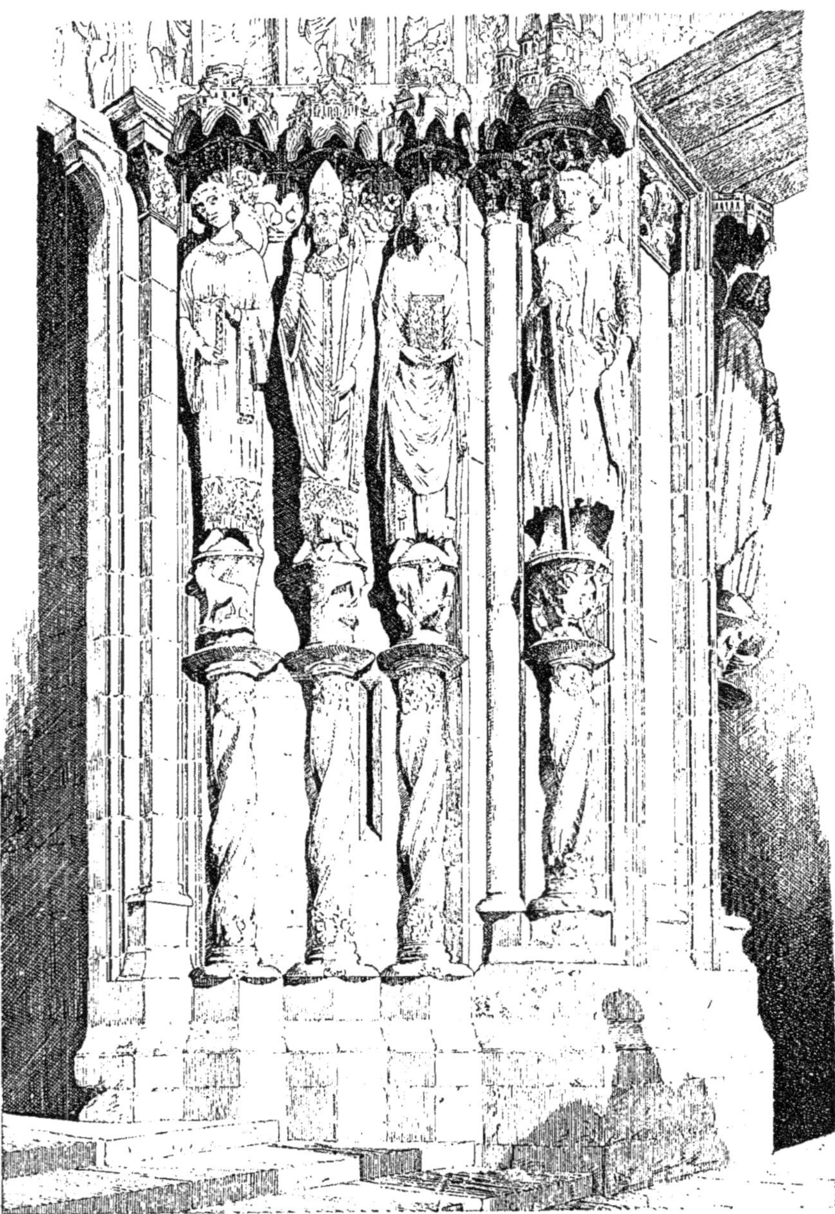

Fig. 1309. — Sculptures du portail de la cathédrale de Chartres

tout au moins il n'existe pas de recherche de l'impression colossale. Cette abnégation de la sculpture est certainement pour beaucoup dans l'impression de grandeur que produisent ces monuments. Et c'est encore là l'esprit décoratif des œuvres les plus pures de la Renaissance. Ce n'est que plus tard, à Saint-Pierre, à Saint-Jean-de-Latran, par exemple, que se manifeste le goût du colossal, souvent écrasant pour le monument. Dans l'architecture moderne, on peut affirmer presque à coup sûr que les plus belles sculptures sont aussi les mieux proportionnées à l'architecture.

La décoration sculptée des églises a encore trouvé un élément très beau et très pittoresque dans les tombeaux, les monuments votifs, et en général dans les monuments accessoires que l'usage permettait d'édifier dans les églises. Pour ces monuments, qui ne font pas partie de la structure même de l'édifice, la liberté est nécessairement plus grande. Ils peuvent impunément être de proportions diverses : au contraire, leur variété concourt à l'aspect pittoresque de l'ensemble de l'église. Vous connaissez ceux de l'abbaye de Saint-Denis, les tombeaux du cardinal d'Amboise, de Dreux-Brézé, les sarcophages de Brou, ou le tombeau moins connu de Lannoy, dans l'église de Folleville (fig. 1310). C'est en Italie surtout que ces monuments abondent, souvent exquis. J'en parlerai quelque jour en traitant des tombeaux : quant à présent et au point de vue de l'église, je dois seulement vous faire voir que ces réunions de monuments font de certaines églises les plus intéressants des musées : par exemple, à Venise, l'église des *Frari*, par elle-même assez ordinaire, devient ainsi l'un des monuments les plus intéressants pour l'artiste.

Je ne veux ni ne puis d'ailleurs vous décrire tous les chefs-d'œuvre qui décorent les églises. Vous savez assez que la *Pieta* de Michel-Ange, les Vierges de Sansovino, le saint Georges de Donatello sont des merveilles. En sculpture comme en architecture, l'art religieux a été l'inspirateur et le maître incontesté.

Non moindre est la part de la peinture, décorative ou historique. La peinture a même précédé la sculpture comme importance de développement. On sait que d'anciens et intéressants vestiges de la peinture religieuse des premiers temps du christianisme se retrouvent dans les catacombes de Rome : un peu plus tard, dès l'époque de Constantin, la mosaïque décore les édifices religieux, et pendant plusieurs siècles elle est la peinture religieuse par excellence, depuis les premières basiliques jusqu'à Palerme, Montréale, Saint-Marc de Venise, etc. Plus tard, nous trouvons encore la mosaïque, par exemple à Saint-Pierre de Rome, mais détournée de sa fonction initiale, et restreinte à la reproduction de tableaux.

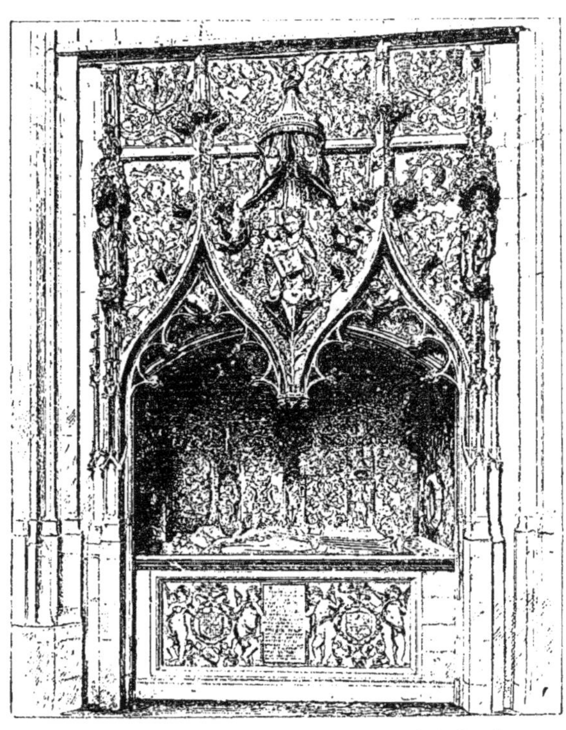

Fig. 1310. — Tombeau de Lannoy, à l'église de Folleville.

Tout a été dit sur cet art si monumental de la mosaïque, dont l'exemple le plus remarquable est peut-être l'église de Saint-Apollinaris, à Ravenne (fig. 1311). La mosaïque exige forcément un dessin précis, un aspect mural; elle est inaltérable

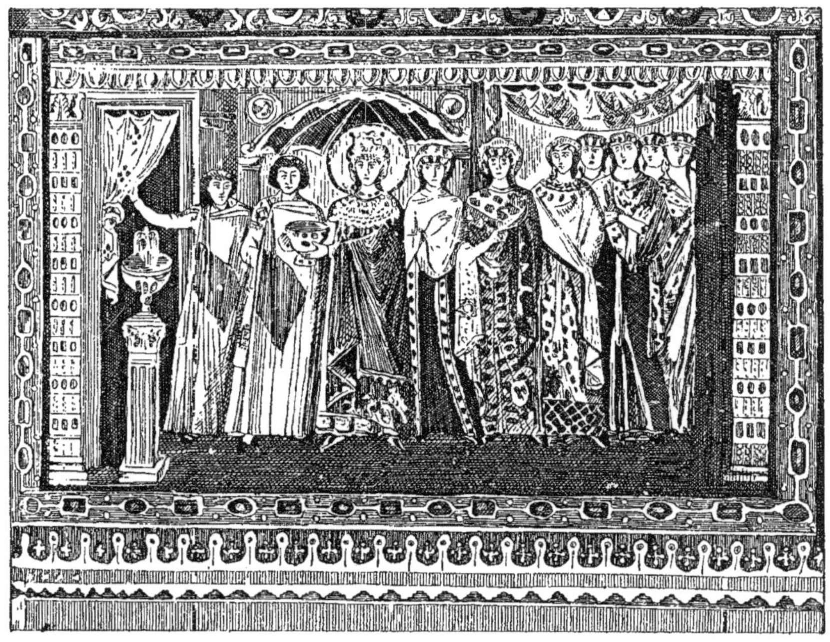

Fig. 1311. — Mosaïque de l'église Saint-Apollinaris, à Ravenne.

et nous parvient après des siècles avec toute sa fraîcheur première. Les anciennes basiliques, avec leurs grandes surfaces nues, murs et absides, se prêtaient d'ailleurs admirablement à ce parti de décoration. La cathédrale de Montréale en offre l'ensemble le plus grandiose. La basilique de Sainte-Marie-Majeure, à Rome, modernisée dans sa plus grande partie, a conservé une belle mosaïque d'abside (fig. 1312), exemple intéressant d'une composition picturale fréquente dans ces anciens monuments.

Cependant l'art de *la fresque*, qui caractérise les peintures antiques de Rome et de Pompéi, subsistait conjointement avec la mosaïque, et produisait à son tour des peintures très remarquables : il suffit de rappeler ces noms : Giotto, Cimabué, Fra

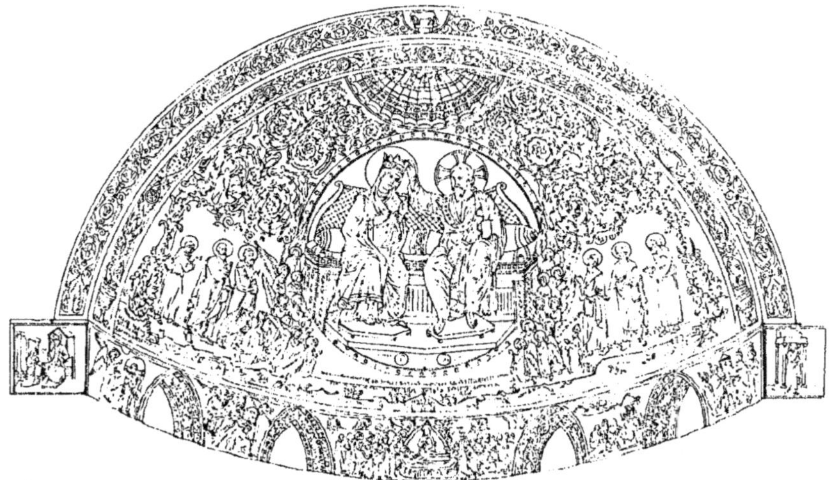

Fig. 1312. — Mosaïque de l'abside de Sainte-Marie-Majeure, à Rome.

Angelico, Pinturicchio..... la liste en serait longue, et plus longue encore celle des chefs-d'œuvre de cette époque. Je me bornerai à vous en montrer un exemple, le Couronnement de la Vierge, à Florence, par Maso Finiguerra, d'après une ancienne et précieuse gravure (fig. 1313). Les *primitifs*, comme on les appelle, sont les artistes parfaits de la peinture religieuse : peinture essentiellement murale, d'un caractère à la fois humain et sanctifié par l'inspiration de l'artiste pénétré de son sujet et y croyant. Vous en voyez quelques spécimens au Louvre, et là vous pouvez voir quelles sont les qualités de cet art merveilleux;

et cependant, vous les voyez dans la banalité du musée, déplacées et presque travesties par l'absence du cadre et de leur raison d'être.

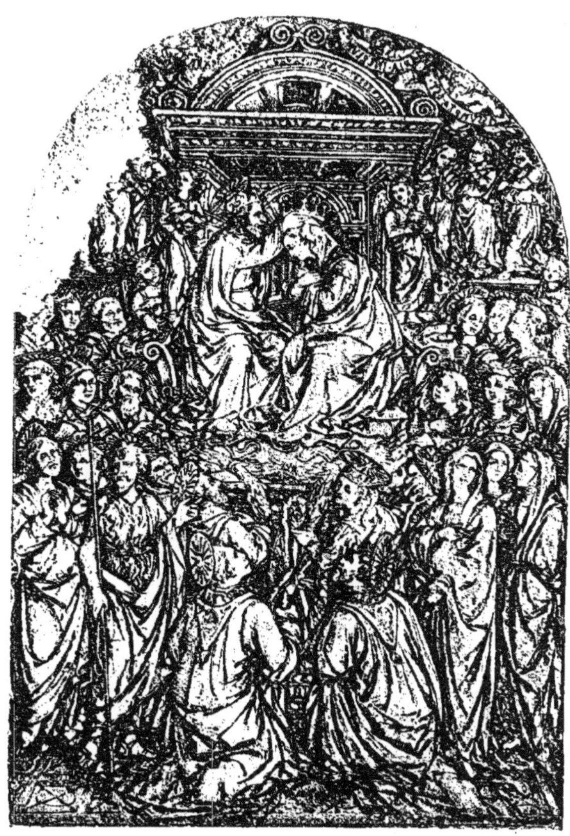

Fig. 1313. — Couronnement de la Vierge. Fresque par Maso Finiguerra, à Florence.

Car ces peintures, comme auparavant ces mosaïques, on ne les faisait pas par dilettantisme artistique, ni par simple désir de décorer. Comme je vous le disais pour la sculpture, la peinture religieuse est un moyen d'enseignement religieux. A des naïfs, à des illettrés, que la lettre ne suffirait pas à instruire, — et d'ailleurs l'imprimerie n'existait pas, ou ne pénétrait pas encore dans les couches populaires — il fallait l'enseignement par l'image, accompagnée parfois d'un texte très court qui en était la légende. Oui, il faut le dire parce que c'est vrai, cet art splendide était de l'imagerie. Lorsqu'on parle de ces peintures des primitifs, la pensée va d'abord à l'Italie, et c'est justice, car on est

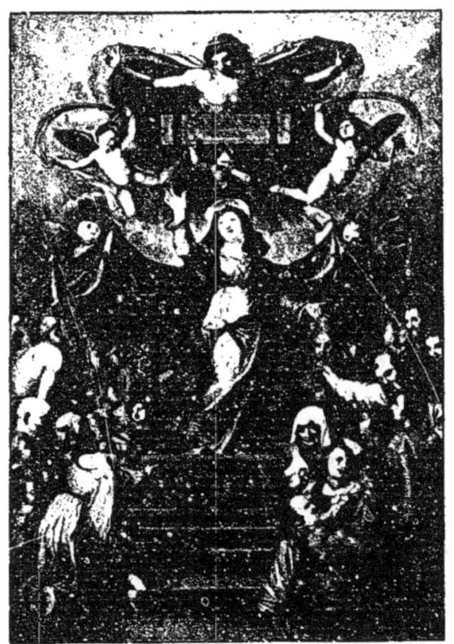

Fig. 1314. — Fresque de Fra Bartolomeo à Lucques.

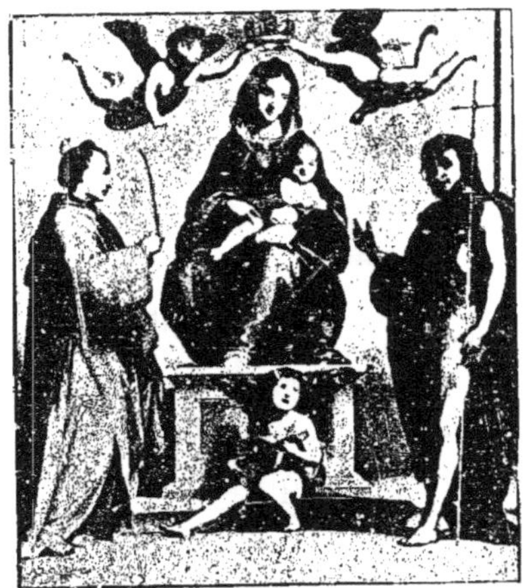

Fig. 1315. — Fresque de Fra Bartolomeo à Lucques.

confondu de la quantité de chefs-d'œuvre qu'a produits la peinture italienne des XIVe et XVe siècles. Il en reste d'admirables spécimens dans la plupart des villes italiennes, et avant tout à Florence, et l'on y peut suivre la marche continue de cet art depuis Giotto, depuis même les mosaïques de Ravenne ou de Saint-Marc de Venise, jusqu'à la chapelle Sixtine. La peinture devient chaque jour plus habile, mais non pas plus chrétienne. Les fresques des *primitifs* sont naïvement religieuses : qui ne voit au contraire que les peintures de la chapelle Sixtine si puissamment grandioses sont plus philosophiques que religieuses ? Peut-être faut-il chercher un peu auparavant l'apogée de l'art des primitifs, conservant encore toutes ses croyances et déjà servi par une maîtrise parfaite, avec les Ghirlandaio, les Pinturicchio, et leurs émules, témoin ces belles fresques de Fra Bartolomeo dans la cathédrale de Lucques (fig. 1314 et 1315). On ne peut par les descriptions ou par les gravures donner une idée suffisante de cet art si prodigieusement fécond, si attachant, si poétique. Seule la vue des églises et des couvents peut faire voir sa continuité et sa perfection, en permettant de le voir dans le milieu nécessaire et dans son intime association avec l'architecture dont il est partie intégrante. Il ne faudrait pas croire cependant que ce fût un phénomène uniquement italien. Les fresques d'Albi ou de Cahors montrent bien que les mêmes idées, les mêmes désirs existaient en France, sans parler ici des peintures en grand nombre qui ont dû disparaître parfois sous un affreux badigeon. Les exemples en sont beaucoup plus rares qu'en Italie, et dans plusieurs régions françaises on n'en trouverait pas. Entre cet art et l'art italien, existe-t-il un lien ? La question a fait couler beaucoup d'encre : pour nous, elle est sans grand intérêt : à ce qui est beau et légitimement inspirateur nous ne demandons pas d'extrait de naissance. Voyez par exemple les fresques, malheureusement dégradées, de l'église d'Abondance en Savoie (fig. 1316 à 1318). La Savoie est française géographiquement, elle a été politiquement italienne. Mais ces fresques qui rappellent celles d'Assise rappellent aussi celles qu'on voit dans plusieurs églises de Bourgogne. Elles sont italiennes ou elles sont françaises, qu'importe? Elles sont belles, elles sont expressives, elles sont naïves et d'un sentiment exquis, surtout la *Salutation* et la *Crèche*; et elles sont parfaitement architecturales.

J'insiste sur ce point : je ne saurais en effet vous parler en détail de tout ce prodigieux ensemble artistique; ce serait aborder un cours d'histoire de la peinture. Je dois me limiter à vous faire voir son intime harmonie avec l'architecture. Cet art est absolument respectueux du monument; jamais il ne le déforme ni ne l'écrase. La proportion est toujours observée, le caractère mural est toujours maintenu, qu'il s'agisse de murs ou de voûtes. Plus tard, la peinture sera plus savante, elle poursuivra davantage l'illusion, mais elle sera moins monumentale. Elle oubliera qu'elle est faite pour l'architecture, et sera amenée à croire que l'architecture est faite pour elle. Au surplus, l'art restera toujours conséquent avec lui-même, et les peintures de Giotto ne seraient pas compatibles avec la chapelle de Versailles, par exemple. Ces questions délicates d'harmonie relèvent du sentiment artistique et échappent aux théories. Mais peut-être, qu'il s'agisse de sculptures ou de peintures, dégagerez-vous de ces quelques aperçus la véritable conception de la décoration des édifices religieux. La vraie décoration religieuse est celle qui ne se donne pas la décoration pour programme; ce n'est pas une esthétique décorative qui guidait le pinceau de Fra Angelico, c'était la foi, c'était sa dévotion, c'était le désir de persuasion par l'art à côté de la persuasion par la parole :

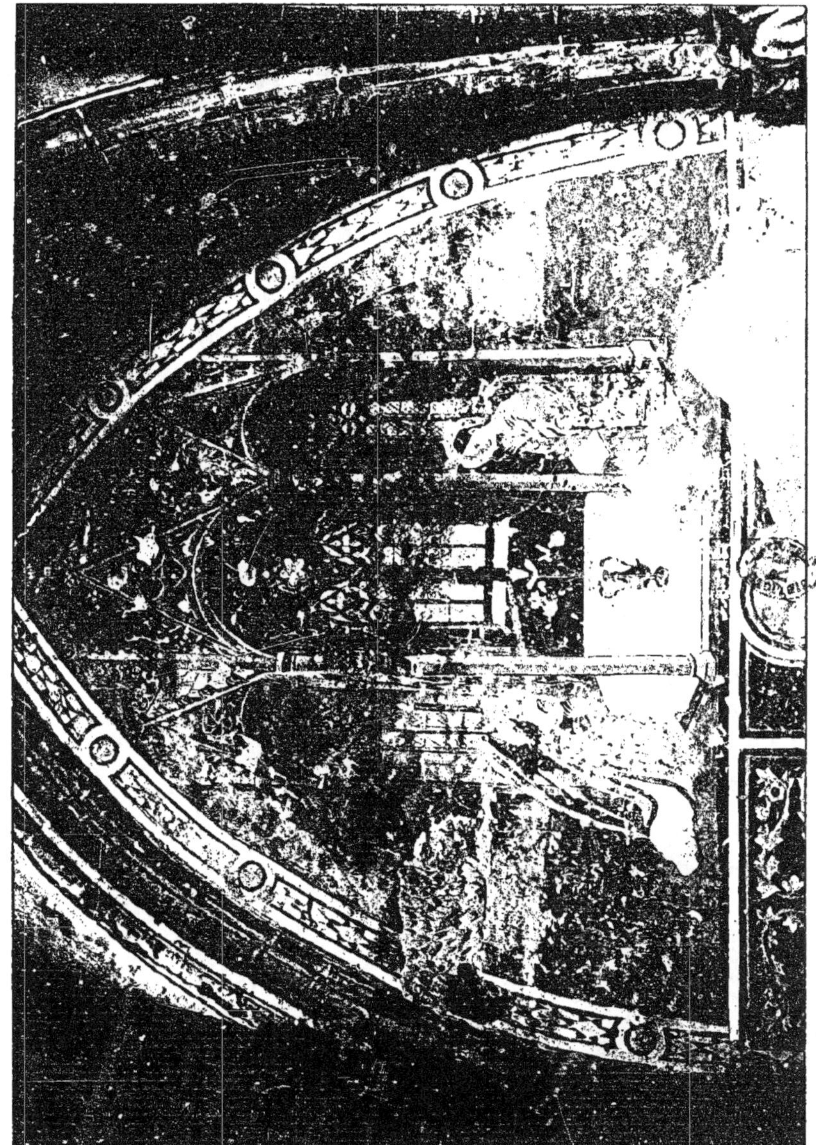

Fig. 1316. — La Salutation Angélique. Fresque dans l'église d'Abondance, Haute-Savoie.

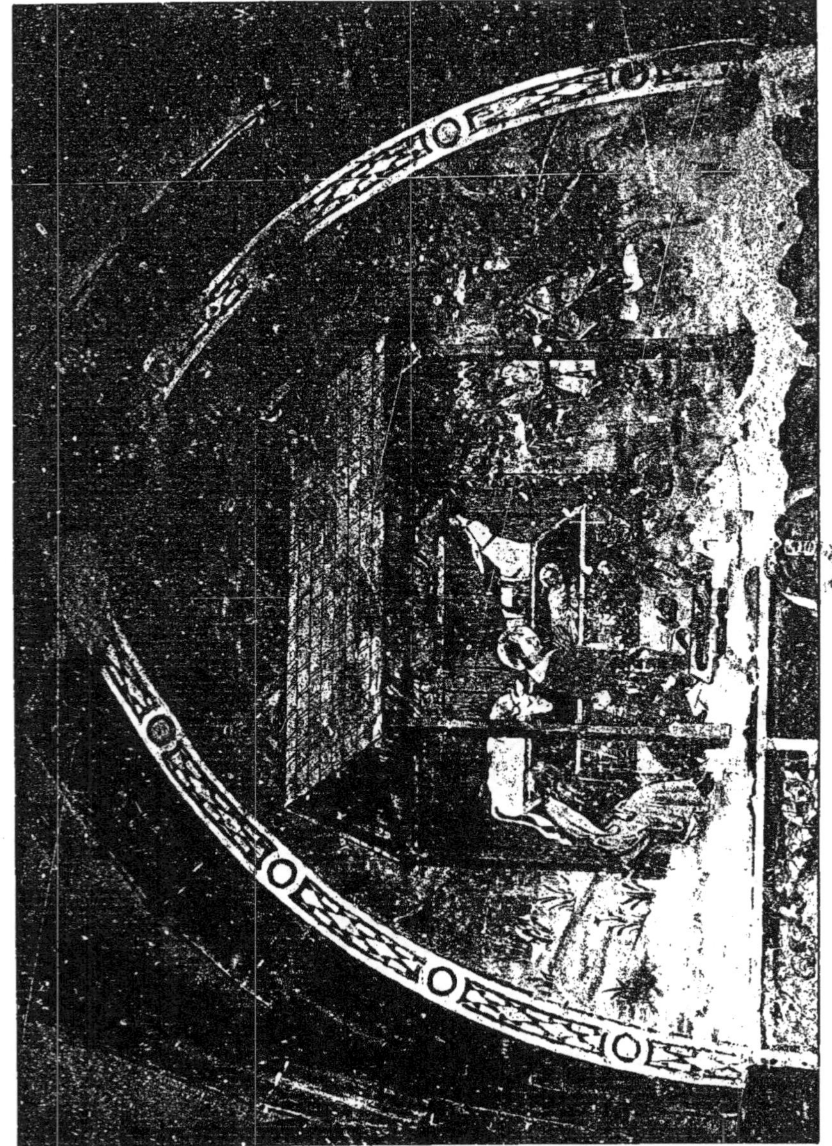

Fig. 1317. — La Crèche. Fresque dans l'église d'Abondance. Haute-Savoie.

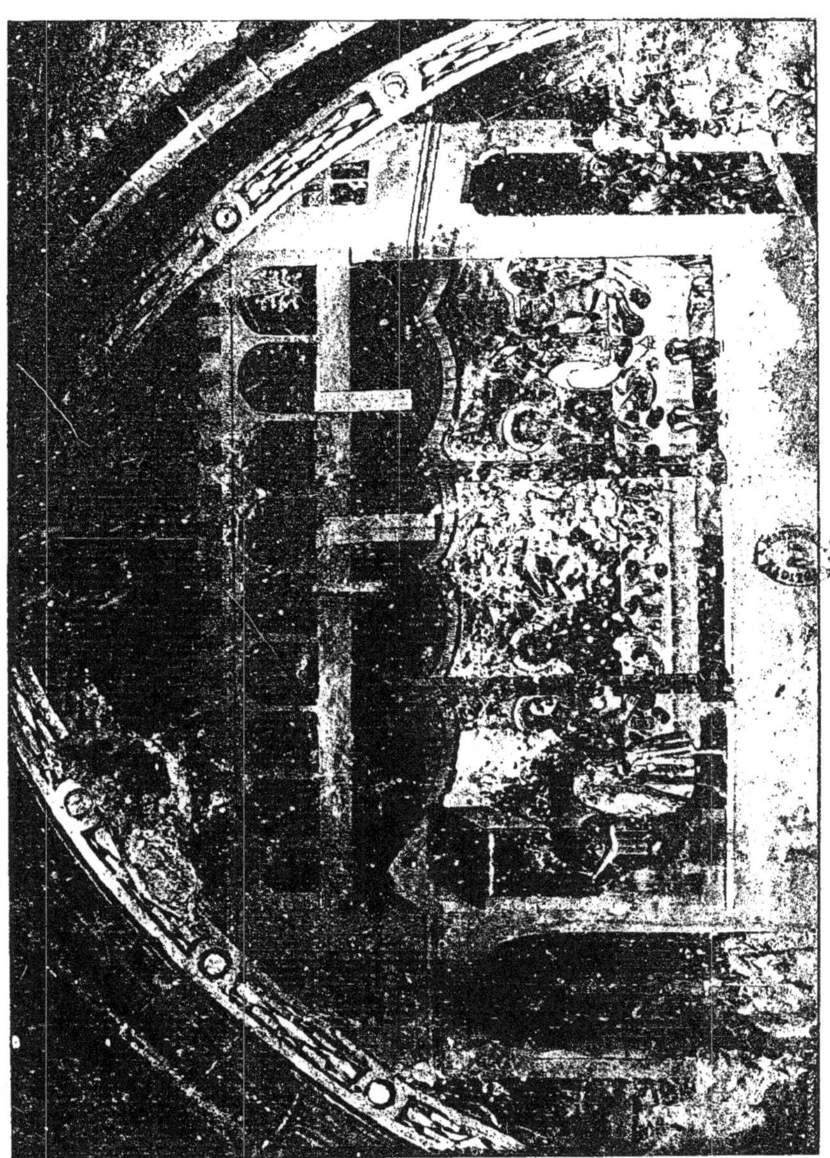

Fig. 1318. — La Cène. Fresque dans l'église d'Abondance. Haute-Savoie.

ces fresques et les sculptures de Chartres, c'est le même art, car c'est le même idéal.

Cependant, avec les églises gothiques, il était inévitable qu'il se fît un remaniement profond de la peinture religieuse. Cette peinture, vous ai-je dit, collaborait à l'enseignement religieux, et, livrant un puissant moyen de vulgarisation, devenait un auxiliaire nécessaire du culte. Mais pour la peinture il faut des surfaces unies, et dans ces églises la surface unie n'existe pas ou presque pas. Un seul élément la livre, c'est la fenêtre. On y fut donc conduit à transporter la peinture du mur sur la fenêtre : de là les vitraux. On connaissait les procédés, lentement acquis, de la peinture sur verre, et bientôt, après des tâtonnements inévitables, l'art

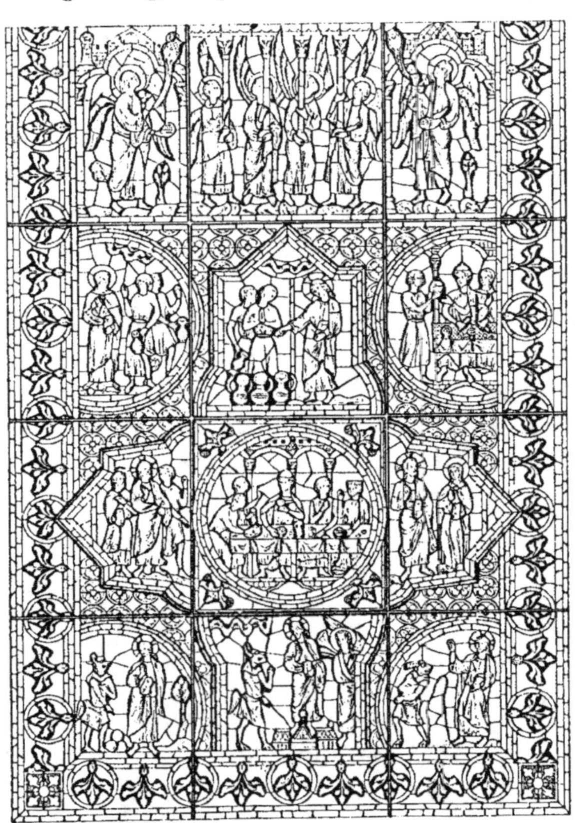

Fig. 1319. — Vitrail de N.-D. de la Belle-Verrière, à la cathédrale de Chartres.

du vitrail fut créé et prit rapidement une magnifique extension.

Sans vous engager dans l'étude technique du vitrail, il est nécessaire que vous puissiez vous rendre compte des ressources qu'il offre à la composition. Le vitrail a deux moyens de peindre : la mosaïque en verres de couleur, et la peinture sur verre : l'une et l'autre translucides.

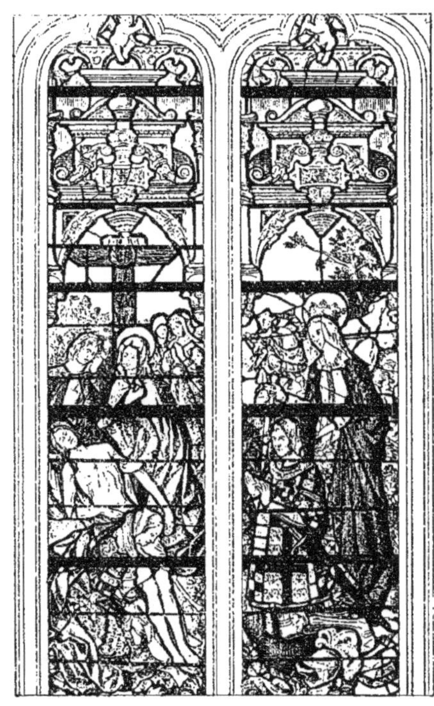

Fig. 1321. — Vitrail de l'église de Montmorency.

On fit d'abord la mosaïque seule, ou tout au plus avec quelques hachures, principalement dans les vitraux dits *légendaires*, qui représentent en sujets multiples la vie d'un saint, tels que ceux de Notre-Dame de la Belle-Verrière, à la cathédrale de Chartres (fig. 1319); plus tard, les figures grandissent et sont le plus souvent combinées avec une architecture de dais et de pinacles, comme par exemple à la cathédrale de Limoges les vitraux qui représentent les patrons de la région, sainte Valérie et saint Martial (fig. 1320). Puis, de plus en plus, on fit de la peinture, et à Paris même vous en avez de superbes exemples : à Saint-Séverin, à Saint-Gervais, à Saint-Étienne-du-Mont, à la chapelle de Vincennes, et, près de Paris, les célèbres vitraux de Montmorency (fig. 1321).

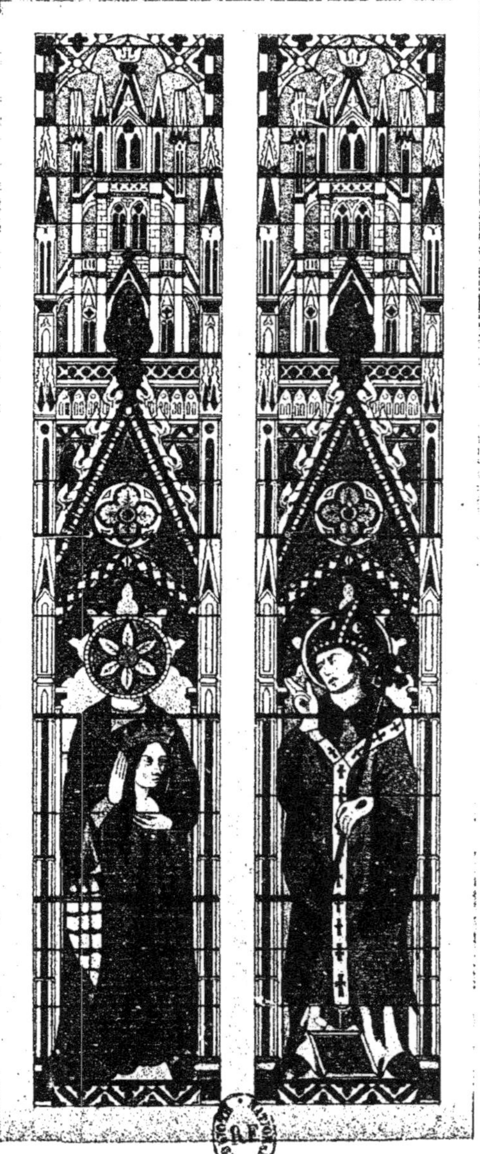

Fig. 1320. — Vitrail de la cathédrale de Limoges.

Le vitrail est donc une peinture, éclairée en transparence, et qui peut aller de la simplicité des mosaïques des anciennes basiliques à la souplesse de la Renaissance. Peinture d'ailleurs inaltérable, et qui, malgré la fragilité de la matière, arrive cependant à survivre aux autres peintures contemporaines. Tandis que les fresques des maîtres sont hélas bien abîmées, les vitraux que je vous cite ont conservé tout leur éclat.

Mais le vitrail présente une difficulté qui lui est propre : la multiplicité des pièces qui le composent, et par conséquent leur assemblage. On a bien tenté, à Dreux, de faire de la peinture sur de grandes glaces d'une seule pièce; malgré la beauté des cartons de Ingres, le résultat n'a pas été heureux; c'est qu'il est difficile d'arriver à obtenir les couleurs voulues sur des surfaces aussi grandes lorsque ces couleurs ne peuvent être réalisées que par la cuisson. Peut-être cependant y parviendra-t-on, et il n'y aurait assurément aucune objection à ce que la peinture sur verre ne fût pas assujettie à la combinaison de petits fragments, inévitables lorsque le vitrail est non pas une peinture mais une mosaïque. Quoi qu'il en soit les vitraux composés de nombreuses pièces exigent des procédés d'assemblage qui sont demandés à l'armature et à la mise en plomb. L'armature consiste en pièces de fer qui forment une sorte de grille rigide : le vitrail s'appuie à cette armature comme un espalier à un mur. Quant à la mise en plomb, ou sertissage de chaque morceau de verre, elle est disposée d'après le dessin, et c'est au peintre verrier qu'il appartient de la prévoir et de la déterminer. Les armatures restent toujours assez visibles, et les anciens verriers ont pris le parti fort simple de peu s'en inquiéter. Toutefois, cette disposition de l'armature doit plutôt, lorsque c'est possible, se combiner avec celle du vitrail, et réciproquement. Le vitrail de la Passion à la cathédrale de Poitiers (fig. 1322) est un

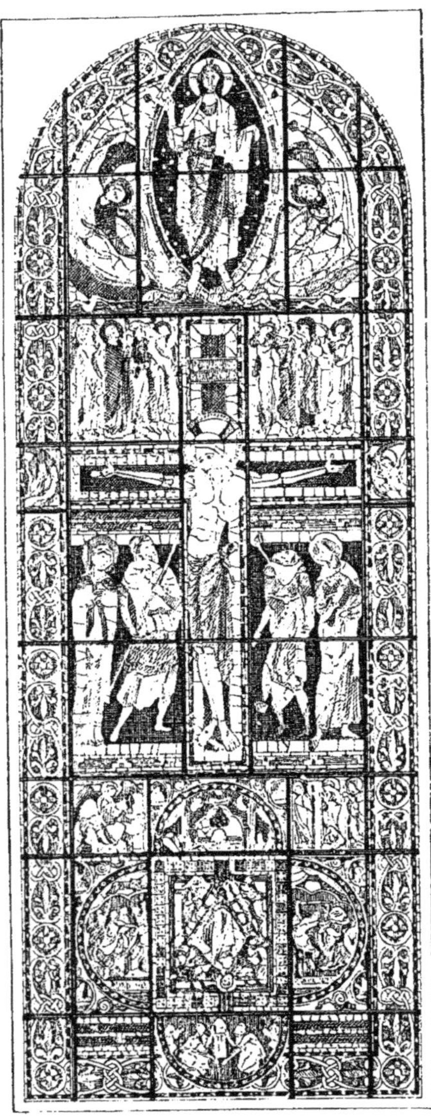

Fig. 1322. — Vitrail de la Passion, à la cathédrale de Poitiers.

exemple entre autres du soin qui peut et doit être apporté en pareille matière.

Mais vous entendrez dire souvent que l'art du vitrail est un art du passé, qui nous semble interdit. C'est une erreur. Il y a une technique spéciale du vitrail, qui n'est en somme que secondaire, étant après tout facile. Ce qu'il faut — ou ce qu'il faudrait — ce serait que les compositions de vitraux fussent confiées à de vrais artistes. On fait le contraire : on commande un vitrail à un industriel en vitraux, lequel prend des dessinateurs à bas prix ; la fabrication peut être suffisante, l'art est absent.

Ou encore on demande à un véritable peintre un carton, qu'on fait exécuter par l'industriel. Ces méthodes ne peuvent rien produire.

Mais soyez sûrs que si l'on chargeait un Delacroix, par exemple, de composer et d'exécuter personnellement un vitrail, il se renseignerait bien vite sur les exigences du métier, et ferait une œuvre. Autrement, mieux vaut des vitres blanches que des vitraux qui déparent le monument.

Les églises étaient-elles prévues avec de la coloration ? Les églises italiennes certainement, au moins pour la plus grande partie. En France, on peut soutenir que la décoration peinte était le complément prévu de nos églises; cependant, la peinture est restée à l'état d'exception, et il faut bien dire que dans ces intérieurs, dont la pierre est apparente, tels que Notre-Dame, Amiens, etc., cette nudité de la pierre ne nous cause aucunement l'impression d'une lacune. Il convient d'ajouter que les essais de peinture qu'on y a faits après coup n'ont pas souvent été heureux. Il semble donc difficile que nos vieilles églises aient à gagner à cette parure parfois douteuse. Je ne veux pas dire par là que si vous composez des églises vous deviez vous abstenir de les peindre : c'est une affaire de goût personnel et de conception voulue. Mais en tous cas, n'oubliez pas ce grand principe que la décoration doit être respectueuse de la forme. La peinture doit accuser et faire valoir le parti pris architectural, et non le contredire; les contre-sens sont fréquents et dangereux en pareille matière. Il ne peut guère être donné d'autre indication à ce sujet.

CHAPITRE XXIII

DÉPENDANCES DE L'ÉGLISE

CONCLUSION DE L'ÉTUDE DE L'ARCHITECTURE RELIGIEUSE

SOMMAIRE. — Sacristies et trésors. — Salles de catéchismes et de maitrise.
Chauffage des églises. — Descentes à couvert. — Cloitres. — Les grands et les petits cloîtres. — Variétés suivant les climats.
Presbytères.

L'église a ses dépendances nécessaires : les sacristies, les salles de catéchismes, les salles de maîtrise; puis les presbytères, et souvent les cloîtres.

Autrefois, il était rare qu'une église ne fût pas liée à un ensemble, couvent, évêché, abbaye, etc., et ces dépendances trouvaient facilement leur place dans l'ensemble des constructions religieuses dont l'église était la partie principale, surtout dans l'architecture monastique.

Dans les anciennes églises, les dépendances étaient donc souvent assez éloignées, reliées au monument par des galeries ou par un cloître, et ne faisaient pas nécessairement partie de la composition de l'église. Mais lorsque l'église est isolée, il faut bien que ses dépendances s'incorporent au monument lui-même, et cette sujétion cause souvent de grandes difficultés de composition. Dans une église un peu importante, il faut deux sacristies; l'une est réservée au clergé, l'autre au personnel inférieur. La sacristie des prêtres se compose avant tout d'une salle assez vaste et bien éclairée, où les prêtres s'habillent, et où sont déposés les objets du culte. Il y faut de vastes armoires et de grands casiers pour les vêtements sacerdotaux, chasubles, etc. Là aussi sont déposés les registres de la paroisse, là se font les comptes. La sacristie est donc à la fois un bureau, et la salle où le clergé se prépare pour les offices.

Aussi, dans les grandes églises, cette sacristie comprend plusieurs pièces : un vestiaire où se déposent les manteaux, les parapluies, etc.; un cabinet pour le curé, et un ou deux cabinets pour les vicaires; la sacristie proprement dite; des cabinets d'aisances. Souvent luxueuses, les sacristies ont parfois été décorées de belles peintures : telle est la *Librairie* de la cathédrale de Sienne, c'est-à-dire la salle où se déposent les missels et tous les livres sacrés. Du reste, beaucoup d'anciennes églises ont une ou plusieurs salles qu'on désigne sous le nom de *Trésors*, et qui souvent sont du plus haut intérêt, par le contenu sinon par le contenant.

Dans nos usages modernes, la sacristie sert aussi de salle de réception après les mariages. Vous savez quelle foule nombreuse a souvent à s'y rendre. Il est nécessaire qu'il y ait deux portes, pour l'entrée et la sortie. Parfois, cette salle des mariages est distincte de la sacristie; ce n'en est que mieux. En général, d'ailleurs, ce service est très défectueux, par la raison qu'on ne le prévoyait pas à l'époque où les églises ont été construites.

La sacristie du personnel secondaire ne sert que de lieu de réunion et d'habillement, et aussi de dépôt des objets de service. Il est bon qu'elle comprenne aussi plusieurs pièces, car dans ce personnel il y a encore des catégories à observer, et les dépôts doivent autant que possible être distincts.

Les diverses sacristies ont au besoin des entrées spéciales, on évite ainsi de passer par l'église pour les allées et venues de service.

Il y a de belles sacristies, souvent elles sont voûtées et d'un beau caractère. Mais avant tout c'est un service d'utilité. Elles doivent être aisément accessibles de l'église, près du chœur; le plus souvent elles sont disposées latéralement dans l'espace qui correspond à la partie rectangulaire du chœur; telle paraît être en effet la meilleure place.

Les salles de catéchisme tiennent à la fois de la classe et de la chapelle; c'est une classe où se trouve un autel. Il y faut de la place pour des enfants assez nombreux, et ce que j'ai dit des classes trouverait ici son application. Si la salle des catéchismes est contiguë à l'église, il importe que le bruit qui s'y fait ne trouble pas les offices, par conséquent qu'elle soit effectivement séparée de l'église même, autant que le terrain le permet. Ainsi à Saint-Roch, nous avons vu la chapelle des catéchismes reléguée à l'extrémité; une entrée spéciale est fort utile. Lorsque la configuration du terrain le permet, on peut profiter des soubassements pour ce service; parfois même il est dans un étage souterrain, comme à Saint-Sulpice. C'est la disposition générale du plan d'aprés les emplacements qui permet ici des solutions particulières.

Les salles de maîtrise servent aux répétitions musicales; il est fâcheux en effet qu'on n'ait pas d'autre endroit que le chœur lui-même, ou la tribune des orgues, en un mot une partie quelconque de l'église même pour ces répétitions. Parfois, dans les anciennes églises, on y consacre une partie des tribunes, qui n'ont pas grand emploi.

Tout cela est assez difficile à combiner avec un monument

pour lequel on désire des aspects réguliers de tous les côtés. Peut-être faudrait-il considérer nettement que l'église moderne comporte des dépendances nombreuses, et qu'il y faudrait des annexes, sauf bien entendu à les étudier en harmonie avec le monument. L'église tout à fait isolée est presque forcément incomplète, et les plus satisfaisantes à cet égard sont celles qui, desservies par un cloître par exemple, se prêtent aux communications avec ces dépendances inévitables.

Un problème tout moderne est celui du chauffage des églises. On s'en est passé depuis des siècles, puis on a chauffé quelques églises, et maintenant, qu'on le veuille ou non, le chauffage s'impose. Une salle unique, même très grande, n'est jamais difficile à chauffer, et au point de vue thermique le problème est simple. Air chaud, eau chaude ou vapeur, quelques émissions de chaleur bien placées, à proximité des surfaces de refroidissement les plus évidentes, suffisent à assurer l'unité de température. Quant au local des calorifères, il se trouve aisément dans les sous-sols, du moins pour les églises à créer — car pour les installations après coup dans les églises parfois dépourvues de toutes caves, c'est souvent une difficulté sérieuse. — Mais tout calorifère exige un tuyau de cheminée, qui auprès d'un monument élevé doit être très élevé lui-même. C'est un grand embarras, mais qui veut la fin veut les moyens, et il faut bien trouver quelque part à établir ce tuyau d'une façon aussi peu disparate que possible avec le monument.

Pour ce chauffage des églises, on a souvent recours au chauffage dit continu, c'est-à-dire que le foyer du calorifère ne s'éteint jamais pendant toute la saison d'hiver. En effet, pour un grand vaisseau comme une église, la mise en train du chauffage est longue, il faut en quelque sorte dégeler les masses de pierres avant que la température puisse s'élever. Il vaut mieux n'avoir pas à produire chaque jour cette mise en train, et le chauffage continu, par cela même plus modéré, arrive tout compte fait à être plus économique.

Un autre problème moderne est la descente à couvert. On s'en est passé aussi pendant des siècles, mais nos mœurs actuelles l'exigent. Pour les mariages surtout, on n'accepte pas de bon cœur que des dames en toilette et en premier lieu la mariée descendent de voiture au bas d'un perron, et en franchissent les marches sous la pluie. On y remédie au moyen de tentes, d'expédients misérables de tapisserie provisoire. L'idée devait donc venir de faire du porche une descente de voitures; c'est ce qui à Paris a été résolu heureusement à la Trinité (fig. 1323 et 1324). Je n'ai pas à insister sur cette disposition qui s'explique d'elle-même par le plan.

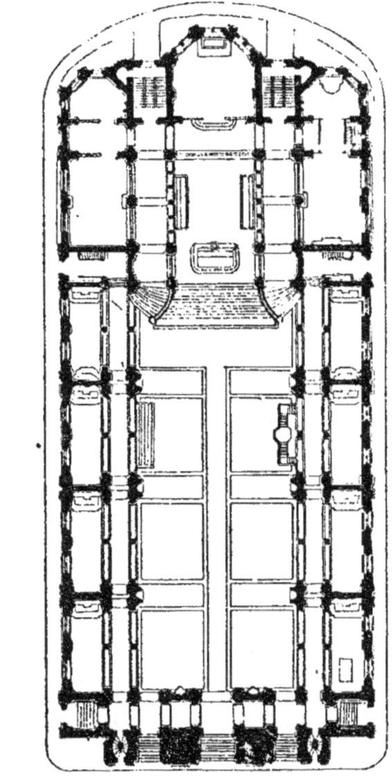

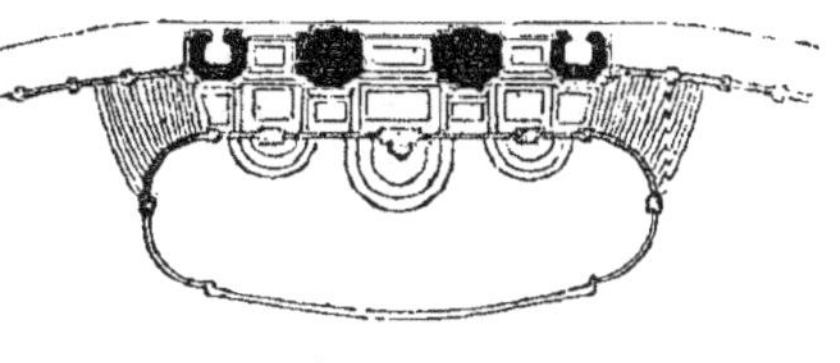

Fig. 1323. — Église de la Trinité, à Paris. Plan.

Le cloître ne se rattache qu'indirectement à l'église. Je vous

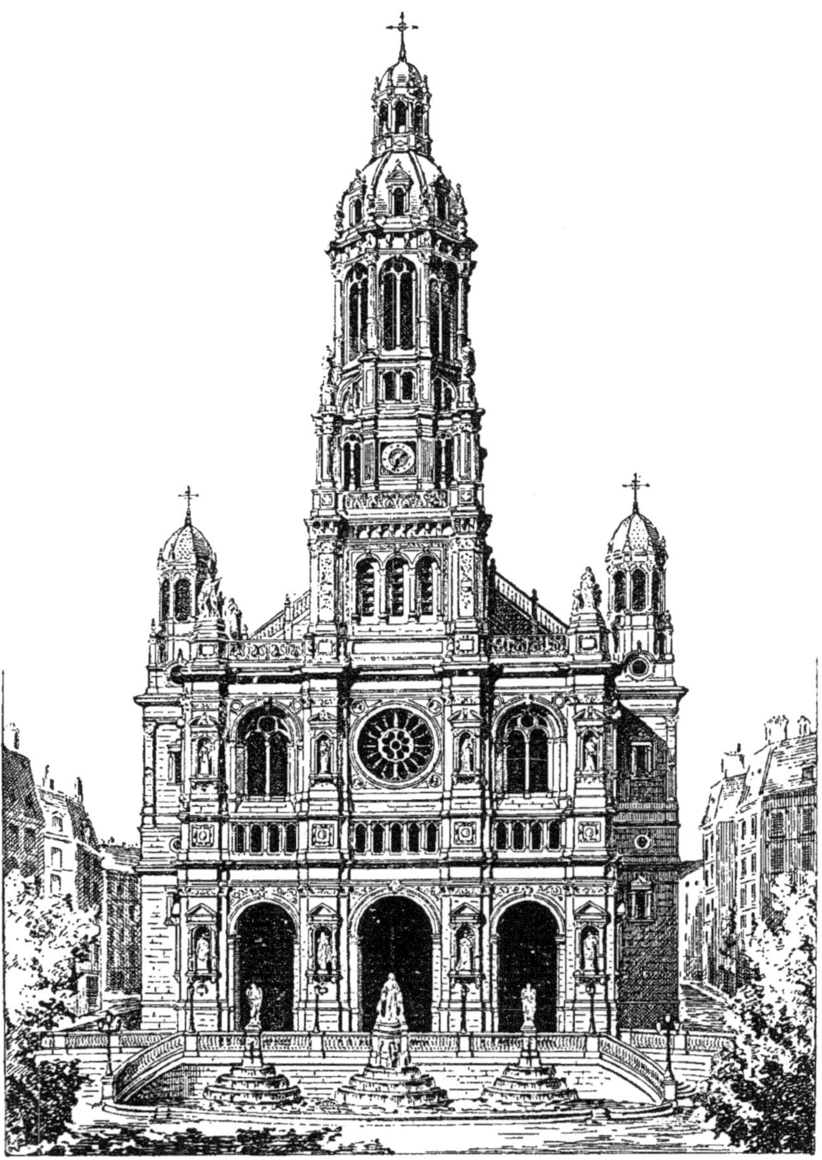

Fig. 1324. — Église de La Trinité, à Paris.

en ai d'ailleurs parlé en traitant des portiques : comme composition, j'aurai peu de chose à vous en dire : un cloître est une cour entourée de portiques d'un caractère particulier, soit que ces portiques n'existent qu'à rez-de-chaussée, soit qu'ils supportent un étage. C'est une circulation, mais c'est aussi une sorte de préau ou lieu de promenade, où les prêtres peuvent converser, lire leur bréviaire ou se reposer. Il importe donc que ce portique soit avenant et poétique : c'est ce qui a été admirablement réussi dans un très grand nombre d'exemples.

Il y a de grands et de petits cloîtres. Les grands cloîtres dépendent de couvents où l'on passe sa vie : le cloître est devenu synonyme de cette vie de retraite. Le plus bel exemple est peut-être celui de la Chartreuse de Florence ; j'en pourrais citer en grand nombre : à San-Martino de Naples, au Mont-Cassin, à la Chartreuse de Pavie (fig. 1325), dans les grandes abbayes françaises de Villefranche-de-Rouergue, de Fontfroide, de Clairvaux, etc. Les portiques en sont toujours larges, le plus souvent voûtés, et autant que possible on a toujours cherché en plan la forme du carré parfait. Un cloître est incomplet s'il n'a ses quatre côtés en portiques; il faut en effet que la promenade puisse se faire dans le même sens et sans se heurter à un obstacle qui oblige à revenir sur ses pas. En un mot, le cloître n'a pas rempli son programme s'il n'est qu'une circulation; il doit être aussi une promenade.

On s'est toujours attaché à rendre gracieux l'espace intérieur du cloître, qui souvent servait de cimetière aux religieux. On y trouve des fleurs, des arbustes, souvent un puits, parfois de beaux arbres. Le cloître de la Chartreuse de Rome est célèbre par le groupe des plus beaux cyprès qu'il y ait peut-être au monde avec ceux de la villa d'Este, et que la légende dit avoir été plantés par Michel-Ange.

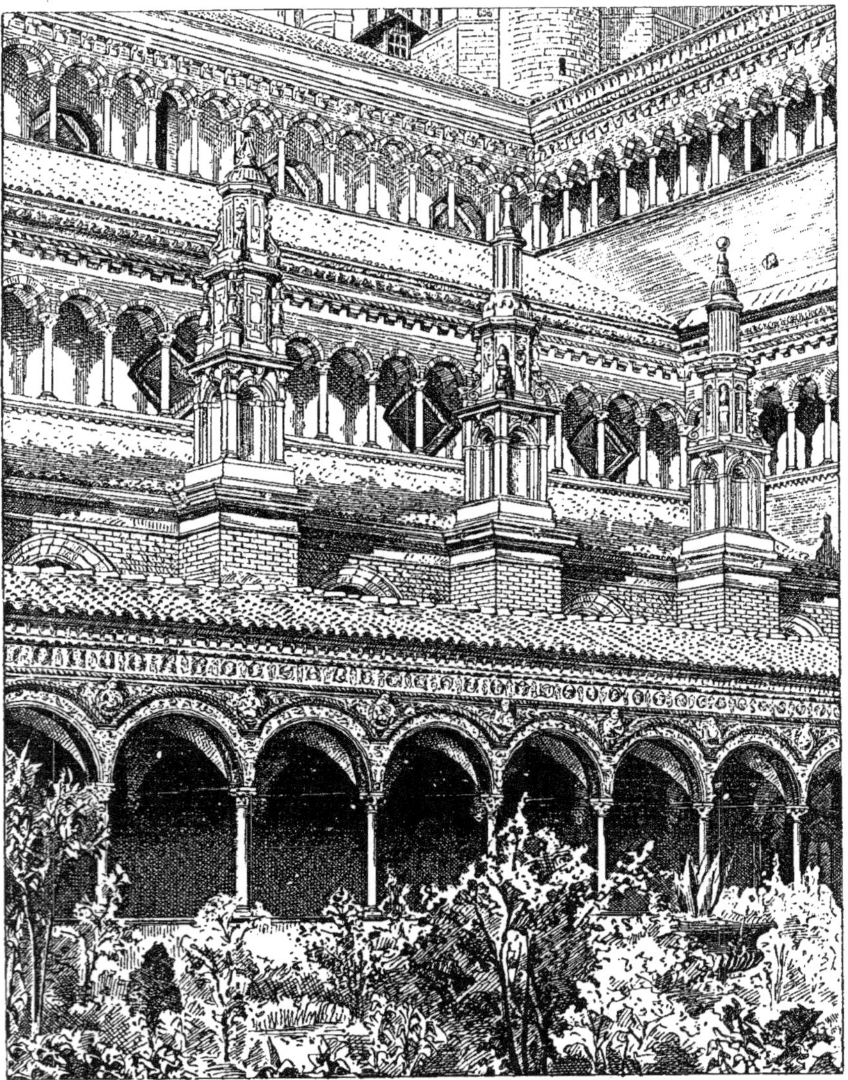

Fig. 1325. — Cloître de la Chartreuse de Pavie.

Plus nombreux encore sont les petits cloîtres, souvent charmants dans leurs dimensions restreintes. Le nombre en est prodigieux, sous toutes les latitudes. Mais tandis que pour les grands cloîtres je vous ai surtout cité des cloîtres italiens, parce que c'est en effet en Italie qu'ont été faits les plus grands, avec les cloîtres français nous trouverons quelques différences entre le Midi et le Nord. Ainsi, généralement, en Provence, le cloître est ouvert comme un cloître italien, par exemple à Saint-

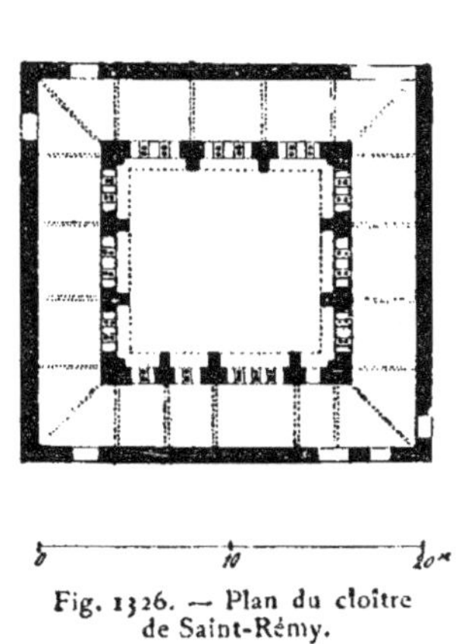

Fig. 1326. — Plan du cloître de Saint-Rémy.

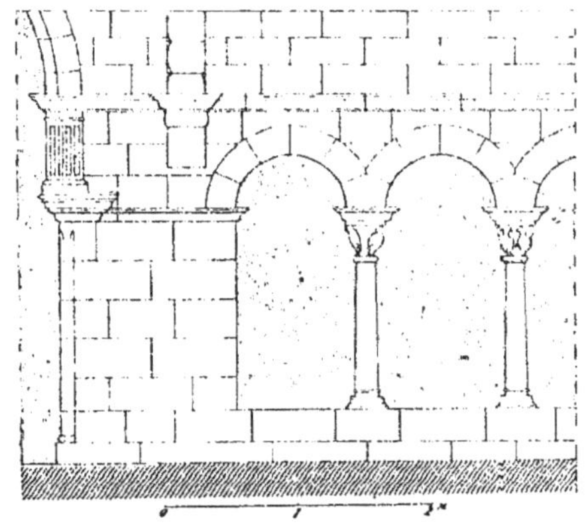

Fig. 1327. — Cloître de Saint-Rémy (Bouches-du-Rhône).

Rémy (fig. 1326 et 1327), à moins que la crainte du *mistral* ne fasse rajouter des trumeaux comme au curieux cloître de Saint-Michel de Frigolet (fig. 1328, 1329 et 1330), dans les Bouches-du-Rhône. Je ne puis d'ailleurs vous les citer tous : qu'il me suffise de rappeler ceux de Saint-Trophime à Arles, de Moissac, de Montmajour, de Toulouse, etc.

Avec les pays du Nord, à côté de cloîtres ouverts, on en trouve qui sont vitrés dans la partie haute des arcatures. Ainsi, je vous ai montré plus haut (vol. I, fig. 310 et 311) ceux de Laon et de Semur. Remarquez en passant dans ces cloîtres la différence des piliers d'angle et des piliers courants. Ces derniers ont de puissants contreforts, les piliers d'angle n'en ont pas. C'est que pour ceux-ci la poussée des voûtes est contrebutée par les deux façades du cloître. Ouverts entre les arcatures basses, ces cloîtres ont leur partie supérieure vitrée, comme vous pouvez le voir par le détail (fig. 1331) d'une travée du cloître de Semur.

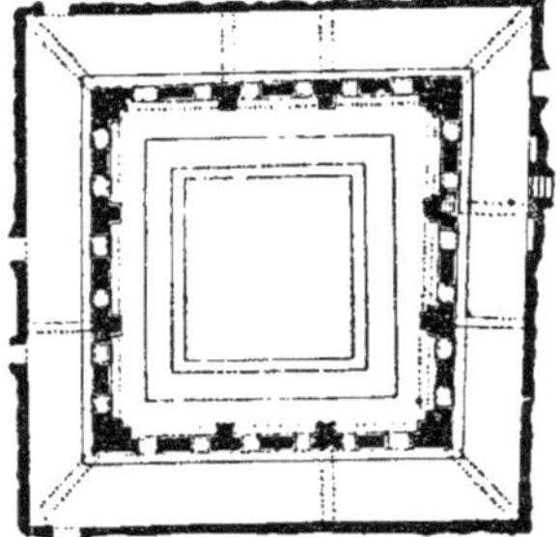

Fig. 1328. — Cloître de Saint-Michel-de-Frigolet. Plan.

Une disposition toute particulière est celle du cloître du Mont Saint-Michel : la clôture est formée de deux rangées d'arcades sur colonnes; mais les colonnes de

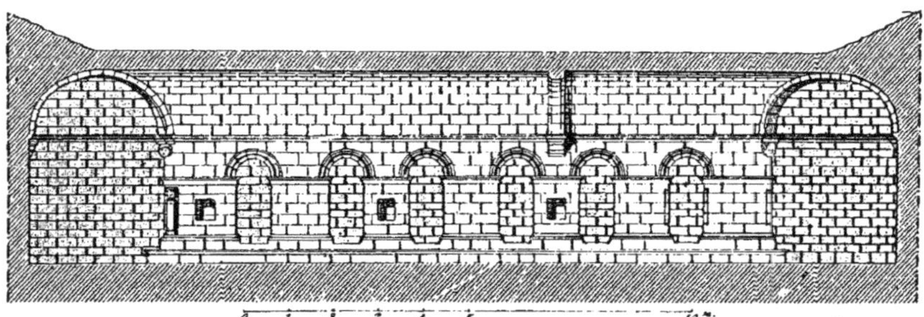

Fig. 1329. — Cloître de Saint-Michel-de-Frigolet. Élévation intérieure d'une des galeries.

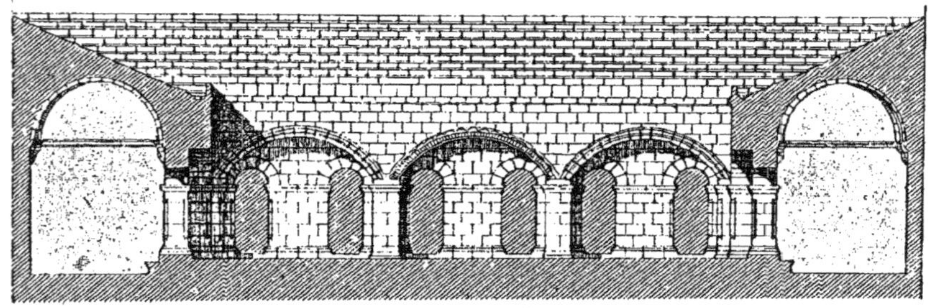

Fig. 1330. — Cloître de Saint-Michel-de-Frigolet. Élévation sur la cour.

chaque rangée sont vis-à-vis des clefs de l'autre (fig. 1332 et 1333). Est-ce une simple ingéniosité, ou a-t-on voulu briser ainsi la force du vent? Je ne sais.

Le cloître est souvent décoré de tombeaux, de piscines; des bancs y sont ménagés : un exemple intéressant est celui de Saint-Dié (fig. 1334), où une chaire extérieure permettait soit la prédication, soit la lecture.

En somme, le cloître est une cour entourée de portiques, soit que ces por-

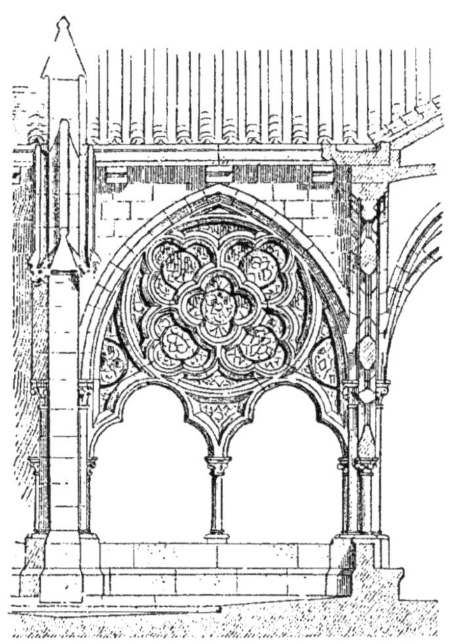

Fig. 1331. — Cloître de Semur.

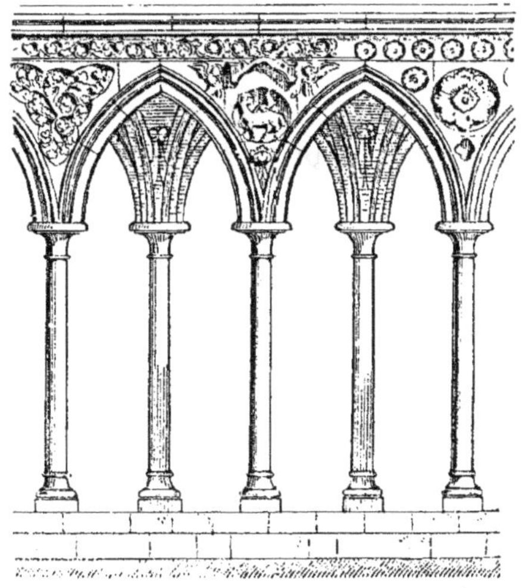

Fig. 1332. — Cloître du Mont-Saint-Michel.

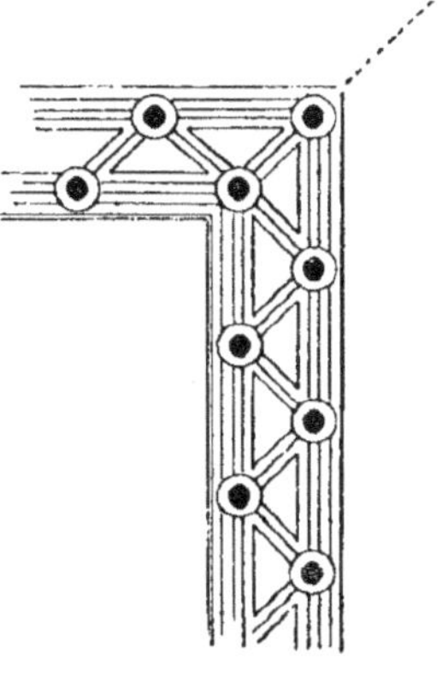

Fig. 1333. — Cloître du Mont-Saint-Michel. Plan.

tiques n'existent qu'à rez-de-chaussée, soit qu'ils soient surmontés d'un étage; mais portique bien spécial, d'habitation et non de passage, muni de tout ce qui peut le rendre agréable, et dont la caractéristique est le plus souvent un fractionnement assez menu de ses arcatures, qui le distingue avant tout de la cour à portiques.

Mais je ne veux pas rouvrir mon chapitre des Proportions, et je m'arrête sur ce sujet où j'aurais du bonheur à m'attarder.

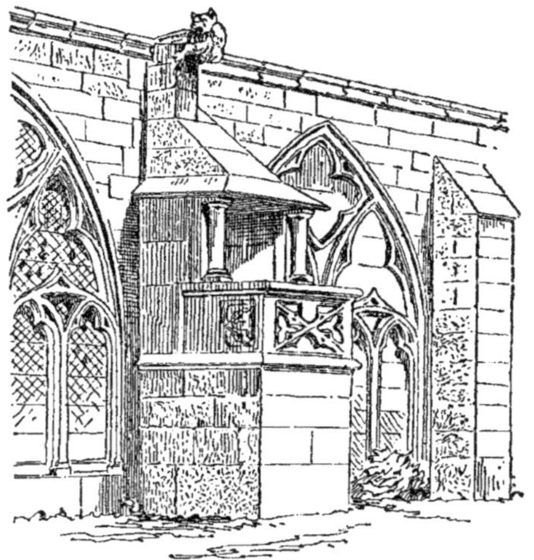

Fig. 1334. — Chaire de Saint-Dié.

Quant au presbytère, c'est une maison, mais une maison qui doit avoir son caractère religieux. C'est toujours de l'habitation, et toute habitation doit être appropriée à son destinataire. Quand vous en aurez à composer, tâchez de comprendre et d'exprimer la vie du prêtre. Un jour que ce programme avait été donné pour un de nos concours, je disais à mes élèves : « Avant de prendre votre crayon, lisez donc *le Presbytère*, de Topfer. » Bien joli programme, pourvu qu'on y mette le moins d'architecture possible — ou plutôt l'architecture qu'il comporte, l'architecture du silence et du recueillement.

CHAPITRE XXIV

LES
ÉLÉMENTS DE L'ARCHITECTURE MONASTIQUE

SOMMAIRE. — Couvents et abbayes. — Habitation monastique. — Couvents enseignants ; — hospitaliers. — Chartreuses.
Salles de chapitre. — Réfectoires. — Dortoirs des serviteurs. — Granges.
Couvents modernes.
Conclusion de l'étude de l'architecture religieuse.

Si l'église, avec ses dépendances immédiates, résume presque complètement l'architecture religieuse, elle n'est pas cependant à elle seule toute cette architecture. De très grands et parfois d'illustres édifices ont été élevés en vue de la vie religieuse, et spécialement de la vie monastique. Ce sont les abbayes, les couvents, à la ville, aux champs, dans la montagne. Sans doute l'église, ou la chapelle, en est toujours la partie la plus monumentale; le cloître y joue toujours un rôle très important : tout cela, nous l'avons vu. Le surplus est avant tout de l'habitation, mais parfois aussi il s'y ajoute le programme hospitalier, ou encore l'enseignement. On peut donc dire que les éléments de l'architecture monastique sont compris parmi ceux dont il a été parlé sous diverses rubriques, et cela est très vrai. Cependant, à certains égards, le programme se modifie en devenant religieux : ainsi tout d'abord de l'habitation.

Le prêtre séculier habite le presbytère qui est une maison, ou il habite tout simplement un appartement plus ou moins modeste; s'il s'élève dans la hiérarchie ecclésiastique, il habitera l'évêché qui est un hôtel, ou l'archevêché qui est un hôtel plus

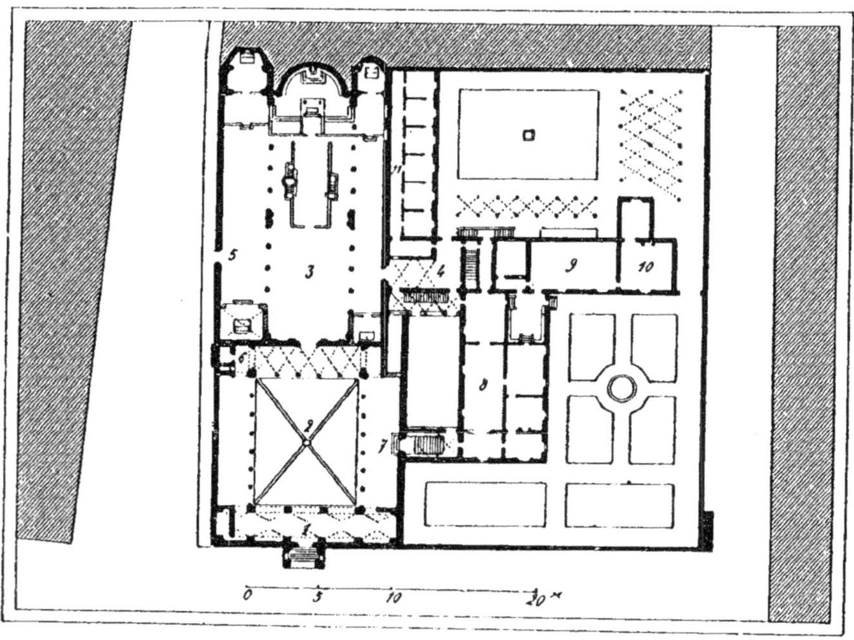

Fig. 1335. — Couvent de Saint-Clément, à Rome.

1, porche et entrée principale. — 2, cour. — 3, église. — 4, sacristie. — 5, entrée latérale à l'église. — 6, clocher. — 7, escalier qui monte au couvent et au jardin. — 8, bibliothèque. — 9, réfectoire. — 10, cuisine. — 11, cellules des religieux.

important. Cela n'a rien de particulier. Mais il n'en est pas de même du clergé régulier; qu'il relève d'un ordre riche comme les Bénédictins, ou d'un ordre populaire comme les Franciscains, il est toujours soumis à une règle étroite, il occupe la cellule, la chambre ou le pavillon qui lui est attribué par une volonté supérieure à la sienne, il ne vit que là où il lui est ordonné de vivre, et les heures de sa vie sont chaque jour distribuées suivant une règle imposée. Il n'a pas de *chez lui*, c'est à peine s'il a le droit de dire « ma cellule », car la cellule qu'il occupe aujourd'hui peut lui être retirée demain. A cette conception exceptionnelle de l'habitation devait correspondre une architecture particulière : c'est l'architecture des couvents ou des abbayes.

En général, le couvent suppose l'habitation personnelle dans la cellule, petite chambre très simple ouvrant soit sur le cloître, soit sur de larges galeries comme à l'abbaye du Mont-Cassin (V. plus haut, vol. I, fig. 38, p. 127). Mais le Mont-Cassin pourrait être qualifié de palais monastique, et certes ses grandes et longues galeries voûtées ont une grandeur d'aspect qui ne le cède en rien à bien des édifices royaux.

Dans la cellule, on passe la nuit, on se retire entre les réunions en commun, on travaille ; c'est la chambre, chambre austère qui doit appeler la méditation, où d'ailleurs on jouit parfois d'une vue magnifique. Pour tout le reste, et sans parler de la chapelle, qui souvent est d'ailleurs une église en partie publique, il y a les cloîtres, lieu de promenade presque unique pour les ordres *cloîtrés*, puis les salles communes : salles de chapitre, réfectoires, bibliothèques. Tout cela groupé dans des compositions souvent très importantes : quelques exemples de plans vous en donneront l'idée mieux que toute description. Ainsi, à Rome, le couvent de Saint-Clément (fig. 1335), annexé à la célèbre basilique de ce nom ; le couvent de *Santa-Maria della Pace* (fig. 1336, 1337 et 1338), dont l'architecture est en majeure partie de Bramante, et dont la cour ou cloître intérieur est considérée comme un chef-d'œuvre, où se trouvent d'ailleurs de remarquables monuments funéraires ; le couvent de *Santa-Maria in Trivio* (fig. 1339), d'une ingénieuse composition ; celui des

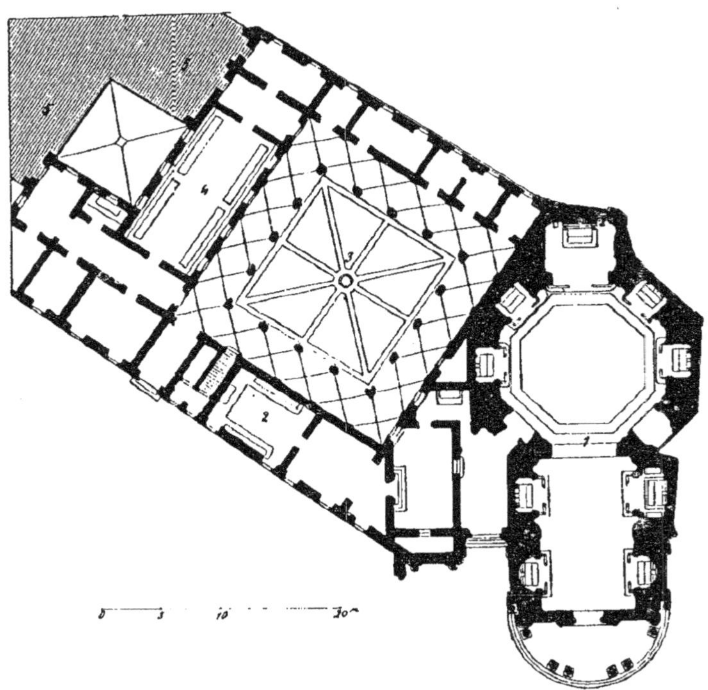

Fig. 1336. — Couvent de Santa Maria della Pace, à Rome. Plan.

1, église. — 2, sacristie. — 3, cloître. — 4, réfectoire. — 5,5, cuisines.

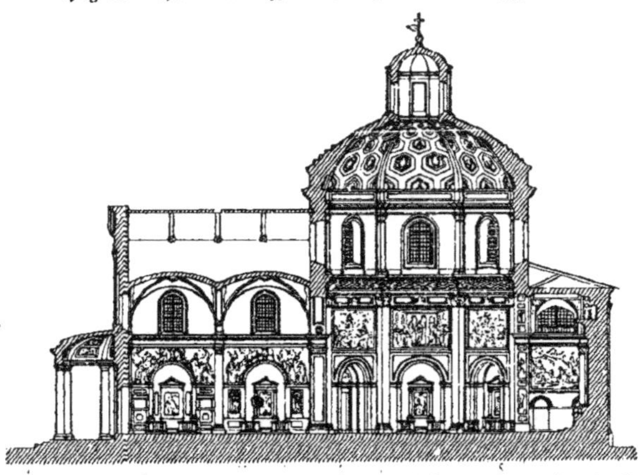

Fig 1337. — Couvent de Santa Maria della Pace, à Rome. Coupe longitudinale.

Saints Cosme et Damien; le couvent de *San-Pietro in Vincoli* (fig. 1340), qui a l'honneur d'abriter dans son église le Moïse de Michel-Ange; bien d'autres encore qu'il serait fastidieux d'énumérer.

Un monument d'une importance exceptionnelle était, en Portugal, l'abbaye de Batalha (fig. 1341), très importante, comme vous pouvez en juger par le plan, et dont l'architecture

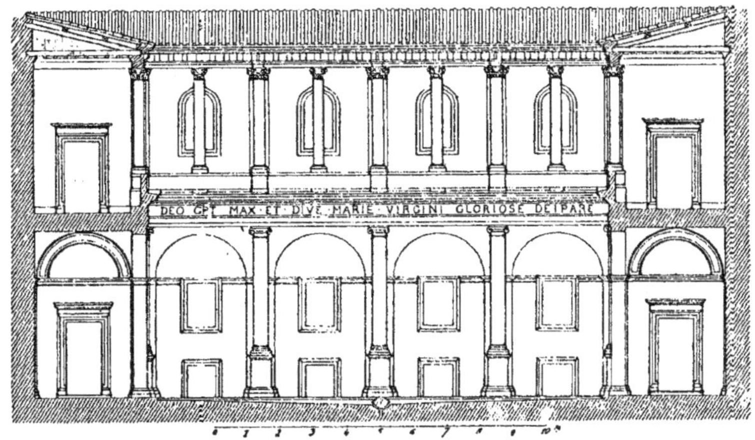

Fig. 1338. — Coupe sur le cloître de Santa Maria della Pace.

est d'une extrême richesse, de même que celle de l'abbaye de *Cintra*, également en Portugal, ainsi qu'un grand nombre de couvents ou d'abbayes en Espagne. Si vous réfléchissez à ce qu'était dans ces pays la puissance des ordres monastiques vous ne vous étonnerez pas de cette richesse qui au premier abord nous surprend quelque peu.

Vous n'ignorez pas d'ailleurs que cette richesse est volontiers le caractère distinctif de l'architecture religieuse des Espagnols et des Portugais. En France, lors même que la conception de l'architecture monastique était très grande, comme à Cluny ou à Clairvaux (fig. 1342), cette grandeur a toujours été plus simple, plus sévère. Et cela n'est pas seulement vrai du Moyen-âge; je pourrais vous citer bien des abbayes ou couvents des XVIIe et XVIIIe siècles, par exemple le Val-de-Grâce ou l'ancienne abbaye de Panthemont (fig. 1343 et 1344), à Paris; ce sont certes des édifices d'une grande et large composition, riches par l'ampleur des dimensions, mais d'une architecture sobre et plutôt sévère.

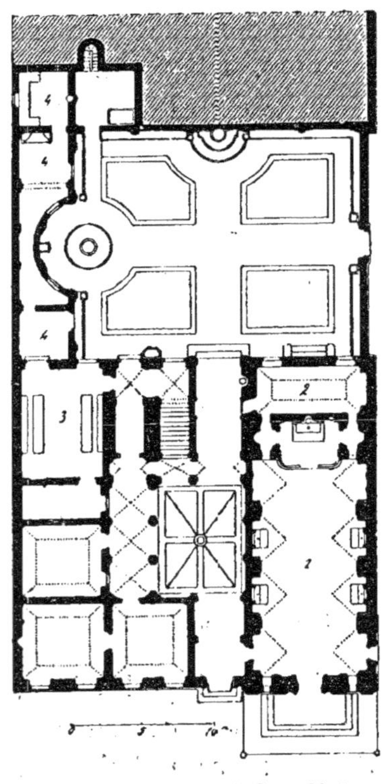

Fig. 1339. — Couvent de Santa Maria in Trivio, à Rome.

1, église. — 2, sacristie. — 3, réfectoire. — 4, 4, 4, cuisine et dépendances.

Les couvents, ai-je dit, sont souvent à la fois des édifices d'habitation des religieux, et des édifices d'enseignement. On peut dire que longtemps l'enseignement n'a pas eu d'autres asiles. Je me bornerai à vous montrer une des plus importantes de ces compositions mixtes, le *Collège Innocenziano* à Rome (fig. 1345). Il va sans dire que, comme éléments, les diverses parties d'un collège, qu'il soit laïque ou religieux, seraient aujourd'hui traitées différemment : classes, études, réfectoires, dortoirs, tout serait modernisé, et c'est bien pour cette raison que je ne pouvais vous soumettre ces exemples lorsque je vous parlais des édifices d'enseignement. De même les couvents hospitaliers, assez nombreux, pour des hospices plutôt que pour

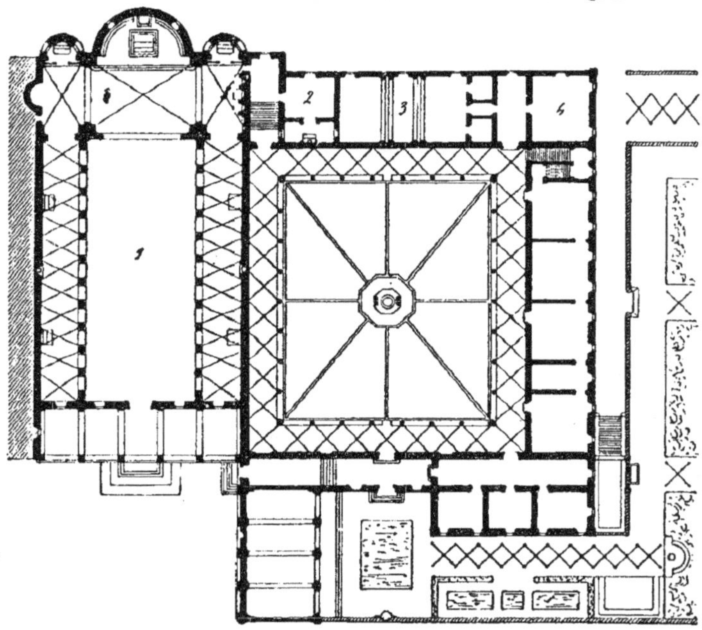

Fig. 1340. — Couvent de San Pietro in Vincoli, à Rome. Plan.

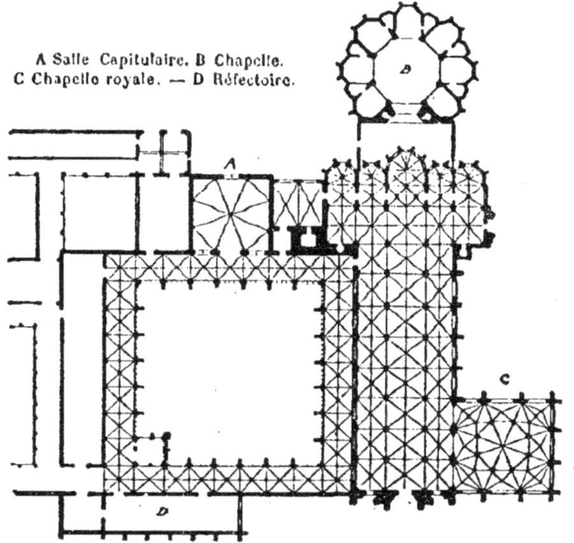

Fig. 1341. — Abbaye royale de Batalha, en Portugal.

des hôpitaux, ne sauraient offrir d'enseignement pour l'étude de l'architecture hospitalière. Mais vous y verrez de grandes et larges dispositions, et la trace manifeste de cette conception chrétienne de l'hospitalité que je vous ai déjà signalée en vous parlant de ces anciens asiles des pauvres.

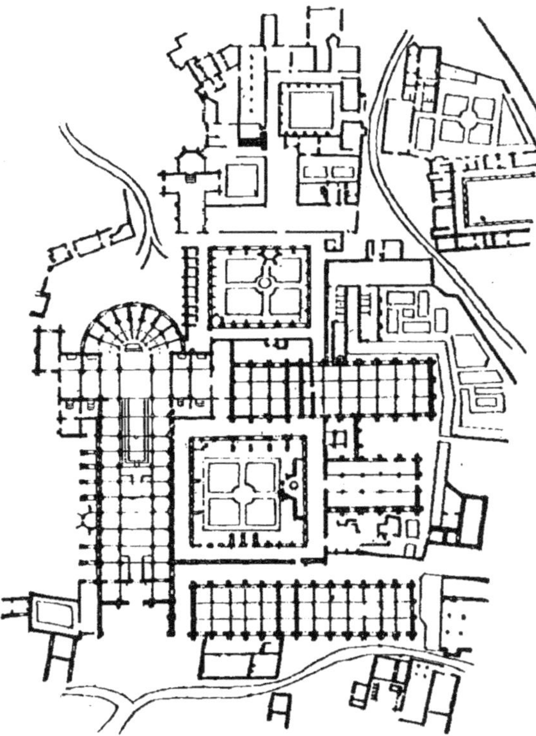

Fig. 1342. — Abbaye de Clairvaux. Plan général.

Il existe enfin en divers pays une variété de couvents qui diffère essentiellement des autres dans leur composition architecturale, par suite de la différence dans la règle monastique : je veux parler des Chartreuses. Le Chartreux, vous le savez, s'est entièrement retranché du monde; vis-à-vis de ses compagnons même le silence est la règle de sa vie, la solitude est son régime. Il peut à certaines heures se promener, toujours silencieux, dans le cloître ordinairement vaste du couvent, et c'est dans ce cloître qu'il sera enterré; il se rend aux offices, il peut fréquenter la bibliothèque; mais la majeure partie de sa vie se passe dans la petite

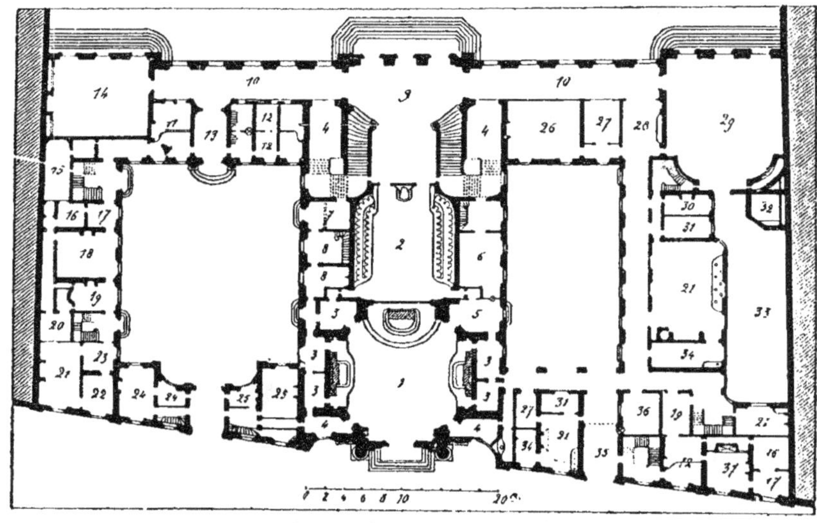

Fig. 1343. — Ancienne abbaye de Panthemont, à Paris. Plan du rez-de-chaussée.

1, église. — 2, chœur. — 3,3, tribunes. — 4,4, passages. — 5, sacristie extérieure. — 6, sacristie intérieure. — 7, parloir de la cellerie. — 8, logement de la tourière. — 9, vestibule et grand escalier. — 10,10, galeries. — 11, grand parloir. — 12,12, parloirs intérieurs. — 13, vestibule. — 14, salle du chapitre. — 15, cour. — 16,16, garde-robes. — 17,17, cabinets. — 18, chambre à coucher. — 19,19, antichambres. — 20, petite cour. — 21,21, cuisines. — 22, office. 23, salle à manger. — 24, logement du portier. — 25, logement du confesseur. — 26, réfectoire des pensionnaires. — 27,27, dépenses. — 28, piscine. — 29, réfectoire. — 30, office. — 31, garde-manger. — 32, fosse. — 33, basse-cour des cuisines. — 34,34, lavoirs. — 35, entrée des provisions. — 36, tour de la dépositaire. — 37, chambre en niche.

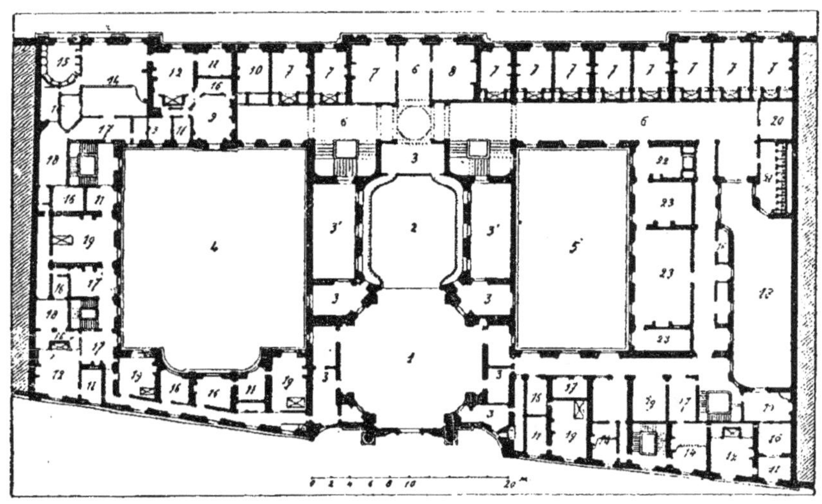

Fig. 1344. — Ancienne abbaye de Panthemont, à Paris. Plan du 1er étage.

1, église. — 2, chœur. — 3,3, tribunes. — 3', terrasses. — 4, cour d'entrée. — 5, cour intérieure. — 6,6, dortoirs. — 7,7, chambres des religieuses. — 8, chauffoir. — 9, salle à manger. — 10,10, cuisines. — 11,11, cabinets. — 12,12, chambres en niche. — 13, parloir des domestiques. — 14,14, parloirs intérieurs. — 15, bibliothèque. — 16,16, garde-robes. — 17,17, antichambre. — 18,18, cours. — 19,19, chambres à coucher. — 20, bûcher. — 21, w.-c. — 22, chambre de la maîtresse des novices. — 23,23, chambre des novices.

maison qui lui est dévolue, asile inviolable de sa solitude et de son éternelle retraite. Une porte ouvre sur le cloître; un guichet permet de faire passer au religieux ce dont il a besoin, y compris sa nourriture; et dans ce très petit domaine, il trouve avec un rudiment de jardin sa chambre, un petit portique, un oratoire. Tout cela est clos de murs, la vue ne sort de ces murs que pour apercevoir le ciel. Vie étrange, que nous ne compre-

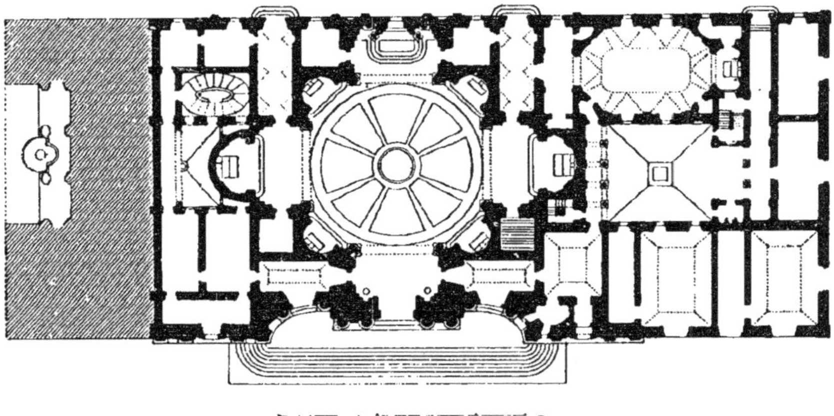

Fig. 1345. — Collège Innocenziano, à Rome.

nons pas, mais qui attire, paraît-il, par une sorte de volupté de l'anéantissement de soi-même après les agitations de la vie. Presque toujours un Chartreux est un volcan éteint.

Dans les Chartreuses, la place occupée par chaque religieux étant beaucoup plus large qu'une cellule, il faut que le cloître qui les dessert soit très grand. Je vous ai déjà fait voir, à propos de l'église Sainte-Marie-des-Anges, le plan de la Chartreuse de Rome, élevée sur les ruines des Thermes de Dioclétien. Voyez aussi (fig. 1346) le beau plan de la Chartreuse de Florence, également typique. Ces couvents sont en général riches,

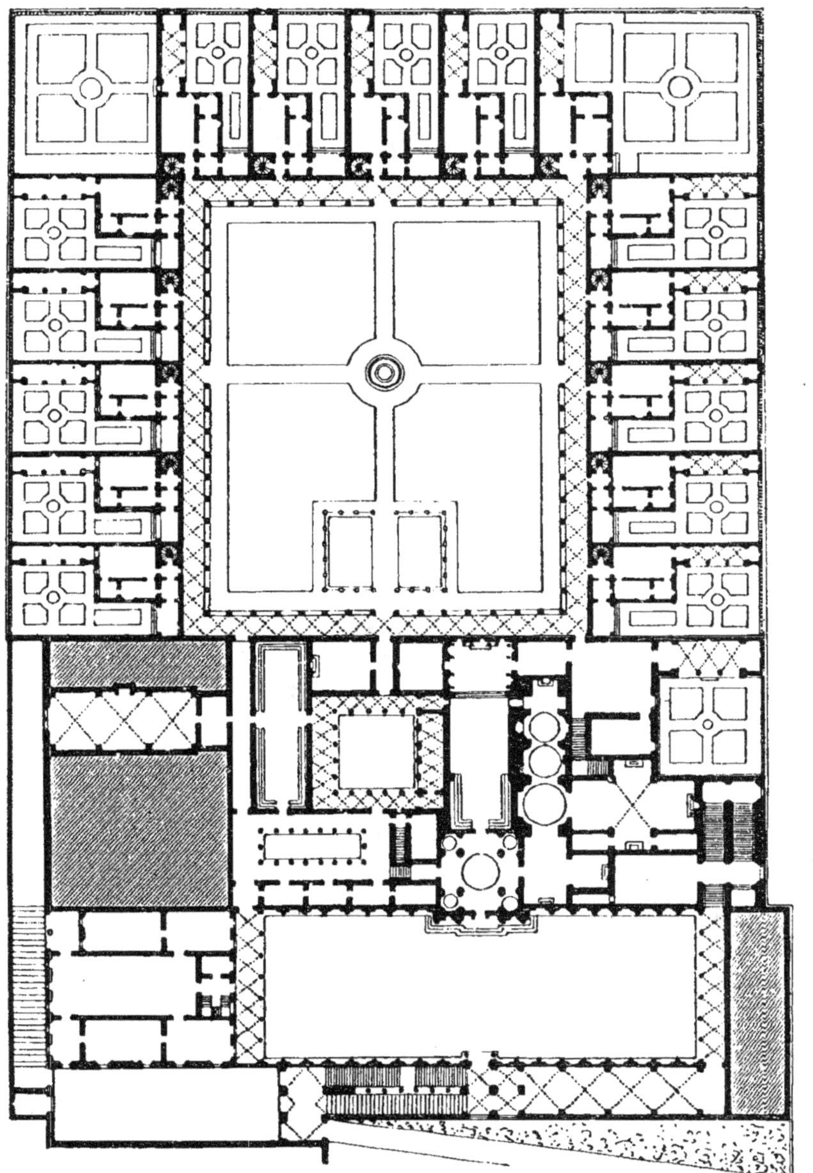

Fig. 1346. — Chartreuse de Florence. Plan.

et chacun sait que la Chartreuse de Pavie est d'un bout à l'autre une ciselure d'art et un assemblage des plus riches matières que puissent livrer les marbres et même les pierres précieuses. Il semble que la richesse des ensembles se propose comme une revanche des austérités personnelles.

Les salles diverses, de chapitre, de bibliothèque, etc., sont ici ce qu'elles sont ailleurs; c'est l'habitation qui est l'élément original; j'appellerai donc votre attention sur une de ces habitations (fig. 1347 et 1348), en vous signalant combien cette

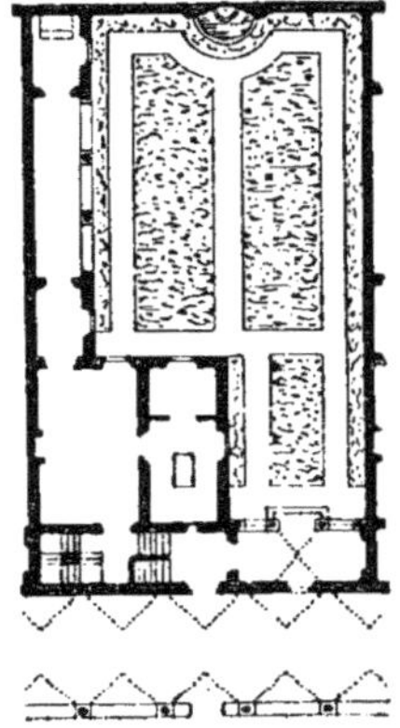

Fig. 1347. — Habitation d'un Chartreux. Plan.

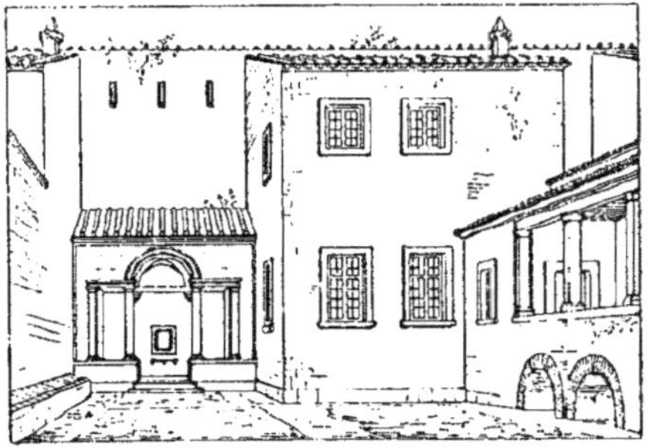

Fig. 1348. — Habitation d'un Chartreux. Vue.

petite composition est bien l'expression du programme tout spécial que j'ai cherché à vous faire connaître. Je vous montrerai toutefois comme salle de chapitre ou de réunion le plan et la façade de la salle synodale de Sens (fig. 1349, 1350 et 1351), dont je vous ai déjà fait voir la coupe et des détails de façade. C'est un bel exemple d'architecture ecclésiastique; ces sortes de salles sont en général conçues de même, avec une proportion rectangulaire qui permet le développement des stalles le long des parois et une place principale pour les supérieurs. A part le caractère propre, ces salles n'ont rien de bien spécial.

Une composition plus particulière s'affirme dans beaucoup de couvents avec les réfectoires. Très souvent ce sont des salles

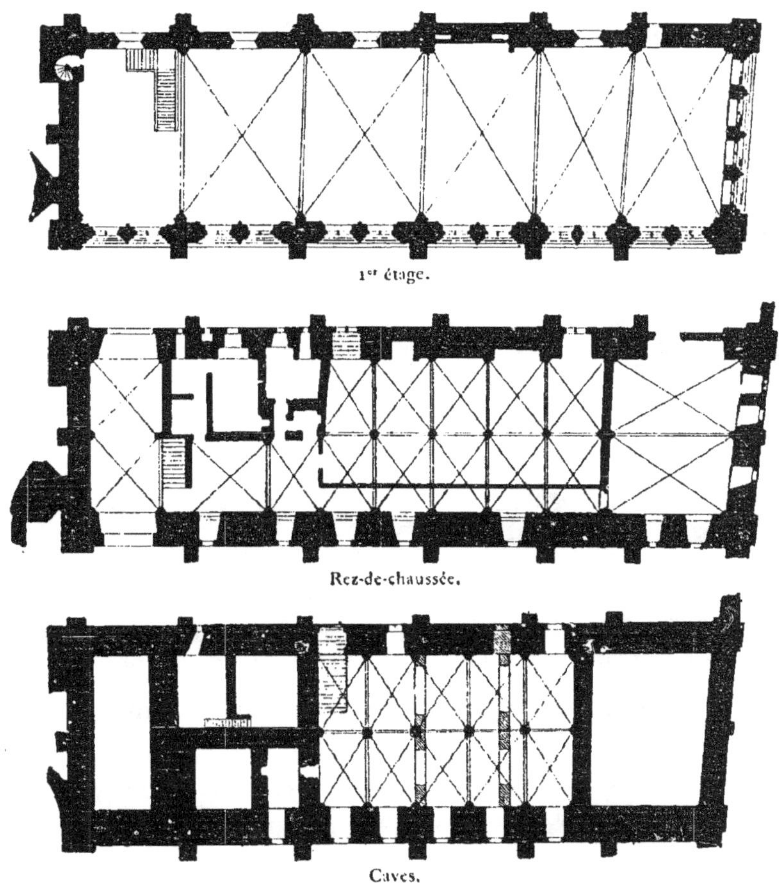

Fig. 1349. — Plans de la salle synodale de Sens.

divisées en deux nefs par une rangée de piliers : tel est par exemple le réfectoire de l'ancienne abbaye de Saint-Martin-des-Champs à Paris, devenu la Bibliothèque du Conservatoire des Arts et Métiers : vous connaissez certainement cette belle salle.

Une disposition analogue se retrouve à l'ancien Collège des Bernardins, également à Paris, mais moins connu (fig. 1352 et 1353). Je vous citerai encore le réfectoire de l'ancienne abbaye des Vaux de Cernay (fig. 1354). Pourquoi dans ces réfectoires trouve-t-on en général la division en deux nefs ? Sans doute, l'habitude étant de disposer les repas avec deux longues rangées de tables, et dès lors les points d'appui intermédiaires ne présentant aucun inconvénient, on a jugé inutile de s'astreindre aux grandes portées de voûtes. Les réfectoires avaient toujours aussi une chaire pour un lecteur, ordinairement vers le milieu de l'un des longs côtés de la salle. Plus tard, le réfectoire devint une salle rectangulaire pure et simple, plus ou moins longue, suivant le nombre des convives. Le programme en est alors celui que nous avons vu pour les réfectoires des édifices d'enseignement, avec cette différence toutefois que dans les couvents on est resté fidèle, je crois, à l'ancienne disposition par

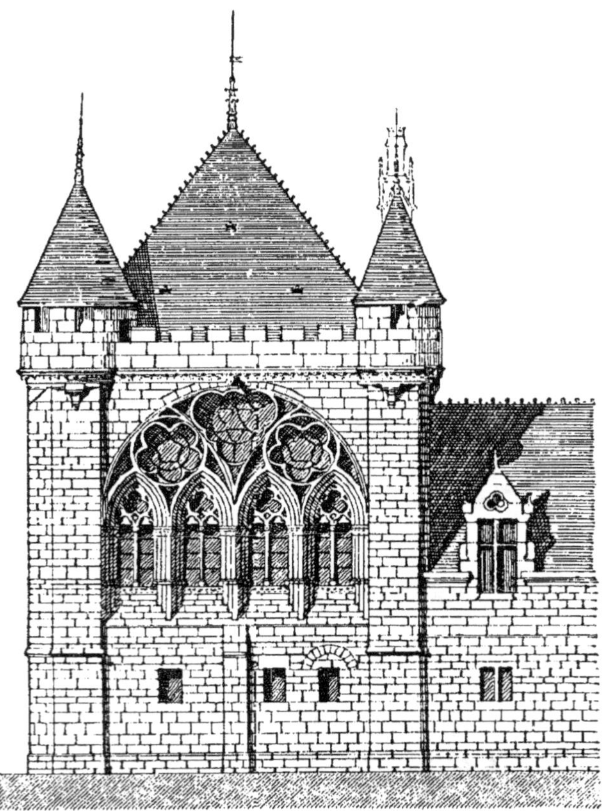

Fig. 1350. — Salle synodale de Sens. Façade sur la rue.

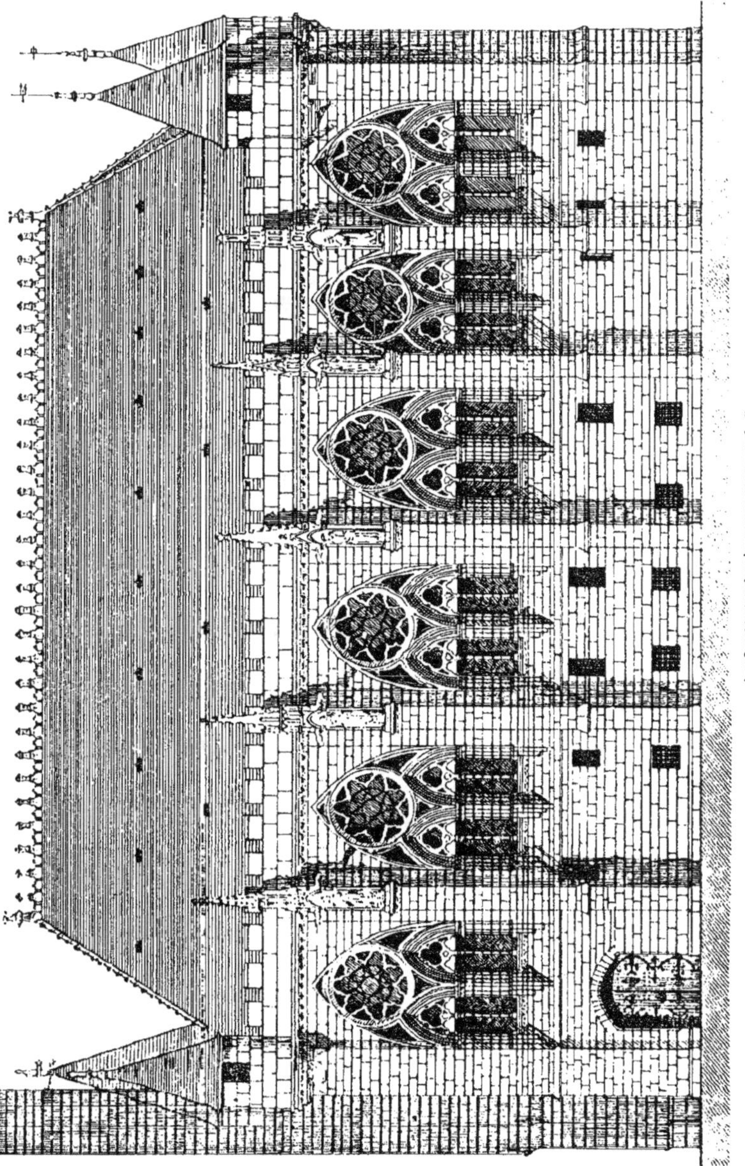

Fig. 1351. — Salle synodale de Sens. Façade sur la place.

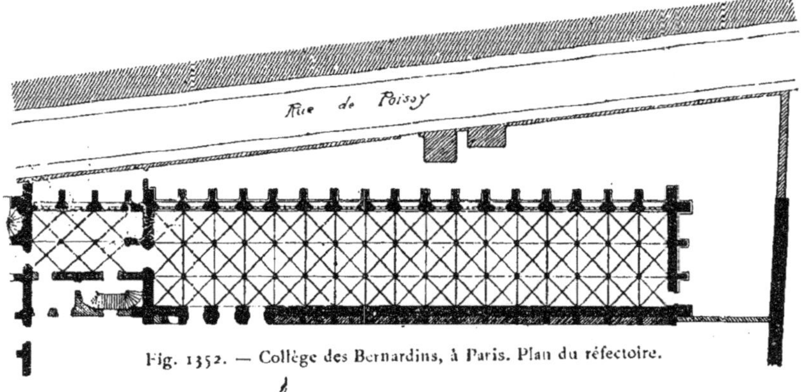

Fig. 1352. — Collège des Bernardins, à Paris. Plan du réfectoire.

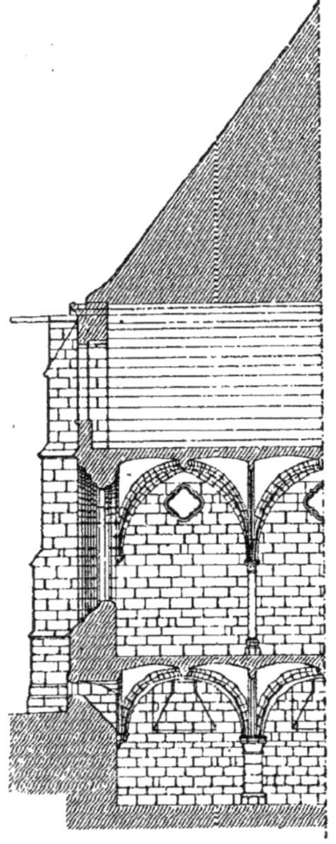

Fig. 1353. — Collège des Bernardins, à Paris. Coupe transversale du réfectoire.

longues rangées de tables. Il y a de ces réfectoires qui sont fort intéressants et parfois somptueux; ainsi, celui du Petit Séminaire de Pont-à-Mousson (fig. 1355).

A l'ancienne abbaye d'Ourscamp (Oise), il y a une très grande salle avec deux rangées de colonnes et par conséquent trois nefs d'égale hauteur. Cette salle est très intéressante, mais on ne sait trop ce qu'elle était. On l'appelle « salle des morts »; mais sa grandeur même dément cette appellation ; il faudrait supposer dans cette abbaye une mortalité épouvantable. On y a vu aussi une grange, autre chose encore peut-être. Dans l'ignorance de sa destination je ne peux que vous la signaler comme objet d'une visite intéressante, sans la commenter.

Dans les anciens couvents, il y

avait presque toujours des dortoirs; non pour les religieux eux-mêmes, qui avaient des cellules, mais pour les serviteurs et parfois même pour la garnison, car certaines abbayes avaient leurs hommes d'armes en permanence. Un dortoir du Mont-Saint-Michel (fig. 1357) vous montrera sans plus d'explications ce qu'étaient ces dortoirs, toujours fort simples et presque rustiques.

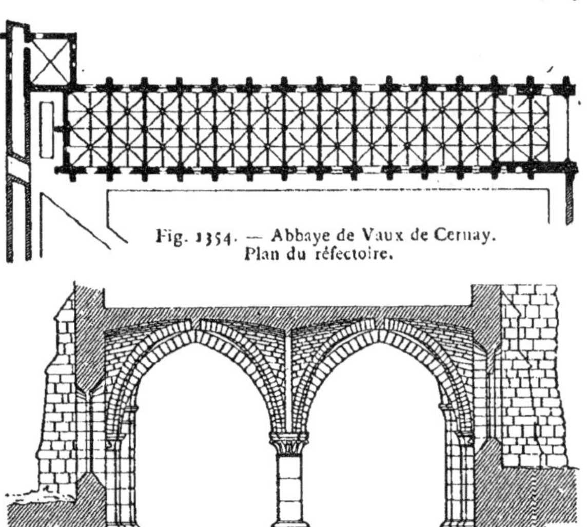

Fig. 1354. — Abbaye de Vaux de Cernay. Plan du réfectoire.

Fig. 1355. — Abbaye de Vaux de Cernay. Coupe transversale sur le réfectoire.

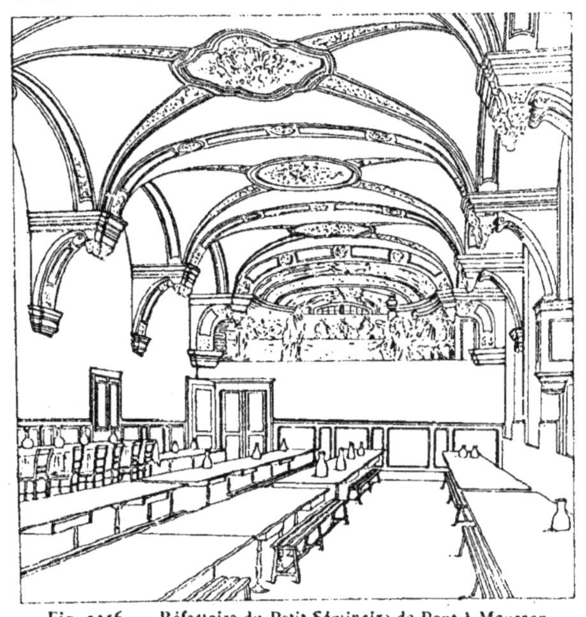

Fig. 1356. — Réfectoire du Petit Séminaire de Pont-à-Mousson.

Des dépendances des couvents en général, j'aurai peu de choses à vous dire. Elles n'ont en général rien qui les différencie de celles de l'habitation en général : ainsi les cuisines, dont je vous ai d'ailleurs parlé incidemment, les écuries et remises, les magasins de toute espèce, tout cela n'appelle aucune observation particulière. Les celliers ont été souvent d'une importance considérable : vous n'ignorez pas que la plupart des grands crus de vignobles renommés sont dus à la longue persévérance des moines. Mais enfin, vous verrez des caves vastes et bien construites, des celliers importants : ce sont toujours des caves et des celliers.

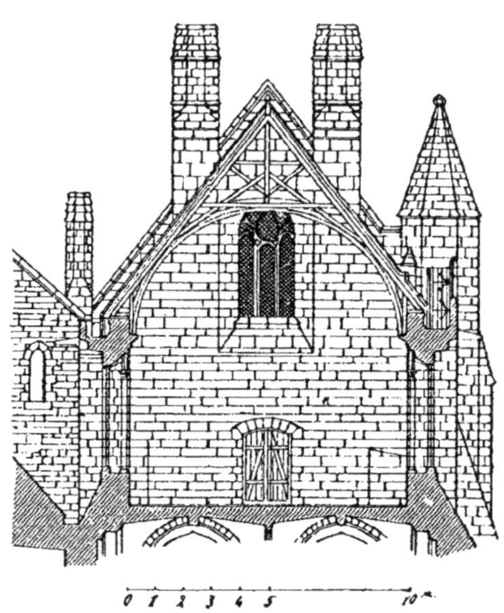

Fig. 1357. — Dortoir du Mont-Saint-Michel. Coupe transversale.

Il y avait toutefois dans les anciens couvents une dépendance qui leur était spéciale : c'était la grange. Non pas qu'il n'y eût des granges dans les fermes et les exploitations agricoles; mais celles-ci étaient simplement les granges utilitaires, simples hangars clos; dans le couvent, la grange était un élément monumental. Vous savez en effet que les ordres monastiques prélevaient la dîme des récoltes de leurs vassaux, lesquels non seulement abandonnaient cette dixième part, mais de plus la portaient au couvent. Pour cela, il fallait des granges fort spacieuses, cela va sans dire, mais aussi on voulait que cette grange eût un caractère assez imposant pour contribuer au respect de l'institution même de la dîme. Le bâtiment dit Grange-aux-Dîmes, à Provins, est un bel édifice, mais qui ne se rattache pas directement à une abbaye, dont il était cependant une dépendance évidente. Plus près de Paris, vous pouvez voir un exemple également intéressant de grange abbatiale à l'abbaye de Maubuisson en Seine-et-Oise (fig. 1358, 1359 et 1360).

Remarquez que à propos de ces éléments de l'architecture monastique ou ecclésiastique je vous parle surtout au passé. C'est que ce n'est guère que dans le passé que ces éléments se sont spécialisés.

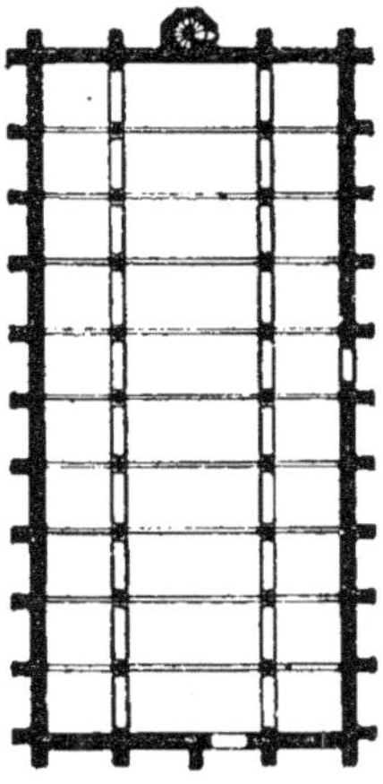

Fig. 1358. — Grange de l'abbaye de Maubuisson.

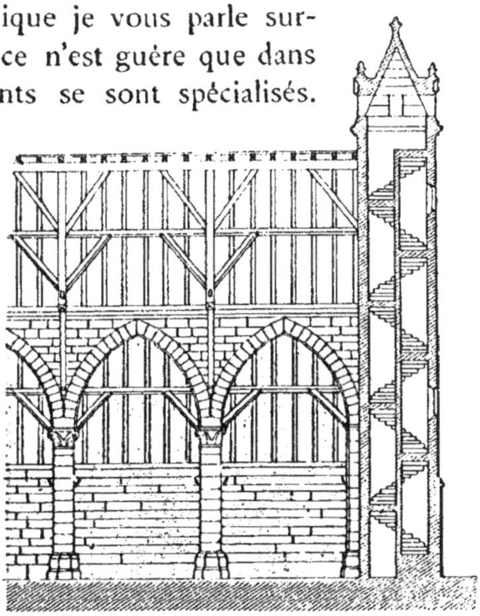

Fig. 1359. — Grange de l'abbaye de Maubuissor. Coupe longitudinale.

Certes on construit de nos jours beaucoup de couvents; mais outre que les moyens — j'entends les moyens financiers — sont en général plus restreints et conduisent ainsi à l'architecture économique, ce qui est d'ailleurs respectable, mais aussi à la fausse richesse toute d'apparence, ce qui ne l'est plus, il faut constater que, en dépit de la volonté de fidélité aux anciennes traditions, aux anciennes formes, aux anciennes expressions architecturales, le progrès s'impose ici comme ailleurs, ou sinon le progrès, tout au moins le confortable et le bien-être. Le couvent moderne a ses circulations closes contre

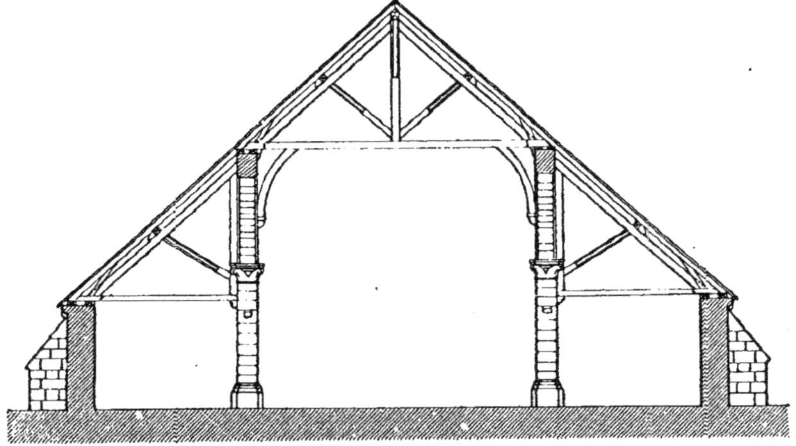

Fig. 1360. — Grange de l'abbaye de Maubuisson. Coupe transversale.

le froid, il est chauffé par calorifères, éclairé à l'électricité; il a ses ascenseurs, ses circulations d'eau, ses téléphones. Tout cela est exclusif de l'architecture du Moyen-âge, faite pour d'autres mœurs; la composition ne peut plus être la même, les proportions de salles non plus. Qui donc, aujourd'hui, voudrait astreindre des religieux à prendre leurs repas dans les réfectoires du Mont Saint-Michel? Non, la modernité s'impose, et alors avec des dispositions forcément modernes, on croit raviver une tradition parce qu'on aura fait des fenêtres cintrées avec une courbe à deux centres : laissons pour ce qu'ils valent ces pastiches irraisonnés. Nous ne parlons ici que de choses sérieuses!

Voilà un trop long et cependant trop peu complet résumé des éléments de l'architecture religieuse. Je sens bien qu'après l'avoir lu, vous ne vous trouverez guère plus fixé qu'auparavant, et peut-être m'en ferez-vous un reproche. Ce ne serait pas juste.

Je me garderai bien de vous dire comment devra être faite l'église que vous aurez un jour à étudier, fussiez-vous libres de toutes sujétions. Ce serait la doctrine néfaste, en art tout au moins — et partout ailleurs aussi, je crois — du *faites comme moi*, du despotisme intellectuel. Assez d'autres ont distribué les excommunications à quiconque ne voyait pas comme eux : pour moi j'espère qu'après m'avoir lu, vous ne savez pas comment j'aurais conçu une église si dans ma carrière j'avais eu cet honneur redoutable de devoir en projeter une. Je l'aurais faite d'ailleurs comme j'aurais pu, mais, je l'espère du moins, sans m'astreindre à aucune servitude du passé.

Dans l'enseignement, nous n'avons pas à choisir pour vous : notre rôle est plus large. Nous devons, chacun dans notre sphère, vous faire connaître les éléments dont vous disposez, le pourquoi et le comment de ce qui s'est fait de remarquable ; vous montrer les dangers, mais vous faire voir aussi les triomphes; éveiller en vous l'esprit critique, mais aussi ouvrir l'esprit d'admiration; vous faire comprendre quelle suite d'efforts, de graduels progrès il a fallu pour réaliser ce que la foule croit peut-être tout simple et tout facile. Plus vous étudierez l'architecture religieuse dans toutes ses manifestations — dans *toutes*, entendez-le bien, — plus vous serez émerveillés de cette œuvre collective de quinze siècles ardemment et continument attachés au même problème. Il n'y a pas dans tout le cycle des arts de plus magnifique évolution. Si je vous l'ai fait voir, j'ai fait mon devoir.

Peut-être vous ai-je effrayés ? Je ne le regretterais pas autrement. Devant un tel programme, il faut savoir que la lutte sera sévère et exige qu'on s'y prépare de toutes ses forces et de tout son pouvoir ; il faut surtout peut-être savoir que là plus qu'ailleurs nous guette le danger du pastiche, cette plaie de notre époque. Mais on ne cache pas le danger aux esprits généreux, au contraire : Don Diègue dit à Rodrigue en l'envoyant se mesurer avec le comte :

« Je te donne à combattre un homme à redouter. »

Rodrigue le sait, et Rodrigue revient vainqueur.

Vous ne pouvez désirer un plus beau combat, mais il faut que vous sachiez bien que vous n'en pouvez affronter de plus périlleux.

APPENDICE

SOMMAIRE. — Considérations générales sur l'architecture funéraire. — Les monuments commémoratifs et décoratifs. — L'architecture militaire. — Les jardins. — Les voies publiques. Conclusion.

Avec l'étude, un peu longue sans doute, des édifices religieux, je n'ai pas épuisé les sujets que l'architecte doit connaître, cependant je suis arrivé peut-être au terme des *Éléments.*

Ainsi, l'architecture funéraire, qui a toujours procédé directement de l'architecture religieuse, comporte en général un ensemble restreint qui est un tout par lui-même plutôt que la combinaison ou l'assemblage de ces matériaux de la composition que j'ai cherché à vous faire connaître. Un tombeau admirable, comme certaines pierres tombales, comme des sarcophages antiques ou chrétiens, comme les monuments adossés dans un grand nombre d'églises, est par lui-même une composition, et non un élément de composition. Si la sépulture est collective, comme au *Campo-Santo* de Pise, c'est en somme un portique, voûté ou charpenté; ou ce sera la Coupole des Invalides ou les caveaux de Saint-Denis, réunions de sépultures illustres, monuments funéraires qui relèvent de l'architecture religieuse.

De même l'édifice commémoratif, souvent magnifique lorsque par exemple il s'appellera la Colonne Trajane, est en général très simple en tant qu'éléments. L'arc de triomphe se résume dans une arcade, le trophée dans une sculpture, la statue ne demande à l'architecture qu'un piédestal.

Le monument décoratif, lorsqu'il n'est que décoratif, est aussi d'une conception très simple; ainsi par exemple la fontaine décorative, si elle est adossée comme dans des proportions restreintes la Fontaine Gaillon à Paris, ou comme dans des proportions monumentales la Fontaine de Trévi à Rome, est, en tant qu'éléments, une simple arcade; la fontaine isolée comme celles de notre place de la Concorde, c'est en somme un bassin, un fût, une vasque. Tout cela est très varié, très noble ou vulgaire, selon le talent de l'auteur; riche en exemples, compositions d'un jet mais non combinaison d'éléments. Et si nous nous élevons jusqu'au caractère décoratif de monuments dont la décoration n'était pas le seul programme, nous voyons que tout ce qui par son emplacement mérite de concourir à l'embellissement d'une ville devient monument décoratif. Les magnifiques édifices de la place de la Concorde, la colonnade du Louvre, les hôtels de ville du Nord se présentent certes avec un caractère décoratif que leur programme intrinsèque n'exigeait pas. J'ai déjà signalé en passant cette nécessité d'accommoder la réalisation d'un programme aux exigences d'un emplacement décoratif : avant d'être un hôtel du Garde-meuble ou un Ministère de la marine, les monuments de la place de la Concorde sont d'abord le frontispice d'une place qu'on a voulu et qu'on a su faire unique au monde par la noblesse de l'architecture. Tout ce dont je vous ai parlé — habitation, édifices d'enseignement, d'administration, théâtres, églises, etc. — peut et doit, selon les circonstances, être ou n'être pas un édifice décoratif. C'est la question de caractère, de mesure et de goût qui s'impose à l'architecte : qu'il fasse une œuvre très simple ou très grandiose, dans un cas comme dans l'autre il ne doit pas s'exposer à entendre dire : *Non erat hic locus.*

Pour l'architecture militaire, et à part les ouvrages de défense comme les fortifications qui nous échappent, je pourrais encore dire que c'est avant tout une question de caractère qui se pose. Dans les édifices militaires on habite, on s'instruit, on administre ; et les nécessités des éléments ne varieront guère, que l'édifice soit militaire ou civil. Une salle de cours par exemple présentera les mêmes nécessités dans une École militaire comme Saint-Cyr ou dans un ensemble universitaire comme la Sorbonne. Mais le caractère sera autre ; et par caractère je n'entends pas seulement la décoration superficielle : peu m'importe qu'il y ait ou non, en peinture ou en sculpture, des trophées, des canons ou des grenades ; le caractère ce sera la simplicité rigide de la composition, le sérieux de l'architecture, l'expression affirmée de la discipline. Là encore les beaux exemples abondent, et déjà à l'occasion de divers éléments j'ai été heureux de vous en montrer quelques-uns.

Avec les jardins, dont les éléments sont fort simples comme architecture, — perrons, bassins et fontaines, terrasses, etc., — il faut souhaiter à l'architecte le goût et la souplesse ; la souplesse qui le dirigera très différemment suivant les emplacements, les vues, les horizons ; le goût qui lui rappellera sans cesse que l'élément par excellence du jardin est la Nature. Il n'y a pas de motif architectural qui vaille de beaux arbres ou de belles vues, et rien n'est triste comme un jardin où la pierre se montre trop. Un jardin devrait toujours se composer et s'étudier sur place, et l'artiste ne doit pas oublier ici qu'il a l'honneur de collaborer avec un autre artiste, bien autrement fécond et varié qu'il ne peut l'être, la Nature elle-même. A s'en souvenir toujours il ne risque pas de s'égarer.

L'architecture des voies publiques est avant tout l'architecture de ce qui les borde. La place Vendôme tire sa beauté de la beauté de ses édifices. Il y aurait cependant matière à de belles conceptions artistiques dans l'établissement même du plan des villes — non pas des villes qui s'improvisent et ne peuvent être que monotones, — mais des villes qui s'étendent et se modifient. Les villes sont surtout créées par le temps et le hasard; des causes indépendantes de la volonté de l'homme sont déterminantes dans leur constitution : ainsi la courbe d'une rivière, les reliefs de collines; et un plan de ville peut être combiné avec souci de l'art ou ne viser uniquement que la circulation utilitaire. Des exemples illustres, tels que la place d'Armes de Versailles, avec ses avenues concentriques, la place de la Concorde, celle de Saint-Pierre de Rome montrent bien qu'une ville aurait beaucoup à gagner si les artistes étaient tout au moins consultés en pareille matière. Peu à peu on les a évincés de ce domaine; il semble qu'on revienne à reconnaître l'utilité de leur intervention, et on a vu depuis quelques années des architectes appelés à collaborer à la création de ponts ou d'autres ouvrages dont ils ont été longtemps écartés. Mais n'acceptons pas ici l'idée, fût-elle gracieuse d'intention, que l'architecte ne doive intervenir que comme décorateur ou comme enjoliveur, si le mot est français. Là comme ailleurs, c'est la composition même qui est la condition première de la beauté : le Pont du Gard avec ses pierres tout unies est un chef-d'œuvre, parce que ses proportions ont suffi à en faire un chef-d'œuvre.

Enfin, il y aurait un sujet bien vaste et bien complexe : entre tous les éléments que nous avons vus il faut dans toute composition des jonctions, des accès, des circulations dans un même étage ou d'un étage à l'autre. Ce sont les vestibules, les cours, les portiques ou galeries, les corridors, les escaliers, etc. Si nous avons vu tout cela en tant qu'éléments d'architecture, je ne vous en ai pas parlé comme éléments de composition, car cela ne peut se classer sous aucune rubrique spéciale. La nécessité des circulations s'impose aussi bien dans l'habitation que dans l'édifice administratif, hospitalier, etc. Dans la mosaïque qu'est toute distribution, il y a le ciment qui agglomère et réunit les diverses parties. Puis, j'aurais à montrer comment des dispositions arrêtées en plan commandent des dispositions de façades, ou comment des volontés de façades peuvent réagir sur des dispositions en plan. Tout cela échappe à la règle et à la classification, en raison de l'infinité des cas spéciaux; et cependant, là est souvent la clef de la composition et de l'étude. Là, il faut une habileté qui s'acquiert par l'exercice et l'expérience, mais il n'y a guère peut-être de théorie à pouvoir formuler.

Et cependant, je l'essaierai sans doute un jour. Quant à présent, je préfère vous faire un aveu. Tout ce que je viens de vous dire pour excuser des lacunes, ce sont peut-être de mauvaises raisons. Voulez-vous me permettre de vous donner les plus vraies?

En commençant ce cours, qui devait s'achever en trois années et qui déjà en a duré quatre, je ne pouvais mesurer avec certitude son étendue. Le sujet, ou les sujets m'ont entraîné, et il faut que je m'arrête. J'ai voulu du moins exposer devant vous ce qui nécessite le plus une étude successive d'éléments. Lorsque je recommencerai ce cours, je m'efforcerai de vous retenir moins longtemps, de vous dire les mêmes choses avec un peu moins de développement, et de pouvoir par conséquent faire entrer dans le cadre normal du cours toute cette dernière partie pour laquelle j'aurai beaucoup à préparer. Vous comprendrez, j'en suis sûr, que c'était un travail singulièrement ardu de composer pour la première fois un enseignement qui n'a pas de précédents, et dont j'avais moi-même à acquérir l'expérience. Autant qu'il dépendra de moi, la seconde exposition sera plus complète que la première : mon ambition serait de faire toujours mieux ; s'il arrivait que mes efforts dussent me trahir, ne doutez pas du moins de ma volonté [1].

CONCLUSION

J'ai essayé de passer en revue les premières connaissances que devra posséder l'architecte. Je sais trop combien il se trouve de lacunes dans cet essai : mon excuse, c'est que pour traiter complètement un sujet aussi vaste que la Théorie de l'Architecture, il faudrait une bibliothèque entière, et la vie de plusieurs hommes. Je me suis donc tenu dans les limites que je m'étais dès l'abord fixées, un livre d'Éléments. En matière d'art en effet, l'enseignement didactique ne peut guère dépasser les éléments.

Mais ne soyons jamais dupes des mots. L'étude des éléments n'est pas une étude d'ordre inférieur, loin de là. J'entends souvent répéter ces inanités sonores : « école supérieure, enseignement supérieur, études supérieures », et je me demande, avec le plus sincère désir de comprendre, ce que cela peut bien vouloir dire. Ce qui fait l'étude supérieure, c'est la supériorité de l'étudiant ou de la méthode et non de l'objet étudié ; lorsque Duc eut fondé le prix qui porte son nom pour les « hautes études d'architecture » on n'a jamais pu définir ce terme qui comprend en réalité tout ce que l'architecte peut étudier, depuis et y compris les premiers éléments, s'il les étudie avec hauteur d'esprit.

1. Les matières qui ne sont qu'indiquées dans ce dernier chapitre feront l'objet d'une publication supplémentaire que l'auteur s'efforcera de pouvoir mettre au jour le plus tôt possible.

Ce qui fait l'étude inférieure au contraire — et à « supérieure » correspond nécessairement « inférieure » — c'est l'étude incomplète, hâtive et légère, l'infériorité cette fois encore de l'étudiant ou de la méthode, et non de l'objet étudié.

Ainsi donc, entre l'idée d'étude des éléments et l'idée d'études supérieures il n'y a aucune contradiction. Qui donc, en peinture, oserait dire que l'étude du corps humain soit une étude inférieure ? Ce n'est qu'un élément cependant, l'élément de toute composition. Et certes, si j'avais réussi à exposer de façon claire et complète les éléments de la composition architecturale, je croirais n'avoir fait chose ni si aisée ni si indifférente ; car j'aurais enseigné tout ce qui peut s'enseigner en architecture, en réservant au conseil personnel ce qui échappe à l'enseignement collectif : le bonheur de la composition.

Mais si le but du livre était facile à définir, il était moins facile à atteindre ; pour le bien faire, il faudrait tout connaître, tout juger, tout décrire. Ce n'est pas la tâche d'un homme. Aussi j'imagine que quelque jour un professeur qui aura consacré lui aussi sa vie à l'étude et à l'enseignement pourra sur les mêmes matières faire œuvre plus complète et plus parfaite, mais il ne pourra pas plus que moi pousser à fond l'étude de chaque sujet : car pour cela, ce n'est pas un livre, c'est une bibliothèque qu'il faudrait.

Cette bibliothèque n'existe-t-elle donc pas ? La bibliothèque documentaire, oui ; la bibliothèque didactique, non.

Au point de vue de l'enseignement, il serait bien désirable que des hommes — des artistes — désignés par leurs études spéciales et par les circonstances qui les ont fait pénétrer plus avant que d'autres dans la connaissance d'un sujet, voulussent bien traiter ce sujet *pour les élèves*. L'un aborderait les édifices d'enseignement, l'autre les édifices hospitaliers ou pénitentiaires, et ainsi du reste. Alors et alors seulement, on aurait par cette bibliothèque didactique le véritable cours de théorie de l'architecture tel qu'il est permis de le concevoir, mais tel qu'il n'est pas au pouvoir d'un homme seul de le réaliser. J'en aurai du moins indiqué peut-être le canevas.

Que d'ailleurs cela se fasse ou non, l'enseignement aura fait ce qu'il pouvait faire. Mais il demande en tous cas, et instamment, qu'on ne lui prête pas des intentions qui ne sont pas les siennes. Chaque fois qu'une pensée est exprimée dans des lignes d'impression, on est trop porté à croire que dans l'esprit de l'auteur elle constitue une certitude; la chose professée *ex-cathedra* prend un caractère d'aphorisme ou d'article de code : il semble du moins qu'il en soit ainsi, car ni le lecteur ni l'auditeur n'assistent aux hésitations et aux doutes qui ont précédé ces expositions en apparence doctrinaires. Et pourtant, nous n'avons pas dans l'enseignement artistique ces quasi-certitudes qui font l'autorité de l'enseignement des sciences. Nous devons être judicieux, persuasifs, mais non pas péremptoires. Dans ce que nous pouvons dire, il y aura toujours à prendre et à laisser, un choix à faire selon le goût et le tempérament de chacun. Mais du moins le professeur aura rempli une grande partie de son rôle s'il a fait comprendre qu'en architecture tout est sujet de penser : de penser autrement que lui, soit, mais en se pénétrant du moins de cette conviction qu'il faut savoir pourquoi on fait ce qu'on fait, ainsi, et non autrement.

C'est cette idée que j'ai si souvent exprimée par ce mot qui la résume : VÉRITÉ. Je ne sais si je fais erreur : il me semble qu'aujourd'hui la Vérité n'a plus que des fervents, que si tout n'est pas vrai, tout s'efforce au moins de l'être, que si la Vérité est parfois trahie, c'est par l'impuissance et non par la volonté : telle est bien, je crois, la pensée commune de tous les artistes.

Et cependant, cette pensée, cette aspiration saine et vivifiante est, en fait, tenue en échec par la persistance de l'habitude néfaste de l'imitation irraisonnée : il semble que, plus que jamais, nous soyons les victimes volontaires du pastiche, le danger le plus redoutable qui puisse menacer les arts dans leur source vitale elle-même. Je crois, j'espère, que cet état morbide ne durera pas : il faut qu'il guérisse — ou c'est la mort!

Le jour où l'on sera dégoûté et délivré du pastiche, où il ne se trouvera plus une clientèle de prétendus amateurs et connaisseurs pour imposer la fameuse recherche des *styles*, où l'artiste fera peut-être lui-même, dans sa bibliothèque ou dans son esprit, l'auto-da-fé salutaire que font les amis de don Quichotte pour venger sa raison, alors les aspirations à la Vérité pourront devenir fécondes et créatrices. S'affranchir de la servitude du passé, de tous les passés, c'est libérer l'avenir. L'imitation est esclave, rien n'est plus vrai : la Vérité, c'est la Liberté.

Car la Vérité est libérale; elle est généreuse car elle est puissante. A la servilité de reproduction qui nous étreint encore et nous paralyse, elle oppose le MOI de l'artiste, son inspiration propre, sa conscience affranchie. Oh! la sainte ignorance des *styles*, la sainte ignorance de l'archéologie, qui fut la condition des grandes époques d'art, qui nous la rendra? Qui, sinon le viril effort d'une génération artistique, sachant se convaincre que ce qui est à étudier dans les œuvres du passé, c'est leur raison, c'est leur exemple, c'est ce que feraient aujourd'hui, avec nos programmes et nos moyens, les auteurs des chefs-d'œuvre que nous admirons? Voilà l'étude féconde, voilà surtout la sanction à donner à vos études lorsque connaissant votre patrimoine artistique, vos ressources et vos moyens, vous aurez vous-même à vous engager résolument dans la carrière de production, après la carrière d'étude.

Rappelez-vous bien, en effet, vous qui étudiez les arts avec l'ambition d'être un jour des artistes, au noble sens du mot, que l'enseignement n'est qu'une préparation, que nos études d'école ne sont qu'une gymnastique. Nous cherchons à vous faire sains et vigoureux, à préparer une belle et forte génération, parmi laquelle ensuite les dons personnels et aussi le bonheur des circonstances feront les élus et les maîtres de l'avenir. Mais nous serions des malfaiteurs si nous vous disions de vous astreindre à des formules, si nous pensions que notre enseignement dût peser sur votre vie entière d'artistes, autrement que par les qualités dont il aura eu le bonheur de vous doter : virilité de la pensée et de l'effort, ambition du beau par le vrai.

Et après les études d'école, qui ne sont que la préparation des études de la vie entière, après l'enseignement reçu, si vous êtes de ces prédestinés à s'élever au-dessus des foules, vous comprendrez, vous verrez que l'artiste ne vit que de lui-même; que, reconnaissant envers les guides de ses débuts, il doit s'affranchir de toute servilité, et oser regarder la vérité face à face; et, quelle que soit l'occasion qui s'offrira à lui pour exercer son talent, ne pas chercher d'autre guide ; mais dévoué à la Vérité seule, et assez orgueilleux pour récuser les invasions des morts aussi bien que des vivants dans le domaine inviolable de sa conscience artistique, se constituer lui-même en face de son œuvre son seul inspirateur, son seul témoin, son seul juge.

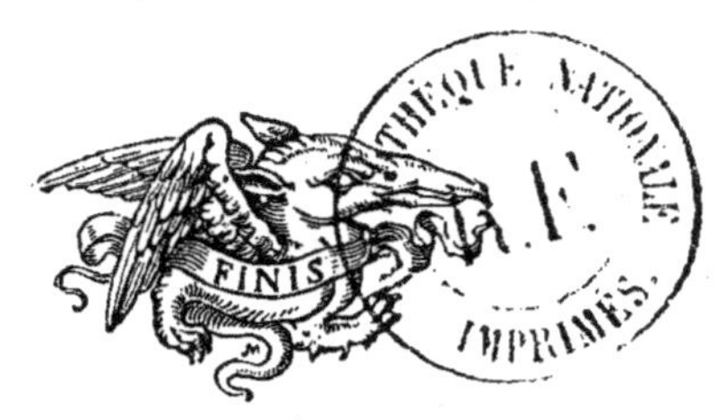

TABLE DES MATIÈRES

DU TROISIÈME VOLUME

LIVRE XI

LES ÉLÉMENTS DE LA COMPOSITION

DANS LES ÉDIFICES RELIGIEUX.

CHAPITRE Ier

CONSIDÉRATIONS GÉNÉRALES SUR L'ARCHITECTURE RELIGIEUSE

CHAPITRE II

LES ÉDIFICES RELIGIEUX DE L'ANTIQUITÉ

CHAPITRE III

ARCHITECTURE RELIGIEUSE CHRÉTIENNE. SES ORIGINES

CHAPITRE IV

LES ÉGLISES CHARPENTÉES

CHAPITRE V

LES ÉGLISES CHARPENTÉES (*suite*).

CHAPITRE VI

LES ÉGLISES VOUTÉES

CHAPITRE VII

LES ÉGLISES VOUTÉES (*suite*).

CHAPITRE VIII

LES ÉGLISES VOUTÉES (*suite*).

APPLICATION DE LA VOUTE AU PLAN BASILICAL

CHAPITRE IX

LES ÉGLISES VOUTÉES (*suite*).
POUSSÉES LOCALISÉES ET RÉSISTANCES INTÉRIEURES

CHAPITRE X

LES ÉGLISES VOUTÉES (*suite*).
POUSSÉES LOCALISÉES ET RÉSISTANCES INTÉRIEURES — II

CHAPITRE XI

LES ÉGLISES VOUTÉES (*suite*).
POUSSÉES LOCALISÉES ET RÉSISTANCES EXTÉRIEURES

CHAPITRE XII

LES ÉGLISES VOUTÉES (*suite*).
POUSSÉES LOCALISÉES. — RÉSISTANCES DIVERSES

CHAPITRE XIII

LES ÉGLISES VOUTÉES (*suite*).
POUSSÉES LOCALISÉES A RÉSISTANCES EXTÉRIEURES. — ÉTUDE DES NEFS

CHAPITRE XIV

LES ÉGLISES VOUTÉES (*suite*).
LES ÉGLISES DE PARIS

CHAPITRE XV

LES ÉGLISES VOUTÉES (*suite*).
CHŒURS ET CHAPELLES

CHAPITRE XVI

LES CLOCHERS

CHAPITRE XVII

PORCHES, PORTAILS ET FAÇADES D'ÉGLISES

CHAPITRE XVIII

PARTICULARITÉS, DISPOSITIONS EXCEPTIONNELLES

CHAPITRE XIX

LES ÉGLISES DE LA RENAISSANCE. LES ÉGLISES MODERNES

CHAPITRE XX

ÉGLISES MODERNES DE PARIS

CHAPITRE XXI

ÉDIFICES RELIGIEUX NON CATHOLIQUES

CHAPITRE XXII

LA DÉCORATION DES ÉGLISES

CHAPITRE XXIII

DÉPENDANCES DE L'ÉGLISE
CONCLUSION DE L'ÉTUDE DE L'ARCHITECTURE RELIGIEUSE

CHAPITRE XXIV

LES ÉLÉMENTS DE L'ARCHITECTURE MONASTIQUE.

CHAPITRE XXV

TABLE ALPHABÉTIQUE DES MATIÈRES

CONTENUES DANS L'OUVRAGE

Nota. — Cette table renvoie fréquemment aux mêmes pages pour des mots différents; ainsi, par exemple : *Accouchements*, II, 523.
Maternité II, 523.

Ces indications sont ainsi multipliées en vue de la facilité des recherches.

TABLE ALPHABÉTIQUE DES FIGURES

CONTENUES DANS L'OUVRAGE

Nota. — Cette table renvoie fréquemment aux mêmes figures pour des mots différents : ainsi par exemple : { *Anet* (Château de) souches de cheminées, 384 I. 494. *Cheminée* (Souche de) château d'Anet, 384 I. 494.

Ces indications sont ainsi multipliées pour la facilité des recherches.

*

MACON, PROTAT FRÈRES, IMPRIMEURS.